西方经济学圣经译丛
晏智杰 / 主编

# 政治经济学概论

[法] 让·巴蒂斯特·萨伊 / 著　　赵康英 / 等译

*A Treatise on Political Economy*

图书在版编目（CIP）数据

政治经济学概论 /（法）让·巴蒂斯特·萨伊（Jean-Baptiste Say）著；赵康英等译. --北京：华夏出版社，2017.4
（西方经济学圣经译丛）
ISBN 978-7-5080-9078-8

Ⅰ. ①政… Ⅱ. ①让… ②赵… Ⅲ. ①政治经济学－概论 Ⅳ. ①F0

中国版本图书馆 CIP 数据核字（2016）第 307416 号

## 政治经济学概论

| 作　　者 | [法] 让·巴蒂斯特·萨伊 |
|---|---|
| 译　　者 | 赵康英　符　蕊　唐日松 |
| 责任编辑 | 李雪飞 |
| 出版发行 | 华夏出版社 |
| 经　　销 | 新华书店 |
| 印　　刷 | 三河市少明印务有限公司 |
| 装　　订 | 三河市少明印务有限公司 |
| 版　　次 | 2017 年 4 月北京第 1 版　2017 年 4 月北京第 1 次印刷 |
| 开　　本 | 670×970　1/16 |
| 印　　张 | 32.75 |
| 字　　数 | 471 千字 |
| 定　　价 | 58.00 元 |

**华夏出版社**　地址：北京市东直门外香河园北里 4 号　邮编：100028
电话：（010）64663331（转）　　　　　　网址：www.hxph.com.cn
若发现本版图书有印装质量问题，请与我社营销中心联系调换。

# 《西方经济学圣经译丛》序

翻译出版西方经济学名著，如以1882年上海美华书馆印行《富国策》［英国经济学家H. 福西特（1833－1884），《政治经济学指南》（1863年）中译本］为开端，迄今为止已有一百多年历史。回顾这段不算很长然而曲折的历程，不难看出它同中国社会百多年来的巨大深刻的变迁密切相关，它在一定程度上是中国思想界特别是经济思想界潮流和走向的某种折射和反映。单就中华人民共和国成立以来对西方经济学名著的翻译出版来说，窃以为明显呈现出各有特点的两个阶段。改革开放以前几十年间，翻译出版西方经济学著作不仅数量较少，而且其宗旨在于提供批判的对象和资料。对于出现这种局面的不可避免发生及其长短是非，人们的看法和评价可能不尽一致，但此种局面不能再原封不动地维持下去已是大多数人的共识。改革开放以来，对西方经济学著作的翻译出版进入到一个新阶段，短短二十多年间，翻译出版数量之巨、品种之多、速度之快、影响之广，均前所未有，呈现出一派生机勃勃的繁荣景象。这是中国社会改革发展的需要，也是历史的进步，主流无疑是好的；但也难免有选材不够精当和译文质量欠佳之嫌。

华夏出版社推出这套新的《西方经济学圣经译丛》，可谓正逢其时。在全面建设小康社会的新时期，随着社会主义市场经济体制改革的深入，随着中国经济学队伍的建设和壮大，我们需要更多更准确更深入地了解西方经济学；而以往几十年翻译出版西方经济学所积累的经验教训，也正在变成宝贵的财富，使我们将翻译出版西方经济学名著这项事业，得以在过去已有成就的基础上，百尺竿头，更进一步。我们会以实践为标准，比以往更恰当地把握选材范围和对象，尽可能全面准确地反映西方经济学的优秀成果，将各历史时期最有代表性和影响力的著作纳入视野；我们对译文质量会以人所共知的"信、达、雅"相要求，尽力向读者推出上乘之译作。我们还会认真听取广大读者和学者的任何批评和建议，在分批推出过程中不断加以改进和提高。

在西方经济学迄今的发展中，涌现了数量不少的重要著作，其中亚当·斯密的《国富论》（初版于1776年）、马歇尔的《经济学原理》（初版于1890年）和凯恩斯的《就业、利息和货币通论》（1936年），是公认的三部划时代著作。《国富论》为古典经济自由主义奠定了基础；《经济学原理》作为新古典经济学的代表作，为经济自由主义做了总结；《就业、利息和货币通论》则标志着经济自由主义的终结和现代国家干预主义的开端，故将它们同时首批推出。其他名著将陆续问世。

晏智杰
北京大学经济学院
2004年11月15日

# 目 录

绪 论 1

## 第一篇 财富的生产

第1章 "生产"的含义 3
第2章 各种劳动及其在生产中协作的方式 6
第3章 生产性资本的性质及其在生产行业中协作的方式 15
第4章 协作创造财富的自然力，特别是土地 19
第5章 劳动、资本和自然力协作生产的方式 23
第6章 各种劳动共有的类似操作过程 26
第7章 人、大自然和机器的各自劳力 32
第8章 分工的利弊以及分工可能达到的程度 38
第9章 利用商业的各种方法以及这些方法协同生产的方式 47
第10章 资本在生产过程中发生的变化 54
第11章 资本的形成与增加 58
第12章 非生产性资本 68
第13章 无形产品或一经产出就消费掉的价值 70
第14章 财产的所有权 79
第15章 产品需求或产品市场 84
第16章 货币和货物的快速流转带来的利益 93
第17章 旨在影响生产的政府政策的效果 96
 第1节 规定生产性质的准则的作用 96
 第2节 规定生产方式的规则的影响 127
 第3节 特权贸易公司 135

第4节　影响谷物贸易的规则　140
第18章　政府的生产努力对国民财富的影响　151
第19章　殖民地和殖民地的产品　156
第20章　外来暂时移民和永久移民对国民财产的影响　167
第21章　货币的性质与用途　171
　　第1节　一般性叙述　171
　　第2节　货币的材质　175
　　第3节　一种物品充当货币所得到的附加值　178
　　第4节　铸造货币的功用与铸币费　183
　　第5节　货币标准的变动　190
　　第6节　货币既不是符号也不是尺度的理由　197
　　第7节　估算历史记载的金额时应注意的事项　206
　　第8节　两种贵重金属之间无固定比价　212
　　第9节　货币应该是什么样子？　215
　　第10节　铜币或贱金属币　220
　　第11节　更完美的铸币形式　222
　　第12节　由谁承担硬币因磨损造成的损耗　223
第22章　货币的符号或代表　226
　　第1节　汇票和信用证　226
　　第2节　存款银行　228
　　第3节　发行银行或贴现银行，钞票或兑现纸币　231
　　第4节　纸币　241

# 第二篇　财富的分配

第1章　价值基础及供需　249
第2章　收入的来源　258
第3章　价格的实际变动和相对变动　263
第4章　价格的名义变动，金银条和硬币的独特价值　273
第5章　收入在社会中的分配方式　282
第6章　给生产力带来最大回报的生产部门　289

第 7 章　劳动的收入　293

　　第 1 节　普通劳动的利润　293

　　第 2 节　科学家的利润　297

　　第 3 节　老板、经理或产业冒险者的利润　298

　　第 4 节　劳工的利润　302

　　第 5 节　现代人从产业发展中获得的独立　310

第 8 章　资本的收入　313

　　第 1 节　有息贷款　313

　　第 2 节　资本的利润　325

　　第 3 节　最有益于社会的资本使用　328

第 9 章　土地的收入　332

　　第 1 节　地产的利润　332

　　第 2 节　地租　338

第 10 章　一个国家从另一个国家得到收入的影响　341

第 11 章　产品数量对人口的影响方式　345

　　第 1 节　与政治经济学有关的人口　345

　　第 2 节　国家产品性质对地区人口分布的影响　355

# 第三篇　财富的消费

第 1 章　不同类型的消费　363

第 2 章　普通消费的结果　368

第 3 章　生产性消费的结果　371

第 4 章　普通非生产性消费的结果　374

第 5 章　个人消费——动机与结果　380

第 6 章　公共消费　392

　　第 1 节　公共消费的性质与一般结果　392

　　第 2 节　国家消费的主要目的　402

第 7 章　对公共消费有实际贡献的人　429

第 8 章　课税　432

　　第 1 节　各种课税的一般影响　432

第2节　各种课税的方法与各阶层的负担　446
　　第3节　实物税　460
　　第4节　英国土地税　463
第9章　国债　465
　　第1节　国家举债及其后果　465
　　第2节　公共信用及其基础，以及危害它的情况　470

附录 A　477
附录 B　478

# 绪 论

只有当我们明确界定研究的计划和对象时，一门科学才能必然进步，否则，我们只是松散地掌握少数真理，而未发觉其联系，看到大量错误，却不能发现其谬误。

在很长一段时期内，严格限定于研究社会秩序所根据的原则的**政治学**（politics），与阐明财富是如何生产、分配及消费的**政治经济学**（political economy）相混淆。然而，财富基本上与政治组织无关。在任何政体下，一个国家只要事务处理得当，都可能繁荣兴旺。很多由专制君主统治的国家奔向富裕，而很多国家却毁于人民议会。如果政治自由更有利于财富的增加，那么其作用是间接的，正如政治自由间接地更有利于公共教育一样。

某些学者在研究时把良好政治的基本要素与国家财富或私人财富的增长所依存的原理混淆起来，这就难怪他们使上述问题模糊不清而不能阐明了。斯图亚特（Stewart）将自己著作的第1章题名为"人类的政治"（of the Government of Mankind），他就应受到这样的指责。20世纪经济学派的所有著作，以及卢梭（Rousseau）在《百科全书》（Encyclopedie）中的文章"政治经济学"（Political Economy），都应受到同样的责难。

自亚当·斯密（Adam Smith）起，似乎一直将这两个相差甚远的研究区分开来。"**政治经济学**"① 这个术语现在只用于论及财富的

---

① "经济"（economy）一词源自希腊语 οικος（家庭）和 νομος（法），即管理家庭的法规。按照希腊语，"家庭"一词包含家庭所拥有的一切动产，而源自希腊语 πόλις（城邦）的"政治"一词的应用，则延至一般社会或国家。政治经济学是我们能用来称呼本书所探讨的科学的最好词语。这门科学

科学，而"**政治学**"这个术语只用于阐明政府及其人民之间的关系以及各国相互关系的科学。

在研究政治经济学时涉及纯政治学领域的广泛范围，似乎在当时为把农业、商业和技艺包括在这方面的研究内提供了一个更充分的理由。因为农业、商业和技艺是财富的真正来源，而法律对财富只有偶然和间接的影响。这样就产生了很多漫无止境的离题论述。例如，如果商业构成政治经济学的一个分支，那么所有各种商业都形成其中的一部分，其结果是海洋商业、航海、地理等也形成其中的一部分。什么是我们不应该包括进去的呢？人类的所有知识都是相互联系的，因而我们必须确定它们的接触点，即联系不同分支的接合部，这样我们才能更准确地了解其特性和共性。

政治经济学这门科学在研究到农业、商业和制造业时，所研究的只是这些行业与财富的增加或减少有关的方面，而不是这些行业本身。这门科学说明，在什么情况下商业确实有生产力，在什么情况下一人所得是另一人所失，以及在什么情况下商业对所有人都有利。政治经济学还教授我们鉴别商业的各运行过程，但仅限于这些过程的结果。但商人熟知他们所经营的货物，这些货物的优点与缺点，生产这些货物的国家，这些货物的市场，这些货物的运输方法，交换这些货物应付出的价值，以及记账方法。

同样的论述也适用于农场主、制造商和实业家。要透彻了解每种现象的因果，他们都必须研究政治经济学；而要成为自己所在行业的专家，他们还必须了解所在行业的运行过程。不过，斯密博士并未把这些不同的研究主题相混淆，但他和在他之后的学者都没防范另一个混乱来源。这一点很重要，我们应该注意到，因为这种混乱所引致的发展，对于一般知识的进展以及特殊研究的进行，也许不是完全没用的。

---

不是研究**天然财富**（natural wealth）的，即自然界无偿无限提供给我们的财富，而是专门研究**社会财富**（social wealth）的。社会财富的基础是交换以及承认财产权，而这二者均产自社会制度。

政治经济学像物理学以及所有其他科学一样，在尚未确定事实前就已形成了学说体系，用大胆假设来代替事实。自培根（Bacon）时代对所有其他科学的进步做出巨大贡献的哲理推究归纳法产生以后，这种方法才应用于政治经济学这门科学的研究。这种方法的优点在于，只承认经过细致观察的事实，以及根据这些事实得出的严密推论，从而有效地排除在文学和科学领域常常干扰人们获得真理的偏见和权威。可是，对于如此经常使用的"**事实**"（facts）这个词的全部含义，我们是否完全理解？

在我看来，这个词既表示**存在的物体**（objects that exist），又表示**发生的事件**（events that take place），所以它表示两类"事实"。例如，这样一个物体存在着，是一类事实；这样一个事件发生着，是另一类事实。"存在的物体"，若要作为一定推论的基础，则必须以各种观点来观察其真实情况下的各种性质，否则，当我们以为自己是在对同一事物进行推论时，实际我们有可能是在同一名称下论及两个不同的事物。

第二类"事实"，即"发生的事件"，是在我们观察它如何发生时所展现出来的现象。例如，金属处于一定热度时变为液体，这是一个事实。

事物如何存在或如何发生，构成所谓的**事物本质**（the nature of things）；而对事物本质的细致观察，则是一切真理的唯一根据。

因此，科学可分为两类：一类可称为**叙述科学**（descriptive science），它整理并正确指明一些物体的性质，例如植物学（botany）和博物学（natural history）；另一类可称为**实验科学**（experimental science），它阐明物质间的相互作用，即因果关系，例如化学和物理学。这两类都是以事实为根据，并且构成知识的可靠的和有用的部分。政治经济学属于后者，它说明有关财富的事件是如何发生的，因而构成实验科学[①]的一部分。

---

① 为了证明事件为什么以某种方式发生，即为某一结果指出某一原因，实验科学在一定程度上必须是描述性的。为解释日食，天文学必须证明月亮不是透明体。同样，为了说明货币是生产财富的手段，而不是目的，政治经济学必须揭示货币的真实性质。

但"发生的事件"可从两个观点来考虑，即从**一般的**（general）或**不变的**（constant）观点，以及从**特殊的**（particular）或**可变的**（variable）观点来考虑。**一般事实**（general facts）是事物在所有相似情况下由其本质所产生的结果。**特殊事实**（particular facts）确实也是由事物的本质所产生的结果，但它是几个行为在特殊情况下相互作用的结果。前者与后者尽管貌似相互矛盾，但都是无可辩驳的事实。在物理学上，重的物体向下降落，这是一般事实。然而，喷泉的水却向上升起，喷泉这个特殊事实是均衡规律和地球引力规律相结合的结果，而不是破坏了这些规律。

在我们现在的研究中，关于这两类事实即"存在的物体"和"发生的事件"的知识，涉及政治经济学和统计学这两门不同的科学。

政治经济学根据那些始终经过细心观察的事实，使我们了解财富的本质；根据关于财富本质的知识，推断创造财富的方法，阐明分配财富的制度和随财富灭失而出现的现象。换句话说，政治经济学阐明其所观察到的与这个主题有关的"一般事实"。就财富而言，政治经济学是关于结果及其原因的知识。它说明哪些事实始终相结合，从而一个事实始终是另一个事实的结果。但它不靠假设来进一步说明。从某些事物的本质必然会理解其联系这一点来看，政治经济学必须引导人们从一个环节到另一个环节，以便每个有理解力的人都能清楚地理解这个链条是如何联系起来的。现代哲理推究方法的优点正在于此。

统计学说明某国在特定时期生产和消费的数量，该国的人口、军队、财富以及其他可估计价值的东西。统计学是详细的叙述。

政治经济学与统计学之间的差异，和政治学与历史学之间的差异相同。

统计学的研究也许能满足人们的好奇心，但如果它不能指明它所搜集的事实的起源和结果，就绝不会为人们带来益处；而如果它能指明这些事实的起源和结果，就立即变为政治经济学了。这无疑是这两门不同科学迄今还被混淆的原因。亚当·斯密博士的名著，只能视为无序集合在一起的、富有启发性例证的最正确的政治经济学原理,以及融合有益意见的统计学的天才研究。然而,它不是政治经济学和统计学的完整论著,而是一大堆不规则的稀奇古怪的原创性论断和已知的已被证明的真理。

我们能得到关于政治经济学的完整知识,因而可以发现构成这门科学的所有一般事实。而统计学的情况却绝非如此。这门科学类似历史学,是对很多不确定从而必然不完全的事实的叙述。关于从前和遥远国家的统计,我们只能得到孤立的、极不完全的记载。至于现代,几乎无人能既具备良好观察者的资格,又占据一个有利于准确观察的地位。尽管研究者不辞辛劳地搜集详尽的正确材料,却常常遇到无法克服的困难,例如,他们不得不求助于不正确的记载,面对来自某些政府甚至个人的无休止的猜忌、恶意和冷淡;而即使研究者掌握了详尽的正确材料,毕竟也只是暂时真实的。因此,斯密博士声称,他不太相信政治算术,那只不过是对许多统计数据的整理而已。

相反,只要构成政治经济学基础的原理是从不可否认的一般事实中严密推断出来的,政治经济学的基础就是不可动摇的。一般事实无疑以个别事实的观察为依据,但这些个别事实必须是从最细致观察、最严密证实并由我们目睹的个别事实中挑选出来的。当这些事实的结果始终相同,并且它们之所以相同的原因已令人满意地指明,并证明其他原理的这些事实的例外也严密证实时,我们才可以将它们视为基本的一般事实,并有信心将其提交给所有胜任的研究者去研究,而他们可能想把这些事实再交付实验。如果一个新的个别事实是孤立的,并且它和它前后的事实之间的关系并未通过推论证实,那就不足以动摇我们对一般事实的信心,因为谁能说某一未知情况不会带给我们与所看到的上述事实不同的结果之间的差异呢?人们看见一根轻羽毛在空中上升,有时在空中停留很长时间,然后才落回地面。可是,如果我们得出羽毛不受万有引力定律影响的结论,难道不是错误的吗?政治经济学有一个一般事实,即利率随贷款者所承担的不能收回货币成本的风险大小而提高或降低。如果我们看到货币在冒很大风险的情况下被借出,能够就此推断上述原理是错误的吗?也许贷款者不知道风险,也许他对借款者的感激或恐惧使他付出牺牲。而受到特殊情况干扰的上述一般规律,当干扰因素停止作用时，就会恢复其全部力量。最后，完全核实的特殊事实是多少？而其中各方面都观察到的事实又是多少？并且即使假设这些特殊事实得到仔细核实、细心观察及充分叙述，其中又有多少是不能证明或能证明任何东西与它们所要证明的恰恰相反？

所以，没有一种荒谬理论或狂妄主张未曾援引事实作为依据。① 使政府如此频繁受到误导的，也正是事实。但了解各种事实，而不了解它们之间的相互关系，即不能指明为什么一个事实是原因而另一个事实是结果，那么这种知识其实比机关职员的未经整理的资料强不了多少。这些职员中最聪明的人都很少熟知超过一个方面以上的知识，从而使其只能从单一观点来研究一个问题。

没有什么比把**理论**（theory）与**实践**（practice）对立起来更无意义的了！如果理论不是关于联系结果和原因或事实与事实之间的规律的知识，那么理论究竟是什么呢？与从各方面观察事实并理解事实的相互关系的理论家相比，谁能更熟知事实呢？如果没有理论的实践，② 如果只是运用方法而不知方法是如何发生作用或为什么发生作用，这种实践究竟是什么呢？在任何研究中，把不同情况当作相同情况对待，是一种很危险的经验主义，会产生从未预料到的结论。

因此，在看到文艺复兴后整个欧洲普遍采用排他性或限制性商业制度，即基于一国只能从另一国的损失中获利这一理论的商业制度之后；在看到赋税反复不断地增加，而且在某些国家增加到极为庞大的数量之后；在看到这些国家比它们在实行无限制贸易以及几乎完全免除人民负担的时期更富庶、更兴旺、更强大后，大多数人得出的结论是，国家的富强可以归因于对企业的限制和对个人收入所征收的赋税。头脑肤浅的人甚至声称，这种看法是以事实为依据的，而与此相反的各种看法都是胡思乱想。

---

① 1813年是法国最悲惨的时期，当时的对外贸易崩溃，国内各种物资迅速减少。而法国内政部长在陈述那年的情况时夸口说，无可置疑的**统计**（calculations）证明，法国处于前所未有的繁荣状态。

② "**实践**"（practice）这个词，在这里并非指工匠或职员能更迅速、更准确地进行日常工作并成就他们特殊才能的手工技能，而是指管理和监督公众或私人事务时所运用的方法。

与此相反的是，很明显，持相反看法的支持者所掌握的事实的范围更广泛，并且比他们的反对者更理解这些事实。他们知道，使世界上最机智的民族更富强的真正原因是，在中世纪对意大利各自由邦和北欧汉萨城镇的产业所做的非常强烈的刺激，这些地方所呈现的富裕景象，与十字军所带来的各种思想的冲击、艺术和科学的进步、航海技术的改进带来的印度航路和美洲的发现，以及与接连发生的许多其他重要性程度略低的事件有关。尽管他们知道，这种能动性不断受到抑制，但他们同时知道这种能动性已从抑制性更强的阻碍中解放出来了。随着封建领主权力的削弱，各省和各邦之间的交通不再被阻断；道路改善后，旅行更安全，法律也不像从前那样武断；享有自治权的市、镇变为直接依赖于国王，它们发现国王对它们的进步很感兴趣；这种自治权由事物的自然演进和文明进程而推广到整个国家，使各个生产者都能保有其劳动果实。在欧洲各地，个人自由更加受到尊重，这如果不是由于政治和社会组织的改善所致，至少是受到舆论的影响。一些偏见——例如将所有有息贷款蔑称为高利贷，重视贵族的悠闲——开始减少。不仅如此，开明人士不仅注意上述这些事实的影响，而且还注意许多其他类似事实的影响。他们发现，偏见的减少有利于科学的进步，或有利于更准确地认识不变的自然规律；他们还发现，科学研究的这种进步，本身就有利于产业的进步，而产业的进步则有利于国家财富的增长。由这种对事实的归纳，他们能得出比未曾思考的大众所得出的结论正确得多的结论，即尽管许多现代国家在赋税和限制中走向富强，但其原因不是对人类事务自然发展的限制，而是因为这些强大的抑制因素也未能阻止这些国家走向富强。如果这些国家实施更自由和更开明的政策，那么会更为繁荣。①

要获得关于真理的知识，并非必须了解大量的事实，必须掌握

---

① 所以，各国很少从经验的教训中获得任何益处。要从中受益，一般社会必须要掌握因果关系，这就假设人们必须具有较高的理解力和少见的思考能力。只要人类处于从经验中受益的境况，他们就不再需要经验的教训，这时只需平常的正确判断力就足够了。这就是我们必须不断接受管束的一个原因。人民所期盼的全部，就是应当制定和实施有利于社会总体利益的法律，这是不同政治组织或多或少都不能完全解决的问题。

的是基本的、有直接影响的事实；更重要的是，从各方面来研究这些事实，使我们能从这些事实中推出正确的结论，确保我们所认为的由这些事实产生的结果确实不是由于其他原因导致的。任何其他关于事实的知识，如年鉴上的广博知识，只是汇编事实，并不产生任何结果。应注意的是，这种知识是那些记忆清晰而不能明察的人所特有的。这些人攻击最为确定的学说，而这些学说是广泛的经验和深刻推论的结果。只要这些学说与他们自己的惯例有出入，他们就抨击这些学说；而恰恰是他们最受这些惯例的影响。并且一些顽固地为这些惯例辩护的人，与其说是想获得确定的知识，还不如说是害怕被说服。

所以，如果有人根据所有的生产现象以及最广泛的贸易经验，证明各国之间的自由来往对彼此都有益，而且证明对于经营外贸的个人最有利的方式，必然同样对于经营外贸的国家也最有利，那么观点狭隘并傲慢自大的人就会指责某人的看法。要是问他们理由何在，他们就马上和你谈起贸易差额，并告诉你，很明显，一个国家必然会因为用货币交换货物而崩溃。这句话本身就是制度。有些人声称，流通使国家致富，一笔金额在转手二十次后就等于原值的二十倍；还有些人声称，奢侈有利于产业的发展，而节俭则招致商业各部门的衰败。这两句话也是臆说。这些人都求助于事实来支持他们的观点，就像牧羊人那样。牧羊人认为眼见为实，当他看见太阳朝出暮落时，就断言太阳在一天内穿越了整个天空，将行星界的规律视为无聊的梦话。

此外，在其他学科取得杰出成就但不了解这门科学原理的人，多倾向于认为，绝对真理仅限于数学和自然科学中经细致观察及实验的结果。他们以为，伦理科学和政治科学不包含不变的事实或无争议的真理，所以不能视为真正的科学，只能视为多少有些机敏却完全是武断的假说。这类哲学家的这种看法，是以研究这些科学的学者的看法不一致以及其中一些学者的狂妄谬论为根据的。但什么科学没有大胆的假说呢？那些最先进的科学完全脱离假说才多少年？相反，难道我们没看见理解有误的人至今仍攻击最为确定的学说主张吗？对于我们生存所必需的水和每时每刻都呼吸的空气做出准确分析才不到四十年，而这个学说所依据的实验和证明仍不断受到攻击,尽管各国最精明和最谨慎的实验家所做的上千次实验和证明结果都相同。在比伦理科学和政治科学中大多数事实都简单得多并明显得多的事实的描述上,也存在不一致的看法。在物理学、化学、植物学、矿物学和生理学中充斥着的争论,不是与各种意见的争论和政治经济学中的争论同样激烈吗?的确,争论双方观察到的是相同的事实,却以不同的方式来分类和解释。值得注意的是,在这些争论中,真正的科学家并未一致反对冒牌的科学家。莱布尼茨(Leibnitz)和牛顿(Newton)、林奈(Linnæus)和朱西厄(Jussieu)、普里斯特里(Priestley)和拉瓦锡(Lavoisier)、索绪尔(Desaussure)和多洛米厄(Dolomieu),都是非凡的天才,却未能在科学学说上取得一致。但是,尽管他们并未达成一致,但他们所教授的科学不是还存在吗?①

---

① 托伦斯上校(Col. Torrens)在他1821年发表的《论财富的生产》(*Essay on the Production of Wealth*)中说:"当前在最著名的政治经济学大师中存在着的争论,已经由一个活泼机智的作者提出作为反对研究这门科学的理由。人类知识的每门学科发展到一定阶段,类似的反对理由都可能提出来。数年前,当化学上的杰出发现开始替代古代燃素学说时,类似现在存在于政治经济学家中的争论,使自然科学家分化为不同的阵营。普里斯特里博士像马尔萨斯先生(Mr. Malthus)那样,以他自己所确定的事实有助于推翻一些理论的顽固的拥护者面目而出现。在人类思想发展的过程中,任何一门科学在它的研究者达成一致看法之前,必然有一个争论时期。但这并不是提供一个理由,使我们在这门学科的基本原理尚未确定前就放弃对它的研究,而应促使我们更热心和更执着地进行研究,直到在人类智力范围内,关于每个问题的疑问都消除了,并且得到了确定的知识为止。至于政治经济学,争论时期正在渡过,而看法一致时期正迅速到来。所以,几乎用不了二十年,关于政治经济学的任何基本原理都将不存在什么疑问。"

托伦斯上校在1826年发表的《论对外谷物的贸易》(*Essay on the External Corn Trade*)第三版的前言中进一步说:"以前,作者曾大胆预言,在并不遥远的未来,政治经济学学者之间关于政治经济学基本原理的争论将停止,意见将普遍一致。"他认为他已经看出这个预言趋于应验的明确迹象。自从他大胆预言后,已有两部著作问世,而每部著作的主要目的都是纠正它们所专门研究的问题在过去流行的错误。这两部著作是:无名氏所著《对价值的本质、原因和衡量的批判》(*A Critical Dissertation on the Nature, Causes, and Measures of Value*),以及图克(Tooke)所著《对价格高低的看法和详述》(*Thoughts and Details on High and Low Prices*)。——美国编者注同样，构成政治科学与伦理科学的一般事实，不受任何争论的影响继续存在着。因此，每一个人利用优势并通过准确无误的观察，都能够确定这些一般事实的存在，证明它们的关系，并推断出结论。这些结论就像客观世界的规律那样，的确是由事物的本质引发的，这些结论不是想象的产物，而是通过细心观察与分析才为我们所知的。君王也好，臣民也罢，都得屈服于它们的权威，绝不能违背它们而不受责罚。

一般事实，或者如果你愿意可称为事实所遵循的一般规律，当它们与其应用相关时，就是说，当我们利用它们来确定我们面对的任何结合起来的情况的作用的规律时，便称为**原则**（principles）。对原则的认识提供了成功进行任何研究的唯一可靠的方法。

政治经济学与精密科学一样，是由若干基本原理及其演绎的许多推论或结论组成的。因此，对于这门科学的进步所必须做的是，应根据观察严格推断这些原理，而这些原理所演绎的结论的数目，可由研究者随后按他拟定的研究目标来增减。要列举所有这些结论并加以适当解释，将是浩大的工程，并且必然会不完善。此外，这门科学越进步，它的影响越大，就越不需要从它的原理上去演绎结论，因为这些结论会自发地呈现在每个人眼前。而且由于这些结论在所有人的掌握范围内，因而就很容易被人们所应用。到那时，政治经济学的论著，将限于阐明若干一般原理，甚至不需要例证，因为这些论著将只不过是任何人所知原理的说明，按照便于理解它们的形式以及它们的相互关系的范围而整理出来的。

然而，以为通过应用数学来解决一门科学的问题，就会使这门科学的研究更准确或得到更可靠的指导，那是毫无根据的。政治经济学所涉及的**价值**（values），允许使用**正**（plus）和**负**（minus）之类的词，这的确是属于数学研究的范围；但同时受到人类的才能、需求和欲望的影响，价值不易于精确评定，所以不能提供用于绝对计算的**数据**（data），如在政治学和物理学中一样，重要的是掌握因果关系的知识。精神世界和物质世界的现象，均不适用于严格的数学计算。①

---

① 例如，我们也许知道，任何一年的葡萄酒价格，必然取决于其销售数量与需求之比。但如果我们要对这两种数字进行数学计算，那我们就必须在完全熟悉它们之前，或在能略微准确地区别它们各自的影响之前，先分析它们的要素。因而，不仅必须确定下个葡萄收获期的产量，而这要经受天气的变化，而且还必须确定下个收获期的葡萄的质量、上个收获期的库存量、酒商所能支配的资金量，以及他们因此必须比较迅速地收回他们垫付款的时间。我们还必须查明关于出口酒的可能性的看法；而出口酒的可能性完全取决于我们对法律和政府的稳定性的看法，这种看法经常变化；而关于出口酒的可能性，任何两个人的看法都不完全一致。我们必须正确评估所有这些数据以及可能所需的许多其他数据，目的只是确定酒的**流通量**（quantity to be put in circulation）。而这不过是**价格**（price）的要素之一。要确定酒的**需求量**（quantity to be demanded），我们必须知道酒在出售情况下的价格，因为对酒的需求随着它的价格低廉而增加。我们还必须知道酒从前的库存量，以及因人而异的消费者的口味和财力。消费者的购买力，多少随着总体产业的发展情况和他们的富裕情况而不同；他们的需要，也随着他们掌握的用另一种酒（如啤酒和苹果酒）代替这种酒的其他方法的多少而不同。我删去许多对解决这个问题多少产生影响的不太重要之处，因为我怀疑任何真正习惯运用数学分析的人竟敢如此尝试。这不仅是因为数据繁多，而且还因为很难准确归纳它们的特性以及很难把它们的各自影响结合起来。而那些自以为能够这么做的人，他们不能以分析性语言阐明这些问题而不使用简单化和任意删除等方法，使这些问题失去原有的复杂性。这样做的后果由于不能恰当估计，因而总会改变问题的本质，歪曲它的结果，以致从这种计算中所得出的推论，与从任意想象的公式中所得出的推论并无不同。所以，在他们的结论中，并未认可精确的几何学研究所特有的和合性——在精确的几何学研究中，无论使用什么方法都能得到它，只看到空洞的、不确定的推论，这些推论的差异常常等于所要确定的数量的差异。那么在说明如此复杂的问题时，明智的研究者应采取什么方针呢？他所采取的方针，与他在同样困难情况下所采取的以决定他一生中大部分行动的方针相同。他会研究所提问题的直接要素，并在确定这些要素之后（这在政治经济学中是能做到的），以机敏直觉的开明理解力，近似地评估出这些要素的相互影响。这本身只是一个手段，用它能估计大量可能性的平均结果，但绝不能精确计算这些结果。

卡巴尼斯（Cabanis）在叙述医学革命时，有一段讲话与上述说法完全相同：生命现象依靠在这么不同的情况下相联系的这么多的未知活力，靠观察去了解这种活力是徒劳的，这些问题的所有状况，由于不能全部叙述出来，因而也绝对不能去计算。所以，一旦机械学学者试图以他们的方法上述关于政治经济学的本质和宗旨以及彻底掌握其原理的最佳方法的论述,将为我们提供方法来了解迄今为止为政治经济学的发展所付出的努力。

古希腊人的文献,他们的立法、条约,以及他们对被征服省份的管理,都显示出他们完全不懂财富的本质及起源、财富的分配方式以及消费财富的影响。他们所知道的,在财产权为法律所认可的任何地方的人也都知道,即节俭增加财富,奢侈减少财富。色诺芬(Xenophon)赞美秩序、活力和智慧,认为它们是达到繁荣的可靠手段。他并未根据任何一般规律演绎出这些准则;也就是说,他不能说明它们之间的因果关系。他建议雅典人保护商业,并友好地接待外国人,但他不太清楚他的建议在什么程度上是恰当的,以致在另一个场合,他对商业是否有利于这个国家并不是十分清楚。

确实,柏拉图(Plato)和亚里士多德(Aristotle)注意到,在生产的不同方式和由它们所产生的结果之间,存在着某些恒定的联系。柏拉图相当准确地①概述了社会分工的效果,但他的目的只是为了说明人们的社会性,以及由于需要繁多,在每个人可专门从事一种生产的社会中人们结合起来的必要性。他的观点完全是政治性的,他并未从中演绎出其他结论。

---

来说明生命规律时,他们为科学界提供了值得我们去最认真思考的奇观。他们所用的名词是正确的,其推理方法也完全合乎逻辑,可他们所得出的结果却全是错误的。此外,尽管所有计算者的语言及表达语言的方法相同,但每个人所得出的结果仍各不相同。正是由于把这种研究方法应用到完全适用的学科上,最异想天开的、荒谬绝伦的和自相矛盾的臆说才得以存在。

达兰伯特(D'Alembert)在其《流体动力学概述》(*Hydrodynamics*)中指出,血液通过血管的速度是绝对计算不出来的。塞纳比埃尔(Senebier)在其《论观察者的技术》(*Essai sur l'Art d'observer*)(第一卷,第81页)中也做了类似的论述。

无论有才能的教师和有见识的哲学家关于自然科学的结论说什么,都更适用于伦理哲学,并指出为什么当我们用数学计算说明政治经济学的现象时总受到误导。在这种情况下,政治经济学成为最危险的抽象理论。

① 《理想国》(*Republic*),第二篇。

亚里士多德在其《政治论》(Politics) 中则更进一步，他把自然生产和人工生产区分开来。他所称为自然生产的，是生产家庭所需的那些消费品，或至多是通过实物交换得来的东西。在他看来，从实际生产中所得的利益除上述之外，再无其他利益。他谴责了人工得利。此外，他未使用任何根据准确观察所得的推论来支持他的看法。从他关于储蓄和贷款对利息的影响的表述方式上看，显然他对资本的本质及运用一无所知。

对那些文明程度不如古希腊人的民族，我们还能期望什么呢？我们也许记得，古埃及法律强迫子承父业。这在一定情况下是要求产品产量超过那个社会形态所需要的，是迫使一个人为了遵守法律，无论是否有资本都继续其生产任务，从而破产，这是完全不合理的。① 古罗马人对农业之外其他任何职业的鄙视，也都表现出了同样的无知。必须把他们的金钱交易列为他们最不熟练的经营。

现代人即使从中世纪的野蛮中解放出来后，在很长时期内也不比古人更进步。我们会有机会注意到，许多关于犹太人、利息和货币本身的法律，都是愚蠢的。亨利四世（Henry IV）准许其宠臣和情妇进行多种小额征敛，为私利向各种商业部门征收许多小额赋税，他认为这是"他不花代价"的恩惠。他还授权索逊伯爵（Count of Soissons）对王国出口的每包货物征收十五苏（sou）的税。②

任何一门科学都是实例先行于理论。葡萄牙人和西班牙人在15世纪的那些幸运的企业，威尼斯、热那亚、佛罗伦萨、比萨、佛兰德各省以及德意志各自由城镇在同一时代的活跃企业，逐渐唤起一些哲学家对财富学说的关注。

这些对财富的研究，如同文艺复兴后的文艺和科学一样，人们对任何其他科学的研究都源于意大利。早在16世纪，博蒂罗（Botero）就从事国家繁荣的真正原因的研究。1613年，安东尼·塞拉（Antonio Serra）撰写了一篇论文，这篇论文特别注意到劳动的生产

---

① 当我们发现，几乎每位历史学家，从希罗多德（Herodotus）到波舒哀（Bossuet），都夸耀这个法律以及其他类似法律时，就可看到，所有撰写历史的人都应掌握一些政治经济学的知识，这是多么重要！
② 参阅苏利（Sully）的《回忆录》(Memoirs)，第十六篇。

力；但他的论文题目就充分表明了其错误。根据他的假设，财富仅由金银构成。① 达文扎蒂（Davanzati）写作了关于货币和交换的论文。在18世纪初，即在魁奈（Quesnay）时代前50年，锡耶纳的班迪尼（Bandini of Sienna）根据推论和经验证明，只有在政府强令人民将食物供应给国家的时候才出现饥荒。罗马银行家伯罗尼（Belloni），在1750年发表了一篇关于商业的论文，表明了他熟知货币和交换的本质，尽管他同时也表明了他在贸易差额学说方面的不足。教皇用侯爵爵位奖励他的付出。在斯密博士之前的卡利（Carli）证明，贸易差额既不予人教训，也不证明什么。阿尔加罗蒂（Algarotti）关于其他科学的作品，是伏尔泰（Voltaire）使其为世人所知，他也就政治经济学撰写了一些作品。虽然他留下的作品很少，但却显示了他的知识的正确和广度，以及他敏锐的眼光。他是如此严格地根据事实并始终把他的推论建立在事物的本质之上，以致尽管他未证明他的各项原理及其间的相互关系，但却也免于假设和臆说。1764年，格诺韦西（Genovesi）在那不勒斯开始公开讲授关于政治经济学的课程，这个讲座由深受敬仰、学识渊博的因蒂耶里（Intieri）所设。由于有了这个先例，后来在米兰，最近在德意志和俄罗斯的大多数大学，也都设立了其他政治经济学讲座。

1750年，神父加利亚尼（Galiani）发表了《论货币》（*Money*）。他后来因为与许多法国哲学家的关系以及其作品《关于谷物贸易的对话》（*Dialogues on the Corn Trade*）而闻名于世。但当时他非常年轻，而《论货币》却展示了他非凡的才能和知识，以致人们以为他在创作时曾得到因蒂耶里神父和里努西尼侯爵（Marquess of Rinuccini）的协助。不过，这部作品与他后来的其他作品似乎具有相似的优点：天才与渊博相结合；细心追溯事物的本质；文体生动而优雅。

这部作品最显著的特点之一是，它包含了亚当·斯密学说的一

---

① "概述金银在没有其矿产的地方也能占支配地位的原因"。

些基础知识，其中之一是，劳动是物质价值或财富的唯一创造者。①尽管这个原理严格意义上并不正确（本书后面将说明这点），但如果推论到极致，本来能使加利亚尼发现或完全揭示生产的各种现象。斯密博士是大约同一时期在格拉斯哥大学任教授，并在那时教授这个后来非常著名的学说。他很可能不知道一个当时几乎不知名的青年在那不勒斯发表的意大利文著作，并且他从未引用过这个青年的著作。但即使他知道这部著作，我们也不应说一个真理属于偶然的发现者，而应属于第一个证明它必是如此并展示其后果的研究者。尽管开普勒（Kepler）和帕斯卡（Pascal）在牛顿之前就猜测到万有引力的存在，但这一发现仍属于牛顿。②

在西班牙，阿尔瓦雷斯·奥索里奥（Alvarez Osorio）和马丁内斯－德－马塔（Martinez－De－Mata）曾做过关于政治经济学的演讲。这些演讲集的出版应归功于开明的爱国者坎波马内斯（Campomanes）。蒙卡达（Moncada）、纳瓦雷特（Navarette）、乌斯塔里奇（Ustaritz）、瓦德（Ward）和乌略亚（Ulloa）也在这方面进行了写作。这些受人尊敬的学者，如同那些意大利学者一样，持有许多正确的观点，证明各种重要事实，并提供大量费力的计算。但由于他们不能把这些建立在这门科学当时不为人所知的基本原理之上，因而他们在进行这个研究的方法和目的上常常犯错误。在他们的许多

---

① "关于劳动，我要说，不仅在绘画、雕塑、雕刻这类纯粹艺术品的生产中，而且在金属、矿物和植物这类天然产物的生产中，它们的价值完全来自创造它们的劳动。物质的数量，只是在多少需要劳动的情况下，才影响物质的价值。"（加利亚尼，《论货币》，第一篇第2章）

在同一章，他还说，人，也就是他的劳动，是价值的唯一正确的衡量标准。斯密博士也认为这是一项原理，尽管我认为这并不正确。

② 同样是加利亚尼，在同一部著作中说，某人所得必是他人所失。这证明这样一个非常聪明的学者，也许甚至不知如何做最简单的推论，他可能与真理擦肩而过而未发现。这是因为，如果财富能由劳动而**创造**，那么就可能在世界上有一种新型财富，即不是取自任何人的财富。的确，这位作者，在他很久后发表于法国的《关于谷物贸易的对话》中，以一种非常特殊的方式批判自己。他说："一个纯粹偶然发现的真理，就像草地上的蘑菇，毫无价值。如果我们不知道它的原因和后果，或不知道它是如何以及通过什么推理环节得出的，我们就不能利用它。"

无用的专论中，只是给人以不确定的和欺人的印象。①

在法国，政治经济学最初只是考虑到它在国家财政上的应用。苏利说得非常对，农业和贸易是国家的两个乳头。不过，他的说法出自关于真理的模糊不明的概念。同一说法也许适用于头脑健全而实用的沃邦（Vauban），他虽然在军队中任职，但却是个哲学家和性格平和的人。他的国家因路易十四（Louis XIV）的虚荣而陷入衰败，他对此深感苦恼，并提出一种更公平的征税方法，作为减轻公众负担的手段。

在摄政王的影响下，各种意见被动摇了。被认为是财富的无穷源泉的银行钞票，只是耗尽资本的手段，是花费未实现收入的手段，以及勾销所有债务的手段。节制和节俭成为嘲笑的对象。摄政王的朝臣，通过劝说或是通过自身腐化，怂恿他穷奢极欲。在这个时期，一个国家由奢侈而致富的说法，成为一种学说。当时所有人的才智都用于散文以极力维持这个谬论，或以更有魅力的诗歌来美化它。人们真的认为，滥用国家财富值得人民去感激。对基本原理的无知，以及奥尔良公爵（Duke of Orleans）的放荡淫乱，一起毁了这个王国。在红衣主教弗勒里（Fleury）所维持的长久和平时期，法国才稍有起色。这位弱势首相的无足轻重的统治，至少证明国家的统治者如果不做坏事，也许就是做大好事了。

产业各部门的不断进步，各门科学的发展（我们将有机会注意到这对财富的影响），以及舆论对国家财富的一定程度的重视，使得许多学者开始思考政治经济学。那时人们还不知道政治经济学的真正原理，但根据丰特奈尔（Fontenelle）的说法，既然情况不允许我们马上得到真理，而必须先经过各种谬论和不同程度的愚昧，那难道我们就应该把这些指导我们更加稳定而明确前进的错误步骤视为完全无用的吗？

考虑法律所有相互关系的孟德斯鸠（Montesquieu），研究了它们对国家财富的影响。他应该先探讨财富的本质及其来源，但他并未

---

① 由于我不能评定作品尚未译成法语的这些作者的优点，于是我就引用了把本书译成西班牙语的译者之一的邓·何塞·魁波（Don Jose Queypo）先生的意见。魁波先生是才能和爱国心都很出众的人，我只引用了他的看法。

形成这方面的看法。然而，我们应感谢这位非凡的学者，是他最先用哲理的方法推究立法的原则。在这点上，也许可将他视为英国学者的老师，而这些英国学者现在都被普遍推崇为我们的老师，正如伏尔泰一直是英国最好的历史学家的老师那样。这些英国历史学家现在为我们提供了值得效仿的办法。

大约在18世纪中叶，由魁奈博士提出的关于财富来源的一些原理，使许多人转而皈依他。这些皈依者对于上述原理的创始人表现出了狂热的崇拜，他们一贯信奉同一信条的审慎严谨，以及他们拥护这些信条所显示的活力和热情，使得他们被视为自成一派，这个学派得名**经济学派**（economists）。他们不是先去观察事物的本质或事物如何发生，把这些观察结果分类，并根据观察结果推断出一般定理，而是先设立一些抽象的一般定理，并称之为公理，因为他们认为这些公理包含了证明它们真实性的固有证据。然后他们试图使个别事实适应这些公理，并根据这些事实推断其"规律"，这样就使得他们去拥护那些与常识及一般经验明显不同的原理。① 这可在本书后文看到。他们的反对者对于争论的问题也并未提出更正确的观点。由于争论双方的学问和才能都很突出，无论对错都很偶然，因而对于本应承认的观点去争论，而对于无疑错误的意见却默许。总之，他们是茫然争论。伏尔泰熟知如何在任何地方发现谬误，他在他的《有一百二十法郎的人》（*Homme aux quarante ecus*）这本书中，讽刺了经济学派的学说。但在揭露利维尔（Riviere）的令人厌烦的废话和米拉波（Mirabeau）的《人之友》（*L'ami des Hommes*）一书的荒唐时，他也不能指出二者的谬误。

经济学派通过传播一些重要真理，通过唤起对公共利益的更普遍的关注，通过引起各种在当时虽无益处却在后来导致更准确的研究的讨论，无疑是做了大好事。② 在认为是农业生产财富时，他们

---

① 例如，他们认为，粮价下跌对于公众是一场灾难。
② 在他们引起的争论中，我们不应该忘记加利亚尼所著的那部有趣的《关于谷物贸易的对话》。他在这本书中以香迪（Shandy）的幽默手法论述了政治经济学问题。他提出一个真理，但当人们要他提出证据时，他却以巧妙的笑话做了答复。

确实不是在误导。可能是他们揭示生产的本质的必要性，使得他们对这个重要现象做了进一步研究，该研究引导他们的继承者去研究它的全部发展。另外，经济学派的工作存在严重弊端。他们对许多有用原理的责难，他们的宗派精神，他们大部分著作中武断的和抽象的语言，以及他们一贯的鼓吹语气，使人们普遍认为，从事这个研究的所有人都只不过是些空想家，他们的学说最多只能满足理论上的好奇心，在实践中却完全不适用。①

不过，从来没有人否认这点，即经济学派的著作一贯拥护最严格的道德，一贯主张每个人都应拥有根据自己的意向来处理人身、财产和才能的自由。确实，没有这种自由，个人幸福和国家繁荣就只不过是没有意义的空话。仅这些看法，就使其作者应该获得普遍的感激和尊重。此外，我不相信在这些人中能找到一个不诚实或不好的公民。

这无疑就是为什么自 1760 年以来，几乎所有研究有关政治经济学问题的法国学者，无论名气大小，虽未完全投身于经济学派门下，却都受到了经济学派的影响。雷纳尔（Raynal）、孔多塞（Condorcet）以及其他许多人，都属于这类学者。康迪莱克（Condillac）也可归入这类学者，尽管他试图就自己不理解的学科自立一种学说。从他的著作②的精巧的细微之处，就可获得许多有用的提示，但他

---

① 伦理科学和政治科学建立在空想理论之上这种看法，主要源自我们几乎始终混淆**权利问题**（questions of right）和**事实问题**（matters of fact）。例如，经济学派著作长期讨论的国家最高统治者是否是所有土地的主人这个问题，有什么重要性呢？事实是，所有国家的政府都取走不动产收入的一部分，或以税收的形式强迫人民缴纳。这是一个事实，并且是重要事实。我们能够探究的一些事实的结果，是肯定导致另一些事实（例如物价上涨）的原因。**权利问题**多少都是看法问题；相反，**事实问题**都是能够论证的。前者对人类命运仅产生极小的影响，而后者则由于事实相互作用而使人们深感兴趣。由于对于我们重要的是，一些结果应比其他结果先发生，因此我们必须确定可获得这些结果的方法。由于卢梭的《社会契约论》（The Social Contract）几乎完全建立在**权利问题**之上，因而它成为一部至少是实际效用极小的一部著作。我毫不犹豫地坦承这一点。

② 《工业与政府的关系》。

与经济学派的学者一样,几乎总是把原理建立在一些无根据的假设之上。的确,为了证明和说明某位学者的一般推论的正确性,可以运用假设,但要建立基本真理,假设是绝对不够的。政治经济学只是自从阐述归纳研究的结果之后才成为一门科学。

杜尔哥(Turgot)自身就是个好公民,从而不能不推崇像经济学派成员那样的好公民。所以,在他当权时,他认为支持经济学派对他有利。而经济学派则声称这样一位开明人士及国务大臣是自己的代表人物之一,也从中受益。但杜尔哥的主张并非是从经济学派那里借鉴来的,而是来自事物的本质。尽管他的理论的许多要点可能被误解,但他规划或执行的当政措施却可列入任何政治家所设想的最杰出的措施当中。所以,他的君主不能理解这些措施,或能理解而不知如何支持这些措施,这就是他的君主无能的最有力的证明。

经济学派不仅对法国学者有特别重要的影响,而且对许多意大利学者也有很明显的影响。这些意大利学者甚至比法国经济学者更进一步。贝卡里亚(Beccaria)在米兰的一次公开演讲中[①]最先分析了生产性资本的真正作用。维里伯爵(Count de Verri)是贝卡里亚的同乡和朋友,他们也应该成为朋友,因为他们都是实业家和有造诣的学者。维里伯爵在其著作《政治经济学研究》(*Meditazione sull' Economia politica*)中,比斯密博士之前的任何其他学者都更接近那些财富的生产和消费的真正规律。弗兰吉里(Filangieri)直到1780年才发表关于政治规律和经济规律的论著,他似乎不了解斯密博士四年前出版的著作。他遵循维里伯爵所设立的原理,甚至更完全地发展这些原理。尽管他以分析和演绎为指导,却没有从最有利的前提出发,推究那些能证明这些前提并同时展示这些前提的适用的和有效用的直接结果。

上述研究均未导致任何重要结果。的确,在关于财富本质的明确概念尚未形成时,怎么可能了解国家繁荣的原因呢?我们必须完

---

① 参见其演讲摘要。该摘要最初由卡斯托迪(Custodi)于1804年发表在米兰出版的一部颇有价值的论文集中,题为《意大利古典经济学家言论集》。1803年这本书的第一版出版之后我才知道这本书。

全理解我们研究的目的，然后再去寻求达到这个目的的方法。1776年，在盛产最负盛名的学者、历史学家和哲学家的那所苏格兰学校，受过教育的亚当·斯密出版了他的著作《国富论》(Inquiry into the Nature and Causes of the Wealth of Nations)。在这部著作中，作者证明，财富是物品的交换价值；财富的多少与我们拥有的有价值物品的多少成比例；由于我们能赋予或增加物质的价值，所以我们能在以前没有价值的物质上创造并注入财富，并保存、积累或消灭掉。①

在研究价值的来源时，斯密博士发现，价值来自人类劳动。他认为应称之为**勤劳**(industry)，因为这个词汇比**劳动**(labour)更全面且更富有意义。从这个成功的论证中他推论出了许多重要的结论，这些结论是关于阻碍劳动生产力发展从而不利于财富增长的原因。由于这些结论是根据一个无可辩驳的原理推断出来的，因而只有那些太不留心研究而不能完全了解这个原理的人，或理解力不健全且完全不能抓住任何两个观点间联系的人，才会攻击这些结论。只要我们用心细读（值得如此）《国富论》，就会明白，在这部划时代的著作出版以前，政治经济学这门科学并不存在。

从这个时期起，金银被认为只构成国家财富的一部分，并且是很小的一部分。金银成为不太重要的一部分，是因为它们相对不易增加，并且它们比具有相同价值的许多其他物品更容易使用。因此，一个社会及其单个成员，对于取得超出有限需求更多的金属货币毫无兴趣。

---

① 在斯密博士的著作面世的那一年，就在它出版之前，迪南（Dignan）在伦敦以法语发表了《关于政治经济学原理的论文》。其中有以下一段话值得注意："再生产阶级包括所有把土地的生产力和他们的劳动结合起来，或通过他们的多种技艺加工天然产品，以某种形式创造一种**新价值**（new value）的人。这种新价值全部构成所谓的**每年再生产**（annual reproduction）。"

这段引人注目的话，比斯密博士的著作的任何部分都更清楚地描述了再生产的特性，却没有引导其作者得出任何重要的结论，而只是产生了一些零散的提示。由于他的各种观点之间缺少联系，所用术语也不够精确，因而使得他的论文如此空洞含糊，以致我们不能从中得到任何启发。

我们认为，斯密博士的这些观点，首先使他能够全面确定货币的真正作用。他把这些观点应用到银行票据和纸币方面，这实际上极其重要。这些观点使他有办法证明，生产性资本不是由一笔款项构成的，而是由生产中所使用的物品的价值构成的。他安排并分析了构成生产性资本的要素，并指出它们的真正作用。①

很多完全正确的原理，在斯密博士那个年代之前就曾被提出过②，然而，是斯密最先证明这些原理的正确性。不仅如此，他还为我们提供了发现错误的正确方法；他把新的研究方法应用于政治经济学中，即不是抽象地寻找原理，而是从最经常观察到的事实中探求支配它们的一般规律。由于任何事实都可以说有一个特殊原因，所以确定这个原因符合规律的目的，而渴望了解**为什么**（why）某个特殊原因产生这个结果，因而不可能因任何其他原因产生，符合分析的目的。斯密博士的著作是一系列论证，这些论证把许多主张提升为无可辩驳的原理，并把更多的主张抛入思想垃圾堆。这些被抛弃的主张在尚未被永远消灭前，在相当长的时期内会通过狂妄臆说和空洞看法来挣扎。

据说，斯密博士应十分感激斯图亚特。③ 但斯密即使是为了反驳斯图亚特也都从未引用过他的话。我看不出斯密应感激斯图亚特什么。斯密在论证他的主题时显示了高屋建瓴和渊博的见识，而斯图亚特的研究则是范围狭窄的和微不足道的。斯图亚特支持由柯尔

---

① 关于这个艰深的问题，也许斯密博士论述得不够系统，也不够清楚。因此，他的聪明的、敏锐的同胞劳德代尔勋爵（Lord Lauderdale）撰写了一篇论文，以证明他完全不理解《国富论》的这个部分。
② 魁奈在为《百科全书》所写的文章"谷物"中说："能出售的商品，应始终不加区别地视为适用于个人用途的货币财富或实物财富。"这实际上就是斯密博士所说的交换价值。维里认为（第 3 章），再生产只不过是再生产价值，物品的价值构成财富。前面提到，加利亚尼说过，劳动是一切价值的源泉。不过，斯密博士通过揭示这些观点与其他重要现象之间的关系（我们已知这点），以及甚至用它们的后果来证明它们，使这些观点成为他自己的观点。
③ 詹姆斯·斯图亚特爵士（Sir James Stewart）是《政治经济学原理》一书的作者。

贝尔建立的学说,这个学说后来被所有研究商业问题的法国学者所采纳,大多数欧洲政府也坚定信奉这个学说。这个学说认为,国家的财富不依存于该国产品的总和,而是依存于该国对外国的销售额。斯密博士著作的最重要部分之一,就是对这个理论的反驳。如果斯密没有特别反驳斯图亚特,那是因为他并未把斯图亚特视为这个学派的创始人,并且他认为,推翻一个当时被普遍接受的看法,比驳倒一个学者没有特别内容的观点更重要。

经济学派也声称,斯密博士应感激他们。但这些说法究竟有什么意义呢?一位天才受惠于周围的一切:他所综合的零星启发,他所推翻的谬误,甚至是攻击他的敌人。这是因为所有这些都有助于他的看法的形成。但当他后来根据这些材料提炼出对他的同代人和后代都有益的观点时,我们应该万分感激他,而不应责难他受惠于他人。况且,斯密博士毫不迟疑地承认,他与法国最开明人士的交往,以及与他的同胞和朋友休谟(Hume)的亲密通信,均使他受益匪浅。休谟关于政治经济学和其他各学科的论文,包含很多正确观点。

在如此简短的概述所允许的范围内,尽量详细地说明斯密博士对政治经济学这门科学所做的改进之后,我扼要地指出他所犯的一些错误,以及他未曾说明的地方,或许并非无用。

他把创造价值的力量仅归因于人类劳动,这是错误的。更严谨的分析表明(本书后面会看到),所有价值均来自劳动的作用,或更准确地说,来自人类勤劳与自然和资本的力量所产生的作用相结合。所以,斯密博士对于生产的最重要的现象没有获得彻底的认识,这导致他得出一些错误的结论,例如,他认为,劳动的分工或更准确地说是职业的区分,有巨大影响。尽管这种影响绝非微不足道甚至无足轻重,但生产的最大奇迹,与其说是由于人类劳动的特殊性,还不如说是由于我们利用了自然力量。他对这个原理的无知,使得他不能建立机器与财富生产之间的关系的正确学说。

关于生产现象,现在比斯密博士时代了解更深。这使得斯密的继承者能区分物价的实际上涨和相对上涨,并指出它们存在的差异。①

---

① 参阅第二篇第 3 章。

这种差异为许多在发现它之前完全不能说明的问题提供了答案。例如，"**是否税收或任何其他赋税通过提高商品价格增加了财富的数量？**"① 又如，"**既然生产者的收入来自生产成本，那么为什么这种收入并不因生产成本的降低而减少？**"正是由于能解答这些深奥的问题，政治经济学才成了一门科学。②

只有斯密博士把**财富**（wealth）这个词限定在有形物质所具有或体现的价值上，从而缩小了这门科学的范围。他本应把那些尽管是无形却同样是有实际价值的东西，例如先天的和后天的才能，也包括在财富内。在两个同样都没有财产的人中，一个有特殊才能的人，绝不会像另一个人那么贫困。无论是谁每年付出代价去学得一种特殊技能，谁就能拥有积累的资本。这种财富，尽管是无形的，却不

---

① 斯密博士令人满意地证明了物品的实际价格与名义价格的差异，即为了得到一件商品所必须付出的实际价值的数额与这些价值总和的名称之间的差异。此处所提到的差异，源于一个分解了实际价格的更完全的分析。

② 例如，只有完了解生产的发生方式后，我们才能说，货币和商品的流通对生产有多大帮助，以及什么流通是有用的，什么流通是无用的，否则，我们关于迅速流通的效用的言论只不过是胡扯，就像我们每天所做的那样。由于政治经济学这门科学的进步微不足道，因而必须唤起我们对它的一些比较简单的应用的关注，我不得不用本书的一章来说明这个问题（第一篇第 16 章）。同样的话也适用于本书第一篇第 20 章，该章探讨了从国家财富的角度探讨暂时性和永久性移民的问题。然而，任何十分了解这门科学原理的人，都不难得出同样的结论。

  不仅是财政学者，而且历史学者和地理学者也必须具有至少是政治经济学的基本原理的知识，这为期不远了。一部关于世界地理的当代论著，在其他方面显示了广泛的研究和丰富的资料，却包含以下段落（该书第二卷第 602 页）："一个国家的居民数量是任何良好财政制度的基础。人口越多，商业和工业的成就越大，军队的规模与人口数量成正比。"不幸的是，所有这些见解都可能是错误的。国家财政收入必然由国家财产的收入构成，或由以税收形式从个人收入征收所得构成，这不依存于人民的数量，而是依存于人民的财富，尤其是人民的收入。穷苦大众对国家财政收入贡献较小，却使国家有更多必须养活的人。最有助于一个国家商业发展的，不是该国的人口数量，而是该国居民的资本和才能。资本和才能对人口的益处，要远远大于人口对资本和才能的益处。最后，一国政府能维持的军队数量对人口数量的依赖，也不如对国家财政收入的依赖大。我已说过，财政收入不依存于人口数量。

是想象中的，因而每天都以职业劳作的形式用于交换金银。

关于生产的发生方式，以及农业生产和手工生产所特有的情况，斯密博士阐述得如此明确。而关于商业生产，他只为我们提供了模糊不清的概念。他不能明确地指出，交通便利为什么以及在多大程度上有助于生产。

对于勤劳或他称为劳动的一般名称所包含的不同作用，斯密没做严密的分析，所以他不能了解上述各项作用对生产事业的特殊重要性。

对于财富在社会中的分配方式，斯密的著作没有提供令人满意的或系统的说明。值得注意的是，这个政治经济学的分支，开放了一个可耕耘的几乎全新的领域。经济学者关于财富生产的观点太不完整了，以致他们不能对财富分配形成任何正确的看法。①

最后，尽管财富的消费只是与财富的生产相对应，斯密的学说也引导人们去正确地研究，但斯密本人却没有发展自己的学说，这使他不能建立许多重要原理。因为他没有说明两种不同的消费——非生产性消费和再生产性消费所以他没有令人满意地证明，为形成资本而储蓄和积累的价值的消费，与浪费价值的消费，同样是完全的消费。我们越熟悉政治经济学，就越能正确理解斯密对这门科学所做的修正的重要性，以及他留给后人来完成的进一步修正的重要性。②

以上就是《国富论》一书在基本原理方面的主要缺点。这部著作的全书设计，换言之，阐明这些原理的方式，同样也应大受非议。

作者在许多地方的表述都不够明晰，并且几乎全书都缺乏条理。要完全理解斯密，读者就必须使自己习惯于整理并细心体会他的观点。至少是超出大多数读者理解力的某些段落，理解起来很吃力。的确，这些段落是如此难以理解，以致在其他场合很有见识的人，

---

① 参见杜尔哥的《关于财富的形成和分配的考察》一书。他在该书中提出了关于这方面问题的各种观点，这些观点不是完全谬误，就是很不完全。

② 除了这里所提到之处，还有许多其他论点，斯密博士不是忽略了，就是仅仅做了不完全的分析。

虽然自称能理解并赞美这些观点，而且还撰写了关于斯密所讨论的问题的文章，即关于税收和作为货币辅助的银行钞票的文章，但却并不理解他关于这些方面的任何理论。而正是这些理论构成了他的著作的最精彩的部分之一。

斯密的基本原理也不是在用于阐明这些原理的章节中建立起来的。许多原理散见于他对**排他主义**（exclusive system）或**重商主义**（mercantile system）以及**经济学派**（the system of the economists）的精彩批驳中，但在该书的其他部分却不见踪影。关于物品的实际价格和名义价格的原理，是在他对过去四百年贵金属价值的论述中提出的，而他对货币问题的看法，包含在关于通商条约的章节中。

此外，斯密博士的冗长的离题论述，受到很大责难。关于某一法律或制度的历史叙述，作为史料的搜集无疑极为令人感兴趣，但在一部致力于论证一般原理的著作中，与这些目的不是完全适合的个别事实，只能无谓地分散读者的注意力。他对罗马帝国灭亡后欧洲各国财富增长情况的概述，只不过是华丽的离题论述。同样的话也适用于他对公共教育的极为精妙的论述，尽管这个论述充满渊博的学识和正确的哲理，并同时包含许多有价值的教诲。

有时这些论述与斯密的主题几乎毫无关系。在论述国家开支时，他深入有关各国在各个时代作战的不同方式的离奇历史，以此说明军事胜利对世界许多地方文化的决定性影响。而除了英国人，任何其他国家的人民对这些长篇的离题论述有时也缺乏兴趣。他关于英国允许其所有殖民地拥有议会代表权所得的好处的长篇论述，就属于这类。

学术性文章的优点，在于它不包括不应包括的东西，正如它包括应该包括的东西一样。这么多细节，虽然它们本身是有用的，但却不必要地拖累了一部旨在阐明政治经济学原理的著作。正如培根使我们了解亚里士多德哲学的空虚，斯密使我们看出所有在他之前的政治经济学学说的谬误，但斯密没有提高这门科学的上层建筑，正如培根没有创造逻辑学一样。不过，这两位学者对我们的帮助已经够大的了，因为是他们使其继承者避免了浪费时间走冤枉路的可能性。①

不过，我们迄今还没有一部确定的政治经济学教科书，在这部教科书中，广泛及正确观察的结果，与任何能思考的人可接受的一般原理相联系；在这部教科书中，广泛及正确观察的结果是如此完整和有序，以致能相互证明在任何地方、任何时间去研究都能受益。如果我要着手进行这个有用的工作，我认为必须专心研究前人关于这方面的著作，然后忘掉这些著作。研究这些前人的著作，我就能从在我之前的这么多杰出的研究者的经验中受益；努力忘掉前人的影响，我就不会受到任何学说的误导，并且在任何时候我都能自由探寻社会上实际存在的事物的本质和发展过程。我不求助于任何假设，而只是要阐明财富是如何生产、分配和消费的。关于这些事实的知识，只能通过观察去获得。本书所提供的就是这些观察的结果，而任何研究者都能做这种观察。而我根据这些观察结果所推出的一般结论的正确性，每位读者都可以自行判断。

借助这个时代的伟人，以及大力帮助其他科学进步的哲理推究方法，我有理由去期望我在任何时候都能追溯到事物的本质，并绝不设定不能直接应用于实践的抽象原理。因而，原理始终与相当确定的事实相比较，从而使任何人在发现它的效用的同时，就能轻易认识到它的真实性。

不仅如此，从前推断出的可靠的一般原理，必须提到，并且需要简要而明晰地去证明；而从前没有推断出的原理，必须去创立，整体必须结合起来，使任何人都确信没有遗漏任何重要的东西，也

---

① 自斯密博士起，在英国和法国有多种政治经济学著作面世。其中有些篇幅很长，但少有值得保存的东西。这些著作大部分都是有争论性的，作者所推断出的政治经济学原理，只是为了支持他们所喜好的假设。不过尽管如此，仍可从这些著作中获得许多重要事实甚至正确的原理，如果这些原理与作品的观点一致的话。根茨（Gentz）的"关于大不列颠的财政收入的论文"，为皮特先生（Mr. Pitt）的财政制度进行辩护，就属于这类著作。桑顿（Thornton）所著为英格兰银行停止兑现而辩护的"论不兑换纸币的性质和影响"，以及许多关于同一问题和《谷物法》的其他著作，也属于这类著作。

没有忽略任何基本论点。这门科学中的各种错误看法必须被消除，但这种消除仅限于大家已普遍接受的错误看法和知名学者的错误看法。这是因为，不知名学者或人们不相信的教条，能造成什么损失呢？我们所使用的词语必须很准确，以防止同一词被理解为两种不同意义；所有问题都必须简单化，以便于发现各种错误，尤其是我们的错误。总之，这门科学的学说必须以大众化论述①的形式来表达，以使任何有正确理解力的人都能充分理解这些原理及其结果，并能把这些原理应用于生活中的各种不同情况。

本书关于物品的价值是财富的衡量标准这一观点，一直特别受到人们的反对。这也许是我的错，我本应注意不受误解。对于反对意见，我能做的唯一令人满意的答复是，我将努力更明晰地阐述我的学说。因此，我必须向购买本书前几个版本的读者道歉，因为我在这个版本中做了许多修订。在探讨对大众福利这么重要的问题时，尽量去完善，这是我的职责。

自从本书前几个版本出版以来，许多学者，包括一些贡献突出的知名人士②，发表了政治经济学的新的论著。说明这些作品的一般特点，或决定这些作品是否详尽、明晰而融会贯通地阐述这门科学的基本原理，都不是我的本分。我能诚恳说明的是，这些作品有许多都包含了旨在使这门科学大有进步的真理和例证，我在拜读后受益匪浅。但是，与其他任何研究者一样，我有权说明，它们中的一些乍看起来似乎有理的原理，与更审慎而严格归纳的事实，在多大程度上是矛盾的。

指责李嘉图先生有时依据过于一般化的抽象原理来推论，这也

---

① 我用**大众化论述**（popular treatise）一词，并不意味着是供那些既不懂如何阅读又不懂如何使用的人去使用。我用这个词，意味着不是专供这门科学的专业研究者或科学研究者使用，而是适于任何有理解力和有能力的社会成员去使用。
② 指李嘉图、西斯蒙第等人。有的妇女也发觉，认为妇女不适于对家庭幸福有正面影响的那门科学的研究，对自己很不公。在英国，马塞特夫人发表了"政治经济学对话"（后来译成法文），以通俗悦人的文风说明了正确的原理。

许是有充分根据的。当一个建立在无可怀疑的观察结果之上因而无可置疑的假设已完成时，他就把推论推向了终极结果，而不把推论的结果与实际经验的结果进行比较。在这方面，他像一个哲学机械师，根据由杠杆的性质得出的无可怀疑的证据，论证舞蹈者每天在舞台上表演的跳跃是不可能的。这是如何发生的呢？这是由于他的推论是以直线式进行的，而一个往往未被发觉并总是难以察觉的重要力量，使得事实与我们的估算相去甚远。从那时起，这位作者的作品中的内容，都不是大自然中实际发生的。仅从事实出发还不够，还必须把事实联系起来不断进行研究，必须把从事实中得出的结果与观察到的结果进行比较。政治经济学要成为有实际效用的科学，就不应教导人们什么**必定**（must necessarily）发生，哪怕这是从适当的推论和无可置疑的前提中演绎出来的；而必须说明，实际发生的事实是以何种方式成为另一个同样确定的事实的结果。政治经济学必须去发现把事实联系在一起的链条，并根据观察，始终在两个环节的联系处确定这两个环节的存在。

至于那些既没有渊博的知识，又没有融会贯通知识，从而不能做出正确判断的学者，常常提出或复述狂妄过时的学说。反驳这些人的学说的最有效的方法是，更明晰地阐述这门科学的正确性，让时光来传播它，否则，我们会卷入无休止的争论当中。而这对社会的开明人士毫无教益，但却使无知者相信，由于一切都成了争论的对象，因而一切都无法证明。

带有各种偏见的争论者以某种权威自信的语气说，国家和个人即使不知道财富的本质也充分了解如何增进他们的财富。这种关于财富本质的知识，本身只是纯粹的理论，而不实用。这不过是等于说，我们完全了解如何生存和呼吸，而无须了解解剖学和生理学，因而这些科学是多余的。这种主张是站不住脚的。但假如这种主张得到支持，还得到医生阶层的支持，并且他们在攻击医学的同时，还让你接受过时的庸医方法和最荒谬的富有偏见的治疗，他们否认所有正规的、系统的教育，不顾你的反对，要在你的身体上进行最残忍的试验，并且他们的命令是以法律的力量和尊严来执行的，最终由一群职员和士兵来执行命令。对此，我们该说什么呢？

也有人在为过时的谬误辩护时说,"所有人都普遍接受的看法,必定有一定根据;对于把许多才能和品德出众人士所主张的并同意的看法推翻了的观察结果和推论,我们还是应持怀疑态度"。必须承认,如果我们没有看到现在公认的最荒谬的臆说,曾长期到处被接受和传授,那么上述说法便在我们头脑中留下深刻印象,甚至使我们对最无争议的主张有所怀疑。仅仅是不久前,最原始和最文明的民族,以及所有人类,从不识字的农民到有知识的哲学家,都相信物质当中仅存在四种元素。甚至没人想到过质疑这个荒谬的学说,以致现在一个物理学的初学者如果认为地、风、火、水是四种不同元素,就会丢脸。① 有多少同样普遍流行和受尊重的其他观点也会同样消失啊! 人类的观点多少有些传染性,会遭到感染全人类的精神疾病的攻击。这种疾病像鼠疫那样终将会来临,但需要时间。西塞罗曾说:"那两个占卜官再不会在检验死者内脏的时候而不发笑了。"可三百年后罗马仍延续这一做法。

但对于观点剧烈变化的深思,不应使我们认为,任何事物都不是确定的,从而怀疑一切。人们在能从所有方面观察的情况下反复观察到的事实,一旦被确定并正确描述,那就不应再视为只是看法,而应视为绝对真理。一旦证明物体受热膨胀,就不应再质疑这个真理。伦理科学和政治科学描述的是同样无可非议但却更难解释的真理。在这些科学中,每个人都认为自己不仅有权发现,而且有权对别人的发现发表意见。可是,具有相应知识和开阔视野、能完全了解问题的各个方面且敢于发表意见的,是多么罕见啊! 在社会上,人们经常惊异地发现,最奥妙的问题很快得到解决,仿佛一切能够并应当影响这种解决的情况都已知道。如果一群人快速经过一个巨大的城堡,还描述了城堡里发生的一切,那么人们会说什么呢?

---

① 今天,每一门科学,即使最重要的一门科学,问世都还很短暂。著名的农业学家亚瑟·扬(Arthur Young)辛勤地收集关于土壤的所有观察结果。土壤是农业学最重要的部分,它能告诉我们应该种什么农作物,以及在什么时候种才能有很好的收获。亚瑟·扬说,他找不到1765年之前有关这方面的著述。对社会幸福和繁荣也很重要的其他技术,如今仍处于发展的初期阶段。

一些人从未认真关注到社会的进步状态，但却大胆断言这种状态不可能存在。他们默许已存在的罪恶，说这种罪恶不可能不存在，以此来安慰自己。这使我们想到那位日本天皇，他说如果有人告诉他荷兰人没有国王，他会笑得透不过气来。北美的易洛魁人（印第安人）认为，如果不烧死战俘，简直无法想象战争如何顺利进行。

尽管从一切表面现象上看，许多欧洲国家也许处于繁荣状态，其中某些国家仅为维持政府运转就每年开支一两亿，但我们不应因此推断它们的情况已经很完美。一个西巴里斯的富人，可以随意地住在乡间城堡或城内豪宅，这两者均开支极大；他穷奢极欲，哪里有新的享乐，他就乘着最便捷、最舒适的交通工具赶到哪里；他雇用大量的家仆和佣人；他兴致一来就杀死十多匹马；他也许认为，一切都够好的了，政治经济学不会带来社会的进一步的改善。但处于繁荣状态的国家，究竟有多少人能过上奢华的生活呢？十万人里最多只有一个人；也许一千个人里也没有一个能过上所谓舒适自在的生活。随处可见的是一些人的劳动被剥削来养活另一些闲人，破烂陋屋与堂皇豪宅相邻，穷人的褴褛衣衫与富人的华丽服饰形成截然分明的对比。总之，在最基本的需求不能满足的同时，还存在着最无聊的挥霍。

在混乱的社会秩序下得到充足享受的人，从不缺乏理由来证明这种社会状态是合理的。这是因为，如果只从一个观点来看，有什么东西是不能辩解的呢？如果让这些人重新选择社会角色，他们就会有许多要反对的了。

因此，政治经济学的许多观点，不仅是基于人类的最普遍弱点——虚荣心，而且是基于另一个无疑同样普遍的弱点——自私自利。这两者不知不觉并不由自主地对我们的思维模式产生强大的影响。所以，这些激烈而敌意的偏执，常常恐吓真理，迫使真理退却。当真理敢于反抗时，这些偏执就贬斥真理，有时甚至迫害真理。现在由于知识如此广泛地传播，哲学家可以肯定地说自然规律在宇宙空间和在原子世界是相同的，而不会受到人们的反驳。但如果政治家敢于肯定地说国家财政与个人财务完全相同，国家和个人的事务的处理都应依据相同的经济原理，那他就会受到社会各阶层的反对，不得不去反驳多种学说。

不仅如此，某些学者就他们自己都承认不了解的主题而撰写杂志、论文、小册子甚至整部图书，其水平相当低劣。结果如何呢？政治经济学陷入了他们的思想迷雾中，使得正变得明朗的东西又变得晦涩不清。大众是如此的漠不关心，以致他们宁愿相信确定的说法，而不愿费力去研究它们。此外，他们有时受数字和计算的影响，似乎认为仅仅用数字计算就能证明任何东西，似乎任何规律都能设定，而不必正确推理就会得出结论。

上述就是阻碍政治经济学发展的部分原因。

不过，所有事实都表明，这门中看又中用的科学，正在越来越快地四处传播。因为人们已认识到，这门科学不是以假设为基础的，而是建立在观察结果和经验之上的，所以人们已感受到这门科学的重要性。现在任何传授知识的地方都教这门科学。在德意志、苏格兰、西班牙、意大利和北欧的各大学，都已设立了政治经济学讲座，今后还将以更正规、更系统的研究成果来教授这门科学。在牛津大学继续走老路时①，剑桥大学在几年内为传授这门新学科而设立了讲座。在日内瓦和其他各地，都举办了许多政治经济学演讲。巴塞罗那的商人还自费设立了政治经济学讲座。人们现在认为政治经济学是教育王室子孙的一个重要组成部分，而那些高贵的子弟们也以不懂政治经济学原理为耻。俄罗斯皇帝要求他的两个弟弟尼古拉大公（Grand Duke Nicholas）② 和迈克尔大公（Grand Duke Michael）在斯托奇先生（M. Storch）的教授下学习这门科学。在政府的支持下，在法兰西王国设立了第一个政治经济学讲座，这对法国来说是永恒的荣耀。

当现在还是学生的青年将来分流到社会各阶级并被提拔到政府重要岗位时，国家事务会处理得比从前好得多。当国王和人民都更

---

① 1826 年，在牛津大学设立了政治经济学讲座。此后，首位政治经济学教授拿骚·威廉·西尼尔（Nassau William Senior）一直进行极为出色而有教益的授课。他的授课中有三次是涉及论述财富的商业理论，我们很少见到这么巧妙而有趣的演说。——美国编者注

② 即其继任皇帝尼古拉。

明白他们的真正利益时,他们会认识到这些利益之间并无冲突。这一方面自然会使国王少压迫人民,另一方面却会使人民更信任国王。

当前,撰写有关政治和历史的人,如果不了解政治经济学的原理,他们的作品只会暂时成功,而不会得到人们长久的关注。至于写作有关财政、商业和技艺的人,那就更不必说了。

但有助于政治经济学发展的,主要还是文明世界在过去二十年所处的严峻的形势。在这期间,政府开支的增长已达到可耻的水平,为挽救危机而不得不求助于人民,这使人民了解到自己的重要性。几乎在任何地方,取得人民同意或至少表面上的同意,即使还未实行,也都在要求实行。政府在各种漂亮借口下从人民那里榨取的巨额收入仍不够用时,就不得不向人民借贷;而为了获得贷款,政府就必须披露其需要和财源。所以,国家账目的公开,以及必须向外界辩护自己的行政措施,这两者产生了政治科学的精神革命,而这种革命进程再也无法阻挡了。

这个时期所带来的混乱和灾难,也为我们提供了一些重要的试验。滥发纸币以及对商业和其他行业的限制,使我们感受到几乎所有极端措施的最终结果。而且,社会上最有权势的阶层突然被推翻,外族大规模的入侵,旧政府的垮台和新政府的建立,另一个半球上新兴帝国的形成,殖民地的独立,人类头脑所普遍受到的有利于全部智能发展的刺激,美妙的期望和严重的错误,所有这些都无疑极大地开阔了我们的眼界。这些首先对有冷静观察和思考能力的人产生影响,随后对全人类产生影响。

正是由于我们在探索因果链条环节方面的便利,才使得伦理科学和政治科学的近似分支取得了重大发展。因而,只有当我们一旦十分了解政治事实和经济事实如何互相影响时,我们才能决定在一定情况下,什么行动方针是最有利的。例如,为了消灭行乞现象,我们就不会采用那些倾向于增加贫民的措施;而为了谋求富足,我们就不会采取那些目的仅在于阻止富足的措施。当人们知道通往国家繁荣和幸福的明确道路后,就能够并将会选择这条道路。

人们长期认为,政治经济学只是可能对少数管理公共事务的人员有用。管理公共事务的人员应比其他人更开明,这无疑很重要。

这是因为，对于个人事务，个人的错误只会毁掉少数几个家庭，而国王和大臣的错误，却会使整个国家都衰败。可是，当普通大众都混沌无知时，国王和大臣有可能开明吗？这是一个值得考虑的问题。知识源自社会的中层阶级，并通过这个阶级传播到社会的上层阶级和下层阶级，因为中层阶级既不迷恋于权位，又无须从事贫民的强迫性劳动，拥有中产，有休闲时间，又有比较好的劳动习惯，能自由交往，爱好文学，还有能力去旅行。

对于上层阶级和下层阶级来说，由于没有深思熟虑所必需的休闲时间，就只能接受那些以公理形式提出而无须进一步论证的真理。而且，尽管国王和他的重臣应当非常熟悉国家繁荣所依据的原则，可是如果在所有的行政部门，不能得到那些能够理解和执行他们的措施的人员的支持，上述知识对于他们又有什么好处呢？一座城市或一个省份的繁荣，有时取决于个别官员的行为，而政府下级机关的领导，由于能促成重大决策，因而常常比立法者本人能产生更大的影响。在那些有幸实施代议制政治的国家，每位公民都更需要熟悉政治经济学的原理，因为在这些国家要求每个人都仔细去考虑公共事务。

最后，假定任何与政府相关人员，从最高级到最低级，都很熟悉政治经济学原理，而一般国民却不熟悉（这完全不可能），那么政府在实施它的最英明的决策时，还有什么样的反抗不会遇到呢？甚至那些最应该赞成政府英明决策的人如果有偏见，还有什么阻碍不会遇到呢？

为了从良好的政治经济制度中受益，一个国家不仅需要拥有能够采纳最英明决策的政治家，而且这个国家的人民还必须处于能使这些英明决策实施的状态。①

---

① 我在这里假设，社会的上层阶级都受真诚愿望的激励去促进大众利益。可是，如果这种愿望不存在，如果政府不诚实而且腐败，那么人民应了解国家的实际状况并理解自己的真正利益就显得更重要了，否则他们就会遭受痛苦而又不知痛苦的原因，或归因于不正确的原因。公众的观点会有分歧，行动也会不一致，而个别人由于得不到大众的支持就无法解决问题，这样专制政治就会得到巩固；或更糟的是，在人民受到恶劣统治而心生绝望的地方，人民听从恶言，以更糟糕的制度来代替从前的邪恶制度。

这也是避免怀疑原理和不断变动原理的方法。不过，这甚至会使我们不能从一个不好的制度所可能拥有的好处中受益。稳定而一贯的政策是国家繁荣的要素。所以，英国始终通过坚持垄断其他国家海洋贸易的利益，获得了与它的领土范围似乎不相称的富强，尽管这在许多方面对英国不利。但要长期遵循同一路线，就必须选择一条不是完全糟糕的路线，否则我们必会遇到不可预见并且无法克服的困难，进而迫使我们在无须改变的情况下改变我们的方针。

也许我们必须将法国在近两百年内所遭受到的苦难归因于此。在这个时期，由于法国的土地肥沃、地理位置优越和国民富有才能，有可能达到高度繁荣。可由于对国家繁荣的原因没有确定的看法，法国像一艘没有海上地图或指南针的船只，任由变幻的风向和既不知出发地也不知目的地的愚蠢舵手驾驶着四处漂流。① 在法国实施一贯的政策，就可以对历届政府施加影响，法国这艘大船本来至少可以不陷入沉没的危险，或者本来可以不受那些笨拙政策的祸害。

反复无常所伴随的破坏性后果是如此严重，以致即使从坏的制度过渡到好制度，也不可能不遇到严重困难。排他性或限制性政策无疑对产业的发展和国家财富的增加极为有害，而且这种政策所主导的制度，不可能突然废止而不造成重大损害。② 要毫无困难地促成更有利的形势，只能通过逐渐实施那些极为巧妙和小心推出的措施。一个穿越北极地区时四肢冻僵的旅行者，只有通过最谨慎、最细微的治疗，才能使他免于过激疗法的危险，使他完全康复。

最正确的原理不是在任何时候都适用，重要的是，我们要知道这些原理，并在可运用或想运用时能加以运用。无疑，一个在任何时候都考虑这些原理的新社会，会迅速达到最高程度的富裕。不过，在任何国家，如果许多方面都违反了这些原理，但仍有可能达到令

---

① 不知道有多少次，花费了多大精力和资金来增加人类所希望避免的灾难！也不知道有多少规章制度的实施，造成了限制性措施所能造成的一切损害；同时，这些规章制度被任意违反，以致其所要消除的弊病却由于规章不被遵守而依然存在。

② 这是因为我们不能把由于错误制度而放在不适宜地方的资金与才能挪到适宜的地方而不造成严重的损害。

人满意的繁荣状态。人们的身体尽管在青年时遇到事故或过于放纵，或受过伤，但活力原理的强大作用仍使人体生长并强壮。要求绝对完美，除此之外一切都是坏的并产生坏的结果，这在任何地方都找不到；在任何地方，坏的结果都是和好的结果相混淆的。当坏的结果占优势时，社会就衰退；而当好的结果占优势时，社会就会以或快或慢的速度在繁荣的道路上前行。所以，任何事情都不应阻止我们努力去学习和传播正确的原理。迈向获得这种知识的最小一步，都会立即带来一些好处，并最终会产生最好的结果。

如果说为了国家的利益，个人应该知道什么是政治经济学的正确原理这一点很重要，那么谁敢说，同样是这种知识对于管理人们自己的生意是无用的呢？我承认我对财富的本质和来源一无所知，但也不难赚钱。为了赚钱这个目的，我的全部所需就是最无知的农民都会的非常简单的计算：**这样一件物品，包括一切费用，要花费这么多钱，我就要卖这么多钱，从而能赚这么多钱**。不过，关于财富的本质和增长的正确知识，在我们对与自己有利益关系的企业做出正确判断时，无疑会为我们提供许多好处，无论我们是主要股东还是一般当事人。这种知识使我们能预见到这些企业需要什么，以及这些企业的结果是什么；使我们能设想出企业成功的方法；使我们能证明我们对这些企业的专有所有权；使我们能预见公债和其他政府措施的影响，从而选择最安全的投资；使我们能根据可能获得的利润正确调整实际垫款的数目，从而使耕种土地有利可图；使我们了解社会的一般需求，从而选择我们的职业；使我们能识别国家繁荣或衰落的征兆。

研究政治经济学仅对政治家有用，这一看法是谬误的，并且有其他害处。在斯密博士之前，几乎所有研究这方面的学者都认为，他们的主要目的是对政府机构进行启蒙。而由于他们并不完全了解有关财富的事实及其联系和结果，其意见很不一致，进而被大众完全忽视。所以，他们被视为公共利益的幻想家，这一点都不足为奇。因此，当权者总是轻视类似基本原则的一切东西。

但自从在其他科学领域求得真理的严谨推理方法被应用于上述事实的研究和基于这些事实的推理后，政治经济学就仅限于简单说明所发生的有关财富的一切,不再试图向当局提供意见。但假如当局想确定他们要实施的计划会产生什么好结果或坏结果,他们就可以参考这门科学,正如他们在建造水泵或水闸时要参考水力学一样。对政治经济学的全部要求就是,向政府提供关于事物本质以及由其必然产生的一般规律的正确说明,或许在这些观点尚未较普遍传播之前,也需要政治经济学为政府指出政治经济学原理的一些应用。如果政府轻视或忽视上述原理的应用,则吃亏的是他们自己以及人民。种瓜得瓜,种豆得豆!

当然,如果政治经济学揭示财富的来源,指出使财富更充足的方法,并教会我们如何每日获得更多财富而不使其枯竭;如果它证明,一国人口可增加而同时能有更好的生活必需品供应;如果它能令人满意地证明,富人和穷人的利益,以及各国的利益,并不互相对立,而所有对抗都不过是愚蠢;如果这些论证的必然结论是,许多本以为无药可治的弊病,不仅是可以治疗的,而且甚至是容易救治的,而我们无须再遭受我们所不愿意遭受的痛苦,那么我们就必须承认,没有什么研究比政治经济学更重要的了,也没有什么比它更值得有高尚、仁慈思想的人去关注了。

时间是个伟大的教师,任何事物都不能替代它的作用。只有时间能充分证明人们能从政治经济学有关立法和政治的一般原则的知识中获得好处。一方面,许多有理性的人承认这门科学的原理,同时由于习惯却使他们在说和做时仿佛完全不懂这些原理;① 另一方

---

① "他们希望我能证明我的论据是确定的,而他们听从这些论据也并无过错。我的正确推论暂时说服了他们,但他们后来又受到以往看法的惯性影响,这些以往看法虽然没有正确的理由,但却以并未减少的根据返回,正如月亮的直径在地平线的位置上看起来增加了一样。他们希望我把他们从以往这些恼人的看法中解脱出来。他们明白,以往这些看法具有欺骗性,并一直在纠缠着他们。总之,他们希望我能通过推论来完成只有时间才能完成的任务,而这是不可能的。任何原因都有其特定的结果。道理可令人信服,看法可令人赞同,假象可令人困惑,而只有时间以及同一行为的不断反复,才能产生我们称之为习惯的平静自如的状态。所以,新的看法需要很长时间才能传播开来。如果一位创新者能迅即成功,那是因为他所发现和传播的是那些已在每个人脑海中浮现的看法。"〔德斯塔·特拉西(Destutt-Tracy),《逻辑学》(*Logique*),第8章〕

面，由于他们不完全理解个人以及大众的利益所在，也反对这些原理中的许多原理，因而这种反对表明，没有什么会使那些想要增进大众福利的人感到惊奇或惊恐。牛顿学说在长达五十年的期间为法国所普遍拒绝，而现在法国所有学校都教授这个学说。我们最终会发现，有许多研究比这个研究更重要，假如我们认真评估那些研究对人类幸福和繁荣的影响的话。

正是我们称之为文明国家的那些国家，仍是多么的不开明和无知啊！调查一下妄自尊大的欧洲所有省份，询问一百人、一千人甚至一万人，在这些人中，对于当今时代所推崇的这门已改进的科学有丝毫了解的，你几乎很难找到两个人。对深奥真理的这种普遍无知，完全不像对于可应用于任何人的地位和情况的最基本知识的完全无知那样引人注目。而且，自学所必需的能力有几个人能有啊？又有几个人能单独观察每天所发生的事情并对他们所不懂的事情提问呢？

这些高度发展的科学远远不能为社会带来人们期望它所带来的所有好处。而如果不能带来这些好处，这些科学就只不过是奇妙的理论而已。这些理论或许要留到 19 世纪才能得到完全应用。那时，在精神科学和物理科学方面将出现具有更高智慧的人，他们在提出理论观点后，会揭示如何使重要真理为最低能的人所理解。那时，在人类日常生活中，人类将不会以空想哲学的错误看法为指导，而是为常识所支配。人们的看法将不是以无根据的假设为基础，而是正确观察事物本质的结果。由于人们习惯而自然地追溯到所有真理的源泉，人们就不会受到空洞理论的欺骗，也不会听从错误观点的指导。那时，解除了经验主义武装的迂腐见解将失去其社会主导力量，而不再给诚实人士和各国带来重大损失。

# 第一篇

## 财富的生产

# 第1章 "生产"的含义

如果我们费些心思去探究人类在社会生活状态下称之为财富的到底是什么,我们就会发现"**财富**"(wealth)这个词是用来指那些具有固有价值的东西,如土地、金属、硬币、谷物、织品以及各种各样的商品。当财富的含义扩大到土地债券、汇票、期票以及类似的其他东西上时,显然是因为这些东西承诺支付有内在价值的东西的缘故。实际上,只要哪里有真实和内在价值的东西,哪里就有财富的存在。

财富与上述价值的总量成比例。组成财富的价值总和大,则财富多;组成财富的价值总和小,则财富少。

在未得到人们认可之前,一件具体物品的价值总是不明确的并且是任意估定的。其拥有者按照自己的估计给它定一个较高的价格,并不会因此而使自己更加富有。但当他人为了得到这件物品而愿意用一定数量的同样有价值的其他物品来交换它时,这时就可以说这件物品具有或者等值于另一件物品的价值了。

人们为了得到一样东西而愿意拿出的货币数量,被称作该物品的**价格**(price)。在特定的时间和地点,如果一件物品的所有者以一定能得到的价格卖掉该物品,这个价格就称作**时价**(current price)。①

关于上述财富的真正本质,关于取得财富所必须克服的困难,关于在社会各成员间分配财富的过程和顺序,关于使用财富的可能

---

① 关于**绝对价值**(positive value)和**相对价值**(relative value)的混淆所产生的许多困难问题将在本书各章中讨论,尤其是在第二篇的主要章节中讨论。为了不分散读者的注意力,在这里我们只探讨那些为理解创造财富的现象所必需的东西。

途径，以及关于这些情况所分别产生的结果等，所有关于上述问题的这些知识构成了现在称为政治经济学的这门科学。

人类赋予物品的价值源自人类对物品的用途。有的物品能维持人们的生命；有的物品能用于人们的衣着；有的物品能为人们抵御恶劣的天气，如房屋等；有的物品则能满足人们的爱好或虚荣心。不管怎样，爱好和虚荣心都是一种需要，满足这种需要的大多是装饰品。当人们认可任何东西的价值时，是考虑到它们的有用性；人们不会为没用的东西定价的，这是普遍真理。① 现在请允许我把物品满足人类不同需要的内在能力称为效用。我还要接下去说，创造具有任何效用的物品，就是创造财富。这是因为物品的效用是其价值的基础，而其价值则构成了财富。

然而，人力不能创造物质，构成地球的物质的数量也不能增加或减少。人类所能做的，只是将现有物质改造成另外一种形态，这种新形态可以提供这种物质此前所没有的效用，或仅仅扩大其原有的效用。因此，实际上，这不是创造物质，而是创造效用。我把这种创造称为**财富的生产**（production of wealth）。

在政治经济学和目前整个研究过程中，我们必须从这个意义上来理解生产这个词汇。生产不是创造物质，而是创造效用。生产不是用产品的长度、体积或质量来衡量的，而是以其所提供的效用来评估的。

尽管价格是衡量物品价值的尺度，而物品价值又是衡量物品效用的尺度，但因此认为强行提高物品的价格就能增加物品的效用，则是荒谬可笑的。只有在人类交易仅受同一效用的影响而不受其他任何效用影响的情况下，交换价值或价格才是物品的公认效用的指标。这如同气压表只是在水银仅受大气压力的影响下才显示大气的

---

① 这里不适合讨论人们赋予物品的价值与物品的实际效用是否成比例。人们评定价值的准确性，必须取决于评定者的判断力、资料、习惯和成见。正确的道德观念和明了自己的真正利益，使得人们能恰当地评价自己的利益。政治经济学在得出这种评价后将其作为推理的**论据**（data），而关于人们应该如何评价以及其他具体行动，则把启蒙和知道的责任留给道德家和实干家了。

压力一样。

当某人把任何产品销售给他人时,他实际上是把产品所包含的效用销售给了他人。买方购买这个产品只是因为它具有效用,可以使用它。如果无论是出于何种原因买方被迫为产品的效用给他提供的价值支付较高的价格,那么他就是为并不存在的价值付款,从而是为并未得到的价值付款。①

当政府把经营某种贸易的专营权,例如印度贸易专营权,授予某类商人时,情况恰恰就是如此。来自印度的进口货的价格因此而提高了,而这些进口货的效用或内在价值并未增加。提高的这部分价格大致就相当于从消费者的口袋里转移到专营商的口袋里的那部分钱。而后者致富的程度与前者因此而产生不必要的贫困程度正好相当。同样,当政府征收酒税时,使本来可以卖 10 美分一瓶的酒提价到 15 美分一瓶,这除了把每瓶 5 美分从酒的生产商和消费者手里转移到征税员手里外,还有其他作用吗?② 此处列举的商品表明它只是政府为了得到纳税人的税而采用的比较方便的手段而已。而商品此时的价值由两部分构成:一是源自其效用的真实价值;二是政府由于准许其制造、运输或消费而认为应该征收的税的价值。

因此,没有创造或增加效用,就没有实际生产财富。我们接着再来看看这种效用是如何产生的。

---

① 后面将进一步阐述这个论点,目前了解这点足矣。无论社会形态如何,物品的时价接近其真实价值的程度,与生产和交易的自由成比例。
② 哪部分税由生产者支付,哪部分税由消费者支付,将在本书第三篇中探讨。

# 第 2 章　各种劳动及其在生产中协作的方式

人类消费的某些东西，例如在某些情况下的空气、水和阳光等，是大自然赐予的天然礼物，无须人类的努力去生产它们。这些东西毫无交换价值，因为人们从来没感觉到缺少它们，别人与我们同样得到这些东西的供给。由于它们既不会由生产而得到，也不会因消费而毁灭，所以它们不在政治经济学的领域之内。

但还有许多对于我们的生存和幸福同样不可或缺的东西，如果人类不以自己的劳动激发、协助或完成大自然的作用，就根本不会享用到这些东西。大部分用作食物、衣服和住所的东西，都属于这一类。

当这类劳动仅限于采集天然产物时，我们称其为**农业生产**（agricultural industry），或简称为**农业**（agriculture）。

当这类劳动用于分割、组合或改造天然产物并使其满足我们的各种需要时，我们称其为**制造业**（manufacturing industry）。①

当这类劳动用于把我们鞭长莫及的所需商品置于触手可及的地方时，我们称其为**商贸行业**（commercial industry），或简称为**商业**（commerce）。

人类只有通过劳动才能得到生活必需品以及各种其他物品的充足供应。这些其他物品尽管不是完全不可或缺的，却标志着文明社会与野蛮部落的区别。如果任由大自然自行发展，它只能为少数人提供极为不充足的生活必需品。人们曾见到，肥沃却荒芜的土地，

---

① 由于只有通过机械方法或化学方法才能改造物质、混合物质或分割物质，因此，可以把所有制造业的行业划分为机械工业和化学工业。这根据在制造过程中占主要地位的方法来定。

不能为那些因船只失事而漂流到那里的少数可怜人提供最基本的食物；而最贫瘠的土地，因劳动的存在，却常常呈现人口稠密、供应充足的景象。

**产品**（products）这个词用来表示劳动提供给人类的物品。

一种具体的产品很少是一个产业部门单独生产的成果。一张桌子是农业和制造业的共同产物，农业砍伐用来制作桌子的木头，制造业则赋予桌子的形态。欧洲的咖啡受惠于在阿拉伯或其他地方种植咖啡豆的农业，也受惠于将咖啡运到消费者手中的商业。

如果愿意，我们可以把这三种产业继续无穷尽地细分成更多行业，但它们对生产行为的贡献模式是一致的。它们或是把效用赋予本来没有这种效用的物质，或是提高物质原有的效用。农民播种一粒麦种然后收获二十粒麦子，他利用了一种强大的力量，即大自然的力量。他指导了大自然作用于麦种的效力，使此前散布于土壤、空气和水中的物质，转化为更多麦粒的形式。

五倍子、硫酸铁和阿拉伯树胶都是自然界中独立存在的物质，通过商人和制造商的共同劳动，将它们合成产生了一种用于传播实用科学的黑色液体。商人和制造商的共同作用类似于农民的作用——选定目标、作用目标、实现目标。

任何人都没有创造原始物质的能力，大自然本身也没有这种能力。但任何人都可以利用大自然提供给他的力量，使物质具有效用。实际上，劳动只不过是人类运用自然的力量而已。最完美的劳动产品，比如几乎全部价值均来自其制作工艺的产品，也许只是钢铁这种自然产品对其他某个同样也是自然产品进行作用的结果。[1]

18世纪的经济学派，虽然其中很多是知识渊博的学者，但由于不了解这个原理，误入歧途，犯了严重的错误。他们认为除了获得处于自然状态的原料的劳动，如农民、渔民和矿工的劳动之外，其

---

[1] 阿加罗蒂（Alagrotti）在其《杂文》（*Opuscula*）一书中，用螺旋形发条控制表的平衡轮为例，证明劳动对一件产品所增加的巨大效用。1磅生铁不过花费制造者5美分左右的钱。他把它炼成钢，然后把钢制成使表的平衡轮走动的小发条。每一个发条仅重1格令的1/10，但在制成之后，却可卖3美元的高价。这样，即使减去金属的耗损，1磅生铁还可制成8万个发条。换句话说，仅值5美分的物质，却制成了价值24万美元的东西。

他的劳动全是非生产性的。他们没有注意到一种区别：财富不是由物质构成的，而是由物质的价值构成的。因为没有价值的物质不算是财富；要不是这样，水、燧石、路上的灰尘也都可以成为财富了。由此看来，如果物质的价值可以组成财富，那么，财富也可以通过合并价值来创造。实际上，仓库中存有由 100 千克羊毛制成的精美服装的人，比存有 100 千克捆在包里的羊毛的人更加富有。

对于这种观点，经济学派的回答是：制造对一种产品所增加的价值，不过与制造者在制造过程中所消耗的价值相等而已。他们认为，由于制造业的竞争使制造者不能把价格提高到超过他们自己的支出与消费的最低数额，因此，他们的劳动并不增加社会的总财富。因为他们为满足需要所消费的价值，毁掉了他们的劳动所生产的价值。①

但是，主张这个论点的人，本应该先证明技工和工匠所消耗的价值必须确实刚好等于他们所生产的价值，但事实并非如此。因为毫无疑问，商业和制造业的利润所积累的储蓄和资本，比农业的利润所积累的储蓄和资本更多。②

---

① 利维尔（Riviere）在《政治社会的自然秩序》（*Ordre Naturel des Sociétés Politiques*）第二卷第 225 页试图证明制造是徒劳无益的非生产性劳动。他用一个我认为有必要加以驳斥的论点，并且人们经常以不同的形式运用这一论点，而且其中有的好像很有道理。他说："要是把劳动的非实际的产品看作是实际的产品，那就不得不认为每加一道无用工序，就扩大财富一次。"但是，我们不能因为在劳动结果有益的情况下劳动创造了价值，就贸然断定在劳动结果是无益的或有害的情况下劳动也创造了价值。劳动不全是生产性的，使一种物质或一件东西增加了实际价值的劳动，才是生产性的。经济学派议论的无价值，由于下述情况变得毫无疑问：可使用他们的论点反驳他们自己的学说，也可使用他们的论点攻击他们的反对派的学说。我们可以告诉他们："你们认为耕者的劳动是生产性的，那么，只要他一年犁田 10 次，播种 10 次，就可提高生产力 10 倍。"这自然极不合乎常理。

② 在声称"由商业和工业的利润积累而成的储蓄和资本比由农业的利润积累而成的储蓄和资本要大"时，我们的作者犯了错误。我们不应该忽视这个错误。在不受限制或禁止的情况下，农业、商业和制造业的利润总是相同或几乎相同的，因为，如果它们的利润有很大差异，那么资本和劳动力便将流向生产力较大的一方，从而恢复平衡。在推翻经济学派的论点时，我们的作者一不留心忘记了他自己主张的一般原则，这些原则非常明显地证明了各个产业的利润相同。——美国编者注

此外，即使承认制造业的利润消耗在满足制造商和他们家庭的需要上，这种情况也不能否认这些利润是获得的实际财富。因为，如果不是实际财富，那么这些利润便不能满足制造商自己和他们家庭的需要。土地所有者和农民所获得的利润被承认是实际财富，然而这些利润也同样消耗在维持地主和农民的需要上。

与制造业相同，商业也参与生产。商业把产品从一个地方运到另一个地方，从而增加了该产品的价值。100千克巴西棉花运到欧洲仓库时，比之前在伯南布哥的仓库时的效用更大，因此价值也更大。运输就是商人对棉花所进行的修改。由于这种修改，商人使我们用到了以前用不到的东西。产品的这种修改与其他两种产业所得到的修改同样有益、同样复杂和同样难于断定其结果如何。商人利用建造船只的木材和金属、制造绳索的麻、张满帆的风，以及为达到目的所使用的各种自然力，其目的、方法和结果，与农民使用土壤、雨和空气的目的、方法和结果完全相同。①

所以，雷纳尔谈到商业与农业和技术有非常明显的差异时认为，"它本身不生产任何东西"，这说明他自己对生产现象没有正确的概念。雷纳尔在这里对商业的看法和经济学派对商业和工业的看法一致，都犯了相同的错误。经济学派认为农业是唯一的生产途径，雷纳尔则认为农业和制造业是两种生产途径。雷纳尔的主张比经济学

---

① 格诺韦西在那不勒斯讲授政治经济学时，曾定义商业为"以不必要的东西交换必要的东西"。他的理由是，"在每一次交易中，合同双方收到的东西似乎比他们付出的东西对他们更为需要"。这是很牵强的说法。我认为有必要请大家注意，因为这种说法现在很流行。一个穷工人星期日到酒馆饮酒，很难证明他是用不必要的东西交换必要的东西。在所有公平的交易中，都有两件东西的互换，它们在交换的时候价值相等，在交换的地点价值也相等。商业的产品，即商业加到互换的东西上的价值，不是通过交换的行为，而是通过事前的商业活动产生的。

据我所知，维里伯爵是唯一阐明商业真正原理和基础的学者。他在1771年这样说，"所谓商业，其实只不过是把货物从一个地方运到另一个地方而已"〔《政治经济学的研究》（*Meditazioni sulla economia politica*），第4节〕。著名的亚当·斯密本人似乎对商业生产也没有清楚的概念，他只是否认交换行为产生了价值。

派的主张更接近事实，但仍然是不正确的。

康迪莱克（Condillac）在试图说明商业的生产模式时也是混淆不清的。他宣称，对所有的商品来说，卖方的成本总比买方的成本少，所以，从一个人手中转到另一个人手中这个单纯的行为，就增加了商品的价值。但事实并非如此。因为销售只不过是一种以物易物的行为，即接受一种货物，例如白银，来代替另一种货物。买方或者卖方在一种物品上所遭受的损失，与他在另一种物品上所获得的利润相等，而对于社会来讲，却什么价值都没有创造出来。① 当一个人把西班牙的葡萄酒运到巴黎时，他实际上就是进行两种等价的东西的交换：付出的白银和得到的葡萄酒价值彼此相等。但是葡萄酒此刻的价值与在阿利康特（Alicant）未出口之前并不相同：酒的价值在到了商人手中之后的确增加了，之所以增加是由于运输，而不是由于交换行为或是交换的时刻。卖酒者不是骗子，买酒者不是傻瓜。孔狄亚克毫无根据地认为，"如果人们总是以价值相等的东西互相交换，那么商人便无利可获"。②

在某些特殊情况下，其他两种产业的生产方式与商业相似，也是给予各种物品以价值，而不给予新的品质，只是让这些东西满足消费者的需要。矿工的劳动也是如此。煤和金属可能是以十全十美的形态存在于地下的，但它们没有价值。从矿工把它们挖掘出来的

---

① 西斯蒙第（De Sismondi）忽视了这一点，否则他不会说"置身于生产者和消费者中间的商人对双方都有利，也向双方索取这种利益的报酬"〔《政治经济学原理》(*Nouveaux Principes d'Economie Pol*)，第二卷，第8章〕。他说得好像商人完全依靠农民和制造者所生产的价值来维持生活一样，但其实商人是靠自己赋予商品的实际价值来维持生活的，因为商人对商品进行了改造，并给予商品有益的品质。正是这种观点引起民众对粮商的愤慨。

南特的萨伊也犯了同样的错误〔《财富的主要来源》(*Principales Causes de la Richesse*)，第110页〕。他说运费侵吞了商业对货物所给予的价值，并以此为由证明商业对货物给予的价值不是实际的价值。经济学家使用这种毫无准则的推论方法断言制造业没有生产力。他们不知道正是这些费用构成了经营制造业和商业的人的收入，他们不知道正是通过这种方法社会把一般生产所创造的价值在生产者之间进行分配。

② 参见其所著的《商业与政府的关系》(*Le Commerce et le Gouvernement considérés relativement l'un a l'auire*)，第一篇，第6章。

那一刻起，通过使它们能够满足人类的需要，这个挖掘的行动就赋予了它们价值。捕捞鲱鱼也是如此。无论是在海中还是在岸上，鲱鱼的形式都是一样的；但到了岸上之后，鲱鱼便获得一种效用，即它从前所不具有的一种价值。①

这样的例子数不胜数，彼此关系密切，就像博物学家为方便记载而分类的天然物品一样。

上述经济学派所犯的基本错误导致一种非常奇怪的结论，我在前面已经阐述过。一些反对上述经济学派的人，也在一定程度上犯了相同的错误。按照经济学派的观点，商人和制造者对财富总量的积累没有丝毫的贡献，他们完全依靠唯一的生产者，即土地所有者和耕种者维持生活。不论他们给予物品什么新的价值，他们同时也消费掉生产者所提供的价值相等的产品。所以，制造业国家和商业国家完全依靠从农业顾客那里得来的工资生存。为了证明这一观点，他们宣称科尔伯特（Colbert）保护制造商的政策毁掉了法国。②

但事实却是，无论一个人所从事的是哪一类的劳动，他的生存都是依靠他的劳动赋予产品的附加价值或者部分价值所产生的利润，不管这个价值大小如何。产品的总价值就是以这种方式来支付从事生产的人们的利润的。人类的需要就是由其所生产的或所创造的**总**（gross）价值来供应或获得满足的，而不是仅仅由**净**（net）价值来供应或获得满足的。

---

① 耕者、畜牧者、伐木者、捕捞不是自养的鱼的渔夫、开采大自然以理想状态埋藏于地下的金属和石头或可燃物的矿工等，可以把他们全部视为同一类型的劳动者。为避免名称的繁杂，可把这些职业都叫作农业，因为耕种地球表面是最重要的职业。如果概念清楚明确，名称无关紧要。压榨自种葡萄汁的酿酒商人，从事一种机械式的工作，这种工作近似于制造业的程度大于近似于农业的程度。但只要了解酿酒商的劳动是怎样提高这种产品的价值的，把它列入农业范畴或工业范畴就没有太大关系。如果我们想把授予价值的各种方法一一加以分析，就可以把产业再细分为许多分支。如果我们的目的在于尽可能地归纳总结，就可以把所有产业都视为相同的产业，因为分析起来，所有的产业都可能是利用天然物质和自然力来使产品能够满足人类的需要的。

② 参考经济学派所写的大量文章。

以制造业或者商业为主的国家或者这个国家从事制造业或商业的某个阶层，丝毫不比从事农业的国家受雇于其他国家和阶层的程度更高或更低，因为一种产业所创造的价值与另一种产业所创造的价值在性质上是一样的。虽然可能是不同产业的产物，但两个价值是彼此等值的。当波兰用其主要物产小麦与荷兰、东印度和西印度的主要商品进行交换时，荷兰受雇于波兰的程度，并不比波兰受雇于荷兰更高。

不仅如此，波兰每年输出数千万小麦，因此，按照经济学派的看法，应该日益富足才对。可是，它既贫穷而又人口稀少。为何如此？因为它专门从事农业，尽管它可能同时既是商业国家又是制造业国家。不能说荷兰受雇于波兰；相反，人们可能会说，波兰每年种植数千万的小麦，按道理应该从荷兰那里接受工资。此外，波兰对向其购买小麦的国家的依赖性一点儿也不比这些国家对它的依赖性少。因为波兰希望把小麦卖给这些国家，而这些国家同样也希望向它购买小麦。①

此外，说科尔伯特毁掉了法国并不是事实。正相反，在科尔伯特的管理下，法国从两个摄政者和一个无能的君主所造成的经济衰退中挣脱出来。的确，法国后来又破产了，但这第二次的不幸是由路易十四（Louis XIV）的极尽奢华和穷兵黩武造成的。不仅如此，路易十四的挥霍无可辩驳地证明了科尔伯特曾积累了大量的财富供他使用。然而，必须承认，如果科尔伯特对农业也给予和其他产业相同的保护，那么，这些财富可能还要更为巨大。

因此，每个社会最大限度地扩大和增加财富的方法，很明显要比经济学派设想的多得多。根据经济学派的说法，一个国家每年创造的价值不能超过其土地的年净产值，不仅土地所有者和工人要依靠这笔能够得到的唯一资产来维持生活，而且商人、厂主、技工以及政府的全部消费同样都要依靠它来维持。可是，我们刚刚看到，

---

① 由此可推论，如果有哪个国家可以受别的国家的雇用，那么这个国家就是最依靠别的国家的国家。而最依赖别的国家的国家是缺乏资本的国家，而不是缺少土地的国家。

一个国家每年的产值,不但是由其农业净产值,而且是由其农业、商业和制造业的总产值组成的。因为事实上,这个总量,更确切地说,一个国家生产的总产值的总和,难道不是全部提供给其国民消费的吗?因为生产的价值必须被消费掉,难道就要减去而不计入财富总值吗?难道价值本身不是产生于它的消费适用性吗?

英国学者斯图亚特被认为是**排他理论体系**(the exclusive system)的主要倡导者,这种理论体系建立在一群人的财富剥夺自另一群人的财富的基础之上。当他声称"一旦停止对外贸易,国内财富便无从增加"① 时,他本身就犯了同样的错误。财富似乎只能来自国外;但在外国,财富又来自哪里呢?也是从国外来的。所以,从一个国家到一个国家地追溯财富的来源,最后,我们不可避免地要追溯到每一个国家,直到最后不得不转向地球以外的地方追溯,这简直荒谬。

弗邦奈(Forbonnais)② 的**禁止理论体系**(prohibitory system)也是建立在这个谬论基础之上的。坦率地讲,所有目光短浅的商人,以及欧洲和世界所有政府的排他理论体系,都是以这个谬论为基础的。他们都认为这是理所当然的,一个人得到的财富一定是另一个人失去的,一个国家得到的财富必然是另一个国家的所失;好像如果不掠夺别人或其他社会,个人或者社会的财富便无从增加一样。如果一个人或一群人只能用别人的所失使自己富有,那么,组成一个国家的所有个人,怎么能像法、英、荷、德的国民那样比过去更富有,以及在一个时期比在另一个时期更为富有呢?与 17 世纪的情况相比,我们这个时代的国家更为富有,在各方面都得到了更好的供应,怎么会这样呢?这些国家从哪里得来 17 世纪所没有的财富呢?是不是从新大陆的矿井中得来的呢?但在发现美洲大陆之前,这些国家的财富就已经比从前增加了。此外,美洲的矿井提供的是什么东西呢?金属财富或价值。但这些国家现今所拥有的超出中世纪的所有其他价值,又是从哪里得来的呢?这些价值是创造出来的,难道不是很清楚吗?

---

① 《政治经济学原理之研究》(*Essay on Political Economy*),第二卷,第 26 章。
② 《商业原理》(*Elemens de Commerce*)。

因此，我们必须得出结论，财富是由协助和促进自然力的人类劳动所赋予各种东西的价值组成的。这个价值既可以创造，也可以毁灭；既能增加，也能减少；这些各国都能够在内部实现，不必依靠外力，视其所采用的方法而定。人类如果有决心和聪明才智运用正当方法，就能够得到合理期望的目的物。这是一个人人必须知道的真理。本书的目的即在于研究和阐述那些正当的方法。

# 第 3 章  生产性资本的性质及其在生产行业中协作的方式

当我们进一步研究劳动过程时，我们就会发现，没有协助的劳动不足以授予各种东西价值。另外，产业中人类作为施加作用的一方，必须拥有事先已经存在的产物。如果没有，无论人类怎样心灵手巧和聪明伶俐，人类的作用都不会付诸实施。上述事先存在的产物如下：

1. 各种不同技艺所使用的工具。农民如果没有铲子、锄头，织工如果没有织机，水手如果没有船只，那他们就什么都做不成。

2. 劳动者在完成工作或生产中他的那份任务时所必需的生活必需品。的确，他的生活费用最后会从他制造的产品或从产品获得的价格中得到补偿，但他必须不断地预付这笔费用。

3. 通过劳动转变为成品的原材料。确实，这些原材料通常是大自然无偿赐给人类的礼物，但更为常见的是先辈们劳动的产物，例如农业所提供的谷种，矿工和冶炼者提供的金属，商人可能从远道运来的药品，等等。所有这些东西的价值必须预先提供给处理加工这些原材料的劳动者。

上述所有这些东西的价值被称为**生产资本**（productive capital）。

在生产资本项目下，还可以分为如所有的建筑物、对自然之物的改进等增加年产量的价值，以及耕畜农具等用来协助人类劳动的机械的价值。

生产资本的另一项是货币。货币随时都可以用来使产品交换变得容易；要是没有货币，生产就不能取得进步。划分在整个人类劳动机械装置上的货币，如各种复杂机器轮子上的润滑油一样，使生产活动具有不可缺少的灵活性。而如果黄金和白银不用在劳动上，就好比涂抹在停止运动的机器上的润滑油一样，没有任何生产价值。人类劳动所使用的一切其他工具，情况皆是如此。

如果人们认为一个社会的资本仅由货币构成，那就大错特错了。商人、制造商和农耕者一般只把构成他们资本价值的最小部分换成货币形式。而且，他们的事业越活跃，可换成货币的相关资本就越少。商人的资本，大部分投在海陆运输中的货物或在各处仓库中的货物上；制造商的资本，主要由各个加工阶段中的原材料以及工具和工人所需要的生活必需品组成；而农耕者的资本，多半是由农场的建筑物、牲畜、篱笆和围栏等组成。他们都有意避免持有超过流通需要量的货币。

对一至四个人适用的情况，对整个社会也适用。一个社会的资本是由私人资本的总和组成的。一个国家越繁荣昌盛，其产业越先进发达，处于货币形态的资本在国家资本总额中所占的比例就越小。据奈克（Neckar）估计，法国在 1784 年通货的数额在 4.4 亿美元左右。我们有理由相信他的估计言过其实，但现在不是阐明这些理由的时候。然而，如果把世界各个角落所有属于法国人民或政府的工厂、土地、牲畜、器具、机器、船只、货物以及其他形形色色的设备，都总计在一起，再加上他们同时期所拥有的家具、装饰、珠宝、金银餐具以及其他奢侈品与便利品，我们就会发现，与同这些东西合在一起的价值总量相比，4.4 亿美元的通货简直就是沧海之一粟。①

比克（Beeke）估计，英国资本总量为 23 亿英镑②（合 110 亿美元）。在实行现行纸币以前，英国流通的金属货币最多估计为 4 700 万镑，③ 也就是说，大约是它全部资本的 1/50。斯密估计只有

---

① 亚瑟·扬（Arthur Young）在《法国之旅》（*Journey in France*）一书中尽管对法国农业情况表示不满，但他估计法国仅仅用于农业上的资本就达 22 亿美元之多，他相信英国用于农业的资本和法国相比是 2∶1。
② 《关于所得税收入的意见》。
③ 皮特（Pitt）所估计的硬币数字偏高，他认为金币数额为 4 400 万英镑。而普里斯（Price）估计银币为 300 万英镑，金银两种硬币的数额合计达 4 700 万英镑。

## 第3章 生产性资本的性质及其在生产行业中协作的方式

1 800万英镑,不到1/127。①

---

① 下表是1833年大不列颠及爱尔兰的全部财产概要,摘自"表16 英格兰和威尔士、苏格兰和爱尔兰公共和私有财产总概要(1833年)",引自最高权威著作《皮波尔论大英帝国的赋税、债务、资本和资源》(*Pebrer on the Taxation, Debt, Capital, Resources, &c. of the whole British Empire*,伦敦,1833年4月)。

| 大不列颠及爱尔兰的财产总值(单位:英镑) | | |
|---|---|---|
| 生产性私有财产 | | 2 995 000 000 |
| 非生产性私有财产 | | 580 700 000 |
| | | 3 575 700 000 |
| 公共财产 | | 103 800 000 |
| | 合计 | 3 679 500 000 |
| 折合美元 | | 17 661 600 000 美元 |
| 英格兰和威尔士 | | |
| 生产性私有财产 | | 2 054 600 000 |
| 非生产性私有财产 | | 374 300 000 |
| | 合计 | 2 428 900 000 |
| 苏格兰 | | |
| 生产性私有财产 | | 318 300 000 |
| 非生产性私有财产 | | 51 100 000 |
| | 合计 | 369 400 000 |
| 爱尔兰 | | |
| 生产性私有财产 | | 622 100 000 |
| 非生产性私有财产 | | 116 400 000 |
| | 合计 | 738 500 000 |
| 大不列颠及爱尔兰的公共财产 | | 38 900 000 |
| 英格兰及威尔士的公共财产 | | 42 000 000 |
| 苏格兰的公共财产 | | 3 900 000 |
| 爱尔兰的公共财产 | | 11 900 000 |
| 英格兰和爱尔兰共有的军需与其他财产 | | 46 000 000 |
| | | 142 700 000 |
| | 总计 | 3 679 500 000 |
| 折合美元 | | 17 661 600 000 美元 |

——美国编者注

掌握在一个国家政府手中的资本是国家资本总额的一部分。

我们不久之后将会看到，在生产过程中不断损耗和消费的资本，怎样不断地从生产的操作中得到补偿。说得更恰当一点，资本的价值，在一种形式下被毁灭之后，又怎样以其他形式重现。目前，我们只需要有一个清楚的概念，即如果没有资本，劳动就不能生产任何东西。可以说，资本必须与劳动合作，这个合作我们称之为**资本的生产作用**（the productive agency of capital）。

# 第4章 协作创造财富的自然力，特别是土地

劳动除了借助于资本，即借助于它自己先前创造的产品来创造更多的产品之外，还利用不是它自己创造的而是大自然提供的各种力量的作用和动力，通过这些自然力的合作，它把一部分效用赋予各种物品。

因此，当耕种一块田地时，除了在种地过程中使用的技巧和劳动，以及之前创造的价值，诸如犁、耙、种子和劳动者在生产过程中消费的粮食及衣服之外，还有土壤、空气、雨水和阳光共同发挥的作用。虽然人类并没有参与其中，但是却参与了收获季节的新产品的创造过程。这个作用我们称之为**自然力的生产作用**（production agency of natural agents）。

此处所用的**自然力**（natural agents）一词意义非常广泛，不仅包括参与创造价值的无生命物体，而且还包括物质世界的自然法则，诸如使钟摆下垂的引力、使指南针朝向一定方向的磁力、钢的弹力、大气的重力、燃烧释放热量的性能等。

资本的生产力常常与自然力的生产力混合在一起，以致要精确地划分它们各自在生产中的作用所占的份额非常困难，甚至不可能。种植外国进口植物的温室和因精心灌溉而变得肥沃的草地，它们大部分的生产力都来自劳动和建筑物，即先前生产活动的成果，这些之前的成果构成了促进眼前生产的资本的一部分。上述说法同样适用于新开垦的土地、农用房屋、围栏以及其他所有对土地的永久性改良。这些价值虽然都是资本项目，但是却不能把它们同其所附属的土地分开。[1]

---

[1] 如果土地和资本归不同的人所有，那么决定其价值和效能各占多少是地主和资本家的事情。普通人只需了解它们对财富的生产各有贡献就够了，而不必计算它们的贡献各是多少。

使用极大提高了人的生产力的机器所生产的产品，可以部分被认为是投入到机器上的资本的价值，另一部分可以被认为是自然力作用的结果。如果使用由 10 个工人操作的脚踏轮①来代替风车，那么，磨坊的产品可以被认为是构成机器价值的资本的生产作用和转动轮子的 10 个工人的劳动的共同作用的结果。如果用帆代替脚踏轮，那么风这个自然力很明显地完成了 10 个工人的工作。

在这个例子中，缺少的自然力通过使用另一种力而得到补充。但在许多情况下，大自然的作用非但不可或缺，而且同样实际与真实，例如，土壤的生长力就是协同生产供我们食用的家畜所必不可少的自然因素。一群羊是羊的所有者与放牧者的照料和饲料，以及羊圈、修剪羊毛所需垫付的资本，还有大自然赋予羊的器官和内脏的动作等共同作用的结果。

因而，大自然通常是人类的劳工，是人类的工具。在生产中，人类自己的力量和资本投入得越少，交给大自然的工作份额就越大，因而大自然就越有益于人类。

斯密曾经颇费心思地解释过，文明国家的社会中有很多游手好闲之徒和非生产性劳动者，但是为什么却比文明程度不高的国家拥有更为充足的产品。他认为这种富足源自劳动的分工。② 我们按照斯密的方法继续探究下去就会看到，毫无疑问，分工大大地提高了劳动的生产力。但是，仅凭分工还不足以解释上述现象。如果我们考虑到劳动和文明为我们的利益而激发起来的自然力，就不会对这种现象感到惊奇了。

斯密承认，人类的聪明才智及其对自然规律的了解和掌握，使人类能够利用大自然提供的资源获得更大的价值。但是，他接下去把这种聪明才智和知识也归功于劳动的分工。这在一定程度上是对的。因为一个人专攻一种工艺或专门研究一种科学，就会有更多的方法促进这种工艺或这门科学的发展，并达到十全十美的境界。但

---

① 一种鼓形的轮子，10 个工人在轮子里面，边走边推动它。
② 斯密所说的原话是："由于分工而发生的各种工艺产品的增加，使管理得当的社会普遍丰衣足食，连最低阶层的人也无例外。"（《国富论》，第一篇，第 1 章）

是大自然的规律一旦被发现之后,由这发现而生产出来的产品,就不再是发现者劳动的产品。第一个发现火具有软化金属这一特性的人,不是火对熔化矿石所增加的效用的实际创造者。这一效用是由火的物理作用、运用这种加工方法的人的劳动和资本共同作用的结果。但是,难道人类没有偶然发现其他加工方法吗?难道没有非常明显而不需要技巧也可以加工的方法吗?当属于自然物产的一棵大树被伐倒之后,社会由此而得到的产品,难道只是伐木者劳动的产品吗?

斯密从这个谬误中得出了错误的结论,即所有生产出来的价值代表的是不久或很久之前人类的劳力或劳动。换句话说,财富只不过是积累起来的劳动而已。从这个论点出发,斯密又推断出了第二个同样不正确的结论,即劳动是衡量财富的唯一标准,也是衡量生产价值的唯一尺度。

斯密的理论体系明显与18世纪经济学派的主张不同。经济学派认为,劳动如果不消费等量的价值就不能生产价值,因此,劳动没有剩余,没有净产品,只有土地能生产无偿的价值,也因此没有其他任何东西能生产净产品。这两个论点都已经发展成为理论体系了,我在这里引用它们,只在于警告研究者从一开始就要警惕这些危险的结论,① 并把这门科学带回对事实的朴素观察之中。事实已经证明,土地生产出来的价值与劳动、资本②和自然力这三者的共同作

---

① 在经济学派理论体系的其他危险后果中,一个明显的后果就是以征收土地税来代替所有其他税,他们认为土地税一定会影响所有生产出来的价值。根据相反的原则,按照斯密的理论,如果我们同意他的看法,也认为土地和资本并不自发地生产任何东西,那就应该完全豁免土地和资本的净产品的税。但这是和相反的做法同样不公平的。

② 斯密虽然承认土地有生产力,但却抹杀了资本的生产力。使用一台价值4 000美元并在支付所有费用之后每年能提供200美元净利润的机器,例如榨油机所生产的产品,和使用价值4 000美元并在支付所有费用之后每年能提供200美元租金或净收获的产品,同样实际。斯密认为,耗费4 000美元资本建立的工厂,具体表现的是不同时期用于该工厂各个部分建设的劳动量,因此认为该工厂的净收获就是从前劳动的净收获。但是他错了,即使为了辩论承认该工厂的价值是从前劳动的价值,该工厂每天生产的价值

用有关，其中虽不是唯一却起最重要作用的是能够耕种的土地。而且，除了这三者之外，没有任何其他因素能够生产价值或者能够增加人类的财富。

自然力之中的一些可以据为己有，换句话说，成为占有者的财产，如田地、流水等。另一些不能被独占，而是公众都可以使用的，如风、海洋、自由航行的江河、物体彼此间产生的物理和化学的作用等。

我们很快就有机会相信，生产力能够或者不能够被独占这一事实，对于财富的发展非常有利。像土地之类可以独占的自然力的所有者，如果不能确定他对产品的独享权利，他就不能充满自信地投入资本以提高土地的生产力，那么，土地也就不会有如此充分的产出。另外，劳动有无限的自由可以随意占用不能独占的自然力，这给扩大自然作用的范围和提高生产力展现了无限的前景。限制劳动生产力的不是大自然，而是愚昧、不良的政府。

这种可以独占的自然力形成了一类生产手段，而由于没有等价物就得不到自然力的合作，因此等价物便构成了这种自然力占有者的收入。这一点我们将在适当的地方看到。现在，我们必须先满足于研究各种各样自然力的生产作用，无论是已知的还是将要发现的。

---

也完全是新的价值，正如一块地所产生的租金是与该地本身的价值完全不同一样，可把它消费掉而又丝毫不影响该地的价值。要是资本所包含的生产力，只有创造资本的劳动的生产力，而自己没有生产力，那么，资本怎能提供和使用资本的劳动的利润没有关系的永久利润呢？如果有人认为创造资本的劳动在停止活动以后还在继续接受工资并具有无限价值，那未免太荒唐。我们很快就可看到这种想法不仅仅是臆测。

# 第 5 章　劳动、资本和自然力协作生产的方式

我们已经看到劳动、资本和自然力如何协同进行生产，同时，我们也看到这三者是创造产品必不可少的因素。然而，这三者并非必须同属一个人所有。

勤劳的人可以把他的劳动借给另一个只拥有资本和土地的人。

地主可以把土地借给只拥有资本和劳动的人。

资本所有者可以把资本借给只拥有土地和劳动的人。

无论借出的是劳动、资本还是土地，由于所有三个因素共同合作创造价值，所以它们的使用是有价值的，而且通常需要支付费用。

对借用劳动所支付的代价称为**工资**（wages）。

对借用资本所支付的代价称为**利息**（interest）。

对借用土地所支付的代价称为**地租**（rent）。

有时土地、资本和劳动共同为一个人所有。自己出资耕种自己土地的人，同时也是土地、资本和劳动的所有者。而且一人独享土地所有者、资本家和劳动者的收益。

磨刀工人的行业不需要占有土地，他把所有的工具都挑在肩上，他的技术和劳动都在指尖上。他同时既是冒险家①，又是资本家和工人。

---

① 法语 entrepreneur 一词，很难译成英语。和它相应的英语 undertaker（企业家）一词的意义已经限定。entrepreneur 的意思是制造业的工厂主，或者农业的农场主，或者商业的商人。此外，它还指凡在这三个产业中承担一家公司的直接责任、风险和管理职务的人，无论是自己出资，还是借用别人资本经营。由于没有更恰当的词，我暂且把它译为 adventurer（冒险家）。——英译者注

我们很少遇到如此贫穷的劳动冒险家，没有一份资本投入到其所从事的行业里。即使普通的劳动者通常也自己预付一部分资本。瓦匠工作时自带泥铲，熟练的裁缝自备顶针和针。他们有的穿戴整齐，有的衣衫褴褛。实际上，虽然他们的服装费很可能来自工资，但他们必须自己预先垫付。

在土地不属于专有财产的地方，例如采石场，或者凭劳动可以获取鱼、珍珠、珊瑚等产品的江河大海，只有劳动和资本就可以得到产品。

当劳动用在单凭资本就可获取的外国种植的产品时，劳动和资本自己同样也有能力进行生产，如欧洲制造的棉布产品和许多其他的商品。因此，只要运用劳动和资本，各种制造业都有能力生产产品。土地的存在绝对不是必不可少的条件，除非从事劳动的地点也许被认为是不可缺少的条件，因为这种土地常常是租用的，从严格意义上讲，它一定是必需的。可是，如果把从事商业活动的地点也算作被使用的土地，那么至少也得承认，在相关大量资本的协助之下，大规模的生产就能在一块小小的土地上运作起来。由此可以得出结论：国民劳动受到的限制，不是来自土地的大小，而是来自资本的多少。

一个具有4 000美元资本的制袜商，可能拥有10台织袜机。如果他设法扩大资本两倍，他能使用20台织袜机。也就是说，他可以再买10台织袜机，付两倍的地租，购进两倍织袜所用的丝线或棉花，并垫付必要的钱款以雇用两倍的工人，等等。

但是，专门耕种土地的农业生产活动，正常来说要受土地大小的限制。个人和社会都不可能扩大土地范围，也不能让土地变得肥沃，不能超出事物特性的限制。但他们却有无限的力量来扩大他们的资本，因此，有无限的力量雇用更多的劳动力，从而增加他们的产品，换句话说，增加他们的财富。

曾经有过像日内瓦人那样的人民，他们所占有的土地生产的生活必需品不到全国总产品的1/20，然而他们却过着富裕的生活。住在不毛之地的汝拉山峡谷的居民生活富裕，因为他们掌握许多手工技能。在13世纪，威尼斯共和国成为世界瞩目的地方。之前它在意

## 第5章 劳动、资本和自然力协作生产的方式

大利只占有微不足道的土地，但它从商业中获得了足够的财富，使它能够占有达尔马提亚以及大多数的希腊岛屿，甚至占有希腊帝国的首都。一个国家土地面积的大小和肥沃程度，在很大程度上取决于其地理位置的好坏。然而，它的劳动和资本的力量，则依赖于其自己的良好管理，因为人类总有能力改善劳动和扩大资本。

缺乏资本的国家，在销售其产品时要遭受很大的不利。它不能对买者提供长期信贷，不能给国内外顾客提供一定的付款期限或方便条件。如果资本非常短缺，它甚至不能垫付原材料的成本和自己劳动的报酬。这说明了在印度和俄国的交易中，货款必须在完成订单的前六个月或一年支付的原因。这些国家一定在其他方面很幸运，否则它们绝不可能面对这么大的不利而达成客观的销售量。

在了解了劳动、资本和自然力这三种强大的生产力如何协力创造产品（即适合人类使用的物品）之后，我们进而更加详细地分析它们各自的特殊作用。这个研究非常重要，因为它使我们不知不觉地了解到，是什么对个人富裕和国家力量产生更为有利或不利的影响。

# 第6章　各种劳动共有的类似操作过程

如果仔细研究人类劳动的工作方式，我们就会发现，无论它用于什么目的，它都是由三个操作过程组成的。

获得任何具体产品的第一步是研究有关该产品的自然规律和法则。如果事先不知道铁的性能，不知道开采矿石和炼铁的方法，不知道怎样熔铁和铸造，就不能制成铁锁。

第二步就是运用上述知识来实现一个有用的目的，例如，把铁铸成某一特别形状，结果就可提供把通向所有牢房的门锁起来的工具，除钥匙的所有者之外谁也打不开。

第三步就是进行上述两个步骤所提示和指明的手工劳动，如锻、锉和把锁的各种零件组装在一起等。

这三个操作过程很少由同一个人来实施。一般的情况是：一个人研究自然规律和生产方法，这个人就是哲学家或科学家；另一个人把前者的知识应用于创造有用的产品，这个人是农场主，或是制造商，抑或是商人；第三个人在前两人的指导下提供实施和运作，这个人就是劳动者。

经过分析就会发现，无论什么产品，都产生于这三个操作过程。

以一袋小麦或一桶葡萄酒为例。要获得小麦或葡萄酒，第一步就是由物理学家或地质学家①来探讨小麦或葡萄的生长过程和自然规律，适合种植小麦或葡萄的土壤和季节，麦苗或葡萄藤长大成熟必须有的培育和照料。如果不是由地主亲自来做，那么就必须由佃

---

① 我不知道英语中有没有和法语 Agronome 相应的名词。Agronome 表示熟习地面土壤性能的地质学专家，也就是农业科学家。——英译者注

户把这些知识应用于他的特殊目的,把创造一种有益产品所需要的工具集中到一起,并且扫除生产过程中的一切障碍。最后,劳动者必须翻起土壤,播下种子,修剪和捆绑葡萄藤。无论产品是小麦还是葡萄酒,这三个截然不同的操作是完成产品生产必不可少的过程。

或者以一种外国贸易产品为例,例如靛蓝。地理学家、旅行家和天文学家使我们知道它产于何处,以及渡海到那里去的方法。商人装备船只并派其寻找这种货物。水手和陆上搬运工人执行这个生产工作的手工部分的工作。

但是,把靛蓝这种物质作为另一种或第二种产品,例如蓝布的原料来考虑。我们都知道,首先要用到化学家,以了解有关这种物质的性能、溶解它的方法,以及稳固其颜色所必需的媒染剂等信息;然后,制造厂主收集完成染色过程所必需的工具;最后劳动者在厂主的命令下执行这个过程的手工部分的工作。

在所有情况下,劳动都可以分为理论、应用和实施三个过程。除非一个国家在这三方面都很优越,否则劳动就达不到十全十美的程度。一个民族如果在其中一方面有所缺陷,就不会得到产品。产品一定是所有这三个劳动过程的结果。由此我们可以学会欣赏许多最初看起来似乎是好奇心和推测对象的科学的巨大效用。①

非洲沿海一带黑人拥有相当的聪明才智,而且擅长所有的运动和手工技艺。但是,他们似乎非常缺乏前两种劳动过程。因此,他们不得不向欧洲人购买所需要的物品、武器和装饰品。尽管他们的自然资源丰富,但生产的产品极其有限,以至于奴隶贩子必须事先

---

① 科学除了给劳动的进展提供直接的推动力,是劳动成功不可或缺的协助之外,它还为劳动的进展提供了一种直接的帮助,即逐渐消除人类的偏见,使人类明白要更多地依赖自己的努力,不要过分依靠神灵的帮助。愚昧总是伴随着奴役人们并阻碍一切改良的风俗习惯。愚昧把瘟疫归因于神,使人们求助于迷信的仪式。但文艺可能很容易防止或消灭,需要的只不过是事前的预防或事后的治疗。就像实际情况一样,各门科学都是连在一起的,相辅相成。

储存粮食，以供奴隶在途中食用。①

就对劳动有利的才能而言，现代人大大超过了古代人，而欧洲人又胜过地球上所有其他的民族。欧洲城市最下等的居民享用野蛮部落酋长难以得到的无以计数的生活用品。玻璃，可以让日光射入房里，同时又能抵御寒冷气候，这件产品是长期的科学与观察不断积累和完善的结果。要获得这种奢侈品，必须先知道哪种沙子能变成具有扩展性、固态性和透明性的物质，知道要混合什么成分和通过多高的热度才能得到这种物质，此外，还要确定最适宜的熔炉。仅支撑玻璃房子屋顶的木架一项，建造时就需要大量有关木料强度和有利于使用木料的方法的知识。

仅有关于这些材料的知识还不够。这些知识可能一直沉睡于一两个人的脑海里，或记载在文献中。还必须找到有办法将这些知识用于实践的制造者。这位制造者首先必须了解有关这项特殊劳动的一切，然后积累或取得必要的资本，召集技师和劳动者，并且分配各自的任务。

最后，雇用的工人必须运用手工技艺完成玻璃的制造。有的建造房屋和火炉，有的烧火、混合各种成分、吹玻璃、切玻璃、碾平玻璃、镶嵌和固定玻璃窗。对于那些从来没有看过人类劳动所创造的这样美妙产品的人来说，玻璃的效用和美丽简直无法想象。通过劳动，最没用的原材料可以被赋予最高程度的效用。破衣烂布被转变成又薄又白的纸张，它能把商业需求和与众不同的艺术从地球的这一端传递到那一端；它是天才存放思想的地方，是人类经验代代相传的工具；通过它我们得到财产权的证据，通过它我们把心里最高尚和最亲切的情感表达出来，而且凭借它来唤起别人心里相应的感情。纸张在传达人类知识方面所提供的极大便利，使它有资格被称为改善人类状况的最有效的产品之一。的确，如果如此有利的工具没被用作传播谎言或施行暴政的工具，那该是多大的幸福啊！

在此值得一提的是，在劳动发展中绝对必要的科学家的知识，

---

① 《普亚夫文集》(*Puvres de Poivre*)，第77、78页。

实际上可以轻而易举、迅速地从一个国家传遍所有其他国家。而且，科学家本人在知识的传播中有切身的利益关系，因为他们获利的机会就在于此，而他们更为看重的成名机会也在于此。正是由于这个原因，一个国家即使科学不太发达，它仍然可以通过利用从外国得来的科学知识，使本国的劳动得到很大的改进。而其他两种劳动过程，即应用人类知识来满足人类需要的技术和执行的技巧，是绝对不能缺少的。这些才能只对掌握它们的人有用。所以，一个拥有很多聪明智慧的商人、制造者和农业家的国家，要比主要致力于追求技术和科学的国家有更强大的力量达到繁荣。意大利在文艺复兴时期，博洛尼亚是它的科学中心，然而财富却集中在佛罗伦萨、热那亚和威尼斯。

在我们的时代，大不列颠的巨大财富很少来自其领先的科学地位和一流的科学成就，更多的要归功于它的企业家非常善于运用有用的知识，归功于它的工人在执行过程中敏捷而精巧的高超技艺。英国人常常受指责的民族自豪感，不能阻碍他们非常机敏地顺应他们产品的顾客和消费者的爱好与品位。他们既供应南方人所戴的帽子，也供应北方人所戴的帽子，因为他们知道为前者市场所制的帽子必须轻而软，而为后者市场所制的帽子必须要厚而暖。但是仅仅做同一种式样帽子的国家，就只能满足国内市场。

英国的劳动者是制造厂主的助手，他们一般非常耐心和勤勉，不把产品做得尽可能精致完美就不肯放手。与大多数其他国家的工人相比，英国劳动者不是花了更多的时间来制作产品，而是给予产品更多的细心、更多的关注和更多的勤勉。

然而，任何民族都不必担心得不到使他们的劳动达到尽善尽美所需要的才能。仅在150年之前，英国自己还不甚发达，几乎全部所需毛织品都从比利时购进。现在为全世界制造棉织品的国家，在不到80年前，还得由德国供给这种物品。①

---

① 英国在17世纪还没有棉织业存在。从海关统计可知，1705年英国为了加工而进口的原棉不过27 000 880磅，1785年在原有的基础上增加了6 766 000磅，1790年又增加了25 941 000磅，而到1813年，进口供本国市场消费和再出口的原棉共增至131 951 000磅。

我已说过，农民、制造商和商人把已获得的知识变成利润当成自己的职业，并利用这些知识来满足人类的需要。我应该进一步补充说，他们还需要另一种知识，一种只能从他们各自职业的实际探讨中获得的知识；这种知识可以被称作他们的专门技能。最具学术性的博物学家拥有着超群的学识，但在改良自己土地的努力方面，可能远远不如他的佃户那么成功。一个一流的机械师虽然能够非常熟练地制造织布机，但如果他没当过学徒，他织布的技术可能相当差。就技术而言，只能从有时成功、有时失败的反复试验中获得一定程度上的完善。因此，没有试验的协助，单凭科学不能确保进步。试验或多或少总会伴随着风险，不一定能够补偿冒险者。即使试验成功，冒险者的利润由于竞争也会有限，可是对社会来讲，通常结果都是一样：添加一件新的产品，或者一件旧的产品降价。

就农业而言，除了试验所涉及的劳力和资金之外，通常还要花费一年或一年以上的土地租金。

就制造业而言，试验是一项较为安全可靠、深思熟虑的冒险，所用资本短期内有保障。如果成功，冒险家可在较长时期内独占利益，因为他的试验过程很少公开。在有些地方，这种独占的利益还受到发明专利的保护。由于这些原因，制造业的发展一般要比农业的发展更迅速、更多样化。

就商业而言，如果冒险的费用得不到补充，又没有合作的目标，那么试验的风险要比其他两种产业更大。但是，在进行正常交易的过程中，商人通常冒险把外国生长的某一天然商品引进从未见过这种商品的市场。大约在17世纪中叶，荷兰人与中国人进行贸易时就采用这种方式，拿中国人用来配制他们喜爱的饮料的一些干树叶做试验。荷兰人当时并不怀着很大希望，但由此却开始了茶叶的贸易，每年运输量超过45 000万磅，在欧洲的销售额达8 000万美元以上。①

在极个别情况下，大胆几乎一定可以成功。欧洲人最近发现绕

---

① 伦诺瓦（Renouard）：《东印度政治性和商业性旅行》（*Voyage Commerciel et Politique aux Indes Orientales*）。

行好望角和美洲大陆的航线以后,他们的世界突然扩大到东方和西方。欧洲人过去对其中一个半球一无所知,对另一个却又知道得极其有限。这两个半球拥有无数令人向往的新鲜物品,冒险家只要扬帆远航,定可满载而归,获得巨大利益。

除了这些极个别情况之外,也许要慎重地支付劳动试验的费用,不能动用投在经常性和已被认可的生产方法上的资本,而只能使用个人可随意花费却不必担心财产缩水的收入来支付试验费用。应该尽量鼓励那些能够把大多数人消耗在娱乐或更坏的事情上的闲暇时间和收入用于有益目的上的奇思异想。我想不出比这个更高尚地利用财富和才能的方法。通过这种方法,一个财力有限的慈善家能够把远远超过他实际支付的价值或超过他的富可敌国的全部财产的价值,赐予劳动阶级和普通消费者,也就是大多数的民众。谁能计算出发明犁的无名氏赐予人类的价值呢?[1]

一个拥有巨大可支配资源的政府,如果明确并履行它的职责,就不会任凭个人独享劳动领域里的发明和发现的荣誉与功劳。由政府支付的试验费,不是出自国家资本,而是来自国民收入,因为征税从不或至少不应该涉及个人收入以外的东西。支付试验费用的那部分税收,因为是由无数纳税人共同分摊的,所以,几乎根本感觉不到。既然成功的试验带来的好处是大家的共同利益,那么,试验的损失由整个社会来负担,是绝对公平的。

---

[1] 感谢印刷技术的发明,使人类恩人的名字此后将永留史册。如果我没有说错,这些人将比那些靠武力取得功名的人更值得人们的崇拜。在这些不朽的人物中,有法国农业之父奥利弗(Olivier de Serres),他是第一个开办农业试验场的人;有达哈麦(Duhame)和马舍布(Malsherbes),法国所移植的许多外国蔬菜都是他们两人的功劳;有拉瓦锡(Lavoisier),他提出的新化学理论促使更重要的技术革新完成;还有无数现代科学界旅行家,他们带有良好目标的旅行也可视为产业方面的冒险。

# 第7章　人、大自然和机器的各自劳力

我所说的**劳力**（labour）一词，是指完成任何一种劳动操作过程或其中某一部分时所进行的持续不断的动作。

用在任何一个这种操作上的劳力都是生产性劳力，因为它协助产品的生产。因此，哲学家的劳力，无论是用在试验中还是用在书本上，都是生产性劳力。冒险家或工场主的劳力也是生产性劳力，尽管他们没从事实际的体力劳动。所有操作工人，从普通的农业工人到操纵船只的驾驶员，他们的劳力都是生产性劳力。

非生产性劳力，即对各类劳动的产品都无贡献的劳力，很少是出于自愿的；因为，根据上面的定义，劳力意味着费心费力（trouble），而如此费心费力得不到任何补偿或好处。因此，对于使用这种劳力的人来说，这种行为不是愚蠢就是浪费。如果费心费力以欺骗或暴力手段来达到剥夺别人拥有的财产为目的的话，那么，之前只不过是愚蠢和浪费的行为现在却堕落成绝对的犯罪，除了把一个人的财富强行转移到另一个人的手中之外，没有创造出任何产品。

我们已经看到，人使用自然力或自己生产出来的产品从事生产工作。因此，理解什么叫作**自然的劳力**（labour of nature）或**自然的生产性服务**（productive service of nature），以及什么叫作**资本的劳力**（labour of capital）或**资本的生产性服务**（productive service of capital），并非一件困难的事情。

自然力所实施的劳力，与被称为资本的先前已存在的产品所执行的劳力非常相似，而且彼此永远混合在一起。因为，构成资本主要项目的工具和机器，通常只不过是利用大自然的力量来获利的多少有些聪明的手段而已。例如，蒸汽机只不过是一种利用处于蒸汽状态下水的弹力和大气重力的交替作用的复杂方法的产物。所以，蒸汽机所使用的生产力实际上比投在蒸汽机上的资本所使用的生产力要多，因为蒸汽机是一种迫使多种自然力为人类服务的手段。这些自然力提供的免费援助的价值，远远超过投在蒸汽机上的资本所产生的利息的价值。

必须从这个角度来考虑所有的机器：从最简单的工具到最复杂的工具，从最普通的锉刀到最昂贵的精密仪器。工具只不过是简单机器，而机器也不过是复杂的工具而已，我们凭借它们来扩大手和手指的有限能力；在很多方面，二者都只是获得自然力合作的手段。① 工具和机器的显著效果在于减少生产同一数量产品所必需的劳力，或者说，以同等的劳力获得较多的生产量。这就是劳动的最大和终极的目的。

只要新的机器或新的更便捷的方法代替了先前使用的人类的劳力，就会因此巧妙地省却了一部分人力，而这些勤劳的人必定会失业。由于这个原因，机器的使用已经引起很多反对，常常受到民众暴力的阻碍，有时甚至受到来自政府自己行动的阻碍。

想要在这种情况下采取明智的行动，就必须事先对采用机器的经济效益有个明确的概念。

新机器取代一部分人力但不减少产品的数量。如果采用机器减少产品数量，采用机器就会很荒谬。当挑水夫被任何一种供应一个城市用水的机械装置代替时，城市的居民同样得到水的供给。这个地区的收入总量至少保持不变，但收入却从一方转向另一方。挑水夫的收入减少，而机械师和提供资金的资本家的收入却增加了。但是，如果高品质且丰富的产品和生产费用的低廉降低了产品的交换价值，消费者便会从中受益，因为，对消费者而言，费用的每一笔节省都意味着同样多的获得。

我们很快就会看到，上述收入的新流向，无论对一般社会如何

---

① 如果高兴，我们可进一步归纳总结，把一块地产当作生产小麦的大机器，耕种是对它的维修。也可把一群羊看作生产羊毛、羊肉的机器。

有利，总是伴随着一些痛苦情形。因为，当资本家所投入的资金无利可图或处于呆滞状态时，他的不幸根本不能与一群勤劳的人被剥夺谋生手段的不幸相比。

由于机器会产生这种不幸，它无疑会遭到反对。但是，随着机器的使用而发生的情况，通常是大大减低危害，同时，新技术的好处却充分发挥出来。这是由于：

第一，制造新机器是一个缓慢的过程，而采用新机器是一个更缓慢的过程，因为要给那些有利害关系的人一定的时间去权衡利弊，同时也让国家管理部门有时间规定补救办法。①

第二，制造机器需要大量劳力，这就使因采用机器而失业的人们得到新的工作机会。例如，使用管道供应城市用水的工程构建、铺设总水管和分水管等工程，为木匠、瓦匠、铁匠、铺设工人等提供了更多的工作机会。

第三，普通消费者的情况，自然也包括受到新技术影响的劳动阶层的情况，由于这些劳动者此前所从事生产的产品的降价，比以前都有所改善。

此外，企图禁用新机器来避免新机器的发明带来的暂时困难是徒劳的。如果新机器确实有益，它就会或一定会在某个地方被采用。新机器的产品将比劳力用旧的方法生产的产品便宜，而廉价迟早会促进产品的消费和需求。1789年诺曼底开始采用多轴纺纱机，使用旧方法的纺织工人企图毁坏这些机器。如果他们的图谋得逞，法国肯定已经放弃棉纺织业，人人都要购买外国制造的棉织品或使用替代品，而诺曼底纺织工人的就业形势就会恶化。最后，这些纺织工人中的大多数都在新开设的纱厂找到了工作。

关于采用机器的直接影响，就谈到这里为止。最终的影响完全

---

① 一个良好的政府没有必要采取地方性措施来限制新方法或新机器的采用。这种措施就是对发明者财产的侵犯。政府可采用以下各种办法使那些由于机器的采用而失业或找不到工作的工人有工作可做：使用他们修建由政府出资兴办的公用事业工程如运河、公路、教堂等；扩大殖民，把人口从一个地方迁移到另一个地方。由于机器的采用而失业的工人，比较易于找到工作，因为他们已经训练有素，适于劳动。

对它有利。

的确，如果人类通过使用机器来征服大自然，并迫使大自然的力量和自然力的属性为人类和人类的利益所用，那么，机器的利润就太明显了，无须举例说明，必定总是产量增加，或是生产成本下降。如果产品的销售价格没有下降，得到的就是生产者利润的增加，并且无损于消费者。如果销售价格下跌，跌价的利益全部归消费者享受，而无损于生产者。

某种产品数量的增加通常使其价格降低，而消费则随之扩大。所以，尽管机器生产得更快，然而却提供比从前更多的工作机会。无可争辩的是，法国、英国和德国的棉织业现在雇用的人数比采用机器以前更多，虽然机器在很大程度上缩短和改善了该加工行业的生产过程。

类似影响的另一个显著例子是用来迅速增加文学作品册数的机器，我指的是印刷机。

暂且不谈印刷技术对人类知识与文明的进步的巨大推动，我仅从经济的角度，把它作为一种制造业来谈一谈。印刷机最初被采用时，大多数抄写员立即被解雇。可以适当地估算一下，一个熟练的印刷工能做200个抄写员的工作。因此，我们可以得出结果，200个抄写员中有199个失去了工作。后来的情况呢？很快，大量比手抄写图书更加清晰易读的印刷图书问世。图书的价格降低，这项发明不论是对娱乐消遣还是对教育指导方面的写作都起了重大作用，简而言之，所有这些因素结合起来如此有效地共同作用，以致雇用的熟练的印刷工，在很短时间内就超过从前抄写员的人数。如果我们现在能够精确地计算，除了熟练的印刷工之外，印刷机为其他勤勉的人所提供的职位，如铸字工人、制模工人、造纸工人、搬运工人、排字工人、钉书工人、书商等的总数，我们大概会发现，现在从事出版业的人数是印刷技术未发明之前的100倍。

也许还可以补充，从一种假设极端的情况，即机器完全代替人的劳动这种情况来观察整个人力和机器，人的数量仍然不会减少。因为，产品的总量还会相同，而比较贫穷的劳动阶层的痛苦也许会减轻，因为在这种情况下，使各种不同产业感到忧虑不安的暂时波动主要影响到会瘫痪的机器，而不是人力。机器不会饿死，只不过暂时不能为其主人提供利润而已。而机器的主人和纯粹的劳动者比起来，通常更远离贫穷。

但是，无论产业冒险家，甚至工人阶层最后从改良机器的使用中得到的利益有多大，但享受最大利益的总是消费者。消费者永远是最重要的阶层，因为消费者的人数最多，包含各种生产者，而这个由所有其他阶层组成的阶层的福利构成了一个国家的普遍安康和繁荣。① 我再说一次，从机器中获得最大利益的是消费者。因为，虽然发明家在若干年内可能独享发明的利益，这对他非常公平和正当，但从来没有永远不泄露的秘密，没有任何事情能够长久地避开公众的视线。最不容易保守的是一旦公开会关系到个人利益的秘密，尤其是那种必须向为制造机器和操作机器而雇用的许多人透露而依赖他们的谨慎来保守的秘密。发明方法公开之后，产品的价格就会由于竞争降到最大程度节省的生产成本的水平，到这个时候，消费者就开始享受全部利益。面粉厂主磨面粉所得到的利益可能不比过去多，但其成本对于消费者来讲大大地降低了。

消费者从采用更快捷的制造方法中得到的不仅是产品售价低廉的好处，他通常还得到更高质量的产品。毋庸置疑，画家能够使用画笔或铅笔设计装饰印花布和家具的美观图样，但作为这项用途的铜凹版和墨辊却能提供连最熟练的艺术家也无能为力的固定不变的图案和始终如一的色彩。

如果对所有的艺术产业都进行这种仔细的探究，我们就会看到机器的利益不仅仅局限于代替人力。实际上机器给我们提供了绝对的新产品，因为它的完美程度从前无人知晓。碾磨机和冲模完成的产品，是最熟练和最用心的人类之手永远都做不出来的。

总之，机器能做的远不止于此。机器给人类带来了许多和机器本身没有直接关系的产品。如果不去费心思索，你可能根本想象不

---

① 在所有阶层中，工人阶层对节省人力最感兴趣。这乍一看起来似乎有悖情理，但却千真万确。因为对工人来说，便宜的物价是最大的利益，而昂贵的物价是最大的灾难。

出那些不知在什么年代出现的东西,如犁、耙和其他类似的机器等,除了给人类提供生活的绝对必需品之外,还极大地帮助人类获得许许多多他们现在所享用的额外的东西。要是没有犁、耙等东西的帮助,人们绝不会想到这些奢侈品的。但是,如果土壤所需要的各种修整,只有铲子、锄头和其他同样简单与笨拙的方法可用,如果在农业生产中我们不能利用从政治经济学观点来看只不过是一种机器的家畜,那么,现在用于工业技术方面的人力,很可能会全部用于为实际人口提供勉强糊口的生活必需品的生产上。犁就这样帮助解放了一定数量的人手来进行甚至最不重要的艺术品的创作,更重要的是进行了智力开发和才能培养。

古人不知道什么是水磨,什么是风磨。在他们的时代,烤面包的小麦完全是用手工来舂的。所以,大概需要不少于20个人才能舂完一家磨坊碾磨的小麦。① 现在,管理一家磨坊和供给碾磨机原料的工作,一个磨工或至多两个磨工就够了。借着磨机这个巧妙机械的帮助,两个人的生产力等于恺撒时代20个人的生产力,因为,现在的磨坊使用风力或流动的水力做了18个人的工作。可是,这额外18个人的粮食,照常得到供给,因为磨坊出产的产品并未减少,这些人可使用他们的劳动力创造新的产品,并用这些产品交换磨坊的产品,这样,社会的一般财富就大大增加了。②

---

① 荷马(Homer)在《奥德赛》(*Odyssey*)第十篇里告诉我们,尤利西斯(Ulysses)全家每日食用的小麦,要20个女工来磨,而据荷马的叙述,尤利西斯的家庭并不比现今一个地主家庭大。

② 本书第3版出版以后,西斯蒙第先生的《政治经济学新原理》(*Nouveaux Principes d'Economie Politique*)也出版了。这位重要作家似乎对机器的暂时危害过于重视,而对机器的永久利益则估计不足。他似乎完全不懂这门科学把机器的永久利益放在不容争辩的地位的原则。

(a)根据我的看法,我们的作者最近在和马尔萨斯辩论有关制造业的生产力过大以及产品过剩等问题时,似乎已经完全证明了他反对西斯蒙第和马尔萨斯攻击的论点是正确的。他似乎还揭穿了这个可怕学说的谬论,即认为人类劳动的生产力有时可能过于庞大。参见《马尔萨斯书信》(*Letters à M. Malthus*)。——英译者注

# 第8章 分工的利弊以及分工可能达到的程度

我们已经注意到,一种劳动的几个过程通常不是由同一个人完成的,因为这些操作过程一般需要不同的才能;每一种操作所需要的劳力,足以占用一个人的全部时间和精力。不但如此,在某些情况下,这些操作又分成更小的部分,每一小部分都足够给一个人提供专门的职业。

因此,化学家、植物学家、天文学家和许多其他自然科学的学者共同分担了对自然的研究。

同样,在运用人类知识满足人类需要方面,例如制造业,也有不同种类的制造者专门从事毛织品、陶器、家具、棉织品等的生产。

最后,在劳动的三个操作过程中的执行部分,有多少不同种类的工作,常常就有多少不同种类的工人。缝制外套的布料必须使用纺纱工、织布工、修剪工、剪毛工、染工和许多其他工人,每种工人都连续不断地专门做一种工作。

著名的亚当·斯密第一个指出产品数量的无限增加和产品质量的极大改善是由于分工而引起的。① 在他所引证的例子中,有一个

---

① 贝卡里阿(Beccaria)于1769年在米兰做政治经济学公开演讲时,曾发表分工有利于扩大生产的意见。那时斯密的著作还未出版。贝卡里阿说:"我们从亲身的经验得知,如果把体力和脑力不断地应用于某一特别工作或产品上,一定比依靠自己努力取得所需要的所有东西时,更容易获得数量更多和质量更好的产品。基于这种原因,一个人养羊,另一个人梳羊毛,还有一个人剪羊毛;一个人种麦子,另一个人制面包,还有一个人给耕者和工匠制衣服或盖房子。技术种类如此增多并如此互相依赖,人类就这样分为各种职业和具有各种条件,这一切于公于私都有利。"

但我却认为斯密对于分工问题的见解,不是抄袭别人的,而是自己的

## 第 8 章 分工的利弊以及分工可能达到的程度

是钉子制造商。从事这项制造过程的工人每人完成钉子的某一部分。一人拉铁丝,一人剪铁丝,一人磨尖钉子。仅仅铁钉头就需要两三种不同的操作,每一种操作由不同的人担任。根据斯密的计算,通过这样的分工,一个雇用 10 个工人但设备不是很好的工厂,一天可制成 48 000 枚铁钉。如果每个工人一枚一枚地制造铁钉,所有操作过程从第一步到最后一步全由他一个人来做,那么,他一天大概只能制造 20 枚铁钉,而 10 个人一天所能制造的铁钉只有 200 枚而不是 48 000 枚。

斯密认为有三种情况造成这个巨大的差别:

第一,通过不断重复同一简单操作所获得的身体和智力的娴熟灵巧。在一些工厂里,一些操作非常迅速敏捷,非身临其境不能想象得到。

第二,节省了通常由于从一种工作转向另一种工作,或由于更换工作地点、位置和工具而损失的时间。注意力的转移总是缓慢的过程,不能在顷刻之间从旧的物体转到新的物体上。

---

创造。因为在贝卡里阿还未发表上述意见时,斯密就可能已经在格拉斯哥大学提出了这种见解。众所周知,所有构成《国富论》的基本原理都是在这时提出的,但主要是因为他拥有从这种见解中归纳总结出的最重要的结论。

早在 1751 年,正如斯图亚特所说,在"对本问题还没有任何法国(他实在还可补上说,或意大利)的著作可供斯密参考以指导他的研究工作的时候,《国富论》的所有基本原理,就已经见之于他在格拉斯哥大学演讲稿中。"《国富论》直到 1776 年才出版,斯密博士在 1775 年亲笔所写的一篇短稿可完全证明《国富论》里所阐述的最重要的观点。斯密说:"本篇论文所述观点大部分已在某些演讲中讨论过,这些演讲的讲稿还在我手中。抄写这些讲稿的是我以前所雇用的一个抄写员,六年前他辞我而去。自从我在格拉斯哥大学开始教克雷吉(Craigie)先生那一个班级起,也就是从我在格拉斯哥度过第一个冬天时起,这些观点就一直是我演讲的题目。它们也是我离开爱丁堡那个冬天在该城所做的演讲的内容。我能够提供许多证人,有的住在那个地方,有的住在这个地方,他们都能够充分证明这些观点是我自己的。"参见斯图亚特于 1793 年 3 月 18 日在爱丁堡皇家协会宣读的题为《关于亚当·斯密的生平和著作》的论文。——美国编者注第三，大量机器的发明使所有的工作变得更容易、更迅速。因为分工很自然地把每项操作都限定在一个非常简单和不断反复的作业中，这种作业恰好就是机器最容易完成的操作。

此外，如果一个目标近在眼前，而且人的注意力专注于其上，那他很快就能发现达到这个目标的方法。即使在哲学界，大多数的发现也是来自分工，因为分工使人能够专心致志地从事某一方面知识的钻研。这种专心致志对人类的进步极为有利。①

因此，只要不同的人分别从事不同方面的研究（例如商业），其进步所必需的知识或理论就会得到更大程度的完善。为了探查各个国家的地理位置和物产，有人专门研究地理；为了探查各个国家的法律与风俗习惯以及与这些国家通商的利弊，有人专门研究政治；有人专门研究几何学和机械学，目的在于确定船只、车辆和各种机器的适当形式；还有人专门研究天文学和物理学，目的是要精通航海技术。

此外，如果把商业分为国内贸易、地中海贸易、西印度贸易、美洲贸易、批发贸易、零售贸易等，那么，应用在同一类商业中的知识很明显也会达到较高程度的完善。

而且，这种分工并不会妨碍性质不是完全相反的操作的合并，尤其是相辅相成的操作。完全没有必要让一个商人经营进口贸易，让另一个商人经营出口贸易，因为这两种贸易的性质不但没有冲突，而且是相辅相成的。②

分工通过以相同或更小的生产成本来生产更高的产量而导致产

---

① 虽然在技艺方面的许多新发现起因于分工，但我们却不可把因新发现而产生的和将要不断产生的实际产品也都看作起因于分工。增加的产品，一定是来自自然力的生产力，无论我们最初怎样学会利用自然力的方法。参见上文第4章。

② 把乍一看起来似乎是截然不同的工作合并，在我们的作者称之为应用部门比在理论和执行部门更容易实行。一个普通的商人只要雇有办事员和经纪人就能兼营多种商业贸易，并能蒸蒸日上。这是什么原因呢？因为他自己的工作只不过是指挥和监督商业交易。这种工作可推广到更多的交易而不致有所抵触，仔细研究起来，这种工作其实是同一工作的重复。——英译者注

品价格的低廉。竞争很快迫使生产者将价格降低到等于所节省的全部生产费用。所以,生产者得到的利益远小于消费者得到的利益。而且,消费者对分工所设置的每一个障碍都是对自己的伤害。

如果一个裁缝企图像给自己缝制衣服那样为自己做鞋,他一定会毁掉自己的。① 我们每天都看到许多人充当自己的商人,以避免付给正规商人所索取的普通利润。用这些人自己的话说,把利润放在自己腰包里。但这种计算是错误的,因为分工使正规商人能够以远远低于人们自己完成贸易必须支付的成本为他们服务。自己要完成贸易就必须直接接触农民或制造商,而农民或制造商只要有可能,必然利用他们的无经验向他们进行敲诈。即使他们所期待的利益没有因农民和制造商的贪婪而被剥夺,那么他们也要计算一下经受的麻烦、损失的时间和额外的花费。这种损失和花费与交易数额成反比,在小的交易中损失的时间和额外的花销通常要比在大的交易中更多。即使所有这些加在一起不到每项琐碎消费的 2%~3%,原本也是可以节省下来的。

除非在非常特殊的情况下;否则,农民或制造商闯入商人的领域,企图避开商人而直接与消费者进行交易,也是没有任何利益可图的。因为这样他就会从自己的正常行业中分散注意力,浪费了本来可以更有效地用在自己特殊的业务上的时间。此外,他还必须有一批马车等。这些费用会大大超过由于竞争影响而降低的商人的利润。

只有某些种类的产品能够享受到分工带来的利益,而这些产品也要在消费超过一定数量之后才能享受到这个利益。10 个工人每天能生产 48 000 枚钉子,但除非钉子每日的消耗量达到 48 000 枚,否则他们就不这样生产。因为,分工达到这个程度时,一个人必须整天专门磨尖钉头,其他工人也必须整天各从事某一特殊部分的操作。如果钉子每天的消耗量只有 24 000 枚,工人就会失去半天的工作,

---

① 中国糖价低廉的原因,可能有一部分原因是种植生产者把榨甘蔗的工作交给来往各地的榨甘蔗的工人去做。他们携带极简单的工具,一家一家地上门兜揽生意。参见麦卡尼(Macartney):《驻节见闻录》(*Embassy*),第四卷,第 193 页。

或改变工种,这样,分工就不能那么广泛地、完全地进行。

由于这个原因,除了能够运往远处销售而消费量扩大的产品,或在人口稠密的地方制造而本地消费量相当巨大的产品外,都不能实行极端的分工。同样由于这个原因,在人口稀少的地方,许多提供即时消费的不同种类产品的生产制造常常由一个人同时兼营。在小城镇或乡村,一个人往往兼任理发师、外科医生、内科医生、药剂师。在大城市(也只有在大城市),这些职业不但是特殊的专门职业,而且有些又分为几个部门。例如,外科医生分为牙科医生、眼科医生、产科医生等。这些医生,由于每人从事这个范围广大的技术的某一部分,因此获得了要是没有分工绝不能得到的那种程度的熟练。

商业情况也如此。以乡村食品商为例,他的货品的消费量很有限,以致他不得不同时做杂货商、文具商、旅店老板,也许还是新闻作者和出版商。在大城市,不但普通食品杂货店的生意很好,即使仅售一种食品生意也很好。巴黎、伦敦和阿姆斯特丹有许多店铺专卖茶叶、油或醋。不难想象,这样的店铺对于自己卖的唯一商品所配备的种类一定比同时各种商品都卖的店铺齐全得多。这样,在一个人口众多的富足国家里,运输商、批发商、中间商和零售商各自经营一种商业,而且经营得更好、更经济。现在他们都从这种经济体系中得到了好处。如果上面所做的解释不能令人信服,他们这样做的经验可给我们提供不可否认的证据,因为商业分得越细,消费者所付的价格便越便宜。如果其他情况都**相同**(ceteris paribus),来自相同距离的商品在大城市或大集市所卖的价格一定比在小乡镇或小村庄所卖的价格低廉。

此外,小村庄或小乡镇有限的消费,迫使商人兼做多种在其他地方不同的职业,避免许多商品一年四季都正常出售。有的商品只在集市日出卖,别的日子根本买不到。人们在集市日把全星期或全年所需要的消费量一次买来。在所有集市日以外的日子,商人或携带货物到别的地方贩卖,或从事别的职业。在非常富足或人口非常繁多的城市,消费量如此之大,以致商人竭尽全力也只能经营一种商品,尽管他每一天都在营业。集市与市场是国家繁荣早期采用的方法，结队行商是国际商务更早阶段的方法。但即使这些方法也远比什么都没有好。①

必须先有非常广泛的消费然后才可实行精细的分工，所以，价格高昂只有少数人有能力购买的商品的生产，就不能采用精细的分工。在珠宝业，特别是在比较贵重的珠宝业，分工很有限。我们已经看到，发明和巧捷方法的应用，一般都起因于分工，所以在需要巧工妙技的精制品的制造业中，很少看到这些方法的应用，这是毫不奇怪的。一个人到宝石工厂参观，昂贵的材料和工人的娴熟技艺与耐心常常使他眼花缭乱。但是只有在生产普通消费品的大工厂里，一个人才会对工人为使产品制得又快又精所表现的技巧感到惊奇。当我们赏玩一件珠宝时，不难想象制造它使用的工具与方法；但在看到普通的紧身束带时，几乎没有人会想到它连接的是一匹马或流水，然而情况确实如此。

在三种产业中，农业是最不允许分工的。不可能把许多人集中在同一地点来种植同一种农产品。他们所耕作的土地遍布全球，迫使他们在相距很远的不同地点劳作。此外，农业也不允许一个人不断地从事同一种工作。一个人没有可能长年累月一直犁田或挖土，正如一个人不能整年都从事割稻子的工作一样。而且，很少有一个人的土地全部用于种植同一种农作物，一块土地也很少连续多年种植同一种农作物。如果这样做，这块土地的地力就会耗尽。假设一块土地全部用于种植同一种农作物，那么一切准备工作、施肥工作、

---

① 法国乡镇市场的状况不但显示某些方面的消费非常不活跃，且只要略一观察就可看出出售的商品极为有限，且质量极为低下。除本地产品外，只看到少量工具、粗糙的毛织品、麻织品和最低级的棉织品，看不到其他东西。在比较繁荣的阶段就可看到一些满足高雅生活所需要的物品：一些便于使用、样式美观的家具；式样有变化而质地比较优良的毛织品；由于加工关系或来自远地而价格比较昂贵的食品；目的在于教育或娱乐的商品，以及历书和祈祷书以外的其他一些书籍等。在更加繁荣的阶段，上述这些东西的消费便更加经常和更加普遍，足够维持存货丰足和常年开业的商店。在欧洲，特别是在英国、荷兰、德国的一些地方，我们就可看到这种富足的例子。

收割工作也必定在同一时间内进行，这样在一年当中的其他时间里，工人便无活可干了。①

此外，农民工作的性质以及农产品的性质，给农民很大的机会栽植自己消费的青菜和水果，饲养自己食用的牲畜，甚至制造自己家中使用的一部分器具。但在其他产业，劳动者所使用的这些消费品，是由若干不同种类的人专门生产的。

如果产品是在工厂制造而且同一厂商从事所有制造阶段，那么，该厂商如果没有雄厚的资本就不能对工作实行很精密的分工，因为这种分工需要对工资、原料、工具、器具等垫付更多的款项。在18个工人每人每天只生产20枚钉子的情况下，也就是说，在重1盎司铁的360枚铁钉中，每日只垫付购买1盎司新铁的钱就可使工人整天有工作做。但如果由于分工的结果，18个人每日能产86 400枚铁钉，我们知道他们确能如此，那么，为了使他们经常有活干，每日必须供应240盎司的铁。其结果是，厂商必须垫付更多的资金。如果我们进一步考虑，厂商购进原料之后，大约要等一两个月才能卖出铁钉收回垫款，我们就会看到，厂商在各个加工阶段中必须一直备有240盎司的30倍的铁。换句话说，厂商仅仅投在原料上的资金，便达到450磅铁的价值。除此之外，必须看到，如果缺乏各种工具和机器，分工便无从实行，而工具和机器，又需要资金购置。因此，我们常常发现，在贫穷的国家里，仅仅由于缺乏适当分工所需的资金，一种产品的各种生产过程，从始至终，都是由同一个工人来做的。

然而，我们不可设想，要实行分工，冒险家必须拥有巨大资金，

---

① 在农业中很少看到像商业或制造业一样的大规模产业。一个农民或地主所经营的土地很少超过四五百英亩。从资本和产量来说，这不过等于中等商人或制造者的产业。这种差别是由于好几种同时并存的情况造成的：农业需要广大土地面积，这是最主要的情况；农产物的笨重使它不容易从农场的各个遥远角落集中到某一地点或运到远地；农业本身的性质使一贯和一致的措施难以实行；经营者必须视耕作和施肥方法的不同、每一个工人工作性质的不同、气候的变化等情况，随时采取权宜措施或发出指示。

或全部工作必须集中在一个大场所来进行。制造一双靴子要经过很多道工序，完成这些工序的不只有靴匠、牧人、熟皮匠、制皮匠以及所有直接或间接提供制靴所使用的原料或工具的人都有一份贡献。尽管靴子的制造实行很精细的分工，但协同制靴子的生产者，可能大部分只有很少的资本。

如果在详述各业从分工所能得到的利益以及分工能够进行到什么程度之后，不进而谈到分工的利弊，那么，我们对这个问题的看法便不全面。

一生专门从事一种工作的人，一定获得比别人做得更快、更好的才能。但与此同时，他将比较不适合于所有其他体力或脑力的工作。他的其他才能将逐渐减退，或完全消失。其结果是，作为一个人来说，他退化了。一个人一生中，如果除了制造钉子之外从没做过其他工作，说起来将是多么难过啊！当然，这种退化也不仅仅局限于一辈子只是用力使用锉刀或铁锤的工人。就是那些从事要求运用最高智慧职业的人，也容易如此退化。职业的分工产生了律师阶层，他们的唯一工作是代替委托人出席法庭，代表当事人处理诉讼过程中的不同法律手续。众所周知，这些法律从业者的专业才能很少有缺陷。但我们常常会遇到一些人，甚至是律师界的出色人物，连自己天天所使用的最简单制造品的制造方法都一窍不通。如果让他们修理家中最简单的家具，他们几乎不知道怎样着手，可能也不知道怎样钉铁钉，做起来会让最笨的木匠学徒都看得发笑。如果他们处在比较紧急的场合，例如援救一个快要溺死的朋友，或援助一个同乡逃难，他们会束手无策。然而，一个住在半野蛮地区的粗俗农民，可能会对这些情况应付自如。

就工人阶层而言，如果他们除一种工作外其他都一窍不通的话，一定会使他们陷入更困苦、更不利的境地。他们更没有办法要求公平分享产品总价值的权利。一个随身携带工作所使用的全部工具的工人，能够随心所欲地更换工作地点，在任何喜欢的地方谋生。但从另一方面来看，他只不过是个附属品，没有个人的才能，不能独立，没有实际的重要性，只要离开共同工作的人，就不得不接受雇主加在他身上的任何条件。

我们基本上可作如下结论：分工是巧妙利用人力的一种模式，由此可增加社会的生产。换句话说，可增加人类的能力和享受。但另一方面，分工在一定程度上会使人类的个人才能退化。①②

---

① 这种考虑使制造业国家的政府必须尽力普及初级教育，从而防止国民智力和体力的退化。——英译者注
② 杜德尔格·斯图亚特（Dugald Stewar）说，印刷机的影响和文化的广泛传播，再加上商业进取精神的帮助，似乎是大自然提供的用来防止技术进步带来的分工可能造成的悲惨后果的一种方法。所有使这种方法生效的条件都已经具备，缺少的只是明智的制度来推广普通教育，以及使个人适合于他们在将来所要占据的地位的教育。艺术家可在幼年时候获得使他能够成为有智力的人和如何修身养性的教育，否则由于他的活动范围狭窄，他的智力可能降至与农民或野蛮人相等的水平。尽管他的枯燥乏味和单调无变化的职务不能提供可以唤起他的智力或分散他所注意的事物，但他可自由地将能力用在他自己更感兴趣和对别人更有用的东西上。——美国编者注

# 第9章 利用商业的各种方法以及这些方法协同生产的方式

不是所有商品随便在哪里都能买得到。土地的直接产物由当地的多样化土壤和气候而决定,甚至工业产品也只能在具备最有利于其生产的地方才能生产。

因此,无论在哪儿,无论是工业产品还是土地产品,都不是天然生长出来的。这些产品没有经过一定的改造,就不能为人们所用或达到理想的生产状态;不经过更改,也就是说,没有经过运输,这些产品就不能适合消费。

这种运输为商业提供了职业。

国外贸易由外国产品供应国内市场和国内产品供应国外市场组成。①②

批发贸易就是大量买进商品然后再转卖给下一级商人。

零售贸易是向批发商购进商品,然后把这些商品卖给消费者。

货币或硬币的贸易由银行家经营,他们代人收付款项,提供在异地付款的汇票、汇单或信用证。这种交易有时被称作银行业务。③

经纪人的职责是把买卖双方介绍到一起。

从事上述这几种生意的人都是商业的从业者,其作用是让产品到达消费者手中。对于消费者而言,贩卖少量胡椒粉的零售商的作

---

① 购进以备出售的产品叫作**商品**(merchandise),购进以供消费的商品叫作**日用品**(commodities)。

② 为了简化起见,翻译时不作这种区别。我认为"**产品**"(product)这个词足够清楚明确了。——英译者注

③ 银行家的业务不仅限于经营铸造或尚未铸造的贵金属,还包括纸币交易和信用交易。在后文讨论货币那一章,我们就可看到这一点。——英译者注

用和派船往摩鹿加群岛运输货物的商人的作用同样是必不可少的。这两种不同的贸易不能由同一个人完成的唯一理由是，由两个人分别经营更经济和更方便。要详细研究探讨商业的各种类别的局限和实践，就会写一篇商业的论文。①② 本书所要做的是研究它们如何、在何种程度上影响价值的生产。

在本书第二篇，我们将看到产品的效用产生的对于产品的实际需求，怎样受到产品的生产成本的限制。我们也将看到，各个不同地方的产品相对价值是怎样决定的。现在把产品价值当作一个**已知量**（a given quantity）或**已知数**（a given datum）来考虑，就足以清楚地说明商业生产的概念。所以，如果不去探究为什么一磅橄榄油在马赛值 30 苏，而在巴黎却值 40 苏的话，我就会满意地说：是谁把橄榄油从马赛运到巴黎，就是谁把它的价格提高了 10 苏每磅。也不能认为运输没有增加橄榄油的内在价值，它的内在价值肯定比以前增加了。银的内在价值在巴黎比在利马要高。两者的情况是完全相似的。

事实上，如果各种工具不同时存在，产品的运输便无从完成。这些工具各有各的内在价值，而且，按照这个术语字面上的狭义来说，实际上运输本身通常并不是最昂贵的工作。除了包装、入库外，必须在收集产品的地点和产品的运输目的地各设一个商业机构。

必须垫付与所运输的价值相等的资本。此外，还要支付代理商、保险商、经纪人等的报酬。所有这些都是真正的生产性职业，因为，如果缺少他们的作用，消费者便无从得到产品。假定这些人的报酬由于竞争降到最低的水平，那么，消费者就不会得到较便宜产品的

---

① 虽然有了梅隆（Melon）和弗邦内（Forbonnais）的努力，但仍然迫切需要一部完整讨论商业问题的著作。因为到现在为止，人们还不太了解商业的原理和效果。

② "**实用知识传播协会**"（The Society for the Diffusion of Useful Knowledge）于 1833 年发表了一篇由著名政治经济学家麦卡洛克撰写的关于商业的论文。文中对商业的主要原理、实践和历史进行了详细的解释。每一位受过良好教育的商人都应该读一读此文。——美国编者注

供给了。

在商业和制造业，更经济和更快速的方法的发现，对自然力更熟练的应用，例如以运河代替公路，自然或人为制度产生的困难的消除，这些都足以降低生产成本而给消费者带来利益，却不会使生产者受到损失，因为他自己的费用和垫付的资金同样也减少了。

同样的原则也支配着国际贸易和国内贸易。商人把绸缎运到德国或俄国，在圣彼得堡以每码 40 美分的价格卖出，而在里昂只值 30 美分，这位商人创造了每码 10 美分的价值。如果他又从俄国运回一批生皮，把在里加用 200 美元或等于 200 美元的价格买来的货物在哈弗尔卖 240 美元，那么，他又创造了 40 美元的新价值。新的价值由涉及它的生产的不同参与者分享，其中既有首要的商人，也有搬运工人。① 不管他们是哪国人，不管他们各自生产作用的相对重要性如何。由于这个价值的创造，法国财富的增加，相当于法国的劳动和资本在这生产过程中所获得的一切利益的总计。俄国财富的增加，也相当于俄国的劳动和资本在这生产过程中所获得的利益的总计。不但如此，也许还有第三国，它不依赖于法国也不依赖于俄国，可能得到这些国家的通商带来的全部利润。然而，法国和俄国并不因此受到丝毫的损失，如果它们的劳动力和资本能够在国内找到其他同样有利的用途的话。无论由谁经营，活跃的国际贸易的存在本身就是对国内产业的强有力刺激。中国人自己不经营对外贸易，把全部对外贸易让给外国人来做。但中国人必须生产巨大数量的产品，否则他们绝不能在只有欧洲大的土地上维持相当于整个欧洲两倍人口的生存。坐在店内做买卖的店主，和背着商品旅行各地兜揽生意的小贩一样的富裕。② 商业嫉妒，归根结底只是一种偏见：它好像一颗野生的果子，成熟之后就会自己落下来。

与国内贸易相比，所有国家的国际贸易的数量都是微不足道的。

---

① 通常的分配比例将在第二篇第 7 章说明。
② 人们常常问为什么不把农业、制造业和商业合并起来呢。其原因和一个有剩余时间和资本的大纺纱商，宁愿把他的劳动和资本用来扩充自己的纺纱生意，而不愿意用来织细洋布或印花布的原因是一样的。

只要留心观察一下众多的招待宴请，甚至豪华奢侈的娱乐消遣，所有这些活动消耗的外国产品价值与消耗的国内产品价值相比，只占很小的一部分，尤其是，如果考虑到肯定是国内生产的建筑物和住宅的价值（我们应该考虑这个价值），我们就会相信这是真实的情况。①②

一个国家的国内贸易，虽然由于分类细致，很少被注意到，但它却不仅是最重要的，同时还是最有利可图的贸易。③ 因为，国内贸易的支出与回报必然都是国内的产品。国内贸易促动双重的生产，而且所得利益不与外国人分享。由于这个原因，公路、运河、桥梁等通行税④和实际等于通行税的过境税⑤的废除，总之，凡可促进内循环的措施，都对国家的财富有利。

--------

① 这个比例估计得不太准确，即使在这种统计最流行的国家里也做不到十分准确的估计。的确，这种企图简直等于浪费时间。其实统计的实际效用很小，因为，即使达到了高度的准确，也不过是暂时如此。只有一般原理和一般规律的知识，即因果关系的知识，才是真正有用的知识。只有这种知识才能教我们在各种可能遇到的紧急情况下应该采取什么措施。就政治经济学而言，统计只有一个用处，即为我们提供一般原则的实例。统计绝不能成为原则的基础，原则是建立在事物的本质上的。即使在统计做得最好的国家，它也不过是事物数量的指标而已。
② 这个论点是否正确，要根据客观情况来定。当然，一个国家的人民，终必依靠自己的劳动和努力来获得所需东西的供给。但什么东西可阻止一个国家把大部分国内产品换成别的国家的产品呢？提尔人所消费的东西，来自国外的大概比国产的多，虽然这些外国产品必须用国内产品来买。不错，提尔与其说是一个国家，倒不如说是一个城市。荷兰在许多方面很像提尔。对于主要是以加工改造外国产品为生产事业的社会，这种观点都可适用。——英译者注
③ 关于这一点，我们的作者和斯密博士一起陷入错误。资本无论用于国外贸易还是用于国内贸易，产生的利益大小是一样的。例如，如果国内贸易产生的利润比国外贸易大，那么，每一分用于国外贸易的资本都将从这个不利的投资中收回。只有在国外贸易的利润大于国内贸易的利润的情况下，资本才会流到国外贸易而不流向国内贸易。因此，不能说一国的国内贸易总是"最有利的贸易"。——美国编者注
④ 外国海关。——英译者注
⑤ 货物入市税。——英译者注

## 第9章 利用商业的各种方法以及这些方法协同生产的方式

还有一种商业叫作投机贸易。这种交易是在某一时候购进商品，然后在他们期待的时候在同一地点把同样的货物卖出去。即使这种交易也是生产性的。它的效用在于利用资本、仓库和保管，即利用人类的劳动把某种一时过剩因而价格低落到生产成本之下的货物撤出流通领域，并阻止它的生产。等到它比较缺乏，价格回升到自然价格或生产成本以上时，又恢复它的流通，使消费者受点损失。这种交易显然不是把货物从一个地方转移到另一个地方，而是把货物从某一时候收藏到另一时候。如果挣不到利润或反而赔本，那就是因为它在这一次的特殊情况下是无利可图的，商品在买进的时候并不过剩，在卖出的时候也并不缺乏。这种交易曾很恰当地被称为**囤积贸易**（trade of reserve）。① 当投机是以收购全部某种货物从而谋取高昂的独占价格时，称为**垄断**（forestalling）。侥幸得很，垄断是一件不容易做到的事情，一个国家的商业越发达，流通中的货物越多，垄断就越难以实现。

按照斯密所称的转口贸易，是指在一个外国市场买进货物运到另一个外国市场出卖的贸易。这种贸易不但对相关的商人有利，而且对相关的两个国家也有利，其理由已在上面讨论国际贸易时讨论过了。缺少资本的国家不适宜于经营这种贸易，因为它们需要把所有资本用来维持享有优先使用资本权的国内产业活动。荷兰人在平时经营这种贸易很有利，因为他们的资本足，人口众多。② 在和平时期，法国人也曾在东地中海各海口之间经营这种贸易，因为法国企业家能在法国以比较有利的条件借入资本，也许还因为法国冒险家不易受到当地可恶政府的压迫。现在法国人已被别的国家的人排挤出这个地区。这些后起的国家掌握着那里的转口贸易，不但无损

---

① Commerce de reserve 一词没有相应的英文名称。我想囤积贸易这个名称够明确了。——英译者注

② 现在荷兰已无运输业可言。事实上，一个国家在某一时候是否适合经营这种业务，要依许多客观情况而定。过去若干年中，由于美国处于有利的中立地位，很大部分的运输业务落入美国人手中，但美国却缺乏耕垦国内土地所需要的资本。——英译者注

于土耳其人民，而且有助于土耳其维持它境内少许仅存的企业。有些政府没有土耳其政府那么聪明，它们禁止外国人经营这种贸易。如果本国商人做这种生意能够比外国商人赚到更大的利益，那么，根本不需要这种禁令。如果外国商人能够更便宜地从事这种贸易，禁止外国人便等于白白牺牲本来可从利用他们而得到的利润。一个例子可以说明这个观点。从里加运大麻到哈弗尔，荷兰船长每吨花费 7 美元。必须假定，没有别人能比荷兰人更经济地完成这个运输。荷兰船长向俄国大麻的消费者，即法国政府投标，愿意以每吨 8 美元的价格提供吨位。显而易见，荷兰船长想赚每吨 1 美元的利润。假定法国政府为照顾本国航业，宁愿雇用法国吨位，每吨支付 10 美元或 11 美元，给予法国船主同样的利润，结果会如何？仅仅为了给法国船主提供 1 美元的利润，政府每吨就得多付 2 美元或 3 美元。由于一个国家政府的费用只能由该国人民支付，这样做就等于为了给某些国民仅仅 1 美元的利润，却使别的国民花去 2 美元或 3 美元。无论数目怎样变动，结果必然相同，因为合理的算账方法只有一种。

大可不必提醒读者，我始终是从海运业与国民财富之间关系的角度来考虑海运业的。至于它对国家安全的影响，则是另一回事。航海技术既是商业，也是战争。船只驾驶可以说是一种军事演习。如果其他情形都相同，拥有较大比例海员的国家，从军事观点来看便拥有较强大的力量。因此，考虑航海时，政治与军事的考虑总是与国家商业的考虑相抵触。英国通过著名的航海法案，禁止所有非英国籍的船主和拥有少于 3/4 非英国籍水手的船只经营转口贸易。这个法案的用意，没有过多考虑转口贸易的利润，而是在于发展英国海军和阻碍别的国家特别是荷兰海军的发展，因为荷兰当时掌握着巨大的转口贸易，是英国主要的妒忌对象。

如果假定这些观点对一个国家凌驾于其他国家之上始终有利，那么就会促进贤明的治国方针，这是不能否认的。但这些政治教条快要过时了。总有一天人们将认为恰当的政策是以德服人，而不是以暴力服人。控制欲所能获得的充其量不过是虚伪的高尚，势必与所有的邻国为敌。控制欲是导致国债、不良内政、压制政治和革命

## 第 9 章　利用商业的各种方法以及这些方法协同生产的方式

的祸根，而共同利益则可发展国与国之间的友谊，扩大国与国之间的往来，并产生永恒的繁荣，因为它是自然的繁荣。①

---

① 与其他限制条例一样，英国航海条例既不利于英国国家财富的增长，又对建立英国的优越海洋地位毫无贡献。一个著名的政治经济学家说："如果能够证明：假设没有这个条例我们所能拥有的更大财富可提供足够维持相同的海军人数的收入，那便可以推定，我们并没有从这个条例中得到利益。如果能够证明这部分增加的收入足够维持两倍或三倍之多的海军人数，那么，显然我们由于这个条例反受到损害。许多拥护这个法令的人都承认它不倾向于增加国家财富，而在一定程度上却倾向于减少国家财富。

"我想霍纳（Horner）说过下面的话，我们海军的优势建立在完全不同的基础上。我们国家的力量是财富，是我们的自由的可喜结果，即财产的安全。我们的商船之所以有这么多水手，是由于我们商人的进取精神和资本，以及由于我们很长的海岸线。我们海军的规模不是取决于航海条例，不是取决于殖民地独占事业，而是取决于一个勤勉的国家的资源。

"这些看法，与把我国海军的优势归因于国会所通过的几个条例的那些人的偏颇之见是多么的不同啊！这种见解使我想起一个法官的纯技术观点。他一本正经地把可悲的决斗的流行归因于误会国家法律，而不承认它是人性暴力的结果。此外，斯密博士说得好，我们海军的强大力量在航海条例未制定前就十分显著了。在制定航海条例的时候，正如在那以前，和在那以后，我们海军的力量总是与我国商业的盛衰和国家的繁荣相称。我们将发现，所有国家的海军力量都是受这些情况的制约，而不是受航海法律的制约。这些情况决定荷兰海军的力量。即使在荷兰海军最强盛的时代，他们也没听过航海法律。"参见《爱丁堡评论》（*Edinburgh Review*），第十四卷，第95页。——美国编者注

# 第10章 资本在生产过程中发生的变化

我们已经在前面（第3章）看到，一个国家的生产资本是什么，以及资本的使用方法。现在我们要来研究资本在生产过程中发生的变化，以及怎样使资本永远存在并永远增加。

为避免抽象理论会使读者感到厌烦，我们将从举例开始，这些例子都来自日常的经验和观察。一般原则会随着例子呈现出来，读者会立即看到这些原则也适用于一切其他情况。读者可能会对这些情况给出自己的判断。

当地主自己从事耕种时，除了土地的价值以外，他还必须拥有一定数额的资本，也就是说，他必须拥有一定数额的价值，其中首先是开垦的土地或建筑物的价值。如果他高兴的话，还可把这价值看作土地价值的一部分，但它确实是他过去努力劳动的结果，还是土地原始价值的增加物。①

这部分资本不会有很大的损耗，只需不时加以小的维护，即可保持完整。如果耕种者每年从土地的年产物获得从事这种修理的必要资金，这项资本便可永远保存。

犁和其他农具以及耕畜等，构成资本的另一项目。和上述那项资本相比，这项资本更易于损耗，但在必要的时候，也可仿照上述

---

① 在《对法国农业的观察》（*View of the Agriculture of Franc*）中，亚瑟·扬未曾估计法国旧国境内投在土地方面的永久资本有多少，他只设想法国的这种资本比英国少，大约每英亩有36个利弗尔（livres tournois）。这样，即使保守估计，假定旧法国对土地改良所作的永久投资仅有英国的一半，那么，按照每英亩7美元计算，在法国旧的领土内131 000 000英亩的土地上，仅这种投资就有917 000 000美元。

## 第10章 资本在生产过程中发生的变化

办法,动用土地的年产物来维护它们,从而保持它们全部的原价值。

最后,耕者还必须储藏各种东西,种子、粮食、牲畜饲料和支付工人工资的食物与现金等。① 必须注意,这部分资本每年至少完全消耗一次,有时消耗三四次。现金、粮食和各种东西完全消耗,而且必须完全消耗。但是,只要耕种者善于安排,使土地每年的产物在支付土地的生产性服务的报酬(地租)、所使用的资本的生产性服务的报酬(利益)以及使用的现有人工的生产性报酬(工资)以外,还有剩余来补偿所耗用的金钱、种子、牲畜和肥料等,使他拥有的价值和前一年开始时同样的多,那么,这部分资本就也可全部保持完整。

由此可见,尽管资本的每一部分都经历了某些变化,许多部分都完全消耗掉,但是资本却可保持,因为资本毕竟不存在于这种或那种货物或物质之中,而是存在于价值之中。

不难想象,如果土地广大,而且经营得井然有序、经济合理,那么,耕种者所得的收入,除补偿他的资本的全部价值和支付他自己和家庭的费用之外,还可剩余若干。利用这项剩余的方式对于社会来说关系重大。我们将在下一章详细讨论这个问题,现在所需要的是要有一个清楚的认识:资本的价值虽然被消费,但却没有被毁灭,资本是消费在它自己的再生产上,资本可永远继续存在下去,每年生产新的产品,尽管这资本处在一个永远不断消费的过程中。

在探究了资本在农业方面经历的各种变化之后,接下来探讨资本在制造业和商业方面的变化就会很容易了。

像农业一样,制造业的有些资本能够持续多年,例如建筑物、固定设备、机器和某些种类的工具。另外,有些资本却完全改变了形态。肥皂制造商所用的牛油和钾碱,在肥皂制成以后就不再具有牛油和钾碱的形态。同样,制造靛蓝的药料,不具有巴西树木和胭脂树的形态,而是根据具体情况,与所染的布料合为一体。工资和

---

① 据同一作家(亚瑟·扬)的估计,法国拥有的最后两种资本,即农具、耕畜和收藏的粮食,大约每英亩9美元,全部共达 1 179 000 000 美元。把这数目和上述资本的数额加起来,达到 2 096 000 000 美元,而这就是旧法国用于农业的资本。据恶瑟·扬估计,英国的农业资本,每英亩比法国多一倍。

劳工的维持费用也是如此。

在商业中，几乎全部资本都要经历完全变化，其中许多项目在一年中多次改变形态。商人把钱币交换为毛织品或珠宝，这是他的资本的第一次变形。他把这些商品运往土耳其，在航程中又有一些资本变为工资。货船抵达君士坦丁堡之后，他把商品卖给批发商，后者付给他在斯迈纳付款的汇票，这是他的资本的第二次变形。他使用的资本现在变成汇票的形式，他用这汇票在斯迈纳购买棉花，这是他的资本的第三次变形。他把棉花运到法国销售，完成他的资本的第四次变形。就这样以原来法国钱币的形式再生成资本，很可能还增加了一些利润。

显而易见，能够充作资本的物品数不胜数。如果一个人想知道一个国家任何特定时期的资本构成，就会发现它是由无数的物品构成的，或是商品，或是物质。这些构成资本的物品总价值无法准确估算，而且其中有的是在距离本国数千里以外的地方。同时，非常琐碎或易腐烂物品似乎也是国家资本的一部分，而且常常是极其重要的部分。虽然资本的各种项目处于不断消费、不断分解的过程，但如果以这种或那种形式把资本的价值保存起来，资本本身就绝不会毁灭和耗尽。因此，使用或进口最简陋和最不耐久的货物，可能和使用或进口最贵重或最耐久的货物——金或银同样有利可图。事实上，当前者更为人们所追求的时候，进口前者更有利可图。只有生产者有资格判断这些不同物质和商品的转化和进口、出口。所有政府的干涉，所有旨在影响生产的制度，都是有害而无益的。

有些商业，资本会在一年之中完全更新几次，而生产过程也会周而复始几次。能在三个月内完成产品的制造和销售的过程，一年之中容许利用资本四次。可以想象得到，它每次所产生的利润，比一年只能周转一次的资本所产生的利润少，要不是这样，它的利润和后者比起来将达四倍之多。这么优厚的利润不久一定会吸引资本涌到这个特别途径上来，而竞争会降低利润。另外，要花费一年以上工夫来制造的产品（例如皮革），除赚回原来的资本之外，必须再挣相当于一年以上的利润，否则，不会有人愿意从事这种物品的制造。

## 第 10 章　资本在生产过程中发生的变化

在欧洲与中国或东印度的贸易中，需要两三年才能收回投入的资本。其实，商业和制造业与前面所引用的农业的例子一样，不必以现金的形式实现资本的完全收回。一般来说，商人和制造商以现金形式收回全部资本，一生只有一次，那就是在他们结束生意离开商界的时候。然而，他们在任何时候只需检查一下财产目录就能知道他们的资本是增加了还是减少了。

用于生产操作的资本，永远只是用来支付各种生产性服务的预付款，从所生产的产品价值取得补偿。

矿工从地下采铁矿，铁匠来买他的铁矿。矿工的生产到这里就结束了，他的报酬由铁匠用自己资本的垫付款来支付。铁匠接下去炼铁、提纯并制成钢卖给刀匠，通过这种方法取得报酬。铁匠以前所垫的款，现在从刀匠预付买钢的第二次垫款得到补偿。刀匠依次把钢制成刀片。刀片的售价偿还刀匠垫款的资本，同时支付他从事的生产作用的报酬。

这样，最后的产品即刀片，显然足够偿付刀片在制造时陆续使用的所有资本，同时支付生产的本身。更恰当地说，生产性服务用陆续垫付的资本来支付，而这些陆续垫付的资本用产品的价格来偿还，这实际上等于直接使用产品的总价值来偿付它的生产费用。

# 第11章 资本的形成与增加

我们在前一章中已经说明，虽然在生产过程中生产资本一直处于不断使用、变化和消耗的状态，但在生产过程完成的时候，它最后收回原有的全部价值。财富既然是由物体或物质的价值构成而不是由物体或物质本身构成，那么，我相信读者一定已经清楚地理解了这一点，即我们使用的资本，虽然经常改变形态，但始终都是同一资本。

同样也应该不难理解：由于消耗掉的价值是以生产出来的价值作为补偿，所以，前者的数量可能等于、小于或大于后者的数量，依客观情况而定。如果相等，资本只不过被替代并继续拥有；如果较小，资本便受到侵占；如果较大，资本便实际增多。前一章所举耕种者的例子，就是资本增多的情况。我们假定他在收回全部资本，因而能够开始新一年的耕作时，仍然使用相同的手段，获得扣除他各种消费的价值之外的净剩余，比如说1 000美元。

现在让我们来看农场主可能处置这1 000美元剩余的各种方法。由于这件事情看起来似乎很简单，所以不重视它是更大的错误，或对人类环境有更大的影响。

我们已经估定为1 000美元的剩余，不管它是由什么东西构成的，它的所有者都可以把它换成黄金或白银，埋藏于地下，直到日后需要之时再用。国家资本这样做会损失1 000美元吗？绝对不会，因为我们已经看到，在这之前资本的价值已经全部回收。有没有人因此受到1 000美元的损失呢？没有。因为耕种者既没有掠夺任何人，也没有欺骗任何人，他获得的价值全是等价交换来的。也许有人会说，他把小麦换成美元埋藏在地下，小麦不久就会被消费掉，而这 1 000 美元却仍然继续远离社会的资本。但我相信人们会想到，小麦和金银都构成了国家财富的一部分。事实上我们已经看到，国家资本必须在很大程度上由小麦和类似的东西构成。这些东西有的一部分被消费掉，有的全部被消费掉，资本却不会因此而减少丝毫。简而言之，由于再生产完全补偿了消费掉的价值，包括生产者的利润在内，而生产者的生产作用也是被消费掉的价值的一部分。由此看来，耕种者的资本一旦全部得到补偿，他又用和过去同样的手段开始耕作。这 1 000 美元可以抛入大海，但国家资本并不因此而有所减少。

但是，让我们追踪这 1 000 美元剩余的一切能够想象得到的去向。例如，耕种者用它举办一次盛大宴会而不把它埋藏起来。在这种情况下，全部的价值在一个下午就化为乌有。一次奢华的宴会、一场舞会、一阵烟花，就可消费掉全部的价值。这样销毁的价值已不再存在于社会，不再构成财富总额的一部分，因为得到这笔钱的那些人，已经交出等价的东西，如酒、糕点、食品、火药等，而这些东西都已化为乌有。但是，国家资本的总额却仍然像上一个例子一样，一点儿也没减少。剩余价值已经被生产出来，这里所毁灭的不过是这项剩余价值，所以情况还是与从前一样，没有改变。

再假定这 1 000 美元花在购买家具、餐具、衬衫、被单等东西上，国家的生产资本仍然没有减少，但必须承认也没有增加。因为，如果这样的话，除了耕种者和他的家人从这些新购得的财产中得到额外的快乐之外，没有得到任何东西。

最后，假定耕种者把这 1 000 美元的剩余加入原来的资本，也就是说，按情况的需要使用这笔钱来提高农场的生产力，如购买更多耕畜、雇用和维持更多劳工等。结果他在年末得到的产品，不但足以收回这 1 000 美元的全部价值，还给他带来一定的利润，用这种方式，耕者在下一年能够创造新的产品，每年如此，无穷无尽。在这种情况下，而且只在这种情况下，社会的生产资本才会真正地增加了这么多。

绝不可忽视以这种或那种方法省下来的节余，就像我们前面提到的那样，无论花在生产性用途还是非生产性用途上，总之被花费或消耗掉。这是一个真理，一定会有助于消除一个极其错误但非常流行的观念,即储蓄会限制和损害消费。如果把节省的东西再次投资或补充到生产中,任何节省的行为都不致减少消费量。相反,它会永远反复不断地引起新的消费,而非生产性消费则不会重复发生。①

必须还要注意到,价值以什么形式积累的和以什么形式重新用于生产的无关紧要。积累的价值是在对积累者各方面情况都有利的

---

① 关于储蓄问题,西斯蒙第和在他之后的马尔萨斯,提出了和我们的作者不同的看法。西斯蒙第和马尔萨斯认为,生产力已经远远超过人们的消费欲望和消费能力,因此,凡是降低消费欲望的事物都是有害的。他们认为消费太不活跃,跟不上生产。由于储蓄愿望和消费欲望正好对立,所以储蓄愿望必然是极端有害的。按照这种观点,不难证明政府当局的肆意挥霍、战争或《济贫法》,也是有益于国家的。因为这些都会刺激消费。的确,他们的说法必然使读者得出这个结论。因为,他们毫不隐讳地断言,使用机器或其他方法扩大人类的生产力,结果不但将使不生产的消费者的存在成为可能,而且将使其成为必要和有益(参见西斯蒙第:《政治经济学新原理》,第二卷第3章和第四卷第4章;马尔萨斯:《政治经济学原理》)。这种原理会导致人们认为路易十四的挥霍无度和英国皮特制度似乎也是正当的。但是,幸而他们错了。如果本书作者在这里和在后面第15章所定义的原则还需要进一步地阐明和辩护,他在最近写给马尔萨斯的信中已经对这些原则做了更加透彻的和更令人信服的说明。的确,生产力的加强自然会使不生产的消费者增加。为什么呢?因为人总喜欢做无益的消费,一息尚存总是念念不忘这种消费。但是,不生产的消费者的增多并非不可避免。因为可使不生产的消费者变成生产者,即使不能变成重要物品的生产者,至少也可变成不重要物品的生产者。这些不重要的物品不但在产量和品种上能比重要物品更可以无限制地扩大,而且能够散布得更广泛和推广得更普遍。这种可能性存在时,政府绝不用担心不能给那些被机器排挤的工人找到工作。现代人所实行的储蓄究竟是出于什么形式呢?不是出于窖藏硬币或其他贵重物品的形式。窖藏硬币或贵重物品虽然并不减少一个国家的资本,但对社会毕竟有害。它会使现有的物品暂时失去效用,或总的来说,会使现有的物品不能发挥其满足人类欲望的作用。把它们用于非生产性消费,它们就能发挥这个作用。现在守财奴的储蓄,有的投于再生产,这当然是有益的。有的用以获得生产资料,如土地等的所有权。这些所有权归谁,都对国家财富没有丝毫影响。有的用来经营生产资料的抵押贷款,用来购买土地、债券、公债票等。这些东西只是所有权的一部分,所以上述意见对它们也可适用。——英译者注

条件下积累起来的。也没有理由设想这部分资本如果不曾具有现金的形式便积累不起来。农场的实际产品可以积蓄起来再用于播种或种植之中,没有改变形态。本来用以烤火取暖的木材也许变成围栏或木匠的其他产品。最初作为一种收入而砍倒的东西,因如此使用而变成一项资本。

现在来看,扩大个人和社会生产资本总量的**唯一**(only)途径就是积累的方法,换句话说,就是通过把超过生产过程中所消耗的产品的数量的产品再投入生产的方法。生产资本的积累不能仅仅把零星价值积累起来而不消耗。此外,不能把价值用于非生产性消费而用于生产性消费。资本积累的实际情况并不可憎,我们不久就可看到积累资本的可喜结果。

国家资本积累的形式通常取决于各个国家的地理位置、道德风尚和特殊需要。社会初期积累的资本大部分是建筑物、农具、牲畜和土地改良。制造业国家积累的资本主要是原料、在工人手中的半成品,以及一部分必要的工具和机器。在专门从事商业的国家,积累的资本大部分具有商人以售卖为目的从其他地方买来的已经加工和尚未加工的货物形式。

关于同时经营所有三个劳动过程的国家,也就是说同时经营制造业、农业和商业的国家,其资本由三个劳动过程中所有的不同产品和文明社会所拥有的各种各样的物品组成。如果使用得当,这些物品虽然大量地被消耗掉,但只要社会劳动生产的数量超过被消费掉的数量,就可以不断还原恢复原有数量,甚至不断增多。

我并不是说,各个国家生产和积累的物品就是构成其实际资本的同一物品。价值以各种形式生产出来并积累起来,经过各种变形,它们最终具有了最适合目前的形式。积累的一蒲式耳小麦,可养活一个泥瓦匠,也可养活一个绣花工。在前一种情况下,一蒲式耳小麦将以石造房屋的形式再生产出来;在后一情况下,将以绣花衣服的形式再生产出来。

每一个在经营中使用自己资本的产业冒险家都有现成的有效利用自己储蓄的各种方法。如果从事农业,他把储蓄用于购买土地,或作为改良费用适当地用于增加已有土地的生产力。如果经营商业,他用储蓄买卖更大数量的货物。资本家也有几乎同样的有利条件,他把全部储蓄以同样的方式投到过去投资的产业中,并使其增加到一定**程度**(protant),或者寻找新的投资途径。一旦有人知道他拥有游资,就会立即前来磋商如何使用游资。但是,出租土地的地主和依靠固定收入或个人劳动工资为生的人,没有同样的便利有效地使用储蓄,很少有人在储蓄尚未达到可观数目之前投资。因此,许多本来可用于增加个人资本从而扩大国家资本的储蓄都被消费掉。所以,以收取、聚集和利用个人的小额储蓄为目的的所有银行和团体,只要是完全可靠的,都非常有利于资本的增加。

　　资本的扩大自然是缓慢进行的,因为没有生产实际的价值就绝不会发生资本的增加,而生产价值既需要时间和劳动,又需要其他因素。① 既然生产者在创造新价值的同时必须消耗价值,那么他能积累的价值,即他能增加的用于再生产资本的价值,就是他所生产的超过其消耗的价值;而这种剩余价值的总和即公众或个人能得到的全部增加的财富。每年储蓄和用于再生产的价值越多,国家向繁荣的前进就越迅速。国家资本增加,大量的劳动被带动,储蓄就变得越来越可行,因为增多的资本和劳动即增多的生产手段。

　　每一笔储蓄或每一次增加的资本,不但给储蓄者本人打下年年收入一定利润的基础,而且同样给所有因这笔新增资本而有机会劳动的人打下基础。正是由于这个原因,著名的亚当·斯密把一生中只扩大一次生产资本的节俭之人,比作创建救济院收容一生自食其力的人的慈善家;另外,他把侵蚀自己资本的浪子比作浪费慈善机构基金的无赖管事,不但使现在要依靠它为生的人流离失所,并且使将来需要依靠它为生的人也无处可归。斯密非常坦率地把所有浪

---

① 富裕的承包者、骗子和饱享补助金、年金与其他不应得的津贴的国王的宠臣,他们的储蓄也是积累的实际资本,并且有时也是很费力才积累的资本。但这样由少数享有特权的人所积聚的价值,实际上是很多人的劳动、资本和土地的产品。要是没有不公平、不正当和暴力掠夺,这些人就可自己积聚这项储蓄,由自己利用。

子都称为害群之马，把所有慎重花钱的人都称为社会的恩人。①

幸运的是利己主义总是注意保护自己的资本，因为资本一旦不再用于生产，收入势必相应地减少。

斯密的观点是，在各个国家，个人和政府当局的愚昧和浪费远远大于普通民众的节俭及其对自己利益的关注所能做的补偿。② 至少不能否认几乎所有欧洲国家都越来越富裕，但除非这些国家的生产总数超过其非生产性消费，否则就不是这种情况。③④ 即使现代的革命也似乎同样有利于财富的增加，因为，与古代不同，现代革命不会发生敌人入侵和对民众的普遍与连续的掠夺。另外，现代革命通常抛开许多有碍进步的偏见，给才能和进取心开辟了更大的范围。

---

① 《国富论》，第二篇，第 3 章。劳德戴尔伯爵（Lord Lauderdale）在其所著《公共财富的性质和来源的研究》（Enquiry into the Nature and Origin of Public Wealth）中反对斯密的观点。他自信已经证明了储蓄资本不利于财富的增加。他根据的理由是：储蓄资本势必把本来可供产业使用的价值撤出流通领域。但这一论点是站不住脚的。生产资本并没撤出流通领域，增加部分的资本也没撤出流通领域。如果事实如此，资本便成为不活跃的资本，不产生利润。可是，与此相反，产业中利用资本的冒险家，虽然使用它、毁灭它，并把它完全消耗掉，但他使用资本的方法是使它再生产出来，并产生一些利润。我谈到劳德戴尔伯爵的这个错误，是因为它曾被用为许多其他政治经济学著作的根据。这些著作因为从这不正确原则出发，所以充满了不正确的结论。

② 《国富论》，第二篇，第 3 章。

③ 除了在毁灭性战争继续进行或政府挥霍无度的时候，例如拿破仑统治法国时期，它仍旧越来越富裕。毫无疑问，法国在那段历史上的不幸时期，即使在获得辉煌的军事成就时，所浪费的资本也超过了储蓄总额。征用和战争的浩劫，加上个人的强迫费用和过度的捐税负担，一定毁灭了超过个人节俭给再生产投资所提供的储蓄的价值。法国国王由于自己对政治经济学一窍不通，因而装作藐视政治经济学的样子，鼓励朝臣像他那样浪费从他那里因赐予得来的巨大收入。他担心他的朝臣如果变得富有就会不再依附于他。

④ 鲍林博士（Dr. Bowring）和维里先生（Mr. Villiers）在他们于 1834 年出版的珍贵的报告"法国和大不列颠的贸易关系"（Commercial Relations between France and Great Britain）中告诉我们，最高权威同意宣布法国的财富由于皇帝的统治而极大地减少，可能牺牲在提高价格和减少贸易上的财富远远大于拿破仑政策的直接控制带来的损失。——英译者注

但是，斯密赞扬的个人节俭对人数最多的社会阶层来说是否由不良政治机构促成，仍然是一个问题。这些阶层真的得到总产量的合理部分作为他们劳动的报酬吗？在被认为最富有的国家里有多少人生活在贫困之中？有多少城市和乡村家庭过着困苦生活？尽管周围充满能引起欲望的东西，但他们也只能得到最低的满足，仿佛生活在最野蛮和最困苦的时代。

因此，我不得不推断，尽管几乎所有欧洲国家每年都储蓄一定数量的产品，但这一般是由于迫切和自然的需要，而不是由于节约不必要的消费的结果，尽管从政治和人道立场来看，我们希望能把上述储蓄归到后一原因。因此，我怀疑大多数国家的政治和国内经济制度是否存在着严重的缺点。

斯密还认为，现代国家之所以比较富裕，与其说由于生产力的扩大，不如说是因为个人节俭的流行。我承认，现在某些荒唐的浪费已比从前少很多，① 但应该回想一下，只有极少数的人有能力如此挥霍。如果我们仔细考虑一下，人们，尤其是社会中等阶层的人们，已经普遍享受更丰富多彩的消费，我想，人们一定会感觉到消费和节俭的人都比过去增加了，因为他们并非不相容。在商业繁荣时期，有多少产业能够为冒险家提供足够的产品，使他们既能扩大

---

① 然而，不能设想古代国家和现代国内经济的差异大到某些人所想象的那种程度。提尔、迦太基和亚历山大里亚这三个富裕城市，与威尼斯、佛罗伦萨、热那亚以及荷兰这些共和国的盛衰极其相似。同样的原因一定会产生同样的结果。我们读过故事，知道吕底亚国王克罗伊斯（Croesus）在还没征服邻邦之前已富甲天下。由此可以推断，吕底亚人一定是既勤勉又节俭的民族，因为帝王的财富只能取自人民而没有其他途径。枯燥的政治经济学研究可导致这样的结论，而查斯丁的历史性证据恰好又证实了这一点。他说吕底亚人曾经是极其勤勉的民族。当他告诉我们克罗伊斯在没诱使他们染上懒惰和狂嫖滥赌恶习之前，并未能彻底地征服他们的时候，给我们的印象是吕底亚人的性格是富于进取心的。很明显，当他们未沾染上恶习之前一定具有这种性格。要是克罗伊斯后来没有变得爱慕浮华和穷兵黩武，他一定仍然是一位强大的君主，而不至于悲惨地结束一生。了解如何联系因果以及如何研究政治经济学，不仅对帝王而且对其臣民的福利也有所裨益。

消费又能增加储蓄？对一个特殊企业来讲是真实的情况，对国家总的生产来讲也可能是真实的。路易十四在位的最初四十年里，虽然宫廷的奢华引起政府和私人的浪费，但法国的财富却日益增加。科尔伯特对生产的激励使法国财力的增加速度超过其宫廷浪费加剧的速度。有些人认为当时法国财力的增加正是由于宫廷的挥霍无度。这种观点是错误的，在科尔伯特去世后，法国宫廷的浪费并不逊色于前，但生产却不能与浪费并驾齐驱，法国则陷入可怕的山穷水尽的境地。在路易十四在位的末期，法国处于人们能够想象得到的最无望的境地。

路易十四死后，法国政府和私人的费用仍然有增无减①，但对我来讲，法国的财富似乎无可否认地也在增加，斯密自己也承认这是事实：法国的情况或多或少也是欧洲其他国家的情况。

杜尔哥②同意斯密的看法，认为现在节俭的风气比过去更加普遍。他提出下述理由：现在大多数欧洲国家的利息率，平均都比过去低。这是资本更多的明显证据，因此，人们一定实行更大的节俭来积累资本。当然，低利息率证明了更多资本的存在，但并不说明实际上获得资本的方式。正如我刚才证明的那样，资本既可通过扩大生产获得，也可通过扩大节俭获得。

然而，我并不否认在许多特殊情况下，现代的节约和生产技术都比过去有所改进，一个人如果得不到他习惯享受的东西，他就不满意，但他已经学会以较便宜的代价来获得许多东西。例如，有什么能比用既有优美图案又有鲜明色彩的壁纸来装饰我们的房间更加美观呢？许多现在使用壁纸的社会阶层过去都满足于白石灰墙壁或

---

① 这种费用的增加不完全是名义上的增加，而是法国降低银币铸币标准的结果。更大数量和更多种类的商品被消费掉，而且是更高级和更昂贵的商品。虽然纯银的内在价值与路易十四时代相差无几，因为一定重量的银仍然可换和从前一样多的小麦，但同一社会阶层实际上花费的白银在重量和面值上都比过去多。

② 《关于财富的形成和分配的考察》（*Reflex sur la Formet la Distrib. des Rich*），第81节。

非常粗糙然而却比壁纸昂贵许多的挂毡。由于最近发现了硫酸清除植物油黏液的功效，植物油已经被用于根据阿康德的空气对流原理制造的圆筒芯灯，过去的灯只能使用比植物油贵两三倍的鱼油。这种发现使几乎所有社会阶层都有能力使用圆筒芯灯及其带来的光明。①

  节约风气的发展应该归功于产业的发达。一方面，发达的产业已经发现了许多经济的方法；另一方面，随处都有人以较优惠和更安全的条件请求资本贷款，诱惑各种资金拥有者。在产业萎靡不振的时候，因为无利可图，资金一般都处于现金形态，或放在保险箱中，或埋于地下，以备临时的紧急需要。无论资金的数量有多大，只要不产生利益，它实际上不过是预防性的储藏。一旦发现了这项资本能够产生与其数量相称的利益时，资本所有者便具有双重的动机来扩大资本的累积。这种利益不是遥远的利益，也不仅仅是预防的利益。它是实际的利益、眼前的利益，因为资本所产生的利润可以用于消费来获取更多的满足，而资本并不减少毫厘。所以，对于没有东西可创造生产资本的人，或对于已有生产资本但没办法使其扩大的人来说，与过去相比，资本都成为更大和更普遍的追求对象。生产利息的资本开始被视为和生产地租的土地一样的财产，有时还被视为与后者一样稳固的财产。对那些认为积累资本会扩大人们贫富不均因此并不可取的人，我要建议：如果积累倾向于使大财产不断增多，那么，自然规律也同样倾向于让大财产不断分割为小财产。一生把精力花在扩大自己和国家资本的人，最终也免不了一死，除非在国家法律准许限定继承权和长子继承制的地方，否则他的财产很少会全部落入一个继承人或一个遗产承受人手中。在不受这种制度的有害影响和自然能自由发挥它的有益作用的国家，通过死者亲戚朋友的瓜分，财富会自然地分散，把健康和生命带到最

---

① 恐怕捐税终将使消费者无法享受这些改良的利益。内地税、专利品印花税以及影响货物国内运输的各种捐税和障碍的增多，已经使植物油的价格涨得与鱼油的价格不相上下。

远的角落。①② 国家资本总量增加与个人资本的分割同时进行。

这样，个人不断增加的财富，如果取之有道并且用于再生产，就绝不可妒忌，而应被视为普遍繁荣的根源加以欢迎。我说取之有道，因为通过掠夺或勒索取得的财产并不增加国家资本，只不过是从一个人手中转移到另一个人手中的已存在的一部分资本而已，后者没有经过任何生产性劳动来取得它。通常，只要是使用不正当手段取得的财物，往往也是以不正当的方法消费掉。

据我的理解，积累资本的能力，即积累价值的能力，就是人类之所以比动物大大优越的一个重要原因。总体而言，资本是单独交给人类使用的一种有力工具。人能把历代积累的资本投于任何用途，而其他动物至多只能支配自己在几天或最多在一季之中所储存的物品，其数量不会很大。因此，即使承认动物具有它们实际上没有的智力，这智力对它们也没有用处，因为它们缺少必要的原料来运用它们的智力。

此外，可以说，聚集资本的本领所产生的人类能力，是绝对无法确定的，因为，在时间、勤奋和节俭的帮助下，人类可能积累的资本是没有限度的。

---

① 不幸得很，人们一般不太注意对死后财产的安排。把财产遗赠给不值得获得的人，往往因此损害了死后的名声。相反，什么都不比热心公益或爱好个人美德的遗赠更能使遗赠人博得死后的敬重。捐款作为医院与教育机构基金和作为奖励有益活动的永久基金，或赠给优秀作家，这些都足以使有钱人的影响延长到死后，并使他的名字永垂不朽。

② 这种值得赞扬的志向总是与国家的财富、公民的自由和人民的知识成正比的。英国每年都发生有益和慷慨的遗赠。给老皮特、威尔伯福斯（Wilberforce）和其他为民众服务的公仆的遗赠，以及经常为创办和扩大救济机构或教育机构的遗赠，不但给国家带来光荣，而且使个人永垂不朽。——英译者注

# 第12章 非生产性资本

我们在前文已看到，价值一旦被生产出来，或者用来满足获得该价值的人的需要，或者作为再生产的手段。价值也可以一直储存或隐藏起来，既不用于非生产性消费，也不用作再生产手段。

拥有价值的人如果这样处理价值，他不但享受不到本来可从消费隐藏的价值而得到的满足，也享受不到该隐藏价值提供的生产作用。此外，他还得不到本来可从利用该价值的劳动所取得的利润。

在造成土耳其统治下各个国家的不幸和衰败的众多原因之中，毫无疑问，一个主要的原因是大量资本处于静止不用的状态。普遍的不信任和未来的不稳定，促使上自帕夏（pacha）下至农民的社会各阶层的人，都藏匿一部分财产以躲避贪得无厌的权贵的注意。而价值只有静止不动才不能被看见。这种不幸是所有专制国家共有的不幸，其不同的程度与各国政府的专制程度成反比。由于同样的原因，在政治发生大变动的暴力时期，当恐慌持续时，总能觉察到资本的紧缩、产业的萧条、利润的消失和普遍的不景气。反之，信心恢复带来的精力与活力对公共繁荣极为有利。迷信国家的圣徒和圣母，亚洲人崇拜的披金戴银、华装丽服的偶像不能给农业和制造业带来生气。寺庙中的财宝和念经拜佛耗费的时间却能买来祝福，但这祝福绝不能通过烧香膜拜向偶像索取。在家具、服装及装饰品上习惯用贵金属的国家里，有大量的资金闲置不用。低阶层的人对于这种空闲不生产的华丽服饰的羡慕，妨碍了他们自己的利益。理由是，把两万美元花在镀金镀银的餐具和家中陈设的人，不会把这笔钱用来生产利润，也不会用来支援任何产业。国家每年损失了这么多资本产生的收入，以及这笔资本本来能够维持的活跃企业所产生的利润。

到这里为止，我们所考虑的价值，只限于那些在创造后能和物质混合起来并且能够在短时期或长时期内保持的价值。可是，并不是所有的人类劳动所创造的价值都具有这种性质。有些价值，必须是真正的价值，具有这种性质，因为人们非常珍视它，并用贵重物品和耐用品交换它，但它自己却没有永久性，一旦生产出来，便立即归于毁灭。我将在下一章讨论这种价值，并把它称为**无形产品**（immaterial products）①。

---

① 我最初想把这种产品叫作**易损产品**（perishable products），但这个词也适用于有形产品。**不能转移**（Intransferable）这个词也不妥当，因为这种产品常常从生产者手中转移到消费者手中。**暂时性**（transient）这个词不完全排斥耐久性的概念；同样，**顷刻间的**（momentary）一词也不完全排斥耐久性的概念。

# 第13章 无形产品或一经产出就消费掉的价值

一个医生来看一位病人，检查了病人的症状，开了一剂药方，然后就告别而去，不留下任何可由病者或他的家人转移给第三者或自己保存起来以供将来消费的东西。

医生的劳动是非生产性劳动吗？谁能这样想呢？病人的生命也许已经得救了。这个产品是不是不能看作交换的对象呢？绝对不是。医生的意见是用诊费换来的，但医生一旦发表意见，对它的需要即不存在。发表意见就是生产动作，倾听意见就是消费动作，消费和生产都在同时发生。

这就是我们称之为无形产品的东西。

音乐家和演员的劳动提供相同的娱乐产品，它带来的快乐不能留在将来消费，也不能用来交换其他的享乐。不错，这种快乐是有价格的，但除了可能留在记忆中之外，并不继续存在，而且一旦产出便不再有交换价值。

斯密不把这种劳动的结果称为产品，而把这种劳动称为非生产性劳动。他对财富所下的定义导致了一个错误，他把财富定义为具有保存价值的东西，而不是所有具有交换价值的东西。因此，所有一经产出便消费掉的东西都不成为他所说的财富。可是，对于同一类的医生、公职人员、律师、法官而言，如果这些职业不存在，社会便不能存在。他们的劳动果实难道不真实吗？迄今为止，人们仍在使用斯密承认的财富，即其他有形产品来购买。而生产无形产品的人，通过多次这样的交换来获得财产。①

---

① 因此，维里说，帝王、行政官、士兵和教士的职务不属于政治经济学研究的范畴是不对的（《政治经济学的研究》，第24节）。

提到纯粹娱乐的话题，不能否认，一出好戏的表演带来的快乐与一盒糖果或一场烟花带来的快乐一样的真实，即使按照斯密的定义，后者无疑也是产品。我也找不到任何充分的理由来说明，为什么画家的技能被看作有生产力的技能，而音乐家的技能却被认为没有生产力。①

斯密自己曾指出经济学家限定财富一词的错误，认为财富这个词只是指包含在产品里面原料的价值是不恰当的。他证明财富由原料**加上**（plus）劳动附加到原料上的价值组成。这在政治经济学上跨越了一大步。但他既然把抽象的货物即价值提高到财富，为什么又认为没与物质混为一体的**价值**（value），无论真实还是具有交换性的，都无关紧要呢？更令人惊讶的是，他甚至把使用在物质上的劳动抽取出来对待，研究对其价值起作用和有影响的因素，甚至提出这种价值是衡量一切其他价值的最可靠和最稳定的标准。②

无形产品的性质使其不能不断地被积累起来，成为国家资本的一部分。一个有很多音乐家、教士和公务人员的民族，可能乐趣洋溢、精通教理，被管理得井井有条，但是也不过仅此而已。即使这些人极其勤勉地各尽其职，国家资本也不能从他们的劳动总量中直接获得增加，因为他们的产品一旦产出就被消费掉。

因此，通过才智创造对这种劳动的不自然需求对公共繁荣毫无裨益。如果不增加消费，就不能增加用在这方面生产的劳动。如果这种消费能够提供满足，那我们还可聊以自慰。如果这种消费本身就是一种邪恶，那么就必须承认产生这种消费的制度足以可悲可叹。

只要法律过于复杂，上述情况就会发生。当法律研究成为比较困难和比较费力的工作时，就得有比较多的人从事这项研究工作，

---

① 加尼埃（Germain Garnier）已在《国富论》法文译本的注释中指出了这个错误。

② 对这里所提出的论点未作十分认真思考的某些作家，仍然把生产无形产品的人看作非生产性劳动者。但和自然法则对抗必定是徒然的。那些精通政治经济学的人最后不得不向它的原理低头。例如，西斯蒙第在谈了花费在非生产性劳动者的工资上的价值以后说："它是一经产出就被消费掉的价值。"这样，他就承认了他以前断定为非生产的人也生产价值（《政治经济学新原理》，第二卷，第203页）。

并且必须为这些人的劳动支付比较优厚的报酬。社会从中得到什么好处呢？社会成员的权利会因此得到更大的保障吗？毫无疑问是不会的。相反，复杂的法律，使人更有机可乘地逃避和推诿法律上的责任，因此狡诈和欺骗得到更大的鼓励，而人民的权利却很少会因此变得更稳固。唯一的好处是诉讼案件将变得更多，每一个案件将拖得更久。这个论证也适用于公共管理中官职设置过多的现象。增设机构来管理本应听其自然的事，简直等于先损害民众，然后又让民众为这损害支付代价，就好像这损害是利益一样。①

因此，我们不能接受加尼埃先生的论点。② 他认为，由于医生、律师等类似的劳动是生产性劳动，所以国家从这种劳动的增加中所得到的好处，与从其他劳动的增加中所得到的好处是一样的。这就等于在一件有形产品上花费了超出该产品的制造所需要的人力劳动。像其他劳动一样，生产无形产品的劳动只有在它能扩大效用并且因而能够增加产品价值的范围内是生产性的。如果超出了这一点，就完全是非生产性的劳动。故意把法律搞得复杂从而给律师提供大量阐述法律的业务，如同传播病菌让医生有更多生意一样荒谬。

无形产品是人类劳动的果实。我们已经把各种生产性劳动全都包括在人类劳动范畴之内。比较不容易理解的是，无形产品为何同时又是资本的产物。因为大部分无形产品都是各种技能的产物，而一种技能的获得，总需先做一番钻研，从事钻研就非预付资本不可。

医生在能够提出治病的建议或病人能够接受他的治病建议之前，他自己或他的亲戚必须为他支付多年的教育费。当他在做学生的时候，他得支付衣食住用的费用，教授必须得到酬劳，书籍需要购买，他也许还要外出学习，这些都意味着支付一笔过去积累的资本。③

---

① 那么，一些人虽然并未明言，但实际上认为这种法律程序或捐税至少有个好处，即可维持各类事务员或公务员的工作，对于这些人我们应该怎么看呢？
② 《国富论》，法译本，第20注。
③ 我不打算在这里讨论劳动和资本的报酬。我只想顺便指出：除非这些收入不但能支付医生的实际劳动和才能（这才能是自然无代价地赐给他的能力）的报酬，而且还能支付花费在他身上的资本的利息，否则这资本就白白牺牲掉了，而医生的报酬也将受到不正当的限制。上述利息不应该按普通利息率计算，而应该按年金率计算。

# 第 13 章　无形产品或一经产出就消费掉的价值

同样，律师提供的意见、音乐家演奏的歌曲等，也都是产品，而且这些产品的生产，必须先做一番钻研和预付一笔资本。即使做公务员的本领也是一种积累的资本。培训一个土木工程师或一个军事工程师所需支付的费用，与培训一名医生并没有什么不同。的确，我们可以这样说：经验已经证明，培养一个青年充当公务员所耗费的资金是一种有利的投资，因为这种工作是报酬相当高的职业。不论哪一个行政机构，谋事的人总是多于现有的位置，即使在职位已经增加到不需要那么多的国家里情况也是这样。

生产无形产品的劳动过程与本书开始时分析的普通劳动相同。这个过程可用一个例子证明。在一首歌曲能够唱出之前，作曲家和歌唱者的技能必须先成为一种正式的特殊的职业，而且必须先研究出获得这种技能的最好方法。这些是科学家或理论家的职责。至于应用上述方法和技能，则留给作曲家和歌唱家处理。作曲家在作谱时，歌唱家在歌唱时，必须运用智力，以便使听众能够得到他们认为有价值的快乐。最后，歌唱就是这整个劳动过程的结尾部分。

但是，有些无形产品，其劳动过程的前两个阶段如此简易，以致被认为事实上不存在。仆人的职务就是这一类产品的例子。这种职务只需要极有限的技能，甚至不需要任何技能。应用技能这部分的工作由雇主来安排，留给仆人担当的只不过是职务的执行部分。这部分是整个劳动过程的最后部分，也就是最低级的劳动工作。

因此，必须断定，仆人的这种劳动以及社会最低阶层如搬运工人、妓女等的劳动，由于所花费的培训费用不多甚至等于零，因此，不但可把它的产品看作是极其粗糙或极其幼稚的劳动的结果，而且可把它看作是没有经过资本协助的产品。因此，我认为，这些人从小直至脱离父母照顾的时期内所花的生活费用不能看作以后必须以利润来支付其利息的资本。至于这是什么道理，将在讨论工资时说明。①

---

① 普通工人的工资，只限于最起码的生活必需品，即使他的作用能够继续或能够恢复的必需品，没有剩余来支付资本的利息。他们的子女在能够自食其力之前的衣食用度，包括在他自己的必需品内。

一个人以任何个人努力为代价换取的快乐也属于无形产品的范畴。这种产品一经产出便被生产它的人消费掉。完全为消遣而学习技艺得到的快乐就是这种产品的一个例子。一个人学习音乐，必须使用一些资本和时间，此外还必须从事一些劳动。所有这些，都是为学唱一首歌或能参加音乐会演奏而付出的代价。

　　赌博、跳舞和赛跑属于同一种劳动。这些劳动带来的快乐，一经产出便被从事这些劳动的人消费掉。一个人在为了消遣而画一张图画时，他是在生产一件耐久产品，同时，也是在生产一件无形产品，也就是说，供给自己消遣的娱乐产品。①

　　在讨论资本时，我们已经看到一部分资本用于生产有形产品，一部分资本处于完全不生产的状态，还有另一部分生产效用或快乐的资本。因此，它既不属于用在生产有形产品资本的范畴，也不属于完全不起作用的资本的范畴。这项资本包括住宅、家具、装饰品等物品。这些东西只增加生活上的舒适。它们所提供的效用是无形产品。

　　一对年轻夫妇第一次开始组建家庭所购置的餐具，不能被视为不起作用的资本，因为它不断地被使用着；也不能被视为生产有形产品的资本，因为它并不生产任何可保存以供将来消费的产品。此外，它也不是每年消费掉的东西，因为这对夫妇可能终生使用它，并于死后留给他们的子孙。但它是生产效用或生产快乐的资本。的确，它是很多累积的价值，或换句话说，是很多不用于再生产消费的价值。因此，它不生产利润，也不生产利息，只生产一定利益或效用。这效用是逐渐消耗的效用，不能变卖，但有真实和绝对的价值，因为它是人们不断购买的对象，例如房屋或家具的租金等。

---

① 懒惰和缺乏生气的民族从来不喜欢用自己的能力沉溺于娱乐。在他们看来，劳动伴随的痛苦只需要很少的娱乐就足以抵偿。土耳其人认为我们把跳舞这个强烈运动看作乐事是发疯。他们没想到跳舞使我们感到的疲倦远不及他们所想象得那么剧烈，他们更喜欢别人辛苦布置的娱乐。土耳其人在娱乐上所花费的劳动，也绝不比我们所花费的少。但一般来说，做这种劳动的是奴隶，而奴隶却无福享受自己劳动的产品。

虽然把最少量资本用于完全非生产性途径也是有碍于个人利益的可悲错误，但使用与个人情况相符的数量的资本来生产效用或娱乐并不构成这种错误。个人用在这方面的资本，自贫民小房子里的简陋家具到大富翁昂贵的装饰品与炫目珠宝，都有正常层次的比例。国家富足时，即使最穷的家庭也拥有这种资本。它的数量虽不是很大，但足够满足适度和有限制的欲望。说明一个社会一般财富的更显著的迹象，乃是较低阶层人家普遍拥有有用和舒适的用具，而不是少数富翁的高楼大厦与家中的华丽陈设，或我们有时在大城市中看到商店橱柜里陈列的钻石和服饰。在大城市，当地的全部财富往往在大宴会上或在公共戏院中呈现出来。但这财富和一个富强民族的家具的总值比起来，只不过是沧海一粟。

生产无益效用或娱乐的资本的各个组成项目都会损毁，尽管不是很大。如果每年不储蓄一部分收入以弥补这损毁，资本将逐渐减少和消失。

这种说法似乎无足轻重，然而却有多少人自以为是依靠收入为生而实际上却在消费一部分资本啊！现在举一个例子。假如一个人住的是自己的房子，如果他估计这所房子能住一百年，而当初建筑费用达2万美元，那么，除建筑费的利息外，他或他的继承人每年要在这房子上花200美元。要不是这样计算，到一百年之后，全部资本或将近全部的资本便将化为乌有。这方法也适用于所有用以生产效用或快乐的资本的其他物品，如餐具架、珍珠宝石以及任何可想象得到的相似东西。

反过来也是这样。如果把每年不论来自何方的收入提出一部分用作扩大生产有用或使人快乐的东西的资本，那么，虽然收入没有增加，但资本和财富得到实际的增加。

像一切其他所有资本一样，这一类资本由每年一部分积累的产品形成。除了自己积累或继承别人的积蓄，没有其他方法可获得资本。因此，请读者参阅第11章，我在该章讨论了积累资本的问题。

一座公共建筑物、一座桥梁、一条公路，这些都是用于形成资本收入的积累。它们的回报是普通公众所消费的无形产品。如果一座桥梁或一条公路的建筑费用加上所使用的地皮的价格共达20万美元，则公众使用该桥梁或公路所花的费用每年为10万美元。①

有些主要由土地生产的无形产品如从公园或游乐场得到的快乐就是这种产品。这种快乐是由自然风景每天不断提供的，这种娱乐一经产出就被消费掉。因此，不可把提供快乐的土地和荒原或休耕的土地混为一谈。这里又出现了土地和资本的相似性。我们已经看到，有一部分的资本生产无形产品，有一部分的资本完全闲置不起作用。

花园和游乐场所通常在装饰上要有些花费。在这种场合下，资本和土地协同生产无形产品。

有些游乐场也生产木材和牧草，这便生产两种产品。法国的旧式花园一般不生产有形产品。新式花园在这一点上稍有改良，如果增加果树和青菜的栽种，情形将更加扩大。如果责备一个生活安适的土地所有者划出一部分土地专供娱乐用途，那无疑是苛刻的，他和他的家人在那里度过美好时光，在那里从事有益健康的运动，在那里呼吸新鲜的空气，这些都是人生最宝贵和最实际的幸福。应该让他随心所欲地布置他的庭院，应该让他的嗜好甚至他的奇思异想自由发挥。但是，如果可能把他的怪癖引导到有益方面，如果他能从他的庭院得到利润而又不致减少他的快乐，他的庭院便将增值，使政治家和哲学家都能感到快乐。

我曾到过几家兼具这两种生产力的花园。花园中有柠檬树、七叶树和大枫树等树木以及草地和花坛，同时又有许多果树。有的开花，有的结果，给花园中的其他景致增添了不少鲜艳丰富的色彩。花园中的布置，既注意到一景一物的适当距离和位置，又不忽略把它们隔开或圈起的便利。种着蔬菜的田垄并不千篇一律、僵直刻板、

---

① 如果每年再另花300美元作为维修费，那就可把社会每年所消费的娱乐或效用估算为10 200美元。如果我们的目的在于比较纳税人从该桥梁或公路所得的利益与他们为获得该桥梁或公路的便利所付出的代价，这是计算这笔账唯一正确的方法。如果通过10 200美元的费用每年能够节省若干国家生产费用，或能够使国民产品数量呈比这个数目更大的增加，社会便从这项费用重新得到好处。反之，政府便带领国民做了一笔赔本生意。

让人生厌，而是和地势的起伏以及高大草木的疏密相称。所有园中小道既赏心悦目，又不妨碍耕作。一切点缀全是以增添情趣为目的，甚至供浇水之用的葡萄架下的水井也是如此。总而言之，整个花园的布置，好像目的在于使人相信效用和美丽并非不相容，快乐和财富可一起增长。

同样，整个国家也可因拥有的增添景致的财产而致富。假如在树木茂盛而又不致妨碍其他产品的地方普遍植树，① 那么，不但可增添风景的美丽，增进民众的健康和增加树林所能吸引的水分，而且在这个土地辽阔的国家，仅木材一项的价值就大为可观。

种植可做木材之用的树木的好处是，树苗栽下之后，便不需要人的劳动，而可以让它自然生长。但是，仅仅种植是不够的，我们还得抑制自己，别急于砍伐，等到它的弱小树干逐渐吸取土壤和空气中的水分，不依靠人力的培养而自己长得高大结实的时候，再去砍伐。② 植树者所能给予树木的最大照顾就是在若干年中忘了它。虽然在这几年中他得不到分文的收入，但在树成材之后，他的克制就会得到充分的回报，因为树为他提供燃料，提供木工、细木匠和船匠所用的木材。

各个时代的最优秀的作家没有一个不喜欢树木，不极力提倡种树。根据撰写波斯王居鲁士传记的历史学家说，居鲁士之所以出名的原因就是他在小亚细亚各地普遍造林。在美国，农民每生下一个女儿，就会种植一些树木。这些树木随她的长大而长大，在她出嫁时就成为她的嫁妆盒。③ 政治思想非常开明的苏利，在大多数法国

---

① 在许多国家似乎流行着这种言过其实的观点，即做木材使用的树木会妨害土地的其他产物。其实，做木材的树木不会使地主的收入减少，反而会增加。因为，最多产的国家正是森林最多的国家，如诺曼底、英格兰、比利时、伦巴第等。
② 树叶吸收飘扬在空气中的二氧化碳。这种气体对呼吸非常有害。人如果吸入过多就会昏过去，有时甚至会死亡。另外，植物增加空气中的氧气，氧气非常有益于呼吸和人体的健康。如果一切其他情况都相同，种植树木最多的城市就是最卫生的城市。我们最好把宽阔的码头都栽上树木。
③ 说美国农民每生下一个女儿就砍下一些树，而不栽下一些树，更接近事实。——美国编者注

的省设立许多林场以增加财富。我曾参观了其中的几个。当地民众感恩图报，至今还以他的名字命名这些林场。这些林场使我想起艾迪生（Addison）的话。他一看到林场就大声说："一个对社会有益的人曾经到过这里。"

到这里为止，我们一起在讨论进行生产所需要的生产要素。没有这些要素的帮助，人们除得到自然所自发地提供的少许生活必需品和舒适品外，得不到其他。我们首先研究这些生产要素怎样个别地和协同地执行生产工作，其次研究这些生产要素的各种作用，从而进一步阐明这个问题。现在我们必须开始探讨对生产起作用的各种外来和偶然原因以及阻碍或助长生产要素的作用的外来和偶然原因。

# 第14章　财产的所有权

探讨财产所有权的起源、规定财产所有权转移的立法、明确财产所有权可靠的保护方法，是思辨哲学研究的范畴。政治经济学只承认财产所有权是鼓励积累财富的最有力措施，满足于财产所有权的实际稳定性，不探讨财产所有权的起源及其保障方法。事实上，如果统治者不能让法律得到尊重，如果统治者自己实施掠夺①或没有能力禁止别人掠夺，或者如果繁杂的法律条文或玄妙的法理导致所有权一直不稳定，那么，法律上的财产不可侵犯性显然只是一个笑话。此外，如果财产既不是真实物品又不是权利，那就不能说财产的存在。只有在财产既是权利又是真实物品的情况下，生产的泉源，即土地、资本和劳动，才能发挥其最大生产力。

有些真理完全不证自明，求证是多余的。下面即这种真理之一。安稳地享有自己的土地、资本和劳动的果实，乃是诱使人们将其用于生产的最有力动机，谁会否认这个道理呢？财产所有者本人比任何人更清楚地知道如何最有效地利用自己的财产，谁会怀疑这个道理呢？理论上承认财产不可侵犯非常有益，然而，实践中有多少漠视财产神圣性的事情发生？有多少因为最不足道的原因而破坏财产神圣性的情况？又有多少财产遭到侵犯（当然会激起愤怒），但却往往以最不充分的理由被证明为正当的事情？除了直接受到伤害外，很少有人会强烈地感受到伤害，即使强烈地感受到伤害，也很少有

---

① 当个人力量和政府力量对抗的时候，个人力量显得那么渺小，以致只有在言论自由的报纸极端警惕地监视遵守法律和有力的民意代表机构制止违反法律行为的国家，人民才能免受政府当局的勒索和虐待。

足够的决心来采取实际行动。如果一个专制政权未征得同意就占有臣民的财产，那么，财产便无安全可言。此外，即使臣民同意，如果这同意只不过是名义上或不由衷的同意，财产也无安全可言。在英国，租税由国民代表征收。因此，无论是依靠选举活动的影响，还是由于无知者的大力支持，如果内阁首相获得议会的绝对多数的支持，租税实际上就不再由国民代表征收了，而是由名义上称为国民代表实际上已变成首相代表的团体来征收了。英国民众将被迫陷入极度的贫困，经受各方面都可能对他们不利的措施。①

应该指出，正如用暴力夺走所有者的土地、资本或劳动的果实是侵犯财产权一样，妨碍自由运用生产手段同样是侵犯财产所有权。因为，按照法学家的解释，财产所有权是使用乃至于滥用财产的权利。所以，武断地规定耕作的方式，或禁止采用某种耕作方法，地产的权利便受到侵犯。禁止采用某些特殊方法运用资本，例如不准收买大量谷物，必须把所有的金银上缴造币厂，禁止所有人在自己的土地上建筑房屋或规定建筑物必须符合某种要求或某种式样等，资本家的财产便受到侵犯。禁止经营某种产业，或在资本家已把资本投入某一产业之后对该产业征收相当于禁止的重税，这也是侵犯资本家的财产。显而易见，禁止经营糖业，制糖者投在锅炉、器具等上的大部分资本将化为乌有。②

只要被禁止在不妨碍第三方权利的情况下自由运用自己的聪明才智，那么，一个人在自己的产业中拥有的财产就受到了侵犯。③ 同样，

---

① 亚当·斯密曾表示：英国法律给予财产的保障，远远抵消了英国政府不断产生的过失和所犯的大小错误。他现在是否还会坚持这个观点，很有疑问。
② 对这种资本家来说，为什么不把这项资本移作别用是徒然的。如果糖厂的厂房和机器移作他用，一定受到很大程度的损失。
③ 在所有财产中，劳动能力可以说是最没有问题的。劳动能力完全来自自然或来自个人的勤勉。劳动能力所有权和土地所有权相比是更高一级的权利。一般可以说土地所有权是来自掠夺的行为，因为我们几乎举不出土地所有权是从第一次占有并合法地遗传下来的例子。劳动能力所有权也比资本所有权高一级，因为，即使假定资本是经过长时间的积累得来而不是掠夺得来的，但是，财产继承权除非得到法律的支持，否则不能确立，而这种支持可能是以某种条件换来的。然而，尽管劳动能力所有权如此神圣，它也不

## 第 14 章　财产的所有权

如果一个人原本从事某种劳动却强迫他去从事别的劳动,例如强迫一个工匠或商人服兵役,不管是暂时的还是永久的,这都构成对他劳动权的侵犯。

我很清楚,维护社会秩序比尊重财产所有权更为重要,因为财产所有权的安全依靠社会的安宁。但正是由于这个原因,除非社会秩序明显地受到威胁,而为了维护社会秩序必须侵犯个人权利之外,否则,上述或与上述相似的侵犯个人权利的行为是不能允许的。正是这一点使财产所有者深深感到有必要在国家的宪法中规定某种保证,使当权者不能以公共利益为借口来掩蔽其强烈的野心。

因此,如果不打算把赋税作为将国家带上不景气和悲惨道路的手段,那就必须证明征收的税对社会秩序的存在是必不可少的。任何超出这个界限的课税实际上都是掠夺,即使得到国民的同意也是对财产的侵犯。因为,除了个人所有的土地、资本和劳动的产品之外,没有其他价值可作为课税的对象。

但在某些极端的情况下,对财产所有者及其财产进行干涉却对生产有利。例如,在所有允许可恶的奴役权的国家里,限制奴隶主对奴隶的权利是有利的,因为奴役权是与一切其他权利相对立的。①因而,如果一个社会迫切地需要造船工人或木匠所用的木料,就必须制定关于砍伐私有森林的条例。②此外,由于担心丧失与土地交叉的

---

断受到侵犯,不但在奴役个人的极不正当的虐待中如此,而且在更经常发生的其他方面也是如此。

如果政府占据某种产业,例如交易业或经纪业,不让人民染指,或把经营某事业的专利权出售,政府就侵犯了人民劳动能力所有权。又如政府授权宪兵、警察或法官以维护公共安全或当局安全为理由随意逮捕人民和拘留人民,使人民因此不能十分确信能够自由支配自己的时间与能力或能够完成已经开始的事业,这就是对个人劳动能力所有权更粗暴的侵犯。有什么强盗或掠夺者能够犯下比这更加凶残的侵害公共安全的罪行呢?他一定会很快被镇压,因为私人和政府必定一同起来消灭他。

① 这只是以毒攻毒的情况。——英译者注
② 另外,如果不发生有时起因于无聊的虚荣或有时起因于错误的利己国策的海战,商业自能最满意地供给造船者所需要的木材。所以,政府干涉私有森林的不正当行为,是其所做的危害性更大和更不应该宽恕的另一个不正当行为的结果。

矿脉，政府有时不得不自己出面开矿。很容易想到，即使不存在任何采矿的限制，缺少技术、贪财的欲望或资本的短缺，都可促使矿主把表层的、通常也是最差的矿脉开采殆尽，从而损害内层品质较佳的矿脉。① 有时，矿脉经过许多土地所有者的土地，但只有一个地方可到达矿脉。在这种情况下，就必须不顾土地所有者的固执强制进行开采。虽然我不敢断言，但总的来说尊重该土地所有者的权利毕竟是更明智的做法，或通过如此违背财产不可侵犯性来占有少许额外矿产的代价更大。

最后，公共安全有时迫切地需要牺牲私人的财产。但这种牺牲即使给予赔偿，那也是对私有财产的侵犯。因为，财产权意味着能够自由处置自己的财产。无论得到怎样充分的赔偿，财产的牺牲都是被迫的。

如果政府当局自己不进行掠夺，那就是国家最大的幸福，财产就可得到保护，不被别人掠夺。要是没有全社会的联合力量保护个人财产，就无法想象人、土地和资本的生产力的巨大发展，甚至不能想象资本的存在，因为资本只不过是在政府保护下所积累的价值。正是由于这个原因，任何一个在无序政府治理下的国家，都没有达到富裕。文明国家能有无数产品满足国民的需要，能有美术，能有积蓄所赐予的悠闲和安逸，这一切都应该归功于政府。没有悠闲和安逸的机会，智力绝不会得到培养和开发，人也不会获得其本性所容许的充分的尊严。

与富人一样，身无分文的穷人对维护财产的不可侵犯性也有利害关系。如果没有过去所积累和所保护的财产的协助，便无法得到穷人的劳务。一切阻碍或浪费这些积蓄的行为，都是对穷人谋生手段的巨大伤害。社会较高阶层的破坏和掠夺，必定引起较低阶层的苦难和衰落。穷人对财产权的利益的一知半解和富人的个人利害关

---

① 如果谁都不比财产所有者更清楚地知道怎样最有益地利用他的财产，像作者在上面所说的那样，那么，无论在任何场合，政府干涉私人从事生产的权利能给社会带来什么好处呢？要不是为了社会安宁的绝对需要，绝不应该侵犯私人财产的神圣权利。可能以同样似乎有道理但同样错误的理由为借口来限制除了采矿之外的许多其他职业。——美国编者注

系，同样有利于一切文明国家把对财产的侵犯作为犯罪行为来追查和惩处。政治经济学令人赞叹的研究目的在于证明和确认这种立法行为的正当性，因为它解释了政治制度对财产权保护得越好，财产权所产生的快乐效果就越明显的原因。

# 第 15 章　产品需求或产品市场

常常听到各种产业冒险家声称，他们的困难不在生产中，而是在销售上。如果产品随时都有需求或市场，产品就永远不会缺乏。当商品的需求减少、销售困难、利润不丰的时候，他们就认为货币不足。他们主要期待的是能够刺激销售和抬高价格的充满生机的消费。但是，如果你问他们，什么因素或什么情况会助长产品的需求，你很快就会发现他们大多数人的见解极其模糊。你还会发现他们对事实的观察不够细致，分析更欠周密，并把有疑问的东西当作确定的事情来处理，常常要求和自己利益相悖的东西，纠缠不休地恳求政府给予倾向于造成严重危害的保护。

为使我们对劳动产品的销售形成清楚和正确的实际概念，我们必须仔细分析最为确定的事实，并把以前使用同一方法演绎出来的结论应用到这些事实上。通过这种做法，我们也许会得到新的重要的真理，对企业家的观念有一些启发，并使希望给予实业家鼓励的政府的措施能够得到人们的信任。

一个用自己的劳动创造某种效用，并将价值赋予某些物品的人，不能期待有人赏鉴和付钱购买这个价值，除非其他的人具有购买这价值的手段。那么，这种手段由什么构成呢？由其他的价值构成，即由同样是劳动、资本和土地的果实的其他产品构成。这个事实使我们得到一个乍一看似乎很离奇的结论，即生产为产品创造需求。

如果一个零售商说，"我不想要其他的产品来换我的毛织品，我想要钱"，那就不难使他相信，除非他的顾客先把他们拥有的某些产品卖了，否则他们不能用钱来买他的毛织品。他可能会被告知，"那边的农民如果获得丰收就会买你的毛织品。至于要买多少要根据收成好坏来定。如果颗粒无收,就连一点也买不起。此外,如果你不设法得到毛织品或其他货物用作购买手段,你也没力量买他们的羊毛或谷物。你说你只要钱,但我说你需要的不是钱而是其他货物。你要钱干什么呢?不是要买原料吗?不是要买你所经营的货物吗?不是要买维持生活的食物吗?① 因此,你所需要的是产品而不是钱。你出售货物收进的银币和为购买别人货物所付出的银币,过了一会儿又将在别的买卖者之间执行同样的职责。它将一次又一次地继续执行这种职责,正如公共马车一次又一次地接送客人和运载货物一样。你如果发觉货物不易销售,难道你会认为这是因为缺乏运送它的工具吗?钱毕竟只是转移价值的手段。钱的全部效用在于把你的顾客因为想买你的货物而卖出自己货物的价值转移到你手中。等到你下次购买东西时,钱又把你卖给别人货物的价值转移给第三者。所以,你是用暂时变成金钱形式的你的产品的价值去购买你需要或喜欢的东西。每个人都必须用暂时变成金钱形式的他的产品的价值去购买他需要或喜欢的东西。要不是这样,法国现在成交的货物,怎么能比查理六世(Charles VI)时代多五六倍呢?这五六倍的货物必须已经生产出来,而且被用来购买其他各种货物,这难道不是很明显吗?"

　　因此,认为销售不畅是由于缺乏货币的观点,错误地把手段当成了原因。这种错误观点的产生,是因为几乎所有产品在最终变为其他产品之前首先要交换成货币。而货币这种商品使用频率如此之高,以致对平民百姓来说,是最重要的商品,是一切交易的最终目的,然而,货币其实只不过是媒介而已。销售不畅绝不是因为缺少货币,而是因为缺少其他产品。只要价值真实地存在,就一直有充足的货币处理这些价值的流通和相互交换。交易扩大就应该需要更多货币以利于交易的进行,这个需求不但容易满足,而且还是令人信服的社会繁荣的迹象——它证明已经创造了大量的价值,需要与

---

① 即使获得货币的目的在于窖藏或埋藏,但最终总是要用来购买各种产品。如果守财奴不这样使用它,得到它的幸运继承人也必定这样使用它,因为就货币本身而言,除了用来购买东西之外没有其他作用。

别的价值进行交换。在这种情况下,商人非常清楚如何寻找作为交易媒介产品的替代品,即货币。① 货币不久后自会涌入,因为无论什么产品,什么地方最需要它,它自然就涌入到什么地方。贸易如果扩大到现有货币不能应付的程度,这正是好现象,恰如货物多到仓库容纳不下的程度是好现象一样。

如果一种产品过剩没有销路,货币短缺一点也不会构成对其销售的阻碍。卖者将乐于按照当前的时价接受用货物的价值来交换他们自己消费的商品。他们不会要货币,也不需要货币,因为货币对于他们的唯一用处就是换取自己所需要的物品。②

在市场有货物和服务供应的条件下,这种看法对一切情况都可适用。在生产价值最多的地方,就会发现货物和服务的需求最大,因为只有在这些地方才能创造唯一的购买手段,即价值。货币在买卖双方交易中完成的只不过是瞬间的作用。当交易最后结束时,你就会发现,交易实际上永远是用一种货物交换另一种货物。

值得注意的是,一种产品从被生产出来那一刻起就为价值完全与之相等的其他产品提供了销路。生产者在完成产品的最后一道加工之后,总是急于把产品卖出去。因为他害怕产品在自己手中会丧失价值。他同样急于把出卖产品所得的货币花掉,因为货币的价值也容易消失。但摆脱手中货币唯一可行的方法就是用它购买一些产品。所以,仅仅一种产品的生产就为其他产品提供了销路。

由于这个原因,丰收不但对农民有利,而且对经营所有商品的商人都有利。收成越好,农民要购买的东西就越多。反之,收成不佳,会伤害到所有商品的销售。制造业和商业的产品也是如此。一种商业如果生意兴隆,就会提供更多购买手段,从而为其他商业产

---

① 例如在伦敦和阿姆斯特丹使用的见票即付汇票、见票若干天付款的汇票、银行钞票、赊账或注销等办法。
② 我在这里所说的消费是指他们的总消费,包括旨在满足个人或家庭需要的非生产性消费和旨在维持再生产劳动的消费。毛织品和棉织品制造商所消费的羊毛和棉花有两个用途:(1)供给个人需要;(2)供给业务需要。但无论是满足个人需要还是满足再生产的需要,他们都得使用自己所生产的产品作为购买所消费的产品的手段。

品打开更大的销路。反之,一种商业或一种制造业如果不景气,所有其他类别的商业或制造业都会受其影响。

也许有人要问,如果情况确实如此,为何有时市场有大量货物充斥却无法销售呢?为什么不能把这些过剩的商品交换成另一些商品呢?我的回答是,某一种货物之所以会发生过剩,是由于它的供给超过需求。造成这种情况或者是因为它的生产过多,或者是因为别的产品生产过少。

正是由于某些商品生产过少,别的商品才形成过剩。用一个比较常见的说法来说明:人们买的东西之所以减少是因为他们所赚的利润减少。① 而利润的减少,或是因为使用生产手段有困难,或是因为生产手段本身出了问题。

此外,还要注意的是,在一种商品亏本的同时,一定有别的商品赚到过多的利润。② 由于过多的利润一定会刺激有关商品的生产,因此,除非存在某些激烈手段,除非发生某些特殊事件,如政治变动或自然灾害等,或除非政府当局愚昧无知或贪婪无度,否则一种产品供应不足而另一种产品充斥过剩的现象绝不会永远存在。这些政治问题一旦消除,生产手段就自然会被推向空闲的渠道。这些空闲一经填补,其他方面的活动就会恢复正常。如果生产完全自由,一种生产很少会超过其他生产,一种产品也很少会便宜到与其他产品价格不相称的程度。③④

---

① 在所有的生产阶段,从一般商人到普通工匠,他们的个人利润都必定来自其所生产的价值。至于他们各自所分的比例,本书第二篇将专题讨论。

② 读者不难把这原则应用到他所熟知的任何时期或任何国家。在 1811 年、1812 年、1813 年等诸年里,这种情况在法国非常明显。一方面,殖民地产品、小麦和某些其他商品价格极其昂贵;另一方面,许多货物却找不到销路,价格惨跌。

③ 尽管这些需要考虑的事实构成正确了解商业和商业管理问题的基础,但迄今为止,还没得到人们的重视。在正确方针侥幸被采纳的地方,它似乎也是偶然被选择,或至多是在对它的适宜性只有很模糊的概念、自己没有信心甚至不能说服别人相信的情况下选择的。

西斯蒙第似乎不太了解此处和本书第二篇前 3 章所叙述的原理。他以最近英格兰制造产品大量涌至外国市场,造成那里存货充斥的事实为例,证明工业生产有过度的可能(《政治经济学新原理》,第四卷,第 4 章)。

假如一个生产者设想,许多无形产品的生产者,例如公务人员、医生、律师、教士等,也和生产有形产品的生产者一样都是他的顾客,并断定存在着一种与来自实际生产者的需求不同的需求,这样想只说明他思想的幼稚。一个教士到一家铺子买一件长袍或白法衣,他带来的是购买东西的货币形式的价值。他是从哪里得到这笔钱的呢?他是从收税员那里得到的,而收税员的钱又是从纳税人那里得到的。但纳税人是从哪里得到这笔钱的呢?从自己所生产的价值上。这个价值,首先由纳税人生产出来,然后换成货币付给教士作为他的薪水,使教士买得起长袍或白法衣。教士现在处在这个生产者的位置。如果没把这笔钱纳税,这个生产者就可自己用它购买自己所

---

其实,这些市场发生的存货充斥现象,只不过证明这些国家自己生产过少而已。如果巴西生产足够的产品来购买英国进口货物,英国货物就不至于充斥巴西市场。又如果英国同意进口美国货物,就会发现英国产品在美国可能更加畅销。由于英国征收过高的进口税,实际上等于禁止多种外国货物的进口,结果英国商人得付出重大代价从外国进口那些准许进口的货物,如糖、咖啡、金、银等。因为贵金属的价格昂贵是由于他们货物的低廉,这说明了英国得自其商业的利益为何那么小。

读者不要认为我的观点是:不可能发生一种产品比其他产品生产得过多的现象。我不过在这里认为:最有助于促进一种产品需求的莫过于另一种产品的供给。如果巴西的产品丰富,运到巴西的英国产品便会很快地被购买一空,而不至于充斥市场。要实现这种情况,巴西和英国的立法机构,既要必须允许生产的自由,又要必须允许进口的自由。在巴西,所有的东西都被垄断,财产也不能确保不受政府的侵犯。在英国,沉重的捐税严重地打击了对外的贸易,因为它限制挑选换回的货物。我碰巧听到有一批富有科学价值的关于博物学的搜集品,由于进口税过高的关系,不能从巴西运入英国。

④ 关于这一点,马尔萨斯同意西斯蒙第的意见,而李嘉图则同意本书作者的意见。这种意见的分歧,曾在本书作者和马尔萨斯之间引起了有趣的辩论。本书作者最近给马尔萨斯写了一封信,谈到政治经济学的这部分和其他部分的问题。如果还需要什么来证明本章讨论的正确性,这封信就有这个作用。西斯蒙第企图徒劳地答辩李嘉图,但他没提到他的最初反对者。见《法律年鉴》(*Annales de Legislation*),第1期,第3项。——英译者注

需要的商品，也许不是长袍或白法衣，而是其他更有用的产品。长袍或白法衣的消费只不过代替其他产品的消费而已。要买一个产品，除非用另一个产品的价值作为购买手段，否则就买不成。①

从这个重要真理可演绎出几个重要的结果：

第一，在所有的社会中，生产者越多，产品越多样化，产品销售得越快、越多和越广泛，结果自然是生产者所得的利润也就越大，因为价格总是随着需求增长。但是，这种利益只能来自实际的生产，强迫产品的流通绝不能产生这种利益。因为生产的价值从一人手中转移到另一人手中并不使价值升值，而政府从私人手中夺走价值并消费掉也不能使它增值。依靠别人产品为生的人不产生对这些产品的需求，只不过把自己放在生产者的位置，严重损害了生产，就像我们不久要看到的那样。

第二，每个人都与整体的共同繁荣利益相关。一种产业经营得成功就可促使别的产业也达到成功。事实上，无论一个人从事哪一种职业或哪一行业的生意，他周围的人越发达，他就能够得到越丰厚的报酬，就能够越容易地找到工作。一个在落后的社会中没有机会发挥能力的有才之人，在一个兴旺发达的社会里能够找到许多财力充裕能够雇用他并给予和他的才干相称报酬的机会。在人口众多的富裕城镇开店铺的商人一定比在居民懒惰迟钝的贫困地方开店铺的商人的销售量大。在波兰或威斯特伐利亚偏远地区半野蛮的荒芜小镇，一个积极的制造者或一个聪明的商人能够做什么呢？虽然不担心竞争，但却卖不出多少东西，因为当地没有什么产出。反之，在巴黎、阿姆斯特丹和伦敦等地，虽然同行业竞争激烈，但他却有可能把生意扩充到最大规模。理由很明显，他的周围都是使用各种各样的方法从事大规模生产的人，这些人分别用自己的产品，即用

---

① 资本家花费他的资本的利息时，实际上就是花费由于他的资本的合作而生产出来的部分产品。我们将在第二篇中讨论什么原则规定资本所分得的产品的比例。如果他把资本花费掉，他仍然只消费产品，因为资本是由产品组成的。的确，资本一般用于再生产，但也可能用于非生产性消费。当资本被浪费或毁掉时，它实际上就是用于非生产性消费。

出卖自己的产品得到的钱来购买商品。

　　这是城镇居民从乡村居民那里获得利益的真正来源，同时也是乡村居民从城镇居民那里获得利益的真正来源，两者自己生产的东西越多，就有能力向对方购买越多的东西。一个处在富足乡村环绕之中的城市，不缺少数量众多并且有钱的消费者。另外，越靠近富裕的城镇，乡村产品的价值越会增加。把各个国家区分为农业国家、制造业国家和商业国家毫无意义，因为，一个民族在农业方面获得的成功可促进其制造业和商业的繁荣；另外，它的制造业和商业的兴旺也会给它的农业带来好处。①

　　一个国家对其邻国的态度，与国家的一个省和邻省或城市和乡村的关系相似。邻国的繁荣与它的利益相关，且一定会使它从中得到好处。因此，美国政府于1802年企图教化它的野蛮邻人即属于克里克族的印第安人，是非常明智的举动。这个计划的目的在于把劳动习惯灌输给印第安人，使他们成为生产者，能和联邦的各州进行实物交易，因为，与一个没有任何东西可用来支付购买的民族打交道毫无益处。在如此众多国家之中，如果有一个国家始终如一地实行宽容的原则，这既对人类有益，也是人类的光荣。这项开明政策的辉煌成就将证明：真正有害和荒谬的理论体系和学说乃是欧洲各古老国家所奉行的排他或嫉妒的准则。欧洲各国政府非常无耻地把这些准则称为**实践的真理**（practical truths），除了这正是由于它们自己不幸在实践中奉行这些准则外，似乎没有别的理由。美国的经验

---

① 一个大规模生产组织一定会给附近地区的产业带来生气。洪博德（Humbold）说："在墨西哥，土地耕种得最好的地方，也就是能使旅行者想起法国最美丽风景的地方，就是自萨拉芒克延伸到西劳、爪那禾托和勒昂的环绕着世界已知矿藏最丰富的平原。无论在哪里发现和采掘金银矿脉，即使在科迪勒拉的人烟最稀少的地方或在最荒芜和最孤立的地方，矿脉的经营也不会妨碍土地的种植，反而会使农业比平常更加活跃。……一个丰富矿脉的开采一定立即促使城镇的建立……农业组织也在附近建立，那些不久之前还孤立于荒山野岭之中的地点，很快就和此前已耕种的地方发生接触。"（《关于新西班牙的政治性论文》）

将证明，正确的政策与适度和人道是分不开的。①

第三，我们可从这个卓有成效的原则得出进一步的结论，即购买和进口外国商品对国内或国家产业以及生产不构成损害。因为，不用本国的产品支付就买不到外国的商品，而以本国产品支付，显然在对外贸易过程中给本国产品开辟了销路。如果有人反对，认为外国产品可能是用现金购买的。我的回答是，现金不一定都是本国产品，但一定是用国内产业的产品买来的。所以，无论是用现金还是用本国产品来支付外国货物，两种情况同样为本国产业的产品开辟了销路。②

第四，统一原则还导致另一个结论：鼓励单纯的消费对商业并无益处，因为困难不在于刺激消费的欲望，而在于提供消费的手段，而我们已经看到，只有生产能提供这些手段。所以，鼓励生产是贤明管理的目的，而鼓励消费则是拙劣的管理。

由于同样的原因，创造一种新的产品等于为其他产品打开新的市场，消费或破坏一种产品等于堵塞其他产品的销路。但是，如果一种产品的目的是为了满足人类的某种需要，或为了生产其他满足人类需要的产品，而该产品的破坏恰好符合这个目的，那么，破坏它便不是有害的。的确，如果一个国家处于兴旺发达状态，国民生

---

① 即使最著名和最开明的观察家，也是直到最近政治经济学发展以后才清楚地了解这些最重要的原理的。至于平常之辈更不必说了。我们在伏尔泰的著作中看到这些话："这是人类的命运，希望自己的国家强大，就得希望别的国家受到凌辱……显然一个国家不通过别的国家的损失，就无从得到利益。"(《哲学辞典》，在国家这一项下) 他进一步发挥这个不正确的理论说，一个彻底的世界公民，既不希望自己的国家变得大一些或富裕一些，也不希望自己的国家变得小一些或穷一些。的确，彻底的世界公民不会希望自己国家扩张领土，因为这可能危及它的安全，但他会希望它变得更加富裕，因为如果它更加繁荣，就会促进其他国家的繁荣。

② 最近几年，巴西很明显地体会到这种影响。航行自由使欧洲产品大量涌入到巴西市场，这非常有利于巴西的生产和商业，巴西的产品从来没有像现在这样畅销。巴西的情况就是一个国家能从进口外国货物获得利益的例子。顺便在这里提一下，如果巴西的产品的价格和生产者的利润比较慢一些或逐渐增加，也许对巴西的利益更大，因为价格如果过高，商务关系绝不能维持恒久。增加产品追求利益是比提高价格追求利益更好的办法。

产总量超过国民消费总量,那么其国民消费的产品就已经执行了其职责。不过,这种消费非但没有开辟出新的市场,反而却堵塞了销路。①

已经明白了对产品的普遍需求与刺激生产活动成正比这个道理之后,我们可不必再费心研究生产倾向于哪种行业可能最有利的问题。产品引起的需求根据各个国家的需要和风俗的不同而不同,还根据各个国家的资本、劳动和天然资源的多少而有所差异。需求最迫切的货物由于购买者的竞争,为资本家的钱带来了最丰厚的利息,为冒险家提供了最大的利润,为工人提供了最高的工资。而提供各种服务的劳动自然被这些利益吸引到那些特殊的行业中。

在物产丰富、产量时刻增加的社会、城镇、省份或国家里,由于产品的需求大,又由于市场上随时都有大量产品出价寻求购买新的生产服务,所以,几乎所有各类制造业和商业以及一般劳动都获利丰厚。相反,如果由于国家或其政府的错误,生产固定不变或赶不上消费,那么,需求就逐渐减少,产品价格降到生产费用之下,生产努力得不到适当报酬,利润和工资下降,使用资本越来越无利可图并且越来越危险,资本将逐渐被消费掉——不是由于浪费,而是势必如此,因为利润的来源已经枯竭。② 劳动阶层找不到工作。生活本来还过得去的家庭,现在更加捉襟见肘。而那些生活原本不很好的家庭,现在将沦为赤贫。人口减少、艰难困苦、野蛮状况再出现等,将取代原来人们安逸的生活。

这些就是伴随着生产衰退而产生的情况。只有节俭、聪明、活力与自由才能补救。

---

① 如果产品的无益消费不利于再生产,产品的现有需求和销路减少,那么,一个政府故意把外国的进口货毁掉,如此毁灭非生产性消费带来的唯一利益,换句话说,不满足消费者的需要,我们应该把这种疯狂叫作什么呢?
② 这种消费不但不鼓励生产,而且会吞掉已有的产品。如果没有新产品生产,新的需求便无从创造出来,所能有的只是一种产品与另一种产品的交换。一个企业如果蒙受损失,必定影响其他企业。

# 第16章　货币和货物的快速流转带来的利益

我们常常听到人们评论活跃流转的利益。所谓活跃流转，是指快速大量的销售。有必要对因此而产生的利益做一个正确的评价。

用来进行实际生产的价值，要到最后一道工序完成并卖给消费者之后，才能实现并且再次用来进行新的生产。产品完成和出售得越迅速，投入的资本便越能快速收回，用来进行新的生产。由于资本使用时间较短，对资本家应付的利息自然较少，所以生产费用自然较低。因此，生产过程中相继的操作应该迅速完成。

让我们通过探讨印花布流通过程的例子，来说明这种流转活动的影响。①

里斯本某进口商从巴西进口一批棉花。他的利益在于他在美洲的代理商迅速购入和运出该批棉花，而他自己也同样迅速地把棉花卖给法国商人，因为这样他就可较早地获得利益，较早地开始新的同样有利的买卖。到这里为止，得到快速流转利益的是葡萄牙，随后的利益则归法国。如果法国商人在收到棉花后不久就卖给纺织厂主，纺织厂主在棉花纺成纱后立即卖给织布商，织布商又在布织成后立即卖给印染商，印染商也不迟延地卖给零售商，而这些布又很快从零售商转到消费者之手，那么，这种快速流转只占用各生产者所投入资本很短的时间，所负担的利息较少，因此生产费用也较低。

---

① "流通"一词，以及其他许多政治经济学使用的术语，每天都被随意使用，甚至被那些自认为用得很准确从而很骄傲的人滥用。拉·哈普（La Harpe）在其一部著作中说："公平流通越普及，社会中的贫穷就越少。"怀着对这位颇有学问的大学者的尊敬，我不禁要问：这句话中的"流通"可能的含义是什么？

此外，资本还可较快地收回，用以经营新的买卖。

所有这些交易以及许多我为节省篇幅而没有提到的交易，都是在巴西棉花被织成印花布之前不可缺少的。印花布这种产品需要许多生产方法，这些方法完成得越快，从生产中得到的利益就越大。但是，如果同样的产品只是在一年之中在同一地点易手多次，但没有经过任何新的改造，那么这种流转不但不产生利益，而且还会带来损失。不但不给消费者节省生产费用的负担，反而会增加他们的负担。每次的买进和转卖都必须使用资本，并支付使用资本的利息，至于货物因此所遭受的损耗，则更不必提了。

因此，货物的批发交易不可避免地造成损耗。如果价格没有因此增高，批发商就要受损失；如果价格因此上升，消费者就要受损失。①

如果一种产品达到适合接受新的改造的形态就立即转给新的生产者进行加工，接受最后一道加工之后就立即转移给消费者，那么，流转的活动就达到可以有利进行的最高程度。所有无助于达到这种目的的活动或奔忙，不但不促进流转活动，而且还成为生产过程的障碍——在流转中必须尽力避免的一个障碍。

至于更熟练的管理技能产生的生产速度的加快，是生产力的加强，不是流转的加速。它的利益和流转加快的利益相似，它也减少了占用资本的时间。

我没有区别货物的流转和资本的流转，因为这种区别实际上并不存在。当一笔钱款放在商人保险箱中不发生作用时，它是该商人的闲置部分的资本。这部分资本与他以货物的形式放在仓库中的那一部分资本在性质上完全相同。

对有效流转的最有力刺激，是所有阶层的人，特别是生产者本身尽量减少所使用资本的利息负担这个自然愿望。对流转设置障碍比缺乏适当鼓励更足以使流转陷入中断。流转的最大障碍是战争、

---

① 我在前面（第9章）说过，当一种物品的价格下跌到很低以致生产者感觉沮丧时，有时投机交易具有使该物品撤出流通的作用，当向消费者索取的价格因此非自然地上涨时，投机交易又具有使该物品回归流通领域的作用。

禁运、沉重的租税、运输的危险和困难。当人心惶惶不安、前途渺茫无定、社会安宁受到威胁、一切事业都有危险的时候,流转一定倾向于中断。当人们普遍害怕专横的勒索,都试图隐匿他们能力的时候,流转也一定趋于中断。最后,当投机交易盛行,因产品投机而引起的物价快速波动使人们仍希望从每一次相对价格的变动中取得利润的时候,人们就囤积货物希望价格上升,藏起货币希望价格下跌。在此期间,这两种资本都处于不起作用的状态,无益于生产。在这些情况下,除了像水果、蔬菜、谷类以及其他不能久存不坏的物品外,都将停止流转。关于这些物品,为避免巨大损失或完全损失的危险,比较明智的举动被认为是蒙受损失立即销售,无论损失多大。如果货币贬值,它就成为人们千方百计设法用来交换货物的对象。这就是在法国"**指券**"(assignats)持续贬值时货币非常快速流转的一个原因。人人急于把每小时跌价的纸币设法花出去,一收到纸币就立即把它付出,好像它会烫手一样。在当时,大家都做买卖,尽管很多人本来对做生意一窍不通。工厂纷纷设立,到处修理或装饰房屋,娱乐也不计费用,直到最后每个人所有的"**指券**"的价值都被消费掉、投资出去或完全消失。

# 第 17 章　旨在影响生产的政府政策的效果

严格地说，政府的行为或多或少都会对生产产生影响。本章我们将只讨论那些明确地以影响生产为目的的政府行为，至于货币体系、贷款、税收的影响，将放在其他章节中进行讨论。

政府影响生产的目的，要么是规定提高它认为比其他产品利润更大的产品的产量，要么是采用更合适的生产方式。这两种影响国家财富的目的，将在本章的前两节讨论，其他两节，我们将用同样的原则探讨特权公司和谷物贸易公司的特殊情况，一是因为它们很重要，二是可以进一步解释和说明这些原则。另外，我们还将了解在什么情况下或基于什么原因可以偏离这些一般原则。政府干涉生产导致的巨大灾难并不源于它偶尔不遵循既定准则，而是源于它对事物本质的不正确看法，以及以此为基础所建立的错误规则。于是错误大规模出现，在这些错误政策体系之后灾祸也接踵而至。我们应该意识到，没有比那些自认为不拘泥于任何准则体系的人更执着于准则的人了。①

## 第 1 节　规定生产性质的准则的作用

社会的自然需求及目前的环境，使某些特定产品的需求或多或

---

① 那些实用观念的坚定信徒，通常从一般准则出发，比如，开始时他们说没有人可以反驳这种说法，即一个人只能从他人损失中获利，一个国家只能从他国损失中获利。除了准则，这还能是什么？而且它还不是一个健全的准则，它反而暴露出这种观点的提出者不但不比别人学识渊博，反而是对许多做出正确判断的必要事实的无知。只要了解生产的真正本质，懂得新财富如何产生，以及财富如何被创造，就没有人会提出这种荒谬的观点。

少地比较活跃。因此，投入到这些部门的生产就会比其他部门得到更多的回报。也就是说，投入这些部门的土地、资本和劳动力会获得更高的利润，这些额外的利润自然吸引生产者。因此，生产量总是受到社会需求的调节。在前面的章节（第15章），我们已经了解到，社会需求与总产量成正比，并且社会总体上就是一个大的购买者，购买手段越多，其购买量就越大。

如果政府干涉生产的自然进程，并告知生产者他所要生产的物品，即获利最丰厚的物品，并不适合社会需求，他必须生产其他产品。政府的做法明显是将国家的一部分生产力引向社会不太需要的产品上，而对那些社会迫切需要的产品不管不顾。

在法国，约1794年，一些人因把种植谷物的土地用作牧场而遭受迫害，甚至被送上断头台。而当这些不幸的人们意识到饲养家畜比种植谷物更赚钱时，他们肯定认为同谷物相比，社会此时更需要家畜，并一定能比种植谷物带来更大的价值。

但是政府却说，生产所带来的价值并不如产品本身重要，它宁愿人们种10美元的小麦也不想人们养20美元的家禽。此处暴露出它对这样一个简单道理的无知：产生最大价值的产品总是最好的产品。如果一块土地上产出的家畜能买到该地块生产的两倍的谷物，那就相当于这块土地播种小麦的产出比原来多一倍，因为该地块的产品可以换得两倍的小麦。但政府会告诉你，这种方法并不能使小麦总产量增加。的确，除非从国外进口，否则小麦总量是不会变的。然而，在这种情况下小麦的总量一定比家禽多，因为市场上两英亩地的小麦产量可以换得一英亩牧场的畜牧产品。① 如果小麦供应十分少，种小麦比饲养家畜能获得更多的利润，那政府的干预就是多余的，因为利益将推动生产者转向小麦的种植。

这样，唯一的问题就是，种植者和政府谁更清楚哪种作物能获得最大的回报。我们可能理所当然地认为是种植者，因为他们深入

---

① 在我们探讨的这个自然灾害期，小麦实际上并不匮乏，只是小麦种植者们不愿意出售小麦。小麦的出售价格并不高，尽管成千上万亩牧场变为麦田，但人们还是不愿意把小麦换成不足信的纸币。

田间，不断地侍弄作物，比政府更关心土地的产量和利润。

如果有人坚持认为，种植者只知道当天的市场价格，并不能像政府那样要给国民准备未来的物品，那么我的回答是：生产者的一个才能，也是他为了自己的利益而必须不断培养的一个才能，就是他不仅能知道人们的需求是什么，而且还能预知人们的需求。①

同样性质的灾害，也可能发生在另一个时期。土地所有者被迫种植甜菜和靛蓝。这里我们应该注意到，试图在温带地区种植热带作物，是一种危险性很大的投资。在欧洲土壤中，使用热力催长方法生产的糖精和染汁，在质量和数量上远远赶不上其他气候条件下大规模生长的糖精和染汁。② 另外，欧洲土地能种植大量的谷物和水果，这些东西重量重、体积大，不适合从远方进口。在我们的土地上不种植适合这里生长的作物，偏要去种植不适本土生长的作物，最后却要花高价购买本来很便宜就能买到的东西。如果我们愿意从这些作物的高产地购买它们，那我们自己就是这种荒谬做法的牺牲者。充分利用自然力是**最高**（acme）的技艺，而和自然力对抗则是高度的疯狂；大自然的一些力量是用来协助我们的，毁灭这些力量就是在浪费我们自己的力量。

另外，政府还颁布了这样的条规：同样的产品，即使国外生产的价格比国内低，也要买国内的产品，要保证货币留在国内。关于这一点，请读者参看我们刚刚探讨过的关于生产的分析。从上述分析里我们可以看出，要得到产品就不可能没有牺牲——不可能不消耗一定比例的商品和生产性服务。如果该商品出口了，那么对社会来说，这些消耗的商品和服务的价值也就完全损失了。③

---

① 当然，在特殊情况下，例如遭到围攻或封锁时，通常规则可以不被考虑。不论多么令人厌烦，对人类事务自然进程的暴力阻碍，必须用暴力来消除。在危急情况下，毒药可以当作药物来使用，但采用这种方法时需要高超的技艺，并要极其小心。

② 洪博德（M. de Humboldt）曾说过，热带地区 7 平方里格（league，旧制长度名，1 里格 =3 英里。——编者）土地产出的糖足够供给法国鼎盛时期的需求。

③ 本章后文会探讨当产品出口到国外时，也会像在国内一样，其价值会鼓励国内产业的发展。在之前的例子中，如果生产的是酒，而不是甜菜提炼的

我很难想象有某个国家敢说它因某个有利产业的利润会被分配给个人而对这种利润漠不关心；即便是把自己的利益建立在其国民对立面的最糟糕的政府，此时也明白，个人的收益是国家收益的再生；在军事或专制统治之下，即使国家税收全部来自有组织的掠夺，国民也要首先有收益才能纳税。

我们在农业上采用的准则在制造业上同样适用。有时政府抱有这种观念，即使用本国原材料比使用外国原材料更有利于民族工业的发展。正是由于这个原因，出现了不愿从事棉织品生产而情愿从事毛、麻织品生产的现象。大自然在不同的气候条件下赐予了我们无尽的资源，而我们却竭尽所能限制大自然。当人们努力将价值附加在这些大自然的馈赠品上时，或者说使它们有效用时，不管是通过进口还是改变，人们就是做了件有益的事，增加了国民财富。我们因从国外购进原材料而产生的损失并不可惜，在新产品出产之前，任何生产部门都会由于预付款和原料消耗而有一定的损失。在任何情况下，个人利益才是损失程度和预期补偿的最好评判者。尽管这个指导有时会误导我们，但从长远看，却是最安全、最值得的。①

---

糖或靛蓝提炼的蓝色染料，那么国内产业也会受到刺激。由于酿酒业更适合我国的气候，因而通过贸易，同等面积的土地生产的酒能换得更多的殖民地产的糖和靛蓝，就算出口国是中立国甚至敌对国也如此。殖民地产的糖和靛蓝就相当于我们自己的物产，只不过先以酒的形式出现。区别只在于同样面积的土地能生产出更多的糖和靛蓝。对国内产业的鼓励是一样的甚至更大，因为价值更大的产品将给参与该产业的土地、资本和劳动者更大的回报。

① 在政治经济学大规模传播之前，总会面对一些反对的声音，人们就得时刻反驳这些异议。比如，人们很有可能会说（姑且假定对于制造者或商人来说购买生亚麻和棉花的损失同等）购买生亚麻所造成的损失是在本国被花费了，对本国有利；而购买棉花带来的损失却使他国受益。我的回答是，这两种情况都会使本国受益，因为国外的棉花没有本国的产品交换就不能购买，商人在进入国外交易市场之前先从本国生产者手中购买本国的产品，不管是亚麻还是什么，都是本国所创造的价值。他们为什么不用货币购买棉花呢？货币起初也是用某些和亚麻一样的国内创造的商品购买的。所以无论从什么角度看，结果都是一样的。只有生产创造的价值能带来财富，

但是如果个人利益不能相互制约，那它就不再是一个安全的标准。如果某个人、某个阶级能够让政府帮助他们避免竞争的影响，那他们就获得了特权，就会使整个社会遭受损失，而之后他们便可以保证自己的利润。这个利润并不完全来自他们提供给社会的生产服务，而是包含了他们出于私人利益向消费者征收的赋税。这些赋税通常由政府和他们共分，因此政府给予了他们不正当的支持。

立法机构要想抵抗特权阶级频繁不断的诉求十分困难，其申请者就是受益者。他们总是有合理的解释，说他们获得的利益是劳动阶级的利益，从整体上看就是全国的利益；他们的工人和他们自己就是劳动阶级的一员，也是国家的一员。①

棉纺织工业初次被引入法国时，亚眠、里姆斯、波维等地的所有商人都大声抗议说这些城镇的工业即将灭亡。然而和五十年前相比，他们的工业似乎并没有衰退，他们也没有更穷；相反，卢昂和诺曼底却因这个新兴的纺织工业变得十分富裕。

印花布刚开始流行时抗议声极大，所有商会都竭力反对，它们在各处组织会议、讨论，各地的意见书和代表团纷至沓来，为此付出了大笔费用。卢昂的商会站了出来，用动容的言辞向人们控诉它即将面临的厄运，"老人、妇女和儿童将变得穷困潦倒，曾经富饶的土地将变成一片荒芜，美丽繁华的省份将变得人烟稀少"。都尔城敦促全国议员举国哀鸣，并预言"一个足以撼动社会秩序的动乱将要出现"。里昂商会面对一个"使其所有工厂恐慌不已"的工程不能保持沉默。在如此重要的时候，巴黎从没有出现过国王宝座下"变成商人泪水的一片汪洋"的情况。亚眠把印花布的引入看作是必将吞没整个国家制造业的汪洋。亚眠三个商业团体召开的联合会议起草了一份请愿书，全体签名。该请愿书以这样的话结尾："总之，全体国

---

也只有创造价值产生的消费使财富消失。不考虑完全的掠夺，一个国家的全部消费所需物品都来自于其国内的资源，包括土地、资本、劳动力，甚至包括所消费的那一部分国外物品。

① 没有人大声反对这些人，因为很少有人知道是谁为垄断者的利益付费。真正的受害者——消费者们——常感到压力，但却不知道这种压力的缘由。他们是最先对开明人士恶言相向的，而开明人士实际上是在为他们的利益而辩护。

民听说允许引入并销售印花布的消息后都不寒而栗,这就足以永远禁止它的使用。**天听自我民听,天视自我民视**(Vox populi vox dei)。"

听听普拉蒂埃的罗兰德(Roland de la Platiere)以工厂总监察的身份在这一问题上的抱怨吧!"此刻有人敢否认印花布在整理棉絮、纺织、漂白、印染等环节中只用大量工人吗?短短几年时间里,这种布料就改进了印染技术,其贡献比过去一个世纪所有制造业都要大。"

请读者稍停片刻,思考一下,要使一个行政机构抵挡住这样大规模的对抗需要多么坚定的意志,需要多么广泛的关于繁荣社会的手段的信息,更何况这些反对的声音有政府官员们出于公共事业之外的其他动机的支持。

尽管政府经常期望它自己的权力能使社会全部受益,并因此规定农业和制造业生产某类特定产品,但它对商业的干涉尤其严重,特别是对对外贸易。这些不良的做法源于一个叫作**排外体系**(exclusive system)或**商业体系**(mercantile system)的普遍体系。这个体系认为国家财富来源于**贸易顺差**(favourable balance of trade)。在我们研究这些贸易顺差的真正结果之前,最好先对这个概念有一个清楚的理解,以及明确它的目的是什么。下面我将尝试说明这一问题。

【题外话:谈谈所谓的贸易平衡】

一个国家出口价值和进口价值之比就是贸易平衡。如果该国出口多于进口,理所当然就可以以金银的形式得到两者的差额,这时就叫作贸易顺差;如果情况正好相反,进口多于出口,那就叫作贸易逆差。

排外体系从这两个准则出发考虑问题:第一,一国出口与进口差距越大,用贵金属收回的差额越多,它的贸易就越有优势;第二,通过关税、禁令和奖赏的手段,政府能调节贸易平衡,使之更有利于国家或减轻它对国家的影响。

对这两个准则必须首先进行详细分析,然后让我们看看实践过程如何。

当一个商人向国外发送货物时,他要通过在国外的代理商出售或接受货物，货物的价格采用当地国家的货币形式。如果他希望在返回货物中获利，那他就得把收入用于购买外国产品之后再运回本国。如果他是在国外进行这一系列贸易的，那过程也差不多如此。也就是说，把本国产品运往国外销售获得的利润必须用来购买外国货物。这种买卖行为不一定在同一个商人身上发生。有时候，一个商人只出口不进口，在这种情况下，他对售货代理商开出若干天付款的汇票或见票即付的汇票，之后他把汇票出售或转让给别人，而这个购买汇票的人接着把汇票寄往付款地，在那里，汇票又被用来购买新货物，由进口商运回国内。①

在上述两种情况中，一个价值被出口，另一个价值反过来被进口。但是我们还没有好好探究，出口或进口价值中是否有某些部分由贵金属构成。我们有理由认为，当商人可以自由选择投资的货物的时候，他们将乐意投资能给他们带来最大利润的货物，也就是那些到达销售地后产生最大价值的货物。比如，一个法国商人在英国委托销售白兰地得到了1 000英镑，那他自然会计算是以贵重金属的形式收回1 000英镑划算，还是以棉纺织品的形式收回1 000英镑划算。②

---

① 上面是对一个商人的分析，而对两个、三个商人也一样，总之，对全国的商人都适用。就贸易平衡而言，全部买卖的过程最终都是我刚刚谈及的情况。个人的损失在任何一方都可能出现，因为总会有一些愚蠢或奸诈的商人参与买卖；但是我们可以认定，一般来说，同贸易总体比较，这些损失可以忽略不计，无论如何，一方的损失通常会在另一方那里得到补偿。

对于我们的探讨来说运费由谁负担并不重要，通常，英国商人承担他们从法国购买货物的运费，法国商人承担他们从英国进口货物的运费。他们都期望运费能从所运商品的价值中得到补偿。

② 此处最好指出一些排外主义党派的明显错误，他们不把贵金属形式以外的其他形式的国外所得看作是国家财富。实际上，如果一个帽商以5美元卖出一顶帽子且以金属货币形式收款，那么这5美元就是他的收益。但事实并非如此，货币同其他东西一样，也是一种商品。一位法国商人向英国商人委托销售价值相当于2万法郎的白兰地，如果这些白兰地在英国卖出1 000英镑，则这笔收益转换成金银相当于2.4万法郎，但他的利润也就只有4 000法郎，尽管法国收回的是2.4万法郎的货币。并且，如果该商人用1 000英镑在英国购买了棉织品，而运回法国卖出了2.8万法郎，那么对于进

## 第 17 章 旨在影响生产的政府政策的效果

如果某位商人觉得以货物的形式收回资金比以货币形式收回资金更划算，并且他对自己的利益比其他人更清楚，那么唯一值得探讨的问题就是，以货币形式收回的资金尽管对商人来说没有货物形式赚钱，但对国家来说是否也如此。总之，就是从国家的角度考虑，金属货币的充足是否比其他形式商品的丰裕更有利。

贵金属对社会的作用究竟是什么？如果把它制成小饰物用于个人装饰、家具摆设或其他居家用途，或把它制成表壳、勺子、叉子、碗碟、咖啡杯，或把它卷成薄片用来装饰画框、书籍等，不论用何

---

口商和法国来说，他们就得到了 8 000 法郎的利润。但在这种情况下，并没有任何收益以货币形式进入法国。总之，利润就是卖出货物价值超出买进货物价值的部分，不论它的形式是什么。

奇怪的是，对外贸易越有利可图，进口量就越高于出口量，这种排外主义者抨击的所谓的灾难情况却是大家渴望的。下面我来解释原因，当出口额 1 000 万而进口额 1 100 万时，该国家在贸易中赚得了 100 万。尽管贸易平衡理论也言之有理，但贸易总是如此，否则商人就会一无所获。实际上，出口价值在装船出口之前就被估算出了，这个数值在货到达目的地时就增加了，进口货物就是用这部分增加的价值购买的；在运输途中，进口货物的价值也同样增长，它的价值是在进货时估算的，这样，利润就相当于出口价值加上国外和国内贸易所得。因此，在一个经济繁荣的国度，进口总量应总是高于出口总量。1813 年法国出口额为 3.83 亿法郎，而进口额，除去货币进口，只有 3.5 亿法郎。当时的法国内政部部长起草了一份报告，庆贺法国前所未有的贸易收益。我们应怎样看待这份报告呢？事实上，贸易平衡规则却展现出了一个相反的现象，法国实际上正在遭受巨大的损失，这也是每个人都能感知到的。这个损失就是由于法国政府忽视政治经济学的首要原则而采取错误的措施所导致的。

在一个论述西班牙纳瓦王国的小册子〔《旅行记录》（*Annales des Voyages*），第一卷，第 312 页〕中，我看到了这样的陈述：通过对该国进口价值和出口价值的比较，人们发现，每年出口额超出进口额 1.2 万美元。针对这种情况，该书作者明智地指出，"如果有一种真理比其他任何真理都无可争辩，那就是，一个逐渐富有的国家，进口不能高于出口，否则该国资本必将明显消失。因为从人口增长和生活舒适度提高上可以看出纳瓦王国正处在发展中，显然……"——我对该国的情况一无所知，他也许该加上些话——"因为我引用一个既定事实来点破一个毫无争议的原则"。我们每天都在见证同样的矛盾。

种形式，贵金属都构成了社会资本的一部分。但这个资本不产生利益，仅具有效用或娱乐性。当然，毫无疑问，这些构成资本的材料越多或越充足，对国家就越有利。人们就可以以更低的价格得到它带给人们的上述满足，其传播也更广泛。要不是发现了美洲大陆，许多中产阶级家庭现在就不可能炫耀摆在自家餐桌上漂亮的碟子。但是金属的这种优势不应被夸大，它应有更高层次的用途。玻璃窗抵挡了风霜雨雪，它比贵金属的碟子能带给我们更多的安逸，然而没人想过要鼓励玻璃的进口或给予玻璃产业以优待或免税政策。

贵金属的另一个用处就是充当货币材料，也就是作为国家资本的一部分充当交换价值。在这个用途中，如果金属材料数量充裕且价格低廉，是否有好处呢？一个国家货币的金属材料资源充裕是否就比金属资源匮乏的国家富裕呢？

此处我必须先谈一谈本书第21章分析货币时将会提到的观点，国家所有的交换和流通需要一定量的商品和货币。法国每天销售大量的谷物、牲畜、燃料、动产及不动产，这些销售都需要以货币为形式的价值参与，因为每件商品想转化为卖家期望得到的商品，第一步就是转化为货币。这时，货币这个商品数量是相对充裕还是稀缺就无关紧要了，因为流通需要一定数量的货币。当货币数量减少时，它的价值就相应上升；当它的数量增加时，价值就相应下降。假设法国现在的货币量是30亿法郎，[①] 而由于某个事件，不管是什么事件，其货币量减少到了15亿法郎，但这15亿法郎还是和30亿法郎拥有同样的价值。流通的需求量要求有实际的30亿法郎的中转价值，换句话说，要有相当于20亿磅的白糖（按每磅白糖30苏计算）或1.8亿公石小麦（按每公石小麦20法郎计算）价值的中转价值。不论货币材料重多少、在何处制造，国家货币的总价值仍保持那么多，虽然当货币量减少到15亿法郎时的材料的价值是以前的两倍，但1盎司银就可以买到8磅而不是4磅糖，其他商品也一样。15亿法郎就相当于之前的30亿法郎的价值，但是国家并没有比之前

---

[①] 相当于5.64亿美元。

更富或更贫困。人们去市场时带的钱少了，但用这些钱买到的物品同以前一样。一个以黄金作为货币的国家和以白银作为货币的国家是一样富有的，只不过它的货币数量较少而已。假如白银的数量锐减至原来的1/15，变得比黄金还稀缺，那么作为货币，1盎司银币也会发挥同1盎司金币一样的作用，我们仍与以前一样富有；反之，如果白银变得和铜一样多，我们也一点儿不会更富有，只不过流通媒介的体积变得更笨重而已。

充足的贵金属货币使一国更加富有，是由于它的其他实用性，且仅仅是由于实用性，因为贵金属数量的充裕可以扩大其实用性的范围。作为货币，其数量的充裕并不能使国家致富。① 但是人们惯常以一个人拥有的货币的多少来判定个人财富，并用此观点来衡量个人财富的集合体——国家财富。我们之前已经论述过，财富并不存在于物质之中，而是存在于物质本身的价值之中。一大笔货币的价值并不一定比一小笔货币的价值多，或者一小笔货币的价值也并不比一大笔货币的价值少。以商品形式存在的价值和等量的以货币形式存在的价值是一样的。

有人会问，既然两种形式的价值同等，为什么人们更青睐货币形式的价值呢？这个问题需要稍作解释。我后面论述货币时将会谈到，之所以价值同等的情况下货币形式更受欢迎，是因为货币能保证其持有者仅通过一次而不是两次交换，就购买到任何他想要的物

---

① 从这些理论中可以推断出一个国家可以通过出口一部分贵金属货币增加财富，因为剩下的货币的价值同之前所有货币的价值相同。不过这该如何解释呢？货币这种特殊的性质决定了它的效能并不能通过物质或材料性能来表现，而是通过其价值来表现。少量的面包只能勉强充饥，而少量货币的功用却丝毫未减少，因为其价值随着数量的减少而增加，且其价值是它的用处的唯一标准。

因此很明显，政府应改变其之前持有的观念，支持而不是打击货币的出口。当它更了解商业贸易时，当然就会这样做，或者会既不鼓励货币进口也不打击货币出口。因为大量的货币流出，必然导致国内剩余的货币的升值。当货币升值时，购买商品就会用更少量的货币，所以当商品价格低廉时，进口货币和货物更有利。因此，无论怎样调控，贵金属货币的数量都会由于这种作用和反作用，始终和国家需求的数量基本持平。

品。他不用像货物持有者那样必须先用自己的货物换得货币后，再通过第二次交易购得想要的物品，一次交换足矣。另外，货币有面值大小之分，便于价值分割，使交易更方便。每个交换商品的人都成了货币这个商品的消费者，即社会中的每一个人都是货币的消费者。这就是为什么在价值同等的情况下全世界都普遍喜欢货币形式的原因。

但是货币在人和人交换中的这一优势并不能扩展至国家与国家间的交换。在国与国间的交换中，货币的优势会完全丧失，因为它会被当成单纯的商品来看待。拥有外汇的商人只看中这些外汇的收益，他们把贵金属看成是可以出售并获得利润的商品。在商人眼中，一次交易不算什么，他的业务就是谈判交易以获利。一个普通人也许更愿意得到货币而不是商品，因为他更熟悉货币这个商品的价值。但是一个了解世界市场行情的商人在乎的是他应该赚得的价值，而不论这个价值采用何种形式。

一个人改变投资方向或分割资产时，必须清算资产，国家却不用这样做。这种资产清算是通过国家流通的货币进行的，货币只有在那时才有用。同样的货币之后就会即刻进入到其他清算工作或交换行为当中。

在第15章中我们已经看到，金属的充裕在方便国家交易方面并没有什么作用。因为购买者实际是在用产品购买产品——每个人都使用他参与社会总生产的部分产品购买货币，货币只用来购买下一个产品。在这个过程中，货币只提供了暂时的便捷，其作用就和把农场作物运往市场再把从市场购买的物品运回去的车辆相似。无论用于购买清算的货币的数量是多少，它被定为多少价值就按多少价值使用。在交易结束时，个人既没富也没有穷。利润的增减产生于交易本身，同参与其交易过程的媒介没有关系。

使个人青睐货币而不是商品的因素，在国际交易中不起作用。当一个国家的货币存量比需求量少时，其国内货币的价值就会被抬高，本国和外国的商人便乐于进口货币；而当货币过剩和物品的相对价值降低时，出口货币就更有利，因为此时货币输出国外会得到比国内更多的货物。采用强制手段禁止个人输出货币，实际上是给他们增加负担。①

到这里,我们大概可以结束贸易平衡的话题了。但人们对这一问题普遍不清楚,我提出的观点又非常新颖,即使受过良好教育的人,或熟悉其他问题而且目的单纯的作家和政治家们,也不甚熟悉。所以,我有必要提醒读者提防一些谬误,这些谬误通常被用于反对自由政策。不幸的是,它们也是大部分欧洲国家通行政策的基础。我将始终用最简单的词语简化这些反对观点,这样,它们的重要性将更易评估。

据说,通过贸易顺差增加货币,一国的总资本会增加;相反,减少货币量,一国的总资本将减少。但要时刻记住,资本的构成中没有多少金银币,它主要由用于再生产消费的价值构成。这个价值必然呈现出多种的相继形式。当某资本打算投资于某领域或从某行业中撤出时,第一步无疑是把该商人所拥有的价值转换成货币。②

---

① 只有对这些问题完全陌生的人才会在此处反驳说货币永远不会成为负担,随时都能轻松花掉。事实上完全可以如此,即只要糖果商乐意将糖果的货币价值丢掉,或愿意做赔本买卖,那么他可以把糖果送人,也可以自己吃掉,但那样他会损失糖果的价值。应该看到,货币的充裕会与国家灾难共存,因为用来买面包的货币必须先用其他货物购买。当生产陷入困境时,人们急需货币,并不是因为货币稀缺,货币一般也不会匮乏,而是因为能用于货币交换的产品的生产不能顺利进行。

② 一个商人两年的分类账目表明他第二年年底比第一年年底拥有更多的财富,尽管第二年他拥有的货币数量减少了。假设第一年的账目是这样的:

| | |
|---|---|
| 地皮及建筑 | 8 000 美元 |
| 机器设备及动产 | 4 000 美元 |
| 存 货 | 3 000 美元 |
| 可收回赊账余额 | 1 000 美元 |
| 现 金 | 4 000 美元 |
| 总 计 | 20 000 美元 |

第二年账目如下:

| | |
|---|---|
| 地皮及建筑 | 8 000 美元 |
| 机器设备及动产 | 5 000 美元 |
| 存 货 | 6 000 美元 |
| 可收回赊账余额 | 2 000 美元 |
| 现 金 | 1 000 美元 |
| 总 计 | 22 000 美元 |

这样，拥有的货币这个暂时形式的资本价值，经过一次次交易被快速地变成建筑、工厂和计划性企业所必需的物质。这些情况下使用的现款一旦完成使命，就转入他人手中，以促进新的交易。资本连续呈现其他形式，交易方式也类似。所以当资本和价值分离时，只要我们保证资本能够再生，那么无论它以何种形式出现，其价值就既不会消失也不会受损。

假设一个做外贸生意的法国商人向国外输出 10 000 美元的资本货币用于购买棉花，当棉花运抵法国时，可以暂时不考虑利润问题，他拥有了以棉花形式而非以货币形式存在的 20 000 美元的价值。有人损失了这笔货币吗？当然没有，该投机商是通过诚实守信的方式得到它的。棉织品商付款得到棉花，那么他遭受损失了吗？当然没有；相反，他手中的货物将会增值一倍，补偿进货预付款后会给他带来利润。如果没有私人资本家损失出口的 20 000 美元，国家又怎么能损失这笔钱呢？损失将落在消费者身上。他们会告诉你，事实上所有购买和消耗掉的棉纺织品都是绝对损失。但是同样的消费者消耗同等价值的亚麻或羊毛制品，如果 20 000 美元中没有 1 美元输出到国外的话，那么仍会损失同样的价值。我们现在所说的价值损失并不是由出口而是由消耗所导致的。即使没有任何出口，消耗也会发生。因此，严格意义上可以说，货币的出口根本不会给国家带来损失。

有人很有信心地断言，如果没有输出 20 000 美元，法国就会拥有增加的价值，而事实是，法国这样做反而会遭受超过双倍的损失。这一方面是由出口行为造成的，另一方面是由消耗造成的。然而，消耗国内产品会引起单一损失。对于这个问题我的答案同之前一样，货币的输出并没有带来损失，因为这个价值损失已经被同等价值的进口货物抵消了。可以确定，除了价值 20 000 美元的进口产品，法国没有失去任何东西，如果任何人能指出除产品消费者以外还有

---

账目表明他的财富增加了 20 000 美元，尽管现金减少到第一年的 1/4。

也可以给社会全体成员做一个相似的账目表，只是各项之间的比例不同而已。这样就能看出虽然第二年拥有的现金量或货币数量减少了，但人们却明显更加富有。

其他人遭受损失，那我将当面和他对质；如果没有，就显然没有损失。

你能阻止资本输出吗？禁止货币外流也并不能阻止资本输出。一个下定决心转移资本的人也可以通过输出货物或其他国家允许的东西输出价值。① 他们会说，这样更好，因为国家将从出口中获益。的确如此。可是如果出口的货物没有被返回来进行新的购买，那么其价值便不再存在于国内。如此多的资本从国内转移出去，用于别的国家而不是用于本国的工业活动，这是个令人恐慌的情况。资本自然流往安全且赚钱的行业，逐渐从不能提供这些便利的国家退出；就算不采用货币形式，也可以轻而易举地退出该国。

货币的输出只要能换回相应的价值，就不会引起国内资本的减少；相反，货币的输入也不会引起国内资本的增加。因为事实上，在货币输入之前，必须用相应价值的出口来换取货币。

关于这一点，有人宣称，出口货物而不出口货币，会带来货物需求量的增加，生产者就能从生产这些货物中获利。我的回答是，就算输出货币，这些货币也必须先通过出口本国产品换得。我们也可以确定，这些货币的外国持有者不会把它们白白送给法国的货币输入者，法国能提供给他们的只有本国的产品。如果一国贵金属的供给量大于需求量，货币就比其他货物更适合出口。如果输出的货币量大于流通中过剩的货币量，我们就可以肯定地预测，货币价值因出口而抬高，就需要输入其他货币来补充撤出的货币；而购买这些货币就需要出口国内产品，为国内生产者带来利润。总之，每个输出法国并用来为法国市场换取外国产品的价值，最后都会转化为或先或后运出法国的产品，因为法国没有其他东西来获取国外产品。

此外，还有人会说，出口制成品等消耗品而把不易于消耗或消耗慢的产品比如货币留在国内更划算。但消耗快的产品如果需求量大，比消耗慢的产品就更赚钱。强迫一个商人把消耗慢的产品替换成等值的消耗快的产品，往往会使他陷入困境。如果一个铁匠和别

---

① 通过汇票的形式也可以把资本转移至国外，这只是以货物形式输出资本的一种替代形式，它把货物所有权转让给别人而获得货币，但价值仍留在国外。

人签订合同,约定煤炭某日送达铁匠处,而煤炭商到约定日未能送来煤炭,而是送来了同等价值的货币,这时很难让铁匠相信给他送来货币这样一个比煤炭消耗更慢的物品对他有好处。又比如,一个染坊向国外订购了一批染料,但结果它收到的却是黄金,对方的借口居然是黄金更耐久,那染坊就会蒙受巨大损失。染坊需要的不是什么耐久的物品,而是一种尽管在染缸里会快速分解但最终却又会重新出现在布料上的颜料。①

如果只有进口最持久的生产资本才有利润,那其他耐久的东西比如石头、铁,也应当与金银一样受到人们的喜爱。但重要的并不是某种物质的耐久性,而是资本价值的持久性。资本的价值,不论经过了多少物质形态的改变,其价值是永恒的。不过,如果资本的形式没有经历不断的变化,它也不能创造利润或利息。把资本限制在货币形式上,就是使它处于不生产状态。

但我还要做进一步论述。我们已经知道,输入金银并不比输入其他货物利润更大。我敢肯定地说,就算使我国永远保持贸易顺差是可取的,但在实际操作中也不可能办到。

金银和其他物质一样,其总体是国家财富的一部分,一旦金银币的数量超出了社会需求量,它们就不再有用。供给量超过需求量,出卖金银的人就会多于购买金银的人,结果金银的价值就会相应下降。这样就会强烈地刺激人们从国内购买金银,而去国外出售。这里我可以用一个例子来说明这个道理。

假设某时某国的国内交通和国家财富状况经常需要 1 000 辆不同的车辆。再假设,由于某个特殊的贸易体系,我们每年可以进口的车辆多于每年因磨损消耗掉的车辆。这样,在年末,国家就拥有 1 500 辆车而不是 1 000 辆车。显然,会有 500 辆车被闲置在一旁而毫无用处。车主当然不能坐视车辆闲置,他希望车辆得到充分利用,于是车主就会低价出售车辆,甚至如果可以的话,他把车辆走私出

---

① 在讨论消费的第三篇,我们将会看到,对于不用于生产的消费,消耗慢的产品要优于消耗快的产品。但是在再生产环节,消耗越快越好。因为在生产过程中发挥作用越快的产品,对其收取的利息就越少,同样的资本重复生产功能就更加频繁地发挥作用。而且,产品消耗的快速性对国外产品没有特殊影响。它带给国外产品和国内产品的不利影响是一样的。

国。国家签署车辆进口协定完全是徒劳的,而花费精力刺激其他产品出口以换回车辆的进口也是徒劳的。当局越赞成车辆进口,个人就越急于车辆出口。

与车辆一样,货币也是如此。需求是有限的,它只能构成国家财富的一部分,而不是全部,国家财富还需要其他形式的价值。对货币这种物品的需求同国家总财富成比例,就像富裕的国家对车辆的需求比贫穷的国家大一样。不论贵重金属多么耀眼坚固,它们的价值都取决于其用途,而这个用途还是有限的。像车辆一样,它们都有自己特有的价值,其价值随着数量的增加而减少,且随着数量的减少而增加。

有人说,任何东西都可以用金银购得。的确如此,但条件是什么呢?当这些金属货币量被强制增加到超过需求量时,条件就会不利,因此在这种情况下金银就会有强烈的输出倾向。西班牙禁止银币出口,然而它向整个欧洲供应白银。1812年,英国的纸币使金币变得富余,黄金数量完全高出它的其他用途的需求量,黄金价值相对下降。尽管岛国的海岸线可以轻松防护,尽管国家对金币输出者处以死刑,但基尼还是纷纷流向法国。

但政府努力创造贸易顺差到底有什么好处呢?什么好处都没有,除非它想展现毫无事实或经验支撑的财政优点。① 这样的原则如此明显,既同常识一致,又同贸易研究者们所证明的事实相符,但为什么在实践中遭到了所有欧洲统治者的抵制,② 甚至遭到了一些精

---

① 从18世纪初到纸币体系建立后,英国每年都有以货币形式收回的利润,数目多达34.7亿先令(超过1.6亿美元)。如果加上英国之前已经拥有的货币,英国拥有最少将近40亿先令的流动资金。那么为什么在货币最充裕的时期,英国官方夸大的统计数字也没超过4 700万先令呢?参阅上文第3章。
② 他们的政策基于以下信念:一是贵金属是最理想的财富形式,然而,在财富生产中它们只扮演次要角色;二是他们有权通过强制措施使贵金属不断流入。英国的例子(参见上述注释)证明,该尝试收效不大。而如果英国巨大的财富来自于其他途径而不是贸易顺差,那究竟是什么途径呢?是英国的大规模生产。大规模生产又源于什么呢?源于个人资本积累时的勤俭;源于国民的勤奋和脚踏实地;源于人身和财产的安全;源于国内流通的便利;源于个体经销的自由,尽管这种自由现在还有限,然而从总体上看,它已经超出了欧洲其他国家的限度。

通其他学问的天才学者的反对呢？说实话，是因为懂得政治经济学首要原则的人还寥寥无几。因为一些毫无实践基础的体系和推理被具有相关利益的统治者、贪婪的商人和制造商利用，统治者们把禁令作为进攻的武器和税收的工具，商人们则从不费心探究他们的利润是源于实际生产还是社会其他阶级同时遭受的损失。

保持贸易顺差的决心，即出口商品换得货币的决心，实际上是一种不进行对外贸易的决心。因为同我们进行贸易的国家只能用它所拥有的东西进行交换，如果一方只收贵金属，那么另一方也会提出同样的要求；当双方都要求得到货币这种商品时，交易便不可能进行。如果垄断贵金属可行，那么世界上就没有几个国家不被排除在双边贸易之外了。如果一个国家能够以对方希望的价值形式付款，那么后者还能得到什么呢？黄金在哪方面比其他价值形式更可取呢？除了用于作为之后购买的支付手段外，人们还能从它那里得到什么呢？

迟早有一天人们会对这种现象感到吃惊：这样一种靠强制措施推行的幼稚而荒谬的准则体系，竟然需要如此费力地去证明它的谬误。[1]

---

[1] 本书早期版本在此处插入过一个注释，美国编辑提到了哈斯基森先生（Mr. Huskinsson）的值得称赞的努力。哈斯基森得到了坎宁先生（Mr. Canning）和当时其他一些英国政府杰出人士的支持，他揭露了贸易限制和禁令的不当和不公平，及解除贸易闭塞年代加诸在工业身上的枷锁。我们接着引用了《爱丁堡评论》（*Edinburgh Review*）上的一段论述："特别是哈斯基森先生，尽管遭到污蔑，但他在担任商务部部长的短暂时期内，在改进商业政策方面所做的贡献比前一百年任何一位商务部部长的贡献都要大。应该记住，他的高尚在于他采取的那些遭人反对的措施并不受党派利益的影响，而仅仅由于他相信这些措施在原则上是健全的，能够推动国家利益真正持久的发展。"

从那时起，英国所有后继部长，不论来自托利党还是辉格党，至少都认识到了自由贸易的正确，一些部长还通过颁布一些重要的贸易法令，给这些有利原则更宽的实施空间。这些法令也是英国政府及议会内外在政见和立法方面达成一致并采取自由措施的一个结果。这是一个喜人的变化。现在商贸问题已成为各地人们的关注焦点，几乎所有报纸都在对此类问题展开专业性的、敏锐的讨论，这也使得贸易从长期的有害枷锁中解放出来。

然而，在法国和其他一些可以称之为文明程度较高的国度，自由贸易观

## 第 17 章　旨在影响生产的政府政策的效果

【题外话，谈谈所谓的贸易平衡结束】

继续我们的话题。——我们已经明白，贸易顺差所期望的利益完全是虚幻的。假设它是真实存在的，但任何国家也不可能永远得到它。现在有待说明的是，以顺差利益为目标而制定的规章在实际中是如何运作的。

通过对外国纺织产品的绝对排斥，一国政府建立了一个有利于本国产品制造商的垄断体系，但这个体系损害了国内消费者的利益。换句话说，该国的生产阶层享受该产品的专卖权，可以把价格抬高至商品的自然价值之上。而国内消费者不能购买到来自其他产地的该商品，只能任人宰割。① 如果不对物品实施全面禁止，而只收取进口关税，那么国内的生产者就可以把税款加入物品价格，而为增加的价格付费的却是国内消费者。比如，如果对每打价值 60 美分的陶碟征收 20 美分的关税，那么进口商，不论他来自哪个国家，必定要向消费者收取 20 美分。而国内该产品的制造商就会把相同质量的碟子以每打 80 美分的价格出售给他的客户。如果没有进口关税，商人们

---

点并不受欢迎。英国特派员维里和鲍凌先生说："30 年来，海关通过的每项法规的目的几乎都是建立或巩固贸易保护体系的禁令。受到立法的鼓励，许多资本已经投资于受保护的行业，而这些行业现在不稳定的地位（贸易保护体系自然的也是必然的结果）使得资产所有者最能感受到可能影响他们的任何变化。"

① 李嘉图在 1817 年出版的《政治经济学及赋税原理》（*Essay on the Principles of Political Economy and Taxation*）一书中，对本段话题做出了以下恰当的论述："政府不能通过禁令使商品价格高于其自然价格。因为如果那样，国内生产者将纷纷涌向该商品的生产，使利润低于平均水平。为了让大家更明白我的意思，我必须解释，我说的自然价格指的是得到商品可出的最低价格，不管是通过贸易还是其他工业行业获得。如果贸易能比工业以更低的价格得到它，而政府却强迫工业从事该商品的生产，那么这就相当于使国家以更昂贵的方式得到该商品。这样，消费者遭受了损失，而国内生产者也没有得到国内消费者多付的价格利润，因为竞争很快就使利润降至平均水平，垄断因此毫无效果。"所以，李嘉图的批评尽管是正确的，但他仅仅展现了我所斥责的措施更加有害而已。因为它使人类需求的满足更加困难，对任何阶层和个人又没有相应的利益补偿。

就不会这样做，因为消费者可以用60美分买到同样的商品。所以，制造商得到的相当于关税的额外收入，实际上是来自消费者的腰包。

有人认为国内生产所创造的利益能抵消几乎每件商品所付出的高价，因为我们的资本和劳动力都参与了生产，所获利润也都装进了本国人的钱袋。但我认为，我们进口的外国产品不是免费的，而是用国内产出的产品的价值换取的。这样，国内的工业和资本也同样得到了利用。我们不能忽视这样一个准则：产品永远都只能用产品购买。对我们最有利的是把我们的生产力投入到比外国有优势的生产部门中去，用我们的产品换购外国的产品，而不是投入到外国比我们有优势的生产部门中去。如果不这样做，就会像一个人打算自己做衣服和鞋子一样荒唐。如果为达到强迫居民自己生产衣服和鞋子这样一个值得赞赏的目的而向每家每户征收进口税，那世界其他国家的人会如何评价我们呢？人们不会公正地说，让我们从事自己的工作，用我们生产的东西购买我们想要的东西，或让我们用自己的收入购买我们所需要的东西。上述例子中的体系和制度同我们讨论的完全相同，只是通向了荒谬的极端。

有个问题很奇怪，如果禁令并不能带来任何利益，那为什么每个国家都急于制定并采用禁令呢？这不禁令人想到上述两种情况并不相似，因为我们发现民众并不企盼得到同样的特权。唯一不同的是，个人是独立地存在的，不受意志对立性的驱使，相对于作为能以高价出售商品的制造商的身份而言，他们更感兴趣的是作为消费者如何能买到更便宜的衣服和鞋子。

那么，哪个阶层对禁令或进口高关税有更迫切的要求呢？是那些申请竞争保护的特殊商品的生产者，而不是该商品的购买者。他们的请愿书中提到为大众谋利，可显然个人利益才是他们的真正目标。但是这些绅士们会说，两者不都一样吗？我们的盈利不就是国家的盈利吗？绝对不是！以这种手段获得的无论什么利润，都来自于邻居或同胞的腰包。如果由于垄断而使消费者支付的那部分超出自然价格的费用能够正确估算出来，那么我们就会发现，消费者的损失超出了垄断者的盈利。因此，商人个人的利益和大众利益是对立的，并且因为只有少数几个开明人士了解到大众的利益，所以禁令拥有众多支持者，极少有人反对。

很少有人关注提高价格让消费者承担高昂代价的危害。人们粗略观察是发现不了这个危害的，因为它是零散发生的，只在每次购买行为中有轻微的感觉。但这种危害很严重，因为它反复出现且影响范围广。每个消费者的总财富受到他购买物品的价格的每一次波动的影响。商品越便宜，他就越富有。反之则不然。如果一件商品价格上涨，他会因此变穷；如果所有商品价格同时上涨，所有消费者就都会变穷。由于全体国民都可被看成是消费者，因此整个国家也就变得更穷了。另外，国家将不能扩大生产各种能带给人们享乐的东西，不能获得用来交换所需要商品的物品。非说价格抬高时一个人的盈利是另一个人的损失，是没有用的，因为只有在垄断行业是这样；并且，即便是垄断行业，也不是完全正确的，因为垄断者的利润不等于消费者的全部损失。如果价格上涨是由关税或其他形式的赋税造成的，那么生产者不仅不能从中得到任何好处，反而会产生更不好的结果，不久我们就会看到（第三篇第7章）。所以，事实上，作为生产商他没有变富，而作为消费者他反而变得更穷了。这是导致国家贫穷或阻碍国家致富进程的一个主要因素。

因此，我们可以看出，把非生产性消费品的进口同国内制造业的原料进口相区别，并对消费品进口的歧视性的做法十分荒谬。不论消耗的产品产自国内还是国外，都有一部分财富在消费过程中损失掉了，这也是社会财富的一种损失。但这个损失是由消费行为造成的，不是由对外贸易造成的。外国产品消费同国内产品消费在刺激本国的产业发展方面是相同的。因为外国产品是用什么购买的呢？是用本国的货币或产品，而货币本身又是用国内产品购买的。购买外国产品，国家实际上不过是把可能在国内消费的产品运往国外，并取而代之用交换得到的外国产品在国内进行消费。单个消费者也许并不进行这种交换，但商业替他进行交换。没有一个国家能够不用本国产品进行交换就能购得他国产品。

在为进口关税进行辩护时，人们常说，"当国外利息低于国内利息时，外商就比本国商人更有优势，因此必须通过抵消关税弥补差距"。对外国生产者来说，低息的优势就类似于肥沃的土地带给他的优势，使他生产的产品更廉价，而国内的消费者从这个低价中获益也是合情合理的。同样，我们也宁愿从热带国家进口白糖和靛蓝，也不愿意自己种植。

"但生产各部门都需要资本，所以以低息获得资本的外国商人在每种商品的生产上都有优势。如果允许自由进口，他们将比国内所有部门的生产者都有优势。"如果有人这么说，那么请先告诉我，我们用什么购买外国生产者的产品呢？"当然是货币，而弊端也在此。"那么我们如何获得付款的货币呢？"所有的国家财富都将用于此，当财富用光，国家将陷入贫困的窘境。"所以，应该承认，在陷入这个窘境之前，货币不断外流，进而导致国内货币逐渐短缺而国外货币逐渐充裕。因此，国内货币价值将逐渐比国外货币价值高出1%~3%，这足以力挽狂澜，使货币向国内流入的速度快于向国外流出的速度。但没有回货，现金便不可能流入。什么东西可以作为回货呢？只有土地和国内商业产品吗？除了土地和商业产品没有其他东西可以用来支付国外产品。最好购买他们比我们更便宜的产品，只有这样，我们才有把握在交易时他们接受我们比他们制造得更便宜的产品作为回货。他们必须接受，否则交易便无法进行。

还有哪些涉及这些晦涩问题的荒谬观点没有被提出呢？既然所有国家都同时既是消费者又是生产者，那么面对禁令和垄断，他们以生产者身份能得到多少好处？而以消费者身份他们又会损失多少利益？出售产品获得利润的生产商从另一方面看又是失去差不多利润的消费者。这样，整个国家就是由恶棍和傻瓜构成的，这两种人都半斤八两。但我有必要说一说，每个人都觉得自己是恶棍而不是傻瓜，因为尽管大家既是消费者又是生产者，但一种商品带来的巨大利润远远大于无数产品消费反复遭受的轻微损失。如果对印花布征收进口税，那么每个中等收入的人每年的额外负担可能最多不超过2.5或3美元。人们可能还不了解这种损失的性质或对此感觉不明显，尽管这种损失在人们购买的每种商品中以不同程度不断地产生。也可能消费者自己是制造商，比如说帽商。如果对外国进口的帽子征税，他就会发现自己销售帽子的价格也提高了，每年可以多赚几千美元。正是因为这种错觉，纵使整个社会作为消费者损失的价值超出了他作为生产者得到的利润，他的私人利益也热情支持并提倡禁令。

但就算从这点上看，排外政策也存在不公平。假设这种政策得到普遍实施，政府也（尽管这也许是政府法律的目的）根本不可能让每个生产部门都能从中获利。从物品性质上看，有些物品永远不可能进口，比如鲜鱼、牛等。因此，进口税不会在这些物品价格上涨中起作用。同样，泥瓦匠、木匠的产品及无数必须在国内从事职业的人，比如店员、普通职员、搬运工、零售商等也同进口税无关。非物质形式产品的生产者，如公务员、公债所有者也如此。这些生产者不可能通过征收进口税而获得垄断利益，他们反而因政府以进口税方式给予许多垄断行业而遭受损失。①

另外，垄断利润在共同生产垄断产品的各阶层之间的分配也不均匀。如果大生产者，不论是农业、制造业还是商业中的生产者，能支配消费者，那么他们的工人、下级生产代理人，也难免被强取豪夺，原因我们将在第二篇中进行说明。所以，这些阶层的人同一般消费者都共同遭受损失，但却没能得到上一级生产者获得的非自然利益。

禁止进口的措施不单单让消费者损失些许钱财，而且还常常使他们陷入贫困。说起来惭愧，最近几年，马赛的帽商请求政府禁止进口外国草帽，说进口的草帽影响了自己毡帽的销路。② 这个禁令剥夺了农业工人和畜牧业工人购买轻便、凉爽而又便宜的帽子的权利，他们经常在太阳下暴晒，非常需要草帽，草帽的使用应该得到

---

① 令我们内心感到平衡的是，那些征收进口税的人通常是受到损失最严重的人。有时他们通过另一个不公平行为补偿自己遭受的损失，如政府财政部门的工作人员给自己涨工资。1599 年，都尔商人恳请亨利四世（Henry Ⅳ）禁止进口金银丝织品，这种产品之前完全靠进口。他们花言巧语地告诉国王说他们能供应全法国对金银丝织品的消费需求，于是国王准许了他们的请求。国王批准商人们的请求一向如此容易。丝织品的主要消费者——达官贵人们——大声抗议由此引起的价格上涨，结果 6 个月后禁令便被废除了［《苏利回忆录》(*Memoires de Sully*)，第 2 章］。
② 《国家产业促进会公报》(*Bulletin de la Societe d'Encouragement pour l'Industrie Nationale*)，第 4 期。

推广和鼓励。

为了追求它误认为有深远影响的政策，为了满足它以为值得称赞的主张，一个政府有时会禁止或使贸易改变方向，给国家生产造成不可弥补的损失。当菲利普二世（Phili II）成为葡萄牙主人时，禁止他所有的新臣民同他厌恶的荷兰人进行贸易，结果呢？荷兰人以前都是去里斯本购进大批印度货物，现在当他们发现这条路被封锁时，就直接去印度采购，并最终把葡萄牙商人赶出了印度。本来要给积怨已深的敌人以致命打击，现在却变成了增强其力量的主要源泉。"贸易，"芬郎（Fenelon）说，"就像石上的泉水，如果企图改变它的方向，就会断流。"①

以上就是妨碍进口的主要危害，而完全禁止进口就是妨碍进口的极点。的确，有一些国家通过这种办法富裕起来了，但这是因为促进国家繁荣因素的力量远远大于导致国家贫困的因素。国家就像是人一样，有一个生命原则，它不停地运行，修复因过度消耗给人体健康带来的损伤。自然能抚平我们由于笨拙和不节制所产生的创伤。同样，国家也会克服其朋友或敌人带来的各种创伤，维持其国力，甚至更繁荣。但应该值得注意的是，最勤劳的民族往往是遭受这种苦难最多的民族，因为其他民族都不能在这种苦难中求生存。然而，他们也都会喊叫："我们的制度一定是正确的，因为我们的国家日益繁荣昌盛。"实际上，当我们放开眼界看看近三百年来共同促进人类力量和智力进步的事件，用智慧的眼光审视航海和科学艺术各分支的新发展，细想一下从一个半球移植到另一个半球的各种有用的动植物，注意我们每天见到的科学及其应用的飞速发展，我们便不得不确信，我们现在的繁荣同社会将来可能达到的繁荣相比不值得一提。我们的繁荣要不断同它发展道路上的阻碍作斗争。即使在世界上公认的最开明的地区，人们的主要时间和精力也用来破坏而不是增加自己的资源，用来掠夺而不是相互扶持。这都源于人们

---

① 法国国民代表大会以法国贸易受到损害为由禁止从西班牙进口生皮革，但却没有注意到同样的生皮革又以鞣皮的形式回到西班牙。法国皮革厂因生皮收购价过高很快就倒闭了，结果生产商以及大部分资本和工人都迁往西班牙。政府干涉贸易对生产不但没有任何好处，反而妨害了生产。

对自身的真正的利益缺少正确的知识和信息。①

回到我们的话题上来。虽然我们刚刚研究的关于一个社会因不能引进外国商品而遭受的损失，与禁令给货物生产国带来的损害类似，但我们不能就此认为，外国贸易因此完全被破坏，资源全部被掠夺，就像拿破仑（Napoleon）把英国人从大陆市场上驱逐时曾想象的那样。更不用说把一个国家完全封锁，这必定遭到普遍的利己动机的反对，这个方法最多不过是迫使一个国家改变生产方向。一个国家永远都有能力购买和消费自己的全部产品，因为一种产品总是用另一种产品去购买的。你觉得有可能通过禁止英国出口价值一百万的羊毛织品来阻止英国生产一百万产品的价值吗？英国可以把以前为法国市场生产羊毛织品的资本和劳动力转移到酿酒和其他产品的生产上去。英国也不再把羊毛织品运往法国换得白兰地。通过各种各样的途径，一个国家总能直接或间接地消费自己生产的产品，但也仅仅能消费这些产品而已。如果它不能同邻国交换产品，那就只得消费在国内生产的产品。禁令的影响不过如此，贸易双方的供给都不足，哪一方都没有因此更富有。

无疑，拿破仑尽其所能阻止了英国和欧洲大陆进行的贸易，给双方都带来了损害；但是，由于他雄心勃勃地扩大自己的统治疆域，又不自觉地促进了欧洲各国的贸易。荷兰、比利时、德国部分地区、意大利、法国的边境贸易税都被取消了，除英国外，其他欧洲强国都未受到高关税的压力。我们也许可以从现在各国设立的**税警**（douaniers）招来的不满情绪和萧条景象中估算出贸易因此得到的利益。所有受到保护的欧洲大陆国家都保留了它们以前的生产方式，但生产优势却不明显。

不能否认，法国在政治革命后通过消除贸易壁垒和撤销关卡获得了巨大利益。同样，欧洲部分国家也因消除贸易壁垒而获益，并且世界整体上也从中受益，就像我们消除把人类划分成各个社会

---

① 我没有打算以此暗示所有人都应学习各种知识，我是想说每个人都应该对同自己有切身利益关系的事有恰当的认知。知识的普遍传播对于科学的利益来说非常必要。知识带来的益处同它的进步成正比。国家的富裕程度不同，这取决于它们对关乎各自利益的事情是否有正确的认识。

区域加以孤立的政策那样。

我还未提到排外政策的其他严重影响。比如，它使一个新兴犯罪阶层得以产生——走私群体。为什么一种本身完全无辜的行为变成了非法行为？为什么一个实际为大众福利而奔走的人要遭受惩罚？

亚当·斯密认为，在以下两种情况下，一国政府征收进口税是正当行为：一是当某工业部门关系到公共安全时，不能依靠外国进口。所以，禁止进口火药就是明智之举，因为在此时，宁可多花些钱自己制造火药，也不能冒在紧急时刻遭遇断货的危险。二是当国内某类似产品已经被征税，而如果外国产品被免税，则享有明显优势。所以，征收进口税不但没有坏处，反而能恢复各生产部门之间的自然平衡和相对平衡。

的确，农业和制造业生产的价值都要承担赋税，因而没有合理原因使对外贸易的产品价值免税。无疑，赋税是一种错误，应该把它降低到最低限度。但一定数目的税收一旦被认定为必要，那么向三个部门都征税就是公正的。我想要揭露并谴责的错误是认为这类税收对生产有利的观念。税收不可能对大众福利有利，除非对它加以恰当利用。

这几点在制定贸易条约时不能忽略，条约实际上只有在保护那些被立法误导的工业和资本时才有好处。对于这些错误，不能让其长存，杜绝它们才是明智之举。健康的工业和财富状态应是绝对自由状态，各行各业都自谋生计。当局能提供给它们的唯一有用的保护就是使它们不受欺骗和损害。税收和限制措施绝对没有好处，它们至多不过是不可避免的灾难。认为税收对全体国民有益，就是误解国家繁荣的基础，就是蔑视政治经济原则。

进口税和禁令还常常被用作报复手段。"你们政府阻碍我国产品的进口，难道我们限制你们产品的进口就不对吗？"这是人们喜欢用的借口，也是大部分商业条约的基础。但是人们把他们的目的弄错了，假设各国都有权损害别国（我在这里争辩的不是他们的权利，而是他们的利益），那么我不能接受这种权利。

毫无疑问，一个国家如果不同你做任何贸易是对你的损害，是对你对外贸易利益的抢夺。所以，如果你可以通过报复恐吓它，使它放弃排外措施，那么，报复作为一种政策无疑是一个恰当的选择。

但不能忘记，报复手段损害的不仅是你的对手，你自己也会受到损害。报复的作用不是抵抗对手的自私措施，而是为了达到间接攻击他人目的而率先对你自己进行的攻击。此处唯一的问题是，你受到什么程度仇恨的刺激，以致为了达到报复的目的进而使你能放弃多少利益。① 我将不再列举商贸条约的所有害处，也不会把本书中的所有原则运用到商贸条约中的一切条款或规定上去。

另外，我还想说，一国以商贸条约的方式向另一国提供特殊有利的条件，如果不是敌对行为，至少在其他国家看来也是十分讨厌的行为。因为对一国的特许意味着拒绝了其他国家分享同样的利益。这样，分歧和战争的萌芽便随着各种错误产生了。把所有国家都视为朋友，在他国产品不影响本国同类产业发展的前提下不对他国的产品征收重税，这种做法更简单，我想我已经说明了这一点。

然而，尽管我描述了排外政策的诸多错误，但如果突然废除这一政策，这一做法也无疑过于草率。疾病不能片刻治愈，即使实施惠民政策也需要小心安排。垄断是一种弊病，但大量资本却投入其中，无数劳动力从事该行业，这就需要好好考虑了，因为大量资本和劳动力不能立刻找到更有利的转移途径。这个政治的巨大怪物——排外政策，废除其定会带来部分损害，减轻这些损害则是一个政治家倾其才能才能够完成的。然而，当我们冷静下来想一想垄断带来的恶果和废除垄断时的损害，我们就不禁会思索，使一个受限制的工业恢复自由何其困难，因此当我们接受一个再次限制它的建议时应该更加谨慎小心。

但是政府并不满足于制止进口外国产品，它坚信，国家的繁荣要依靠只卖不买，根本不管这种方式是否可行。它所做的已经远不止征税或对买进外国产品予以处罚这么简单了，在许多情况下，政

---

① 大西洋彼岸的殖民地这几年已经摆脱了殖民地统治而获得了独立，拉普拉省、多明戈或海地已经对外开放其港口，没有向外国人要求任何互惠条件。它们比以前实行排外政策时更繁荣。我们听说，古巴自从摆脱其母国的制度、对所有国家开放其港口以来贸易量增加了一倍，国家也更加繁荣了。欧洲的古老国家就像头脑顽固的农民一样，固守古老的偏见和方法，而对周围先进的体系及其良好的效果视而不见。

府还以奖励的方式鼓励人们把产品卖给外国人。

英国政府对这种方法的使用已达到了非常频繁的程度，它迫切地想要扩大英国工业产品的市场。① 很显然，一个商人因出口获得奖励，可以不损失个人利益便以低于成本价的价格在国外出售产品。用斯密精辟的话说就是，"我们不能像强迫本国人那样强迫外国人购买我们工人生产的产品；接下来的办法就是，我认为，给他们钱来买我们的产品"。

事实上，当某件商品花费了某出口商20美元时，其中包括他的辛苦费等，而在法国市场上同样的商品以20美元或更低的价格就能购买到，英国出口商想独占法国市场没有任何优势可言。但如果英国政府给出口商2美元的出口奖励，则就让他把价格从20美元降低到18美元，那么他肯定就会有销售优势。但这不就相当于英国政府给法国消费者2美元的礼物吗？可以设想，该商人对这种贸易方式无异议，因为他的利润和法国消费者支付给他的全款或生产费用所得的利润是一样的。在这笔交易中，英国是损失方，它的损失相当于法国消费者消费额的10%，而法国却用18美元获得了20美元的价值。

如果奖励金在开始生产时而不是在出口时给付，则国内消费者就同国外消费者共同享受了奖励金的好处。因为在这种情况下，商品在国内市场和国外市场上都是以低价出售的。如果生产者得到奖励金，却仍维持产品原价（这种情况时有发生），那么，奖励金就相当于政府送给生产者超出了他产品普通利润外的额外礼物。

---

① 战争末期，英国的政治情况及它支持和补贴欧洲大陆战争的做法，使它有更合理的理由以制成品的形式出口一些没有回报的产品。但英国没有必要为了那个目的而承担损失。如果英国对金银铸币收取铸造费（其实它本应这样做），那就不必费心思地去考虑出口什么产品以弥补其在国外市场上的津贴和花销，基尼本身就会成为制造品。金银币铸造未被征税，但应该对它征收税款。英国没有理由为了便利对外开支就发放津贴，贸易中汇票的兑现就足以奖励制造商了；并且，开支数目过大就会超出退税额或津贴。如果能直接获得铸造货币的费用，也许政府就会节省费用，也就是减少复杂政策带给商人的利润。但商人必定已经从金银币中获利了。发放无偿铸币的荒谬行为带来的唯一不同是铸造费用，但强征铸币税既不会促进金银币的进口，也不会使金银币运送到消费地更加方便。

当通过奖励手段使本来无人问津的某产品被生产出来并供给国内外市场时，那就是一种有害的生产，其成本高于它所创造的价值。假设一件产品出厂后最多可卖 5 美元，但其成本（当然包括生产者的利润在内）达到 6 美元，显然没人愿意损失 1 美元生产该产品。但如果政府为了鼓励该产业，愿意支付这笔损失，换句话说，付给生产商 1 美元的奖励金，那么生产就可以继续。国家，即全体国民将承担 1 美元的损失。这就是国家鼓励不能维持自己生产的产业所得的利益。事实上，这是怂恿人们从事亏损行业，这样的产品不是与其他产品进行交换，而是与国家奖励进行交换。

无论什么产业，只要有利可图便不需要鼓励就有人从事；如果无利可图，便不值得鼓励。只要政府能获得利益，个人没有利益也无所谓的观点是站不住脚的，因为不通过个人作为媒介，政府怎么能获利呢？也许有人会说，政府税收所得大于它发出的奖励金，但即便如此，它也只是一手赚钱一手付钱而已。如果税收降低到同奖励金同等的水平，那么生产将和原来一样，只不过在这种情况下，国家会有两种不同的好处，即节省了管理奖金的全部费用，以及管理税收的部分费用。

虽然奖励金从国民总财富中支出，这对国民总财富来说是一种无法弥补的损失，但有时承担这种损失却是明智的。① 当某产品对公共安全十分重要时，不论什么价格都必须拥有。路易十四为了复兴法国海军，对在法国装运的船只每吨奖励 1 美元，他的目的是训练水手。同样，如果奖励金不过是偿还之前征收的赋税，这也是合理的。而英国给予出口精糖的奖励金不过是退还对混糖和糖浆征收的进

---

① 我们已经论述过因支付奖励金而遭受的这种明智的损失是很少见的或几乎不会出现的，即使已经为涉及公共安全的产品进行保险，也是如此。因为人们所期盼的目标是不能通过这种方式实现的。我们之前已注意到，英国的海上优势并不是得益于议会的法案，而是得益于我们之前提到的原因。另外，荷兰已发展成为欧洲海上贸易的强国，但它没有任何航海法令或商船奖励。法国必须记住，尽管有 1664 年路易十四的著名法令，命令"雇用造船工人和商人建造法国商船"，但法国的商船和水手却从未获得过梦寐以求的优势。——美国编者注

口税。

如果某产品初期亏损，但几年后却有良好的收益前景，那么政府对该产品的奖励就是明智的。不过，对此斯密却有不同的见解。我们看看他在这个问题上的见解："在任何社会，任何商业规章都不能使产量增加到其资本所能维持的数量之上，它只能使一部分资本转移方向，投入到本没有打算进入的领域。这种人工干涉资本流向的做法不见得比资本自主选择投资方向更有益。政治家们企图指挥私人如何使用其资本，但只会给他们自己徒增烦恼，或承担一种只能交由个人却不能交由议会或内阁掌控的责任。如果这个责任交到了一个愚蠢又自认为可以行使好它的人的手中，将更加危险。就算社会因没有对商业进行管理而始终有更好的产业转移部分劳动力和资本，社会也不一定会因此而衰退。社会的整个资本和劳动力仍会投向当时最有利的地方，并且不论什么行业。"①

斯密总体上当然是正确的，尽管有时这些一般原则会有例外，如每个人对于如何利用自己的劳动力和资本都是最好的评判者。斯密是在个人利益受到充分尊重、任何资本投资方式都不可能被忽视的时代和国家里说出上述话的，但是并不是每个国家的文明都发展到了这么高的水平。有多少国家的资本利用方式都因一些偏见而遭到了排斥，而这些偏见只有政府才有能力摒弃。又有多少城市和省份的投资方式自没有记录的年代开始便一直沿袭着传统。在一个地方每个人都把钱用来买地，而在另一个地方则用于公共建筑或国债。在这些地方，每个不寻常的资本运用方式都不被信任。所以，对一种使用资本或劳动力有利的方式的偏袒也许有利于国家。

另外，一种新的产业，即便工人已掌握了熟练技巧，也可能会使一个没人支持的投资商破产。法国目前拥有世界上最好的丝毛业，这也许多亏了科尔伯特（Colbert）执政时期明智的政策的扶持。他为织造商们提供了每台织布机 2 000 法郎的贷款。另外顺便说一下，这种扶持政策具有很特殊的好处。一般情况下，不论政府对个人劳动产品征收多少税款，在将来的生产中都将全部消失。但在上面

---

① 《国富论》，第四卷，第 2 章。

的例子中，一部分税款用于再生产，另一部分则成了国家的生产总资本。这是人们几乎料想不到的高度智慧，即使从利己主义的角度看也是如此。①②

---

① 我不是要同意这位官员所提出的一切此类奖励办法，尤其不赞成他把钱浪费在单纯为炫耀而开办的工厂上，如戈百林的挂毯厂经常耗费比其产值还高的价值。
② 此处尽管有些许微不足道的先决条件，作者还是让一种与他自己的总原则相冲突的论点诉诸笔端，因此我们有必要指出并驳斥。在说到法国丝毛织业时，他评论道："法国目前拥有世界上最好的丝毛织业，这也许多亏了科尔伯特执政时期明智的政策的扶持。"除了承认丝毛织业得到的益处来自于一个保护性制度外，还能有什么意思呢？现在，我们要否定这种论调，并且幸运的是，为支持我们的观点，我们可以引用最权威的论据。在关于法、英贸易关系的报告中（支持健全原则时不常提到该报告），维利耶先生和鲍林博士提到科尔伯特政府的特点时为我们提供了以下值得称道的苛评，我们十分乐意把这段评价呈现给读者，大家会发现，其中包含了萨伊先生无根据假定的一个完整答案及科尔伯特对丝毛织业的"这种扶持"展现出的智慧。

"这样，法国成了一个采用保护性贸易体制并仍能看到这一体制造成严重后果的国家。最初采用或把这一体制扩大的是大臣科尔伯特。他和他领导下的政府受到了广泛赞誉，但他的贸易扶持政策是建立在完全忽视贸易法规的真正准则基础之上的。科尔伯特创造的**丝毛织业**繁荣规模是如此之小，可他又阻碍甚至毁掉了多少农业、商业和丝毛织业财富。任何一个关注法国丰富自然资源和发展动态的人都能注意到这一事实。可以断言，他用来引导商人进行远距离投资所用的奖励金及他对廉价外国产品征收的重税，几乎都造成了难以弥补的损失。另外，他通过转移和植入法国的产业，在他排外政策的保护之下没有竞争对手，但这些产业却很少能在法国扎根。当然，这些产业仍然存在，也仍然受到科尔伯特的支持，但如果科尔伯特早年满腔热情制定的阻碍丝毛织业进程的法规仍然起作用的话，则这些产业也许不可能继续繁荣。科尔伯特贸易法规的施行，从他干预措施产生的后果中推导出的错误理论，毒害了法国大众的思想。科尔伯特的体制强行引导资本尝试的措施是徒劳的。为建立同西印度的贸易关系，除其他政策以外，他还命令法国人为出口的每吨货物至少支付30法郎，为进口的每吨货物支付50法郎。为激励商人在法国各地建立产业，科尔伯特不惜付给他们巨额回报，并夸耀在自己的推动下建造了4万台织布机，这些织布机的生产都受到法律的保护。但大多数人只关注能否获得巨大利益，并去估算这些行为带来的相应损失。科尔伯特起初便对政策估计错误，为支持这个错误政策，此处研究奖励金被认为是给挪用公款、偏袒和公务管理中的所有渎职行为开辟了多广阔的空间是不合适的。最开明的政治家也会由于执政时期不可避免的缺陷和舞弊被迫放弃某项明显有益的公共事业。在所有的舞弊渎职行为中最常发生的、最明显的无外乎是不因功绩反而因反复请求便给予某行业奖励或优惠。在其他方面，公开给予艺术家或技师荣誉甚至金钱上的奖励以嘉奖他们的某些杰出贡献或才智，这无可厚非，这类奖励会激励并扩大一般知识的传播，但并不会促使劳动力或资本从最有利的行业转移出去。另外，同其他的奖励相比，这类奖励花费很少。根据斯密的看法，英国对小麦进口的奖励每年花费将近 150 美元。我不相信英国或其他任何国家曾经某年在农业上花费过此数额的 1/50。

---

他更是霸道地干涉贸易。如果对一切后果追根溯源，人们就会发现它根本不能证明科尔伯特的贤明，反而是对他本来意欲造福的国家产生了毁灭性的打击。法国革命废除了很多科尔伯特时期制定的荒谬的恶性法规，但其余孽仍然存在。政府对贸易的干涉已成习惯，且方式有所改进，但仍使这个工业和资本运作不受约束的国家产生了优越感。

"我们已经论述了这么多，但如果我们就此否定科尔伯特在财政方面建立的良好秩序，否定他为改进很多细节而做的努力，否定他的税收体系，否定他对卢瓦斯（Louvois）不慎重的资金计划的反对，那对科尔伯特是不公平的。法国的商贸和海事立法要归功于科尔伯特编制的《1681 年法令》，这一海事法令时至今日仍无可匹敌。"

同一段中还有另一处错误，我们必须简单地谈一谈。在为每台织布机提供 2 000 法郎的贷款这一问题上，作者认为科尔伯特展现出了一种人们料想不到的高度智慧，因为作者说"一部分税款用于再生产"，但是在他看来，"一般情况下，不论政府对个人劳动产品征收多少税款，在将来的生产中都将全部消失"。为支付这笔贷款而征收的税金对纳税人来说是纯粹的损失，这点十分清楚。众多纳税人的负担加重了，可他们却甚至不是这种"受扶持"产品的消费者。这句话本身也不对。因为无论税款是贷给了织布机还是织布机本身的工作，实际上都是一样的。至于税收的目的，税款的一部分有可能被用于后者，也有可能被用于前者的再生产。最后，尽管税收仅仅是对产品的一种"扶持"，它的数额受到对它有效需求的限制，然而，当贷款是贷给织布机本身时，这种毫无用处的税款就没有限额。—— 美国编者注

## 第2节 规定生产方式的规则的影响

政府对农业生产细节的干涉一般是有益的。农业生产多是细枝末节的工作,大批的农业工人分散在各地从事大到农业企业、小到农户菜园的工作,农业产品的价值和数量相差很大,这些都是政府监管和干预农业事务的天然阻碍因素。所有假装对公共福利事业极为关心的政府,对农业的干涉仅限于发放奖励金或鼓励和传播有助于农业发展的知识。亚弗特兽医学院、莱布勒实验农场、美利奴绵羊品种的引进,对法国农业来说都有真正的益处。法国农业的扩大和改进要归功于它在历次政变中掌权的不同统治者的深谋远虑。

政府在关注交通便利和农业劳动者诉求、严惩如忽视消灭毛毛虫①及其他害虫的玩忽职守行为等方面的作用,类似于维持社会秩序、保护公民财产安全,没有这些政府工作,生产必定陷入瘫痪。

法国关于伐木的规章在很多省份对保护树木生长都必不可少,然而在有些地区却反而阻碍了树木的种植,那些地区的土壤都十分适合种植树木,而且树木还能吸收大气中的湿气。然而,植树产业却似乎一天天衰落下去。

许多干预都以限制生产者人数为目标,政府或把他们限制在一种产业之中,或要求他们必须遵循某些明确的从业条款。这一制度使一些特许公司和行业协会得以成立。不论使用什么方法,效果都是一样的,一种垄断专享特权产生了。消费者为特权付费,特权享有者得到全部利益。垄断者能更容易地联合起来制订利己计划,因

---

① 伯尔尼旧政府统治时期,每个土地所有者都被要求在每年适当的季节,按土地面积上缴一定蒲式耳的金龟子。富有地主往往出钱向穷人购买金龟子,穷人则以捕捉金龟子为生;由于金龟子被大量捕捉,最后导致在该地区几近灭绝。但是连最有远见的政府在推动生产发展时也会碰到困难,我确信这一点可通过事实判定。这种父亲般的关怀只会造成一种奇怪的欺骗现象,金龟子被一袋袋从利曼湖的萨沃伊运往沃州,用以上缴给政府。

为他们有合法的会议和固定组织。在这些会议上，公司的繁荣被曲解为商业甚至整个国家的繁荣，垄断者最不在乎的就是会议上提出的利益究竟是来自实际生产活动，还是由一个钱袋子转移到另一个钱袋子中，或是从消费者手中转移到拥有特权的生产者手中。这就是为什么商贸部门都急于使自己成为受政府管理的对象。政府也通常乐于此道，借机扩大税收收入。

此外，武断的规则尤能满足当权者的虚荣心，因为这既能展现他们足智多谋、高瞻远瞩的样子，又能通过频繁行使其权力肯定自己的职位权力。现在，欧洲没有一个国家的人能依自己喜欢的方式处置自己的劳动力和资本。在大多数地方，人们甚至不能随意改变行业或住所。一个人想织造或销售丝毛织品、酒或印花布，光有资格、能力或兴趣是不够的，他还必须先做学徒或得到从业许可。①想当警察，这两个要素同样必不可少。此处的警察不是指保护公共或私人安全利益的警察，这种警察既不需要付出高昂的代价也没有烦恼，是由腐败政府官员雇用的不惜任何代价保护他们个人权益的警察。通过名誉和金钱利益的分配，政府还能影响各企业首脑和领导层的决策，而这些首脑和领导都是由政府指派的，他们认为自己的荣誉和报酬都来自于自己所附属的政府，所以成了政府的工具。他们以维护公共利益为借口，发现意志坚定、有可能成为政府敌人的危险人物时就主动向政府告发；遇到唯唯诺诺、容易掌控的人时，也要向政府报告。官员在公共场所高谈阔论的演说中，从不缺少花言巧语的理由为继续限制个人行动和自由或为"新瓶旧酒"的政策做辩护，因为还没有哪个事业坏到列举不出一两个理由为其辩护。

他们最依赖的主要的利益是，保证用于消费的产品能生产得更理想，在贸易中能占据更多的优势，不断保证外国人的需求，以给本国带来巨大利润。但这个利益是我们正在探讨的制度能带来的吗？法人团体如何能保证永久公正、诚实、严格和认真呢？它告诉我们，

---

① 当工业产业在中世纪首次出现时，商人阶层受到了贪婪无知的贵族阶层的掠夺，贸易和手工业行会可以用全体协会的力量保护个人产业。近年来，这种作用消失了。因为在我们的年代，政府已经十分开明，不会侵吞经济繁荣的源泉，同时它也足够强大，不必再惧怕行会的力量。

这个制度便于保证检验产品质量的管理规则得到良好的实施。但即使在法人团体下,这个规则在实际操作时不也是虚幻的吗?假设这个规则绝对有必要,难道就没有更简单的方式去实施吗?

学徒期限的长度也不一定是产品理想化的保证。唯一可靠的保证是工人技术的熟练程度;而要保证工人技术的熟练,最好按他们的技术相应地给予报酬。斯密说:"教一个年轻人如何运用工具并成为工匠,不一定需要好几周,也许几天就足够了。实际上,手法的灵活,即使最普通的技艺,没有长期的练习和实践也是不能掌握的。如果从一开始就让年轻人以雇工身份工作,根据他所做的少量工作发给他相应报酬,并根据他因笨拙和缺乏经验而损毁或浪费的生产资料扣除相应金额,那么他将会更加勤奋、更加认真地学习。"①

如果把学徒期前一年的时间花在按教育计划开办的培训学校中,我也不相信产品会做得更糟糕。毫无疑问,劳动阶级的文化素质也将会得到提高。

如果学徒机制是生产更完美产品的必然保证,那么,西班牙的产品就可以和英国的产品相抗衡了。法国行会和强制性的学徒制被废除后,工艺才达到了它现在可以值得夸耀的高度。

也许任何一门技艺都没有园艺和农场技术那么难,但它们几乎是唯一在任何地区都不需要学徒期的技术。蔬菜和水果的产量和品质会因此而下降吗?如果种植者组成一个联合体,我相信不久它就会宣布,汁多味美的桃子和白莴苣没有几百条完备的规则是种不出来的。

毕竟,这种性质的规则,即使承认它的用处,一旦允许规避,它便马上会毫无价值。众所周知,如今没有一个制造业城市不能用钱买到豁免权,所以规则在保证产品质量方面毫无用处,它是令人讨厌的不公正的和敲诈勒索的发动机。

为了支持自己的观点,提倡行会制度的人用到了英国的例子。他们认为,在英国,产业受到很多约束,但生产仍不断扩张和繁荣。在这里,他们暴露了自己对英国产业繁荣真正原因的无知。"这些原因,"斯密告诉我们,"似乎是贸易总体自由,即使不可避免地会有

---

① 《国富论》,第一篇,第10章。

些约束，但至少其自由程度和其他国家一样，或超出其他国家。几乎本国所有产品都可以自由地出口到任何国家而不必纳税。更重要的是，产品可以毫无限制地从我国任何地区运往其他地区，而不必考虑任何政府机关，也不必接受盘问或检查。"①除此之外，一切财产都完全不受来自公共的或是私人的力量的侵犯；英国人靠勤奋和节约积累了巨额资本。最后一个原因是，英国人很早就养成了审慎判断的习惯。在列举了以上原因之后，我们已经不必再进一步探究英国制造业繁荣的原因了。

那些企图引用英国的例子来支持束缚工业运行的人也许没有意识到，英国最兴旺的城市和那些创立了优秀产业的城市，恰恰是那些没有贸易或手工业行会的城市。曼彻斯特、伯明翰、利物浦在一两个世纪前还是小村庄，现在在财富和人口上的排名却仅次于伦敦，远远超出了约克、坎特伯雷。而布里斯托尔这个英国历史悠久的名城，曾是英国最繁荣的省会城市之一，现在它仍受到野蛮制度的约束。"哈里法克斯城和教区，"熟悉当地情况的作家约翰·尼科尔斯爵士（Sir John Nickols）说②，"近四十年来，人口增加了四倍，而其他城镇因受行会影响，人口数量明显减少。伦敦辖区的房屋，许多还找不到租客，而威斯敏斯特、萨德克和其他郊区的规模却在不断扩大。这些郊区正是贸易自由地带，而伦敦市区内的独家生产公司有 92 家，每年我们都能看到这些公司的成员穿着愚蠢的奇装异服参加伦敦市长的凯旋般的游行。"

巴黎郊区庞大的生产规模是人所共知的，尤其是弗布尔、圣安托尼地区，那里的工业享受很多免税权，有些商品只在那些地区生产。为什么在没有学徒制、从业也不用取得行业许可的地区，生产者的熟练程度却大大超出其他认为以上制度必不可少的地区的生产者呢？原因很简单，因为利己主义是最好的导向。

---

① 《国富论》，第四篇，第 7 章。
② 《关于英法形势优劣的意见》（Remarks on the Advantages and Disadvantages of France and of Great Britain），1752 年出版，第四篇，第 142 页〔这本书是作者最初于 1752 年在法国以假名约翰·尼科尔斯（Sir John Nickols）为名出版的，该书出版后十分畅销。人们猜想这是在凡尔赛供职的外国人的作品，书中包含了许多对国家内政的明智的见解〕。

一两个例子就能比世界上所有推理更为清晰地说明贸易和手工业行会对工业发展的阻碍。阿康德（Argand）发明了一种以自己名字命名的灯，这种灯和其他灯的成本一样，却能发出其他灯三倍的光。一群锡铁匠、锁匠、铁器商和铁蹄匠竟把阿康德拉到了**巴黎议会**（Parlement de Paris），声称制灯是他们才能拥有的权利。① 著名的巴黎物理、数学仪器制造者黎尼华（Lenoir），为了他的熔化工作的方便，便建造了一座熔炉，结果铸造公司的经理亲自出马将熔炉捣毁，黎尼华不得不向国王申请保护。这样的人才居然需要低头向宫廷寻求庇护。漆器业在法国革命之前完全被个人垄断，因为一个人从事这一行业之前需要掌握许多不同行业的技术和工具，还有加入行会许可的麻烦。只说巴黎地区，个人劳动在行会体制下遭到的令人灰心的烦恼，即使用最简洁的语句也足够填满一整张卷，再用另外一整张卷讲述该体制被废除以来人们的努力。

同样的道理，城镇特许自由贸易郊区，或一个受爱管闲事的政府控制的国家中的自由城镇，将展现出异常繁荣的景象。一个处在其他实行行会制度国家之外享受自由劳动的国家，将很可能也得到类似的益处。受形式约束最少的社会将是最繁荣的社会，只要个人不受强权压制、不受法律的欺骗、不受谎言和暴力的侵害。用毕生精力研究并践行振兴法国办法的苏利，也持有这样的观点。② 在他的回忆录中，他谈到大量无用的法律和条例是国家进步的直接障碍。③

---

① "为什么不向行会申请从业许可呢？"那些惯于掩饰并为政府过失做辩护的人说。有权容纳会员的行会本身就乐于阻挠对他们有威胁的竞争者。另外，为什么要强迫这样的天才发明者浪费时间加入行会呢？把那个时间用来发展自己的事业不是更好吗？
② 第十九卷。
③ 科尔伯特早年在里昂的**马克拉尼公司**（Messrs. Mascrani）会计室培训时，深受生产商所坚持的准则影响。在他强有力的、公正的保护下，贸易和制造业迅猛发展。但纵使他把工商业从众多压迫中解放出来，他自己却没能彻底跳出规章制度的约束。他以农业为代价鼓励工业，使农民承担巨额垄断利润的负担。我们不能无视这样一个事实，因为科尔伯特时代所执行的制度，使个人财富分配极不均匀，一些人极其富有，另一些人却贫困潦倒。此外，一些大公司的建筑富丽堂皇，而百姓的居住地却是一派衰败荒凉的景象。这不是理想的图景，而是现实状况，学习政治经济学原理将帮助我们解释这种现象。

也许有人会提出，如果一切行业都获得自由，大部分从业者将沦为激烈竞争的牺牲品。在一些情况下，也许会如此。但获利不是很大的行业，不太可能有太多的人从事。然而，即使承认存在这种偶尔出现的危害，但和永远把产品价格抬高到限制消费的程度相比，和缩减庞大消费者群体的购买力相比，这个危害的后果还是极小的。

如果政府措施旨在阻止人民自由处置各自的才智和资本，那么，从健全政策的角度看，这些措施就是犯罪行为，更不能根据自然权利的原则为其辩护。"穷人的家产，"《国富论》的作者说，"在于他双手的力量和灵巧。只要他不伤害邻里，阻止他以自认为最恰当的方式运用这种力量和灵巧，就是对他最神圣财产的明显的侵犯。"

但是，因为行会拥有管控相关阶层劳动的权力，所以不进行管理就有可能造成危害。再比如，对内科医生、外科医生、药剂师等的监管，就是非常正确的。他们的技能关系到其他居民的生命，所以对这些行业制定技能审查是合情合理的。但限制医生人数或医生教育计划的行为就不可取了。社会成员只不过是想查明他们是否有资格行医而已。

同样的道理，如果规则是为防止明显损害社会生产或公共安全的错误和欺诈行为的发生而制定的，那么它就是有用的、合理的。因此，不允许生产商在广告中夸大产品质量。国内消费者有权受到政府保护，而不受这种违背信用行为的侵害。实际上，国家的商业形象也需要这种保护，因为这种行为将损害本国对外国的商业形象，影响外国人对本国商品的需求。这就是"生产者利益是最牢靠的保证"这个一般原则的例外，因为很可能当某一生产商快要脱离某产业时，他会发现违背一次信用会增加他的利润，于是他便牺牲一个即将撤离的未来目标以换得当下的利润。这种欺骗行为在 1783 年几乎摧毁了法国布料在黎凡特的市场。从那以后，德国、英国完全取代了法国，成为那里布料的主要供应商。[1]我们可以进一步探讨，一

---

[1] 这个贸易损失被错误地归咎于革命之后的贸易自由政策。但波如（Beaujou）在《希腊商业情况》（*Tableau du Commerce de la Grèce*）一书中明确表示，这个损失的原因在于早年的限制性措施。

件商品常从它的名字或产地上得到价值,我们根据长期的经验能判断出某地生产的某种名称的布料幅面多宽、质地如何,如果在同一地区以同样的名称生产一种质量不达标的布料,并用假冒证明把它售往国际市场,则这就是欺诈。

由此,关于政府可以在多大程度上对生产进行有益干预,我们可以得出这样的论断:产品条件必须严格与样品条件一致,不论是外在的条件还是暗含的条件。除此之外,政府不应干涉生产的其他环节。我希望读者记住,单单是干涉这种行为本身就是一个危害,即使它有用处。① 一是因为它折磨和困扰人;二是因为它浪费钱财。如果由政府支付其产生的费用,那就由国库承担费用;如果是由消费者支付费用,那就由某个具体的商品承担。在后一种情况下,这个费用必然抬高商品价格,使国内消费者承担额外税额,还在**一定程度上**(pro tanto)打击国外需求。

如果干预不是好做法,那么父亲般的政府就应该尽可能不去干涉。它不用自找麻烦鉴定产品,因为购买者肯定比政府更了解产品;而且政府工作人员也做不好鉴定,因为很不幸,政府必须考虑到它的雇员可能会疏忽大意、无能或渎职。但有些商品需要政府鉴定,比如金和银,这些商品的质量只有通过化学手段才能鉴定,很少有买者能知道如何鉴别这类商品;而且,就算消费者知道,他们鉴定所要负担的费用也必定大大超过政府鉴定所用的费用。

在英国,新产品或新方法的发明者可通过专利获得专卖资格。在专利有效期内,他不会有任何竞争对手。于是,他就可以把价格抬高,使它远远高出其生产费用、利息和自己劳动工资的总和。这样,他从政府得到的优惠实际上是由购买新产品的消费者负担的;而且,在英国这样生产力发展水平高的国家,这笔优惠数目通常很大。因此,在英国有大批富人时刻关注着能给人带来无限享受的新产品。几年前,一个人发明了一种用来嵌入马车皮轭中间的螺旋形弹簧,以减缓马车的震动。他因这个微小的发明专利而赚了大笔

---

① "立法中对个人行动自由的每一项限制,必将不可避免地毁灭社会的一部分力量,削减社会的年产量。" [维里(Verri),《关于政治经济学的意见》(*Reflexions sur l'Economie Politique*),第 12 章]

财富。

没人有理由反对这种特权，因为它既没有干扰，也没有妨碍任何工业部门。另外，其所产生的花销也是人们所自愿承担的。消费者不用放弃之前想要得到的任何满足，不论是必不可少的生活需求还是娱乐上的需求。

然而，不断改善人民生活条件是政府的义务，所以政府不能永远剥夺其他生产者将一部分劳动力和资本投入这个新产业的权利，也许生产者自己迟早会发现这个新产业；政府也不能让消费者长时期享受不到竞争价格的好处。而外国不受它的管控，当然不会给发明者专利特权。因此，在专利有效期内，外国会比专利所在国的状况好些。

法国①效仿了英国的英明榜样，规定了专利权的有效期。专利过期后，全世界人都可以自由地享用该发明。它还规定，如果之前发明者隐瞒了发明的生产过程，那么专利期满后必须公开。可以猜想，发明者如果能一直隐瞒生产过程，那他也就不需要申请专利了。申请专利可使他得到这样的好处：在专利有效期间，即使他的秘密被别人知晓，对方也得等到专利期满后才能使用。

政府也不探究发明的产品是否新颖、是否有实用价值。因为如果该产品没有用处，也是发明者受损失；如果发明不够新颖，到时每个人都会站出来检举并证明这个事实，以维护大众的权益，届时，发明者还是唯一的损失方，他花费用获得专利，但却毫无所获。因此，这种鼓励不会让大众吃亏，反而会给大众带来巨大好处。

上述旨在指导生产目标或生产方式的规章制度并没有涵盖所有以此为目的的国家所采取的不同措施。实际上，就算我把它们全部列举出来，不久也会变得不完备，因为每天都会有几个新规则出台。重要的是要制定几条规则，以使我们能提前判定它们会产生的后果。但还有两种贸易受到的管控比一般贸易受到的管控更为严格，值得我们特殊研究，下面两节将进行专门讨论。

---

① 参见 1791 年 1 月 7 日、5 月 25 日和 1792 年 9 月 20 日的法令。又见法国革命政府历九年葡萄月的法令。

## 第 3 节　特权贸易公司

政府有时把某些商品（比如烟草）的专买、专卖权，或和某些国家（如印度）的贸易权交给个别商人，特别是贸易公司。

这些特权商人靠政府力量脱离了竞争，可以把价格抬到超过自由贸易能够维持的水平之上。这个不自然的价格有时是政府自己确定的，以将它给予生产者的优惠控制在一定范围之内，也把给消费者带来的不公平控制在一定限度内。否则，只有价格过高以致减少销售总额导致得不偿失的担忧才能限制特权商人的贪婪。不论怎样，承担超出价值那部分价格的人都是消费者，政府则想方设法分享垄断利润。

有人说，最具破坏性的政策也一定能找出支持它的理由，所以和某些国家开展贸易时需要采取一些预防措施，这些措施只有特权贸易公司才能实行。曾有一段时间，商人们请求修筑炮台、维持海军，好像进行对外贸易真的需要手持利剑、军队护航，好像政府从来没有在军事力量上大力投入来保护国民的安全。其他时期，商人们的诉求是外交技巧。好比中国，由于地处偏远、版图辽阔、需求特殊，可以完全不依赖其他国家，所以被允许和它进行贸易是一种特别优待，而且这种贸易充满不确定性。因此，我们要么不喝中国的茶、不穿中国的丝绸和紫花布，要么就得采取预防措施以保证贸易继续进行。因为个人交易有可能影响中国商人的好心情，一旦他们不高兴，双边交易就要中断。

但是，我想问一问，那些动辄向公司或国家的武装力量求助的公司职员比私人贸易商更能博得中国人的好感吗？实际上，私人贸易商更尊重当地习俗。因为出于个人利益考虑，他们更需要消除有可能危及他们个人生命和财产安全的障碍。[1]

---

[1] 美中商贸关系可以说明这一点。在广东，美国商人的言行比英国人更加谨慎，中国对他们就没有对英国公司那么强的戒心。葡萄牙人与东方海岸国家的贸易可追溯到一百年前，他们没有一家特权公司介入，却比同时代任何国家的贸易都成功。

但为说明我们的论点，假设最严重的情况发生了，和中国的贸易只有通过特权贸易公司才能进行，那是不是意味着没有特权贸易公司我们就得放弃对中国产品的喜好呢？当然不是。和中国的贸易仍然存在，道理很简单，贸易对中国人和他们的顾客都有好处。但我们会不会需要用高价才能买到呢？这么想没有道理。欧洲有四分之三的国家从没派船只去过中国，但中国的茶叶、丝绸和紫花布仍供应充足，并且价格低廉。

还有一个应用更加普遍、人们更常主张的观点，即某公司独享与某国进行贸易的特权，不受竞争影响，因此它可以以更低的价格买进该国产品。但是，首先，这种特权不受竞争影响的观点是错误的，它唯一能躲避的是国内商人之间的竞争，而国内竞争对一个国家来说是非常有益的。特权公司既面临着与国外公司的竞争，又面临着与外国私人贸易商的竞争。其次，很多商品的价格不会因竞争而上涨，一些人假装害怕这种涨价，实际上只不过是吓唬人而已。

假如马赛、波尔多、奥里恩特都派商船去中国购买茶叶，我们没有理由相信他们购进的茶叶会超过法国所消费或卖掉的茶叶总量。我们唯一需要担心的是购进量不足的问题。如果他们打算购入的茶叶不多于其他商人本来会替他们购入的数量，那么对中国茶叶的需求量在这两种情况下是一样的。结果，中国国内茶叶变得匮乏。除非中国茶叶价格自行上涨，否则我国商人就不必花高价买中国茶叶。几个法国商人又怎能影响一种在中国国内消费量超过全欧洲一百倍的产品的价格呢？

但假设欧洲商人之间的竞争导致东方市场一些商品价格上涨，这是不是有一个充分的动机可以把世界贸易的这一部分排除在适用于一切贸易的一般规则之外呢？我们是不是会仅仅为了低价从德国进口棉、毛织品便给一个公司专门从事德法进出口贸易的特权呢？如果把对东方贸易放在对其他国家贸易的同等地位，那么任何产品的价格都不会长期超出其在亚洲的成本价格之上。因为涨价会刺激生产，卖方之间的竞争将很快与买方之间的竞争一样激烈。

如果低价买进产品的利益像人们说的那么多，那么全体国民都有权享受这一利益，国内消费者也应与公司一样能够以低价买到产品。但实际情况却恰恰相反。原因很简单：公司作为消费者，不可避免地要与他国进行竞争；但公司作为销售者却没有竞争者，因为外国人被禁止向国内输入它销售的产品，国民只能从特权贸易公司买到该产品。特权贸易公司想要什么价格就定什么价格，并且，如果它注意使市场维持缺货状态，就可以像英国人说的那样去控制市场。也就是说，使供应量远小于需求量，保持购买者之间的竞争。①

特权贸易公司以这种方式不但侵占消费者利益而获得超额利润，而且让消费者负担庞大机构组织必然产生的欺诈、管理不善所产生的费用，这些累赘组织包括董事会及分散在世界各地的代理商。唯一能阻止这些特权贸易公司滥用权力的就是走私或非法买卖。从这点上看，走私也有一定的好处。

这个分析把我们带入了我们要讨论的问题里：特权贸易公司的利益是国民利益吗？毫无疑问，不是！因为它的利润全部来自国民的腰包。消费者支付的超出产品自由贸易价格的那部分价格并不是生产出来的价值，而是政府牺牲消费者利益给予特权贸易公司的已经存在的价值。也许有人会争辩说，至少得承认这部分利润仍停留在国内并在国内花费。好吧，那它由谁支付呢？这才是问题所在。如果家庭成员中的一人占有全家的收入，穿着光鲜华丽的衣服，吃着营养美味的山珍海味，并且说家里的钱你花我花有什么大不一样的呢，反正花的钱是一样的，没什么不同。

如果特权贸易公司管理有方，它获得的额外利润就会让公司迅速富有；但公司员工的贪婪，远距离投资的不确定性，对国外因素的难以预料，投资者的无能，等等，都是不断导致其失败的原因。想让贸易有长期良性的发展，需要投资方额外的努力和超群的智慧。但怎能指望有时多达几百人且更关切自身利益的股东们具有这些能力呢？②

---

① 众所周知，荷兰人占领马拉加时，为维持欧洲香料的特定价格，他们习惯把生产的一部分香料烧掉。
② 法国东印度公司的一位董事问伯顿奈（Bourdonnais），为什么他自己的私人投资产业比他管理的公司业务发展得更好，伯顿奈回答说："因为我根据自己的判断管理自己的产业，而我管理公司业务却得听从你们的指令。"他的话令人难忘。

这些就是把特权交给贸易公司的结果。必须注意，这些结果从本质上说和特权分不开。客观情况可能减轻它的影响，但永远不会将其消除。英国东印度公司比三四家在不同时期做过同样尝试的法国公司都成功。① 这家公司既是商人又是统治者。凭经验，我们知道，即使最令人厌恶的政府也会维持几十年，埃及的马木留克军队就是例子。②

还有一些次要的危害伴随着特权产生。专卖权往往会把某个本来很容易就能在某国扎根的产业和资本驱逐出境进而迁往别国。路易十四统治末期，法国东印度公司尽管拥有特权，但公司却维持不下去了，它便把一部分特权转让给圣马罗的一些投资商，条件是抽取投资商的一小部分利润。在这种贸易相对自由的情况下，公司贸易开始好转。到 1714 年特权到期时，这个贸易资本本有可能在当时法国衰退的经济形势下达到最大值，但当这些私人投资商还在进行这项投资时，东印度公司却向政府申请延长特权期限，最后获得批准。很快，一艘由英国人拉麦维尔（Lamerville）指挥的圣马罗轮船从东印度返航时出现在法国海岸，但被以侵害东印度公司权利为由禁止入港。结果，拉麦维尔被迫继续航行，驶往最近的比利时港口。他把船停泊在奥斯坦德，卖掉了搭载的货物。荷兰总督听闻他获利丰厚，便建议他再次出航，还为他准备了一支由快船组成的商船队。之后拉麦维尔又为不同的雇主做了多次类似的航行，为奥斯坦德公

---

① 第一家法国东印度公司在 1604 年亨利四世执政时期成立，由一个名叫格拉德·勒鲁（Gerard Leroi）的人建议创办，但未能成功。
② 英国东印度公司的商业垄断最终由 1833 年通过的三个议会法案废除，即威廉四世的第 3、4 个议会法案中的第 85、93 和 101 条款。第一项法案的目的是影响东印度公司的安排，帮助国王更好地管理印度领地。该法案直到 1854 年 4 月 30 日才被废除。第二项法案用于调整对中国和印度的贸易。第三项法案用于征收并管理茶叶税。

这些法案使得对中国和印度的贸易第一次被开放给英国普通公司和资本，英国居民也被允许在这些地区拥有住所。无须指出这些法案的重要性以及英国民众和整个商业世界由此获得的巨大好处。富有国家之前一直处于休眠状态的资源现在被激活了，国家的总体财富、它吸收国外商品的能力立刻增加。——美国编者注

司的成立奠定了基础。①

　　这样，法国消费者必定因垄断而遭受损失，事实上也的确如此。但有人会认为，不论怎样，公司一定获利了。可恰恰相反，尽管政府给了它们烟草专卖权、彩票发行权及其他附加的权力，但这对公司来说并不是好事。②"总之，"伏尔泰③说，"法国在东方所剩的只有遗憾，在四十年的时间里，浪费了巨额财富去创立一家公司，但却连六便士都没赚回，也没从自己的资产中给股东和债权人分红。设立在印度的公司完全靠掠夺、勒索当地人支撑下去。"

　　创设特权贸易公司唯一合理的理由就是当没有其他办法与遥远或荒蛮国家展开贸易时，特许权就是一种发明专利，根据初次进行贸易所承担的巨大风险和花费给予公司优惠。消费者没有理由抱怨产品昂贵，因为要不是特许权，他们要么根本享用不到该产品，要么将会以更高的价钱去购买。但这种特权应像专利一样，有一定的有效期，在有效期内，冒险者所冒的风险和预付款完全可以得到补偿。除此之外的其他特权，都只是政府牺牲全体国民的利益给予他的礼物；而国民有选择自己想要买什么、从什么地方买以及以最低价购买的权利。

　　以上关于贸易的论述同样也适用于制造业特权。政府之所以容易被诱骗采取这种措施，部分是由于它们只看到了巨额利润，却不愿费心思去探寻这种利润的出处；部分是由于这种表面利润很轻易就能用数字计算出来，不管正确还是不正确；而整个国家遭受的损失最终被分摊给社会各个成员，其影响间接、复杂而又普遍，容易被人忽视。一些学者认为算术是政治经济学唯一的可靠向导，可对我来说，看了那么多建立在数学基础上的令人厌恶的制度，我宁愿认为算术这门科学是导致国家灾难的工具。

---

① 泰勒（Taylor），《关于东印度的信函》（*Letters on India*）。
② 雷纳尔（Raynal），《在东、西印度设立的欧洲商行的哲学性和政治性的历史》（*Hist. phil. Et polit, des Establ. Des Europeens, dans les deux Indes*），第四册，第19页。
③ 《路易十五的时代》（*Siècle de Louis XV*）。

## 第4节　影响谷物贸易的规则

能支配商业中一切商品的一般原则似乎也同样适用于谷物贸易。但是谷物或其他任何维持人类生存所必需的食物，需要特别注意。

大家都会发现，人口数量的增长与食品供应成比例。粮食供应的充足和价格的低廉有利于人口数量的增长，而粮食匮乏则会带来相反的影响。①但不管粮食是充足还是匮乏，其所产生的影响都不会像粮食一年一年收获那样快。某年粮食产量也许会超出或低于平均产量的1/4或1/5，但一个国家，比如拥有3 000万人口的法国，如果没有突然遭遇的大灾，人口数量不可能第二年突然增加到3 600万或减少到2 400万。因此，一年丰衣足食而另一年粮食不同程度的短缺是自然法则。

实际上，其他消费品也是如此，但是因为绝大部分消费品并不是人类生存所必不可少的东西，所以暂时的短缺不会使人丧命。某产品如果在国内全部停产或部分减产，那么高价就是商人们不远万里、不惜代价从国外进口的强有力动因。但把供应绝对必需品的任务完全放在私人领域不安全：仅仅几天的延迟对国家来说都是一场灾难；运输粮食所需的条件超出普通商人的运输能力；而且由于粮食分量沉、需求量大，长途运输的成本，尤其是陆路运输的成本会比均价高出两三倍。如果依靠国外供给粮食，当出口国和进口国同时发生粮食歉收时，那么粮价就会一起上涨，出口国也许会禁止粮食出口；战争也可能会中断粮食运输。但一个国家不能没有粮食，几天也不能等，至少这对一部分人而言意味着死亡。

为了达到平均消费量和平均产出量等额的目的，每个家庭都应在丰年储存一定的粮食以防饥荒之年粮食短缺。但不能指望所有人都能这么做。暂先不说他们是否有这种远见，大部分人根本就没钱购买几年的粮食，也没地方存放，遇到临时更换住所也没有搬运工具。

---

① 参见本书第二篇第2章。

能否依靠商业投机来防备粮食短缺呢？乍一看，好似可行，利己主义会成为一个充足的动力，因为丰年和饥荒年的粮价有着天壤之别。但从长期来看，这种波动太无规律，粮食短缺也不经常发生，不能带动经常性贸易或人们可以根据各自喜好重复进行的贸易；购买谷物和谷仓需要一大笔预付费用和巨额利息；粮食需要不断翻动，且易变质，还容易成为欺诈和民众暴动的袭击目标。所有这些原因都导致这一行业的利润不易赚得。为此，粮食这种产品对投资者没有太大的吸引力，尽管这是个值得赞赏的投资项目，而且还建立在生产者急于出售时购买、消费者不易买到时出售的原则基础上。

既然消费者的远见、投资商的囤积这两者都不值得依赖，那么代表大众利益的政府能成功担负起粮食备荒的责任吗？我觉得，在少数拥有节俭政府的国家，如瑞士一些州，储存临时剩余粮食的公共粮仓就能很好地解决这个问题。但是我得指出，在地广人多的国家这个方法不可行。预付的资本及其产生的利息会像影响私人投资者一样在更大程度上影响政府。因为很少有政府能像信誉良好的私人投资者那样借到低息贷款，管理公司大规模的收购、储藏、销售带来的困难也难以克服。杜尔哥在他关于谷物贸易的信中已清楚地证明，这种情况下，政府就不必期望以合理的费用得到服务了。政府雇员的利益在于扩大它的开支，而不是削减开支。这件事想要做好，没有充分的监督，完全由雇员自行斟酌处理，是完全不可能的。这些雇员大部分听命于国内显贵，而后者极少有处理琐碎事务的必要知识。政府当局在一次突然恐慌事件中也许就会提前把谷仓里的粮食发放一空；一个政治措施或一次战争，也许就会让政府把储备粮食挪作他用。

一般来说，依靠储存粮食备荒的做法似乎并不安全，除非把这个事务交给一个自主经营的商贸公司来做。这个商贸公司必须拥有一流的财力、信誉、智慧，还有意愿购买粮食装满谷仓，并定期补充从谷仓中提走的粮食。当然，它也有希望获得足够补偿所有这些辛苦劳作的利益。只有这样，这个办法才能安全有效，因为该商贸公司要保证履行责任。它也比其他方法成本更低。在不同的大城市，政府可与不同的商贸公司签订承包合同，这样，在粮食短缺阶段，这些城市就可以从储备粮中得到食物供应，而不必动用供给农业人口的粮食。①

　　公共储存和谷仓毕竟只是解决粮食供给问题的临时办法，最为充足有力的供给要靠绝对贸易自由。就谷物而言，贸易的责任主要是把谷物从农田运往主要市场，之后再小批量地从谷物过剩的市场运往谷物不充足的市场；或在谷物价格低廉时出口，价格上涨时进口。

　　因人们的偏见和无知，从事谷物贸易的商人受到了普遍的嫉恨。政府的委托公司也免不了遭受这种狭隘偏执的误解。人们对他们的主要控诉是，这些公司收购粮食的目的就是要抬高粮价，或至少在买进卖出的过程中赚得不合理的利润。实际上这个利润是生产者和消费者的损失。

　　首先，我想问，这个控诉是什么意思呢？如果是指责商人在丰年以低价购进粮食并储存起来以备饥荒年之需，那么我们刚刚分析过，这是一种有益的做法，是保证一种供应极不稳定的产品能满足人们不断需求的唯一办法。以低价大量购进谷物并储存起来能有效地维持人民的生活，这不仅应受到保护，而且更应受到政府的鼓励。但是如果人们的控诉是指粮商在粮食价格上涨、供应不足的情况下买进粮食，并因此导致粮食更加稀缺，价格迅速攀升，那么尽管我承认这种行为的效用与上面所谈的完全不同，承认消费者被强加了额外的负担却没有获得相应好处，承认某年粮食的短缺并没有因为前一年储存了余粮而得以缓解，但是我不记得曾经因此发生了令人担忧的可怕后果。谷物是一种普遍种植的产品，只要能消除无数粮商之间的不当竞争，杜绝私人大规模买卖谷物的行为，谷物的价格

---

① 很奇怪，尽管本书最后一版经过非常仔细的修订，但这段仍保留了下来。实际上，我们几乎能够猜出作者保留它是出于对自己国家流行观点的赞美，绝不是他自己认为所建议的措施是合理的，因为本节剩余部分对这种做法予以了抨击。防止饥荒的最好办法是政府完全不进行任何干涉，不论是暂时的还是永久的，英国的例子就可以说明这一点。在英国，政府一直避免参与城市和农村的粮食供应事务，它只对粮食进出口贸易进行一定程度的干预。在英国以外的其他国家，正是由于政府的这种不当行为，粮食进出口受到了阻碍和限制。另一个重要的安全保证就是国民食品多样化，作者已经说明了这一点。——英译者注

就不可能被随意抬高。此外,和其价格相比,谷物不方便运输,储存费用也极其昂贵。任何大批量储存谷物都很难逃脱人们的察觉。①粮食易损耗、变质,商人们通常急于脱手,大投机商也常因此蒙受巨大损失。

所以,投机性垄断极难维持,没什么可怕的。最有害、最难防范的是国民因担心饥荒所产生的囤购现象。有些人过于担忧,储备了超出实际需要的大量粮食,并打算必要时把多余的粮食卖出去。这些无数小的囤积行为加起来,其囤粮总量已经远远超过了所有投机性的囤粮总量。

但是,倘若说投机商自私可恶的行为反而产生了一些好结果,这是怎么回事呢?当谷物价格低廉时,人们不注意节约,甚至有人把粮食当作家禽饲料,未来有可能发生的粮食短缺或粮价微调都不足以制止他们的短视行为。但如果大粮商把存粮封存起来,消费者就会马上警惕涨价的危险,意识到节约用粮的重要性,开始节约粮食。人们开始节省每一粒米,并绞尽脑汁地寻找谷物替代品。这样,部分人的一己私利却造就了另一部分人对浪费粮食的不良习惯的纠正。当被封存的粮食最终投入市场时,充足的供应带来的低价也有利于消费者。

至于粮商向生产者和消费者索要的贡金,这是任何商业部门都有的一种公平收费。如果产品到达消费者手中前没有人预付资本、没有任何仓库,人们抱怨贡金还有点意义。但只要困难存在,就没人能像以此为业的人那么轻松地克服这些困难。立法应从更广泛的角度看待整个商业——大商业和小商业,这样立法者就会发现,这需要商人们全面研究全国市场,密切注意供需的每一次波动,调整暂时性的或地方性的过低价格以支付生产成本,或调整超出消费者承受能力的过高价格。我们能从种植者、消费者及国家管理者中找到这样一个能人吗?请提高交通的便利程度,尤其是提高内陆水运

---

① 主张政府干预此类事务的拉马尔(Lamarre),在 1699—1709 年粮食紧缺阶段受政府委托搜查秘密囤粮行为,揭发粮食垄断者。他坦言,搜查到的粮食一共还不到 100 夸脱 [《论警察》(*Traité de la Police*),第十一卷,附录]。

的能力，因为只有水运才适合谷物这种批量大的货物运输。请关注商人们的人身安全，之后，请让他们走自己的路吧！商业不能改变粮食歉收的局面，但它能以最符合社会需求、最符合生产利益的方式分配它所能分配的任何东西。无疑，正是这个原因，斯密说出了这样的话：粮商的劳动对粮食生产有益，其益处仅次于种植者。

对关系人类生存的粮食产品的错误观点的盛行，导致所有国家都出现了为应付当时的紧急情况或由于大众多次请求而颁布的无数矛盾的法律、法规。摆在粮商面前的危险与漫骂，往往使粮食生意落入无能之辈手中；这些人既消息闭塞，又无经营才能，常见的结果便随之而来——粮食交易秘密进行。消费者要花费得更多，因为被迫放弃这一行业的商人，必然要为自己所冒的风险和所承受的不便寻求补偿。

当谷物被定了最高价格以后，它就会马上从市场中撤出，或被掩盖起来。下一步就是强迫农民把他们的谷物拿到市场去出售，并禁止他们私下秘密交易。这种对个人财产的侵犯，及伴随而来的地毯式搜查、人身暴力和种种不公从未给使用这些手段的政府带来任何大量的粮源。从政治和道德角度看，解决问题的秘密不在于限制人们的行动，而在于唤起人们的意愿。市场不需要刺刀或军刀的恐吓来维持供给。①

如政府试图充当粮商供给居民粮食，那它一定不能满足全体国民的需求，同时它还会令自由贸易所能提供的粮食消失。因为明知赔本，就没人愿意从事这一行，虽然政府可能愿意。

1775年，粮荒席卷法国，里昂市政府和其他一些城市的政府试图去乡下收购粮食，再以低于生产价格的价格卖到城里，以缓解城镇居民粮食紧缺状况。为支付这笔费用，它们同时增加了进入城门货物的通行税，可粮荒却越来越严重，原因很明显：普通粮商自然会抛弃产品价格低于成本价出售的市场，更何况还必须支付

---

① 法国内政部部长在1817年12月的一份报告中承认，1817年5月4日禁止公开市场之外的一切其他交易的法令颁布后，市场供应陷入了前所未有的困境之中。公开市场消费者人满为患，因为他们没有其他地方去购买粮食，而农民被迫以低于市场价格的价格出售粮食，所以都装作无粮可卖。

额外的通行税。①

越是人们日常生活中必需的产品，把它的价格降到低于自然价格的水平下就越危险。谷物偶然涨价也正常，尽管人们不乐见此事，但其原因却不是人力所能消除的。②使一个灾难接着另一个灾难，或因某年收成不好而颁布错误的法令，这都是不明智的做法。

政府在进口方面的所作所为并不比国内贸易方面更成功。1816—1817年冬，巴黎公社和国民政府从国外进口粮食以供给市民的行为就造成了巨大损失。消费者不但没有免受面包价格过高之苦，而且面包的重量和品质甚至还不合格。粮食供给仍十分匮乏。③

至于进口奖励的问题根本不必讨论。最有效的奖励就是粮食短缺国的高昂粮价。这个价格有时会超出正常价格的200%~300%。如果这还不足以吸引进口商，那么还有什么更有诱惑力的条件能鼓励他们呢？

国民如果扩大食物种类，就比较不易陷入饥荒。如果全部人口都靠一种食品维持生存，那么食品短缺将带来极大痛苦。法国谷物匮乏和印度大米不足会产生一样的恶果。当人们的饮食结构根据各

---

① 无论何时何地，必定会产生这种结果。公元362年，朱利安皇帝（Emperor Julian）命令将卡西斯从埃及购进的42万莫迪（Modii）阿斯小麦以低于市场平均价格的价格在安提阿出售。结果，私商立刻停止粮食供应，饥荒问题加重。参见吉本，第24章。政治经济学的原则是不朽的原则，但一个国家熟知它们，另一个国家却对它们一无所知。

   当罗马政府控制得自附属国的大量免费谷物时，罗马城一直处于粮食短缺的状态。正是这免费谷物的巨大数量导致了人们所经历并抱怨的粮荒。

② 实际上，造成饥荒的一个最常见原因是人为造成的，这就是战争。战争中断了粮食生产，而且浪费现有粮食。因此，这一原因是人力能够控制的。但是，在政府对自己及国民利益持有一个正确看法之前，在各国不再以惊奇或赞美的幼稚眼光看待没有必要、没有道理的冒险之前，就几乎没有任何希望去有效控制它。

③ 讨论政府父亲般的关怀、担忧和善举很是好笑，它的这些行为毫无益处，既不能扩大政府的权力，又不能减轻人民的痛苦。政府无疑也为民众担忧，但强烈的利己心理会将它引向维护社会秩序方面。这样，它当然会成为主要的获利者。而政府的善举却没什么价值，因为它只有牺牲民众的利益才能施展自己的善行。

地情况变得多样化时，比如加入家畜、家禽、草木根、蔬菜、水果、鱼等，那么食品供应就不会那么不稳定了，因为这些食品很少会同时断货。①

如果能更注意宣传并改进粮食储存方式，在粮食供应充足的低价期或在某些食品（如鱼类）产量充足的地区购进食品，那么周期性的粮食过剩就可作为饥荒之年时的粮食储备，食物短缺问题就能较少发生。国际海上通商自由也可使温带地区的居民以低价吃到阳光照耀下的热带地区充足的食物。②我不知道香蕉这种水果在运输中能保存多久，但在甘蔗方面的尝试已取得了巨大成功。甘蔗可用上千种方法制作成味道可口、有益健康的食品，而且在世界各地纬度38°范围内的地区都可大量种植。要不是由于我们现行的荒谬法规，甘蔗也许和许多本地的水果、蔬菜一样，比肉禽还便宜。③

---

① 习俗是意志薄弱者的暴君，不幸的是大部分人，特别是社会底层的人都是意志薄弱者，而习俗恰恰就是引入食品新种类的最可怕的敌人。我注意到法国一些省份的人十分讨厌一种用意大利方法制作的面糊，但这种面糊却营养丰富又能保留面粉的色泽和味道。要不是法国政治动乱时期经常出现粮食短缺现象，可能再没什么因素能扩大马铃薯的种植并使它成为多地的主要食物了。如果更注意马铃薯的保存方法并改良种植方式，那将会有更多的人喜欢马铃薯。
② 洪博德在他的《关于新西班牙的政治性论文》（*Essai pol. Sur la Nouvelle Espagne*）第9章中告诉我们，该国的等面积土地出产的香蕉、马铃薯和小麦的重量比如下：

| | |
|---|---|
| 香蕉 | 106 000 千克 |
| 马铃薯 | 2 400 千克 |
| 小麦 | 800 千克 |

因此，香蕉产量是小麦的132.5倍，是马铃薯的约44倍，但必须除去香蕉中的大量水分。

在墨西哥0.5公顷的肥沃土地上种植香蕉，如果方法得当，其产出就能供给五十多人。而欧洲同样面积的土地种植小麦，假设产量提高8倍，其面粉每年的产量也不过576千克，还不够两人食用。难怪欧洲人第一次踏上这片热带土地时，会惊讶于有限的土地被当地人拥挤的小屋环绕的景象。
③ 同一作者还告诉我，在多明戈，3 430托斯的正方形土地估计平均可产出10 000磅的糖。在法国，假设糖的消费总量为2 000万千克，那么多明戈21个这样的正方形土地就能供给法国民众全年的消费。

回到谷物贸易的问题上来。我为说明自由贸易利益列举了很多论点，我必须对不加区分地普遍应用这些论点的行为提出抗议。在实际中，没什么比墨守成规、不知变通更危险的事了，这些规则应用于人类则更危险。比较明智的做法是逐渐通过不易察觉的吸引力影响人们不断向正确而公认的原则靠近。最好先设定一个最高价格，当谷物价格超过最高价格时就禁止谷物出口或征收重税。因为我们不能完全杜绝走私，那么与其让决心走私的人将保险费用交给个人，还不如让他们交给国家。

到目前为止，我们已经把谷物价格的上涨看作是唯一令人担忧的灾祸。但在1815年，英国却受到了相反灾难的威胁：由于外国谷物的涌入，英国谷物价格降到自然价格以下。谷物和其他产品一样，它在英国的成本比邻近国家都要贵，其原因多种多样，我们在这里不必解释过多。其中一个主要原因就是英国过高的赋税——外国谷物可以以英国谷物成本价的三分之二在英国销售，因此这成了一个重要问题：是允许自由进口，让本国生产者在直接与外国生产者的激烈竞争中，使他们缴纳不起地租和赋税，被迫放弃谷物种植，最终使英国完全依赖国外甚至是敌国粮食供给呢？还是牺牲消费者利益，加重劳动阶层的生活压力，并间接导致全国所有产品价格上涨到不能再与他国产品相抗衡的地步的，把外国谷物驱逐出英国，使国内生产者垄断谷物交易呢？

这个问题已经引起了相当激烈的论战。争论双方有多种道理支持自己的观点，使得旁观者不得不推测他们是否都注意到了灾难的主要原因，即英国是否有必要做出与国土范围不成比例的牺牲去支持它那妄图统领一切的自大傲慢的野心。无论如何，争论双方展示出的机敏和智慧已经给政府干预谷物供应以启迪，有助于增加支持自由贸易论点的力量。

支持禁令论点的主旨，可归纳为：为防止外在因素导致的饥荒，要鼓励本国农业发展，即使牺牲消费者利益也合情合理。饥荒在两种情况下尤为严重：一是交战双方中一方的影响力足够大，能拦截或控制我们必需品的进口；二是产粮国自己发生饥荒，不得不存留全部作物，以维持自己生存。①

　　自由贸易的支持者辩驳说，如果英国成为谷物的常规输入国，那么不止一个国家，许多国家都将养成为英国供给谷物的习惯。波兰、西班牙、巴巴里和北美将扩大种植面积以供给英国市场，它们将离不开小麦种植，英国也将离不开小麦的进口。即使是波拿巴，英国有史以来碰到的最大敌人，也会收取英国的钱财准许谷物出口。这样，粮食就绝不会在世界各地同时短缺。大规模谷物贸易还将形成大量粮食储备和谷仓建设，为防范饥荒提供最充足的保障。因而，他们说，只有根本不种谷物的国家才最不易遭受饥荒威胁，甚至不易遭受粮价变动的影响。他们还列举了荷兰和其他情况类似的国家。②

　　然而，毋庸置疑，即使在最能放心依赖商业进口粮食的国家，如果国内农业种植崩溃，那还是会有许多严重困难的。维持民众生存是一个国家的首要目标，依靠远距离供给既不慎重也不安全。我们承认法律是为保护农业生产而禁止谷物进口，但这损害了制造业的利益，所以这个法律规定既失策又不公平。另外，我们也应该想到，过度征税和贷款以及建立过于庞大的机构也同样是失策和不合理的，它们增加在农业上的负担要比工业承受的负担还重。也许，一种弊病会使另一种弊病存在成为必要，以恢复生产的平衡，否则劳动力就会离开某行业，全部转移到另一个行业中去，这明显是威胁社会的秩序。③

---

① 马尔萨斯：《地租的性质和发展的研究》(*Inquiry into the Nature and Progress of Rent*)，以及《关于对外国谷物的一个意见的原因》(*Grounds of an Opinion, &c. on Foreign Corn*)。
② 李嘉图：《论谷物廉价的影响》(*Essay on the Influence of the Low Price of Corn, &c*)。
③ 鉴于谷物贸易问题本身的重要性及广泛的涉及面，在注释内讨论它并不可行。但是，因作者此段中至少暗示了对谷物贸易完全自由的优点的疑虑，甚至说"如果国内农业种植崩溃，那还是会有许多严重困难的"。并认为"依靠远距离供给既不慎重也不安全"，所以有必要使读者注意一些更近代的政治经济学家和实践调查者所做的工作。在这个问题上，他们有很多新见解，且如愿以偿地证明了禁止和限制外国谷物进口绝对是不明智、不公正的。

我们要说的第一部作品是 R. 托伦斯（R. Torrens）的《关于对外谷物贸易》（Essay on the External Corn Trade，第 4 版，伦敦，1827 年）。作为关于谷物贸易原则深入而权威的调查，这本书值得格外注意。它解释了限制性和禁止性法律如何使英国在商业和制造业中遭遇的尴尬。托伦斯上校关于对外谷物贸易的学说得到了政治经济学家的认可和肯定，这些学者之后也把注意力转移到了同一重要论题上来。托伦斯谴责这些法律不明智、不公正，称其完全失策。

我们下一个要说的人是詹姆斯·穆勒（James Mill）先生，《政治经济学基本原理》（Elements of Political Economy）和《英属印度历史》（History of British India）的作者。在他 1823 年于伦敦出版的《关于奖励谷物出口的不明智举措及调控谷物交易原则》一书中，他对这些问题做了十分有价值的研究。他注意到了大部分支持限制谷物贸易的论点，并成功地予以了驳斥。此外，他还提出了许多具有启发性的新观点，并坦率公平地进行了阐述，绝对会让在这个问题上保持中立的人士信服。

在英国大量关于谷物贸易问题的作品中，没有哪一本能像剑桥大学皇后学院 T. 佩罗内特·汤普森（T. Perronet Thompson）的《关于谷物法案的问答》（Catechism on the Corn Laws）那样引起过广泛关注了，也没有哪本书的发行量能超过它。该书最初于 1827 年发行，我们相信到现在为止已经加印了十版。作者在书中全面、详细地揭露了支持英国谷物法案的著名学者、评论家时常犯的一些错误，并一一进行了总结性回答。他对谷物贸易争论中所有论点都进行了论述，并且我们认为，所有反对谷物贸易自由的论调都已被成功驳倒。

我们也绝不能忽略 1832 年伦敦出版的《关于谷物法案对英格兰地主的演说》（Address to the Landowners of England on the Corn Laws），作者是密尔顿子爵（Viscount Milton，现在的费茨威廉姆伯爵）。费茨威廉姆伯爵被视为英国最大的地主，在书中，他呼吁其他地主一起抵制他们正在遵从的法规，并恳求大家，为了国家的和平和福祉，大家应该赞同废除这个经他证明有害的制度。在书中他忽略了谷物限令的反贸易性质及政府为此付出的代价，专门揭露高粮价对普通人口及工业资本运作的致命危害，指出它会降低大众生活的福祉，打击资本运作，甚至不能促进农业自身发展。作者面对争论所做的不偏不倚的评论，他探究双方论据时采取的谨慎态度，及众所周知的他所处的阵营对谷物限令的支持，一定会让每一个正直、诚实的研究者相信，能够改变他观念的理论也一定会让自己改变观念。从英国地主在立法中拥有的过多影响力到限制性法律的废除，也许要经历数载，但是真理的力量如此之大，以致它不会长期遭到抵制，最终一定会得到普遍接受。

我们要提到的最后一位学者是皇家协会会员威廉姆·雅各布斯（William Jacobs）先生，他的书《谷物贸易和谷物法律手册：包括议会两院命令印刷的第二次报告》（*Tracts relating to the Corn Trade and Corn Laws: including the Second Report Ordered to be Printed by the Two Houses of Parliament*）1828年在伦敦出版。在这个问题上，雅各布斯先生也需要读者格外注意。他多年来致力于研究谷物贸易，是谷物收益审计官。因为他广博的知识和丰富的经验，他被英国贸易董事会选派到大陆，在那里，他仔细研究了农业的真实状况及北欧主要粮食种植国的谷物贸易。这部书就是他仔细观察和努力研究的成果，是一个由各种稀奇、可信的资料支撑的对过去及现在谷物贸易状况的完整的、实际的调查。此处不可能对书中关于此问题统计方面的特点进行详细描述，而且这也不是它唯一的特点。通过全面、仔细的考察，作者得到了欧洲农业状况和谷物贸易的真实状况，他开始彻底相信谷物限制性法律的不当，并宣布，他相信公平诚信的贸易投资应由法律进行修复，这也是唯一一种可公平调节生产者和消费者之间适当价格的手段。他补充说，谷物贸易的破坏是英国和欧洲大陆农场主经营不景气的主要原因。——美国编者注

# 第 18 章　政府的生产努力对国民财富的影响

生产企业的产品没超过其生产成本就不会有新价值的产生，因而也没有新财富的创造。① 无论经营这个亏损企业的冒险家是政府还是个人，对国家来说损失是一样的，而国家拥有的价值则减少许多。

声称政府虽然失败，但它的代理人、劳动大众或它所雇用的工人已经得利，这是完全没用的。如果该企业不能维持自己的生存，它一定是入不敷出，而不足的部分就得由为政府提供费用的人来负担，也就是说，由纳税人来负担。②

法国政府经营的戈布兰挂毯厂消费大量的羊毛、丝和染料，此外，它还花费土地与建筑物的租金和工人工资。这些消费本该由产品提供补偿，但实际情形并非如此。这家工厂不但不是国家财富的来源；相反，还不断把国家拖入贫穷。政府完全清楚该厂给自己带来的损失。该厂每年给国家造成的损失等于其年消费量超过其年生产量的全部差额。其年消费量包括工资在内，因为工资也是消费的一项。塞夫勒陶器厂的情况也是如此。我担心政府所经营的所有制造企业的情况全都如此。

有人要告诉我们这是必要的牺牲，否则国王就无从得到用于皇家恩赐和王室奢华的东西。这里不是研究君主的慷慨和皇宫的华丽

---

① 绝不能忘记，在生产过程中所消耗的生产作用的价值，与原料的价值一样，同是实实在在的价值。我把资本和人的生产作用包含在"生产作用"这个术语之内。
② 当政府使用自己所有或所持有的资金，例如国有土地的产物，从事投机时情况也是一样的。因为这样消耗的东西，本来可用来减轻民众的负担。

对称职的人民政府有多大贡献的地方。姑且假定这些东西是必要的，但即便如此，除了维持王宫的富丽堂皇和君王的慷慨大方必须做的牺牲外，也没有理由为国家错误手段导致的损失而加重国民的牺牲。国家最好直接以现金购买其认为适合赏赐的东西，这样有可能以较少的钱买到很值钱的物品，因为个人一定能比政府卖得便宜。①

与政府在生产方面所做的努力分不开的还有另一种弊端，即政府的这种努力会妨碍个人的劳动。这里说的不是妨碍与政府有商业往来的个人，因为这些人必定非常小心地避免损失，而是妨碍在生产方面与政府竞争的个人。无论在农业、制造业还是在商业领域，政府都是极其可怕的竞争者，因为它有巨大的财富和力量供其支配，且往往不计较利润的有无。政府能够承担得起以低于成本的价格抛售货物的损失。政府能够在很短的时间内消费、生产或垄断数量巨大的产品，剧烈地扰乱各种货物的相对价格，而每一次剧烈的价格变动都是一场灾难。生产者都期待着其产品准备好进入市场时的可能价值，没有什么事情能比违背众望的价格波动更使生产者意气沮丧。生产者因此所受的损失与他意外所得的利益一样，都是不应该的。如果他有不当得利，就是落在消费者身上的额外负担。

我知道有些企业必须掌握在政府自己的手中。军舰的建造确实不能交给个人，也许火药的制造也不能。但在法国，大炮、步枪、弹药箱、弹药车等，政府都是向个人制造者购买的，而且表面上看很有利。也许这种制度可以推广。一个政府必须通过代理人或一批人的调节作用来处理事务。这些人的利益与政府的利益直接相反。他们自然首先考虑自己的利益。如果政府在讨价还价中总是受到欺骗，在这种情况下，政府就没必要参与生产和冒险，更确切地说，没有必要经营那些必定增加与个人打交道的企业，从而增加受人欺骗的机会。

政府虽然几乎没有可能成为成功的生产者，但是，至少它可通

---

① 这种说法也适用于政府经营的商业。1816—1817年饥荒的时候，法国政府从外国市场收购谷物。国内谷价涨到惊人的程度，政府以很高价格出售所购的谷物，虽然这价格比市场平均价格低一些。个体商人一定能从这笔买卖中大捞一把，但政府却赔了2 100万法郎的本钱。

过计划周密、实施良好和维修得当的公共建设工程,尤其是公路、运河、港口等,来有力地刺激个人的生产力。

交通便利对于生产的帮助,和能够增加制造产品数量,以及能够精简生产劳力的机器设备没有什么不同。交通便利是以较低的费用完成相同产品的一种手段,这和以相同的费用生产较多的产品有同样的效果。如果我们考虑到在社会富足、人口繁多的帝国道路上运送的巨大数量的货物——从每日运到市场的最普通的蔬菜,到从世界各个角落涌入港口,然后又经陆路运到全国各地的最珍贵的进口奢侈品,我们便不难想象,良好的道路在节省生产费用上难以估量的价值。运输的节省总计达到那些产品从大自然无代价地获得的价值的全部,如果没有便利的道路,便无从得到那些产品。如果能把生长在阿尔卑斯山脉和比利牛斯山脉人迹难到的地方无人理睬、自生自灭的美丽森林移植到平原来,那么对人类来说,这些深林的价值将是新创造的价值,也是土地所有者和消费者收入的净增加值。

开明政府创办的高等学校、图书馆、公立中小学和博物馆等,也对财富的创造有帮助。它们促进真理的发现和扩大已有知识的传播,使生产的高级代理和主管能把人类科学更广泛地应用于供给人类需要上。[1] 同样,由政府提供资金、以发现为目标的旅行或航海也是如此。这些旅行或航海的成就,由于献身于此类探索的人的卓越功劳,近年来显得特别辉煌。

还有一点值得注意,为了扩大人类知识或只为保存人类知识而作的牺牲,即使关注的目标不具有即时的或明显的效果,也不可妄加非难。各门科学之间存在着普遍的相互联系。一门看来完全是投机的科学一定是向前先行一步,然后另一门具有重大和明显实际效用的科学才能得到促进。此外,不可能断定一种完全是好奇心对象的事物里面究竟潜伏着什么有用的性能。当荷兰人奥托·格里克(Otto Guericke)第一次打出电火花时,谁想得到后来竟然使富兰克林(Franklin)把闪电从我们的建筑物上移走呢?这在当时看来是个远非人力所及的辉煌成就。

---

[1] 参见第6章。

但在政府能用来鼓励生产的所有手段中，最有效的是保证人身和财产的安全，特别是保证不受专横权力蹂躏的安全。① 这种保证不仅能抵消迄今为止曾经发明的一切阻碍国家发展的限制，其本身更是国家繁荣的一个源泉。限制会压缩生产的弹性，但没有安全就会导致生产的绝对毁灭。② 为使我们充分相信这一事实，只需把西欧国家和在奥斯曼帝国统治下的国家对比一下就足够了。请看大部分的非洲地区、阿拉伯、波斯和小亚细亚，这些地方曾经有一个时期到处是繁荣的城市。但现在这些城市像孟德斯鸠（Montesquieu）所说，除了存在于斯特拉博（Strabo）的记录中之外，已经无影无踪了。它们的居民不但遭到土匪的掠夺，而且遭到帕夏的掠夺。财富和人口都化为乌有。稀稀落落地散在各处的残余人口，简直是穷困潦倒、悲惨万状的可怜虫。另外，请看欧洲的情况，欧洲虽距离可能达到的繁荣还很远，但大多数国家，尽管捐税沉重、限制无数，却很兴旺昌盛。理由极其简单，一般来说，在欧洲，人身和财产没有受到暴力和勒索的摧残。

到此为止，我还没提到政府可用来暂时增加人民财富的另一个方法。我所指的是剥夺别的国家所拥有的动产，把掠夺品运回本国，或强迫别的国家大量进口本国生产的产品的方法。这就是罗马人在罗马共和国末期以及在罗马帝国最初几个皇帝统治时期所采用的方

---

① 斯密在重述造成大不列颠繁荣的真正原因时，把以下原因放在第一位。"执行法律的公正无私使英国最有权势的人也得尊重最下等人的权利。这还保证所有人都能安享自己的劳动果实，从而给所有种类的劳动最强大和最有效的鼓励。"（《国富论》，第四篇第 7 章）普亚夫（Poivre）这位大旅行家告诉我们，他没见到过贸易不自由、人身和财产没有安全保证的国家有过真正的繁荣。
② 事实上，这个保证就是一切政府应尽的义务。要是人性没有缺陷，人类没有做坏事的倾向，社会就可以不需要政府的存在。各种社会形式和制度的建立与维护，其目的就在于保护人们不受别人的不道德行为的危害，就是以社会的全体力量为武器来保护个人权利。可是，使人们受到社会束缚的道德上的缺陷，同时又暗中破坏社会制度，使社会制度失去效力。正是这个建立用来保护个人的机器，反被用来伤害和掠夺个人，并且有时比个人的不义更为凶恶。——英译者注

法。这个方法和个人使用违法暴力手段或欺骗手段抢夺别人的财物没什么两样。这样做并不是实际生产，只是侵占别人的产品。这种增加财富的方法，我只打算在这里提一下，不准备多说。我在这里提到它，绝没有把它作为一种稳妥或体面的方法的用意。要是罗马人以同样坚定的魄力奉行相反的主义，要是他们费点心机在野蛮的邻邦宣扬文化，与它们建立互相依存的和睦关系，罗马的势力也许迄今依然存在。

# 第 19 章　殖民地和殖民地的产品

殖民地是由被称为母国的较古老国家在距离遥远的国家里建立的居留地。当一个国家想要和一个人口众多、文明发达、拥有自己领土但因此没有希望据为己有的国家扩大往来时，它通常满足于在该国开设工厂或建立商人居住地；它的代理人按照当地法律进行贸易，就像欧洲人在中国和日本所做的那样。当殖民地摆脱了母国的约束时，就变成独立自主的国家。

通常，一些国家开拓殖民地是因为其古老的领土上人口变得拥挤或特别的社会阶层受到其他阶层的迫害。这些似乎是古代国家开拓殖民地的唯一动机，但现代国家开拓殖民地则受其他意图驱使。航海技术的巨大进步为它们的事业开辟了新的通道，并发现了此前不知道的国家。他们踏上了另一个半球，抵达了最荒凉的地带。他们的目的不在于和子孙在这些地方安居下来，而在于取得那里的贵重物品、获得丰硕的果实，然后返回故国。

值得注意的是这些动机的差异。这种差异给两种不同的殖民制度带来非常明显的不同结果。我很想把其中一个称为古代殖民制度，另一个叫作现代殖民制度，尽管现代也有许多殖民地是按照古代的设计建立的，其中最突出的就是北美洲。①

---

① 这两种制度的区别只是想象上的区别，而不是实际上的区别。大多数欧洲国家在西半球的早期殖民地，都是以绝对的移民为目的而开拓的。多明戈的法国人、巴巴多斯的英国人、几乎在所有地方的西班牙人，都是想在那里定居而没有回家的念头。输入黑人奴隶是事后的想法。奴隶制度在古代是全世界确定的制度。殖民地或拘捕土人为奴隶，或到能够购买奴隶时从外国输入奴隶。——英译者注

## 第 19 章 殖民地和殖民地的产品

按照古代制度形成的殖民地在开始时产品非常有限，但增加得很快。殖民者选定一个地点作为他们的入籍国家。这个地点土壤肥沃、气候温和，或位置适合贸易。土地通常是新开垦的，也许曾经是已经消失很久的众多人口的居住地，也许只是人口少、力量薄、不能尽量利用土地生产力的流浪部落的游猎地。

从文明国家移民到一个全新国家的家庭，带来了他们的理论和实践知识，这种知识是生产劳动的主要要素之一；同样，他们还带来有助于使上述劳动要素发挥积极作用的劳动习惯，以及维护社会秩序不可缺少的服从习惯。他们通常还带来少量的资本，但不是现金，而是各种不同的工具、家畜、农具等。此外，没有地主和他们分享处女地的产物。土地的广大，远远超过他们在若干年中能够开垦耕种的范围。这一切都是能够迅速繁华的因素。也许应该加上另一个因素，即人类希望改善环境，使所选择的生活方式尽可能舒适愉快的自然欲望。

如果殖民者带来大量资本，按照上述方式建立的殖民地的产品增加更迅速、更显著。但正像我们所说的那样，殖民者一般不是来自幸运的家庭。那些拥有足够资金能在祖国获得舒适安逸的生活和幸福童年的人，很少会抛弃习惯、朋友和亲人去从事必然与危险为伍的事业，从而经历简陋环境不可避免的艰难困苦。这些情况说明新开辟的殖民地缺乏资本，同时也是殖民地高利率的一个原因。

实际上，资本的积累在新殖民地比在一般有着古老文明的国家迅速得多。看上去好像那些离开祖国的移民者把部分不良嗜好抛在了故乡，他们的确没有把爱炫耀的特性带到殖民地。在欧洲，爱炫耀不知道要付出多大的代价，而换回的东西却没有价值。在他们要去的国家里，除效用之外，其他任何品质都不被看重。消费以理性期望的对象为限，而理性的期望比虚荣的要求更快得到满足。城市很小且很少，移民者必然选择农民的生活。而农民的生活乃是最简朴的生活。最后，他们劳动的相应产出更多，而且只需要较少的资本。

殖民地政府的特质通常符合个人的特质。它们积极履行职责，花费节俭，小心避免争端。因此，殖民地的捐税很少，有时完全没有捐税。由于政府从民众的收入中收取得很少，有时分文不取，所以民众有很大余力增加积蓄，因此也有很大余力扩大生产性资本。尽管以很有限的资本开始，但殖民地的年产品很快就超过年消费量。于是人口和财富一齐突飞猛进，因为，资本积累越多，人类劳力便越贵。人口总是随着需求而增加，这是众所周知的原理。①

凭借这些**论据**（data），不难解释这些殖民地发展迅速的原因。在古代殖民地中，小亚细亚的以弗所和米利都、意大利的塔兰托和克罗托内、西西里的锡拉库扎和阿格里真托等地的财富和地位很快就上升到母城之上。英国在北美的殖民地是我们这个时代殖民地中与古希腊殖民地最相似的一个。它的繁荣景象也许不那么惊人，但非常值得注意，而且它还在发展之中。

根据这种设计建立的殖民地毫无返乡之念，其千篇一律的做法就是为自己建立一个独立自主的政府。母国即使保留立法的权利，这权利迟早也会因自然原因而消失，而情况势必发展到这种地步。从公平和自己实际利益出发，母国一开始就应该让其独立。

现在来探讨根据现代殖民制度建立的殖民地。这些殖民地的开辟者大部分是冒险家。他们的目的不是在一个入籍国家定居，而是快速积累一笔巨额财富，然后回到故乡去享受。②

这类早期冒险家的过分贪婪，最初在安的列斯群岛、墨西哥、秘鲁、巴西和东印度群岛得到充分的满足。在搜刮尽了原住民以前积累的资源之后，他们不得不改变产业方向，转而开发这些新国家的矿产，并利用价值不比矿产小的农产品。随时都有一批批新殖民者潮涌而来。他们大都希望日后重返故乡，不想留在自己开辟的土地上过优裕的生活，身后留下心满意足的子孙和清白的名字，而是携带巨额财产到别处享受。这个动机驱使他们采取一种强迫耕作制度，而以黑奴为主要的工具。

然而我要问，奴隶制度以什么方式对生产起作用呢？奴隶劳动比自由人的劳动成本低吗？这是一项重要的研究，是殖民制度对财

---

① 参见本书下文，在"人口"标题下的各段，第二篇，第11章。
② 北美洲和某些其他地方存在着许多例外的情况。西班牙和葡萄牙在新世界的殖民地的性质不太明显。有的殖民打算日后重返故乡，有的则打算在那里成家立业。但自解放斗争开始以后，他们的整个计划都被打乱了。

富增加的影响所引起的研究。

斯图亚特、杜尔哥和斯密都认为奴隶的劳力比自由人的劳力贵，而且生产性差。他们的论证如下：既不为自己的利益也不为自己的消费工作的人，尽可能地少做但却尽可能地多消费。他没有兴趣为保证工作的成功而进行必要的思考，也没有兴趣去掌握必要的知识以保证工作的成功。他因疲劳过度，寿命一般不长，因此主人必须支付很大费用来补充。此外，自由人得养活自己，而奴隶则由奴隶主供养。由于奴隶主不能做得像自由人那么节省，所以奴隶的劳力必定花费奴隶主更多的钱。①

这种观点受到下述分析的反驳：在西印度对待奴隶最人道的农场，一个黑人的费用，每年从未超过60美元。加上他最初身价的利息（因为他是终身的财产），比如10%，平均一个黑人的身价大约是400美元。这样，如果把利息估算为40美元，那么，对奴隶主来说，一个黑人每年的费用不超过100美元。② 这个数目比世界任何地方的自由人劳力的代价无疑都低很多。西印度一个普通的自由劳力一天可赚1～1.5美元或更多。取1美元25美分这个中间数，按照一年工作300天计算，一个自由劳力的工资每年要达到375美元，而不是100美元。③

常识告诉我们，一个奴隶的消费一定比自由工人的消费少。奴隶主不关心奴隶是否享受生活，只要奴隶能活着就行了。一条裤子和一件短上衣是奴隶的全部衣服。奴隶住的是一间没有任何装饰的

---

① 詹姆斯·穆勒《政治经济学原理》，第二卷，第607章；杜尔哥：《关于财富的形成和分配的考察》，第23节；斯密：《国富论》，第一篇第8章，第三篇第2章。
② 这个计算不含供给黑人的住所、使用的工具和器具，以及奴隶主供给他们的衣服。此外，作者似乎也没有考虑到自由黑人的劳动所能提供的增加值。如果使用欧洲自由工人可行的话，那么这种工人的劳动无疑要贵得多。利息也计算得过低。奴隶主还得抚养老黑奴和黑奴的婴儿。——英译者注
③ 值得注意的是，工资高很多的自由工人所从事的职业，一般虽较为不吃力但却需要较高智力和熟练的技术。裁缝和钟表匠一般都是自由人。而且，奴隶制度的存在本身就足以增高自由农业劳力的价格，因为这种制度把一切竞争者全部逐出了市场。

棚屋，吃的是一种薯根，好心的主人偶尔会加一些干鱼。总的来说，由自由工人组成的人口，有必须供养的老弱妇孺。亲戚、朋友、恋爱以及人情往来，这一切都会增加消费。然而，奴隶主常常不必负担老黑奴的供养，因为老黑奴常常因为劳累很快死去。黑奴妇女和小孩也不能免除劳动，甚至黑奴两性之间的恋爱关系也要服从奴隶主贪婪的考虑。

每个人心中促使他不敢恣情满足需要和欲望的动机是什么呢？无疑是对将来生活的顾虑。人类的需要和欲望有日趋扩大的倾向——为减少消费而节约。不难想象，每个人的心中都有这两种对立的动机，彼此制约。哪里有奴隶主和奴隶，哪里的平衡就一定向节俭一方倾斜。需要和欲望对较弱的一方起作用，而节约的动机则对较强的一方起作用。众所周知，在圣多明戈，一个种植园6年的净产量就够偿付全部买价。而在欧洲，净产量很少超过买价的1/25或1/30，有时还少于1/30。斯密还告诉我们，英格兰岛的农场主自己承认，糖浆的收入就足够支付一个甘蔗园的全部费用，剩下的糖全部作为净收入。斯密说得很有道理，这等于农民只要用稻草支付地租和其他费用，而可把全部谷物留下作为纯利润。现在请问，有多少产品的价值能够超过生产费用到这种程度呢？①

的确，这种非常过分的利润说明奴隶主劳动的报酬达到了和奴隶劳动的报酬极不相称的程度。对消费者而言没什么影响。生产阶层中的一个人从其余人的贫困中得到利益，如果由于这种疯狂而引起的不良生产制度不妨碍采用更好的劳动计划，那么，情况也不过如此而已。奴隶主和奴隶同是可鄙的人，他们的劳动同样不能臻于完善的境界。而由于这种情况普遍存在，没有奴隶可供驱使的自由人的劳动，也成为可鄙的。因为，在劳动是由下等阶层人担任的情况下，劳动绝不能成为光荣的事，甚至不能为人所尊重。装

---

① 这种不同情况对所有者与不同生产因素的相对地位究竟有什么关系呢？问题只在于资本利息高低的不同。在西印度，资本产生的收入和租金或土地利润的比例，与欧洲的情况大不相同。在西印度土地即生产的源泉。由于气候不佳、土地保有权不稳固以及土地多等，价格非常便宜。——英译者注

模作样的高贵和悠闲懒惰证明了奴隶主高于奴隶的优越是武力强求而非自然赋予的,还证明奴隶主的才智也同样低下,因为智慧已被暴行和残忍所取代。

一些诚实敏锐的旅行家曾对我说,他们认为只要巴西和其他美洲殖民地容忍奴隶制度继续存在,那么所有的技术就根本没有进步的希望。已经禁止奴隶制的北美联邦各州,正在以最大步伐迈向民族繁荣。实行奴隶制的乔治亚州和卡罗来纳州的居民,种植世界上最好的棉花,但却不知道怎样加工。在上次与英国打仗时,他们不得不花费巨资把棉花送到纽约纺成棉纱,然后又以半成品的形式运回来以供消费。① 这是容忍不良制度应得的惩罚。通过这种制度,一部分人被迫为另一部分人的利益劳动,被迫忍受极度的贫穷。在这种情况下,治国方针应该符合人性。②

有待说明的是,假如殖民地继续处于依附地位,当它摆脱母国束缚的时候,除了出身之外不再有任何殖民地特征,并且像世界上其他国家一样,与母国站在完全相等的地位,那么,从生产的角度来看,殖民地与母国之间贸易往来的结果会是什么样的。

母国保护本国土地和劳动的产品市场,通常禁止殖民从其他地方购买欧洲产品。这使它的商人能以多少高于时价的价格在殖民地出卖他们的货物。这等于牺牲殖民者来给予母国臣民利益,而殖民者同样也是母国的臣民。考虑到母国和殖民地同是一个国家的主要

---

① 印度工人全是自由人,人数之多数不胜数,然而情况也如此。棉花势必流向有机器的地方。机器力量已经发展到如此巨大的程度,就是在人的劳动最便宜的地方,也不能与机器抗衡。因此,上述情况并不是几个容忍奴隶制度存在的州的结果。——英译者注
② 因此,作者得出这个正确结论。但他的论证既不合逻辑又不能令人满意。的确,他草草了结了这个问题的讨论,这样做和它的重要性很不相称。人们从事劳动出于两种动机。第一是图享受,第二是怕责罚。奴隶的劳动主要是受后一动机所驱使。自由人的劳动主要是受前一动机所驱使。在分析实际生产时,这两种动机都不应该只这样地草草一提,而应该在说明生产的源泉后立即详细地说明它们。这两种动机同是刺激,具有推动生产的作用。尽管有作者和其他人所做的成就,这门科学的结构有待改进的还很多。——英译者注

部分，母国和殖民地的一得一失恰恰相抵。所以，上述限制不发生什么效用，只不过必须带来加设海关或收税官员的费用，而这样就增加了国家的支出。

殖民地人民一方面向母国购买货物，另一方面又只能将本地产品卖给母国商人。所以，母国商人没有创造任何价值，通过享受独占权利和不需要竞争，以牺牲殖民者为代价，坐享额外利益。在此，就整个国家来说，一得一失也相抵；但就个人来说，却不是这样。哈佛尔或波尔多商人以这种方式获得的利益是实际利益，但却是从同一国家的一个人或多个人的口袋里掏出来的。这些人的利益也有受国家保护的权利。不错，殖民者的损失可通过别的方法得到补偿，也就是说，要么像上述那样通过悲惨的奴隶，要么像我将要说明的那样通过居住在母国的穷人来得到补偿。

这样，整个制度完全建立在强迫、限制、垄断的基础上，以致国内消费者被迫只能向本国的殖民地购买所需要的产品。其他殖民地和世界所有其他地方都不能进口殖民地的产品①，否则必须以支付进口税的形式受到重罚。

国内消费者似乎至少能通过独享购买殖民地货物的权利，在殖民地的产品的价格上获得明显的利益。但其实他连这个不公平的优先权也得不到，因为，殖民地的产品一抵达欧洲，国内商人就可把它再次出口，卖给他所选择的任何地方，特别是自己没有殖民地的国家。所以，虽然国内消费者被迫承受了竞争带来的全部影响，但殖民者最终被剥夺了从购买者的竞争中得到的利益。

所有这些损失主要落在国内消费者身上。从人数上来讲，这个阶层是一切阶层中最重要的阶层。考虑到任何影响这个阶层的不良制度的危害广泛传播，考虑到这个阶层在社会机器的各个部分所分担的职责，考虑到他们对国库的贡献（而政府的权力依赖于他们的贡献）等，这个阶层值得关注。这些损失可分成两部分。一部分是取得殖民地产品所付的多余费用，因为这些产品本可以较低价格向

---

① 或者赤道的，这个词用来表示赤道地区普通的产品。

别的地方购买。① 这部分损失是消费阶层的绝对损失，任何人都没有得到好处。另一部分损失也由消费者负担，落入西印度农场主和商人手中，成为他们的财产。这样得来的财富是真正向人民课税的产物，但由于集中在少数人手中，所以容易使人迷惑，错误地认为是殖民地化和贸易所得的财富。18 世纪发生的所有战事，以及欧洲国家认为不得不花费巨大费用在南北极设置许多民政、司法以及海军和陆军机构，全都是因为要保护这个想象中的利益。②

当普亚夫（Poivre）任法兰西岛总督时，这个殖民地距成立还不到五十年。但他估计，法国在这一地方花费了不少于 1 200 万美元，成为法国政府经常性支出的一大项目，但没给法国赚回任何收入。③ 的确，用于保卫这个殖民地的费用还有保卫我们在东印度其他领土的目的。但当我们发现这些领土对政府以及对新旧两个公司的股东同样都是更大浪费时，我们无法否认，从耗费这么巨大费用来守护毛里求斯所得的好处，只不过是给我们在孟加拉和科罗曼德尔海岸进一步浪费创造了机会而已。

同样的观点也适用于我国在世界其他地方那些在战略上不重要的领地。如果说我们之所以不惜重大牺牲保有这些驻扎地，目的不在于利润，而在于扩张和维护母国的权力，那么人们可能会问，既然这个权力的目的只是保护那些已经证明其本身就是一项亏损事业

---

① 普亚夫这位诚实可靠的著作家告诉我们，在交趾支那，质量最好的白糖每公担价格约为 3 美元，相当于每磅 2 美分多一点。这种白糖按照这个价格运到中国的数量每年在 8 000 万磅以上。如果外加 300% 作为营业费用和利润（这是最大估计），在自由贸易下，交趾支那的最好的白糖能够以每磅 8~9 美分的价格在法国出售。

  英国人已经从亚细亚得到大量的白糖和靛蓝，价格比西印度的还便宜。毫无疑问，如果欧洲人在非洲北海岸一带开拓独立的殖民地，赤道产品的生产一定会在那里发展很快，而以很便宜的价格大量供给欧洲。
② 亚瑟·扬在 1789 年估计，法国由于占领圣多明戈所支付的费用每年达 900 万美元。他很详细地证明：只需用花在殖民地的 25 年的费用来发展任何一个法国省份，该省份便可不损害任何人而每年增加 2 400 万美元的收入，包括实际产品在内（亚瑟·扬：《法国之旅》）。
③ 《普亚夫文集》，第 209 页。在这个估计中，他没考虑到法国本身的陆海军经费的一部分应该列入殖民地费用项下。

的殖民地,为什么承担如此重大损失来保持这个权力呢?①

英国失去北美殖民地反得到很大好处,没有人企图否认这一事实。② 但英国耗用令人难以相信的 3.35 亿美元企图保留它,这实在是荒谬的政策错误。因为英国本可享受到同一利益,既解放它的殖民地而不费一文钱,不流一滴血,又在欧洲与后世博得慷慨的美名。③

在第一次美国战争的整个过程中,乔治三世(George Ⅲ)的大臣在腐败的国会和国家的傲慢怂恿之下所犯的大错,被拿破仑在企图征服圣多明戈造反的黑人时效仿。如果不是由于圣多明戈距离遥远且地处海上,这个企图的结果可能像西班牙战争一样悲惨。可是,这个岛屿的独立也可能给法国带来类似于美洲的独立给英国带来的

---

① 参见《富兰克林全集》,第七卷,第 50 页,关于这位大名鼎鼎的人物的意见,他对这个问题有丰富的经验。在瓦伦西亚勋爵(Lord Valentia)的《游记》(*Travels*)中可看到,1802 年英国在好望角花的费用,超出该殖民地本身收入 100 万~120 万美元。

② "布里斯托尔是与北美贸易的货物集散地。它的主要商人和居民联名向英国国会提出最强烈的抗议,认为承认美洲独立必然使他们的城市沦为废墟。他们还说,他们的港口将由于船只绝迹,不值得再花钱维护。但尽管他们抗议,英国为形势所迫不得不同意他们所害怕的美洲独立。这个事件发生后不到十年,这些名流又上书国会,请求准许他们扩大并加深该港口。该港口不但没有像他们原来想象的那样船只绝迹,而是无法容纳由于与独立的美国通商而来往不绝的船只。"〔《利维斯书信集》(*De Levis*, *Lettres Chinoises*)〕

③ 这些观点不完全适用于英国的东方和西方属地,因为在东方,英国统治着 3 200 万以上的人口,能够完全支配对他们所征的税收。因此,与其说英国是处于殖民者的地位,不如说是处于征服者的地位。但英国从占有这些属地所得到的纯利润,没有一般所想象的那么大,因为从收入项下必须支付管理和防御费用。科康(Colquhoun)在他的《英帝国的财富、威力和资源》(*Treatise on the Wealth*, *Power*, *and Resources of the British Empire*)中说,这个有统治权的公司的收入为 18 051 478 镑,总支出为 16 984 271 镑,盈余 1 067 207 镑。

如果印度是独立自主的国家,大不列颠与印度进行的贸易很可能会增加很多,以致能为大不列颠提供超过上述剩余的增加收入。至于个人所能增加的收入,更不必说了。

商业利益。现在是停止为丧失那些所谓国家繁荣根源的殖民地而叹息的时候了。因为,首先,法国现在比拥有殖民地的时候更加繁荣,其人口的增加即为证据。革命前,法国的收入只够维持 2 500 万人口,而现在(1831 年)①却能维持 3 000 万人口。其次,政治经济学的基本原理教导我们,殖民地的丧失绝不意味着我们失去了与殖民地的贸易。法国以前用什么来购买殖民地产品呢?无疑用其本国的产品。尽管法国现在有时向中立国甚至向敌对国家购买,然而,不是仍然继续以同样的方式购买吗?

我承认,由于法国统治者的无知和愚昧,法国暂时要为这些产品支付比需要的贵得多的价格。但既然它现在支付自然价格购买这些产品(当然不计进口税),而且还像从前那样用本国的产品来购买,那么它在哪方面受到损失呢?政治动乱使有些贸易改变了方向。现在不再从南特和波尔多进口食糖和咖啡,结果使那些城市遭受了损失,但法国食糖和咖啡的消费量并没有减少。所以,没从南特和波尔多进口的部分一定从别的地方进口。法国必须按照从前的方法来使用自己的土地、资本和劳动的产品来购买,因为一个国家要是不采取抢劫和海上掠夺的手段,就只能使用这些方法购买别的国家的产品。的确,假设没有陈腐的偏见和不正确的看法不断对抗着人类事物的自然趋势,法国就能从替代原来自己殖民地贸易的贸易中获得很大利益。

也许有人辩论说,殖民地提供了那些不能从别的地方得到的货物,因此,没拥有这些得天独厚条件的地区一部分的国家将完全受到捷足先登的国家的支配。后者由于独享购买殖民地产品的权利,能向不如此幸运的国家任意索取价格。现在已经毫无疑问地证明了,被我们错误地称为殖民地的产品在适合生长这些物产的热带地区到处都有。摩鹿加群岛的香料在卡宴早就有生产,现在在许多其他地方都有生产。荷兰人垄断香料无人能比,他们单独占有生产香料的

---

① 虽然法国的人口对劳动是个阻碍,有时遭到长期战争的减员,但自从大革命开始已经增加了。根据国民大会 1791 年的统计,法国人口有 26 363 074 人;1831 年达到 32 560 000 人。年增加大约 20 万人。——美国编者注

唯一岛屿，不许任何人接近。欧洲人因此缺少香料而不得不支付高价购买吗？对于从未经历 200 年的战争，从未打过十几场海战，未曾为了少付两三个苏购买一磅胡椒和丁香而牺牲几百万美元和几十万同胞生命，我们有理由感到遗憾吗？值得注意的是，香料这个事例最适合殖民地制度了。简直不能想象食糖贸易的垄断能够做到像荷兰人垄断香料贸易那么彻底，因为大部分亚洲、非洲和美洲地区都大量生产食糖。然而，就是这个香料贸易也已经被人从贪得无厌的荷兰人手中夺走了，而且几乎不费一枪一弹。

由于实行了殖民制度，古代人到处结交朋友。而现代人想把人沦为隶属，因此到处树立仇敌。代表母国的总督对于殖民地人民的幸福和财富漠不关心。他们不想跟殖民地人民一起生活，不想在殖民地人民中隐居养老，也不想当好官以博得殖民地人民的欢心。他们知道母国对他们的关心依靠他们给母国带来的财富，而不是看他们当官的言行举止。这些再加上母国不能不授予远距离领土的管理者自由行事的权力，这样就使他们具备了一个极其可怕的政府应有的所有要素。

很令人担心，像其他人一样，手握大权的人往往趋于极端，知识增长太慢，而且每走一步都会受到来自市政、军事、财政和商业领域的无数臣属的不停包围。这些人受利益动机的驱使常常歪曲事实，使非常简单的问题变得复杂难解。这些情况使人合理地希望加速一个制度的崩溃：这个制度在最近三四百年中很可能惊人地剥夺了世界五大洲的利益①，而这些利益是人类本来可以从 16 世纪以来鼓励人类劳动的快速进步与发现中得到的利益。只有智慧的默默发展和人类对事物的不可抵抗的自然趋势，才能推翻这个制度。

---

① 现在的地理学家一般认为新荷兰大陆连同它周围的岛屿是地球的特殊部分。他们称其为澳大利亚或澳大西亚，因为它完全位于南半球。

# 第 20 章  外来暂时移民和永久移民对国民财产的影响

当一个旅行者来到法国，并在法国花费 2 000 美元时，不能认为这笔钱全部都是法国的纯利润。旅行者用这笔钱交换他消费的价值，这个行为的结果与他仍然身居外国，只汇钱来法国购买所需要的东西而不亲自到法国来消费这些东西是一样的。这个结果也和国际贸易的结果正好相似。国际贸易获得的利润不是收到的全部或主要价值，而只相当于价值的百分之几。百分比的大小，根据情况而定。

迄今为止，人们对这个问题的看法还不是这样。由于坚信金属货币是唯一财富的原则，人们设想，如果一个外国人带了 2 000 美元在他们中花费，这笔钱全部都将成为国家的纯利润。好像裁缝给他提供衣服、珠宝商给他提供小装饰品、粮商给他提供食物等，都没有付给他价值以交换他的钱，而所有向他索取的价格全部都是利润一样。其实，国家所得的全部利润只不过是与他交易中所赚到的利润和卖给他东西赚到的利润而已。绝不可小视这个利润，因为交易的每一次扩充都是相应的利益。①但应当了解清楚这利益是多少，这样才不至于上当，不至于支付过高的代价购买这个利益。一个专门撰写贸易主题的知名作家告诉我们，戏剧演出越铺张越频繁越好，因为这种演出是一种交易，法国从中得到了全部收入却不付分文。

---

① 一个陌生国家总占外国旅行者的便宜。它和他所做的交易可以认为一定是合算的。外国旅行者不熟悉当地方言和物价，以及常常带有虚荣气派，往往使他大多数的时候支付高于时价的价格购买所消费的东西。此外，他花钱参观的公共名胜和表演的费用，已经由那个国家支付，这些费用并不因为他的参观而增多。但这些利益虽然是真正和绝对的利益，却很有限，不可估计过高。

这个观点与事实完全背道而驰，因为法国要支付演出的全部费用，即法国损失了这些费用。这种费用除了提供无益的娱乐外，不生产任何其他东西，没留下任何价值来补偿所消耗的价值。作为提供娱乐的手段，这种演艺是非常令人愉快的事情；但作为要计算盈亏的生意则显得非常可笑。要是一个零售商在店铺里举行盛大舞会，雇用演员和招待来宾茶点，从商人的利润角度出发，我们要对他的做法作何感想呢？此外，无论是华丽的宴会还是演出，能否真的吸引很多外国来宾，还是很令人怀疑的。通过商业来往、各种珍稀古玩、别的地方见不到的艺术杰作、宜人的气候、治疗疾病的矿泉，特别是通过邀请参观值得纪念的事件的发生地点或学习被广泛接受的语言等，这样的方法对外国人更有吸引力。我很倾向于相信，仅用满足人们虚荣心的娱乐绝不能吸引很多远地的观众。人们可能愿意跑几**里格**（league）的路参加舞会或欣赏有趣的游艺会，但很少有人会不远千里前往参加。在和平时期云集巴黎的德国人、英国人和意大利人，不可能是专为观看法国歌剧而来的，巴黎幸好还有很多更值得参观以满足好奇心的东西。斗牛被认为是西班牙最稀奇、最有趣的娱乐，但我不能设想会有很多法国人专为观看斗牛而跑去遥远的马德里。已经因其他事务来到法国的外国人，的确经常是上述演出的观众，但他们绝不是单纯以此为目的而来法国的。①

---

① 这个问题对英国来说已成为国家利害攸关的问题。英国资本家和地主大批云集法国和意大利的一部分地方，他们在那里挥霍巨额来自英国制造品运销外国而没有运回相应价值的收入。这样，他们的祖国在这个范围内只处于生产者的地位而不处于消费者的地位——只出力而没有享受。这种情况虽无损于它的生产力，但对它的人民的舒适、快乐和满足非常不利。因为，很少有娱乐是如此个人或自私的，以致别人在当时和当地不能沾到一点儿光。此外，有产者对社会总是有好处的，特别是在大不列颠。许多社会服务都是免费的，上流社会既受到英格兰的诱惑，又受到大陆的诱惑，由此产生的结果是，这些人大批外流。虽然使用命令式措施阻止这种外流也许不明智，但至少不应该通过财政制度鼓励这种外流。英国内阁一直执迷不悟地厉行这种时政制度，几乎全部租税都是直接课自消费。永久性生产资料和这些生产资料给游手好闲的所有者产生的租金则完全免税。因此，生产资料所有者势必前往消费税最轻的地方去花钱，换句话说，前往英国以外

路易十四炫耀的游艺会有更大的危害倾向。出钱为这些游艺会提供花费的不是外国人而是法国各省的游客。他们在巴黎一个星期的花费足够他们在家乡全家人一年的花费。因此，法国受到两方面的损失。首先是国王所消耗的取之于普通民众的钱财；其次是个人花费的一切。消费的总额都被浪费掉，只有巴黎的一些商人可能从中赚到钱。他们如果把资本和劳动用在更有用的方面，也一样可以赚钱。

携带财产到一个国家居住的外国人，是这个国家实实在在的收获。在这种情况下，这个国家增加了两种财富的来源，即劳动和资本。这种增加物的价值与增加相应数量领土的价值一样大。要是外国移民把个人美德带到接受他的地方，那么，得到的精神价值更不必说了。编写布伦登堡（Brandenburgh）皇族历史的历史学家说，"在弗雷德里克·威廉（Frederick William）开始摄政的时候，这个国家不能生产帽子、袜子、斜纹布和毛织品。所有这些商品都来自法国。从法国来的移民把生产大面幅厚黑呢、粗呢、质地较松的呢绒、无边帽子、袜子、獭皮帽、毡帽以及染色技术传入我国。有些法国流亡者开设店铺，把他们勤勉的同胞的产品拿出来零售。柏林不久就有了可引以为豪的金匠、珠宝商、钟表匠、雕刻师等。在低地居住的移民传入烟草、水果、蔬菜的种植。通过他们的努力，近郊的沙质土地不久就变成了首都的菜园。"

能劳动、有资本和乡土情感的这种移民，对被离开的国家来说是纯粹和完全的损失，而对给予他们安身之所的国家是纯粹的利益。瑞典女皇克里斯蒂娜（Christina）在路易十四取消"南特敕令"时说得很有道理，路易十四用自己的右手砍掉了自己的左手。

---

的任何地方去花钱。他的财产受到无代价的保护，支付保护这些财产费用的是生产阶级。这样，这些生产阶级不但要支付保护自己财产的费用，还要支付保护别人财产的费用。可是，他们却不能效仿他们的不生产的国人的做法，到别的国家逃避本国的租税。什么制度都不如这个更不公道和更使人沮丧。它的危害性已日益显著，并且有导致国家资源锐减的危险，但政府自己既看不出这个危险，又不听别人的警告。的确，他们当中许多人的利益在于永久保持这种豁免，因为他们自己也接受它的利益。——英译者注

这种灾难也不可能用高压法律手段来防止。除非把公民完全幽禁起来，否则没有办法强行使他留居国内。如果他想把动产运出国外，制止他尤其困难。因为，且不谈走私的渠道（其实走私也不能完全禁止），他可把动产变为货物，自己或托人寄交外国代理人代售。货物出口不在禁止之列，而且往往是受鼓励的。货物出口是价值的真正外流。但政府哪能每次都调查它的目的是否是要换回相应的价值呢？①

挽留人或吸引人的最有效方法就是给人公平和仁慈的待遇，保护每个人能享有他认为最珍贵的权利。充分保障他安排自己的人身和财产的自由、保持或迁移其住所的自由、言论自由、阅读自由和写作自由。

这样研究了生产手段并指出使生产手段的效果时大时小的各种客观情况之后，如果企图对组成人类财富的各种财产进行全面的研究，不但将使本书不能完成，而且和本书的主题没有关系。这种研究工作可提供写成许多特殊论文的材料。可是，在这些产品中有一个，其用处和性质还不为人们完全了解，但了解它可大大有助于说明讨论中的问题。因此，我决定在结束本书这一部分之前，对这项产品作单独研究。这个产品就是货币。作为主要交易手段和转移手段，货币在生产中起的作用是非常重要的。

---

① 1790 年，法国新政府用纸币发给撤销的机构的人员做遣散费时，这些人中的大部分人把这些"**指券**"纸币换为现金或其他有同等价值的货物，或自己带往外国，或寄往外国。法国因此所受的损失差不多相当于用现金发放遣散费，因为那时纸币还未十分贬值。即使一个人本身仍住在国内，如果他执意要把财产转移到外国，也无法禁止他。

# 第21章 货币的性质与用途

## 第1节 一般性叙述

在一个哪怕是刚刚步入文明进步的社会中，任何一个单独的社会成员都不可能独自生产出满足自己全部需求的生活产品，而且仅凭个人的努力，也几乎不可能制造出一件完整的产品。但是，即使他独自生产出一件完整的产品，他的全部生活需求也不可能仅仅限于这个产品。他的生存需求五花八门，因此必须要把他生产的超过他个人需求的那部分多余产品，拿出来与别人交换成自己需求的其他东西，以获得可供自己消费的所有东西。顺便说一下，各行各业的个体生产者只留用很少一部分自己制造或生产的产品，如园丁只保留少量自己种植的蔬菜，面包师仅留下很少一部分自己烤制的面包，鞋匠只留很少数量自己制作的鞋，等等。所以，在所有社会中，生产出的绝大部分产品，几乎都是社会产品，都必须通过交易这一媒介达成最终消费。

有人错误地推断说，交换和转移是财富产生的基础和源泉，尤其是商业的基础和本源。产品的交换和转移，其实只不过是产品从生产到消费过程中，次要和附属的过程而已。我的理论根据是，如果每个家庭都自产自己消费的东西，正如我们看到在美国一些边陲居住区有时实行的那样，社会仍在继续运转，尽管没有进行过任何一次产品交换或转移。在这里我提出了个人意见，目的全在于指出正确的原则，没有丝毫想贬低产品交换和转移对于促进生产的重要性。现在我从以下观点展开讨论，就是说，在社会文化发达的阶段，离不开产品交换和转移。

一旦承认了产品交换的必要性之后，就有必要停下来考虑一下有关组成社会的成员必定会遇到的许多混乱局面和面临的困难。大部分社会成员只不过是一种或最多两三种产品的生产者，但在他们中间连最贫穷的群体也必定是许多种类产品的消费者。假如每个人都必须把自己生产的特定产品用来交换自己需要的东西，假如整个交换过程都必须采取物物交换的方式，那么接下来必将引发巨大的混乱。饥饿的刀匠必须把打制好的刀具找面包师交换面包，但后者也许已经拥有了很多刀具而迫切需要的是添置衣服。面包师想用面包与裁缝置换衣服，但裁缝需要的不是面包而是屠户家的肉类，等等。

为了摆脱这些令人尴尬的困境，刀匠在发觉他无法劝说面包师接受他所不需要的刀具以后，必将竭尽全力去取得面包师随时能够用来交换他自己所需的物品。倘若社会有一种物品，不但本身具有内在的效用，而且随时都可得到任何人愿意接受交换的必要的消费品，以及因易于分割而成为所有成员需求的对象，那么这物品就是刀匠愿以他的刀具换取的东西了。因为刀匠根据经验懂得，一旦他拥有这种物品，就能毫无困难地通过第二次交换获得面包或任何其他产品。

货币就是这种理想的物品。

以本国货币形式存在的价值，等同于任何其他形式存在的等价产品。货币之所以深受人们喜爱，是因为具有以下两种特质：

第一，作为交易媒介，具有协助有需求交换产品或需要购买产品人的特质。换句话说，它具有社会中所有成员取得所向往的东西的特质。由于人们普遍相信货币是一种所有人都愿意接受的东西，所以他们认为只要拥有了货币，通过一次交换行为就能直接获得需要的东西，不管这东西是什么。至于拥有任何其他物品的人，绝不能确保手中的物品一定能为拥有他所向往产品的人接受。

第二，货币具有可准确地分割为恰恰与人们打算购买的产品的价值量大小等值的特质。这个特质使货币能受到所有购买东西人的青睐。换句话说，深受所有社会成员的青睐。正是由于这个特质，人们想把自己所拥有的多余产品交换成货币，而这些产品通常能让他们用这种形式的价值购得相当于自己所需要的价值,并能随心所欲地在任何地点和任何时候,购得任何他们所想要的东西,以代替他们起初卖出去的东西。

文明的发展程度达到高点时,社会成员中个人生活需要的产品不仅种类繁多,而且又各不相同。当生产过程的分工极其精细的时候,产品交换不仅显得更加迫切、发生得更加频繁,而且交换过程也呈现出更为复杂多样的形态。生产者各自消费自己的产品以及传统的物物交换的办法,已经变得更为不切实际。例如,如果一个人仅制造刀柄,而不是制作整个刀具,那么在刀具大规模批量生产的城市,他便不再生产任何他可使用的东西,而没有刀身的刀柄能做什么用呢?这个人无法消费自己生产出来的产品,哪怕仅仅是微小的一部分,因为他根本用不着,因此他必须把自己生产出的全部产品用来交换自己生活所需的消费品。然而,除了从事刀具生产最后一道加工工序的刀匠外,他的产品对任何人都不适用。但是,刀匠自己拿不出面包和肉与他交换刀柄,因为刀匠自己也不生产这些东西。因此,他必须使用一种由于社会习惯而使大家都能够用来交换大多数其他东西的物品,才能换回自己所需的生活必需品。

可以说,国家的文明程度越高,社会分工越精细,使用货币交换产品就越显得必要和紧迫。① 纵观历史,完全不知道使用任何特殊物品充当货币国家的例子比比皆是。据说,在发现墨西哥大陆的时代,墨西哥人完全不知道货币是怎么一回事。而当西班牙人征服墨西哥时,当地居民才刚刚开始使用**可可粒**(grains of cacao)作为货币从事小额的、少量的交易。②

在前面我曾经提到过,选择并确定某一种物品,同时排除其他物品充当货币的是习惯而不是政府的权力。因为政府虽然可以铸造

---

① 货币的效用、劳动分工和个人消费的多样性不成比例。在西印度产糖殖民地,按人口比例来算产量极大,但只需用很少货币来完成产品转移。这是因为大多数人口是黑人,他们不需要太多消费品,他们的衣食都是批发来的,样式简单而统一。但是在每个种植园中,农业劳动和工业劳动的分工可能已经达到很精细的程度。——英译者注

② 雷纳尔:《哲学史和政治史》(*Hist. phil. et pol*),第六卷。

出称作克朗的银币,但政府是不能强迫人民用货物换取这种银币的,至少这是财产权受到尊重的地方的实际情况。人们之所以愿意接受克朗银币用来交换货物,也不仅仅是因为币面铭刻的印记。货币的流通和其他货物的流通相同,人们有自由以一种货物交换其他实物,或换金条,或换银币。一个人所以宁愿要银币而不要其他物品,完全是因为他从过去的经验晓得,拥有他所需购买产品的人,对银币的喜欢程度远远超过其他物品。克朗银币之所以成为通用的货币,就是凭借这种社会群体的自发选择,没有其他任何根据。倘若人们有一点根据可以设想其他种类的物品,比方说小麦更容易换到他们所需要的东西,那他们将不把物品换成克朗,而是要换取小麦,这时的小麦就具有货币的一切职能。事实上,当指定的货币或政府所发行的货币信用扫地或失去人民的信任时,就曾发生过这种情况。

因此,指定单独使用某种物品作为货币的是习惯而不是政府颁布的强制性法令,不管这物品是克朗或是其他东西。①

由于每一个单个产品与货币相交换,比与任何其他产品相交换更频繁,所以针对这类交易就产生了特殊的名称。如以接受货币作为交换目的的称为"**出售**"(selling),而以付出货币作为交换目的的称为"**购买**"(buying)。

人类就是这样开始使用货币的。这些观点绝不是单凭臆测做出的。所有涉及货币问题的理论、法律和章程,都必须以这些观点为基础,建立在任何其他基础之上的理论体系既达不到完美的程度,也不会牢不可破,而且必定是无法达到建立理论的程度。

为了尽可能明晰地阐述货币的主要职能,以及货币常常遇到的

---

① 当欧洲人开始与冈比亚河流域的黑人进行贸易往来时,后者最需要的货物是用来制造农具和武器的铁,所以铁成为比较价值的标准。不久,铁在他们的交易中变成了名义标准。一个铁块折合 20~30 叶烟草,一个铁块折合成 4 或 5 品脱朗姆酒,这里依据的是该物品当时供给量的多少。在这种社会,每样物品依次执行货币职能,并与其他物品相比较。这使该社会备受以物换物制度的种种不便的困扰。更重要的是,整个社会都不能找到一种被普遍需要、被普遍接受而且能随时被分割成和一般货物价值相当的物品。参阅帕克(Park):《游记》(*Travels*),第一卷,第 2 章。

重大意外事故，我将分节逐步展开讨论这些问题，让那些阅读本书的读者，能够不费周折地了解它们之间的关系，能够对货币的全部活动以及因人类的愚蠢或不幸而偶然引发的后果，做出自己正确的分析。

## 第 2 节 货币的材质

按照第 1 节的理论，如果货币仅仅是人们持有的一种有价值的东西，以及人们用来换取自己所想要的产品的交换媒介，那么，选择什么东西作为货币的材料就是无关紧要的了。人们需要货币不是作为食物享用，也不是当作家具使用，更不是作为衣物蔽体。人们需要货币是以再出售为目的，就是说，在得到货币作为某东西的交换品之后，再用它交换其他具有效用并自身需求的东西。因此，货币不是消费品。在辗转易手的交易过程中，货币不会发生显著的耗损。货币的材质无论是金、银、皮革还是纸，都不妨碍它能令人满意地执行自己的职能。

然而，货币能够执行它所承担的职能，就必须具有内在的和确实的价值。因为谁都不愿意舍弃有价值的东西以交换价值较小甚至是毫无价值的东西。

增加货币的效能，还必须具备一些相对次要的条件。某种材质如果不具备这些条件，就不适合作为货币，而且也不能普遍、永久地独立执行货币的职责。

荷马（Homer）告诉我们，狄俄墨得（Diomede）的盔甲值九头牛。一个只打算花这一数目一半价值来武装自己的战士，面对如何分割四头半牛的价值时一定茫然无措。因此，用作货币的物品，必须易于不损耗地按照预想的不同东西进行分割，并能通过这样的分割，分割出准确无误的价值，与人们所需要的等价东西相交换。

我再强调一次，我们都知道在阿比西尼亚，当地居民以食盐作为货币。如果法国也用食盐作为货币，那么某个居民如果打算交换供他家人一周食用的食物时，就必须携带一座山似的一大堆盐到市场。因此，充当货币的物品，必须不能显得体积那么庞大，以确保每次交易时无须转移大量的该物品。

据说纽芬兰的居民以鳕鱼为货币。斯密曾提到过，在苏格兰某一乡村甚至用铁钉作为货币。① 这种性质的货物，除其他不适用的地方外，自身还存在很大的缺陷，即人们只要增加它的供应量，就可以毫不费力地增加它的供给量，这样导致它的相对价值可能横遭突变。谁会愿意持有把东西交换后可能过一会儿就跌了一半或四分之三价值的物品呢？所以，充当货币的物品，必须难以获得，这样才能保证接受它的人不致因它的价值突然贬值而无辜遭受损失。

在马尔代夫群岛、印度与非洲一些地区，当地土著人使用**玛瑙贝**（cowries）的贝壳作为货币。这种物品除某些野蛮部落用作装饰品外，自身没有任何内在的价值。一个国家如果要与世界诸多国家开展商贸往来，这种类型的货币是不行的。使用范围如此狭窄的交易媒介，一定会在交易中呈现出种种无法排除的缺点。人们最愿意接受的作为交换品的物品，自然也是其他地区的居民普遍最愿意接受的物品。

因此，世界上商贸发达、交易频繁的国家，几乎无一例外地采用金属来执行货币的职能。工商业比较发达的社会一旦对外宣布它选择的货币材质，其他社会就有充足的理由步其后尘。

在金属因技术原因无法大量生产而显得相当珍稀的时代，人们曾满足于使用一些金属作为货币。例如，斯巴达的法币是铁，罗马人的早期通货是铜。到了这些金属开采越来越多的时候，它们便也具备了我们在前面所说的产品价值贬值的缺点。② 贵金属即金银已经被普遍作为货币很长时间，金银特别适合充当货币。使用金银作为货币的原因大致如下：

第一，既可根据需要分割为极小的部分，又可再熔合在一起而不至于在重量或价值上发生显著的损耗，所以在分割为相当于人们

---

① 《国富论》，第一篇，第4章。
② 斯巴达的货币证明，政府本身不能给予其货币流通能力。莱克格斯（Lycurgus）的法律规定用铁铸造货币，目的是防止货币被大量窖藏或转移，但该立法最终失效了，因为它与货币的主要作用相悖。但是没有其他法律比莱克格斯的法律更让人严格遵守了。

所购买的东西的价值的重量时,极为方便。

第二,全世界所生产的金银质量相同。1 格令纯金与另外 1 格令纯金完全同质,无论它是来自欧洲金矿、美洲金矿还是非洲金矿。无论时间、气候环境、空气的湿度都无法改变它的品质。因此,任何特定部分的相对重量,可以马上确定它对于任何其他部分的相对数量和价值。2 格令的金,相当于 1 格令的金的 2 倍,不多不少。

第三,金银,尤其是掺杂了其他金属的金银非常结实,能抵抗极剧烈的摩擦,因此非常适合快速流转的用途。但就这一点来说,金银比许多种类的宝石略有逊色。

第四,金银因珍稀而价值昂贵,以致与一般物品价值相等的金银重量,可能体积只小到一点点。另外,金银也没有充裕到或便宜到那样的程度,以致价值很大的金银重量,就有沉甸甸的重量。随着时间的流逝,以后金银在高价值方面可能变得美中不足,尤其是勘探到蕴藏量丰富的新矿藏以后,那时,人类或使用白银或使用现今还不知道的新金属充当货币。

最后一点也非常重要,金银能打上印记,证明每块的重量和成色。

尽管作为货币的金银,一般都掺杂合金(一般是铜),但其所掺杂的低价值金属,常常作为无价值看待。不是因为合金本身没有价值,而是因为在相对比较纯质的金属中提取所含合金,其费用要比提取出来的合金本身的价值还大。因此,掺杂合金的金币或银币,总是依照其所含的金银的分量来估算价值。①

---

① 法国现在的银币含有一成铜和九成纯银。铜和银的比价是 1∶60 左右。所以,一枚银币所含铜的价值,是银币整体价值的 1/600 左右,或等于 1/6 法郎。假如把铜提取出来,提出来的铜也不够支付工本费,更不必说该提取对货币价值的损毁了。因此,铜在银币中的价值被忽略不计。一枚 5 法郎银币的合金价值重量是 25 克,但所含的纯银价值仅为 22.5 克。

1792 年 4 月 2 日,美国国会立法建造铸币厂,规定了金、银、铜币的价值。法案规定,每枚鹰徽金币含纯金 247.5 格令、合金 22.5 格令,共计 270 格令的本位金。1/2 枚和 1/4 枚鹰徽金币含相同比例的同样金属。在 1834 年 6 月 30 日的立法中,该标准降低,金币重量减少。如今每枚鹰徽金

## 第 3 节 一种物品充当货币所得到的附加值

根据以上几节论述的内容来看，货币之所以能够通用，不是出自政府的权力，而是由于货币自身具有特殊的内在价值。然而，人们之所以需要持有货币而不需要其他有同一价值的货物作为交换品的原因，完全是出于货币具有货币所特有的职能，以及在充当货币时它得到的特殊利益，就是说，人们使用它、需要它。社会中所有的居民，从社会底层穷极潦倒的贩夫走卒，到富可敌国的商贾大亨，没有一个人不需要与他人交换物品，不需要购买商品，不需要消费货币。换句话说，社会中的所有居民都必须获得充当交易媒介的物品，

---

币只含纯金 232 格令、合金 26 格令，共计 258 格令本位金；1/2 枚和 1/4 枚鹰徽金币所含的金属量也相应减少。在 1792 年的法案中，本位金含量是 11/12 的纯金和 1/12 的合金，或 22 克拉纯度。在现今的法案中，相对纯度或克拉数减少到 21.58，相应降低了大约 0.42%；而硬币中所含纯金属的实际重量减少到超过 6.25%（6.262 626 + 1 分纯银）。本位金中的合金由银和铜构成，含银不超过一半。

在 1792 年法案规定了银的价值后，美国的银币并未作改变。法案还规定，美元作为货币单位发行，其价值等同于西班牙轧花边的 8 里亚尔币比索。1 美元含 371.25 格令的纯银和 416 格令的本位银；0.5 美元含 185.625 格令纯银和 208 格令的本位银；1/4 美元含 92.8 125 格令纯银和 104 格令的本位银；一角硬币含 37.125 格令纯银和 41.6 格令本位银；5 美分硬币含 18.5 625 纯银和 20.8 本位银。本位银由 1 485 份纯银和 179 份合金铸成；相应来说，银币中总重量为 1 664 份，其中 1 485 份为纯银，其余 179 份为合金。银币中合金完全由铜构成。

美国的铜币是 1 美分和 0.5 美分，其重量从 1792 年法案后减少过两次。在 1792 年的法案里，1 美分含 264 格令的铜，0.5 美分含 132 格令的铜。1 美分的价值是 1 美元的 1/100。在 1793 年 1 月 14 日的法案颁布后，1 美分的重量减为 208 格令的铜，0.5 美分减为 104 格令的铜。1795 年 3 月 3 日，经总统授权，到 1796 年 1 月 26 日，将 1 美分的含铜量减至 168 格令，0.5 美分的含铜量减至 84 格令，也就是它们现在的重量。在 1792 年的法案后，金与银的铸造价值比为 1 份纯金比 15 份纯银；而现今的法案则改为 1 份纯金比 16.002 112 + 1 份纯银。——美国编者注

也就是所有的人公认为最适于充当交易媒介且事实上最常用作交易媒介的物品。拥有其他物品比如说拥有珠宝的人,他在用珠宝与他人交换自己所需要的生活必需品或奢侈品时,倘若找不到珠宝消费者,就无法通过交换获得自己所需的必用物品或奢侈品,而且即使找到交换者,也不能确保该珠宝消费者一定能用他所需要的东西作为交换;反之,持有货币的人可以确信,无论向什么人购买什么东西,后者必定愿意接受货币,因为他自己迟早也要以购买者的资格出现在市场上。①持有货币的人,只需通过一次称为购买的交换行为,便能得到自己所需要的任何东西,至于持有其他货物的人,要得到所需要的东西,至少需要做两次交换,即销售自产的物品与购买自己所需的物品。这就是货币作为货币所得到的利益的大致情况。社会中所有的人都知道,人们之所以喜欢货币的程度远远超出其他东西,就是因为货币实际上是被用作货币来使用的。

在此必须指出,选用某一物品作为货币后,最终结果必然是提高这个物品的内在价值。当这个物品有一个全新的用途后,自然更为人所需要。把既定数量中的该物品的一半或四分之一用于新的用途,必使它成为更难得、更昂贵的物品。②

如果现有的金银,除制造餐具和装饰品外,没有其他用途,那么现在存量的金银将变得非常丰富,毫无疑问,其价值要比现在便宜得多。换句话说,无论什么时候以金银交换其他货物,必须按照交换价值大小的比例,或付出更多的分量,或收入更多的分量。但大部分的金银,现在都被指定用作货币,而且由于成为货币专用材料,因此用来制作餐具和装饰品的剩余金银,在数量上就会变得更少。一旦市场上出现这种短缺的情况,必然使金银的价值一路攀升。另外,假如从未使用金银制造餐具和装饰品,那么,可用来作为货币的金银数量必然较多,于是货币将相对比较便宜。就是说,金银因成为货币的材料后,用来制作或生产产品的金银存量必然变得更

---

① 货币的其他职能,即可分割性和分割后价值的可分配性,也不应该被遗忘。通过这个职能,珠宝商能够把他的少部分贵重货物用于交换他的家庭成员的生活必需品。
② 杜尔哥在《关于财富的形成和分配的考察》中曾经详细地论述过这一点。

少、更珍贵。同样，用金银作为货币，其结果必使工业上可使用的金银变得更稀少、更昂贵。①

因此，金银因用作货币而昂贵至不能普遍用来制作餐具和装饰品，结果是用金银制作这些东西时，显得不合时宜。这种奢侈是得不偿失的，所以笨拙、不灵巧的金制餐具已经不盛行了。尤其是在商业活跃和财富迅速增加的国家里，对充当货币的黄金需求量更是呈几何级数增加。这时，富裕的家庭也只能满足于镀金的餐具，即外面包裹一层薄金的餐具。只有较小的手工制成品其价值远高于金的价值时才完全使用黄金制品。在英国，制作轻型餐具，富足人家常常满足于镀银的东西。陈列分量较重的金制餐具用以炫富，只是浪费巨额的资本利息而已。

一般来说，金银价值的大幅提高，往往带来各种不利，因为它使许多生活舒适品和便利品如银匙、银盘等，成为大多数家庭无力购买的高档商品。然而，从货币的角度看，金银价值的增加并没有产生不利的地方；反之，每次迁移住所或买卖东西，只要转移较轻的东西就行了。

无论什么物品，只要它在世界上某一个地区被选择充当货币以后，它的价值在世界上所有的其他地区势必一起涨跌。毫无疑问，如果亚洲停止使用白银作为货币，那么欧洲银价必然受到巨大影响，我们将必须支付更多的白银交换所有的其他物品，因为白银在欧洲的用途之一，就是输出到亚洲去。

使用金银充当货币，绝不能使金银的价值趋于稳定。像其他货

---

① 李嘉图和其他一些学者认为，金银的价格或金银与其他货物的交换价值完全由获取金银的费用决定。因此，根据他们的见解，对金银的需求丝毫不能影响价值。该观点与日常经验和无可争辩的经验完全矛盾，因为这些经验让我们得出的必然结论是，价值随需求的增加而增加。假设基地现在发现了新矿藏，使银变得与铜一样普通，那么银就会具备与铜一样的不适宜充当货币的资格，而黄金将被更普遍地用作货币。于是黄金的需求量就会相应增加，其价值也将提高；而那些因为产量不能支付开销的废弃金矿将被重新开采。虽然这时需支付更高价格获得矿石，但是谁敢否认黄金的价值不会随需求量的增加而增加呢？正是因为黄金需求剧增才让采矿者决定承担增多的费用。

物那样，金银的价值也会发生地区性和暂时性的波动。花费半盎司白银在中国买到的日用品和娱乐品，在欧洲要值一盎司白银；而一盎司白银，在法国购买到的东西比在美洲购买到的多得多。白银在中国比在法国贵重，而在法国比在美洲贵重。

因此，货币或像某些人称之为的现金，其价值像其他货物一样，受到决定一切货物价值规律的约束。换句话说，视它的供给量和需求量的比较情况而增减。有时候，货币的需求是如此的强烈，以致用作货币的纸能具有和一定黄金相同的价值，大不列颠的货币就是一个很好的例子。

令人难以置信的是，大不列颠发行纸币的价值，是从它担保兑付现金而来的，虽然它含有这种担保的意思。自1797年停止兑现以来，英格兰银行仍一直保持着这种保证，但始终没有设法履行，许多人早就认定它无法履行。① 黄金只能一点点地弄到手，而且要付贴水，即要付较大金额的纸币以换取较小金额的黄金。纸币虽然跌价，但它的价值仍比同等材质制成的薄薄的纸张的价值大得多。这个价值是从什么地方来的呢？是从以下的情况中来的，即发展到高级阶段的社会和工业，迫切需要交易媒介。在目前情况下的英国，

---

① 英格兰银行只有在它的最大债务方——政府——以现金清偿所欠债务之后，才有能力兑现它的钞票。然而，政府除了用自己的储备收买现金，或是通过增加赋税得到的收入收购现金外，是无法清偿银行的债务的。倘若政府为清偿债务而不得不采用这种极端的办法，实际上就等于以一种全新的要花费更大代价的流通手段取代目前通用的一切流通手段，而且必须由政府购买。现行的流通手段尽管弊端不少，尽管不存在任何的内在价值，然而在执行职责时，它的表现还是令人满意的。

尽管作者在这个注释里表达了这样的看法，但是英格兰银行一直以来都在用现金收回并支付其债务；而且英国政府并无意表明或试图表明"用现金偿还债务"，萨伊在这里这么说一定是受到前面的观点的影响。

在1819年6月通过的议会法案，一般被称为《皮尔先生法案》(*Mr. Peel's Act*)，要求英格兰银行从1823年5月1日起，按要求用合法硬币支付现金。然而，英格兰银行最终恢复硬币支付方式还是在初期就执行了。因为它发觉自己拥有足够的黄金，用现金支付的方式比法律规定要快得多，所以银行又争取通过另一项法案。该法案要求社会公共机构在支付所有需求时都必须使用合法硬币。该法案通过的时间是1822年5月1日，从那时起一旦要求"用现金偿还债务"，就再没停止过。——美国编者注

为完成国内的交易，需要相当于 1 284 000 英镑黄金价值的交易媒介，或相当于 12 亿磅白糖价值的交易媒介，或相当于 6 000 万金镑的纸质的交易媒介（英格兰银行纸币 3 000 万镑，地方银行纸币 3 000万镑）。① 这就是为什么面值 6 000 万镑的纸，尽管没有内在价值，却由于交易媒介的需要，被看作是相当于 1 284 000 英镑黄金或 12 亿磅白糖的价值使用。

关于纸币具有特殊内在价值的证明是，当纸币的信用和现在一样，在它的数量或名义金额增加的时候，它的价值就按增加的比例而下降，这一点与任何其他货物一样。由于一切其他货物都按照纸币跌价的比例而上涨，所以纸币的总价值绝不能超出 1 284 000 英镑黄金或 12 亿磅白糖的价值。为什么是这样的呢？因为完成英国国内一切价值的流转并不需要更多的价值。政府只在名义上有权力增加国内货币的总数量。但货币总数增加，各部分的价值便减少；而总数减少，则各部分的价值便增加。②

由于一个国家的货币无论是用什么材质制造的，这些材料也必定具有由于充当货币而产生的特殊的内在价值。因此可以说，货币也是国民财富的一种，和食糖、靛蓝、小麦以及一个国家可能拥有的所有其他货物一样。③ 和其他货物的相似之处是，货币也会出现价格的变动，也会在流通过程中被消耗掉，尽管不像大多数其他货

---

① 我们的作者不知道英格兰银行钞票与地方银行钞票的巨大区别，对此不必感到吃惊。这个区别是：作为主币的英格兰银行发行的钞票是纸币，地方银行发行的钞票是可兑换钞票的代表。上述观点是正确的。具体表现在地方银行钞票的信用，与不兑换的主币或纸币，都是流通手段。倘若没有地方银行钞票参与竞争，要想维持现今货币价格的水平，英格兰银行就得再增发一倍的钞票。由于公众对货币及其竞争者或信用的合作缺乏明确的概念，所以至今对这个问题还存在着极为混乱的看法。——英译者注
② 凡涉及因纸币发行过多产生的后果，请参阅本篇专门讨论纸币这一问题的第 22 章第 4 节。
③ 增发纸币，以及紧随而至的纸币贬值，这些都不影响社会财富的有效增长。但这时评估财富便不得不使用更大单位的数字，就如用小麦的单位评估财富而不用白银评估一样。例如，社会财富总量相当于 200 亿吨的小麦时，而不用相当于 2 500 万吨的白银表示，但这二者的价值完全一样。倘若货币的面值较小，在表示同一价值时，就不得不使用更多的货币单位。

物消耗得那么快。因此，接受加尼埃①的观点是不对的。他把以下定为原理："只要白银是处于货币的形态，严格地说，它就不是实际财富的一个项目，因为它既不能立即获取实际需要，也不能让持有者得到快乐。"然而，在现实中，种类繁多、数量庞大的物品的价值，在它们现有的形态下也无法满足拥有者的实际需要并使他们从中得到快乐。一个商人可能在仓库里堆满了靛蓝。在这个形态下，这些货物没有丝毫用处，既不能拿来作为食物，又不能用作衣服蔽体。尽管如此，靛蓝仍然是一种财富，可随意通过交易成为适于持有者直接使用的另一种价值。因此，处于克朗形态的白银，与收藏在箱子里的靛蓝一样，同是财富的一种。此外，在文明社会，货币的效用难道不是人们渴求持有的一种对象吗？

事实是，这位著作家在其他场合却承认，"在私人银柜里储藏的银币，是真正的财富，是他的财富中的一个重要组成部分。这笔财富，可供他直接用来享乐。但这同一的私人银币，从政治经济学的角度看，只不过是商品的交易媒介，与它帮助流转的财富有着本质上的不同"。②我衷心地希望我所说的一切，足以证明现金和一切其他财富是完全相似的。凡对个人来说是财富的物品，站在国家的角度也是财富，因为国家是由无以计数的个人组成的。就是从政治经济学的角度看来，也不能说它不属于财富。政治经济学绝不应该被想象中的价值这个概念引入迷途，也绝不应该像社会中部分成员一致认定的，名义上的物品价值，不是被看作实际的价值的东西，而仅仅认定是财富。这是另一个证据，像其他科学一样，证明在政治经济学中的真理也只有一个。凡适合于个人的，必定也适用于政府和社会。真理是一致的，只有在实际使用时才可能有变化。

## 第 4 节　铸造货币的功用与铸币费

到现在为止，我还没有谈及货币从它的印记和铸造费用中获取

---

① 《国富论》的译者加尼埃（Garnier de Saintes）。
② 参阅《政治经济学的角度原理摘要》（*Abregé des Principes d'Economie Publique*），第一篇，第 4 章，以及编者的话。

的价值。我仅仅指出金银作为商品的各种效用，以及通过这些效用产生的价值。我把金银适于充当货币也看作是这种效用。

无论在什么地区，一旦将金银作为货币使用，金银就频繁地易手。许多人可以在一天之中进行数次买卖，倘若在交易过程中需要随身携带天平，以便随时称量收取的货币，那将是一件多么令人烦恼的事呀！而且肯定会因天平出现毛病，引发许多计量上的错误，从而导致交易双方出现争执。不但如此，金银还可能因掺杂其他金属而呈现出肉眼无法鉴别的变质。判定金银的成色，必须经过十分精密、烦琐的检验手续。假如能在每枚货币上面铭刻上人人都会一目了然的、标识货币重量和标准的印记，那么进行交易就简单而容易得多。

通过铸造工序，将金属熔化并铸造成有明确标准并分割为一枚一枚有明确重量的货币。

各国政府通常保留着铸币的专利，目的或在于追求比在人人都可铸造货币的情况下所能得到的更高的利润，或在于给人民提供比私人铸造货币者所能提供的更加明确的保证。后一种是更经常性的目的。事实上，尽管政府在这方面常常失信于人民，但人民却仍然信任政府做出的保证，这远远超过信任私人铸币者做出的保证。这不仅是因为政府铸造的硬币成色、重量都有保障，更因为私人铸币者的舞弊行为，也许使人们更加难以察觉和发现货币的缺陷。

铸造成形的货币，无疑使作为货币材料的金银增添了一种价值。就是说，铸成一枚一美元银币的一块银锭，一定比重量相等、质量相同的另一块银锭具有更大的价值。理由很简单，铸造成形的货币赋予了该金属材料以特殊形式，使随身携带硬币的人，在从事交易时能节省一切称重和检验费用，如果计算这些费用，还必须包括在时间和劳动方面的消耗。这与面料制成衣服的价值比面料自身价值还更大的道理是一样的。即使所有的居民都可以自由地铸造货币，而政府只不过明文规定每枚硬币的成色、重量和形状，持有金银币的人也必定仍然感觉向铸币者支付一定铸币费比自己把它铸成硬币更划算。因为不如此，货物交易时一定会产生意想不到的新问题，也许到时遭受的损失，比支付铸币费要更多。

然而，绝不可把金银材料通过铸造成硬币后增加的价值，和金银材料作为商品从充当货币中得来的增加价值混为一谈。增加的这部分价值，附在现有的全部金银的制品上。一只银杯因银材料被用来制成铸币而变得更加昂贵。至于银从铸造中得来的价值，则仅为铸造成银币的那一部分的银所特有的价值，正如银杯由于铸造的形式而获得的增加价值只为银杯所特有一样。这个价值与银从它的效用中获得的价值完全无关。

在英国，由政府负担铸币所需的全部费用。铸币厂收进一定重量的法定标准金条，铸币后必须交还相同重量的基尼硬币。英国国民以货币消费者的资格，无偿地享受政府铸币的利益，但又以纳税人的资格，向政府缴纳赋税以供这笔费用的开销。铸成基尼形式的黄金，显然在价值上比金条略高一筹，这既不是因为重量已经标准化，也不是因为人们常常称重量，而是由于它已经通过了检验工序。英国人有时把金银币交给铸币厂，不是为了把它铸成硬币，而是请铸币厂检验它的成色，以便在交易过程中向外国或国内买家提供一种保证。① 作为出口用途时，基尼硬币自然胜过金条，因为具有检验证明的黄金，自然比没有通过检验证明的黄金具有更高的可信度。另外，就输入英国的金条用途来说，金条较基尼硬币并不逊色。只要在重量、成色方面相同，两者的价值就完全相同，因为铸币厂铸造硬币时没有收取铸币费。事实上，外国人往往把已经得到检验证明的基尼硬币留存起来，而把金条送到英国以取得免费检验。所以，这个制度使输出已经铸成硬币的金属成为另一种目的，而对硬币的复进口，则不提供任何鼓励性政策。②

---

① 将金块送到铸币厂，为的只是取得对金块的检验证明。这不是将金块作为货币使用，而是作为商品使用。对于这一块业务，铸币厂收取检验费。在硬币获准自由输出之前，走私黄金造成的危害，与铸币厂提供检验证明的危害是一样的。这些意见只限于铸造金币。铸造银币，每铸 66 先令则收取 4 先令的铸币费。现在银已不再是货币的材料，目前只用银铸造小额硬币。——英译者注
② 现金的输出，不会使社会蒙受损失，因为没人愿意把现金白白奉送给外国人。对于这一点，无须反复说明。输出现金的目的，是换回相应的价值，

然而，立法者从未考虑到现实中出现的一种偶然情况竟然降低了这种危害性。英国只在伦敦设有一家铸币厂，在其他地方没有建铸币厂。这家唯一的铸币厂，日常业务是如此繁忙不堪，以致人们送来铸造的金属材料，总要等几个星期，有时甚至要等数月才能交货。①结果是，把金属材料交给铸币厂铸造的人，在该金属材料存放在铸币厂期间，损失了材料价值的利息。这相当于对铸币收取少许铸币税，使硬币的价值比金银块的价值还高一些。毫无疑问，如果人们毫无区别地接受金块和基尼硬币，同等重重的金块和基尼硬币可以互换，那么，金块与基尼硬币的价值便是完全一致的。

关于英国政府制定的铸币规则而引起的社会后果，我们就谈到这里。

如果我没有听错的话，所有欧洲国家通过铸币所获取的收入，都远远超过铸币费用。②这些国家心安理得地垄断发行货币的权力，

---

但国家会因此损失铸造硬币的价值。英国把基尼输出到外国所换回的价值，只相当于其含金的价值，而没有包括硬币上所刻的印记的价值。

这不是完全正确的。例如，西班牙银币在许多国家里流通，在众多的不铸造货币的国家，它已经取得法币的资格。西班牙银币在流通国的价值，相比在重量与成色上相同的银块价值高出许多。这两种价值之差，就是当地为铸造硬币获得的价值。对这个价值，当地人有时付出很高的报酬。这报酬付给谁呢？是付给西班牙人呢还是西班牙政府呢？倘若是付给个人，就属于不当得利，因为这是以牺牲社会利益为代价的；如果是付给西班牙政府，就是对生产作用的承认。如果英国铸造金币时，也像铸造银币一样收费，那金币绝不会源源不断地流出境外，它只输出到那些愿意为铸币的额外价值支付报酬的国家。当然，我们的作者很快就明确地表示，因铸造硬币而产生的价值，不会因输出国外而出现损失。——英译者注

① 参阅《国富论》，第一篇，第5章。
② 本书的一位德语译者，即博学多才的海德堡大学摩斯塔（Morstadt）教授，对这段内容提出了个人意见："自1810年以来，俄国政府不再收取铸币费。对邮政业务，政府同样是无偿地提供服务，也许是同样有道理的。"

在谈到大多数政府从铸币中获得的超出铸造成本以上的收入时，我表达的意见也许不对。法国政府收取的铸币费，最多不超过铸造费用，而同时投资在建筑物、机器设备上的成本利息和损耗，以及支出的管理费等，都是政府的纯损失。其他国家的情况，基本也是如此。

这个权力，连同对私自铸币者所课的重罚，使它们能够通过限制发行额最大限度地提高因铸币获得的利润。这是因为，货币的价值和其他货物的价值一样，总是与需求量成正比，而与供给量成反比。

事实上，当处于硬币形式的银因数量少而显得珍贵时，18 美元的银币的价值和 20 美元硬币购得的银块价值同等时，这就表示人们认为铸成货币的 15 盎司的银，与未铸成货币的 17 盎司的银的价值同等。因此，在这种情况下，政府可以通过铸造赋予 9 美元的银币以 10 美元的价值，从而从中赚取 10% 的利润。但如果银币数量多了起来，必须付出更多的银币交换银块，到那时也许就要支付 95 美元以交换价值 100 美元重量的银块了。在后一种情况下，政府购入银块铸造货币，从中所能赚到的利润，不会超过 5%。

在后一种情况下，如果政府为了想多赚些利润，自己不收购银块，而是直接向把银块交给铸币厂铸造的人收取 10% 的铸币费，其结果是铸币厂将无人问津。因为如果这样做，人们就要为使银块增加 1% 的价值而工作，并要付出 10% 的费用。这样一来，铸币厂将无银可铸，政府既没有交来生意，私人也不情愿送来生意。政府将会发现，过高的利润与大量的铸币是水火不相容的。

因此可以断定，人们谈论不休的铸币税，实在是一件微不足道的小事。政府不能自己决定铸币的利润率，这个利润率是以金银市场的行情为判定标准的，而金银市场的情况又决定了金银铸币与金银块的相对供给量与需求量。

值得我们注意的是，对作为金银铸币的消费者来说，硬币是昂贵还是便宜，完全没有关系。因为只要硬币的价值不经常出现意想不到的突然变动的意外行情，硬币便可按照公认的价值在市场中流通。

在收取铸币费的情况下，硬币是否被销毁或运到外国，对政府来说都是无所谓的。因为销毁也好，运到外国也好，铸币费反正都已经全部偿付，而销毁或出口导致的损失，只是这些费用。① 另外，硬币的出口，像其他货物的出口一样，实在是一件十分有利于国家

---

① 从铸造硬币中获得的价值，不会因将它输出而蒙受损失。硬币币面刻的印记，不妨看成向外国人展示的硬币推荐函，进而使硬币的价值上涨到等值金银块之上。

的好事。它是金银买卖生意的一个组成部分。毫无疑问，铸造技术越是难于伪造，重量越是准确划一、检验精密，而又支付过适度铸币税的硬币，大抵能在世界各国通用，这给政府提供的是不可轻视的利润。

请看荷兰的达克金币。它在北欧地区深受当地居民的欢迎，而且以比金块内在价值还大的价值在那里畅通无阻地流通。再看墨西哥银币，它全部都是在利马和墨西哥铸造的。它铸造的标准非常一致，以致不但流通于整个拉丁美洲，而且还在北美合众国、欧洲、非洲和亚洲许多国家流通使用。①

关于通过铸造工艺带给金属材料增加的价值，西班牙银币是一个很好的例证。当北美合众国决定自己铸造货币时，它满足于把西班牙铸币厂所铸的银币简单地打上新的印记，而对于它的重量和成色则不改变。但这样打上新印记的银币，不能按照西班牙银币的价格在中国人和其他亚洲人中间流通，100 美元银币买不到 100 西班牙银币所能买到的东西。但美国政府仍然继续把西班牙银币打上漂亮的新印记，但却降低它的品质。显然美国的用意是想使用这个方法来阻碍它输出到亚洲。为了达到这个目的，美国政府下令一切运往外国的硬币，应当是本国铸造的银币，它指望用这个方法迫使出口商选择自己国家的产品。因此，在大肆破坏西班牙银币后（不错，对仍在本国流通的部分没加破坏），美国政府接着又采取进一步的措施，把西班牙银币限定于对它最不利的使用，即把它的使用限定在与最不重视它的国家的贸易方面。正确的政策，应该是容许出口的价值以有希望换得的最大利益的形式出口。就这一点来说，本来是应该依赖利己主义目的的。②

---

① 自法国政府发行 5 法郎面额的银币以来，其重量与成色始终保持一致和不变。因此它也像西班牙银币一样，在世界上许多国家大受欢迎。

② 作者在关于美国铸造银币和输出银币等内容中，出现了三点错误，在此需要指出：第一，美国政府**从来没有**（never have been）简单地把西班牙银币打上新的印记而**不**（without）变更它的重量和成色。第二，1 金衡镑的西班牙银币，含纯银 10 盎司 15 本尼威特；而 1 金衡镑的美国银币，则含纯银 10 盎司 14 本尼威特又 5 格令。第三，美国从未通过任何法案，把输出硬币限定于本国自铸的**银币**（own coinage），各行政部门也无权管理或干涉硬币的输出。——美国编者注

对西班牙政府的所作所为，我们会有什么感想呢？由于人们信任西班牙政府铸造货币的严格，能够更多地输出银币，以大大超过金银自身价值的价格在外国卖出。然而，它却认为应当禁止这项有利的贸易，即本来能给它的国内企业所经营的本土产品提供更为广阔的销路并获取更多报酬的贸易。

政府虽然是唯一的货币铸造者，但没有义务给人民免费铸造货币。但从公平、公正的角度来说，不能在履行契约时，从应付款额中扣除铸币费用。假定政府对购入的供应品约定支付100万美元，那它就不能以后对购买方说："虽然我们事前约定支付100万美元，但我们把新铸的硬币付给你，同时在其中扣除约2万美元的铸币费。"事实上，所有涉及铸币的契约，无论立约者是政府还是私人，总是意味着偿付一定金额的硬币，而不是一定价值金额的金银块。所有产生于契约的交易行为，总是以这种默契为基本条件，即立约一方，将来以一种比银块价值大一些的货物支付给另一方，如以克朗银币或其他单位的银币。政府与他人签订契约，实际上就是约定将来以铸成的货币付款。在这种契约下，政府比在约定以银块付款的情况下得到较多数量的货物；同时也表明政府在签订契约时，实际上已经对铸币费提出了条件，以此获得比在习惯使用银块付款的情况下更为有利的条件。

应该从交给铸币厂铸造的金属材料中扣除铸币费，并由铸币厂再把该批金属材料以硬币形式交还原主时扣除。

上述种种考虑，势必使我们得出以下结论：把金银块铸成货币形式，可以增加金银的价值，而价值增加的多少，与社会从铸币过程中所获得的利益成比例。无论政府从中收取多少铸币费或铸币税，增加的价值只有这么多。① 此外，由于独家垄断铸币的权力，政府可以从中获得与上述增加价值金额相当的利润。当政府公平、自由地履行与他人签订的契约时，不可企求进一步提高这个利润。如果在履行契约之前，签订的条款包括这样的内容，那就是局部

---

① 在西属美洲地区，当地政府征收更高的铸币税。据洪博德统计，税收之高，即使减去铸造费后，还相当于所铸造银的价值的11.5%，或相当于所铸造的金块的价值的3%，而政府却明令禁止未经铸成货币的金银出口。所以严格地说，事实上这个税不能算是铸币税而应该算是出口税，只不过是在金银块转换为硬币时征收而已。

毁约行为。

不仅如此，在私人之间的交易中，政府没有权力通过垄断的印模印记特权，使充当货币的货物能具有比硬币自身价值再加上（plus）从铸造中得到的价值总和更大的价值。凭借打在硬币上的印记，企图以掌握的法律的权力，强制规定一盎司银的实际价值，其结果必然是竹篮打水一场空。打上印记的一盎司银，绝不能买到超过在当时市场上与它等值的数量的东西。

## 第5节 货币标准的变动

首先必须指出的是，关于本节的标题，是因为政府常常承担擅自决定作为货币的货物的任务。就这种独行专断本身来说，没有什么不合宜。因为在这个问题上，全体国民的利益和政府的利益恰巧达到了高度的一致。如果政府把一种不恰当的媒介强硬地拿来作为货币流通，那么在每笔交易过程中政府就要遭受损失，而且人民必然逐渐采用其他种类的媒介作为流通货币。在罗马人中间首先发行铸币的是国王纽马（King Numa），他铸造的是铜币。在那个时候铜是最适合于充当货币的金属，因为直到他的时代，罗马人除铜条外，根本不知道还有其他形式的货币存在。根据这个原则，现代政府选择金银作为流通货币，毫无疑问，即使政府对作为流通的货币材料不闻不问或听之任之，人民也必定自发自愿地选择这些金属作为货币。

统治者坚定不移地认为，在确定给予某一种货物以货币的流通性时，他的命令不仅是必要的，而且也是行之有效的。早在中古时代，他们就不断地把这个观念灌输给人民。然而，那是个个人利益至上并依照与统治者意愿完全相反的原则行事的时代。这是因为，对政府所选定作为货币材料持不同意见的人，要么囤积货物不卖，要么以其他方法处置他自己拥有的货物。

这个错误导致了另一个更为严重的错误，后者所造成的危害比前者严重得多，把一切固有的秩序连根推翻了。

政府相信，它能够随心所欲地抬高或贬低货币的价值。它相信在一切货物与货币的交易中，货物的价值必须要适应政府根据自己的意愿确定在货币方面的价值，而无须适应由于供需的相对影响进而自然依附在交易媒介或货币上的价值。

因此，当年法国菲利普一世（Philip I）把含纯银 12 盎司的查理曼（Charlemagne）大帝时期的**利弗尔**（livre）① 掺杂 1/3 合金，尽管它只含 8 盎司纯银，但却继续称为利弗尔时，他完全相信这个掺杂了劣等金属的利弗尔，仍然与从前的利弗尔价值相等。但实际情况是，它只值查理曼大帝时期的利弗尔的 2/3 的价值，一枚利弗尔银币仅能买到从前的 2/3 的东西。国王以及民间的债权人，这时只能收回 2/3 的正当债权，地主从佃户那里收到的租金，仅为以前 2/3 的价值，直到租约满期重新签订时才能做出相对公平的调整。这种事实上的不公平但却得到许可的事情在当时层出不穷，然而毕竟不能使 8 盎司纯银的价值等同于 12 盎司纯银的价值。②

1113 年，那时候称为利弗尔的银币仅含纯银 6 盎司。在路易七世（Louis VII）时代初期，利弗尔的含银量已经减至 4 盎司。圣·路易（St. Louis）时期 1 利弗尔只合 2 盎司 6 格劳 6 格令的纯银。③在法国大革命时代，1 利弗尔银币仅合 0.17 盎司纯银，所以它的成色只相当于查理曼大帝时期的利弗尔的 1/72。

关于银币价值为什么比一般货物价值跌幅更大这个问题，我暂且不谈。纯银价值已跌至从前的 1/4 左右，因这个问题与本节无关，所以我们还是放到以后再讨论。

所以说，利弗尔这个名称，曾在不同时代用以命名含纯银重量极不相同的银币。改变这个银币的重量，有时是通过缩小称作"利

---

① 在查理曼时期，1 利弗尔纯银重 12 盎司。
② 根据本章第 3 节确定的原则，可以确信，掺杂合金的含纯银 8 盎司的利弗尔，如果不在数量上增发，它还能保持含纯银 12 盎司的旧利弗尔的原有价值。这样一来，导致货币价值上涨，进而使人有理由设想，在货币铸造措施上施展手腕即能获取利润，因此政府下令改铸货币，把旧的 8 枚硬币掺入合金，改铸为 12 枚硬币，这就使硬币的总量增加到与降低硬币含银量标准相称的数量。
③ 在勃朗"序言"（Prolégomènes）中的第 25 页，我们发现圣·路易的银苏重量为 1 格劳 7.5 格令，把它乘以 20，就得到 2 盎司 6 格劳 6 格令的利弗尔。

弗尔"的银币的体积，有时是通过减轻它的重量，有时是通过降低它的质量标准，换句话说，其中掺杂较多合金的银币，有时是通过提高特殊单位名称的银币的价值，例如把 2 法郎银币直接更名为 3 法郎。由于在银币方面我们不会考虑纯银以外的其他金属材质，因为银币中含有的唯一有价值的物质就是纯银，所以这些改头换面的小花招导致的结果完全一样，实际上它们都是减少了利弗尔这种银币的含银重量。这就是法国推崇君主敕令时所说的提高标准。当局给出的托词是，因此提高了银币的名义价值。但其实银币的标准因此而降低，因为构成银币的唯一有价值的金属分量因此大幅度减少。

自查理曼时代至今，尽管利弗尔的含银量继续不断减少，但在不同时期，尤其是自圣·路易时代以来，许多君主纷纷采取相反的措施，即提高利弗尔的重量和质量。降低利弗尔重量和质量标准的动机十分明显，即用相对较少的银币偿付从前的旧债务，世上还有什么事情比这更划算的吗？但是，君主不但是债务方，他也是债权方。以租税为例，他对人民所处的地位，正如地主对佃户所处的地位一样。如果法律许可所有人以比约定数量少的银币偿还旧债务或履行契约，那么，人民当然也可以用较少的银币纳税，佃户也可以用较少的银币缴付租金。可是，君主所收入的银币虽然比以前减少了，但他还必须花费与从前一样多的银币，因为各种货物的名义价值随着银币含银量的减少而变相上涨。当法律宣布把以前的 3 法郎改作 4 法郎使用时，政府对以前 3 法郎的费用，现在得付 4 法郎。因此，政府必须提高旧的税率或开征新的税种。换句话说，为获得同一数量的银币，政府必须向人民索取更多的利弗尔。这种方法即便在现实中没有加重租税负担，但也为人民所厌恶。这种方法常常是行不通的。鉴于上述原因，政府采取恢复银币较高标准的办法。由于利弗尔含银量的增加，人民在付出同样数量的利弗尔时，实际上就付出了更多的银币。[①] 因此我们发现，银币标准的改变差不多

---

① 挥霍无度的罗马皇帝赫利加巴拉斯（Heliogabalus），也采用过相同的办法。那时使用**奥雷**（aurei）金币完税，而不是用一两的金缴纳。为了增收，这位皇帝发行新的奥雷币，每枚含金竟重达 24 盎司。勤俭持家而又意见相左的亚历山大·西维拉斯（Alexander Severus），后来大大削减了硬币的重量。

都是在开征永久性租税的同时，或在采行这项革新之前，君主对增加他所发行的银币的自身价值并不感兴趣。

倘若没有上面提到的改变硬币标准这一做法，一律都是按照我所说的那些显而易见并易于了解的方法实行，那就会出现巨大的错误。政府往往不是公开宣布改变标准，而是尽可能地秘而不宣。① 这种严守机密的企图，引起了相关的制造业对此使用粗鄙的专门术语。有时候，某一硬币单位标准改变，而硬币其他单位的标准却并没有相应改变，使得在某一交易时刻以某一单位硬币折合 1 利弗尔时，比以其他硬币单位折合 1 利弗尔时实际上要支付更多的银币。最后，为把事情搞得更加神秘莫测，政府常常强迫人民用利弗尔作为结算的货币单位，有时用苏，而有时又用克朗；至于付款，则使用既不代表利弗尔，又不代表苏，更不代表克朗，而是代表这些货币单位的零数或倍数的硬币。采行这种欺骗手段的君主，完全可以看成是以政府的权力武装的伪造货币者。

不难想象政府采取的这些强加于信用、商业道德、工业的措施，是导致所有危害的根源。事实也的确如此，给社会造成的危害巨大无比，以致在我们历史上好几个时期，由于政府所实行的货币措施，导致商业陷入停顿。伯尔（Bel）强迫外国人接受他发行的毫不值得信任的硬币，禁止他们用信用较佳的硬币做买卖，结果在法国的集贸市场上②看不见外国人。瓦罗亚对金币采取的相似措施，最终结果也是一样。一位现代编史家③告诉我们，几乎所有外国人都跟法国断绝了商业往来。由于法国常常改变硬币标准，以及随之带来的物价波动，商人纷纷破产，他们不得不离开法国。国王的其余臣民，包括贵族和中产阶级人士，也与商人一样处于困苦不堪的境地。由

---

① 1350 年，为了欺骗工商界，菲利普·瓦罗亚（Philip de Valois）改变生产计划，同时要求铸币职工严守秘密，宣誓不对外泄露。他命令职工"不得过问改换黄金标记的事，以免往硬币里掺杂合金的计划泄露出去"。在约翰王朝时期，类似的事发生过多次。参见勃朗：《货币史》（*Traité Hist. des Monnaies*），第 251 页。
② 勃朗：《货币史》，第 27 页。
③ 这里指的是马修·维莱尼（Matthieu Villani）。

于这些原因，这位编史家在叙述以上情况时，直截了当地说，国王已经完全失去了人民的爱戴。

我在上面所列举的都是来自法国币制方面的事实。但其他古代国家和近代国家，差不多没有一个不曾实行类似的措施。民主政体也好，专制政体也好，一概犯过这种错误。罗马共和国在黄金鼎盛时期，不止一次地贬低硬币的自身价值，使国民一次次地陷入破产。在罗马和迦太基第一次战争期间，他们把原来含铜 12 盎司的硬币，减轻到 2 盎司。在第二次战争中，又减轻到 1 盎司。①

早在美洲爆发战争之前，在货币方面，宾夕法尼亚州已经开始执行独立自主的权力。它于 1722 年通过一个法案，规定以 1 英镑金币当作 1 镑 5 先令使用。② 在美国独立、法国成立共和国后，它们在这方面所采取的措施更糟糕。

斯图亚特说："为了掩饰统治者改变硬币品质的企图，以及使这企图看上去好像是合理的，从而制定出令人忘记货币原理的各种巧妙措施，对此如果调查并编写一本书的话，完全可以写成一大厚本专著。"③ 之后他还加上一句话说："这本书没有任何实际效用，它绝不可能阻止有关政府施行相类的措施。唯一有效的预防方法，就是揭穿产生这些弊病的腐败制度。如果把币制制定得简单明晰、易于了解，就不难在弊病处于萌芽期时及时地发现并遏制它。"

当权者不应该认为，剥夺他们行使欺骗人民的权力，就等于剥夺他们的宝贵权力。建立在欺骗基础上的制度，绝不可能历久而不瓦解崩溃，它的可悲结局必定是得不偿失。人的利己念头会在最短的时间内唤醒人的智力，使感觉最迟钝的人变得最为敏锐。因此，在与个人利益有关的事情上，政府最难以运用巧智欺骗人民。政府不容易施展巧智欺骗手段，令人民陷入它自以为设计完美的圈套中，并获取更多的益处。人民虽然无法防范来自当权者的直接侵害，无法阻止政府的背信弃义，但政府的欺骗行为，无论掩饰得多么巧妙，

---

① 孟德斯鸠：《法的精神》（*Esprit des Lois*），第二十二卷，第 11 章。
② 斯密：《国富论》，第二篇，第 2 章。
③ 斯图亚特：《政治经济学原理》，1805 年出版，第二卷，第 306 页。

隐瞒得如何严密，总有被人看破的一天，结果政府将得到欺诈民众的臭名，完全失去信用这个伟大利器的使用权力。这个利器所能收到的功效，比施行巧智欺骗手段所能获得的小利益，不知道大多少倍。而且，政府获得的小利益，往往全部落入一些官吏的私囊。官员必定用种种不公正的手段对待人民，中饱私囊。这样，是政府失去了信用，而享受一切利益的却是官吏。政府弄得自己名誉扫地，付出如此巨大的代价所换来的，只是它的官吏们大发横财。

政府真正的利益，不在于获取虚伪的、不名誉的、危害政权根基的收入来源，而在于发掘真正的、丰富的、用之不竭的财源。人民对政府做出的最大贡献，无过于揭露前一种财源的性质，使政府认识到这一切的有害之处，同时也给政府指明后一种财源。

贬低硬币品质导致的直接结果，就是相应地减轻一切以货币支付的债务和义务，减少一切向政府或私人收取的永久性的或可赎还的租金，降低一切薪水、年金和高地租。总而言之，降低一切此前以货币表示的价值。通过这种降低或减少，债权人遭受的损失，就是债务人获得的收益。这无异于法律准许债务者破产，无异于债权人、债务人重新进行协商：债务人对应还债权人的债款打折扣付还，折扣的比例等于硬币含银量减少的比例。

所以，政府当局采用这种办法时，政府不但自己"以身作则"地敲诈勒索，夺取不正当利益，而且纵容一切其他债务人如法炮制。

法国君主绝不允许人民在处理私人事务时，同样分享当权者自己指望从增减某单位硬币所含的金属分量中获得好处。在增减硬币所含金属的分量时，法国君主的本意就在于少支付一些应付的金或银，或尽可能地多收取一些应收的金或银。有时尽管对硬币面值做了上述的增加或减少，但他们却强迫人民接受旧币并使用旧币付款，如果使用新币就必须按照新旧币当时的兑换率计算款项。[①] 这完全是效法罗马共和国的先例。在与迦太基的第二次战争中，罗马把阿

---

① 请参阅 1303 年伯尔（Bel）颁布的几个法令，1329 年和 1343 年瓦罗亚（Valois）颁布的几个法令，1354 年约翰（John）颁布的几个法令以及 1421 年查理六世（Charles VI）颁布的几个法令。

斯的含铜量从 2 盎司减至 1 盎司。于是共和国政府对所欠的债务，每 2 阿斯只付 1 阿斯，即减半偿还。但当时私人的账目是使用迪内里阿斯记账的。直到那时候为止，一枚迪内里阿斯价值 10 阿斯，但法律规定按 16 阿斯通用。因此，对 1 迪内里阿斯债务，私人债务人只付 16 阿斯或 16 盎司铜而不是付 20 阿斯，换句话说，不付 10 枚每枚含 2 盎司的阿斯或 20 枚每枚含铜 1 盎司的阿斯，像他所应付的那样。这样，共和国政府偿还自己的债务，只偿付原金额的一半，但强迫人民还 80%。

有些人常常把通过降低硬币品质的方法用来作为实行破产的办法，且将这种破产看作是正常的和单纯的破产，或只看作是压缩政府负债的一种正常手段。他们认为，对债权人来说，政府用降低品质的硬币偿还债务，比强硬地把负债额减少 1/4、1/2 等造成的危害更轻，因为他们也可以效仿政府，用得到的硬币偿付给别人。现在让我们来看看这两种方法的区别是什么。

当政府通过上述中任何一种办法实行破产后，债权人购买东西是要遭受损失的。无论是收入减少一半，还是购买东西时要支付比从前多一倍的价格，对他都是同样的损失。

这样，债权人在处理自己所负的债务时，完全可以效仿政府对待他的手段。没有任何理由可以设想政府债权人与社会其余部门的债权、债务关系，债务总是多于债权。政府与社会的关系，以及其他人与社会的关系，这两者之间并没有什么不同之处。我们有种种理由可以相信，政府作为债权方亏欠别人的钱，并不比别人欠他的钱更多。简单地说，他的债权和债务的账目可以对冲相抵。因此，他以债务人的资格得到的利益，恰恰可以被他以债权人资格遭受的损失所抵消。以降低硬币品质的办法来实行破产，对政府债权人说，和任何其他形式造成的破产一样糟糕透顶。

然而，紧随着破产接踵而至的还有其他更为严重的危害，无论对国民福利还是国家繁荣，都是贻害无穷。

破产会使各种货物的货币价格大大脱节，而按照各类货物的个别特殊情况而言，将产生种种极为恶劣的影响。它会造成计划最为周详的、最为有利可图的投机事业发生重大挫折，并使贷款者和借款者互不信任。在冒着将来无法收回全部贷款的风险下，不会有人愿意提供贷款；在冒着将来不得不偿付比借入还多的款项的风险下，也不会有人想借钱。最后的结果就是，资本从生产性投资领域转到别的领域。不但如此，由于硬币因品质下降形成的对生产领域的冲击，往往还产生比对生产领域更大的打击，也就是说，在对货物课税和订立最高价格方面产生冲击。

就国民道德而言，此事产生的负面影响也极为严重。在一个很长的时期内，人们对于价值的概念将陷入模糊不清的状态。处理涉及钱财方面的事务时，无赖总是占便宜，诚实总是吃亏。不仅如此，政府的行为和榜样，无异于鼓励巧取豪夺。个人利益变得与诚实公平相冲突，法律变得与良心水火不容。

## 第6节　货币既不是符号也不是尺度的理由

倘若货币没有自身价值，那么它只不过是一个符号或代表。但货币绝不只是符号或代表，无论什么时候任何人以货币进行买卖交易，心中所考虑的，都是货币的自身价值。当一件物品卖出1美元时，买者所支付的与卖者所收取的，都不仅是1美元的记号或名称，而是人人共知的1美元硬币的含银量。作为这个论点的证明，如果政府发行锡或锡蜡制成的克朗，那这种硬币的价值，绝不能与银币同日而语，尽管法律明确规定它们等价，购买同一货物必须要支付更多的锡币或锡蜡币。如果货币只是符号或代表，这种情况就永远不会发生。

因暴力压迫、隐蔽的金融陷阱或非正常的政治形势，导致货币的自身价值一时下降贬值，但以后还能保持原来的通用价值，那贬值就是一时的，绝不可能持久。由于个人的利害关系，人们很快就会琢磨自己付出的价值是否大于收回的价值，因而想方设法避免因不公平的交换而造成的损失。即使政府由于必须寻找一种交易媒介以实现价值的流转，但有时也不得不将价值授予某种本身并没有任何内在价值的或没有充分保证的物品。然而，基于交易媒介的需求而附在这个记号上的价值，就是由于它的实际效用而获得的真实的内在价值。这时，这个物品就成为交易过程中的独立对象。将英格兰银行发行的钞票作为交易媒介的代表来看，自身完全没有价值。实际上它并不代表任何东西，它不过是一家银行发行的、没有任何担保的约据。银行把它提供给政府，政府也没拿出任何东西作为担保。但是，完全基于它在交易过程中的效用，使该钞票在英国交易市场中具有绝对价值，它无异于金银。

但凭索即付的银行钞票，是银或硬币的代表记号。① 持票人任何时候需要银或硬币，一经提出要求，就可以兑换到银或硬币。至于银行因此付出的货币或硬币，则不是代表价值而是被代表价值的东西。

一个人出售自己的物品时，他不是把该物品交换回一种符号或代表，而是把它交换为一种他认为具有相当于他所销售的物品的价值物。当他购入物品时，他也不是使用记号或代表来购买，而是使用一种具有真正的、实实在在的、相当于他所购买的物品的价值的别的物品。

在这方面有个基本的错误看法，进而引起另一个流传非常广泛

---

① 作为银行钞票的银或硬币，无论是"代表"价值还是"标明"价值，都已经不再具备准确明晰的概念。没有一种精确的分类，将银行发行的钞票称之为"价值的代表"，这种模糊的表达，为极端模糊的概念表达提供了机会。纸币流通的时间太长，只适合参与并服从交易，因纸币造成的混乱，使市场无法将它迅速抛弃。

我们看到，与其他有价值的物品一样，小额硬币依据它们自身的价值，参与销售与购买行为，使用它们，是为付出的价值既不高于也不低于所购买的物品的价值。银行钞票则不然，任何高于交易价值的货单，或其他用现金支付的流转契约，代表或标明这些物品价值，但在实际支付债务时，或根据需求，或确定准确的支付日期，用硬币面值所表示的数量，也就是银行在接受它时货币自身的价值来支付；且只有双方都明确这些价值后，这些货币才被接受；或当这价值为众所周知时，它们才会像被市场认可的硬币那样被接受。——美国编者注

的错误观点。既然货币被说成是一切价值的记号,于是有人大胆地断定,在所有的国家里,货币、银行钞票与其他货币以及信用票据等的总价值,就等同于一切其他物品的总价值。这一论点因下述情况显得好像更有道理,即货币的数量增加越多,货币的相对价值越低;货币的数量越减少,货币的相对价值就越增加。

然而,毫无疑问的是,同样的数量变动,对任何其他物品也具有这样的影响。如果某一年葡萄的收获量比前一年增加一倍,那么葡萄酒的价格就将比前一年便宜一半。同样,我们可以毫不犹豫地承认,如果流通中硬币总量增多一倍,那么一切物品价格将上涨一倍。换句话说,购买同一物品,需要付出两倍的硬币。但这个结果并不证明流通手段的总价值总是相当于一切其他财富的总价值,正如它不能证明葡萄的总价值相当于其他物品的总价值。上述事例设想的银价和酒价的偶然变动,是由于在两个不同的时期,两种物品的数量不同引发的结果,与其他物品的数量毫不相干。

我们前面已经说过,一个国家拥有的货币的总价值,即使加上该国拥有的其他形式的贵金属的总价值,与其他物品的总价值相比也不过沧海之一粟。因此,被代表的物品价值总是大于代表物的价值。代表物体现被代表物,但不是对被代表的占有。①

孟德斯鸠主张,货物的货币价格应根据国内货物总量和货币总量的比例来确定。这种观点并没有更充分的根据。② 除自己经营的物品外,买者和卖者怎么会知道其他物品的存量呢?并且,这种知识对那些特殊物品的供需究竟有什么关系呢?这种意见是起因于不明白事实而又不理会事物内在的原理。

---

① 即使加上信用票据,也无助于我们解决遇到的困难。流通手段,无论是具有硬币形式还是纸币形式,其数量不能超过它所体现的效用的总量。只要扩大国内货币的数量,无论增加的是金属货币量还是纸币量,随之发生的必然是货币价值的相应贬值,导致相同数量的货币再也不可能购买到与从前相同数量的物品。货币作为流通手段的物品的价值,与它作为流通媒介的价值相比,实在是微不足道的。请读者仔细阅读第22章第4节,即钞票的各段内容,就能明白其中的道理。
② 孟德斯鸠:《法的精神》,第二十二篇,第7章。

有人主张用货币或硬币作为价值的**尺度**（measure），这个意见看上去好像还有道理，其实也是错误的。我们可通过价格估计价值，但没有办法衡量价值，这就是说，没有一种方法可以把价值和一个已知的、不变的度量相比较，因为至今还没找到这种度量方法。

政府无论拥有多么大的绝对权力，也不能决定价值的一般比率。政府可以颁布一道行政命令，叫约翰（John）把他自己的一袋小麦无偿地送给理查（Richard）。这个命令大概能做到的就是约翰亏损而理查获利，但政府不能规定4美元成为一袋小麦价值的正确标准，正如命令将小麦无偿地赠送给别人但却不能表示小麦变为无价值的物品一样。

码或英尺是计算物体长度的真正尺度，它能提供有关一码或一英尺长度的明确概念。一个人无论住在什么地方，绝不会怀疑甲地身高6英尺的人与乙地身高6英尺的人的身高有什么不一样。当有人告诉我格泽（Ghaize）大金字塔的基址宽656英尺时，我能在巴黎或其他地方丈量出一块四面宽656英尺的地，从而明白该金字塔占地多少。但是，若有人告诉我一峰骆驼在开罗值50西金，即90盎司银或100美元，这时我对这峰骆驼的价值还是没有明确的概念，因为我虽然有充分的理由相信100美元在开罗比在巴黎值钱，但说不出相差多少。

因此，可以做得到的最多不过是估计或计算不同货物的**相对**（relative）价值，即计算在某一特定时间、特定地点的甲货与乙货相比较的价值的大小。至于它们的**绝对**（positive）价值，那是无法确定的。例如，某栋房子价值4 000美元，这个数字能使我们联想到什么呢？我想到的是，用这个数目的货币能购买到的物品，也就是说，它意味着与该房屋价值同等的价值，而不是任何固定数额的价值，或与两种货物的对比无关的价值。

把不同价值的两种物品和一种特殊物品的不同部分进行对比时，得到的也只是估计的相对价值。说某栋房子值4 000美元，另一栋房子值2 000美元，也不过是表明前者的价值是后者的两倍。能明确的是，当把这两栋房子和能分割为相等部分的产品（例如货币）对比时，它们的相对价值是能够想象得相对精确一些的，因为4这个整数与 2 这个整数，或 4 000 这个整数与 2 000 这个整数的比率不难想象。但要想对这些整数中的一个数字形成抽象概念，那肯定是徒劳的。

如果所谓的**价值尺度**（measure of value）只是如此，那么我承认货币是一种尺度。但应该指出，所有其他可分割的物品，虽然不是货币，但也同样是价值尺度。如果说某栋房子值 1 000 夸脱小麦，另一栋房子值 500 夸脱小麦，那它们的相对价值一样明了。

这个衡量相对价值的尺度，如果我们可以这样说的话，也不能精确表示两件物品在相距很远的地方或在相隔很久的时候的价值的概念。1 000 夸脱的小麦或 4 000 美元的银币，在比较古代的一所房子和现今的一所房子的价值时毫无用处，因为在这两个时代之间，小麦和银币的价值发生了变化。亨利四世时代价值 4 000 美元的一栋巴黎房子，比现今价值 2 000 美元的一栋巴黎的房子的价值要高出好几倍。同样，2 000 美元的收入，在大不列颠比在巴黎价值大得多。

可以说，不存在能准确对比不同时代或不同国家财富的情况。政治经济学做不到这一点，正如在数学领域不能求出与圆面积相等的正方形，因为没有共同的尺度进行比较。

无论是银还是用来铸造硬币的任何材料，都属于货币。与其他物品一样，它们的价值可任意决定，也会发生变动，精确的价值是由参与每次交易的买卖双方协商决定的。当银能买到较多的物品时，它便比只能买到较少物品时有更高的价值。因此，银不能作为确定价值的尺度，因为作为衡量尺度的首要条件是它自身的不变性。孟德斯鸠在谈到货币问题时说："什么东西是一切物品的尺度，那什么东西就应当最不易发生变化。"[①] 他的这段话存在三个错误：一是人们从来没有认为货币是一切东西的尺度，而只认为它是价值的尺度；二是货币甚至不是价值的尺度；三是没有任何方法可以使货币的价值不变。如果孟德斯鸠的目的在于阻止政府改变硬币标准，那他就应当想方设法利用这个问题作为他提供理论的武器，而不是玩弄华丽的辞藻。这样的遣词造句只会使人坠入迷途，还会让错误的看法

---

① 孟德斯鸠：《法的精神》，第二十二篇，第 3 章。

四处流传。

如果能有机会对比不同时期或不同地点的价值，那不但是一件奇妙的事情，而且将是有益的事情。例如，当人们有必要约定在远地支付款项或在很长的一个未来时期缴付租金时，就要做这种对比。

斯密认为劳动的价值相对比较不易出现变动，因此更适合充当衡量不存在于今日或存在于遥远地方的价值尺度。他做出的推论如下："对工人来说，在任何时期和任何地区，同量的劳动都具有同一的价值。工人在正常的健康、体力和心理状态下，以及在掌握具有普通程度的熟练技术的情况下，总是有必要放弃同一部分安逸、自由和快乐。他在任何时候都必须付出同一的代价，无论能换回的物品是多少。确切地说，这个代价所购得的物品，有时多一些，有时少一些，但这取决于物品价值的变动，而不是由于购买物品的劳动价值发生的变动。无论在什么时候或什么地方，易于获取或只需花费少许劳动就能获得的东西就是便宜的。因此，只有劳动的价值始终不变，只有劳动是终极的、真正的标准。在任何时候和任何地点，一切物品的价值，都可使用劳动衡量和比较。"①

无论这位杰出著作家的意见是如何值得我们尊重，但是不要以为同一强度的劳动对工人来说具有同一的价值，所以作为交换品，劳动价值是永恒不变的。劳动力的供需，与其他物品的供需一样，

---

① 在《国富论》第一篇第5章中，关于这个问题，斯密说："支付一切东西的价格，或用来购物的货币，既不是金也不是银，而是劳动。世界上的一切财富，都是通过劳动换来的，而不是用金钱购买的。"我相信我已经成功地证明了斯密的观点是错误的。在价值的创造过程中，大自然扮演着一个不可或缺的极为重要的角色。在多数情况下，大自然发挥的作用，最终构成产品价值的一部分。土地的利润归地主享有，称为地租。地主自己可以不干活，他取代了原始土地占有者的地位。土地的利润直接影响到大自然与劳动协同生产的产品价值。大自然贡献的部分价值，不是劳动的产品。大部分资本是劳动的积累产品。像大自然一样，资本也在协同参与生产工作，同时资本也接受一部分产品作为报酬。最终归于资本家的利润，与投放在资本本身的积累劳动有着非常大的区别。消费所有资本的可能是一群人，而消费资本的产品，即资本利息的，可能是另一群人。

变动无常。劳动的价值，和其他物品的价值一样，取决于利害恰恰相反的买者与卖者通过协商所达成的一致的意愿，因此价值因这一致的意愿的内容而变动。

劳动质量对劳动价值具有极大的影响。身强体壮、富有才智的人的劳动，比身体虚弱、无知无识的人的劳动，价值要大得多。此外，在强烈需求劳动的繁荣社会中，劳动体现出的价值，比在人口过剩的国家大得多。美国一个技工每日赚取的报酬，以银计算要比法国技工高三倍。[1] 我们是否以此推断说，银在美国的价值只相当于它在法国的价值的 1/3 呢？美国技工吃得更香、更饱，穿得更体面、更亮丽，住得更宽敞、更舒适，这些都充分证明他们的工资相对较高。劳动的价值是价值变动的最关键的要素之一，因为有的时候，社会对劳动的需求极其迫切；而有的时候，劳工过剩却得不到任何用途。在产业萧条的城市，我们常常看到这种情况。

这说明，劳动的价值并不比其他物品的价值具有更充分的资格充当衡量在相距很远地方或相隔很长时间的两个物品的价值的尺度。事实上，根本就没有价值尺度这种东西，因为没有东西具有充当价值尺度的必要条件，即价值永恒不变。

由于不存在精确衡量价值的尺度，我们就不得不满足于接近精确衡量的尺度。只要人所共知的物品价值都能够多少正确地反映出任何其他特定物品的价值，那么就同一时间和同一地点来说，达到接近于精确衡量并没有什么困难。任何物品的价值，几乎都可充当测定任何其他物品价值的尺度。但要想相当精确地测定某物品在古代的价值，就必须找到一种我们有充分理由相信在以后的相对一段时间内价值相当稳定的物品，然后对比古代人和现代人需各付多少该物品以交换前一种物品。由此而论，丝绸不适合充当比较物。理由是，在恺撒大帝时代，我们只能从中国买到丝绸，价格极其昂贵，欧洲根本就不生产这种物品。所以，那时候丝绸的价值一定比现在昂贵得多。有没有什么物品的价值在这两个时代的中间比较稳定呢？

---

[1] 据洪博德的计算，相当于我们的钱 3.5~4 法郎（请参阅《关于新西班牙的政治性论文》，第三卷，第 105 页）。

如果有的话，那么在恺撒大帝时代，人们付出多少这种物品以交换一盎司的丝绸呢？这两点必须调查。如果有这样的两种物品，在古代和现代，生产过程相差不多，产品质量也一样完美，而且消费量和生产量有并驾齐驱的趋势，那么这物品大抵就是价值相当稳定的物品，可以令人信服地充当测定其他物品价值的尺度。

自有史可查的最早时代以来，小麦始终是欧洲各大国大部分居民的主要食物。而且，这些国家人口的相对数量，受小麦产量的影响，一定比受其他事物的影响更大。所以，小麦供给量和需求量的比例，在任何时期，一定大致相同。此外，我不知道还有什么产品，其生产费用的变动，比小麦更稳定。就耕种的技能来说，古代人在很多方面丝毫不输于今人，在有些方面甚至比今人还要高明。不错，在当时资本较贵，但那个时代的人们不会感觉到，因为在古代，地主一般兼农民与资本家于一身。那时候农用资本的收入，比其他方面所用资本的收入来得更低。由于人们重视农业劳动远远超过其他行业的劳动，包括工商贸易行业，流入农业领域的资本和劳动力，要比流入其他行业的多，所以，从中世纪至今，虽然一切其他行业的技艺都逐渐衰落，但耕种技术与今日相比并无逊色。

从上述内容可以推断出，从古代到现代，相同数量的小麦，必定有着差不多的相同的价值。但从古至今，收成情况各年不一，有时候丰年谷贱如土，有时候歉收年米珠薪桂。所以，使用小麦价值作为计算基础时，必须使用各年的平均价值。

关于估计在相隔很久的两个时段中的物品价值，谈到这里为止。

估计在两个相距很远的地点的物品价值时，面临的困难也不小。作为各国人民的主要粮食（这种谷物的供需需维持在最稳定的比率上），大相径庭。在欧洲，小麦是主要粮食，但米却是亚洲人民的主要粮食。这两种谷物的相对价值，无论是在欧洲还是在亚洲，都不稳定。亚洲的米价与欧洲的小麦价，各不相同。米在印度的价值，无疑比小麦在欧洲更为便宜，因为稻米的生产费用较低，而且是一年两熟。这是印度和中国劳动力都很便宜的原因之一。

因此，人类最普遍食用的粮食，并不是测定相距遥远的两个地方的物品的价值的完善尺度。贵金属也不是精确的衡量尺度。贵金属的价值，在北美洲和西印度无疑比在欧洲低，但在亚洲却是昂贵得多。贵金属源源不断地流向亚洲的事实，可作为这一点的证明。但是，由于这些地区之间的交通频繁以及运输便利，我们有理由相信，贵金属在两地运输过程中，是价值最不容易发生变动的东西。

有幸的是，从交易的角度说，没有必要对相距遥远的两个地区之间的物品和贵金属的价值斤斤计较。我们需要知道的只是它们在各自国家与其他物品的比价。当一个商人输送0.5盎司银到中国时，对他来说，0.5盎司银在中国的相对价值，比在欧洲是大还是小，无关紧要。他要知道的只是他能否在广东以该银买到1磅的一定品质的茶叶，然后比如说以两盎司银的价格在欧洲把该茶叶卖出去。知道了这些**数据**（data）以及预计完成买卖赚1.5盎司银的总利润后，这位商人又要计算扣除一切费用以及在国内外所冒风险的代价后，能否有足够净利润。他关心的只是利润。如果他输往中国的不是银而是其他物品，他必须知道的是：一是这些物品在欧洲对银的比价，即它们值多少；二是这些物品在广东对中国其他产品的比价，即这些物品能在中国国内换到多少产品；三是中国产品在欧洲对银的比价，即中国产品输出到欧洲后能值多少。毫无疑问，每次进行这类交易之前，必须研究的问题，都是在同一时期和同一地点两种或两种以上物品的相对价值。

换句话说，当大众日常生活所需要的只不过是对相距不远的地方或相隔不久的时间段内的两种物品进行比较时，所有具有一定价值的物品，大多都可用来作为价值的衡量尺度。人们往往在不涉及买卖物品的场合，计算物品价值时也更常常使用贵金属，即使用货币而不使用其他物品作为衡量尺度，这不过是因为与其他物品价值相比较，货币价值更为人们所熟识。① 但是，订立长期买卖契约，例如永久性租金契约，则使用小麦为计算尺度更合宜。理由是，一

---

① 在全书中，通篇使用货币价格，即出售物品得到的价钱，表示各种类型物品的价值差异。如果作者仅仅是为了把事情讲得更明白，则完全没有必要在书中列出极为精确的数据。即使在几何学这个精准的学科中，使用数据的目的，也只是让人更容易了解具体的事情。当人们从事推论工作并得出结论时，才有必要依赖严密的精确分析。

个新银矿的发现，会使银价发生暴跌；另外，即使北美洲全部土地都拿来耕种，也未必会使欧洲麦价发生显著的下跌，因为北美洲人将随耕地面积的增加而增加收入。不过，若以契约规定在遥远的将来的价值总是危险的，因为无法确定将来得到的价值是多少。也许最轻率的举动，就是约定以某种名称的货币付款，因为这种货币的重量和质量随时都可能改变，因此即使立约双方忽然发现所约定的与其说是价值还不如说是名目，那么所谓的付款和收回货款不过是一句空话而已。

我不厌其烦地驳斥这些不正确的说法，是因为这些说法似乎流传得过于泛滥①，使得人人都把不正确的概念和观点误以为是真理，有时竟根据这些观点制定错误的制度，而这些制度又引起其他的错误行动。

## 第7节　估算历史记载的金额时应注意的事项

把古代货币转化为现代货币的相应价值时，学识最渊博的历史学家，也不能仅仅满足把引证的通常称为某名称的、一定分量的金银转化为自己时代的货币。仅仅这样做是不够的。实际数额的金额和一定分量的金银，都不能正确地代表它们在那个时代的价值，而这却是我们所要知道的东西。除此之外，我们还要研究在这个时期中贵金属价值自身发生变动的情况。

有几个实例可以准确无误地说明我的观点。

伏尔泰在他的《世界史》（Essay on Universal History）一书中②告诉我们，查理五世（Charles V）制定的一项法案，每年给皇室子孙 12 000 利弗尔的经费。由于他计算出这个金额相当于现在 100 000

---

① 本书第三版发行后，西斯蒙第（Sismondi）撰写的《政治经济学新原理》（Nouveaux Principes d'Econ. Pol.）一书问世。在文思泉涌的各章中，该书第五卷第 1 章的标题是"论货币与价值的符号、表征与尺度"（money, the sign, token, and measure of value）。

② 克尔（Kehl）编，第十七卷，第 394 页。

利弗尔，所以我们自然认为对王子王孙来说，这笔经费不是太大。现在让我们研究一下他的计算方式是什么。首先他计算1马克纯银，在查理五世的时代价值6利弗尔，然后根据这个兑换率，折算12 000利弗尔合2 000马克纯银。在伏尔泰写的那本著作的时代，2 000马克纯银实际上相当于100 000利弗尔左右。但是，2 000马克纯银，在查理五世时期比在路易十五（Louis XV）时期的价值大得多。如果我们把这两个时期中的纯银平均价格和小麦平均价格作一对比，便会相信这是事实。小麦是价值波动最微小的物品。

毛尔（Maur）在他的著作①中记载了许多关于各种货物的价格。根据他的计算，自菲利普·奥古斯都（Philip Augustus，于1223年去世）朝代至1520年左右，1塞提尔（setier，巴黎标准）小麦平均约值1马克纯银的1/9，大约值512格令纯银。

约在1536年，1塞提尔小麦的市场价格约为1马克纯银的3/13，即相当于1 063格令纯银。当时1马克纯银值13利弗尔，或说得确切些，值13个以利弗尔命名的通用货币。

在1602年，即亨利四世（Henry IV）朝代，1马克纯银相当于22利弗尔。1塞提尔小麦的平均价格为9利弗尔16苏9顿尼，即相当于2 060格令纯银。②

自那时以来，1塞提尔小麦所值的银，每年相差无几。当1789年1马克银相当于54利弗尔19苏的时候，据拉瓦锡（Lavoisier）计算，小麦的平均价格约为24利弗尔1塞提尔，即相当于2 012格令纯银。从以上计算可以看出，没有精确计算到1格令以下的零数，关于这种计算，只要做到大约精确就够了。的确，根据巴黎与巴黎附近地区的价格计算出的1塞提尔小麦的平均价格，本身就不十分精确。

上述比较的结果表示，自1520年以来至今，1塞提尔小麦和其他物品的比价，没有出现过较大的波动，但1塞提尔小麦本身的价

---

① 《关于银价与粮价比较的报告》（*Rapport entre l'Argent et les Denrées*），第35页。
② 有关这些计算，应该感谢毛尔撰写的《关于货币的论文》（*Essai sur les Monnaies*）和《物价的变动》（*Variations dans les Prix*）两本书给予我的帮助。

值，却经历了很大的变动，它的各年价值分别是：

1520 年　　　　　　　　值 512 格令纯银
1536 年　　　　　　　　值 1 063 格令纯银
1602 年　　　　　　　　值 2 060 格令纯银
1789 年　　　　　　　　值 2 012 格令纯银

这些数字表明，1520 年后纯银的价值肯定出现了剧烈的波动，因为现在的所有交易都必须比三百年前多付出 3 倍的银币才能购买到同一数量的物品。我们很快就可明白①，为什么美洲银矿的发现以及流入市场的银比以前多了 10 倍，就使银价跌到以前价值的 1/4。

现在我们看一下上述提到的关于拨给王子王孙的俸禄情况。如果纯银在查理五世时代比在伏尔泰时代贵 4 倍，那么，拨给皇室家族的 2 000 马克，就相当于现在的 8 000 马克，这就是说，它相当于现时的 400 000 法郎，或相当于现在的 75 000 美元。这使伏尔泰认为这个俸禄不够用的意见不对了。

尽管雷纳尔擅长撰写商业方面的文章，但他也犯了相同的错误。据他的估计，在路易十二统治时期，法国的岁入相当于现在的 36 000 000 法郎。他的理由是：这个数额等于 7 650 000 利弗尔，每 11 利弗尔合 1 马克。不错，这笔金额的确相当于 695 454 马克银。但仅仅把马克转化为现今的利弗尔是不够的。这是因为，同一分量的银，那时候的价值是现在的 4 倍。所以，在把那时候的钱币转化成现在的钱之前，首先要乘以 4。这样计算的结果，将使路易十二时期的岁入增到 144 000 000 法郎的现在的钱，即将近 27 000 000 美元。

还有，从苏伊托尼阿（Suetonius）的著作中我们读到，恺撒大帝赠给塞维利阿斯（Servilius）的一粒珍珠，当时价值 6 000 000 塞提尔。他的著作的译者哈普（Harpe）和勒维斯（Levesque）估计该珍珠价值现在折合 1 200 000 法郎。接着读下去，我们看到恺撒大帝返回意大利后，把从高卢掠夺来的金块变卖出去，每一磅卖 3 000 塞提尔。这表示哈普等所估算的价值太低。据勃朗（Blanc）计算，当时的罗马磅，1 磅相当于我们现在的 10.7 盎司。当时 10.7 盎司的

---

① 参见本书第二篇，第 4 章。

金，可值现在32盎司的金，因为我们有充分的理由可以估算出，金的价值现在已跌至相当于以前的1/3。① 现在的32盎司金，大约值3 036法郎，所以，应把3 000塞提尔的实际价值估计为3 036法郎。按照这个兑换率，每1塞提尔相当于1法郎强，所以上述珍珠的市值肯定高达6 072 000法郎（约合1 129 392美元）。这比普通估算的金额要大得多。②

当年恺撒大帝不顾麦特拉斯（Metellus）护民官的强烈反对，把国库中的财富攫为己有的时候，据说他发现这批财富包括4 130磅黄金和80 000磅白银。根据维托特（Vertot）的估算，这笔财富价值2 911 100利弗尔，但我想不出他是根据什么计算出来的。要得到关于恺撒篡位时夺取财宝的价值的准确数额，应该把4 130磅黄金按照10.7盎司相当于1罗马磅的兑换率转换为法国的标准盎司③，即44 052盎司。但是由于同一分量的金，那时候比现在贵2倍，假定那

---

① 在恺撒大帝时代，12盎司银可兑换1盎司金。既然银价跌到了以前的1/4，那么恺撒大帝时代的1盎司金应该值现在的48盎司银。但目前的48盎司银值3盎司金。因此可以肯定地说，金价贬值到只等于以前的1/3了。
② 计算时铸成的错误，使得后世的译者在不知不觉当中，大大低估了最声名狼藉的帝王的挥霍无度与奢侈。他们告诉我们，卡利古拉（Caligula）仅在一年之中，将蒂里阿斯（Tiberius）积累的全部财富挥霍殆尽，总计高达27亿塞提尔。哈普只把这数额转换成了相当于5.4亿法郎。现在假定自恺撒时代起到卡利古拉的朝代期间，金价没有出现太大的变动，那么，27亿塞提尔，应该相当于30亿利弗尔。在这两位大帝执政的朝代之间，金价大概没有出现过大的波动。据史书记载，比这小得多的金额，根本不足以应付他那种奢侈的日常生活。

在贺拉斯（Horace）的诗歌的第二卷第二篇，谈到一笔财产，总计达30万塞提尔。根据这篇诗文上下文的意思，这笔财产肯定是一笔巨额财富。依据我的意见，这笔财富相当于当今的3 003 600法郎，约等于56 470美元。但是注释者达西埃（Dacier）错误地理解那段文字的意思，只估算成22 500法郎，或是仅值4 185美元。
③ 在勃朗的《货币史》中的第3页，他估计，合12盎司1磅的罗马磅，仅仅等于我们的标准的10.7盎司。他是根据一些保存非常完好的这些帝王所铸硬币的重量得出的结论。在这里，我对1盎司黄金所估计的价值，完全是以铸币的标准为依据，也就是说，包含了1/10的合金。因为我假定恺撒掠夺的金不是纯金，而是掺杂了合金的硬币。

时候金的标准和现在相同,那么这 44 052 盎司便相当于现在的 132 156 盎司金,或 12 530 346 法郎(合 2 330 644 美元)。至于 80 000 磅白银,如果把 1 罗马磅作为 10.7 盎司计算,再假设当时它的标准与现在银的标准相同,那么,它便相当于现在的 320 000 磅,就是说,相当于 20 915 735 法郎(合 3 890 327 美元)。可以比较明确地说,这位篡位者侵吞的国库财富,相当于我们现在的 33 446 081 法郎(合 6 232 971 美元),大大地超过维托特所估计的 3 000 000 利弗尔的数额。

从这些例子中可以看到,广博的学识和计算的精确性比不上我们刚才引用的那些历史学家的计算,得到的结果是多么令人不可信啊!罗林(Rollin)在他的《古代史》(Ancient History)和弗柳里(Fleury)在他的《教会史》(Ecclesiastical History)中,按照某些博学的人在科尔伯特执政时期所制定的比率估算**塔伦**(talentum)、**麦那**(mina)和塞提尔的价值。但依照这个比率计算的方法有许多缺点:(1)它根据很有疑点的资料确定古代硬币所含的贵金属,这是错误的第一个原因。(2)从讨论中的古代到科尔伯特执政时代,贵金属的价值曾发生很大波动,这是错误的第二个原因。(3)科尔伯特时代的换算率,是按照 20 利弗尔 10 苏相当于 1 马克银的比率来计算的。这个比率是当时的银块铸币价,但到罗林著书的时候,已经出现了变化,这是错误的第三个原因。(4)自从罗林的著作出版后,这个比率继续历经着变化,现在 1 利弗尔的银,比在罗林时候要少得多,这是错误的第四个原因。因此,无论是谁在从事这项工作,如果依赖这本书的计算,那么对古代国家的岁入、岁出,以及它们的资源、商业与所有的制度及组织,将得到极不正确的观点。

当然,这并不是说一个史学家在任何时候都能掌握足够的材料,进而给予他的读者一个关于一般价值的正确概念。在把古代甚至是中世纪的金币价值转化成现今的货币价值时,为了使计算的结果能达到更加精确的数字,我个人的建议是:(1)请教精通古代历史的人,确定当时的硬币所含有贵金属的实际重量。(2)到查理五世时代,即到 1520 年为止,如果是金,这重量的金属价值必须乘以 3；如果是银，就必须乘以 4①，因为美洲银矿的发现，使金银价值发生了同等比例的贬值。（3）把金或银的分量转换成研究学者著书时期市场流通的货币。当然，现在的学者一般都按照这种方法进行换算。

自 1520 年至亨利四世时代末期，即 17 世纪初叶，银价步步下跌。我们可以按照上节所描述的方法，根据任何特殊物品的价格涨跌情况，推算出银价下跌的幅度。要对这个时期的 1 马克银的价值具有正确的概念，必须计量任何物品，尤其是小麦的实际价格上涨幅度的情况。所谓实际价格，是指以金属计值的价格，而不是名义价格或以硬币计值的价格。

自 17 世纪以后，把当时的货币价值转换成马克的银币，不必重复上述的计算。理由是，从那时候起，同一分量的银，在各个时期可买到同样多的大部分物品，所以银价似乎没有再发生显著的贬值。因此，只要按照那时候 1 马克纯银的时价，把它换算成当时的流通货币即可。②

---

① 在那个时代，欧洲金银的比价是 1:12。在大部分欧洲国家，目前的比价是 1:14 或 1:15。如果古代金银的平均比价是 1:11.25，近代金银的平均比价为 1:15，则可以看出，金银的价格是以 4:3 的比例在上涨。如果用 3 乘以金价，用 4 乘以银价，则结果便相等了。
② 我个人倾向于相信，自本世纪以来金银的价值又开始下跌，因为很多成本最不容易发生变化的物品，现在购买时必须支付更多的银币。

才华横溢的伦敦皇家协会会员威廉·雅各布斯先生苦心撰写的《贵金属的生产和消费的历史调查》（*Historical Inquiry into the Production and Consumption of the Precious Metals*）一书，于 1831 年在伦敦出版。我们在书中发现有一章（第 25 章）是关于从 1809 年年末到 1829 年年末金银的生产情况的。作者说："人们认为 1809 年是第一阶段，那时金银矿的产量发生了巨大的变化，在西方大陆的每块土地上，在历经了三个多世纪后，可以获取的金银数量不断增加。每十年增加的数量都比前十年增加的数量更多。尽管人们以不同的方式储藏金银，其增加的数量极为缓慢，但是它们在与欧洲政府分离前远未达到人们所期待的丰富产量。"

此后，作者又调查了墨西哥、哥伦比亚，包括新格林纳达、贝鲁、布宜诺斯艾利斯、智利和巴西的金银产量；同时他还留意到从 1824 年到 1830 年在南卡罗来纳州、北卡罗来纳州和佐治亚州发现的金银矿藏，并统计了在美洲（西班牙统治晚期）出产的金银总数量，从而得出结论，在 1809 年我们在这里引用《苏利回忆录》里面的一段话作为例证。书中说，这位阁员在巴斯提尔堡垒储藏了 36 000 000 利弗尔，以供他的主人从事抵抗奥地利皇室的活动。倘若我们要想知道这笔财富的价值，第一步要查知它重多少银。在那时候，22 利弗尔代表 1 马克的银，因此 36 000 000 利弗尔等于 1 636 363 马克 5 盎司的银。自从那时候以来，银价没有出现过明显的下降，因为同一分量的银，那时候可买到和现在一样多的小麦。现今 1 636 363 马克 5 盎司纯银，换句话说，399 588 018.5 克纯银，刚好可以铸成 88 797 315 法郎的硬币，折合 16 516 300 美元。不错，在现代战争中，这个资金的数额实在是无济于事，但我们必须考虑到，现代作战所根据的原则和过去大不相同，在实际上和名义上都比过去要铺张浪费得多。

## 第 8 节　两种贵重金属之间无固定比价

政府当局坚信其手中握有决定任何金属对货物比价的权力的错误，导致它采用立法的手段来决定用作货币的两种金属的比价。正是出于这种自信，政府曾随意制定法律，规定某一分量的银价值为 24 利弗尔，某一分量的金价值为 24 利弗尔。按照这种办法，

---

年末到 1829 年年末的这二十年里：

| | |
|---|---|
| 墨西哥 | 220 043 200 美元 |
| 危地马拉 | 2 893 710 美元 |
| 哥伦比亚 | 33 564 267 美元 |
| 贝鲁 | 64 688 429 美元 |
| 布宜诺斯艾利斯 | 30 000 000 美元 |
| 智利 | 16 618 880 美元 |

总计 367 808 486 美元，换算成英镑为 76 626 768 英镑。在此基础上，再加上巴西的产量 4 110 000 英镑，得出美洲的总产量为 80 736 768 英镑。

他同时还说："在欧洲，过去 20 年的金银产量比之前的 110 年下降了。据估算，在欧洲生产的金的价值为 720 000 英镑。"根据雅各布先生的估算，在这 20 年里，金属货币总量减少了 13%。——美国编者注

金银名义价值的比例，完全可以用法律来决定。

这种武断的政府行为，最终结果必定是无功而返。实际结果是，金银与其他物品的比价不断地变动着。而金银这两种金属之间的比价，在兑换时也是变动无常。在依照1785年10月13日法令重新铸造金币之前，一枚金路易可卖25利弗尔和若干苏银币，其结果是没人愿意使用金币支付提前约定的以银币支付的债款，因为如果这样做，每24利弗尔的约定债款，实际上要偿付25利弗尔8苏或10苏。

1785年重新铸造的金路易，它的含金量减少了1/6。但从那时候起，金路易的价值才和24利弗尔的银趋于一致。于是金币和银币开始无差别地作为支付手段。但人们通常依旧继续使用银币，一是因为已经成为长时间的交易惯例，二是因为金币更易于伪造和磨损，因此人们接受它时需要更加慎重小心，对于它的重量和成色也更加挑剔。

在英国，不同的安排导致了截然相反的结果。1720年，在交易过程中把金银比价定在$1:15\frac{9}{124}$，为简单起见，姑且说$1:15\frac{1}{14}$。1盎司金可买$15\frac{1}{14}$盎司的银，反过来也是一样。于是，政府就按照这个比率通过立法程序把它固定了下来，规定1盎司金价值3镑17先令$10\frac{1}{2}$便士的名义金额，$15\frac{1}{14}$盎司的银也是价值3镑17先令$10\frac{1}{2}$便士的名义金额。这样，政府企图通过权力把一种必然会不断变动的比率永恒地固定下来。这使得对银的需求量日渐增加，用银制造餐具和其他家庭用具也更加普遍。印度贸易受到新的刺激，商家愿意把银带走而不要金，因为银对金的比价在东方比在欧洲高。于是，到上世纪末，英国金银的比价只是$1:14\frac{1}{2}$，用3镑17先令$10\frac{1}{2}$便士的银币，在市场可买到4镑的金。这样，熔化银币变得有利可图，而用银币付款徒然自讨损失。由于这些原因，从这时候起直到1797年国会停止英格兰银行用金银付现货币款时为止，所有支付一般都是用金。

自1797年以来，一切支付都使用纸币了。但是，英国如果恢复使用依照以前的货币原则和货币管理条例制定的金属货币，大概人们就必须用银币付款，而不像在停止兑现以前那样以金币付款。因为黄金对白银的比价已经上升，这大概是因为黄金大量出口的缘故。作为商业用途时，防止黄金出口比防止白银出口更加困难。现在英国金银币的比价是 $1:15\frac{1}{2}$ 左右，虽然金银币的铸币平价仍然是 $1:15\frac{1}{14}$。因为以金付款而不用银，无异于白白牺牲 $15\frac{1}{14}$ 和 $15\frac{1}{2}$ 这两者之差。

因此，我们可以得出这个结论：事实上不可能把金银对物品的交换价值的比率固定下来。因而，在人类认为适于使用金银作为支付手段交易之前，必须服从金银自身价值体现的价格。①

我们上面对金银比价问题阐述的意见，在进行银铜的比价，以及对任何两种金属的比价时都适用。规定 20 苏所含的铜与 1 利弗尔所含的银的价值相等，其不恰当性和规定 24 利弗尔所含的银与 1 金路易所含的金价值相等并无不同。但规定铜和金、银的比价，并没有造成什么危害，因为法律不允许无差别地以铜或金、银支付以利弗尔或法郎计价的款项。所以，凡超过最小额银币的价值款项，可用金币或银币作为法币支付。

---

① 金银的相对地位，并非由金银矿的相对比较的产出量决定。就价值而言，洪博德在他撰写的《关于新西班牙的政治性论文》第四卷第 222 页中提到，美洲和欧洲的矿山都出产银，银产量与金产量的比例约为45:1。但目前银对金的比价却不是 45:1，如下所示：

| | |
|---|---|
| 墨西哥的比例为 | $15\frac{5}{8}:1$ |
| 法国的比例为 | $15\frac{1}{2}:1$ |
| 中国的比例为 | 12:1 到 13:1 |
| 日本的比例为 | 8:1 到 9:1 |

金银比价的差异，大概是由于银更适合制造餐具和货币，因而产生更大的需求。这个因素在东方国家似乎比在西方国家起着更大的作用，因为在那儿银首饰比在我们这里更便宜。

## 第9节 货币应该是什么样子？

从我在前面阐述的内容中可以推断出我对货币所抱有的观点。

适合充当货币材料的是贵金属，而且它们已经被普遍地采用。由于其他材料不具备这么多的值得推荐的条件，所以在这方面不宜变动。

贵金属非常适于分割并便于携带，也非常适于铸造为每枚重量同等、质量相同的硬币。在大多数国家里，已经如此做了。

由于没有其他更好的办法给金银打上证明重量、质量的印记，政府只好自己保留着刻铸这种印记而因此独享铸造硬币的专权。如果同时有许多铸造者互相竞争，那么他们的证明绝不可能一律可靠。

但政府对于货币的干预，只应以此为限，不宜更进一步。

银块的价值是任意决定的价值，是由个人与个人或个人与政府在每次进行交易时经过协商同意后确定的。为什么要事先规定它的价值呢？事前硬性规定的价值，必然只是想象的价值，但于人们处理货币方面的事务没有任何实际用处。为什么把货币绝对不能具有的名称给予这样的想象上的价值呢？称为元、达克、**弗罗林**（florins）、镑或法郎的货币单位，不是一定质量、一定重量的金或银，还是什么呢？如果只是这样，为什么不给予这些分量的金或银以一个和它们的重量、质量相对应的名称，而偏偏要给它们冠以其他的名称呢？

法律规定5克银应该等于1法郎，这和说5克银应该等同于5克银一样，因为法郎这个名称所能体现的概念，只不过是它所含的5克银而已。小麦、朱古力或蜡，是否会因分割而改变名称呢？1磅面包、1磅朱古力、1磅蜡烛，仍然叫作1磅面包、1磅朱古力、1磅蜡烛，那么，为什么不叫5克一块的银它的自然名称呢？为什么不称它为5克银呢？

只是对称谓做一个小小的改变，虽然好像只是口头上的无足轻重的改变，却有着极大的实际影响。如果把它付诸实施，就无法再使用另一种实质性的物品，例如，以一定分量的银交换一定数量的小麦、家畜肉、布等。无论什么时候签订关于将来的长期契约，在违反契约条件时绝逃不过别人的耳目。一个人如果接受另一个人的约定，允诺于某日偿还一定分量的银，就预先知道将来的那一天要收入多少分量的银，只要届时债务人有偿付能力偿付即可。

一旦进行这种变革，现行的整个货币制度将土崩瓦解。它充满欺骗、侵害和掠夺的机会，而且是那样复杂，以至于以了解它为职业的人也不能完全了解它。此后，除非发行质次的货币，否则政府不能掺杂货币；除非公开宣告破产，否则债务人不能只偿还债权人一部分的债务。铸造货币将成为极其简单的事，将变为冶金技术中的一个分支。

法国在采用米制以前所通用的重量名称，例如**温斯**（once）、格劳、格令等，具有这个优点，即能给人以几百年以来从未改变且毫无区别地应用于一切物品的重量的概念。如果对应用于贵金属的温斯哪怕只是稍稍作出变动，就都必须对应用于糖、蜜以及一切以这种重量计重的物品的温斯单位作相应的变动。但就下述一点来说，米制更加可取。米制是建立在大自然提供的一个基础之上的，只要世界存在一天，这个基础就一天不变。1 **克**（gramme）代表 1 **立方厘米**（centimetre）的水的重量，1 厘米是 1 米的1%，而 1 米是地球自极地至赤道的圆圈所形成的弧的一千万分之一。我们可改变克的名称，但谁也不能改变克这个名称所表示的实际重量。无论谁与他人签订合约，约定在未来某一日偿付 100 克的银，如果届时不能如数偿付，任何专横措施，不管施加多大的压力，都不能洗刷他背信违约的恶名。

对于使用货币进行的交易以及规定使用货币的契约，政府力所能及的地方，只在于把金属分割为 1 克或更多克或**厘克**（centigram）等分量的一枚一枚的硬币，让人们能在顷刻之间计算出支付一定数额的货款需要多少枚硬币。

国家科学院提供的实验报告表明，在金银中掺杂一点合金，比纯金银更能抵抗外界的摩擦损耗。还有，熟知金属提纯的人都说，必须经过极其昂贵的化学手段,才能得到完全纯质的金银,这将大大提高铸币的费用。只要在掺杂合金的金银币上打上印记,标明它的分量,就不存在可非议的问题。印记应该仅限于证明硬币的重量和质量,不应涉及其他方面。

我还没有谈到法郎、**迪西**(decime)、**生丁**(centime)这些名词,因为根本就不应该把这些名称作为货币单位,这些名称实际上并不表示任何东西。法国的法律根本就应该简简单单地命令铸币者铸造含银5克一枚的硬币,而不是规定铸造含银5克的法郎。在这种情况下,人们将不是开出如400法郎的活期汇信或汇票,而是开出2 000克的成色为9/10的纯银加1/10的合金的银子;进一步,如果人们愿意,也可开出130克同样纯度的金币的活期汇信或汇票。付款极其简单,因为所有的金币或银币,都会是1克上述标准的金或银的分数或倍数。

但是,法律还得规定,凡约定以克计算的银或金支付的款项,不许用硬币以外的其他物品来支付,除非契约附有特别条款。因为不这样,债务人就会以比硬币价值低的金银块偿还债务。这显然是涉及实际的支付问题,其原则只是要求契约在指定金属的种类和标准上,明确规定以硬币或以金银块付款的方式。这项法律规定的目的,在于使契约不需要罗列许多细节,这些细节可以忽略不计。

政府给私人铸造货币,必须索取铸币费和利润。政府因垄断铸币权,有可能使这个利润达到相当高的程度,但应该依冶炼科技水平与流通手段的需要,随时作出必要的调整。政府在自己没有多少硬币需要铸造时,与其听任机器停工、工人无所事事,不如降低铸币费。反之,当人们源源不断地把金银块交给铸币厂时,就可以适当提高铸币费,这不过是仿效其他行业的制造商的办法。关于政府自购金银自铸硬币的问题,所铸的硬币,因其有较大的交换价值,像我在前面第4节中所说的那样,能够补偿自己的铸造费用,并能提供一定的利润。

在硬币表面,除了表示重量和质量的印记外,应再加上一切可防止伪造的刻印。

我怕浪费读者的时间，所以没有讨论金银的比价问题，其实也根本没有必要讨论这个问题。只要避免在任何特殊名称下规定金银的比价，对于它们相对价格一涨一跌的更迭变动，完全不用更加关注金银与其他物品比价的波动。必须听任比价自行调节，任何企图把它固定于一定比例的做法，必然徒劳。凡是涉及金钱的契约，当然要遵照契约所定的条款履行。规定偿付 100 克银的契约，除届时定约双方达成协议、同意使用别种金属或某种物品依照一定换算率折合应付的银币抵付外，就得偿付 100 克的银币履约。

所有的产业部门都能从这个简单的安排中获益，并且这个获益是无法估量的。但是，如果考虑与之截然相反的制度所带来的危害，则相反的货币制度不但把人们搞得颠倒失常，甚至就连最有益和计划最为周到的生产事业，也会因它而蒙受挫折或陷入停产；而且，在几乎所有的领域，公共利益也好，个人利益也好，无时无刻不受到它的侵害。

完全由金和银铸成、表面只刻有证明其内在价值的记号，因此政府不能任意变更的交易媒介，可向所有的商业部门和社会阶层提供巨大的利益，甚至在外国也能流通使用。这样，发行这种交易媒介的国家，就可以成为这种外国货币的制造商，从中收取不可轻视的利益。我们从勃朗的著作中①可以看到，圣·路易时代发行的称为羔羊的金币（因币面刻着羔羊头像，故名），仅仅因为自圣·路易时代到查理六世（Charles VI）时代含金量始终没有改变，连在外国也有广泛的需求，并且在交易时是最受人们欢迎的。

倘若托上天之福，法国能够进行这种试验，我衷心地希望读到我这本书的人，别对货币的外流（使用某些不懂这问题又不愿意学习它的人的措辞）感到遗憾。毫无疑问，金银币如果离开法国，绝不会不留下相当于它所含金属和它形式的价值。人们不是认为制造首饰并运往外国销售有利于国家吗？但这种贸易同样引起贵金属的外流。首饰的美丽形式，无疑使以这种形式输出到外国去的金属的价值增加很多。经过精密化学检验的重量准确一致的硬币，尤其是

---

① 参见《货币史》序言第 4 页。

始终保持不变重量和质量的硬币，同样深受人们喜爱，无疑也会博得同样优厚的回报。

如果有人站出来反对说，查理曼时代把1磅的银称为利弗尔时，根据的就是上述相同制度。然而，这种硬币的品质，使用后一再降低，直到成为最后称为利弗尔的硬币，事实上只含96克银。对此，我的答复如下：

第一，查理曼时代没有铸造含银1磅的硬币，以后任何时代也都没有铸造这种硬币。利弗尔始终是作为记账用的货币，是一种想象中的度量价值。查理曼和他的后任铸造的银币，是重若干苏的银，而苏是磅的微小部分。

第二，没有任何一种硬币上面刻有表示含银重量的标记。在现存所能搜集到的古代钱币中，还有许多查理曼时代铸造的硬币，币面只刻有查理曼的名字，有时加铸硬币的城市名称，铸造工艺非常粗糙。考虑到这位皇帝虽然极力提倡文艺，但自己写不出一手好字，出现这种情况是不足为怪的。

第三，这种硬币还没有刻上表示银质量的标记，它极易因摩擦而受到损耗。菲利普一世时代铸造的苏，虽然还含有利弗尔原始分量的金属，但却含八成银四成铜，而不是含12盎司银。

目前英国流通使用的货币出现的极为特殊的情况，以及自本书第一版发行以来发生的一系列关于英国货币的非比寻常的事件，都明白无误地证明了，完全没有兑现担保品的纸币，仅仅因为流通手段或社会对货币的需求，就能够维持很高的价值，甚至能够维持与金属相等的价值。[①] 这使精通这门科学的一些英国学者得出了这样的结论：由于货币的目的并不需要它的材料的物质性能或金属性能的作用，所以比贵金属便宜的物质例如纸张也可以充当货币，只要发行总量不超过流通需要的量就可以。为了这个目的，大名鼎鼎的李嘉图先生提出了一个巧妙的计划，建议授予一家银行或法人组织发行凭索即付金银块的钞票的权力。随索随付等值一定分量的金块

---

① 参阅本书文作者撰写的《英国和英国人》（*de l'Angleterre, et des Anglais*），1815年出版，第3版，第50页以后。

的钞票，其价值绝不至于跌到所代表的金银价值之下。另外，只要发行总量不超过流通中的需求量，持票人便没有动机要求兑现，因为兑到的金银不能作为流通使用。如果钞票的信用偶然发生动摇，人们大量涌入银行要求兑现，那么仍在流通中的其余钞票必定涨价，并诱使人们将金银块拿到银行兑换钞票。①

## 第 10 节　铜币或贱金属币②

严格地说，铜币或贱金属硬币不算是真正的货币。这是因为，债务的零头部分，小至不能使用金银币支付时，才可以使用铜币充当法币支付。现在差不多在所有的商贸业发达的国家，金属货币只有金币和银币两种，不存在其他货币。铜币是一种可转移的担保品，是分量少到不值得铸造的银的符号或代表。因此，发行铜币的政府，当有人提出相当于最小面值银币的数量的铜币请求兑换时，就应当照兑不误，否则无法保证其发行总量不超过流通需求量。

当贱金属币存量越来越多，持有人发觉它代表的价值与金银不相等因而不如金银那么好用时，便会千方百计地将它脱手，或以亏本的价值出卖；或用来购买低价物品但又会造成这些低价商品涨价，或在偿还债务时以较多零头的数额付给债权人。为防止铜币跌价，政府通常默许这种做法。铜币一旦跌价，以后发行铜币的利润便将大幅减少。

例如在 1808 年前的巴黎，每笔应付款项，得用 1/40 的铜币作为法币付款。这与货币部分地贬值具有同一效应。所有的人进行交

---

① 李嘉图：《关于一种既经济又安全的通货的建议》（*Proposals for an economical and secure Currency*），1816 年出版。英国议会于 1819 年采纳了他的建议。一切还在试验之中，但无论最终结局如何，它总是会使公众对这门科学产生兴趣的。

② 银铜（Billon）是由银与铜的合成物。它只有 1/4 或 1/2 的银，其余是铜。法国大量使用它铸造辅币以代替铜辅币。

易时，都会想到将来收回的款项，很可能 1/40 是铜，39/40 是银。于是就此计算，把价格提到和这种规定相符的高度。在这方面出现的问题，与银币在重量和质量方面产生的问题完全一致。买家对收进的每一枚硬币，不会去称重量并进行检验。但做金银买卖生意的人，以及跟这种生意有关的人总是小心翼翼，随时比较硬币的内在价值和市场价格。无论什么时候出现差异，他们就会乘机从中谋取利润。正是由于他们这种追求硬币利润的活动，使硬币的市价和实际价值永远趋于相等。

同样的道理，强制性地要求人民接受许多铜币，也会影响到与外国人的交易。向巴黎开出的法郎汇票，由于一部分票款可能是用铜币或贱金属币付款，在阿姆斯特丹肯定不能卖得那么令人满意，正如法郎改铸时含银减少而合金增多时产生的结果一样。

应该指出的是，总的来说，这种情况对货币价值产生的影响，不像掺杂过多合金时那么严重。理由是，由于上述原因①，合金没有丝毫的价值，以至于可以用来支付任何债款的 1/40 的铜币，虽然不能与所代表的银同日而语，但还是有点价值的。要是贱金属的价值与银价值相等，那就根本无须法律明文规定来限制铜币的法币资格了。

只要是政府对提出请求兑换银币的铜币和贱金属币经常照兑不误，便能给它们以少许的内在价值，不至于发生问题。因流通领域的需要，将吸收掉很大的数量，铜币可以维持面额金值，好像真的与代表银币的零数的价值相等。银行钞票毫无内在价值，但年复一年地通用无阻，好像它的价值和面额相等，这两者的道理是一样的。按照这种做法，铸造铜币所产生的利润，远远超过强制人民接受一部分铜币作为支付时的结果，并使铜币不至于贬值。面临的唯一危险就是伪造。铜币内在价值和通用价值相差越大，驱使见利忘义的人从事铸造伪币的诱惑力就越强。

萨丁尼阿（Sardinia）最后一个国王的前任，在设法回收他父亲在穷困时期发行的贱金属币时，发现回收的数量竟达到政府当初发

---

① 参阅本书文作者撰写的《英国和英国人》（*de l'Angleterre, et des Anglais*），1815 年出版，第 3 版，第 166 页。

行总量的三倍之多。当普鲁士国王用犹太人厄弗雷姆（Ephraim）的名义回收七年战争中强迫撒克逊人接受的贱金属币时，也碰到同样的情况，而且原因也是相同的。① 铸造伪币，一般都是在一国的境外进行。1799年英国以清除伪造为目的，铸造出花纹极其精致的半便士硬币，其制造工艺达到天衣无缝的程度，使伪造者无法仿制。

## 第11节　更完美的铸币形式

硬币的表面积越大，因摩擦而造成的损耗越多。两枚重量与质量完全相同的硬币，导致外部摩擦的表面积越小的硬币，在流通过程中实际遭受的损耗就越小。

这就是说，厚阔同等的球形，由于最不容易受到外部的摩擦，应该是最完美的外形。但由于携带与使用时造成的种种不方便的缘故，一直没被采用。

表面积小、仅次于球形体积的就是厚阔同等的圆柱形，但它与球形一样不方便。因此，各国普遍采用的是极为扁平的圆柱形。但从前面所说的情况看，外形不宜过于扁平，而且宁厚勿阔。

关于硬币的印记，必要的条件是：

（1）标明硬币的材料重量和质量；（2）印记要清楚明晰，连最没有知识的人，也能一望而知；（3）印模的式样，要尽可能保证硬币的外观难于破损，硬币的重量难于减轻。就是说，必须如此设计，才能有效降低硬币重量的普遍损耗和不法毁损。英国最近铸造的半便士，有一条缝，不是凸起的，而是凹入币的边缘的最厚部分，并且是在边缘的当中，因此既难以被剪，也可有效降低损耗。金银币采取这种式样，必能收到良好的效果。这种式样对防止硬币的变质，具有更重大的意义。

---

① 芒格斯（Mongez）著：《关于货币的意见》（Consider. sur les Monnaies），第31页。

如果印记是低浮雕的模型，凸起部分不宜太高，使一枚枚硬币容易叠加在一起，并使摩擦的损耗得以减少。正是由于这个原因，凸起部分也不宜过于显露，否则很快就会磨掉。为防止出现这种损耗，人们曾使用高浮雕的印模，但在实际使用中发现，硬币因此变得过于脆弱，易于折断与破碎。但如果铸得较厚，这个式样是不可取的。

根据要将硬币的表面积缩小到最低限度的原理，有可能会令政府在不会造成持币人不方便的前提下，铸造出尽可能高面值的硬币。铸造出的硬币总数越多，导致硬币表面受摩擦的机会越大。应该限制小面额硬币的铸造总量，不超过进行小额交易和支付零星款项时必要的数量。在进行大金额的支付过程中，应鼓励一律使用大面额的硬币。

## 第12节　由谁承担硬币因磨损造成的损耗

硬币因磨损或摩擦造成的损耗，应由谁承担呢？这是一个涉及公正的问题。严格地说，像毁损任何其他货物的人一样，由使用硬币的群体承担这个损失。一个人出卖一套他穿过的旧衣物，售出的价钱一定比他在购买时支付的要少得多。所以，一个人出卖一枚旧的克朗换取其他货物，所得卖值应该比他当初所付的买价少一些。就是说，所换回的货物，应该比当初他所交出用以交换它的货物少得多。

硬币停留在一个规矩人手中时，受的磨损一般极其轻微，甚至无法计算出损耗的价值是多少。一枚硬币可能在流通了多年还看不出有变轻的迹象。肉眼能看得出损耗的程度时，已无法计算出在无数个使用它的人当中，到底是哪几个人造成的这种损失。就我所知，每个消费者都与它的磨损有关，使它的交换价值降低。一枚硬币能买到货物的数量，不知不觉地在减少；虽然硬币的价值是在不知不觉之中逐渐降低的。但最终变得非常明显时，人们会不肯依照新硬币的价值接受它。所以我认为，如果某种硬币，全部都因重量的减轻，而非销毁重铸不可时，持有这种硬币的人，没有理由可以指望它能与新铸的硬币等价互换，一枚换一枚。就是政府也应该依照硬币的内在价值予以接受。这时的硬币含银已少于从前，持有人接受它的时候，都是按较低价格计算，所以用它交换货物数量，相对于它出厂时换回的数量少得多。

事实上，依照严格的公平原则，应该照此办理。但这样做会因为出现两种情况，使得处理问题时难以实施：

第一种情况，每一枚单独的硬币，并不是实在的商品，如果我可以使用这个词的话。单独一枚硬币的价值并不是依照硬币本身的含银重量和质量估算的，而是依照无数枚硬币的平均重量和质量估算的，而这平均值又是依据普通经验加以确定的。发行时间久、磨损大的一枚克朗硬币，仍可以随意兑换一枚新的、完全没有损耗的克朗。由于上述的平均值，各枚硬币之间的差异不存在了。造币厂每年发行的在重量和质量方面毫无瑕疵的新币，使得硬币虽然经过数年的流通，还不至于因摩擦而明显贬值。

可以用下述事实证明这一论点。法国新铸的12苏与24苏的硬币，可与6克朗等价通用而无障碍，尽管同一名义的金额，体现于12苏与24苏硬币，比体现于克朗硬币的银少1/4。

之后通过的法律，是根据它们的内在价值评定它们的流通价值，规定收税员和私人不得以高于10苏与20苏的价值接受12苏与24苏的硬币。这个价格略低于当时持有它们的人此前为取得它们付出的价格。因此，硬币因磨损造成的全部损失，都落到最后的持有者头上，尽管在此之前有无数的人使用过它们，都对它们的磨损负有一定的责任。

第二种情况，硬币表面雕刻的印记，尽管在流通中日渐模糊，有些甚至看不见了，但自始至终同样无损于硬币的流通使用。请看英国铸造的先令。前面说过，单单它的印记，就赋予它一定的价值，这个价值从始至终被人承认，一直到它流进最后的持有者手中。所以该持有者接受它时，所付出的是高于同样重的金银块的价格。这样，就是最后的持有者负担了硬币损耗的全部差额，等于由他负担印记的全部价值。可是，在他之前的许多人都从印记得到了同样便利。

由于这些原因,我认为起因于流通过程中的磨损和印记的损失,应该由全社会负担,就是说,应该最终归国库承担,因为所有的社会成员都享受到了硬币的好处。要想按每个人利用硬币程度的比例,向所有的人分别征收损失,这是不可能做到的。

最后再说一句,凡是把金银交给造币厂铸造硬币的人,都必须支付铸币费,如果认为价格合宜,还需支付所有的独占利润。这对他没有妨害,因为他拥有的金银,通过铸造工序增长了价值,而且增长的幅度,相当于造币厂索取的全部铸币费,否则他绝不会把金银交来铸造。我还认为,造币厂应随时应人请求,以新币调换旧币。这丝毫不会妨碍预防剪毁硬币的措施。凡失去不易磨损部分印记的硬币,造币厂对磨损的铸币不接受,那么在这种情况下,那些粗心大意、接受具有这些显著缺陷硬币的人,就得自己承担损失。如果人民把受了磨损的硬币迅速交造币厂,这对破获毁损硬币的罪行大有帮助。

只要政府能孜孜不倦地努力工作,来自这方面的损失,可降低到最低程度。同时,币制与外汇的现状有可能随之大大改变。

# 第22章　货币的符号或代表

## 第1节　汇票和信用证

汇票、期票、支票和信用证，这些都是以书面形式写成的证明，约定在未来某一时期或在不同地区支付或命人支付一定数额的货币。

这些证书具有让渡的权利，尽管不能立即付诸实施或不能在指定地点以外的地方付诸实施，但授予它们一定的实际价值，价值的大小依具体情况而定。这样一来，两个月后在巴黎支付的100美元汇票，可随时通过协商以99美元的价格卖给他人；而两个月后在马赛支付相同金额的信用证，在巴黎也许只值98美元。

一旦这些证明具有未来的价值期望，进而产生当前的实际价值，便可在所有的交易场所作为货币使用。事实上，绝大多数的大宗交易，都是通过这些证券作为媒介而成交的。

有时候，汇票在其他地点付款的事实，使汇票的价值非但不会减少，反而还有所增加。但这要根据当时的商贸情况而定。如果巴黎商人需要向伦敦商人支付巨额款项，他们更愿意支付多于持票人将来所能在伦敦领取的价格来购买伦敦汇票。这样，尽管1英镑的含银值本应正好等同于24法郎74分，巴黎商人或许会出25法郎左右的价格购买1英镑伦敦汇票。①

这就是汇兑行市，实际上它不过是一种清单，记录着人们为获得在异地领取的一定数量的贵金属所愿意支付的同种贵金属的数量。

---

① 如果在伦敦付款的信用证券是用纸币而不是现金付款，那么巴黎的英镑汇率也许会按照英国纸币贬值的比例下跌到21法郎、18法郎甚至更低。

贵金属所在地，或增加它的价值，或减少它的价值，这要看它和其他地区的同种金属的相对价值。

人们认为使用汇票对任何国家都有利。例如法国，只要为购买外国汇票支付少于该汇票将来所能领取的贵重金属，或只要外国人购买法国汇票支付的贵金属多于持票人能在法国领到的贵金属，汇价就对法国有利。其中的差额不会太大，绝不能超过运输贵金属本身的费用。如果一个想要在巴黎支付款项的外国人，运送现金到巴黎的费用，少于按照当时汇兑行情所要偿付的汇水，毫无疑问他宁愿选择运送现金。①

曾有人设想，对所有外国人的债权，以汇票的形式偿付；也常常有人建议并鼓励采用这种虚拟支付方式的办法。然而，这只不过是一种无知的假设。汇票本身不存在任何内在价值。对一个任何地区开具出的汇票，只能以该地区应付款项的数额为限；而除非有人曾把这种或那种形式的相等价值输出到那个地区，否则该地区就根本没有应支付汇票的款项。一个国家只能依靠出口货物支付进口货价款，反之亦然。汇票只是应付款项的代表。换句话说，一个国家的商人给另一个国家的商人开具汇票的数额，不可超过他们直接或间接地向对方输出的、包括金银在内的各种货物的全部价值。倘若一个国家，如法国，曾经把价值 200 万美元的货物运往另一个国家，如德国；而德国曾经把价值 300 万美元的货物运往法国，那么法国就可以用 200 万美元的汇票，也就是它出口货物价值的代表，来支付从德国进口货物的款项。而其余的 100 万美元不能这样直接偿还，但却可以对曾经出口过 100 万美元货物的第三个国家，如意大利，发出汇票，使用该汇票支付货款。

还有一种不代表任何实际价值的票据，商界人士称为融通汇票。例如，一个巴黎商人和一个汉堡商人达成协定，巴黎商人给汉堡商人出具汇票，汉堡商人以后再向巴黎商人出具汇票，然后把这汇票在汉堡出售，从而得到款项支付巴黎商人所出具的汇票。当这些汇

---

① 我将运输和走私的费用和风险都包含在这一费用里以防禁止现金出口。走私的费用和风险与走私难度成正比。风险由保险费估算。

票被任何第三方持有时，那么他就是预付汇票价值的人。融通汇票的让卖是一种借贷方式，但这个方式费用高昂，因为除了贴现利息外，还需承担银行佣金、经纪人手续费和其他各项杂费。融通汇票不能偿清一个国家欠下另一个国家的债务，因为一方开具的汇票抵消并偿清另一方开具的汇票。汉堡商人的汇票自然抵消巴黎商人的汇票。前者开具汇票的目的就是支付后者的汇票。第二批汇票消灭第一批汇票，所以说毫无实际效果可言。

一个国家只能通过一种方法偿还它亏欠另一国家的债务，即将与从债权国进口的货物或拖欠债权国债务的全部等价的、具有货物形式的实际价值，包括贵金属在内的货物，输出到债权国。如果直接输出到债权国的实际价值还不足以偿付从该国接收到或输入的货物价值，则可以通过向第三国输出货物以补足欠款。法国是如何支付从俄国进口的亚麻和造船需用的木材的呢？法国不仅把葡萄酒、白兰地、丝绸等货物输出到俄国，同时也输出到汉堡和阿姆斯特丹，然后这些地区的贸易商再把殖民地的汇单和其他商品运往俄国。

各国政府通常想方设法来实现这个目标：贵金属在进口货物中尽可能地占最大部分，在出口货物中尽可能地占最小部分。我在讨论所谓贸易差额问题时已经提过，如果某一国的商家发现向国外出口贵金属比出口其他商品更有利可图，该国家的利益就在于向国外出口贵金属形式的货物。因为国家是通过个体商家的贸易总和，达到受益或受损。就对外贸易来说，凡是最有利于全体个人的贸易行为，就是最有利于整个国家的行为。① 因此，对个体商户出口贵金属的贸易行为设置障碍，必将导致他们不得不输出那些对个人和国家利润较低的其他形式的货物。

## 第 2 节　存款银行

小国家因与邻国频繁不断的贸易往来，导致外来硬币的不断流

---

① 该论点只适用于对外贸易。个人在国内市场所获取的独有利润，并不完全是国家的利得。在国内贸易中，社会所得仅限于从该贸易得到的效用总和。

入。尽管这个小国可能自己铸有本国硬币,但会因为需要经常接受外来硬币而不是本国硬币进行支付,所以在日常商贸过程中,必须限定本国硬币与外国硬币的使用比价。

在本国使用外国硬币存在许多危害,主要是因为本国硬币与外国硬币在贵金属重量与质量方面存在着巨大的差异。外国硬币大多陈旧、残破;或许未被发行国回收重铸过;也许在发行国已经退出流通领域。这种种可能出现的情况,在认定外国硬币与本国硬币比价时虽然已经考虑在内,但认定的比价未必完全符合外国硬币已经存在的贬值问题。

来自国外的给这类小国出具的汇票,由于可以使用这些通用的硬币付款,因此也就在国外让卖时遭受损失;而这类小国向国外出具的汇票,由于将来给付时是用价值比较稳定和明确的硬币支付,同时让卖时买方必然是用跌价的通货支付买价,所以价格一定会高于票面金额。总之,外国硬币与本地通货之间的交换总是受损。

这些小国所采取的补救措施就是本节的主题。他们设立银行①,个体商户可以把任何数额的本国硬币、金银块,或外国硬币(被银行认定按照金银块计值)存进银行。银行把它们折算成具有本国法定重量和质量标准的货币入账。同时,银行给每个来存款的商人开立来往账户,把存入的数量记在来往账贷方。无论何时只要商人想要付款,都不必动用存款,只需把所支付的款项从付款人来往账的贷方转入收款人来往账的贷方。这样,价值的转移可以不断地在银行账簿上以转账的方式办理。整个过程始终都不必转移实际现金。按照实际内在价值折算成货币记入账簿的原始存款,一直存于银行,作为从一人账上转到另一人账上贷方金额的担保品。这些存于银行的现金,不会因为磨损、欺诈甚至立法而减损其价值。

---

① 威尼斯、热那亚、阿姆斯特丹和汉堡都曾有这样一家银行。它们都被革命战争的洪流所毁掉;但回顾这些机构的性质也许还有用处,它们也许会在某天被重建。此外,这样的研究有助于说明它们那个时代的社会历史,通常有助于说明一般商业历史。无论怎样,我们有必要列举出所有曾经被使用过、用来代替货币的替代手段。

无论在哪里换成银行存款，货币仍然处于流通状态，也就是说，换成记在银行账簿贷方的金额，必然受损，受损程度等同于硬币内在价值的降低。在阿姆斯特丹，银行货币和流通货币之间的差价，被称为扣头。它总是有利于银行货币，平均值达到3%～4%。

通过这种不易受损或不易变更价值的通货付款汇票，让卖时必然会高于普通汇票的价格，这一点是毫无疑问的。事实上，显而易见的是汇兑行情总是明显地有利于以银行货币付款的国家，不利于只用流通货币付款的国家。

银行对商人的存款永久保存，因为将其再次取出就会导致严重损失。因为再次取出这些存款，就是把具有全部原始价值的货币与流通中受到磨损的银币价值等同，后者的流通不是按照其内在价值，而是按照其平均重量的价值在流通。从银行取出的硬币和流通中的大量硬币混为一体，按后者的票面价值流通。所以，取出银行存款就是将银行货币超出流通货币的那部分价值付之东流。

这就是存款银行的性质。大多数这类银行除了此项重要业务外，还联合经营一些其他业务，我将在其他地方讨论这些业务。存款银行获取的利润，一部分来自每次转账时收取的手续费，一部分来自同各机构兼容的其他业务，例如经营金银抵押贷款的业务。

存款银行获得成功的必要条件，就是确保它保管的存款不受任何侵犯，这是毫无疑问的。在阿姆斯特丹，四位市长或地方官代表存户担任托管人一职。每年他们在离任时，把受托物直接交给继任者；后者在检查过账目并核对银行账簿，证实数目无误后，宣誓将来也会同样把受托物交给自己的继任者。从1609年开办时起到1672年止，他们一直小心谨慎地履行职责。1672年路易十四长驱直入，兵临乌特勒支城下时，这些存款才被原封不动地还给存户。然而，后来对存款的管理就不再像从前那么谨慎。1794年法国占领阿姆斯特丹时，要求银行告知存款情况，结果发现被提取并借贷给印度公司、荷兰和西弗里斯兰各省的款项高达10 624 793弗罗林，而这些地区根本没有能力偿还这些借款。在一个国家，倘若政府没有实权、不负责任，该国的存款受到侵犯的机会必然更多。①

## 第3节 发行银行或贴现银行，钞票或兑现纸币

还有一种银行，由资本家根据完全不同的原则组成，股东各自认购若干可让卖股份作为资本，用于各种有利可图的业务，主要从事的是贴现票据，就是说，对未满期的商业票据预垫款项，扣除从垫款那一天起至满期那一天止的利息。这种业务称为贴现业务。

为了迅速扩充他们的资本金和业务范围，这些银行通常发行钞票，钞票表示见票即付持票人票面所载数额的金或银。担保钞票兑现的担保品是有清偿债务能力的人签字的商业票据。银行会就是使用钞票贴现票据，即使用钞票收买票据。

私人商业票据要经过若干时日才到满期，因此不能用它支付见票即付的钞票。基于这个原因，所有管理完善的银行，都只对期限极短的汇票贷出现金或见票即付现金的钞票，同时密切关注准备的巨额现金，这笔资金大概相当于发行额的1/3，有时甚至高达2/3。尽管小心谨慎，倘若客户不信任它的偿债能力，或假如发生某种意外的不幸事故时，持票人会向它挤兑，有的时候，银行会陷入狼狈不堪的境地。过去曾经出现过这种情况，当时英格兰银行不得不求助于收集所有可能收集到的6便士硬币的方法，通过使用小额硬币付款拖延时间的方法，争取更多的时间，以待它所拥有的一部分票据的到期。1788年巴黎贴现银行也采用过类似的不光彩的办法，那

---

① 公立存款银行已经被废止了，大概也将永远不复存在。它们实际上是很愚笨的权宜之计，仅适用于商业繁荣的初级阶段，并带来许多麻烦。它们会对内诱发侵吞，对外诱发掠夺。它们吸取大量贵金属，使其不能在其他方面发挥更好的效用；这部分贵金属如果用于其他地方，可能会产生巨大利益。这些银行在流通方面所具有的优势除了安全之外，不比普通银行更有优势，对于社会和个人来说，它们也更为昂贵。它们已经普遍被流通银行或不可兑换纸币所取代。——英译者注

时候它已处在政府的管理之下。

发行银行的利润异常丰厚。根据商业票据发行的钞票,一直在继续生息,因为在贴现时就扣除了利息。而根据现金准备发行的部分钞票,不会生出利润,因为现金一旦离开了流通领域,无息可生。

英格兰银行和法兰西银行针对私人开展的融通业务,仅限于票据贴现,不做其他项目的放款。它们贷出的信用,绝不超过自有的资金。它们常常还把存户的流动余额,巧妙地加以利用,从而补偿代理他们收付款项的劳务费。此外,这两家银行还代理国库支付公债息金,由政府给予一定的手续费作为报酬。它们有时也向政府发放贷款。

正是由于经营这些业务,使它们的利润增长不少。但我们很快就可以看到,上述开展的最后一项业务,是与它们设立银行的目的相抵触的。法兰西贴现银行由于贷款给法国当时的政府,英格兰银行由于贷款给英国政府,而不得不请求议会,强制人民使用它们的钞票,这一做法背离了钞票的基本条件,即可兑换性。最终的结局是,法国贴现银行一败涂地,英格兰银行则身败名裂。

开设几家银行经营发行业务,比把发行权利交给一家银行办理要稳妥得多。由于银行之间的竞争关系,在放款业务方面以及在保持实力方面,各家银行必定竞相努力,博取民众的欢迎与信任。

发行银行发行钞票,有些是在贴现汇票的时候,就是说,把凭索即付当作现金流通的钞票调换在将来某一日期付款的私人票据,扣去贴现利息。这就是现在法兰西银行和英国所有的公私银行一致采纳的方法。有的是在以有利息贷款借给有能力还债的客户时发行钞票,像苏格兰银行那样。按照苏格兰银行实行的办法,信用卓著的商人,不怕不能获得资金用以支付日常费用,可以把全部资本投在商业上面,不必留存任何部分,以备应付在营业过程中各方提出索款的要求。巴黎与伦敦的商人,必须在自己的银库或银行里,设法保存足够的现金量,用以应付各方的索款。而爱丁堡的商人,就不必这样做,他们可以把全部资金投资,因为他们坚信,如果需要现金，银行一定会把款项借贷给他们。①

所以说，发行银行起到了节约资本的作用，它使借贷者不必准备那么多的资金用以应付日常和临时的开销。

凭索即付作为现金通用的银行钞票，对国民财富的增长确实起到了极为重要的作用，然而，著书论述其他问题的无数博学多才的著名学者，对此产生了严重的错误想法，以致我必须要针对它的性质和实际效果做出全面详细的研讨。

应当声明一下，在本节的其余部分，专门讨论完全依靠发行的信用以博取通用资格并随时可兑换现金式硬币的钞票。

银行钞票或是没有内在价值的纸币，是否会导致国民财富的增加？如果有内在价值的话，增加的财富总量是多少？对这些问题展开的研究，不但极其重要，还可以满足读者的好奇心。假如银行钞票能够无限制地增加国民财富，那么，仅仅依靠制造一令一令的纸张，国家便可以在很短的时间内打开财富的大门。我们可以把这个问题的答案，看作是斯密苦心孤诣的伟大成就之一。然而他的推理，不是所有的人都能了解的。我将设法把它转变为一般人更易于了解的方式。

为了满足一个国家的日常需要，必须保有一定供给量的各种货物。这个供给量的大小，决定了该国当时的繁荣程度。超过这个必需量的货物，若不是无人制造生产，就是在产出后立即流往外国，去寻找能卖出更高价的海外市场。产品的数量一旦过剩，它们在国内的相对价格，必定趋于下跌。

从这个角度观察货币，与其他货物并无不同之处。货币是方便的流通手段，它在所有的交易场所，都是用来作为流通手段。但各国对货币的需求程度，取决于各国的交易数额与交易的活跃程度。一个国家只要拥有充裕的货币用来实现货物的流转，便不再有其他

---

① 两种方法，归根结底是一样的，因为信用卓著的苏格兰商人，随时都有可能获得符合贴现的票据。唯一的基本不同点是：有一种方法，信用是个别的和没有证明的信用；而另一种方法，信用是有证明的而且在大多数情况下是共同使用英格兰银行规定贴现的票据，必须经一家以上的银号签字。但地方银号常常满足于借款人本身的签字。——英译者注

的货币流入，假如仍有多余的货币流入，也必定还要再流出去寻找新的市场。也许在新开拓的市场中，它具有更高的价值，会有人更需要它的效用。很少有人愿把超过当前营业或消费需要的现金，都存在袋中或钱柜里，甚至可以说没有人会这样做。① 在人们看来，超过当前营业或消费需要的现金，既无用处，又不会自动生息，谁都不愿把它放在身边。每个人一旦拥有和他的生活情况与社会地位相称数量的货币，整个社会就拥有了充裕的现金供给量。

当私人拥有的资金量超过日常流通需求量的时候，势必要妥善安排多余资金的去处。凡是认为输出现金是社会的纯粹损失的观点，其荒谬程度不亚于设想制造商每支付一次货币购买他所需的产品原材料时，财产就相应减少；或假设个人（国家即由全体个人组成）支付的货币，就是无偿地奉送外国人。

做个假设，一个国家用于流通的现金存量，是以国民需要的流通手段的总量为限度，那么，倘若能够想出一个方法，用银行的钞票代替半数的现金或货币，结果必然是金属货币出现过剩，它的相对价值必将随之贬值。但是，货币在一个地区相对地跌价，并不意味着在不使用钞票因而货币没有出现过剩的其他地区，货币也会相应地跌价。结果是，货币必然流向这些地区。什么地区的货币处在最大的相对价值，或能换到最大数量的货物，什么地区就是吸引货币的流向所在。换句话说，货币总是流向货物更廉价的地区。而流出的货币，立即由价值相等的货物所取代。

只有在外国才能体现有价值部分的流通手段，就是说，只有现金或金属货币，才具有这种外流的需求。外流的货币，必定在换到相等的价值后，回流到本国。由于外流货币的价值，本来是在本国处于现金形态帮助完成货物的流转，现在却成为各式各样货物的形态，这是国民再生产的资本项目，因此产生了这种非同一般的结果，即国民资本增加，所增加的部分，相当于采用钞票这种代替品后，输出到外国去的现金的全部价值。但国内仍不至于因现金输出，而

---

① 这里没有考虑到窖藏货币。从国家利益的角度看，窖藏货币无异于埋在矿中的货币。

感到由于缺少流通的货币影响到货物的流通。因为输出的现金以前在市场中担任的职责，现在由纸币代替，而且执行得毫不逊色。

这样增加的国民资本，无论其价值如何，切不可估计过高，超过实际的数量。为了简单论述，姑且设想流通中现金的一半，用发行的纸币代替。但这估计有点过高了，尤其是考虑到纸币如果不能轻而易举、随时便利地换到现金，就不能维持其作为货币的价值。我在这里说的轻而易举、随时便利地，是因为若不这样，人们更愿意持有现金，现金是人们在任何时候都会毫不犹豫地接受作为货币的东西。为了保证钞票必须具有可兑换性，银行就必须随时准备充裕的准备金，用以应付持票人的要求。准备金可以由现金组成，也可由私人票据或有价证券组成。此外，银行在任何时候，都必须开设在持票人容易到达的地方。因此，如果国家幅员广阔，钞票四处流通，达到全部流通手段的一半时，银行便需要开设分支机构，使一切持票人都能够很容易地到达。

假定这种安排是可行的，假定国内流通所需要的现金形式的通货，有可能以纸币代替其半数，让我们来看一看国民资本究竟能增加多少。

有关任何国家所需要的流通现金总量，至今还没有任何一位有名的学者估计出，要超过该国家每年生产物品总量的 1/5。有些学者做出的估计，低到只相当于每年生产物品总量的 1/30。现在姑且采用最高的估计数字，即相当于每年生产物品总量的 1/5，尽管我认为这个数据超过实际数量很多。假设一个国家每年生产物品总量达到 2 000 万，这个国家便只需要 400 万现金用于流通。因此，如果发行纸币代替半数的货币，即价值 200 万的纸币，从而把腾出的现金转用到补充国家生产资本方面。那么，这项生产资本将一次性地增加这么多，即相当于该国家每年生产物品总量的 1/10 的价值。

接着再假设，一国每年生产物品总量相当于国民生产资本的 1/10。这个数据大概也偏高，但姑且如此估算，把其中的 5% 作为生产资本的利息，5% 作为生产资本促进劳动的活力和企业的工资与利润。根据这种估算，假如由于使用纸币代替现金的缘故，国民生产资本增加的数目相当于每年生产物品总量的 1/10。那么，即使按最高估算的数据，所增加的国民资本，也不多于以前资本的1%。

一个中等富裕的国家，因发行银行钞票而发生资本的增加，尽管其数量比人们愚蠢的想象中的要少得多，但绝不可轻视。我的观点是，除非国民生产力像大不列颠那样非常强大，或者像荷兰那样全体国民非常节俭，一个国家每年能节省下的、不用于非生产性消费而用来增添生产资本的国民储蓄，即使在繁荣和平时期，一般也不过相当于国民总收入的极小部分。大家都知道，总产量不增不减的国家，没有什么东西可以用来增加生产资本。生产衰落的国家，每年必须要消耗一部分原有的资本。

银行发行的钞票总量，无论何时，一旦超过需求量与银行信用所许可的数量，钞票就会源源不断地回流兑现，迫使银行出价在市场上回收硬币，而硬币往往一经被银行回收立即就被兑换出去。苏格兰银行虽然对社会做出过巨大贡献，但在面临这种危急关头时，不得不支付2%的费用，委托伦敦代理行不断在市场收买硬币，硬币一运回到银行，立即就被客户兑走。英格兰银行在处理相类似的问题时，也不得不紧急收购黄金，铸为硬币。由于金价的上涨，这类硬币往往一从银行付出即被用户送进熔化炉，金价之所以上涨，就是因为该银行不断地在市场上收买黄金以兑现钞票的结果。每年英格兰银行因此遭受的损失相当于85万镑的2.5%~3%①，约合现在货币的2 000万以上。在这里我不谈英格兰银行近年的情况，因为它发行的钞票已强制流通，钞票的本质完全改变了。

即使发行银行自己没有现金，也从来没有随意发行过钞票，但这只是表明，银行库中必定存有与其发行钞票相等的价值，或以现金的形式，或以生息的有价证券形式存在。实际上，银行的放款，全是以这种有价证券为对象。银行不能对长期的有价证券放款，因为银行拥有的有价证券，就是准备以清偿人民手中的、在发出通知后于最短的时间内必须付款的另一种有价证券的基金，换句话说，就是见票即付的有价证券的基金。严格地说，除非银行所贴现的票据，就像是自己的钞票一样，全部都是见票即付，否则，银行不可

---

① 参见《国富论》第二篇第2章。

能在任何时候都能满足兑现钞票的要求，也不配享受民众的信任。但是，由于难以找到很多既生息又见票即付的票据，所以相对理想的应对办法，就是只对期限极短的票据发行钞票。的确，经营得法的银行，总是严格地遵守这个原则。

根据对以上情况的分析可以得出的结论是，这种情况极不利于许多制度和计划。也就是说，信用票据只能代替并且只能部分地代替在人们手中辗转流通，以方便交易的、履行货币职能的那部分国民资本。因此，根本没有什么发行银行或信用票据，能够为农业、工业或商业提供造船、造机器、开矿、开运河、开荒或经营长期性投机事业的资金，简单地说，向他们提供固定资本。信用票据必须具备的条件是能够立即换发现金。当银行库存的现金少于所发行的信用票据时，至少应该以期限极短的有价证券补足。银行如果把资金提供给企业从事不能随时回收的投资，便不可能得到这种短期票据。举个例子说明这个问题：假定银行把作为现金使用的6 000美元借给地主，以价值充裕的地产作为抵押品。该地主计划使用这笔借款建筑经营农场所需要的房屋，因此他与建筑商签订合同，支付给他的是从银行借到的6 000美元贷款。如果该建筑商过了一会儿想把钞票换为现金，银行不能以抵押契转让给他作为付款。银行拥有可以兑换6 000美元钞票的唯一担保品，尽管在价值上非常充裕，但无法应对眼前的业务。

假设银行拥有的票据，全部都是有偿债能力的客户开出的票据，而且距离到期的日期不久，那么，借贷出去的全部钞票，就可以说有十分可靠的依据按期收回。因为在不久的将来，出票人必须用现金赎回它们，即以银行自己发行的钞票赎回它们。如果是第一种情况，银行手中握有的就是即将到期并且必须用钞票赎回的东西；如果是第二种情况，即票据到期并赎回，银行就不必准备现金以应对可能出现的麻烦。

倘若因任何无法预见的事故，钞票失去了充当现金的职能，就要用金属货币代替钞票，但这不是银行的任务。首先，银行不承担把它的钞票所替代的多余金属货币加以利用的工作。前面已经说过，银行可以使用它拥有的私人票据消灭它的全部钞票。但所有的不便都由全社会承担。社会必须想法寻找新的流通手段，或从外国再输入金属货币，或使用私人票据为代替品。在这个时候，公众只能再次求助于那些按健全原则经营的银行。①

这充分说明了，为什么许多农业银行根据土地抵押契发行兑换券的计划以及其他类似计划，实施不久都宣告失败，使银行股东和公众或多或少程度不等地蒙受损失。② 现金相当于见票即该付款的绝对可靠的票据，所以只能凭索即付，信用绝无问题的钞票代替现金。清偿这种钞票，无论抵押品怎样确实可靠，也不能完全依赖抵押品。

正是因为这个原因，所谓的融通票类汇票，绝不是安全可靠的发行依据。融通汇票一旦到期，必须以新的汇票支付其票款。由于新的汇票距付款期还有一段时间，因此要把它打折出售以取得现款。新的汇票到付款期后，再用更晚些到期的第三批汇票来清偿，所用的办法又是用它贴现筹措现款。如果汇票提交经银行贴现，就等于向银行借永久性的贷款，以第二批贷款偿还第一批贷款，以第三批还第二批。而银行为此触犯禁忌，即以超过流通领域所能自然吸收的与自己信用所能维持的总量，发行兑换券。因为由融通汇票借得的兑换券不仅无助于成为实际价值的流转与散布，它自身不代表任何的实际价值，也不包含实际价值。最终的结局必定是这些兑换券源源不断地流回发行银行兑现。因此，在健全的制度管理下的巴黎贴现银行，以及现在法国和英国的各家银行，无一例外地都在竭尽全力地拒绝贴现融通汇票。

---

① 1814—1815 年间，联军围攻并占领了巴黎。在这段时间发生在巴黎银行的情况，恰恰与上述的情况极为相似。巴黎银行无法立即收回借给政府和私人的放款，不超过资本，因此它不能要求股东增加资本金。巴黎银行发行见票即付的钞票，有十分充足的准备，或是现金，或是短期票据。由于这些情形，尽管当时形势非常紧张，商人们仍然继续使用它的钞票，而实际上也不得不使用。在整个占领时期，该行发行的钞票照常兑现，没有出现间断。这一点，足以证明发行银行的效用以及不侵犯钞票的可兑换性的利益。

② 由于这种情况，巴黎银行于 1803 年不得不停止兑现，宣布将以变卖抵押土地产的收入分期赎还钞票。

倘若银行借给政府的是永久或长期贷款，结局将和贴现融通汇票相同，也和贴现融通汇票一样有害无益①，英格兰银行之所以失败，就是因为这个原因。英格兰银行无法收回政府贷款，于是也没能力偿还因这笔贷款发行的钞票。从那时候起，英格兰银行发行的钞票，不再拥有通过可兑换而取得强制流通的资格。政府由于无法向银行偿还可以兑现的资金，只好免除银行履行对它的债权人的义务。②

银行只要经营得法，无须依赖政府，它的钞票持有人便不惧怕

---

① 就是说，把他们的钞票贷出。像个人一样，银行也可把自己的资本贷出。如果它是这样做的，它的资本就变成相对固定的投资。英格兰银行已把它的全部资本这样贷出去。如果它没把钞票也贷给政府，就可能不会发生危险。如果它是以可售让证券、股票等为担保品贷出钞票，则只要这些证券保持原来的价值，便能把它们换为现金或银行自己发行的钞票，而银行的安全与偿债能力就不致受到任何损害。但这是不必要的复杂动作，因为政府可自行变卖这些证券，从而节省支付给银行的手续费与利润。——英译者注

② 桑顿在他所著的《大不列颠信用证券》（*Paper Credit of Great Britain*）一书中，攻击斯密对这个问题的观点。这本书的目的，显然是为英格兰银行停止兑现作辩护。他说，使英格兰银行不得不停止兑现的空前挤兑风潮，不是起因于该行发行钞票过多，而是起因于该行紧缩发行。接下来他又说，"银行如果过分地限制发行，必使商家周转不灵；商家周转不灵，人心必定惶惶不安；而人心不稳，势必引起人们纷纷向银行兑取基尼"。桑顿力图引用这个极端事例来证实他自己自相矛盾的观点。可兑换如果把过多金属货币驱出国外而人民对兑换券的信任偶然发生动摇，人心自必惶惶不安，商人陷入周转不灵，因为所余流通手段，不够供给实现全部交易的需要。但如果认为可以增发不为人民信任的钞票用以补充流通手段的不足，那就是大错特错的想法。英格兰银行之所以能够渡过难关，乃是因为在商业如此发达的英国，不能没有一种流通手段，不能没有一种货币。如果没有其他货币，哪怕纸币也只好将就使用。此外还有一个原因，即英国政府以及其他伦敦银行，与英格兰银行生死与共、唇齿相依，一致约定于英格兰银行付现能力未恢复之前，不向它索取现款，就是说，在政府以实际价值还清英格兰银行放款之前，不向它索取现款。英格兰银行借给政府的钱，超过它的全部资本数目。银行可以把相当于其资本数目的款项借给政府，而不致有什么危险，因为清偿或兑现钞票，无须动用这笔款项。如果英格兰银行借给政府的款项没有超过它自有资本的数额，它所有的短期票据就足以还清它发行的兑换券。

会出现什么潜在风险,或可能面临哪怕是很小的危险。假使银行信用扫地,全部钞票同时遭到挤兑,则持票人可能会遇到的最恶劣的情况,也不过是银行以附带贴现利息的健全短期票据兑付钞票。就是说,以银行动用已发行钞票的汇票兑付钞票。如果银行还有自己的资本在手,钞票就又多了一层保障。但是,如果银行是在不受任何监督或只受名义上监督的政府管理之下的,银行自有资本和银行手中掌握的资产,根本不可能提供任何确实的保证,持票人所依赖的,只是独断专行的帝王君主的意志。这时银行制定出的各种信用措施,无疑都将是轻率而不负责任的措施。

就我所能设想到的情况来说,这就是发行银行及其发行的钞票对个体客户以及国民财富的影响。斯密使用了一个既奇妙又巧妙的比喻,形象逼真地描述了这个影响。他把一个国家的全部资本比作广阔无垠的农业耕地,其中处于耕种的地区代表生产资本,公路代表流通手段,就是说,作为流通手段的那种货币在社会各部门之间分配产品。然后他设想出,人类发明出一种通过空中航线运输土地产品的机器,这部机器就是信用证券。从那时候起,公路专门负责为田间耕作提供服务。接下去他说:"但是,这个国家的工商业,虽然还有扩展的巨大空间,但当它们悬挂在前景是扑朔迷离的纸币做成的机翼上时,给人的感觉是,总不如通过由金或银铺就的、坚实的地面上行走那么令人感到安全踏实。工商业除了会受到笨拙的纸币管理者招致的意外事故的沉重打击外,还会受到其他事故的打击。这些事故,无论纸币管理者如何小心谨慎、灵巧多变,都是防不胜防的。例如,国家战败,敌人掠去维持纸币信用的资本和财宝,国家因此陷入混乱,在全部流通手段都是纸币的情况下,必定比在大部分流通手段是金银的情况下要严重得多。日常的交易工具既然已经失去自身价值,那么除非采用物物交换或赊欠的方法,否则无法形成贸易。所有的捐税既然全部都是用纸币缴纳的,那么这时的君主手中还有什么有价值的东西用来发军饷或补充军火弹药?国家秩序将比在大部分流通手段都是金银的情况下更难恢复。如果一国君主希望他的领土在任何时候都能保持最易于防守的状态,那么他不仅应该提防纸币的滥发行为,防止银行踏上毁灭的不归路,而且更要密切关注纸币的发行数量,不使国内大部分流通领域都充满纸币。"①

仅仅是伪造钞票一件事,就足以将经营最得法、实力最雄厚的银行的业务搅得难以收拾。而且,伪造钞票比伪造硬币更令人担忧。因为造假钞的获利空间更大,给人以更大的刺激。把一张纸改为货币使用,比把其他金属造得像贵金属一般的获利更加丰厚。金银之外的金属虽然没有太大的内在价值,但多少总有一些内在价值,如果再掺进一点贵金属或表面镀一层贵金属的其他贱金属,则更是如此。此外,伪造纸币的原料,相对不易获取。伪造出的硬币,不会使真硬币的自身价值贬低,因为它自有它的内在价值和作为货物的独立价值。另外,只要流传有人在境外伪造纸币的流言,说伪钞造得如何精巧、令人难辨真伪,伪币和真纸币两者都将使人望而却步。也正是由于这个原因,银行有时宁愿兑付明知是假造的钞票,也不敢声张,宁愿暗自承担损失,就是怕真钞票也受人怀疑。

有一种方法可防止无节制地使用钞票,那就是只批准发行某一固定面额的大钞,使其只适用于进行货物在商家之间的流转,而不适用于进行货物在商家和消费者之间的流通。有人要问,如果公众愿意使用小面额的钞票,政府没有禁止使用小面额钞票的权力。他们不知道,这种限制不是侵犯商业的自由,恰恰是保护这项自由,而且也是政府的职责。毫无疑问,政府拥有的这个权力,与勒令拆除危及公众生命的建筑物的权力一样,是政府拥有的绝对权力。

## 第 4 节　纸币

我特意保留纸币这个特殊名称用来称其代表的债务,即统治者有权强制让它们流通用以支付所有的购买,偿付一切债务和契约,因为发行它们的政府,虽然不承担偿还它们的责任,至少不承担立即清偿它们的责任。但是,货币通常都明确明示,见票即付(其实这是没有任何价值的);或表明在某一确定的日期偿付,然而它没有

---

① 参见《国富论》第二篇第 2 章。

任何保证,也没有说明要以土地作为补偿。我们很快就要谈到关于纸币的这种价值。

这些债务,由政府签名承认也好,由私人签名承诺也好,只有政府才有权把它们变为纸币,也只有政府有权授予拥有货币者以纸片付款。按理说,这种行为不是一个合法的政府应有的行为,而属于不讲道理的政府行为,正是这种行为,使国家的货币陷入极端恶化境地。

依照上面确定的原则,似乎完全没有货物价值的货币,发行之后,在一切自由交易中,必定不能通用。这是迟早必然出现的结局。人们不适当地称之为劳氏银行的钞票,以及在法国革命时代发行的"**指券**"(assignats)纸币,尽管始终没有正式收回或注销,但面额最大的"**指券**",现今甚至不能当一个苏用作流通。它们当时是如何能够按高于实际的价值通用的呢?这是因为无数的欺骗或残暴手段,往往只能奏效于一时。

首先,可以合法地然而也是欺诈性地用来清偿债务的纸币,仅仅由于以上情况就得到一种价值。此外,纳完一期又一期的赋税,都可以使用纸币。政府有时限定**关税**(tariff)或**最高**(maximum)价格。虽然这使受到影响的货物,很快停止了生产,但它给予纸币以相当于那些实际存在的货物的一部分价值。同时,强制通用的纸币一经产生,势必使金属货币在这地区的市场绝迹,因为金属货币需要与纸币等价通用,自然流往能依照它的实际价值通用的其他地区的市场。这样一来,纸币独自占领了当地的流通领域,由于文明社会不能一日缺乏流通手段,于是纸币就能维持住它的价值。① 社

---

① 无论什么地区发行纸币,由于它在国内具有效用而在国外没有效用,因而出现国内外价值的差异,总之,一切为投资家提供了获利机会,许多人因此发财致富。1811 年,在巴黎,100 基尼金币可买到 140 镑用当时英国唯一通货即纸币付款的伦敦汇票,但当时伦敦市场金价和纸币价格的差别,不过 15%。所以,从我获得的统计数字看,在 1810—1813 年数年间,秘密输出到敦刻尔克和格拉维林斯的基尼或金块,高达 33 875 090 美元。同时期还有大量的其他货物走私,不仅风险大而且困难重重,输入到法国的货物被没收的可能性极高,尽管英国竭力鼓励输出。如果没有英国源源不断地向伦敦开出汇票的话,则这种贸易很快就能找到相应的平衡位置,因为它一定会产生如此之多的英国汇票,使汇票至少达到平价。

会的这种需求是如此迫切，以致英国由英格兰银行钞票组成的通货，单单因为发行额控制在不超过流通需求量的数目，始终维持着与现金相等的价值。

如果没有预先储备一笔必要的资金以供军费，同时又缺乏足够的信用向邻国借款的交战国家，差不多总是求助于发行纸币或类似的流通方法。荷兰人为争取独立与西班牙进行战争时，发行以纸制的、皮革制的甚至是许多其他材料制的货币。美国在同一情况下也使用发行纸币的办法。纸币使法兰西共和国击退了联盟国第一次令人胆寒的猛烈攻击，使"**指券**"这个名称永垂不朽。

公众将以劳氏名字命名的计划招致的灾祸，不公平地完全归咎于劳氏——其实劳氏对货币的观点是对的，这可以从他在他的祖国苏格兰出版的一本小册子看得出来。① 这本小册子出版的目的，就是劝导该国政府开办发行银行。1716年法国设立的银行，完全是依照劳氏的小册子中提出的计划。该银行钞票，票面上写有以下字句：

"银行保证见票即付持票人——利弗尔和现在货币的重量与标准相等的货币。货款总计——整，巴黎"，等等。

当时的劳氏银行还是私营公司，始终不渝地如约凭索即付钞票付现。那时该钞票还未变为纸币。一直到1719年②，业务开展得十分顺利，信誉极佳。就在这一年，法王或说得更恰当些是法国摄政将该银行收归国有，把股本退还给股东，该银行更名为皇家银行，于是在它钞票票面上的文字改成下式：

"银行保证见票即付持票人——利弗尔的银币。货款总计——整。巴黎"，等等。

这个小小的更改，从表面上看似乎微不足道，其实非常重要。前一种钞票明确表示支付一定分量的银，即支付在发行时期通用的利弗尔所含分量的银；后一种钞票只不过承诺用利费支付。而这一点，则给独断专行的当局留出一个空间，使它有可能利用以"利弗

---

① 当劳氏（Law）担任法国通货管理官时，这本小册子已经译成法文，标题为《关于商业和货币的考虑》(*Considerations on Commerce and Money*)。

② 关于这个机构最初在劳氏管理下的有益影响的详情，请参阅《杜托集》(*Dutot*) 第二卷第200页。

尔"这个词代表的实际价值，做出它认可的任何适当的变更。这个变革称为稳定纸币价值，但结局大相径庭，把纸币的价值弄得不再稳定，时时出现波动。到后来"**指券**"的价值波动幅度大得令人害怕。劳氏极力反对政府的这个变革，但在原则上不得不屈服于权力。而权力的可恶之处就是，当公众开始注意到这个可怕的效果时，他们无耻地把一切失误归咎于原则上。

革命政府发行的"**指券**"，相比摄政时期发行的纸币更无价值可言。摄政时期发行的纸币至少还允诺以银兑现。尽管由于银币的贬值，可兑换的银也许大大减少，但如果政府不无限制地发行，而是以相对认真的态度履行自己的职责，发行的纸币迟早总有兑现的一天。至于"**指券**"，从来不给予持票人可以要求兑换银的权利，而仅仅给予他购买或取得土地的权利。这个权利究竟具有多大的价值，我们现在来研究一下。

最初发行的"**指券**"，票面写明可在特设银行兑现，但事实上始终就没有兑现过。不错，可以用它来偿付依照竞买价格购得的国有土地的地价，但这些土地的价值绝不能赋予"**指券**"任何明确的价值，因为"**指券**"的名义价值，按土地价格上涨的幅度而相对贬值。政府从来不会因地价的上涨而后悔。由于地价上涨，不仅使政府能回收到更多的"**指券**"，而且在不扩大流通的"**指券**"数量的前提下，再次发行新的钞票。政府根本就没意识到，实际上不是国有土地因增值而涨价，而是"**指券**"因贬值引起自身价值暴跌。"**指券**"贬值的幅度越大，就得发行越多的"**指券**"偿付同一数量的供应品。

最后发行的"**指券**"，票面上不再标示出见票即付的词句，公众对此并不在意，因为自"**指券**"发行以来，自始至终未曾兑现过。但这一做法使得发行它的初衷显得更加邪恶。在纸币上写着下列字句：

"国有土地——100法郎'**指券**'"，等等。

这个"100法郎"到底是指什么呢？这几个字表达的是一种什么价值概念呢？是不是表明，到现在为止叫作100法郎的分量的银的价值呢？不是。因为100"**指券**"绝对换不回100法郎的银。是否表示100法郎的银所能购置的土地数量呢？肯定也不是。因为100

法郎的"**指券**"即使从政府手中也买不到这一数量的土地，正如它换不到100法郎银一样。土地是在拍卖市场出售，能拍卖多少价钱就卖出多少价钱。最近"**指券**"已经贬得分文不值了，100法郎"**指券**"甚至连一平方英寸的土地也买不到。

总而言之，将政府的恶劣名声置之一边而在此姑且不论，"**指券**"票面上承诺的金额，丝毫不能给任何人一个明晰准确的价值概念。即使政府能够博得人民的信任，但这种纸币最终必然跌到不值一文钱，更何况政府是那样的毫无信用。当政府最后发现已铸成大错时，任何数额面值的"**指券**"都买不到哪怕是最廉价的商品。政府犯下的另一个大错，就是发行曼德，这是一种作为无条件地命令转移特定部分国有土地的凭证。然而，这个措施实行得太迟，而且在实施过程中执行得非常不得力，并漏洞百出。

# 第二篇

# 财富的分配

# 第1章 价值基础及供需

本书第一篇研究的是主要生产现象。在第一篇我主要说明了在资本、自然力和自然性的帮助下,人类劳动是如何创造了成为价值主要来源的各种效用及社会制度,以及政府以何种方式对生产的利弊加以作用。第二篇将主要探讨财富的分配——它的必要之处。首先分析的是成为分配主体的价值的本质。其次要明确的是,价值创造出来之后是根据什么规律,在社会各成员中进行分配并成为个人收入的。

判定一件物品的价值,即判定它与其他某个特定物品在某种程度来说相互比较的价值。任何有价值的物品都可以被作为比较物品。例如,一栋房子可以用谷物或货币来估价。说它价值4 000美元比说它价值4 000蒲式耳的小麦表达出了更为准确的价值概念,这完全是因为用货币衡量所有货物价值的习惯,让人们更容易在头脑中形成这4 000美元价值多少其他货物,也就是说,获知这笔钱可等同于多少其他货物比获知4 000蒲式耳的小麦等同于多少其他货物要简单得多。然而,如果小麦是1美元购得1蒲式耳的话,这两者的价值度则相同。

在每次的估价行为中,被估价的物品是不变的**已知数**(datum)。上面例子里的那栋房子就是**已知数**:它是由一定数量的材料在特定地点按特定方式建成的。但是比较物品在数量方面,则根据估价者评估的价值而变化。如果房子的估价为4 000美元,那么它将等同于重量为416格令的银币,每块都是由179~1 664种合金组成。如果估价为4 500美元,或3 500美元,则只是不同数量的特定比较物品的变化而已。同样,如果把小麦作为比较物品,那么货物的变量则表现为价值度的变化。

倘若评估出的价值得不到其他人的普遍认可，它便是不精确的、主观的。那栋房子的主人或许觉得它值4 500美元，而与之无关的人则觉得它仅值3 500美元，这两个评估价值可能都不精确。但如果另一个人或几个人都愿意用一定数量的其他货物，比如4 000美元或4 000蒲式耳的小麦换取它，那么我们或许可以认为这个估价基本是正确的。在市场上一栋可以换取4 000美元的房子，即拥有这笔钱的价值。① 但是如果只有一个人愿意出价购入，而他再转卖时却不能收回同价值的本金，那他购买时的价格就超出房子的价值。一件物品价值的唯一公平标准是，物品的主人无论何时想转让时，能够很轻松地获得其他物品的最大数量，这在所有商业行为和所有货币估价中，称之为**市价**（current price）。②

那么，货物的市价是由什么决定的呢？

对某一特殊物品的需求与向往，不仅取决于一个人的身心状态，还常常受到诸如居住地区的气候环境特点、当地社会的法律法规、民俗习性，甚至是生活方式的影响。他有各种需求：肉体上的渴望与精神上的向往、社会的约束与个人的喜好、他本人的需求与家庭的需求。对于拉普兰人而言，熊皮和驯鹿是首要必需品，而在那不勒斯的流浪汉眼里，这两样东西无足轻重，因为他们在乎的是能否

---

① 我在南特斯的兄弟路易斯·萨伊（Louis Say），曾在一篇题为"民族和个人贫富的主要原因"（Principles Causes de la Richesse et de la Misère des Peuples et des Particuliers）的短文里抨击过这个观点。他认为物品成为财富，主要在于它们的**实际**（actual）效用而不在于它们被**承认**（admitted or recognised）的效用。从常识的角度看，他的观点无疑是对的，但从本学科的角度看，相对价值才是唯一准则。效用程度本是非常不确定和模糊的，除非用比较的尺度来衡量，即使是在同一时间、同一地点，也会受个人多变性的影响。价值的肯定性早在政治经济学被假定为一门学科之前就已经被确定，属于政治经济学范畴的是价值的起源及其存在的结果。

② 在本书的早期版本里，我曾把其他产品的**价值**（value，当时价值是作为比较物）描述成对价值的衡量，这观点是错误的。其他产品的**数量**（quantity）而非**价值**才是对此物品价值的衡量。严厉地批评，无论公平与否，都教会我及时纠正错误。的确，我们也要向敌人学习。

吃到通心粉。欧洲人认为，要保持社会秩序，必须设立法院；而美洲印第安人、鞑靼人和阿拉伯人则觉得多此一举。这些需求是怎样产生的与我们无关，我们只需把这些需求当成**已知数**（data）并根据它们做出相应推测。

在这些需求品中，有一些来自大自然的恩赐，如空气、水和阳光。这些可称为天然财富，因为它们是**自然界的**（natural）赏赐。由于人类无须牺牲或付出任何代价即可获取它们，所以它们绝不具有交换的价值。其余的需求品，只能以有效用的物品来获取，不通过人力对它们进行改造，它们就不具有效用，就是说，不在某种程度上改变它们的状态，并为某种目的克服一些困难，它们就不具有效用。农业、商业、制造业以及它们的分支产业生产的各种各样的物品，都属于这类需求品。它们本身即具有价值，这是出于一个明白无误的原因。因为生产行为本身就含有相互交换的行为，是生产者通过自己的劳动获取产品。因此，在他得到他认为是等值的东西之前，是不愿意放弃这一产品的。这些物品可称为**社会**（social）财富。因为交换行为本身就是社会行为，也因为单独占有通过人力劳动或交换行为获取物品的权利，是由社会制度作为保障的。必须注意的是，在人类财富中，只有社会财富这个部分才可成为科学研究的主体。一是因为只有这类财富才是人类估价的对象，或至少不是单纯靠主观或心理估价的对象；二是因为只有这类财富是能按照人类科学所指定的规律被创造、被分配和被消耗。

了解了**价值**（value），更确切地说是**可交换价值**（exchangeable value）的本质，也就了解了它的起源。社会财富项目之所以拥有价值，是因为要获取它们就必须付出代价，这种代价就是在生产过程中做出的各种努力。付出代价并获取它们时，这种通过牺牲取得的获取会让付出方真正地更富有，因为他拥有了可以满足更多需求的财力。同时，如果通过牺牲获取的物品不能满足所有者的个人需求，他还可以通过交换，用此物品换取到能够满足需求的另一个产品，而另一个产品同样也是经过生产努力的结果。因此，交换行为实际只是双方生产力的相互交换，因为这两样产品都是生产过程所努力的结果。当 1 蒲式耳小麦换取 7 磅咖啡时，只不过是以生产小麦的生产力来换取生产咖啡的生产力。①

因此，生产性劳务和产品都具有市值或市价。这是因为，如果创造 1 蒲式耳小麦的生产力能够通过交换形式，无区别地来获取 1 蒲式耳的小麦或 7 磅咖啡，那么又有什么能阻止它以同样的方式获取其他等值产品，如 1 码棉布、5 码丝带、一打盘子或其他产品呢？如果 1 蒲式耳的小麦不能交换到上述任何一种产品的数量，那么生产小麦的生产力所得，就会少于生产其他任何产品的生产力所得的报酬，于是前者生产力的一部分就会被吸引到后者的生产部门，直至各个部门的劳动报酬都达到合理水平为止。

每一种生产力都拥有它自己的特殊市价。如果生产 1 蒲式耳小麦的生产力只能获取它自身产品的 1/15 的价值，它将只能获取不超过这个数量的小麦所能交换到的其他任何一种产品价值的 1/15，例如 1 美元的 1/15 或其他产品的 1/15。

毫无疑问，劳动力的市值建立在许多产品相互比较的基础上②，并非像某些著作家不负责地信口开河，说它建立在生产力的基础上。③ 既然对一件产品的需求源于它的效用，因而它的价值也基于它的效用，所以赋予生产力价值的，就是创造那个源于需求并使之产生效用的能力。产品价值的高低与这件产品在生产过程中提供合作的重要性构成比例，就单个产品来说，这个价值构成所谓的生产费用。

---

① 如果商品互换不是以货易货而是以货币易货，情况则没有区别，无须提及。销售者拿着货币不是为了自己消费或任何其他用途，而是作为二次交换的目的；所以在现实中，售出产品是为了换取能以此价格购买的产品。当 1 蒲式耳小麦以 1 美元价格售出，并用这 1 美元购得 7 磅咖啡时，这实际上就是小麦与咖啡的物物交换，这里的货币完全退出，好像在交易中从未出现过。因此可以准确地说，相对价值由各个货物之间的关系决定，而不是由各个货物与货币之间的关系决定。

② 在这段文字中，不应该这样理解我的意思：生产一个产品的费用为 1 美元而却只被定价为 75 美分的生产力，其价值仅为 75 美分。我的观点只是想说明，这些数量的生产性产品尽管价值为 1 美元，但在这种情况下，却只创造了 75 美分的价值。

③ 李嘉图：《政治经济学及赋税原理》。

# 第 1 章 价值基础及供需

产品的效用不能仅仅针对某个人，至少要针对社会的某个阶层群体，例如各种衣物；甚至对整个社会都有效用，例如适合于无论性别、年龄如何的人类一般食用的大多数食物。正是由于这个原因，对特殊物品、产品或生产力的需求，都有一定的范围。据说法国每年糖的需求总量高达到 50 万公石。甚至个人对消费某种特殊产品的需求，也可能是非常紧迫的。无论需求的强度如何，通常都称为需求。在规定的时间内，能够满足有需求的人对某一特定产品所要求的数量，我们称为供给或流通量。

对这一点，必须理解为具有某种限度。因为每个人总是愿意接受那些能够满足他的利益和愿望的事物，所以他对于消遣产品和有效用物品的需求很可能是无限制的。因此必须对消费需求加以限制，而最为有效的限制则是一个人以等值产品换取他所向往的物品的能力。商业城市所有的搬运工，为了能更称心如意地工作，也许都想在不抬高马和马车价格的前提下获取 1 架马车和 6 匹马。每个人用来换取满足自身愿望所必须用以交换的等值物品，只是他用自己的生产方式创造出的产品，这些产品对最富足的社会成员来说，也是有限制的。

在所有的国家里，财富都是在各个社会等级中间分配，即从占绝大多数的芸芸众生，到寥若晨星的大富大贵之间分配。因此，那些最普遍的令人向往的物品只能由极少数的人获取，因为只有他们具有支付能力；而他们的支付能力也或多或少地受客观条件所左右。由此可以得出进一步的结论，同样的产品在价格较低时，需求量可能会多一些，因为只需用较少的劳动力来获取，即使其效用没有增加，大量的消费者却因有能力支付而购买；相反，高价格产品的需求量较少，只有很少一部分人有能力支付。

寒冬时节，假如可以找到一种方法制造出 2 美元一件的针织马甲，那么所有在满足了更迫切的其他需求之后还剩余 2 美元的人就可以购买；而那些口袋里只剩下 1.5 美元的人还是买不起。如果同样的马甲造价是 1.5 美元，后者也将购买并成为马甲的消费者；如果马甲造价能降到 1 美元，它的消费范围将进一步扩大。这样，从前只有富人能享受的产品，现在社会各阶层都能负担得起，比如长袜子。

因课税或其他原因导致产品价格上涨时，产生的结果与上述情况截然相反。产品的消费者数量减少，因为只有消费得起的人才会购买。导致物价上涨的因素，是不能提高购买力的。例如，英国绝大多数人完全不可能享受葡萄酒和其他诸多产品的消费，因为要获取它们就必须牺牲大量其他产品或付出大量生产力，所以只有拥有足够财力的人才能消费。在这种情况下，不但消费者的数量锐减，而且消费者的消费能力也随之降低。咖啡的消费者也许不会因为其价格上涨而不再饮用这种饮料，但他在消费时必须有所节制。这种情况就像两个消费者，其中一个人终止消费这个产品，而另一个人能够并愿意继续消费。

就商业性投机来说，购买人不是为自己消费而购买，是为出售而购买。他根据能够售出的数量、预期的售价来确定购买产品的数量，所以价格上涨时，他购买得少；价格下降时，就多买。

在贫困国家，大多数人往往无力承受日常生活中最普遍使用、价格也是最低廉的产品。例如，有些国家，尽管鞋子很便宜，却仍然大大超出居民的购买力。这类商品的价格不能降低到与人民财力相适应的水平，因为价格降到那个水平时，就已经低于产品的生产成本。然而，皮鞋不是生活必需品，买不起的人可以穿木屐（木鞋）或赤脚。不幸的是，如果人民买不起的是生活必需品，那么一部分人必定饿死，或至少不健康。这里所讲的，只是限制个别产品需求或所有产品需求的一般因素。

供给，由任何一种货物的所有者在一个时间单位内，愿意将自己的货物换取等值品或愿意以市价出售的所有货物组成，而不仅仅由同一时间单位内在市场上的实际售出物品组成。这种货物也称为流通货物。严格地说，没有真正在流通的货物，除非这货物正在从卖者运向买者，这段时间极其短暂。但是，运输行为本身对交易不产生影响，因为它与交易行为并存，并且只是实施交易环节中的一个细节。重要的是，货物所有者有割让他的货物的意向。无论何时，正在寻求买家的货物或急于出售的货物，尽管其存放地点没有变化，但它们都是处于流通过程中的货物。因此，商店库存或仓库库存都属于流通中的货物。同样的道理，土地、地租、房屋等也被认为是流通中的货物，这样的表达简明易懂。甚至劳动力也处于流通中，依据是他正在寻求雇用机会；处于不流通状态时，是因为他已经被雇用。

同样原因，一件物品从它被割让的那一刻起，或被用于消费，或出口到其他市场，或因意外受损，或被其所有者收回，或所有者囤积居奇以抬高价格而拒绝出售，这时，物品都不再流通了。

由于供给只是由那些按市价或市场普通价格购买的货物组成，所以一种货物的价格由于生产成本增加而上涨，将停止生产或不再成为供给的一部分。因此，在市价很高时，供给是非常充裕的；在市价很低时，供给则较为短缺。

除了前面提到的普遍性和永久性限制之外，供给和需求还有其偶然性和短暂性限制，这两种特性往往总是同时起作用。

葡萄大丰收的预期前景，即使连一桶新酒都没上市，也会促使库存的葡萄酒价格降低；丰收的美好前景，导致市场供货更为充足，但存货开始变得滞销。一方面，销售方担心新酒的竞争，急于尽快将库存出手；另外，消费者因预期葡萄酒降价而有意推迟购买。大量即将运到的进口货物会因供大于求而降价。相反地，葡萄歉收的预期或许多货物在运输过程中的损耗过度，将会使价格涨幅大大超过产品成本。

还有一些特殊产品，由于自然的限制或人为制度的限制，被列为垄断商品，这样就使得这类商品供给远不如其他类似产品那样充足。一些名声远扬的葡萄庄园生产的葡萄酒就属于这类产品，尽管需求不断增大，但庄园的土地却不能扩大。同样地，大多数国家的信件邮资也是按垄断价格收取。

最后一点，对供给和需求的相对强度起决定性作用的因素，无论是一般因素还是特殊因素，其强度都将成为各个交换行为的价格基础。正如前面谈到过的，价格只是以货币形式估价的市值。对所有物品的需求，倘若不是受到难以获取的限制，即价格限制，社会需求将是无限的。另外，如果没受到同等条件的限制，即价格限制或难以获取的限制，供给也是无限的。毫无疑问，只要产品能找到愿意以任何价格购买的买主，都将会无限制地生产出来。需求与供给是天平秤杆的两个相反极端的天平盘，分别代表昂贵与低廉，价格是平衡点。在这一点上，一边的动力停止作用，另一边的动力就开始作用。

这个结论的意义在于，在特定的时间与地点，一种货物的价格随着需求增加和供给降低而成比例地提高，反之亦然。换言之，物价上涨与社会需求成正比，与供给成反比。

物品的效用，即对物品的向往，也许还不能把它的价格提高到与其生产费用相等的水平。在这种情况下，就不会生产这件物品，因为生产费用高于产品的自身价值。在巴黎销售鱼子酱①的价格，也许还达不到在巴黎生产的费用，由于需求的顾客太少，根本不能按最低价格销售。因为在巴黎不能生产鱼子酱；而在其产地，鱼子酱是大量生产并且是大量消费的。

任何一种产品，当它的法定价格低于生产费用时，将终止生产这种产品，因为没人愿意做亏本生产。此前靠这些生产部门谋生的人，如果不能找到其他工作则必定会饿死，而此前只负担得起产品自然价格的那些消费者只好被迫不用。规范固定价格或最高价格，就相当于抑制一部分生产和消费；换句话说，就是降低了社会的繁荣度，因为社会的繁荣是由生产和消费构成的。即使是已经产出的产品也将被不适当地消费。首先，产品所有者会尽最大可能将它从市场收回；其次，不会将产品送到那些最需要的人手里，而是转到最贪婪、最狡猾、最不诚实而且往往是最公然漠视平等与人性的那些人手里。谷物短缺时价格随之上涨，但工人通过加倍努力工作或通过加薪，也许还会赚到足够的钱按市价购买出售的谷物。与此同时，如果政府当局将谷物价格强行规定为市场价格的一半时，会出现什么样的后果呢？一个已经储备了足够数量的谷物并在自然价格时绝不会再购进更多谷物的消费者，这时出于不必要的、有备无患的打算，同时想从强制压低的价格中占到便宜，把属于工人所有的那部分谷物买来储存。这时，一方消费者有双倍存粮而另一方消费

---

① 用鲟鱼卵制成的酱，是俄罗斯饮食中受欢迎的调味品。

者没有。这种人为的限制，使得销售不再由需求和财力支配，而是成了购买者优先的活动。这说明，对商品价格人为规定最高价格，必定会加剧这种商品的短缺。

简单粗暴地把商品价格限定在本来就会自然流行的价格的法令，不仅毫无作用，还有可能会引起生产者和消费者不必要的恐慌，进而打乱生产与需求之间的自然平衡比例。如果顺其自然，这个自然平衡比例，必定以最有利于生产和需求的方式建立起来。

希望与恐惧、善良与贪婪，简短地说人类的七情六欲或各种美德都会对价格产生重大影响。但是，评估这些情欲与美德在各种情况下对实际价格产生影响的强度，属于伦理学范畴，在这里我们关注的只是实际价格。我们也不必涉及可能会使产品价格上涨到实际效用之上的纯政治因素的作用。因为这些巧取豪夺同属刑法范畴，尽管它们也会影响到财富分配。国家政府职能属于劳动范畴，它的结果或产品一产生出来就立即被统治阶层消费掉。如果政权掌握在篡权者和独裁者手中，人民对政府职责就要支付高昂的代价，而且人民还要负担比维持良好政府所需要的大得多的款项。这种情况，与一个没有竞争对手的生产者的情况类似，这个生产者以暴力或利用偶然事故从肉体上消灭竞争对手。这时生产者可以任意提高他的产品价格，如果他得到政府的支持，甚至会将价格涨到消费者购买力的极限。告诉我们如何消除这种社会灾难，是政治哲学家的职责，而不是政治经济学家的职责。同样地，尽管告诉人类如何在相互关系中确保优良行为属于伦理学范畴或人类道德素质知识。然而，若为达到这一目的需要借助超人类力量，那些自称神力的解释者，就应该因他们的服务得到报酬。如果他们的工作有用，这个劳动就产生效用，即生产有实际价值的无形产品；但如果他们的劳动没产生效用，即人类没得到什么收益，那么，用以维持他们生活的那部分社会收入，就完全是无效的，即付出代价而得不到任何报酬。

尽管我想方设法把自己的论述内容限定在主题范围内，但有时却不可避免地触及政治和道德范畴，而我的本意只在于把它们的交叉点指出来。

# 第 2 章　收入的来源

本书第一篇论述了产品是由人类掌握的生产手段创造出来的，是通过人的劳动、资本与自然力创造出来的。创造出来的产品构成了拥有生产手段或方式的人的收入，使他们能够获得那些不是由大自然恩赐或他们的同胞无偿提供的生活必需品和生活舒适品。

处理收入的专有权利，是生产方式专有权利或生产手段所有权的结果。那些不是人们独有的生产方式，既不是生产方式的项目也不是收入来源。它们不构成人类财富的一部分，因为财富本身意味着专门、专有和独有的意思。除非财产权得到众人承认并受到保障，且为众人认可，否则像财富这类事物就不存在。

在研究人类财富的本质与进展中，无须调查财产权的来源或合法性。无论土地的真正所有人还是那个给予他土地的人，取得土地的手段是通过优先占领、暴力或欺骗，与土地产品或生产与分配的收入没有任何关系。

也许同样无须指出的是，被称为人类劳动的那类生产方式所有权，和通常称为资本的那类生产方式的所有权，比自然力这类生产方式的所有权更加神圣不可侵犯、更加无可争议。人的刻苦努力、聪明才智、体能与敏捷是他特有的或天生的。而资本或积累的产品，完全是人类勤俭节约或节制消费力的结果。倘若完全随意运用消费力，产品生产出来就消费殆尽，这样任何人都不可能拥有财产。所以，任何人都不能比这样克己的人更有正当理由提出对所有物品的要求权。节俭非常接近于实际创造产品，产品的最无可争辩的所有权就是实际创造所赋予的权利。

在上述几个生产来源中，有些可以割让，如土地、工具等；有些不可以割让，如个人能力。有些可以消费，如流动资本项目；有些不能消费，如土地。还有一些既不能割让又不能消费，但却能毁灭，如人的能力、智慧和体能，人一旦死亡，这些能力便跟着消亡。

有些可以消费的生产来源，例如流动价值（生产力花费在它们上面的）可以消费。消费它的方式既可以导致再生产，在这种情况下它们仍然是构成生产方式的一部分；也可以不必再生产，这样它们就不再是构成生产方式的一部分，而且注定要非常迅速地被完全消灭。

虽然收入和生产来源是个人财富的组成部分，但如果消费者只是消费他的收入而不占用其生产方式，他的财产就不会减少。原因是，收入是可再生产品，只要生产方式持续存在，新产品就会源源不断地创造出来。

这些专有的生产来源的市值，是建立在与所有其他物品市值相同的原则上的，也就是说，受到供给与需求相冲突的影响。关于这一点仅需强调的是，需求不是来源于直接使用个别生产来源所预期的享受；因为一块地或一件工具无法提供给所有者能够预期得到的享受；它们的价值在于其所创造产品的价值，来源于产品的效用或它能提供的满足。

关于人的智力和体能这些不可割让的生产来源，绝不能成为实际交换的对象，只能根据它们产生的价值，去评估它们的实际价值。这种生产方式可以这样描述：给一位工匠每天1美元或一年365美元工资的这类生产手段，可看作每年生产相同收入的既得资本。

目前我们对生产与收入来源的抽象概念已经有了大致了解，这样就可以更进一步对它们的本质作详细的分析。通过分析我们将接近错综复杂的政治经济学，在这门学科里最为迂回曲折的地方给我们提供了线索。

这些来源的直接结果，严格地说不是产品，而是帮我们得到它的生产性服务。所以，应该把产品看作是生产性服务和实际产品相互交换的结果。交换完成后，收入首先以产品的形式出现，然后又可以与其他产品交换。到这个时候，收入就变成其他产品的形式。

通过一个实例可以更清晰地表达这个概念。一块耕地年产量比如说是 300 蒲式耳小麦，其中的大约 200 蒲式耳可被看作是用来耕种土地的资本和劳动力的结果，其余 100 蒲式耳则是土地自然生产力的结果。这块土地给它的所有者所生产的收入，将首先以他的财产——即土地所提供的同时发生的生产性服务的方式出现。这个生产性服务将以 100 蒲式耳小麦的形式转移给或租赁给耕种者，这将是第一次交换行为。如果这 100 蒲式耳小麦被其所有者自己换成钱币，或由耕种者依据双方约定换成钱币，这钱币将依然是同样的收入，尽管它是以第二种形式，即货币的形式出现。

这个分析让我们清楚了收入的实际价值，与第 1 章给出的价值的一般定义相符，即价值是打算用来交换的物品通过交换所获取的其他物品的总额。那么，用收入来交换的所获物品是什么呢？当然是收入的获取者可能拥有的生产手段的生产性服务。而通过我们称为生产的首要交换行为得到的又是什么呢？当然是产品。因此，收入价值不与产品价值成比例，而与获取产品数量或创造效用的总量成比例。

由此可见，国家收入比例的总计是由产品数量决定，而不由产品价值决定。① 个人收入与此不同，因为不同产品的相对价值一旦变化，就有一个人或一个阶级的收入增加，另一个人或另一个阶级的收入减少。

如果一个社会中所有的成员都能依赖于构成他个人收入的产品生活，那么每个社会成员收入的高低，就像国家总收入一样，取决于产品总额、创造的总效用，而不是依存于产品的可交换价值。然而，在一个完全脱离野蛮状态的社会里，这是不可能的，因为每个成员消费自己产品的数量，远远少于他用自己产品换取别人产品的数量。所以，对生产者来说，重要是他以自己的生产手段，或这个生产方式创造的产品可能获取别人产品的数量。例如，假设一个人用自己的土地、资本和个人能力种植藏红花，由于他自己可能不消

---

① 因此，试图通过比较两个国家的产品价值来比较这两个国家，例如英国和法国，是徒劳无益的。事实上，两个性质不同的价值是无法相比较的，因为它们之间存在着距离。唯一公平的比较一个国家与另一国家财富的方式，是通过一个国家的个人福利分别作大致的评估。

费或消费少量藏红花，那么他的收入将由藏红花的年收获量所能换取的其他物品组成。收入比例将随藏红花价格的上涨而增加，而藏红花购买者的收入比例就会减少，减少的数量与藏红花价格上涨的数量完全相同。相反，如果藏红花价格下降，购买者的收入增加而生产者的收入则相应减少。

生产费用的节省，就是生产同一产品所需生产力的节省，它使得相同范围内的社会收入相应增加。例如，利用一种发明可以让一英亩土地生产出以前两英亩土地生产的产品，或用两个工作日去完成以前四个工作日所需的劳动，这样所解放出来的生产力可以直接用于增加生产。① 这种增加的收入，在发明人把发明办法限制在一定的时间范围内，利得归他本人所有；但是当这个发明一经广为传播，竞争就随之而来，他不得不把自己的利润缩减在与实际生产费用相同的范围内时，上述增加的这种利得就归普通消费者所有。

虽然可以通过各种交换行为改变收入形式，这些交换行为从生产力开始（因为生产力是收入所展现的最初形式）一直到最后消费时刻，但本质都是一样的。一英亩耕地生产出的收入，在通过生产行为第一次转换成小麦的形式以后，以及它在第二次转换成银币之后，实际上还是一样，尽管小麦已经被购买者消费。当获取收入的所有者用银币换取了消费品并把它消费后，他收入的价值从那时起就不复存在，而且被消损殆尽，尽管这价值曾一度以银币的形式存在，而且银币本身还继续存在着。虽然对收入的获取者来说价值已经消失，但不应当认为那枚银币还留在暂时持有者手中。而应当清

---

① 当社会成员没有其他生存之道，只能靠自己的生产手段创造产品养家糊口时，上面的内容大部分都适用，但不能完全适用。因为，这样创造出的全部剩余收入必定最终归产品专有者所有，而那些只拥有个人生产手段的人，可以使用这些手段生产其他产品或扩大同一物品的生产。以上是对西斯蒙第和马尔萨斯的全部答复，他们一致认为，节省的生产力不但可能增加不从事生产的消费者，而且使这种增加成为必然。但是在这种剩余劳动力受到济贫法的保护或修道院收留的地方，国家收入未必随生产力的节省而增加，因为有了这样的法律保护或收留机构的生存方式，剩余劳动力就不必再从事生产。生产力虽然可以通过机器或其他方式大大增强，但国家生产、收入或财富却不能因此有所增加。——英译者注

楚地认识到，对整个人类来说，创造出的价值已同样消失，因为那枚银币的实际持有者，必须通过让出自己的其他收入或他以前所拥有的某种收入来源来获取它。

当收入被加入资本，它就不再是收入，即不能满足所有者的需求；它只能生产更多的收入，成为生产性资本的一个项目，按照资本的方式消费，也就是说，用生产产品的方式来交换和补偿所消费的价值。

当资本、土地或个人劳务出租时，它的生产力就转移给了承租者或生产投机商，双方用事先约定的一定数量产品作为报酬。这是一种投机性交易，承租者要冒盈亏风险，依据是他预期获取的收入即来自租用的生产力所获取的产品，是否超过或少于他付出的租金。然而所得到的收入，只能有一个。虽然借用来的资本给投机商生产的可能是10%的年产品，不仅仅是他以利息形式支付的5%，但是资本的收入，即它所提供的生产性劳务将不是10%，因为那个总产品，包括资本生产力的报酬以及利用资本的劳动的生产力的报酬。

每个人拥有的产品数量越多，他的实际收入就越多，这是成比例的。他的实际收入，或是他的生产方式的直接结果，或是他的收入从原始形式转换的结果。他的收入也许要经过几次转变才具有最终消费的形式。产品数量或它所固有的效用比率，只能从交易上的市价来估定。在这个意义上，个人收入等同于他从生产手段中获取的价值。但是，消耗的消费品越便宜，获取的价值就越大，因为这样他就能拥有更多的他自己生产的产品以外的其他产品。

同样的道理，一个国家收入所包含的价值，即这个国家的总生产力的价值越大，这个价值与国外产品价值的比例越高，这个国家的收入就越多。即使在产品价值非常低廉的地方，生产力价值也必然很高。价值的强度依赖于交换所得产品的数量，这一点要记住，所以，一个国家从它的资源禀赋中得到的产品越多、越便宜，它的收入，或换句话说，它的资源禀赋的作用就越大。

# 第3章　价格的实际变动和相对变动

　　一件物品的价格，就是它可等值的货币数额；而它的市价，是指该物品在某特定地点一定能销售出去的货币数额。物品的所在地至关重要，因为对一件特殊物品的需求，是依据当地所能得到此物品的数量而产生的相应变化。

　　出售一件物品所得的价款，代表了以此价款所能购买到的全部其他物品。就是说，价值8美元的一尺宽幅面布料可以换取同等价值的银币，或者是同等价值的任何其他一种产品或几种产品。为了能够解释清楚，我们选择货币价格而不选择一般货物价格。这是因为货币价格更简单，但是交换的真正目的和最终目的是货物而不是货币。

　　在这个意义上讲，价格可被分为买入价与卖出价，也就是获取一件物品的所有权时所付出的价格与放弃所有权时所获得的价格。

　　最初获取或创造一件产品时支付的价格，是生产力的代价或生产成本。① 在追溯一件产品的原始价格时，不可避免地要涉及其他产品，因为生产力的代价只能以其他产品支付。生产宽幅面黑呢的纺织工的日薪是产品。他们的日薪或是由日常生活品组成，或是由可买到这些日常生活品的货币组成，而这两者同是产品。所以，产品以及随后的产品交换，或许可以说是按照产品的相应市值进行的以货易货。但有一个需要密切注意的要点，忽略或无视这一点已经导致了大量谬误和曲解，使许多作者的著述将攻读这门科学的研究人员引入歧途。

---

① 参阅：《国富论》，第一篇第5章。

如果生产一尺宽幅面厚呢料，需要以 8 美元的价格购买生产力，制造费用就将等于 8 美元。但如果只需原来生产力的 3/4 就能生产一尺厚呢料，而且只需要一种生产力，即一个工人仅用 15 天就能完成从前 20 天才能完成的产品。对生产者来说，工人的工资和从前一样，生产一尺厚呢料的费用仅需 6 美元。在这种情况下，人类生产力的市价仍然没变，尽管生产费用从 8 美元变成 36 美元。但是由于生产费用与产品市价之间的差异，使得以此特殊渠道生产一尺宽幅面厚呢料比正常渠道能获取更多利润，也就吸引来更多生产力；更多生产力的使用，由于扩大了产品的供给，又使市价降到等同于生产费用的水平。①

产品价格的这种变动，称为价格的**实际**（real）变动，因为这种变动是一种积极变动，不包含交换物品的相应变动。尽管生产力价格和作为报酬的生产力产品的价格，或用来换取此产品的其他产品价格没有变动，然而这种变动不但可能发生，而且实际上已经发生过了。

关于已经存在的各个产品相对价格发生的变动，和各自生产费用无关的价格变动，情况就不相同了。如果上一季收获的葡萄制成的酒，在一个月前每桶售价 40 美元，而现在的售价仅为 30 美元，那么对酒商来说，货币和所有其他所需物品的价格都上涨了。因为制造葡萄酒的生产力只得到 30 美元或等值商品作为报酬，而不是原来的 40 美元，减少额达到 1/4。然而在上述案例中，同样数量的生产力得到以一切其他产品计值的同等报酬。因为对于同一程度的生产力来说，价值 6 美元就收获 6 美元的生产力，等同于价值 8 美元就收获 8 美元的生产力。

那么，在前者发生**实际**（real）变动的情况下，社会财富将增加；而在后者**相对**（relative）变动的情况下，社会财富则不增不减。原因是显而易见的：在前一情况下，所有厚呢料购买者都将变得更

---

① 生产费用就是斯密所称的产品自然价格，与他所称为的它们的市价形成对比。但从上面所述可以推断，每一个以货易货或交换行为，包括生产行为中的交换，都是以市价为参照进行的。

## 第 3 章 价格的实际变动和相对变动

为富裕,而销售方没有出现损失;但在后一情况下,一个阶级获得的利益完全被另一个阶级蒙受的损失所抵消。在前一种情况下,以同样的生产费用可购买到更多数量的产品,而买卖双方的收入都没有任何变化。社会将有更多的实际财富,有更多的享受方式,而生产方式的费用没有增加;总效用将增大;以同一价格可购买到更多数量的产品。所有这些只是同一意思的不同表达。

然而,在无人付出代价的情况下,也能够获得更多的享受或更多的财富,这些财富究竟来自何方呢?来自于人类智慧能够在更大限度上巧妙地利用大自然无偿提供的生产力。一种是从前对人类来说是未知的或是未被充分利用的自然力量,例如风能、水能和蒸汽机车,现在被充分地加以利用;另一种是已知并利用过的力量,现在使用得更巧妙、更有效,例如对帮助人力或畜力的机械进行改造升级。商人们想方设法提高管理水平,最大限度地运用同等资本来满足更大规模的生意。商界人士取得的这些功绩,与那些把机械简单化或使机械具有更大生产力的工程师取得的功绩极为相似。

在新探明的矿物或新找到的动植物身上发现具有新效用的生产力,或在已探明的矿物或已知动植物身上发现具有更多更完善效用的生产力,都属于上述的功绩。当靛蓝替代菘蓝、糖替代蜂蜜、胭脂虫替代提尔雅染料时,人类的生产手段扩大了,使用同样的劳动力能够生产出更多的产品。从所有这些已经提高改进生产手段的实例,以及今后可能达到更高水平的改进中,我们看到,人类掌握的生产手段变得更强大、更有力,所以创造出的产品在数量上总是不断地增长,而在价值比例上却是大幅度降低。我们很快将会看到这样的结果。①

---

① 在过去的一百年里,人类知识的增加特别是自然科学知识的增加,影响到工业的进步,极大地缩短了生产过程,但是在伦理和政治科学特别是社会组织这部分的缓慢进展,至今让人类不能获取那些发展的全部利益。然而,倘若以为人类完全没得到利益也是不对的。税收负担增多了2倍、3倍甚至4倍;而大部分欧洲国家的人口增多,标志着至少有一部分增加了的产品落在人民手里。除了人口增长,人们在衣、穿、住以及其他生活质量方面都比一个世纪之前提高了很多,我认为在饮食方面也有了更好的改善。

价格普遍下降有可能立即影响到所有货物，或者部分下降并影响某些货物。下面我试举例加以说明。

假设在用手工编织长袜的时期，一定质量的线织长袜售价为1美元一双。可以由此推断，生长亚麻的土地的租金、亚麻耕种者的劳力和资本利润、亚麻修剪工和纺纱工的利润，以及长袜编织工的利润，全部算在一起得出每双长袜1美元的总数。假定发明了制袜机后，1美元可购买两双长袜。因为市场竞争倾向于把价格降低到与生产费用相同的水平，我们可以从降低的价格上推断：生产两双长袜所必须支付的地租、原料资本与劳力费用还是没超过1美元。所以用同样生产方式生产的产品在数量上增加了一倍。有一个强有力的事实能证明这种价格下降是有积极意义的：即每一个人，无论从事什么职业，从此以后都可以用自己产品数量的一半获取一双长袜。拥有5美分股息的资本家，从前得用20美元的年息来购买一双长袜；现在他只用10美元的年息。一个以 $33\frac{1}{3}$ 美分出售1磅糖的商人，以前购买一双长袜得卖出3磅糖，现在只需卖出1.5磅。消费长袜的顾客因此购买一双长袜所牺牲的代价，仅相当于他从前为获得同样产品所用生产方式的一半。

到此为止我们只假设了长袜价格下降。现在让我们再假定两种产品，糖和长袜的价格都下降：由于商业进步，1磅糖价值22美分而不是33美分。在这种情况下所有糖的消费者，包括产品同样降价的制袜者，购买糖所付出的代价只等于他从前为达到此目的所用生产方式的一半。

确定这种情况的真实性非常容易。当糖以每磅 $33\frac{1}{3}$ 美分出售而长袜以每双1美元出售时，制袜者必须先售出一双长袜才能购买3磅糖，并且由于生产这双长袜的费用是1美元，实际上他是以价值等于自己生产方式的1美元的代价购买3磅糖；同样，食品杂货商用3磅糖换购一双长袜也是用1美元的自己生产方式的价值购买3磅糖。但是当这两种商品价格都下降到原来价格的一半时，只用一双长袜或与50美分等值的生产方式就能买到3磅糖，而用50美分作为生产费用就可生产3磅糖来买一双长袜。为此，我们用来比较并假设相互交换的两种物品，如果同时降价，难道我们不能据此下结论说，价格的这种下降是积极性下降，与货物的相对价格毫无关系吗？难道我们不能得出结论说，一般货物可在同一时间降价，有些降价多，有些降价少，而价格降低可能不会给任何人带来损失吗？

正是由于这个原因，尽管现在工资与谷物的关系与四五百年前相同，但是下层阶级现在可以享受到从前从未享有过的奢侈品，例如实际价值降低了的很多种类的衣物和家具；同时他们在其他物品（例如家畜肉类和野味）① 的供给上比以前减少了，因为这些东西的实际价值一直在增加。

节省生产费用意味着使用更少数量的生产力就能生产同一种产品，或使用同样的生产力能生产更多产品，这两者是一样的，同时产品数量必须大大提高。也许有人会认为，生产的提高，未必能相应增加市场的需求。因此就会导致产品价格降到生产费用之下，甚至在缩小生产规模之后也一样。但是这种担心毫无根据。因为降价导致消费范围迅猛地扩大了，以致在我所遇到的事例中，需求的增加始终不变地超越着由改善生产方式而造成的生产力的提高。因此，生产能力的扩张引起了市场需求的扩大，这样才能生产出因生产方式的改进而成本更加低廉的产品。

---

① 我在《圣·毛尔的调查》(Recherches) 一书中发现，1342 年一头公牛的售价是 10~11 利弗尔。这笔钱在当时相当于 7 盎司纹银，在今天约合 28 盎司纹银。现今 28 盎司纹银可铸就 171 法郎 30 生丁（约合 32 美元），这个价格比今天一头普通公牛价格低。用 300 法郎从普亚图买入一头瘦牛，在诺曼底养肥后，运到巴黎以 450~500 法郎（约合 84~93 美元）售出。因此，家畜肉类自 14 世纪以来价格上涨不止一倍，而且大多数其他同类食品价格可能同样上涨。如果工人阶级在这个时期没能同时从工业发展中获取到巨大利益、无法拥有更多收入的话，那他们吃的食品就比瓦卢瓦王朝菲利普时代更恶劣。

这一点很容易解释清楚。工人阶级收入的增加，使他们能够对食物有数量增多、质量提高的要求。但是产品的供给无法跟上日益增加的需求量，这是因为，虽然可以让同一面积的土地生产更多产品，但不能无上限地增加；而且由于大多数食品体积很大，所以从国外进口的食品比国内生产的食品价格贵得多。

给这方面提供的典型例子是印刷术的发明。这种高速有效的印刷方式使著作册数剧增，而每册售价只是原来手抄本售价的 1/20。所以，如果需求总数与从前一样，销售册数将是从前的 20 倍，然而现在销售的图书册数却是从前的 100 倍。因此，从前那种只相当于如今价值为 12 美元的手抄本，现在却能印刷出 100 册，总价值为 60 美元，尽管每册书的价值降低到从前的 1/20。因此说明，随着实际变化而导致的价格降低，不会造成名义上的财富减少。[1]

另外，依据对立规律，价格实际上涨一定总是源于相同生产方式上涨而导致的产品短缺，随之而来的是总财富减少。因为每部分货物价格的上涨无法平衡货物总量的减少，更不必说消费者会因为消费品价格昂贵而感到自己今不如昔的富裕。

假设因瘟疫爆发或管理系统不善导致了任何一种牲畜的缺乏，例如绵羊，那么其市场价格将上涨，但这种上涨并不是按照供给量减少的比例进行，因为随着价格上涨，需求就会相应减少。如果现有绵羊数量仅为从前的 1/5，那么极有可能它们的价格只提高一倍。所以，原来有 5 只绵羊，每只价格为 4 美元，共计 20 美元，现在 1 只的价值只为 8 美元。价格虽涨但绵羊这项财富却减少了 60%，为一半以上。[2]

因此证实，每次价格的实际下降，不会减少产品的名义价值，实际上还提高了名义价值。价格的实际上升，不增加财富总量，恰恰相反是减少了财富总量，更不必说前者提高了消费者的享受而后者降低了消费者的享受。此外，认为价格的实际下降，即劳动生产价格的下降能给生产者带来损失或给消费者带来同等程度的利益这种看法则是大错特错。真正的货物贬值可让消费者受益却不会缩

---

[1] 由于我们掌握的相关产品的**历史数据**（data）过少，使我们无法根据它们的现状得到精确结论。但精通此学科的学者都知道，无论是夸大其词还是谨小慎微对上述结论都毫无影响。当今的统计研究将给后来者提供更精确的计算方法，但却不能增强计算方法必须依据的原则的正确性。

[2] 与此类似，课税（特别是过度收税）对社会财富总量有着极恶劣的影响，同时对纳税人也会有影响。生产成本的增加使货物的实际价格随之上涨，而货物的总价值却减少了。

减生产者的利润。长袜制造者生产两双长袜可得到 1 美元,从这 1 美元所得的利润和生产一双长袜是 1 美元时所得的利润相同。土地所有者所得租金相同,尽管佃户通过更好的轮种法提高了土地的收成并使产品价格变得便宜。在任何把劳工工作量提高一倍却不增加疲劳的情况下,虽然产品是用更低的价格出售,但其每日的获利比率并没因此而有所降低。①

这不仅证实而且还解释了一个原理。此原理至今还没完全被理解,甚至遭到许多学者和政治学派的反对。那就是,一个国家越繁荣富强,市场的产品价格就越低廉。②

为提供证据,我使用最有利于反对上述原理的人使用的方法提出这个问题,同时假设一个极端情况,即通过持续不断地降低成本,生产费用最终降低为零。在这种情况下,毫无疑问的是土地不需再付租金,资本不要利息,或劳工不要工资,从此后各个生产阶层不再有任何收入。然后会出现什么情况呢?我会说,这些阶层将不复存在。人类所需要的每样物品都将与空气和水一样,不必生产或购

---

① 我曾遇到过一些人,他们认为有办法增加国家财富。他们赞成首先生产贵重物品然后生产廉价物品。他们的观点是,生产一码上等织锦好过生产一码普通薄绸。他们没考虑到的是,如果前者的价值是后者的四倍,那是因为生产前者需要四倍的生产力,这生产力生产四码普通薄绸与生产一码上等织锦,难度是相同的,总价值也是相同的,但是最终的社会利益减少。因为一码上等织锦做出来的衣服比四码普通薄绸少。奢侈的祸患在于华丽的背后总是伴随着吝啬。

② 那姆尔(Dupont de Nemours)在《重农学说》(*Physiocratie*)第 117 页写道:"不应当假设货物价格低廉对下层阶级有利,因为降价使劳工工资减少,限制了他们的生活舒适品,不仅工作难找,高报酬的职业也在减少。"但理论和实践都与此观点相悖。完全因为商品降价而导致的工资降低不会减少生活舒适品的消费,低工资使投机者减少生产费用,它会强有力地倾向于增加劳工生产的出路与需求。

马伦(Melon)、浮邦纳(Forbonnais)和所有闭关锁国主义或贸易差额学说的拥趸,伙同经济学家一起,支持这个错误观点;西斯蒙第在他著的《政治经济学新原理》(*Nouveaux Prin. d'Econ. Pol*)第四篇第 6 章重申了这个观点。他认为产品的低价是消费者从生产者手里攫取利益,尽管价格下降只等于生产费用的节省,毫无疑问的是不可能使劳工阶层和其他生产阶层有任何损失。

买就可消费。就像是每个人都能给自己提供空气一样，他也将会给自己提供其他任何一件可想象的产品。这将是财富的终极。政治经济学将不再是一门科学，我们将不必研究获取财富的方法；因为我们将发现财富唾手可得。

虽然没有例子证明某个产品可以降到与自然界的水相同的价格，但还是有一些产品大幅度减价，例如在发现煤矿的地方，其他种类的燃料大幅度减价。还有很多这类降价都类似于我刚刚提到的想象中的完全充足状态。

倘若不同货物按照不同比率降价，一些降价幅度大，其他降价幅度小，它们之间的相对价值必定不同。例如，降价的长袜与尚未降价的家畜肉类在相对价值上发生了变化。而按照同样比率降价的货物，比如像我们在假设中提到的长袜和糖的例子，它们之间出现的变化是在**实际**（real）价值上，而不是在**相对**（relative）价值上。

价格的实际变化和相对变化的差异在于：前者是由于生产费用改变引起的价值变化；后者是由一种货物与其他货物价值比率的改变所引起的变化。实际变化对购买者有益的同时，并不损害出售者的利益，反之亦然。但对于相对变化来说，出售者获利，购买者则受损失，反之亦然。例如，商人有库存羊毛 10 万磅，每磅 20 美分，**总价值**（worth）为 2 万美元；如果有意外需求，羊毛上涨到 40 美分一磅，他的资本将翻倍，但是所有能与羊毛交换的货物的相对价值则降低，减低的程度与羊毛上涨程度相等。一个需要 100 磅羊毛的人，本来只需出售价值为 20 美元的 20 蒲式耳小麦，现在就必须出售 40 蒲式耳。他损失的 20 美元被羊毛商赚取；而国家财富却既没增加也没减少。①

---

① 劳德戴尔伯爵（Lauderdale）在 1807 年发表了一部题为《关于国家财富的本质与由来及其增加原因的研究》（*Researches on the Nature and Origin of Public Wealth, and on the Causes Which Concur in its Increase*）的著作，其整个论证都建立在这个错误的观点之上，即尽管一种货物缺乏，会使社会总财富减少，但因为缺乏使得这种货物的价值增加，所以就使得这种货物的所有者的财产增加。作者从此得出的错误结论是，国家财富与个人财富有原则性区别。他没有意识到的是，无论何时购买者被迫付出更多代价来获取货

## 第3章 价格的实际变动和相对变动

　　这种买卖发生在国与国之间时，出口相对价格增高货物的国家获利，进口国受损，获利与受损程度都恰好等于货物价格增高程度。价格的这种上涨不能增进现有世界的总财富，因为总财富的增加只能基于生产可成为定价对象或估价对象的新效用。在其他情况下，一方亏损总是因为另一方获利：基于相对价格变化的投机性交易就是如此。

　　也许就在不远的将来，当欧洲国家最终意识到他们真正的利益所在，必将宣称放弃代价很高的殖民地统治权，同时致力于让那些接近欧洲的热带地区，例如非洲的部分地区成为独立殖民地。随之而来的将是被称为殖民地产品的大量耕种，一定会给予欧洲充足的供给，而且是以最适度的价格。到那个时候，那些以旧时价格买入并囤积货物的商人，必然亏损。但是他们的损失对于购买者来说无疑是一种显而易见的收益，因为购买者将在一定时期内用低于生产费用的价格享用这些产品。商人们会逐渐地用那些以更大才智生产的同等质量的产品，代替他们以前购买的价格昂贵的产品。消费者将在获取低廉产品并享受日益扩大的收益的同时，不会给任何人造

---

物，他的损失与售出者所获利益等值；而且每次打算获取这种利益的举动，都必然使一方的损失等同于另一方的获利。

　　他还同样认为，这种想象中的国家财富与私人财富原则上的区别在于资本的积累，这对个人有利却有损于国家财富，因为资本积累阻碍消费，而消费才能刺激生产。他陷入了一个十分普遍的误区，认为资本一旦积累起来就不再用于消费；然而，正好相反的是，积累的资本也是消费，但却是以再生产的方式消费，这样才能不断提供购买方式；积累的资本非生产性消费，因只发生一次购买行为（参阅本书第三篇）。因此，一个原则上的简单错误累及这个著作。上述错误就是基于这个不正确的观点，也因此增加而非减少了这个学科的复杂性。

　　劳德戴尔的错误与西斯蒙第和马尔萨斯的相似，这个错误来自于这个概念，即生产力的扩大使非生产性消费成为必要；然而，前者只能使后者可能发生或仅仅是极有可能发生。一个国家及其人民也许会这样消费使生产力进一步扩大，但是国家与个人一样，掌握的禀赋较好的资源越多且生产力越大，国家就越富强。——英译者注

成伤害，因为商人采用的是低买低卖的手段。人类产业将迅猛发展，开辟出一条通往富足生活的康庄大道。①

---

① 如果拿破仑当年用他控制的巨大资源达到这个宏伟目标，那么他本来将会以对世界的文明、富裕做出重大贡献而流芳百世，而不是以世界的破坏者遗臭万年。当巴巴里海岸居住着平和、勤劳而有教养的人们时，地中海将成为一个巨大的湖泊，湖滨的富裕国家之间商业往来频繁，沿湖住满居民。

# 第4章 价格的名义变动，金银条和硬币的独特价值

在探讨货物价格的涨跌时，虽然价值是以货币为表现形式，却没能注意到货币自身的价值。说实话，货币本身价值对其他货物价格的实际变化和相对变化完全不起作用。尽管购买产品时，最初是以货币支付，但最终还是用其他货物购买。当羊毛价格翻倍时，就要用两倍数量的其他任何一种货物购买，无论这种交换是直接的，还是以货币为媒介。面包商原来用6磅面包或用其货币形式如20美分购得1磅羊毛，现在不得不用12磅面包换取40美分去购买1磅价格翻倍的羊毛。但如果不比较长袜、肉类、糖、羊毛、面包等物品的相对价值，而只用它们当中任何一种与货币本身的相对价值作比较，我们发现，货币与其他商品一样，可能经历或事实上经常经历实际变动，即它的生产费用的变化，以及相对变化，即它对于其他产品价值的变动。

自从发现美洲银矿以后，银降价到从前价值的1/4，失去了它与价格没有变化的其他产品，例如谷物，相比较的相对价值的3/4。因此，一个人必须支付4盎司银购买1塞提尔（约合43蒲式耳）小麦，这些小麦在1500年大约只值1盎司银。从那时起，一件商品的价格可能下降了一半，而银价却跌落至原价的1/4，因此，就这件商品与银的相对价值而言，这件商品的价值加倍，因为它从前值1盎司银，现在在本身价值没有下降的情况下值4盎司银。但是因为它本身价值下降了一半，所以只值2盎司银，是以前2倍的银。

这就是银价实际变动和相对变动产生的实际影响。除了这些变动外，还有在不同时期出现的同一数量的纯银在名称上的巨大变

更，这使我们无法再相信我们对实际变动和相对变动所做评估的准确性。

1514年1盎司银可购买1塞提尔小麦，现在1塞提尔小麦价值4盎司银，这就是银与小麦的相对变动。那时1盎司银称为30苏①，而同一数量的银如果保留从前的名称，那么4盎司银现在就称为120苏或6法郎。因此，价值6法郎的1塞提尔的小麦比银的价值上升了或银比小麦的价值下降了，而它们在名义上没有变动。但是4盎司银现在称为24法郎而不是6法郎，因此既有名义变动又有相对变动——仅仅是字面上不同。实际变动和相对变动的比率是4:1，而货币的名义价值从1514年以来却按照16:1的比率下降。

由此可见，我们不能根据对一件物品所估计的货币价值来想象其价值，除非在特定时间和特定地区内，硬币的称谓没有变更，而构成它的材料的价值也没有变更，否则所估计的价值只是名义价值，不具有任何固定价值的概念。说1514年1塞提尔小麦的售价为30苏，而不解释30苏在那时的价值，只是说一个不具任何概念的价格，或是一个错误的价格。这意思可认定为，1塞提尔小麦在那时的价值等于现在30苏的货币。硬币名称对比较价值的有用之处，只在于它表示特定金额所包含的纯银数量。它可作为银数量的标志，但是绝不可作为在任何长时间段或任何地区的价值指标。

无须指出具有一定名称的金属分量的变更，对国家和个人财产的影响。这种变更，不增减金属或任何其他货物的实际价值，甚至也不增减它们的相对价值。如果1盎司银铸成2克朗而不是1克朗，那么以前以1克朗给付的货价现在必须以2克朗给付，就是说，在两种情况下都以1盎司银给付，银的价值没有变动。但如果买卖是用赊账的方式并规定在一段时间内用克朗给付，出售方以后收到的货款可能是1/2盎司银，而不是双方原来立约规定的1盎司银。因此，这种把旧名称用到不同分量的金属的做法，将使一方不公平地获取利益，而另一方不公平地蒙受损失。所以，一方每次获取的利益都是另一方遭受的损失，除非利润来自实际生产或等于实际生产

---

① 勃朗：《货币史》；圣·毛尔：《关于货物货币的论文》。

## 第4章 价格的名义变动，金银条和硬币的独特价值

中降低的生产成本。

正如我们在前面所提到的那样，关于金银条或货币所特有或固有的价值，就像一切其他商品一样，都基于它们的用途。这个价值的大小依据是它们用途的多寡、使用必要与否，以及供应的充足程度。

尽管金银是最普遍的货币材料，但在未铸成硬币之前不能作为货币使用，因为它们在那时还不是货币，只是货币的原材料。在当今社会环境里，个人不能随意把金银条块铸造成硬币。因此，对硬币的需求如果比对金银条块的需求更迫切，硬币就可能具有比相同重量和质量的金银条块更多的价值。但是金银条块显然不可能具有比相同重量和质量的硬币更多的价值，因为后者随时可以转换成前者。硬币本身的价值很少超越金银条块，这是因为拥有货币制度垄断权力的政府，为贪图硬币与金银条块的差价利润，错误地给市场提供了过多的硬币。所以硬币价值从来不低于但也很少高于金银条块的价值。因此，详细地阐述迄今为止或今后可能成为金银条块本身价值的变动细节，也足以说明作为货币的金银条块的价值变化。

前文提到过[①]，因美洲的发现而涌入市场的金银是从前的10倍，但金银的价值却没有相应地降低到从前的1/10。这是因为随着商业、工业和奢侈生活的同时增加，这一时期对金银的需求也极大地增加。从前，所有欧洲主要国家完全没有工业，无论是作为资本还是仅仅作为消费品的产品，在流通数量上都少得可怜。然而在这个时期，工业和生产力突然间在整个欧洲一起发展起来，由于交易范围的扩大和交易次数的增多，使得市场对作为交换媒介的货币所用原材料的需求大大增多。与此同时，发现了绕过好望角通往东方海洋的新航线，吸引了大量冒险家前往。东方的产品受到了更为普遍的消费，但欧洲却没有自己可用来交换的产品，只能用贵金属进行交易，印度因此获取了大量贵金属。尽管如此，产品的增多导致了财富的增加和消费的普及。小商贩摇身成为殷实商家，在荷兰渔镇的居民中出现了身家20万美元的个人。从前只有皇亲国戚才买得起的贵重物

---

① 参见本书第一篇第21章中的第7节。

品，现在的商人阶级也能购买。消费者日益增加的对精美餐具和昂贵家具的喜好，引起对使用在这些物品上金银的更多需求。毫无疑问，如果不是及时在美洲发现金银矿藏，这些金属的价值将惊人地上涨。

金银矿藏的发现完全扭转了局面。日益增加的金银供应远远大于迅速增多的金银使用量和需求量，并使市场处于完全饱和的状态。因此就像上面提到的那样，导致金银的价值大大下降。由于刚才说过的那些情况同时出现，金银的价值将有更大程度的减少。那些情况让金银的价值也就是其以一般货物计值的价格不再下降，限定在原来价值的1/4处，而不是按照供应量增加的同等比率下降到1/10。

洛克肯定没有察觉到这种反作用的力量，否则他将不会认为从1500年以来，银量增加至原来的10倍，必然使货物价格上涨至原来的10倍。他举出用来支持这一观点的几个事例，都不足以证实观点的正确性，因为可以用来举例的产品，在数量上和种类上比他的事例要多得多，它们与金银一样，在1500年与洛克撰写出著作的期间，需求与供应增加的比例为2.5:1。① 但是，尽管对于某些特殊产品而言，情况可能像洛克所描述的那样，然而对大多数其他产品来说，情况就可能完全不同。因为自从1500年来，对这些产品中的某种产品的需求从未增加，而对其他产品的供应却与递增的需求并进，

---

① 由于美洲的发现，银需求的增长强度与供应增长强度相比，据说是2.5:1，因为如果需求没有这样增加，那么10倍的供应量早就让其价值下降到原来价值的1/10，即100盎司银仅具有原来10盎司银的价值。但目前的100盎司银只下降到其原来价值的1/4，即25盎司，比率为2.5:1。除非银的供求总是按照这个比率增加，否则情况不可能是这样的。但由于供应在此期间已经增加至原来的10倍，所以如果我们想找出自从美洲第一次发现金银矿藏以来无论在流通、奢侈品还是制造业上所需要的银的实际增多比例，就必须用10乘以2.5，得25。尽管25倍看上去好像是巨大的增长，但这个估算应不会超过实际情况。如果不是源源不断地从美洲输入白银，它的需求必定少得多，因为银过于昂贵从而大大减少了对它的使用。精美的银制餐具也许会变得与金制餐具一样稀少罕见，银币也不像现在这么充足，因为它的效用将增多，价值将进一步提高。

## 第4章 价格的名义变动，金银条和硬币的独特价值

所以除了因为性质完全不同的原因引起的暂时微小变动之外，它们的价值比率没有变动。在这里顺便说一下，上述内容给了我们一个教训，使我们认识到，在政治经济学中必须对孤立事实进行理论考验的重要性，因为事实不能颠覆理论，除非把所有事实以及可能改变那些事实本质的情况都考虑在内，而这是不可能实现的。

百科全书的作者也曾犯过同样的错误，他们认为①，如果一个家庭的银餐具从 16 世纪中期至今，在数量或质量上没有变化，那么这个家庭现今的餐具价值只等于以前的 1/10。然而，这部分财富价值其实只比从前降低了 1/4。因为供应量的增加虽然使价值减少到 10/100，但是，市场日益增长的需求却把它提高到 25%。②

值得关注的是，就前面解释过的流通这个词的正确含义来说，大部分硬币一直处在不断的流通之中。在这方面它不同于其他货物，因为货物只有在商人手里时才流通，一旦转移给了消费者，流通就立即停止。作为资本时，人们不是想要把货币作为消费品使用，只是把它作为交换品使用。每一次的购买行为都是以货币交换别的东西，都使货币进一步流通。唯一退出流通的那部分货币是指那些被窖藏或封存的部分。窖藏或封存的货币，最终是为了再次进入市场，加入流通。

金银以精美餐具、刺绣品或首饰形式出现时，只在寻求买主或准备出售时才处于流通状态。它一旦被消费者拥有后，就不再流通了。

世界上所有的文明国家都普遍使用银，其因便于运输而成为被广泛需求的货物，只有出现新的海量供给才会影响到银的价值。因此，当色诺芬在他的关于雅典收入的一篇论文里，警告他的同胞要密切关注阿迪卡银矿的开采，并建议说银与其他货物不同，不会随着数量的增加而降低价值的时候，他的意思一定是说银的价值不会

---

① 《货物货币》中的一条。
② 如果我们相信李嘉图，就得相信他认为的需求的增长对于完全由生产费用决定的价值毫无影响。他似乎并没意识到是需求使生产力成为备受重视的对象。对银条的需求降低将迫使银矿停产，因为降低的价格不足以抵偿生产费用。

明显下降。事实上，针对当时地中海沿岸众多繁荣的国家及波斯和印度的银存量而言，阿迪卡银矿的产量少得无足轻重，根本不足以产生任何影响。希腊与这些国家之间的商业往来相当活跃，足以保持希腊市场银价值的稳定。阿迪卡银矿所产的银只不过是流向当时储银海洋中的一条涓涓细流。色诺芬当然不可能预见到美洲银大量涌入市场，也无法猜测到这样涌入的后果。

倘若银如同谷物和其他土地里的产品一样是人类的食品，那么它的供应来源的扩大，将不会降低它的价值，因为人类繁衍速度提升到与生活资料相应的激剧程度时，将使需求跟得上增加的供给。如果谷物供应增加十倍，人类对它的需求也将提高十倍。因为谷物的增加，必将引起消费这些增加部分的人口的增加，同时谷物将保持与其他货物大约相同的比值。

这清楚地解释了为什么银价的变动过程缓慢，但变动的幅度是巨大的。变动过程缓慢是因为银的普遍需求使供应的轻微变动难以察觉，变动幅度巨大是因为银的有限用途使需求的增加，总是无法跟上迅速增长的供给速度。

除了铸造货币，银还可用来制作餐具、家具和装饰品。国家越富有，就有越多的银使用在这些产品上。用作货币使用的银数量，与动产和不动产方面使用的数量成比例，使得这些资产能够流转。因此，如果没有以下情况支配这个一般规律，富裕国家将比贫困国家需要更多的硬币。

第一，在富裕的国家里，货币和货物更快的流通速度，使它所需要的与总贸易额相称的货币数量，在比例上比贫困国家少很多。在同一时期里，同一笔资金在富裕国家也许可以进行十次交换，而在贫穷国家则只有一次。① 所以，货币的需求，并不一定随着流通货物的增加而相应增加。虽然流通扩大，但是流通媒介却变得更加活跃，发挥出更大的效用。

---

① 在贫穷的国家，当商人售出货物后，有时他需要等待很长时间才能获取他想要的回报。在此期间，货款闲置在他手里。此外，在贫穷国家总是很难进行货币投资。储蓄过程缓慢，而且要经过几年的时间才能继续利用。所以大量货币总是处于闲置状态。

## 第4章 价格的名义变动，金银条和硬币的独特价值

第二，在富裕国家，信用经常是货币的替代品。在第一篇第22章里已清楚地阐明，如何用兑换券来替代一部分货币而不引起任何不便。① 通过这种方式不但可以大大减少硬币的使用，还可以有效降低对以货币使用为目的的银的需求。在勤劳的经商人群中，兑换券还不是唯一替代货币的方法，每一种私人合同和协议，以及赊售、信用货币的转移，或甚至是债务方和债权方之间的往来账目，都可以起到相似的作用。

因此对硬币的需求，绝不是按相同比例，随其他物品的逐渐增长而增长。我们可以正确地说，一个国家越富裕，它的硬币数量与其他国家相比就越少。

如果仅凭供应总量就能决定一件商品的交换价值，那么银与金的比例将是45∶1，因为银与金是按照45∶1的比例冶炼出来的。② 但是对银的需求远远大于金的需求，银的用途更广泛、更复杂，这样就使银的相对价值不会下降到1∶15以下。

贵金属的部分需求，是源于它在使用中逐渐损耗。贵金属尽管不像大部分产品那样容易毁坏，但在一定程度上还是会损毁。毫无疑问，这种损耗尽管缓慢，但作为货币和各种物品如调羹、叉子、酒杯、碟子和各种首饰的金银的数量是巨大的，由于不断使用，损耗过程虽然缓慢，但必定是可观的。镀金和镀银物品的消耗也很大。斯密认为，在他的年代，仅伯明翰制造业每年所消耗的金银就值5万镑。③ 还要进一步考虑到刺绣、纺织品、书籍装订等损耗的金银。

---

① 我认为，无论是理论方面还是实践方面，在欧洲人中，李嘉图是最熟悉货币的人。他在《关于一种既经济又安全的通货的建议》中说：当一个国家的政府值得信赖时，纸币可以用来替代全部金属货币，通过巧妙的管理，可使一个不具有内在价值的材料代替贵重的材料，当它发挥货币机能时，它的金属特性绝不会显现出来。
② 洪博德：《关于新西班牙的政治性论文》，8开本，第四卷，第222页。
③ 《国富论》，第一篇，第11章。从该作品发表之日起，伯明翰和其他城镇的制造业金银耗费量剧增。
　　雅各布斯先生在他关于贵金属的作品中，详细阐明了在美洲大陆发现前后金银的消费和生产。他在第26章中对贵金属从1810年到1830年的消费做了调查。这个章节阐述了大量有指导意义并让人好奇的细节，虽然不

金银一旦用于这些方面，就不能再用在其他方面。另外，还要加上窖藏的金银。如果窖藏者去世，就无人知道窖藏地点。当然还有沉船所损失的金银数量。

如果世界上所有国家都持续不断地增加各自的财富，大多数国家的财富在过去的三个世纪里确实曾增加了，那么它们对贵金属的需求将逐渐增加。这不只是因为逐年的损耗，金银使用越多损耗越大，而且由于其他商品的增多和这些商品总价值的增大，这样就将引起更大的需求来满足转移与流通的需要。如果金银矿产量无法满足日益增加的需求，贵金属的价值将上涨，因此可用较少的贵金属交换其他一般产品。倘若金银矿开采的速度能够跟上人类产业的进展，贵金属的价值仍将保持不变，就像在过去的两个世纪里，它们的需求和供应同时增加，其价值似乎没有变化。①

---

可能在此处全部引用，却可以为下列陈述当作根据。那一章同样论证了金银消费的巨大增长，本书作者在这个注释里称为"制造业金银耗费量剧增"，他是指亚当·斯密的著作《国富论》发表之后的情况。

那么，根据雅各布斯先生所言，从1810年到1830年之间，每年贵金属被应用于装饰品和奢侈品上的年消费数量如下：英国2 457 221公升；法国1 200 000公升；瑞士350 000公升；欧洲其他国家1 605 490公升；美国280 630公升；总量达到5 893 341公升，相当于28 288 036美元。——美国编者注

① 洪博德让我们确切知道，在过去的一百年里，墨西哥矿产量按照110∶25的比例增加，另外，安第斯山脉的银矿藏如此丰富，以至于只计算初步开采的或尚未开采的矿藏就让人认为，在这样无法计算的矿藏面前，欧洲的银矿储量只是九牛一毛。参见《关于新西班牙的政治性论文》，8开本，第四卷，第149页。

由于受到巨大的与日俱增的金银年供应量的影响，金银价值的轻微并逐渐减值，是人类财富迅速及普遍增加的众多证据之一，因为需求必须与供应同步。但我认为，在一个世纪里几乎没有变化的金银价值，在过去的30年里开始下跌。1塞提尔小麦，按巴黎的度量单位，长久以来平均售价为4盎司银，现在涨到4.5盎司，并且每个续约的租金都有提高。其他所有物品的价格看起来都在成比例地上升，这表示银的相对价值在下跌。

我们在前一个注释里所说的巨大增长，是指自从1809年以来，所有这些和东方大陆的矿藏产量的增长，其依据是雅各布斯先生在其研究贵金属

## 第4章 价格的名义变动，金银条和硬币的独特价值

此外，如果贵金属的供应超过总财富的增长，正如目前的状况，那么它们与其他一般货物的比值将下降。硬币将因此变得更加笨重。但金银在其他方面的用途将更为广泛。

要想把由于长期存在的各种变动的混淆而产生的所有错误理论和谬误见解一一揭露出来，那将是一件费时而又让人生厌的工作。分析和区分各种变动，已经花费了太多的时间。我们认为，只要给读者提供条件，让他们能够自己发现那些理论和见解的谬误，并让他们能够判断那些公然地通过运用价值尺度来影响国家财富措施的趋势，就已经足够了。

---

的作品里所描述的那些。我们从他的著作中摘录了第26章的观察数据，结论是目前现存的硬币储备，与从1810年到1830年的20年里金银币数量减少了储备总数的1/6。

雅各布斯先生说："我们已经估算出在1809年年末，硬币储备为380 000 000英镑；从那年起到1829年，每年的增长率为5 186 800英镑，最后总数量是103 736 000英镑。

1809年硬币总数为380 000 000公升。我们减掉每年1/4的损耗，20年内数量是18 095 220公升，到1829年还剩余361 904 780公升。加上矿藏供给量103 736 000公升，总数为465 640 780公升。

扣除被转换成器皿和装饰品的数量5 612 611公升，扣除被输送到亚洲的数量2 000 000公升，每年是7 612 611公升；或20年总计152 252 220公升。到1829年年底总数量将是313 338 560公升。或者1809年年底不到66 611 440公升。或者说20年里大约减少了将近1/6。"

"在我们考虑到的那一时期里，事实上是在多年以前，金对于银的相对价值几乎没有任何变化。根据这个观点，应用到奢侈品上的金数量远远超过银，比例大约是4:1；但是另一方面，转移到印度和中国的财富主要是银，而从这些国家运来的金被主要送往欧洲。上文（此调查在第25章）试图表明金币的耐用性是银的4倍。这也显示出在俄罗斯最近增加的矿产品主要是金。这些情况（让我们必须认识到自身的局限性在扩大）也许足以证明在一个很长的时期里，两种金属的价值将保持稳定的比率。"——美国编者注

# 第 5 章 收入在社会中的分配方式

决定货品价值的因素，它的功能正如前几章描述的那样，毫无例外地适用于所有有价值但最终价值消失的物品，因此也适用于从事生产活动的劳动、资本和土地所能提供的生产性服务。那些拥有这三种生产来源中任何一个的所有者，在这里我们称为生产力出卖者，而产品的消费者则称为购买者。生产力的相对价值，如同其他一切货品的相对价值一样，随着需求的增加而上升，并随着供应的增多而下降。

大规模雇用劳力的人，我们称为冒险家，只是在出卖者与购买者之间的经纪人，他们按照某一特定产品的需求程度，雇用一定数量的劳动力来生产那个产品。① 农民、制造者和商人不断地对某一特定产品的生产所需费用与消费者愿意支付的价格或能出的价格进行比较。如果通过比较使他决定生产某产品，他就成为那件产品所应用的各种生产力的需求者，因而给这些生产力价值提供一个依据。

另外，有生命和无生命的生产因素如土地、资本与人力供应的数量是大还是小，是依据以下各章节阐述的各个动机的作用而定的。因此，这些动机的作用就形成了评定生产力价值的另一个依据。②

---

① 我们已经知道，产品的需求若与它的效用程度，以及与其他人所掌握的可用以交换的其他产品的数量成一定比例，这个产品的需求量就会很大。换句话说，一件物品的效用和购买者的财富共同决定需求的程度。
② 在撰写本书的计划时，我曾犹豫了许久，是否应在分析生产之前首先分析价值，是否在进一步研究价值的生产方式之前阐明生产价值的性质。但是对我来说，要让读者轻松地掌握价值的基础知识，就必须让他们首先了解什么构成生产费用。为此目的，必须先对生产因素和这些因素所能提供的服务有一个正确和广泛的概念。

产品在完成之时，都是以它的价值补偿完成这一产品所消耗的全部生产力。对于生产力的报酬，很大一部分是在产品完成之前就已经给付了，因此这个报酬必定由某个人预先垫付。其他部分的报酬，是在产品完成之后给付。但生产力的总体报酬，最终还是由产品的总价值给付。

我们以手表为例，来说明一件产品的价值在所有参与生产的人之间是如何分配的，并从源头追溯它的最小零件是如何得到的，以及这些零件的价值是怎样支付给许多共同参与生产的人作为报酬的。

我们首先发现，制造手表的金、铜和铁等原料购自矿石开采者。他们收到劳动的工资、资本的利息和付给地主的租金用以交换这些产品。

金属商从原料生产者那里购入金属，转售给制表商。这样，他们不仅收回了垫付的资金，同时还得到他们应得的利润。

组成手表不同零配件的制造商，把他们的产品出售给表匠。表匠支付货款，就是偿还他们预先垫付的资金和利息。此外，表匠还需支付所花费的劳动工资。这一连串十分复杂的付款过程，可以用一笔相当于上述所有的价值总和的款项一次性完成。表匠以同样的方式，与那些提供表盘、玻璃以及所有他认为应该配备的装饰品的制造商打交道，如钻石、珐琅或任何他喜欢用的东西。

最后，购买手表自己享用的客户，要偿还表匠垫付的全部资金及各项垫付款的利息，同时也支付给他个人技能和劳动所应得的利润。

我们发现，也许手表在它还没完工之前，它的总价值就开始在相关的生产者之间分配着，而这些生产者比我所描述和想象的要多得多。连那个对整个生产环节毫不知情的购买者，即购买手表并戴着它的人，可能也包括在这些生产者内。理由是，他也许曾把资本借给一个开矿的冒险者、一个金属商或一个大工厂的董事，或一个不具有上述任何身份但曾经把从他那借来的一部分资金转借给上述那些人中的一个或更多的人。

前文已经阐述过，一件产品的多数共同生产者，不必一定等到产品完全制造好以后才获得他们对这件产品所贡献的那部分价值的酬劳。在大多数情况下，这些生产者，甚至在这个产品尚未完成之前早就把获取的等值物消费掉了。每个生产者都把这件产品当时的价值，包括已经消费的劳力，垫付给在他之前的生产者。按照生产次序，在他之后的生产者偿还他的垫付，再加上产品经过他手时增添的价值。最后的生产者一般是零售商，由消费者给他偿还所有这些的垫付款，再**加上**（plus）他对产品所增添的价值。

社会总收入的分配方式与上面所阐述的完全相同。

创造的价值，按这个分配方式，归地主获取的资金称为土地的**利润**（profit of land）。有时是由农民给付**定额地租**（rent），这个利润就转移到农民手中。

分配给资本家或垫款者的资金，虽然垫付的款项额很小且时间很短，这部分资金都称为**资本的利润**（profit of capital）。有时，资本是按贷借方式借出，资本家按约定获得**利息**（interest），不得利润。

分配给技工或劳工的资金，称为**劳动的利润**（profit of labour）。他们有时得到**固定薪水**（wages），就不得利润。①

因此，每个阶级都从生产出来的总价值中获得自己的价值，这份价值就是这个阶级的收入。一些阶级是零零散散地获取他们那一部分收入，而且一到手就很快消费掉了。这些阶级人数众多，因为其中包括大多数工人。地主和资本家不会自己利用他们的生产手段，他们定期获取收入，或是一年一次，或是一年两次，也许是一年四次，这依据他们和受让人签订的合同条款而定。但是，无论按什么方式获得的收入，它在性质上总是相似的，而且必须来自所生产的实际价值。如果一个人没有直接或间接参加某种生产，直接获取到能满足他的需求的任何一种价值，那么他所得到的价值不是天赐的

---

① 在上面那个手表的例子里，许多技工本身就他们自己的产业而言都是冒险者，他们的收入是利润而不是工资。如果专门制造表链的人自己买到没经加工过的钢材，他将其加工后售出，那么就这个特殊制造部分来说，他就是冒险者。纺麻线者购买了价值几便士的麻，纺织后把线变换成了货币；而货币的另一部分继续购买更多的麻。这就是他的资本。还有一部分货币用来满足他的需求。这就是他的劳动和资本的共同利润，构成他的收入。

就是掠夺而来，二者必居其一。

以上所说的，就是产品总价值在社会成员中的分配方式。我说的总价值，是在整个生产的总价值中，不归一个生产者所有的部分，即归其他生产者所有。呢绒商从农民手中购买羊毛，支付工厂里每个部门工人的工资，最后在售出工人协作生产出的呢绒时，把市场价定在足以偿还他在前期的所有垫付款并提供自己的利润的价格上。他认为利润或自己劳动的收入，只是扣除一切开支费用以后的纯盈余。但是那些开支只是用来垫付以前各生产者的相应收入，最后由呢绒的总价值偿付。支付给农民的羊毛价格，是耕种者、牧羊人和地主这三方收入的总和。尽管农民把净产品看作是扣除了他支付给地主和雇工的报酬之后的剩余，但是对地主和雇工来说，这些报酬就是收入，前者是地租而后者是工资：地主得到的是土地收入，雇工得到的是劳动收入。这一切价值的总和由呢绒的价值支付，呢绒总价值①构成了他们的收入，而且以这种方式分配。

由此可见，**净**（net）**产品**一词只能应用于产业界中个别生产者或个别冒险者的个别收入。而个人收入的总和就是社会的总收入，等于社会的土地、资本和劳动的**总**（gross）**产品**。这完全推翻了上世纪经济学家们的思想体系，他们认为只有土地的净产品才构成收入，并因此总结说社会只应该消费这个净产品。他们不承认这个明显的结论，即人类所创造的全部产品都可以由人类消费。②

如果认为国家收入仅仅是所生产的价值减掉所消费的价值的剩余部分，就不可避免地得出这一最荒谬的结论，即一个国家在一年里把它的年产品都消费殆尽，它将没有任何收入。一个年收入为

---

① 这个总价值甚至包括已经投入的资本或机器的维持及补给的价值。如果呢绒商的机器设备需要维修，并雇用有能力的机械工来维修，那么呢绒商花费的维修费用就成为机械工的收入，而对呢绒商来说，这是一项垫款，就像其他垫款一样，由产品完成后的价值偿还。
② 部分被创造的价值应归功于自然力，这包括土地所创造的价值。但在本书第一篇已经说过，土地可被当作是机器或工具，其占有者可被当作是让土地发挥作用的生产者；正如资本本身的生产力被当作是资本家的生产力一样。仅仅在字面上的批评无足轻重，一旦意义被解释清楚，重要的是概念的正确性而不是词语表达的正确性。

2 000美元的人，也许觉得花光全部年收入是合情合理的，那么我们能就此得出结论说，这一年他没有任何收入吗？

在一年里，一个人从他的土地、资本和劳动获得的利润总和称之为他的**年收入**（annual revenue）。所有这些个人的收入总和构成了一个国家的收入。① 国家收入的总额是国家产品**减掉**（minus）出口部分以后的**总值**（gross），因为国与国之间的关系就像人与人之间的关系一样。个人的利润仅限于他的收入减掉他的花费之后的余额。事实上，他的消费构成了其他人的收入，但是，如果那些人是外国人，在估算他们国家的收入时，就必须把这些收入算到里面。例如，把一批价值 2 000 美元的丝带托运到巴西，换回棉花，在估算这个交易行为对法国产生的结果时，就必须扣掉为偿还棉花的价值而对巴西的输出。假设丝带的投入可以换取 40 包棉花，这 40 包棉花在到达法国后可以卖得 2 400 美元，在这 2 400 美元中，400 美元将是法国的收入，其余则属于巴西。

如果所有的人只组成一个大国或一个大社会，那么对整个人类而言，产品的总价值将是收入，就像是每个孤立国家的内部产品那样。但是既然必须考虑到人类被分为不同的社会，各有各的独自利益，这个情况就必须加以考虑。所以一个国家的进口在价值上超过出口，这个国家就得到等于超过额度的收入，这个超过的额度也就构成了它对外贸易的利润。一个国家出口价值为 2 万美元，进口价值为2.4 美元，双方都不用货币进行交易，那么这个国家将得到 4 000 美元的利润，这与贸易差额一派的学说正好相反。②

在一年之内消费掉的大量非耐存货物，而且，往往在生产那一瞬间就被消费掉的非耐存产品，就像所有无形产品一样，也是国家收入的一个项目。因为，如果不是为了满足人类的需求而生产和消费如此多的产品价值（满足人类需求就是收入的特征），究竟是什

---

① 国家收入一词，有时会被不正当地应用到国家的财政收入中。事实上，个人是从其各自的收入里缴税；但从课税里抽取的款项并不是收入，而是对收入所征收的税，有时也是对资本征收的不适当的税。

② 他们的利润因以下情况而产生，即通过运输使出口货物和进口货物在到达各自目的地时增加的价值。

么呢？

评估个人和国家收入的方法，与评估一宗任何形式的价值，如已故者遗产的方法相同。每一种产品都是以货币或硬币来连续估价。例如，法国的收入总额据称是 13 亿美元，这绝不意味着法国的商业能给它带来 13 亿美元的硬币。也许法国只输入极少部分的硬币或根本没有输入。上面这句话的意思是，法国年产品的总和，分别或陆续用银币来衡量价值后，等于上面所说的总价值。用货币评估价值的唯一原因是，按照惯例，想象一定数量的货币的不变价值，比想象一定数量的其他货物的不变价值容易得多。如果不是这个原因，那么用谷物来评估价值也是完全可行的。也可以说，法国的收入为 13 亿蒲式耳小麦，每蒲式耳是 1 美元的话，将表示完全相同的价值。

货币使组成收入或资本的价值更易于流通，但货币本身不是年收入的一个项目，因为它不是年产品，而是在过去时期的商业或冶金的产品。

去年完成流通任务的硬币，也可能在上世纪担负着流通任务，在此期间货币的数量保持不变。不仅如此，如果在此期间硬币材料的价值下跌，这个国家的货币形式的资本将会亏损，正如一个商人由于他的库存产品的价格下跌而遭受损失一样。

因此，收入的很大一部分，即创造的价值的很大一部分，暂时转换为货币，而货币或同等数量的银币本身并不构成收入。收入是用来获取同等数量的银币创造的价值。由于价值只在瞬间被看作是具有货币形式，所以在一年内，同样多的货币可以使用多次，目的是支付或获得收入的特定部分。事实上，收入的某些部分从来不具有货币形式。为工人提供食宿的制造商，用粮食等物品支付他们的部分工资，所以工人们的很大一部分收入不是以货币形式的出现。在美国和其他处于类似情况的国家，殖民者从所拥有的土地上获取产品，给他的整个家庭提供食物、住所，所收受和消费的收入通常全部都是实物而不是货币。

我认为我阐述的内容足以提醒读者不会再把收入所能转化的货币与收入本身混淆在一起，同时让他们确信，个人收入或国家收入不是由他们收到的、用来代替他们所创造产品的货币组成，而是由实际的产品或价值组成。这产品或价值，通过交换这一过程，在到达其目的地时，毫无疑问地会具有一克朗的货币形式或任何其他形式。

价值，无论是以货币或任何其他形式获取，都不能构成年收入的一部分，除非它是在一年之内创造出来的产品或产品价格。其余的都是资本，是从一方移转给另一方的，或用来交换，或作为礼物，或作为遗产的财产。因为一个资本或收入项目可以以任何形式如动产、不动产或货币形式来支付或转移。但是，无论收入具有什么形式，收入与资本总是有本质上的区别，即收入是早已存在的来源的结果或产品，无论其来源是土地、资本还是劳动。

一些人对这个问题始终持怀疑态度，即一个人已经收到作为他的土地、资本或劳动的利润或收入的价值，能否同时又成为另一个人的收入。例如，一个人获得100克朗作为他个人收入的一部分，并用它购买书籍。这样转变为书籍并以那个形式由他消费的这项收入，能否再次形成印刷商、书商和其他共同生产书籍的人的收入，并由这些人再次消费呢？可以这样解决这道难题。第一个人从他的土地、资本或劳动中获取并由他以书籍的形式消费的收入的价值，在最初生产时并不具有那种形式。这涉及两种生产：一是由土地和由农民的劳动所生产的谷物，这个谷物转化为克朗硬币形式，并作为租金支付给土地所有者；二是书商通过自己的资本和劳动生产出书籍。这两种产品相互转换，两个生产者互相消费对方的产品，因为这两种产品各自具有对方所需要的形式。

无形产品也是如此。律师和医生提出的意见、建议，是他们各自天赋与学识的产品，这些才能与学识构成他们独特的生产手段。如果商人需要他们的帮助，就得向他们支付以自己的商业产品交换来的货币。最终，这三方的每个人都在消费各自的收入，并把它转变为适合各自群体特殊需求的物品。

# 第6章　给生产力带来最大回报的生产部门

产品的总价值，给它的协同生产者偿还他们垫付的款项，正如刚才描述的那样，在多数情况下还给他们提供利润，这个利润构成了他们的收入。但在各个生产部门，生产力利润的高低参差不齐。一些生产部门给参与其中的土地、资本或劳动提供极少的收入，而另一些部门却给生产力提供过高的报酬。

事实是，生产因素总是尽可能将劳动使用在能获得最大利润的部门。因此生产因素的竞争倾向于降低价格，正如需求倾向于涨价一样。然而竞争的结果不能使供给与需求处于恰当的比例，且报酬在各种情况下都是相等的。在人民不习惯于某种劳动的国家里，这种劳动的人力资源就会紧缺，而资本通常是一旦投入到某种生产中，就不能被转移到其他方面。此外，有些土地或许不能种植具有最大需求的农作物。

对每个特定时期的利润变动都进行探索是不可能的。一个新发明、敌人的侵略或包围等事件，都有可能导致极大变动。这类局部情况可能影响或干扰一般原因的作用，但不能破坏它们的一般趋势。无论内容多么翔实的论文，都不可能包括影响物品相对价值的一切个别情况，但我们还是能够详细说明一般原因以及起同一作用的原因，让每个人都能在个别情况出现时，能够对由于局部或暂时情况的作用而产生的后果作出评估。

最大的利润并非来自最贵重的商品或最不必需的物品，而是来自最普通和最不可或缺的物品，这乍看起来似乎有点离奇，但经调查研究后就可发现总体上是正确的。事实上，最不可或缺物品的需求才是永久的，由于它受到实际欲望的刺激，并且由于最容易引起人口增加的因素是生活资料，所以对最不可或缺物品的需求总是伴随着生产方式的改变而增加。相反，对非必需品的需求不随生产这些物品生产能力的提升而增加。意外的抢购（在这里顺便提一下，只在大城市里才会发生对非必需品的抢购），也许会使奢侈品的价格大大超过它的自然价格，这就是说，大大超过实际生产费用，而时尚的千变万化更容易使它的价格大大超过自然价格，即大大超过实际生产费用。毕竟，即使是对富人来说，非必需品也不过是次要物品，只有极少数有能力享用它们的人才需要这些物品。当意外的灾难让人们不得不减少他们的开销时，当他们的收入因为受到战争、税收或灾荒的损害而减少时，最先被紧缩的项目总是那些最不必要的消费品。也许这能够阐明为什么从事非必需品的生产力的报酬，一般总是低于从事生产其他物品的生产力的报酬。

我在这里说的一般报酬，是因为在大都市里，对奢侈品的需求比任何其他地方都更为迫切，甚至到了不管时尚式样多么荒唐可笑，人们却不问是非忠实地绝对服从，就像服从永恒的自然规律一样。有的人甚至宁可不吃饭，也要省出钱购买出席晚会时穿的绣有褶裥花边的衣衫。在这种地方，玩物的价格有时也可能给生产这些产品的劳动力和资本带来丰厚的回报。但这些只是极个别的情况，如果我们平均一下这类产品的各年利润，算上偶然的损失，不难发现，从事生产非必要奢侈品的冒险投机商的利润是最低的，他们工人的工资也是最低的。诺曼底和弗兰德尔地区最上等蕾丝的制造商是最穷困的人；里昂的绣金工人衣衫褴褛。当然，有时生产这类物品的人也会偶然获得非常巨大的利润。例如一个制帽商人因为生产了一种新式帽子而大发其财。但是，如果把所有奢侈品的利润算在一起，并扣除未售出产品的价值或已经出售却无法回笼资金的这些产品价值，就会发现，得到的总利润微不足道。经营最时尚产品的商人通常都在破产者之列。

一般用途的货物是指大多数人能负担得起、几乎所有社会阶级都需要的货物。只有富人的豪宅才装有枝形吊灯设备，但即使是最简陋的农舍也有烛台。因此，烛台的需求是普遍的、正常的，而且烛台的需求总是比枝形吊灯的需求更为强烈。即使在最富庶的国家，烛台的总价值也远远超过枝形吊灯的总价值。

毫无疑问，人类食品是最必不可少的物品，因为天天都有需求。什么工作都没有比满足人类食品需求的工作更为正常。因此，这些工作产生最确定的利润，虽然它们饱受强烈竞争的影响。① 巴黎的屠夫、面包商和猪肉商都非常确信自己迟早会在发财后退休。的确，我获得的可靠消息是，巴黎及其近郊的房屋和不动产，有一半都被这些行业的商人买下。

基于这个原因，那些懂得真正利益的个人和国家，愿意从事那些被商人称为日常物品的生产，除非有令人信服的充足理由，他们才不会从事其他物品的生产。伊登（Eden）先生代表英国于1706年与弗金斯（M. de Vergennes）先生就商业条约进行谈判时，根据这个原则，要求法国同意英国的一般陶器自由进口。"我们能够卖给你们只是一些碟子，"英国代表说道，"这些碟子根本抵不上我们要从你们那里购买的精美的塞夫勒瓷器。"这句话迎合了法国代表的虚荣心，因此决定了一切。但是，当英国的陶器批准入关后，这些轻便廉价、样式方便简约的陶器，使大多数中等收入的家庭愿意购买，在不长的时间内，它们经常输入数千万件，而且在战争前每年持续增加。至于输出的塞夫勒瓷器，与这些输入的陶器相比，只是微不足道的。

日常用品的需求，不但数量巨大，而且需求更加稳定。商人从来都不发愁销售普通尼龙衬衫料。

我能够很轻松地列举出与上面所举的制造业例子同样的农业和商业方面的事例。在整个欧洲，莴苣的消费量比菠萝蜜的消费量大得多；在法国，华美的开司米羊绒围巾与普通的鲁昂产的棉织物相比，是很难脱销的商品。

因此，一个国家打算输出奢侈品而输入一般用品，是错误的投

---

① 我在这里所说的只有的冒险者、老板或商人，一般劳工或工匠只能通过反抗获利。农民是农业上的冒险者，从事人类食品的生产，他们处于不利地位，这让他们的利益大大降低。他们受到地主的支配和苛捐杂税的压迫，更不用提季节性变化的影响，一般来说这使他们得不到很大利润。

机政策。法国向德国输出只有极少数人才用得起的时尚产品和华丽装饰品；而德国回报以棉线带与其他纺织产品，还有锉刀、大镰刀、锹、火钳和其他通常使用的铁器。要不是法国能够出口自己得天独厚的年产品，如葡萄酒和油以及一些制造优良的产品，法国从德国获得的利益远远小于德国从法国获得的利益。法国与北欧的贸易可以说也是如此。①

---

① 这一章的论述是多余而无结果的。价值在何处能够发展到其自然水平，他将在下一章做完整的阐述。从长远来看，一个阶层的生产力最终与另一个生产力互补，表现为人们对各种生产能力的难易、好坏以及苦乐程度有大致的估计。如果作者在这章的意思仅仅是想说明，一个巨大阶层的生产力将获得更大部分的总产品作为其报酬或收入，或被永久使用的生产力将获得经常性和永久性的报酬，那么他就是在用一个十分曲折迂回的方式表达一个事实上几乎是显而易见的观点。生产力主要分为**体力**（corporeal）和**脑力**（intellectual）；前者一般来说会得到其他人支付的更多的报酬，因为后者在某种程度上，给自己付酬。例如，印刷商和图书商总的来说要比作家得到更充足的报酬，因为作家已经从自我欣赏或虚荣心上得到部分报酬了。——英译者注

# 第 7 章 劳动的收入

## 第 1 节 普通劳动的利润

前述章节已讨论过关于刺激产品需求的一般动机。[①] 在对任何一种产品的需求非常强烈时，创造这个产品必须使用生产力的需求必定同样强烈，这就使这种生产力的价值比例增高。这是一般情况，普遍存在于一切生产力。当产品的一般需求极为强烈，家家受益而富裕，百业获利兴旺，生产极度活跃而又丰富的时候，劳动、资本与土地在其他条件均同的假设下都将生成最大的利润。

我们在第 1 章里得知，对有些产品的需求总是比对另一些产品更稳定、更强烈。由此我们得出结论说，从事生产那些产品的生产力可得到最充分的报酬。

为展开更详细的讨论，我们会在本章及后面的几章里，研究在什么情况下劳动的利润在比例上大于或小于资本与土地的利润，在什么情况下资本与土地的利润在比例上是大于或小于劳动的利润，以及为什么某些使用劳动、资本或土地的方法，比其他方法更有利。

首先，从劳动的相对利润比率以及资本与土地的相对利润比率的比较中，我们会发现，在充足的资本引起大量的劳动力需求的地方，比如革命前的荷兰，劳动利润的比率最高。在那个时代，荷兰劳动力代价最高，就像现在美国劳动力代价处在高位一样。在美国，

---

[①] 本书第一篇，第 15 章。

尽管人口迅速增加，而人的生产力也迅速增加，但这个急剧增加依然不能满足无限扩大的对土地的需求，也无法满足由于普遍节约习惯而日复一日积累起来的资本的需求。

在这种环境的国家里，人们生活舒适康乐，因为那些悠然自得并依靠自己资本和土地的利润为生的人，比只靠自己劳动利润为生的人，更能依靠普通利润生活。

前者除了依靠自己的资本生活之外，还能在高兴之余，把劳动的利润与其他的收入加在一起，但是一般技工或工人不能随意把资本与土地的利润加在他们自己劳动的利润之上，因为他们既没有资本也不拥有土地。

其次，通过从不同生产部门的劳动力利润的比较中，我们发现这些利润的大小与以下几方面成比例：第一，劳动的危险、困难或疲劳程度，愉快或沮丧的程度；第二，职业的规律性或不规律性；第三，劳动所需技巧与才能的程度。

这些因素中的任何一个，都会大大降低在各个生产部门流通的劳动力数量，因而会改变劳动力的自然利润率。如此明显的论点，没必要举例说明。

提及愉快或不愉快的劳动环境，就必须考虑到这个职业工作时获得的尊重或轻视。一些职业用荣誉作为部分报酬。在一定的价格内，用荣誉这个硬币支付的部分越多，用其他方式支付的部分就越少，但价格比率不会减少。斯密认为，学者、诗人和哲学家的报酬几乎全在于得到世人的景仰。无论是有原因的或出于世俗偏见，喜剧演员、舞女和很多其他职业完全不受人尊重，因此必须用货币来补偿他们没有得到的尊重。"乍看起来似乎荒诞无稽，"斯密说，"我们瞧不起他们的人格，却毫不吝啬地因他们的才能而给予其优厚报酬。但是，正是因为我们鄙视他们的人格，才会给他们的才能以丰厚的报酬。倘若对这些职业的公众观念或偏见能有所改变，给他们的金钱补偿很快就会减少。会有更多的人参与这个职业，而竞争将迅速降低这种劳动的价格。这样的才能虽然不是普通的才能，却绝不像一般人想象的那样是罕有的才能。有许多人完全具有这样的才能，但不屑于加以发挥利用。如果能受到尊重，会有更多的人能够掌握这些才能。"①

在有些国家里,政府职务既享受显赫的名望同时又获取丰厚的报酬,但这样的情况,不会发生在像其他的职业一样人人可自由竞争官职的地方,而是发生在由国王凭其喜好而随意授予官职的地方。一个充分认识到自己真正利益所在的国家,是不会随便把这种双重报酬的职位给予普通官员的。倘若从宽授予这类职务,就必须从严评定薪酬。

所有临时性质的工作报酬都很高,因为从事这样工作的工人在有活干时所获得的报酬,必须能够补偿他在没工作可做时的费用。做临时工的马车夫,在有活干的日子,必然索要超过足以支付他的劳动和资本的车费,如果不这样做,他们在没有活干的日子里就无法生活。同样的原因,化装舞会的服装租金必定很高,因为狂欢节的一天收入必须支付给全年。在十字路口的客栈老板一定对很普通的招待索取高价,因为他也许得等好几天才能有另一个旅行者光顾。

然而人往往期望着:倘若真有一个千载难逢的幸运机遇,必定会落到自己身上。这让一部分劳动向着报酬与劳动不相称的方向狂奔。《国富论》的作者说:"在完全公平无私的彩票业中,那些没中奖的人的损失应该归中奖的人所有。在二十人失败一个人成功的职业中,成功的一个人所有的利得来自不成功的二十人的应有利得。"② 现在的许多职业不是按照这个比率支付报酬。作者的观点是,著名的法律顾问收取的费用虽然很高,但大城市的律师的年收入只相当于他们的年费用的一小部分,因此他们生活费用的很大一部分,必须来自与律师业务无关的其他收入来源。

不必说明,上述利润比率不同的各个原因,可在同一方向起作用,也能在不同方向起作用。在前一情况下,作用的影响更加强烈;在后一情况下,一方的作用控制并抵消了另一方的作用。更无须浪费时间去证明:愉快的工作环境能抵消它的产品不确定性

---

① 《国富论》,第一篇,第10章。
② 同上。

这个缺点；临时性而又带有危险性的工作，必须支付双倍薪水作为补偿。

也许还是最重要的原因，一般劳动利润不平均的最后一个原因，是劳动所需求的技巧程度不同。

无论是高级职业还是次要职业，任何职业必须具备的技巧，只要是通过长期训练并付出昂贵培训代价才能获得的时候，这种培训必须每年支付一定费用，而所有费用的总和构成累积资本。这样，它的酬劳不但包括劳动的工资，而且包括培训时预付的资本的利息。这个利息的利息率高于普通的利息率，因为预付的资本事实上无法收回，而且当事人一旦死亡，资本就不复存在。因此这种利息必须按照年金计算。①

由于这个原因，所有需要长期培训和才能的工作，即需要高等普通教育的工作，比不需要那么多教育的工作获取更高的报酬。教育是资本，它应产生与劳动的一般报酬无关的利息。

的确有与此原则相悖的情况，但这些情况是能够解释清楚的。有时牧师职位的报酬很低②，然而，建立在错综复杂的教义和难以解释清楚的历史事实上的宗教，要求做牧师的人必须有长期的学习和见习，这种学习和见习要求必然需要预付资本。因此，为使牧师职业能够继续存在，牧师的薪水必须包括牧师的个人劳动和所花费资本的利息。然而低级别牧师的利润很少超过劳动的工资，特别是在天主教国家。但必须弄清楚的是，公众是否预付了这个资本，以

---

① 这不仅是获得薪水之人所付出的在教育费用上的年利息，而且严格来说，它还是教育费用本身的利息，无论费用是否有效。因此，一个医生的收费总和应该不仅能偿还他们曾经花费在学习上的费用，还能偿还教育学生的一切费用，有的学生或许会在受教育的过程中死亡，或者有的学生在学成后不能偿还给予自己的馈赠，因为在培养医生的过程中，有一部分教育支出必然会受到损失。然而，太过于精确的估计在政治经济学上是没有用处的，因为总是能发现这样的估计结果与事实大相径庭，因为道德的影响必须在计算国家财富的时候被考虑在内，而这种影响不允许用数学计算。代数的方程式因此不能适用于这门学科，只能引起不必要的混乱。斯密从未使用过它们。

② 我在上面所说的不包括高级牧师，他们的圣俸优厚，但这是基于国家政策。

公费维持并教育那些研究神学的学生。如果公众预付了资本，就可能找到足够多的、愿意为单纯劳动工资或单纯生活费用而执行牧师职责的人，特别是没有家庭负担的人。

倘若某一特别生产部门所需要的人才，不但需要受过代价昂贵的培训，还需具有一些特殊的天然才能，这些人才的供给，就更赶不上他们的需求，因此他们的报酬必然更高。一个大国也许只有两三个能画出精美图画的画家或雕刻师。如果绘画和雕塑有大量的需求，那么那几个有限的艺术家就会想索取多少就能索取多少报酬。尽管这利润的很大一部分只是在偿还他们为事先获取艺术技能所预付资本的利息，但是在利息扣除后还有很大的剩余。[①] 一位名画家、名律师或名医生为学得技能所花费的他自己的钱或亲属的钱，最多是 6 000 或 8 000 美元，这笔钱的利息作为年利息计算只有 800 美元。所以，如果他以自己的技能每年赚取 6 000 美元，在扣除年利息后还剩余 3 000 美元，那么这就是他的技能和劳动的全部薪水。如果每样提供收入的物品都可看作是财产，即使他没有继承一个苏，他在 10 年之内也可获得相应的财产。

## 第 2 节　科学家的利润

科学家就是研究如何支配自然规律给人类带来最大限度利益的人，使企业从他们所拥有和增进的知识中获取巨大利润，而他们自己仅获得很少一部分产品。他们的酬劳与劳动不相称的原因用术语说似乎就是，他们在瞬间把巨大数量的不容易损耗的产品投入流通，导致那些从事实际工作的企业要过很长时间之后才会向他们要求新的供给。

---

[①] 然而，必须从总剩余中扣除本行业里不太成功的竞争者的平均损失。至少在英国，这看起来似乎没有把对个人的尊重考虑进去，即使是在纯粹的艺术上有极大造诣的人也很少获得高度尊重。从没有过雕刻家或油画家被封为贵族的先例，而商业企业中的成功人士却能获此殊荣。——英译者注

没有科学成就，大量的制造方法无法实行。科学成就大抵就是长期研究、深思熟虑，以及运用高度的化学、医学和数学技能的灵敏而精巧的一系列实验结果。但是，经过如此多困难获得的知识，可能只通过几页纸就能广泛传播，而且还能通过公开演讲或报纸大量流通，流通量大大超过需求量。更确切地说，它会自我传播，并由于不灭而使得那些发明它的人不再受到注意。

因此，依据决定物价的自然规律，这类超越知识的报酬很低，就是说，对于科学家贡献的产品价值，它只获得了极不充分的那一部分价值。鉴于这种不公平的待遇，每个充分意识到科学研究带来巨大利益的国家，都一直在试图通过特殊恩惠或通过让人愉悦的荣誉奖励来补偿科学家，由于他们发挥先天或后天才能而获取的微不足道的利润。

有时，生产者发明了一种旨在生产新产品或让旧产品更美观，或更经济实惠地生产一种产品的方法。通过严守秘密，也许是很多年，也许是他的一辈子，得到超过其职业的正常比率的利润，甚至把这种利润遗传给他的后代。在这个特殊情况下，这个生产者兼有两种劳动者的作用，即独占利润的科学家作用和冒险者的作用。但是很少有这样的发明成果能长期保持秘密。对大众来说这是幸运的，因为这种秘密让它所适用的某种产品的价格超过自然水平，并能使享用此产品的消费者人数低于自然的水平。①

毫无疑问，我只说到科学家从他们职业工作中所获得的收入。没什么能阻止一个人在做科学家的同时兼做地主、资本家或冒险者，并以地主、资本家或冒险者的资格得到相应的收入。

## 第 3 节　老板、经理或产业冒险者的利润

在这一节，我们只讨论在老板、经理或产业冒险者的利润中，

---

① 或许会有读者认为，当价格比例高到不自然时，国家的产品总值更大。持这样看法的读者请参阅本书本篇第 3 章关于这个话题的论述。

可看作这种特殊人物的报酬的那一部分。如果一个制造商在他所服务的公司拥有一股资本,在这个范围内他就应该列为资本家,他所参与的资本利益应作为其投入资本利润的一部分。①

管理任何事业的人,自己没有一些资本并从中得到利息,这样的事情很少发生。企业的管理者很少向外人借款作为运营企业的全部资本。如果他动用自己的资金购买了一部分工具,或用自己的资金垫付一部分款项,他就有权利以经理的资格获取一部分收入并以资本家的资格获取另一部分收入。没有人愿意牺牲自己的利益,哪怕是很小的利益,因而就连那些从没分析上述权益的人,也都清楚地知道在实践中如何充分行使他们的权利。

现在我们必须做的工作,就是把冒险家作为冒险者所获取的那部分收入区分出来。我们随后将看到,冒险家或其他人,以资本家身份所获取的究竟是什么。

大家或许还记得,冒险投机者的工作,属于开动每一种产业所必需的第二类工作中的一项。这第二类工作就是应用既得的知识去创造供人类消费的产品。② 同样应该记得,这样的知识应用,农业、工业和商业同样需要;农民或者耕种者为了自己的利益所付出的努力,制造者和商人所做的努力,都属于这一类应用,这些人是各个生产部门的冒险投机者。现在我们来讨论一下这三种人的利润的性质。

他们的劳动价格像所有其他物品的价格一样,是由投入流通的劳动的供给或数量,对它的需求或需要的比率决定的。对这种高级劳动的供给起限制作用的,并把这种优越劳动的价格保持在很高水

---

① 斯密由于忽视了监督利润和资本利润二者间的区别而感到十分尴尬。他把二者混淆在一起,列在资本利润这一总目录下,他的所有智慧和敏锐都不能解释影响这二者变化的原因(请参阅《国富论》第一篇第8章)。难怪他自己会觉得如此困惑,因为二者的价值取决于完全不同的原则。劳动利润依靠的是技巧程度、积极性、判断力等,而资本利润依靠的是资本的多少以及投资的安全性等。

② 参阅本书第一篇,第6章。

平的有两个主要原因：

第一，冒险者通常必须自己提供必要的资金。这不是说他必须很富有，因为他可以用借来的资金进行运作，而是说他至少必须具有清还债务的能力，他必须具有聪慧、谨慎、诚实公正的好名誉，同时还得有能力依靠自己和他人的关系筹措到自己可能没拥有的资本。这些必要条件使很多人被排除在竞争之外。

第二，这种劳动要求人具备那些往往不能同时兼有的品质与技能，如判断力、毅力、常识以及专业知识。他必须能够相当准确地估计某一产品的重要性以及有可能需要的数量和生产方式。他必须在某一时期雇用很多人手，而在另一时期购买或订购原材料、集中劳力、寻找顾客，并随时密切关注组织生产与降低成本。总之，他必须掌握监督与管理的技巧，必须精于计算，能够比较产品的生产费用和它在生产完成并运到市场后所可能具有的价值。在如此复杂的运作过程中，还有无数的障碍需要克服，有无数的焦虑必须抑制，有许多的不幸事故需要进行补救，还要考虑许多权宜之计。那些不具有这些必要素质的人，事业就不能成功。他们的企业很快就会倒闭，他们的劳动很快就变得一文不值。只有运用有效或巧妙运用劳动的人才能立于不败之地。因此，冒险家必须具备的这些智能与才能，大大限制了从事这项事业的竞争者数量。不仅如此，参与这种事业总是带有一定程度的风险。无论经营得有多好，还是伴有失败的风险。冒险投机者可能由于并非自己的失误过错而倾家荡产，并在一定程度上名誉扫地，这是限制竞争者数目的另一个原因，也是他们的生产力能够获取高酬劳的原因。

并非所有的产业部门都需要同等程度的能力与知识。不能指望一个冒险从事耕种的农民具有像一个冒险与遥远国家进行贸易往来的商人那样广泛的知识。农民能掌握两三种一般的耕种知识就已经足够了。但是想要从事需要经过长时间以后才能获得利润的商业，需要具有更高深、更多的知识。他不但必须非常精通他所冒险经营的货物性质，而且同样要对货物的需求范围和运到市场后的销售范围有一定的概念。为达到这个目的，商人还必须时刻注意每种商品在世界不同地区的市价;为了能对这些价格作出正确估计,他还必须熟悉不同国家的货币,它们之间的相对价值也就是所谓的汇率;他还必须了解运输方式、运输风险和相关费用,以及与他进行贸易往来的商人的社会习俗与所在国法律。此外,他还必须掌握足够的对人的知识,以保障他不至于误信自己的代理人、往来的店家与主顾。如果做一个老练的农民所需要的知识比成为一个老练的商人所需要的知识普通得多,那么前者的劳动酬劳比后者低很多就不足为奇了。

上面所叙述的,不应当理解为商业企业的每个部门都需要具有比农业所需要的更罕见的资格。大多数零售商人就像一般农民一样机械地进行日常工作,而某些类型的耕种却要求非同寻常的细心和智慧。教师的任务在于建立基本原则,而应用之妙在于学者的实际应用。从一般原则很容易得出许多结论,这些结论受客观情况影响和一般原则略有出入。这些客观情况是这门学科的其他部分所规定的其他原则的结果。例如在天文学里,我们得知所有行星在同一时间运行于同样的区域,但有时会出现一些意外情况,比如有一些行星因接近其他行星而脱离它的轨道,这些其他行星的吸引力依存于自然科学的另一个规律,在研究各个行星的个别现象时,我们必须要特别注意这些规律。那些把一般规律应用到个别和孤立情况的人,就必须考虑那些已知的规律或原则的影响。

我们将很快开始讨论纯粹体力劳动的利润,那时我们就会看到投机商作为雇主对劳工所享有的特殊利益,但在这里顺便说一下一个智力超常的人所能得到的其他利益也许有帮助。他是各种生产者之间、生产者和消费者之间的联络沟通环节。他指挥生产业务,是各种关系的中枢纽带。他最大限度地利用他人的知识、他人的愚昧无知,并利用生产过程中出现的任何意外利益,以获取最大限度的利益。

因此,无论何时,总是这类生产者,不仅在努力生产方面获得非同寻常的成功,还能够积累最大的财富。

## 第 4 节　劳工的利润[①]

任何身体健康的人都能胜任简单、粗笨的劳动，所以，仅仅维持生存就能保证这类劳动的供给。因此在任何国家，这种劳动的工资很少高于绝对必需的生活费，而这种劳动的供给总是处于和它的需求相应的水平，不，常常是超过它的需求，因为困难不在于生存，而在于维持生存。无论何时，只要维持生存就足以使任何工作都能执行，而且这工作能提供维持生存的方式，出现空缺时很快就会有人填补。

有件事情必须引起注意。人类不是一生下来就拥有足够的体格、足够的力气来从事哪怕是最简单的劳动。他要长到 15～20 岁时才取得这种能力，所以可以把他当作是一项资本，这项资本是由每年用来抚养教育他成长的款项积累形成的。[②] 那么是由谁来完成这项积累呢？一般来说是劳工的父母，或由同一职业的人，或由与他的职业有关系的人完成的。所以，就这类人来说，他们的工资必须比仅仅维持生存所需要的数目略微高一些，因为工资必须足够维持劳工的儿女们的生存。

倘若最低级劳工阶层的工资不足以维持家庭的最低需求的生活，无法抚育儿女，那么这种劳动力的供应必然不足，它的需求量将超过流通中的供给量。而它的工资势必将提高，提高到这个劳工阶层又能够通过抚育儿女补充短缺的数量为止。

---

① 我所用的劳工一词，是指那些为老板、经理或投机商工作的人，因为那些支配自己劳动的人，如摆固定摊位的皮匠或走街串巷的磨刀匠，他们同时兼有投机商与劳工的双重身份；他们的一半利润受第 3 节所述情况的支配，一半受本节要讲述内容的支配。但必须假定，本节所说的劳动只需要很少学习或锻炼；如果劳工要获得任何才能或技巧，那么除原有的利润之外，他还应该得到另一部分利润，这部分利润是由本章第 1 节所阐述的原则决定的。

② 一个成年人就是一项积累资本。用以教育他的款项实际上已经消费掉了，但按照再生产方式消费，它能够生产出人这一产品。

如果阻止劳工阶级通婚，上述情况就会发生。一个没有妻子儿女的人愿意接受的工资比一个身为人夫并为人父的人愿意接受的工资要少很多。如果独身生活的风气在劳工阶层中流行起来，这个阶层不但会对补充本阶层成员没什么贡献，而且会阻碍别人来补充短缺的数量。体力劳工的价格暂时下降，是由于单身汉能够接受低廉的工资，这将导致不久之后由于劳工数量减少而产生的体力劳工价格的不成比例的上升。因此，对雇主来说，雇用已婚劳工虽不划算，但是考虑到他们的工作稳定性，就应该雇用他们。这样做就能避免将来他必须给劳工支付更高工资的事情发生。

事实上，每一个行业都没有只在自己的成员内部培养儿童来补充短缺的人手。新的一代人会从一个行业的生活转到另一行业的生活，特别是从农村职业转到类似的城市职业。因为儿童在农村环境中接受锻炼的成长费用，相对比较低廉。我的意思是，最粗笨和最低级的劳工，必须从他的产品获得足够的部分，使他们不但能够维持现状，而且能补充他们的人手。①

当一个国家经济衰退，不再拥有以前那么多的生产方式和知识、活动力以及资本时，对粗笨或简单劳动力的需求就会逐渐减少，工资也会慢慢下降到补充劳工阶级所需要的工资率以下，劳工数量也因此而减少，同时，因为雇佣率同样降低的其他阶层的子孙，便降到比原来更低一等的阶层；与之相反，当一个国家经济欣欣向荣时，下层阶级不但很容易补足人手，而且会把剩余人手提供给上一阶层。一些人会因为好运气或特殊才能提到更高的地位，甚至进入社会最高阶层。

有些劳工不靠劳动生存，他们的生活不是完全依赖于劳动成果，雇用这样的人，他的工资就比依靠职业生存的人要便宜。由于他们

---

① 在1815年，英国下议院一个委员会调查的证据得出这个结论：在那个时期，食物价格居高不下，导致的结果不是工资上升而是下降。我本人也注意到在法国1811年和1817年的萧条时期产生的相同结果。谋生的艰辛迫使更多劳动力走向市场，或让已经有工可做的劳工不得不格外卖力，从而引起劳动力的临时过剩。劳工阶层在那个时期所遭受的困苦，最终使这个阶层的成员减少。

靠其他财源生存，所以他们的工资不是由生存价格决定。农村的纺织女工所赚的钱，也许只是她们生活必要费用的一半，尽管她们的生活费用很低。这个纺织女工也许是某个劳工的母亲，而另一个可能是他的女儿、姐妹、姑妈或丈母娘，即使她根本就不赚钱，这个劳工可能也必须养活她。如果她必须自食其力，毫无疑问，她必须索取双倍工钱，不然就得饿死。换句话说，她的劳动报酬必须加倍，否则她的劳动便不存在。

女性从事的大多数工作可以说都是这样。她们的报酬一般来说都很微薄，因为她们多半是靠自己劳动之外的财源过活，因而她们能够接受报酬低微，低到甚至仅够满足她们需求的工作。同样的道理，修道士的劳动报酬也是如此。对实行君主制国家里的真正劳工来说，幸运的是，修道士的劳动只是用来制造没有价值的物品；因为如果用这种劳动来制造日常用品，那么在生产日常用品部门里的要养家糊口的贫困劳工将不能在这么低的报酬下工作，从而必然会因贫苦饥饿而丧生。制造业劳工的工资通常高于农业的劳动工资，但前者容易遭受最悲惨的社会动荡。战争或禁售令会在瞬间消灭对某一产品的需求，并使从事对应产业的劳动立即陷入一无所有的状态。时尚界的反复无常，往往成为整个阶层的致命伤。用鞋带代替扣环，对于谢菲尔德和伯明翰地区的人是非常严重的打击。①

粗笨或简单劳动的价格，即使出现最微小的变化也会被合理地看作是严重灾难。这是合乎道理的。对于某些在一定程度上拥有巨额财富和超常才能的阶级（事实上才能是一种个人财富），利润率的减少仅仅让他们缩减了一些花费，或最多在某种程度上失去一些已掌握的资本而已。但是对那些依靠全部收入仅能维持生存的人来说，工资的下降就是一个致命打击，打击的对象不是劳工本人就是其家庭的部分成员。

因此，所有的政府，自称对其人民福利有着无微不至的家长式关怀，在发生任何意外事故，使普通劳工工资降到劳工生活费水平线以下的时候，都纷纷表明愿意出手帮助贫困阶级。但是政府的仁

---

① 马尔萨斯：《人口论》（*Essay on Population*）（第5版），第三篇，第13章。

爱意图，因为不能正确地选择补救办法而总是落空。为使补救办法行之有效，首先必须调查清楚劳工价格下降的根本原因。如果这种下降是永久性的，那么临时性的财力救助就是竹篮打水，只能在一段时间内暂时缓解灾难造成的紧迫性伤害。永久性的劳工价格下降的原因包括新方法的发明、采用了进口的新产品或大量消费者的移民。① 在这个非常时期，必须寻求以下解决方法，如为失业人员发现新的或永久性的职业；鼓励设立新的产业部门；在偏远地区兴办企业、移民，等等。

如果收入下降不属于永久性质，仅仅是由于庄稼的收成坏而产生，那么临时性帮助就应当仅限于那些因动荡而遭受不幸的人。

倘若政府或个人滥施善行，势必因无实际效果而后悔不已。通过事例来证实这一点将更有说服力。

假设在一个葡萄酒产区，酒桶数量太多以致不可能全部都用得上。一场战争或一条针对葡萄酒生产的法令，也许就会让许多葡萄园的业主在庄园里种植其他作物。这就是引起市场上葡萄酒桶过剩的永久性原因。由于对这个原因一无所知，业主最常用的帮助桶匠的办法，就是购买自己根本不需要的、大量的酒桶，或通过救济金的形式弥补桶匠因利润降低而遭受的损失。但是，无效用的购买或慈善的救助不可能持久，这种购买或救助一旦停止，贫穷的桶匠将再次陷入他们所希望摆脱的困境。业主所有的牺牲和花费的款项，没有给桶匠带来任何好处，只不过延后了他们无法摆脱贫苦的日期。

假设情况正好相反，引起葡萄酒桶过剩的原因是暂时的，只是因为今年的葡萄歉收。如果不给桶匠提供临时性救助，而是鼓励他

---

① 上述第二种和最后一种情况并不必然、普遍或永久地导致工资率下降。当一种进口的新产品不能取代国内产品或国外产品时，它必然倾向于提高工资率，因为只能依靠扩大国内生产才能获得这个产品。移民后的消费者继续从他们所离开的国家获取给养，使同样数量的劳动力仍然活跃，虽然工作性质有可能出现改变。此外，有些移民也许只是暂时的，像英国人迁入欧洲大陆以及爱尔兰人同时迁入英格兰和欧洲大陆那样；如果国内财务和国内安全舒适情况有所改善，他们也许还会回归。——英译者注

们搬迁到其他地区或转到其他生产部门，那到来年葡萄丰收时，将缺少装酒的桶。而酒桶因生产手段业经破坏，其价格会变得居高不下，并受控于那些自己不能制造酒桶的贪婪的投机商的摆布。一部分葡萄酒会因为没有酒桶而腐败。除非工资率发生第二次剧烈变化，否则酒桶的制造就难以恢复到与其需求相适应的水平。

由此可见，补救方式必须适应灾害的特殊原因，因此在制定补救办法时必须找准原因。

因此，必要的衣食可以作为普通劳工的工资标准。但这个标准本身时常变动，因为习惯对于人类的需求程度具有极大的影响。例如，难以确定的是，法国一些城镇的劳工在没有葡萄酒的条件下是否能生存下去。在伦敦，啤酒被看作不可或缺的饮料，是一项生活必需品，连乞丐都会讨钱买一罐啤酒，这就像法国的乞丐通常讨钱购买一片面包那样。后者在我们看来非常平常，但在那些刚刚从穷人靠土豆、淀粉或更粗粝的食物生活的国家来到本地的外国人看来，也许是不适当的。

因此，生存所必需的衣食，还要根据劳工所属国家的国情而定。劳工消费的价值比例越少，通常他的工资可能就越低，而他的劳动产品价值也可能越低廉。如果他的生存条件得到改善，工资有所提高，或许是消费者愿出更高的价格购买他的产品，或许他的生产同伴所分配到的产品数量减少。

劳工阶级所处的不利地位是他们无法扩大消费的有力障碍。事实上，人们都愿意看到自己和家人穿着适合气候和季节的漂亮衣物，居住在宽敞、温暖、气流通畅并有益于健康的屋子，吃着有益于健康的、充足的食物，偶尔还能吃到美味与多样化的食品。但是，对于一些看起来很普通的物品，在有些国家却认为远远超出严格需求的限度，因此不是劳工阶级用他们普通的工资所能购买到的物品。

严格需求的限度，不仅依据劳工及其家人生活舒适情况的不同而变化，而且依据劳工所在国家对不可或缺的费用项目的认同上的差异而变化。在这些项目中，有一个我们刚刚提到的项目，即抚养儿女。此外，还有其他项目在性质上没有这个那么紧迫，但也同样存在感情和人伦需求，例如照料老人，遗憾的是，劳工阶级对此毫不在意。大自然通过依靠人类的与食欲和性欲同样强烈的动力来保存人种，但对于它不再需要的老年人，大自然却听任他们依靠不可靠儿女的孝心，或听任他们依靠更不可靠的、他们自己年轻时所做的准备。如果这是社会惯例，每个家庭都应该为年老提前做好准备，就像他们为育婴所做的准备那样。这样，我们对需求的概念就会有所扩大，而最低工资也会有所提高。

社会未必有这样的惯例，所以从博爱的角度来看不免令人震惊。想到这些就让人感到惋惜：劳工阶级根本没有对意外事故、残疾、疾病以及老年时期的无依无靠做好任何准备。考虑到这些情况，就为认为推动和鼓励劳工阶级节约协会，鼓励劳工阶级把每天节省下来的小额度款项存在协会作为准备金，以供他们年老或发生意外而不能靠劳动赚得利润时使用，提供了最有力的理由。① 但是不能指

---

① 储蓄银行在英格兰、荷兰和德国的几个地区都办得非常成功，特别是在那些政府足够英明而采用不干涉政策的地方取得的成果更大。巴黎保险公司依据公平原则创建了一个储蓄银行，并对它做了可靠的担保。我们希望所有的劳工阶层都明白，把他们的小额储蓄存放在这种机构而不做危险性很大的投资（他们常常被引诱去做这种投资）是明智之举。此外，这种储蓄还对国家有利，也就是说会增加生产性资本总量，因而扩大对劳动力的需求。

在美国的主要城市也纷纷开办了储蓄银行，它们带来了巨大利益，以致我们希望在不久的将来，美国各处都将开办这种银行。友谊会或共济会有许多惹人非议的地方，而储蓄银行却没有。毫无疑问，友谊会做过很多好事，但它也带来了一定程度的祸害。下面的话摘自苏格兰高地协会委员会的报告书，对共济会这个组织作了适当评价。

"在上世纪，大不列颠各地区的劳工组织了若干共济会，借以预防贫困。这些共济会组织的原则通常是，会员定期缴纳一定数额的款项，用来保障会员生病或年老，以及家人死亡之时发给补助金。这些共济会组织做过很多好事，但它们也带来一定坏处。特别是经常举行社员大会，浪费了大量的时间，而且经常举办宴会，花费了大量资金。会员必须按期缴纳一定数额的款项，否则经过一段时间后，虽然他们过去曾缴纳过款项，丧失了应得的利益（这是必然结果，因为它实际上与保险公司相同）。除了上述一定数额的款项外，会员不能缴纳其他款项，尽管他们有时有能力多储蓄一点儿。这些共济会组织对于成败情况往往估计错误，这导致缴款人得不到

望这样的机构取得成功，除非让劳工将这些预防方式看作是他们的义务或责任，并把他们的储蓄不断放到这样的机构看作是与交租或上税等同的义务。毫无疑问，这种新的义务将使工资率稍稍提高，以便使劳工可以做出这样的节约，但正是因为这个原因，提高工资是值得做的。可是，由于世俗的习惯与政府的偏见，一些国家的劳工不但把他们所能储蓄节省的钱花在酒馆里，而且通常把应该作为他们舒适和愉悦中心的家庭的衣食费用也花在酒馆里。在这样的国家，这些机构怎么能发展壮大呢？有钱人热衷的那些无益且奢靡的娱乐，从理智的角度来看并不总是正当的，更何况穷人的无意义的花天酒地，必定造成严重得多的灾难性损害。穷人的欢笑总是伴随着眼泪。在哲学家眼里，平民的狂欢宴会都是悲哀的日子。

在本节和第3节中，解释了为什么投机家即便没有得到作为资本家的利润，他的工资也高于单纯劳工的工资。除了这些理由外，还有其他的理由，尽管不那么令人信服或不那么有理有据，但也不应该忽视。

劳工的工资，是为调和雇主与工人水火不相容的利益而签订合同的结果。工人努力争取尽可能多的工资，雇主设法尽可能减少支付的工资。在这场博弈中，雇主一方除了因职业关系处在天然优势地位外，还有另一个有利条件。毋庸置疑，雇主与工人互为依存，一方没有另一方的帮助将一无所获。然而，雇主的需求却没有工人的需求来得那么迫切。有的雇主一个劳工都不雇用也能生存数月甚至数年；而工人如果几个星期不工作就必定陷入赤贫困境。这个情况对于双方的工资协议必然具有极大影响。

西斯蒙第在本书（第三版）出版后发表了一部学术专著①，建议由国会通过一个旨在改善劳工阶级的生活法案。他的出发点是：劳

---

与缴纳价值相等的利益，或由于初期给付的补助金过多而导致最终破产。诡诈的人常常贪污款项，利用会员的无经验使自己当选为保管钱财的职务。利益是遥远的并带有附加条件的，并不是每个会员都能从存款中得到利益，只有当他陷入贫困时才能得到共济会的补助。而且，整个机构如此复杂，导致很多人不敢轻易把辛苦赚来的积蓄投入到里面。"——美国编者注

① 《政治经济学新原理》，第七篇，第9章。

工的低工资率让雇用他们的投机商和雇主获取暴利,从而他得出结论说,一旦灾难降临,劳工应向雇主要求救济而不应向社会要求救济。所以,他提议无论何时土地所有者和农场主都必须承担供养农业劳工的责任,而制造商也必须承担供养工人的责任。另外,为防止出现工人及其家属因为衣食无忧而可能发生人口过剩的情况,他提议授予雇主阻止或同意其雇工结婚的权利。

这个方案虽然从它依据的人道动机方面看是值得同情的,但在我看来却是完全不切合实际的。强制一个社会阶级承担另一个社会阶级的抚养费,是对财产权的重大侵犯;而一些人有权支配另一些人的私事则是更为严重的侵犯,因为在所有的权利中,最神圣不可侵犯的就是个人行动自由。随意禁止社会中一个阶级的婚姻,必然刺激其他阶级的大量生育。此外,所说的低工资率仅对雇主有利的观点是不正确的。在降低工资率和随之而来的社会竞争的不断合力作用下,产品价格必然下调。因此,是消费阶层或整个社会,从工资下降中得到利益。如果工资降得太多,导致一般公众必须对劳工的衣食给予救济,公众也在很大程度上从消费品的降价方面获得了补偿。

有些灾祸源自人类本身的缺点和自然组织,人口数量超过生活资料所能负担的程度就属于这类灾祸。总的来说,野蛮部落与文明社会一样都能强烈感受到这类灾祸的真实存在。认为它是社会制度的产物是不正确的,认为能找到有效方法彻底清除这个祸害也是一厢情愿的妄想。还是应该感谢想方设法研究缓解方法的人们,但是我们必须小心谨慎,提防不能产生良好效果的权宜之计和饮鸩止渴的办法。政府首先应该责无旁贷地保护劳工阶层的利益,前提是不能干扰人类事物的自然进程或不能妨碍个人的自由往来。因为这些阶层所处的社会地位,一般来说不如雇主那样占有优势。贤明的统治者必须极力避免私人与私人之间的冲突,以免在天然灾害之上再加上人为的祸害。因此,他同时保护雇主和劳工免受联合的影响。雇主因为人数较少所以常常互相沟通;而劳工不用背叛的形式很难联合起来(随时会出动警察进行镇压)。主张出口第一的人甚至认为工人的联合有碍国家繁荣,因为他们会要求抬高出口商品的价格,并因此妨碍出口商品在外国市场的优势地位,他们把这个价格优势看得十分重要。但是,这种政策的本质究竟是什么呢?它的目的是通过剥削国内广大的生产者,把产品廉价提供给外国人,让他们从本国人民的恶劣生存环境与节衣缩食上获取巨大的利益,并用这样的方式来谋求国家的繁荣昌盛。

曾经有人遇到过这样的老板,为了给自己的贪婪行为辩解,他们竟然声称,劳工的工资越高,他们做的工作就会越少,所以必须用贫困刺激他们。作为一个经验丰富、洞察力非凡的学者,斯密持有完全相反的观点。我们不妨听听他是怎么说的:"劳动的慷慨回报,既能鼓励人口的繁衍又能增强普通人的劳动力。劳动工资就是对勤奋的鼓励,勤奋像人类的其他品质一样,受到的鼓励越多,就越勤奋。衣食富足能增加劳工的体力,改善生活条件和老有所养的希望,会激励他们竭尽全力地工作。所以,工资高的地方,工人总比工资低的地方的工人更积极、更勤奋、更有效率。比如英格兰的工人就比苏格兰的工人更积极、更勤奋和更有效率,大城镇周边地区的工人比偏远乡村的工人更积极、更勤奋和更有效率。实际上,也有些工人只用四天时间就赚得够一周用的工资,他们在剩余的三天就会无所事事,这只是个别情况。相反地,当工人能够不受限制地按计件付酬时总会倾向于过度工作,导致他们的健康和体质在几年内遭受严重伤害。"[1]

## 第5节　现代人从产业发展中获得的独立

政治经济学的原理是不变的,在它们被观察或发现之前就已经按前面描述的方式发挥着作用。相同的原因通常产生同样的结果,泰尔和阿姆斯特丹的财富来自同样的源头。在产业的发展进程中,真正发生变化的是社会。

在农业方面,古代人不像在工业上那样远远落后于现代人。所

---

[1] 《国富论》,第一篇,第8章。

以，农产品①对人类繁衍不可或缺，剩余劳力相对比现在更多。那些有一点土地或没有土地的人，不能靠自己的劳动谋生，也没有资本，而且又不屑于从事一般由奴隶来做的下贱劳动，他们只能靠借钱生活，却没能力偿还，所以就不断地要求平分财产，而这完全是不可能实现的。国家领导人为了抑制他们的不满，不得不让他们从事军事活动，而在和平时期就用获取的敌方战利品或用自己的私人财产维持他们的生活。这就是古时国家内讧不断、战争频繁、选举舞弊以及平民贵族相勾结的原因。平民与贵族的关系大大支持了如马里厄斯、苏拉、庞贝、恺撒、安东尼和奥克塔维厄斯这类人的狂妄野心，并最终让全体罗马人沦落成卡立古拉或黑利阿加巴卢斯这类穷凶极恶的人的奴隶。而让他们的绝对支配权名声在外的，是他们为自己残暴独裁下的臣民提供衣食。

泰尔、科林斯和迦太基这些勤劳的城市，情况截然不同。但是它们不能长久抵御那些靠掠夺为生的更贫困、更好战国家的无休止的侵略。制造业与文明不但成为野蛮和贫困的牺牲品，最后连罗马本身也被歌特和旺达尔的征服者占领。

于是，中世纪的欧洲又一次陷入野蛮状态，这种情况虽然只是早期希腊和意大利的历史重演，却较之更为严重。每个贵族或大地主在自己的领地拥有数量众多的下属和附庸，他们都时刻准备着跟随他参加国内外战争。

---

① 作者在这里说的"人类繁衍"不是只（alone）依靠"农产品"，而是同样也依靠其他人类生存所必需的商品。食物，毫无疑问是人类的生存必需品；但对于能使人长期生存并保持健康来说，食物并不比服装、居所环境和火更为重要。马尔萨斯的观点仅把人口局限于衣食，在本书作者看来这是理所当然被采纳的，可这样的观点既不精准又不合理，所以被更多的政治经济学的探究者改良或摒弃。西尼尔教授在其关于人口的两次讲座里（在1828年牛津大学夏季学期之前举行），出于对一般规律的考虑，采用了下列建议作为人口规律的要点："某一特定地区的人口仅受道德和自然恶行的限制，或出于缺乏获取日用品财富的担忧的限制，换句话说，在那个地区的每个阶级的居民出于个人习惯而需要用到这些必需品、高雅品和奢侈品，却没有足以获取这些物品的支付方式限制了这个地区的人口。"——美国编者注

假如我打算描绘那个时期之后有助于推动产业发展的诸多因素，也许会侵犯历史学家的领域，但我还是应该顺便提醒一下，巨大变动的影响以及随之而产生的后果。劳动成为广大人民的谋生方式，使他们不必再依附于大地主生存，而大地主对他们也不必再心存戒备；劳动靠其努力勤奋而积累起的资本给养和支撑。保护者与被保护者的关系不复存在，连最贫穷的人也都是自己当家做主，靠个人能力维持生计。国家依靠国内资源维持，政府只有从人民那里才能获得以前惯于赏赐给他们的供应品。

制造业和商业的日新月异的繁荣使人们对它们作出了更高的评价。战争的目标从财富资源的掠夺与破坏悄悄地转变为独霸资源。在过去的两个世纪里，在战争不是为了满足国家或君王幼稚的虚荣心的地方，构成战争焦点的总是汇聚于殖民统治或商业独裁。战争不再是饥饿的野蛮人与其富有而勤劳的邻国之间的争斗，而是文明国度之间相互的争斗，获胜者显示出保存征服地资源的强烈欲望。15世纪土耳其对希腊的入侵，似乎显示了纯粹的野蛮对文明所用的最后一次进军。现在，勤劳与文明习惯在一般人类中占有数量上的绝对优势，似乎可以让这类不幸事件不再重演。的确，军事科学的进步实际上已经让人类不必再为这样的战争结果而忧心忡忡。

还有一步要走，而想让这一步切实可行就必须广泛传播政治经济学的原理。这些原理最终将告诉人类这样的道理：为获得或保留殖民地统治或商业垄断而斗争时，所付出的生命是代价昂贵的徒劳之举。外国的产品，甚至自己国家殖民地的产品，只能通过自己国内产品的增加来获取。因此，国内产品才是应当需要适当关心的目标，还能通过政治稳定、法制完善与平等，以及便利畅通的交通来促进其发展。今后国家的命运将不再依附于摇摇欲坠的政治强势，而依附于知识和智慧的相关程度。公务员将越来越依附于生产阶级，因为公务员必须向他们寻求供给；人民只有把赋税权掌握在自己手中，才能保证他们不再忍受暴虐的极权统治；与时代潮流进行背道而驰的争斗的极权政府终将以自己的灭亡而结束，任何违反自然规律的争斗不仅徒劳无益，而且将自食苦果。

# 第 8 章 资本的收入

资本在生产过程中提供的服务，构成了如此使用资本的需求，同时使得资本所有者对提供的服务索取相应的报酬。

无论是资本家使用自己的资本，还是为了同一目的把它借贷给他人使用，资本都将生成利润，称为**资本的利润**（profit of capital），这个利润与使用资本的劳动利润截然不同。对前者来说，获取的利润构成资本家的**资本收入**（revenue），附加在他个人才智与劳动的收入上，然而它们常常被混为一体；就后者而言，确切地说资本的收入是使用资本所支付的**利息**（interest），资本所有者把资本借贷给别人后，同时也放弃了自己在使用资本时所能得到的利润，这个利润归借贷人所有。

研究借贷资本的利息，有助于清楚地阐述个人使用资本所能获得利润的问题，所以应该先对利息的本质与变动有正确的概念。

## 第 1 节　有息贷款

借贷资本的利息，被不恰当地称为货币的利息，从前称其为高利贷，也就是说，借贷是为了能利用并享有资本，这个说法事实上是正确的。因为利息不过是为了享用有价值的物品而必须支付的价格或租金。不幸的是这个词蒙上了令人憎恶的含义，以至于现在提到它时，使人想到非法的、过高的利息。所以在使用时，往往使用一个相对温婉并且不那么深刻的表达原意的措辞来替代它。

人们不了解资本的功能和效用之前，也许会认为，贷款方索要租金是一种贪婪或压迫的行为，因为这在有利于富人的同时损害到穷人的利益。不但如此，厉行节约这一积累资金的唯一方法，在他们眼中被视为鄙吝，认为会给人民带来损害。因为在平民眼里，财主们没有花出去的钱就是他们的损失。他们无法理解的是，为了将来更有利地使用而积蓄货币，也是一种花费；货币迟早都能找到更有利的途径消费，除非将它们深藏得永不见天日。他们也无法理解，事实上这类款项的消费方式对穷人来说是有百利而无一害；① 他们更无法理解的是，除非备有供工人利用的资本储备，否则他们难以得到衣食之资。上述对于没能消费掉自己全部收入的富人的偏见，现在依然普遍存在。从前这个偏见曾更广泛地存在，就连出借者本人都不能完全挣脱羁绊，甚至对自己扮演的角色感到无地自容，以至于自己不敢出面，只好雇用那些声名狼藉的人帮忙收取那些完全正当并对社会非常有利的利润。

因此，基督教会禁止有息贷款是理所当然的，民法有几个时期也同样禁止有息贷款。在整个中世纪，所有欧洲大国都认为这种交易是丑恶的，故而听任犹太人大展拳脚。在那个时期，为数不多的小规模制造业和商业，依靠商人或技工自己的微薄资本勉强维持现状；而经营得比较成功的农业，则是依靠地主或有钱人的垫款维持，这些人为各自的利益使用农奴或雇农。人们借贷，不是用货币获得利益，而仅仅为着应付一些迫切的需求，所以当时社会认为索取利息是乘人之危的牟利恶行。不难想象，一个以兄弟般的友爱为基础的基督教，必然不赞成锱铢必较的行为。即使是现在，索取利息也与豁达胸怀水火不相容，是与一般道德准则相矛盾的、唯利是图的行为。孟德斯鸠认为②，禁止有息贷款是导致商业衰退的深层原因。毋庸置疑，这是一个因素，但只是诸多因素中的一个。

产业的飞速发展，教会我们从不同的角度看待借贷资本。在一般情况下，借贷资本不再是解困的援军，而是可凭借给社会或个人，转化为博得巨大利益的手段或工具。今后，不再将收取利息当成是

---

① 参阅本书第三篇，第1章。
② 《法的精神》，第二十一篇，第20章。

第8章 资本的收入 315

贪婪的或不道德的恶行，如同接受土地收取租金或劳动工资不会被看作贪婪无耻或有悖道德准则一样。它是为适应双方的便利而达成的公平合理的报酬。作为规定借款人和贷出者之间条件的契约，与任何其他契约的性质完全相同。

在一般情况下的商贸交换过程中，交换完成，交易即告结束。在借贷过程中，还必须把贷出者承担的、有可能无法全部收回或至少部分资本的风险计算在内。这种风险需经过实际评估，并用具有保险费性质的附加利息作为保障。一旦发生借贷利息的问题，就必须仔细区分利息的两个组成部分：利息本身和保险费性质的利息。倘若没做好这个工作，就有出现铸成大错的危险，使个人或者甚至连政府官员都将卷进无益甚至是灾难性的事件里。

实际情况是，什么时候试图限制利息或完全废除利息，高利贷就在什么时候死灰复燃。对高利贷的处罚力度越大、执行得越严格，货币的利息就水涨船高而必然提得更高。也许这是顺其自然的行为，因为风险越大，贷出者要求的保险费就越多。在罗马的共和体制时期，货币的利息很高，即使史书没有记载，也不难想象，债务人通常是平民，他们总是不断地威胁作为债权人的贵族。穆罕默德的法律禁止有息借贷，但这个禁令在穆斯林领域内产生什么后果呢？有息借贷一如既往，除了偿付出借者由于使用了他的资本的报酬外，而且还给付他由于违反法律所面临风险的补偿。在基督教国家，只要有息借贷被视为违法行为，情况也必定相同。在这些国家里，由于人们必须借贷，他们不得不听任犹太人经营高利贷。因为这些国家总是在各种托词下对经营高利贷的犹太人百般羞辱、残酷压迫，甚至敲诈勒索，所以犹太人不得不靠索取高昂的利息补偿他们不断遭受的损失和凌辱。法国国王约翰在1360年颁发的专利证至今依然存在，这些专利证准许犹太人以每利弗尔（20苏）每周可得4丹尼尔的利率做抵押放贷，这种利率相当于86%的年利率。然而在第二年，即1361年，就是这个被史料记载为最信守承诺的国王，把硬币里所包含的纯银数降低，导致出借方不能如数收回贷出时的货币价值。

即使不把下列情况考虑在内，仅凭以上说明，就足以证明收取高额利息是有道理的。这些情况是，在那个借贷可以商量的时期，借贷不是为了发展产业,而是为了维持战争、恣意挥霍,甚至是执行危险性极高的规划。在法律无所作为的虚弱时期,贷出者不能合法地让债务人履行偿还义务,这时出借者必须得到一笔数额巨大的保险费以补偿债务人有可能无法偿还贷款的风险。实际上在所谓的高息或重利中,保险费用占据很大的部分,实际或真实的利息,也就是使用资本借贷的租金,压缩得非常低,因为在那个时候,资本虽少,但有理由相信资本用于生产途径的更少。在约翰王统治时期所支付的86%的利息中,也许不超过3%或4%的部分是相当于贷出资本的生产性服务。现在,所有的生产劳动报酬比那时优厚,而即使是今日资本的租金利息也不高于5%,超出的部分则补偿给贷出者的保险费。

所以,在被称为利息里的,通常占有更大部分的保险费用的比率,取决于借款人的安全可靠程度。安全度主要依存于三个方面:①借款用途的安全;②借款人的个人能力与品德;③居住国家政府的贤明度。我们刚才谈到,在中世纪借款的危险用途是如何增加了必须给贷出者支付的保险费。

所有危险的资本投资都使保险费大幅增加,只是增加幅度不同而已。古雅典人把海上利息(即用于海上的资本利息)与陆上利息(即用于岸上的资本利息)区别对待。海上利息估计为每一航程30%左右,无论是去黑海口岸还是航行在地中海的港口。① 由于一年可以轻松地完成两次航行,所以每年的海上利息大约是60%,而其他普通的利息一般不超过12%。在12%的利息中,假设用其中的一半来支付贷出者的风险费用,那么雅典的货币年租金也只是6%。我认为没有这么高,如果有这么高的话,在海上利息中,54%的风险保险金就是给予贷出者的补偿他所冒的风险的费用。产生如此大额的保险费,部分原因是雅典人与所通商的各个国家普遍具有野蛮习俗。因为在那个时期,各国之间比现在更为陌生,同时商业法律与惯例受尊重的程度更不如现今。还有部分原因归于航海技术的不完善。那时从皮里阿斯出发到特拉佩祖斯,尽管不足300里格的距离,

---

① 《安克西斯游记》(*Voyage d'Anacharsis*),第四卷,第371页。

却比现在从地中海沿岸航行到中国的 700 里格航程要危险得多。因此，地理知识和航海技术的不断完善与进步促进了利率的不断降低，最终导致产品的成本价格降低。有的时候，借贷款项不是用于生产性投资，而是用于完全无收益的消费。对于这种交易，贷出者必定心怀戒备，因为它们不可能产出任何用于还本付息的实物。倘若借款是用正在增长的收入归还，就等于预先使用那部分收入；如果借款是用收入的某一来源归还，无疑是浪费了那个收入来源；如果既无收入保证又无收入来源保证，毫无疑问是在把一个人的财产随意托付给另一个人任意处置。

借贷用途能够对利率产生影响的诸种客观条件中，万万不可忽略的一条，就是借贷期限。假设其他条件相同，如果出借人能够在任何时间或至少在非常短的时期内回笼资金，利息就会很低。这是因为可以随时能够控制资金这个绝对利益，而且风险较低，因为能够及时收回资金就意味着能够逃避风险。现代政府发行的可转让票据所提供的可及时过户的条件，是使得许多这类政府得以用低利率借贷的一个主要因素。① 在我看来，这个利息不够补偿出借者所冒的风险；但是出借者总是能得到严重警告，政府有能力在重大灾难发生之前出售他的证券。国家证券不可转让，其利息比上述利息高出很多，例如法国曾经发行的个人年金证券，政府一般是按票面价格九折出售，对于年轻人的平均年龄来说，这种折扣率是很高的。为此，日内瓦人把年金证券只授予在三十个著名的公众人物，这是一个精明的做法。这样，他们把年金证券转换成可转让的证券，使不可转让证券的利息可得到相当于可转让证券的利息。

在确定支付给出借者保险费用的数额时，借款人的个人品德与才能所起的巨大作用是毋庸置疑的，因为个人的品德与才能是所谓的**个人信用**（personal credit）的基石。更不必说信用良好的人能够比不讲信用的人获得更低的借贷利率。

---

① 大不列颠短期债券和长期债券为此提供了强有力的证明。前者的形式为国库券，后者的形式为股票；前者的利息率相对来说比后者低很多；因为国库券随时可以兑换成面值相同的现金，而股票的涨跌幅度比短期内的利息要大得多。——英译者注

除了公认的诚实与正直，最能提高个人或政府信用的，是过去曾按期履约偿还的经历。事实上，按期履约是信用的奠基石，足以证明一个人的可靠性。也许有人会问，一个从没有拖欠过贷款的人，难道就不会在下一次这么做吗？这种情况出现的可能性极小，尤其是如果他长时期按时履行契约偿还债务。这是因为，如果他在过去每次都能准时偿还债务，他就必定拥有足够应付债务的价值，换句话说，就是他必定拥有超过他的债务的财产。这就是信用的最有力的基石。否则，他一定有能力精明处事，并稳妥投资，确保有能力在全部债务到期之前都有用以偿还的收入，这些不仅足以表明他的才能与谨慎的程度，还是他未来能够如期还债的强有力的保证。至于为什么商人如果仅有一次不能履约或延期偿还债务，会导致他完全失去信用，那是由于与上述完全相反的原因。

最后一种情况，如果债务人居住国拥有贤明的政府，那么就相应降低了债权人的风险，因而降低了他必须索取的、用以补偿风险的保险费用。由此可见，什么时候一国的法律及其执行力不能保障契约的顺利执行，什么时候该国的利率就会提高。一旦国家法律鼓励违约行为，例如允许赖债或不承认诚实契约的效力，利息率就会涨得更高。

人们往往认为，拘禁无力偿还借贷的债务人，对借贷者来说弊大于利。然而事实恰恰相反，这个办法对借贷者非常有利。在出借人的权利获得法律上最大限度保障的地区，他们不仅更愿意提供借贷款项，而且还更愿意以更公平合理的条件出借款项。[1] 与此同时，

---

[1] 没有地区比英格兰更严厉地执行拘禁无偿还能力的债务人的法律。有一个时期，债务人不但因为很小一笔借贷，在诉讼中以及债务尚未被依法确立之前就遭到拘禁，而且在判决之后，其被拘禁的时间毫无限制。这两个细节所产生的困难，在我们的破产法没有出台之前已经有了部分补救措施；而破产法更能进一步缓解债务人的痛苦。但是在最初因为完全忽略而没能制定防止破产的一切手段，整个制度被破坏，并在很大程度上失效。最有效的方式是公布财产，这个办法首先能让债权人预先正确地估算债务人信用的根据和程度；其次，能让他在债务人无力偿还借贷时，从其财产中获得偿还而不必通过拘禁来发现或强取其资产。所以，政策的一个错误必将导致另一个错误。——英译者注

对资本进行积累就受到更多的鼓励。在公众对储蓄的投资方式不再信任的地区，公众就会对把自己全部收入消费殆尽抱有一种强烈动机。这种思考方式也许有助于解释一种奇怪的道德现象，这是在政治混乱时期的一个普遍现象，即人们常常无法遏制醉生梦死般的纵情享乐。①

在这个关键问题上，尽管我认为必须采取严厉手段对待债务人，但我不赞同拘禁债务人的办法。拘禁债务人就是要命令他偿还债务，却同时剥夺了他偿还债务所能采用的方式。印度的制度看起来似乎更有道理，债权人被授予逮捕无偿还能力的债务人，把他们关在自己家里强迫他从事有益于债权人的劳动。② 但是，不论政府采用何种手段强迫债务人还债，倘若法律执行得不公平或朝令夕改的话，则任何手段都是无效的。债务人一旦摆脱或有希望摆脱债权人的控制，债权人就必须承担风险。这风险是有代价的，所以必须获得补偿。

在分清单纯利息率和贷出者为补偿他的部分或全部资本损失所冒风险而索取的保险费用后，还要考虑到单纯利息那个部分，也就是对于资本的效用或使用所支付的租金部分。

当可用于借贷的资本供给越少时，社会对它的需求越大，被称为利息的总金额的部分就越大；资本的有效用途越多，运营资本后获利越丰厚，对资本的需求同样也越大。所以，利息率的上涨不能绝对或普遍地表明资本变得更稀缺，因为利息率的上升可能是资本用途增多的一个象征。斯密曾经提到过英国在获得以1763年和约并终结战争的胜利后，出现过这种情况。③ 在那个时期，利息率不降反升，英国通过战争获取的资源，给商业与投机开辟了一个新天地；资本在数量上没有减少，但对它的需求却大幅提升，利息也因此上升。尽管在大多数情况下利率提升是陷入贫困的象征，但在当时却是获得新资源的必然结果。

---

① 参阅薄伽丘（Boccaccio）关于佛罗伦萨的瘟疫的描述，以及西斯蒙第在其杰出作品《意大利共和国历史》（*Histoire des Républiques d'Italie*）中的描述。相似的结果也出现在法国大革命的最恐怖的几个时期。
② 雷纳尔：《哲学史》（*Histoire Philosophique*），第一卷。
③ 《国富论》，第一篇，第9章。

出于完全相反的原因，法国在 1812 年的经历得到的是截然相反的结果。一场旷日持久并极具破坏性的战争，使法国几乎所有对外交通陷入瘫痪；财税上横征暴敛；当局实施为害无穷的特许权制度；政府本身涉足商业企业；频繁并随意更改进口税率；私产充公、破坏公物、残酷迫害。总而言之，一个贪婪成性并与人民利益水火不相容的政府，使得所有企业遭遇到最大的困难、冒着最大的危险，同时还要遭受最大限度的损害。国家资本总量处于大幅下降的趋势，然而资本的有效利用不仅变得更加渺茫，还伴随着更大的风险。经济环境达到这种萧条程度，导致在那个时期法国的利息降到前所未有的低点。一般来说，低利息是极度繁荣的象征，而在那个时期却是极度贫困的结果。

上述例外的事例只是为了证实这个一般性的永恒规律：可供自由支配的多用途资本越充裕，借贷资本的利息就降得越低。至于可供自由支配的资本供给要依从前的储蓄额度而定。在这一点上，请读者务必参阅本书在前面谈到的关于资本形成方面的论述。①

如果想让寻求使用的资本和寻求资本的产业都能获得最大限度的满足，就必须给那些办理所有关于利息借贷的人授予完全的自由。可以自由支配的资本，如果任其发展，很少会出现资金长期闲置的情况。完全有理由相信，企业会在社会实际状态允许的范围内活跃起来。

必须密切关注**可使用资本的供给**（supply of disposable capital）这一术语的含义，因为它对利息率能够产生关键性的影响。只有在

---

① 参阅本书第一篇，第 11 章。据说城市的利息率通常低于乡村。参见《国富论》，第一篇，第 9 章。原因很简单，多数资本由城市富裕居民掌握，或至少被那些在城市里做生意并带着他们所经营的货物即资本的人掌握，他们不愿把资本放到远离自己监管的遥远地区。城镇，特别是大城市，是资本的巨大市场，超过劳动力本身，劳动力相对来说比资本更昂贵。在乡村，资本用途很少，情况就相反。因此高利贷就更普遍，如果接待生意更安全且信用更好，高利贷的情况就会少很多。

这些论述总的来说是正确的，但是如果城镇与乡村之间的交通很方便，城市的这种特别优势就会大大降低。在英国这种差别几乎察觉不到。——英译者注

资金所有者能够使用并愿意使用的情况下，资本才被视为流通中的资本。已经投放于生产领域或其他用途并正在使用的资本，退出市场流通，所以就不再成为总流通资本的一部分。除非这个资本是投放在可以很容易提取并改作其他用途，否则这个资本的所有者也不再是借贷市场上其他资本所有者的竞争对手。所以，借给商人并能在短期内收回的资本，毋庸置疑，是让所有者可以随时自由支配并可以转换到他认为任何其他更合适的使用途径的资本。贴现汇票是商人之间的一种借贷方式，应另当别论。

出于对自身利益的考虑，资本所有者将其资本投放到能够很快结束的生意上，例如食品杂货店，这情况与上面所述几乎相同。资本所有人经营的商品在任何时候都很容易售出，这样使用的资本也容易变现，如果是出借也容易收回，再出借并再次利用到其他生意或任何其他用途上。如此经营，资本总是处在实际流通中或至少接近于实际流通。在所有的价值里，只有货币的价值是最能立即处理的价值。而投放在建造工厂或其他建筑物，即使是投在小规模的动产方面的资本，都是固定资本。固定资本不能挪作其他用途，退出了流动资本的领域，除了用于投入产品所产生的利益之外，不再产生任何其他利益。有一点不应当被忽视：即使把工厂或其他建筑物出售，作为资本价值的工厂或建筑物不会因出售而恢复流通，因为它只是从一个购买者手里转到出售人手里。另外，买方用来购买的可被自由支配的价值，没有脱离流通范围，只是从他手里转到卖方手里。这种交易既不增加也不减少市场上的资本流通总量。注意这个情况，才能正确估计决定资本利息率和资本利润率的因素，这正是我们目前要考虑的问题。

有时会有这样的假设，资本会因为信用的运用而增加。这个谬误经常出现在自称是阐述政治经济学的著作里，是由于完全不了解资本的性质和作用而产生的。资本是由有形物质所具有的实际价值组成，而不是由完全不能积累的无形产品组成。毫无疑问，一件有形产品不能同时出现在两个地方或被两个人同时使用。构成制造商的资本诸如工厂厂房、机床设备、工具仪器、给养和库存等，都有可能全部是借来的，在这种情况下，他经营生意的资本是租借的而不是自有的资本。然而，毫无疑问，在受他支配和管理资本的这段时间内，任何其他人都无权使用，因为出借人已经把资本的支配权暂时转交给他。无以数计的其他人，拥有同样的担保和信用来申请借贷，但他们申请的借贷不可能增加可自由支配资本的数量，但能有效防止其他资本闲置不用。[①]

读者未必期望我在这里会把那些有时使资本家出借资本或影响他索取利息的动机，诸如人文情感、血缘亲情、慷慨豪爽或感恩戴德等因素一一列举出来。读者应该自己判断道德因素对政治经济学规律的影响。我们的任务仅在于阐述政治经济学的规律。

将资本家借出的资本限定在某一固定利息率上，是对他们的商品随意估定价值，就是把价格的最高限度强加在他们的商品上，也是把不能接受或不愿意接受限定利息率的资本家的那部分流动资本从流动资本总量中排除出去。这样的法律条款为害无穷，以致难以获得市场认同。借出者不愿遵守，借款人由于需要关系也不打算遵守，双方联合起来逃避它，就不是一件难事了。双方只需约定把名义上不再称为利息而实际上等同于利息的那部分利益交给出借者。这类法规造成的唯一后果是，它增加了借出者面临的风险，因而增加了必须支付给出借人的补偿，因而实际上提高了利息率。有趣的是，那些制定了限定利息率的政府，几乎都是以高于法定利息率的利息借贷自己需要的贷款，从而树立了自毁法律的榜样。

通过法律限定利息率，不仅非常适当，还是非常必要的。但法律只应当限定那些事前未曾达成利息率协议的情况下做出这决定，

---

[①] 参阅本书第一篇第 10、11 章，关于资本在生产过程中发生的变化以及资本的形成与增加。这里提及的与第一部分第 22 章关于货币的代表的阐述并不矛盾。由信用良好的人签署的汇票只是一种用来从第三方借来实际和明确价值的方式，发生在汇票的转让与到期之间的过渡时期。凭票付款或见票即付的票据，无论是由政府还是由私人银行发行，不过都是用廉价的纸质流通媒介代替昂贵的金属媒介。金属所能执行的货币功能靠纸媒介完成，金属就可以被解放出来以作他用；而且，因为它可以用来交换其他商品或产业工具，这样对于自然资本的替代就会必然增多，但不会太多。增多的程度被严格局限在流通所需要的价值数量之内，并仅限于此，这个价值与国家资本的总价值相比只是九牛一毛。

例如依法收回一笔应当付息的款项。我认为，在这种情况下，法律决定的利息率应当以人们通常支付的最低利率为依据。因为安全投资获取的利息率就是最低利率。这符合公正公平的原则。掌控一笔他人资金的人，不仅应当归还资金，还应当给付利息，但前提是这笔资金一直归他占用。我们不能假定的是，他仅仅是占有这笔资金，而没有把它用于风险系数最小的投资，因而没有从中获取这笔资金所能提供的最低利息。

不能将这个利息率称为法定利息率，因为利息率不应由法律限定或决定，就像汇率或葡萄酒、亚麻布以及其他任何商品的价格不应由法律限定或决定一样。在此，我特地把一个非常普遍的错误指出来。

资本在出借时通常以货币的形式出现，人们由此认为，货币充足与资本充足是相同的，所以货币充足就使利息率下降。于是当商人告诉我们货币短缺或货币充足时，他们使用的词汇所表达出来的意思是错误的。必须承认，错误的表达形式，与货币利息这一错误的表达形式是同样适当或适用的。事实上，无论是货币的充裕或短缺，或它的替代品的充裕或短缺，丝毫不会对利息率产生任何影响，就像肉桂、小麦或丝绸的充裕或短缺对利息率毫无影响一样。因为出借的不是任何特定商品，甚至不是货币（货币本身只是一种商品，就像所有其他货品一样），出借的是一种积累并提供有益投资使用的价值。

资本方决定出借资本时，把用于特定目的的资本总价值转换成货币；借款人一旦得到这个价值，就立即用它换取其他东西。完成这个过程的货币立即着手完成另一个相同或不相同的工作，究竟是什么，也许是缴纳租税，也许是发军饷。出借的价值只是在借贷的那一刻具有货币形式，就如我们在前面已经讨论收入与花费时曾说过，收入也只是暂时具有货币形式，同等量的货币在一年内可能用以转移同一数额的收入达上百次之多。同样的道理，同等数额的货币通过出借者的手转移到借款人手里，可能在完成无数次的移转之后，又会在第二位出借者和借款人之间完成同样的过程，这些过程并不意味着能剥夺第一个出借者所获取的任何部分的价值。事实上，借贷者借贷的是价值而不是任何特殊形式的金属或商品。所有商品都和货币一样都可以出借与借用，而利息率不依存于借出或借入的物品的性质。在商业交易中，货币的借出和借入，远不如货币以外的任何其他物品的借出与借入那样普遍。当制造商按某种信用条件购买其他行号的原材料时，他事实上借贷的是羊毛或棉，这要看他需要的是什么。他利用的是那些原材料的价值，而它们的性质则对他计入销售者贷方的利息毫无影响。① 借出商品的过剩或短缺，只影响到它与其他商品的相对价格，而对这原材料的贷借利息率不产生任何影响。所以，当银币失去它原有的相对价值的 3/4 时，尽管在出借同样数量的资本时需要支付 4 倍的银币，但利息率却维持不变。市场上硬币或货币的数量也许成 10 倍增加，却不能使可供自由支配的资本或流通资本的数量增加。②

所以我认为，说货币利息这个词汇是个严重错误，不恰当的措

---

① 许多有息贷款没用那个名称，也不含有货币转移的意思。当零售商从制造商或批发商那里购货以补充店中的存货时，他的借贷就带有利息，他既可以在一定期限内偿还，也可以提前偿还保留折扣，这个折扣就是他需要支付的货物价格之外的利息的归还。当一个外地商人向巴黎一家银行汇款，然后从该银行开汇票时，他就是在汇款到达与支付汇票期间把款项借给银行。这种借贷利息可以让银行把利息账目附加在商人的往来账户上。在斯托齐编写的《政治经济学教程》(*Cours d'Economie Politique*) 这一为指导俄罗斯青年大公而在圣彼得堡印刷的著作中，在第六卷第 103 页上，我们可以看到，英国商人或他们在俄罗斯的代办人，以分十二个月付款的形式卖货给他们的顾客，这使俄罗斯购买日用品的人可以在偿还货款很久之前就把货物出手并在此期间使用这笔款项，从而利用到了从未打算这样利用的英国资本。可以这样猜测，英国人通过提高商品价格来补偿这笔利息的损失。但是由于俄罗斯资本的平均利息率如此高，以致即使是这种迂回的借贷方式对于本地商人来说也还是有利可图的。

② 这与前文所说的贵金属构成社会资本的一部分这个观点并不矛盾。贵金属形成资本的项目之一，而不是**可自由支配**（disposable）资本或**可借贷的**（lendable）资本，因为它们已经被利用，并不是在寻找用途，它们被用在从一个人转到另一个人的流通价值上。如果它们在这方面的供给大于需求，就会被送到价格仍旧很低的地方；如果各地的贵金属普遍充足导致价格下跌，它们的价值总量没有增加，但是在与其他商品等值交换时就得支付更大的数量。

辞导致一个错误结论，即利息率取决于货币的充足或短缺。① 劳氏（Law）、孟德斯鸠都犯过这样的错误，甚至连聪明睿智的洛克在他的一部论述有关降低货币利息方法的著作中，也犯了相同的错误，他们的权威性误导了其他人也就不奇怪了。有关利息的理论被迷雾笼罩着，是休谟和斯密拨开了疑云。② 若想清晰地理解利息，就得对本书称之为资本的那个东西有正确的概念，而且还得从以下信念开始：借出或借入的物品，不是特殊货物或特殊商品，而是价值的一部分，也就是以此为目的使用的资本的总价值的一部分；无论在何时何地使用这部分资本所支付的利息，依附于借贷资本的供给与需求的比例，与出借商品的特殊形式或特殊性质完全无关，无论这商品是货币还是任何其他物品。

## 第2节　资本的利润

我们已经充分考虑到资本的借入者向借出者支付利息的性质和动机，尽管我们清楚地认识到，利息是由资本的租金与补偿资本家冒着全部或部分失去资本的风险的保险费用组成，但同时我们也应清楚地认识到，分开和区别这两个组成部分是一件极为困难的事。

接下来，我们将进一步探寻使用资本获取利润的原因，无论使用者是借款人还是资本所有者自己。首先，必须把资本的利润与使用资本的劳动利润加以区分。在作出区分时，我们将面临一个巨大

---

① 如果总是货币供给越多利息就越低，那么葡萄牙、巴西和西印度的利息将低于德国、瑞士等国的利息，但实际情况并非如此。
② 休谟（D. Hume）：《论文集》（Essays），第二部第四篇。《国富论》，第二篇第4章。洛克（Locke）和孟德斯鸠对于政治经济学的论述不多，这对学习者来说很庆幸，因为作者的天赋和技巧只会把自己不完全熟悉的问题弄得扑朔迷离。说实话，大才子总是语不惊人死不休，这对一般读者来说最为危险，因为他们对于基本原则缺乏足够的认识，所以不能在乍看之下立刻发现错误。那些通过只是收集材料并分类的学科如植物学或自然历史学，大量阅读从不嫌多；而那些基于从特殊事例推断一般规律的学科，最好的学习方式就是少量阅读、正确选择。

困难。尽管我们很容易理解，冒险家的报酬或属于冒险家那一部分的报酬，在一般情况下兼有这两种利润。然而，斯密和大多数从事政治经济学研究的英国学者都没有注意到这个区别，他们把明显属于劳动利润的许多项目，放在资本或他们称为本钱的利润这个总项目之下。①

通过对总利润的平均率和同业之间利润差额的平均率进行比较——这项指标的差额似乎是所使用的技能与劳动的差异的正确指数，也许可以大致准确地估定总利润中属于资本的那部分利润，以及属于使用资本的劳动的那部分利润。在这里做个假设，两家皮毛商行，各用10万美元为资本，一家年平均利润为2.4万美元，而另一家的平均利润只有6 000美元。这中间相差的1.8万美元，可以说是不同程度的技能与劳动的差距。利润的差额平均为9 000美元，这也许可当作劳动利得。1.5万美元是这一行业的平均利润，用它减掉9 000美元将得到6 000美元，即投入资本的利润。

以上事例可以总结出一种方法，用以剥离那些被混淆在一起的利润项目，但不能作为准确估计这些项目各自比率的方法。然而，即使没有任何指标使我们能精确区分资本利润和使用资本的劳动利润，我们也可以认为资本利润总是与部分或全部损失这类风险成比例，并与使用期限成比例。事实上，掌控着自由使用资本的冒险者，

---

① 基于下列理由，斯密认为不区别对待是可以的。他说："假设在某个地区，制造业的一般年利润是10%，那里有两个不一样的制造商，其中一个每年加工的粗材料仅花费700英镑，而另一个做精细材料加工的花费为7 000英镑。双方每年的劳动费用为300英镑，第一个制造商所用资本总额仅为1 000英镑，而另一个为7 300英镑。那么以10%的利息率计算，第一个将获得100英镑的年利润而另一个则为730英镑。"然后他得出的结论是："利润与资本成比例而不是与劳动和监督及管理技能成比例。"可是他的这个例证完全不能让人信服；因为可以同样容易地假设有两个制造商，在同一地区经营同样生意，资本同样为1 000英镑。其中一个拥有一位积极、节约而且有才干的经理，而另一个的经理则懒惰、无知并不知节俭；前者每年获取利润150英镑而后者只有50英镑。在这个例证里，双方差异不是来自各自使用资本的差别，而是来自使用资本的不同技能和劳动，这让前者拥有比后者更多的生产力。

总是首先权衡前面提到的不同种类的投资方式①的利弊，在其他情况均等的条件下，倾向于风险相对最低并能最快收回本利的投资方式。于是，危险系数高、投资周期长的冒险事业，获取资本的竞争力就低很多。事实上，除非这类投资的利润率远远高于平均利润率，高到足以让资本家甘冒风险，否则资本是不会投在这些事业上的。所以，从理论上可以假设，冒险事业的风险性越高，投资周期也越长，资本的利润也越高。实践已经证明这个假设是正确的。

当资本的某种使用方式，例如与中国进行贸易，既不能提供与资本滞留期相称的利润，又不能提供与损失的危险相称的利润，同时还可能出现一笔交易需要很长的时间周期，或许两年的时间才能收回本利这种情况相对称的利润时，一部分资本就会逐步退出这个市场。这时商业竞争逐渐减弱，利润就会慢慢增加，直到增加的利润足以引起新的资本关注为止。②

这充分地解释了，为什么按照新的投资方式使用资本所获取的利润，比那些按照一般或常见的方式使用资本所获取的利润多得让人动心——所谓的一般或常见的投资方式，是指有关的生产和消费情况早已明了而言。前者使得竞争因毫无成功的把握令投资方瞻前顾后、缩手缩脚；后者因为途径安全稳妥而众人趋之若鹜。

总而言之，这个问题如同有人类利益冲突的其他所有问题一样，利润率是依据资本相对需求与供给的比率，结合相应投资方式而决定的。

斯密及其学派的作家们普遍认为，对一切事物首先支付的代价，即原始买价，也是人的劳动最初的价格。他们没有继续明确的是，对于购买的每个物品，还需支付用于生产这个购买物的资本的生产力与协作的买价。他们会提出疑问：难道资本本身不是由所积累的产品，也就是所积累的劳动组成的吗？说得不错，但是资本的价值

---

① 本书第二篇，第 7 章第 3 节。
② 至于第 7 章所提到的其他动机，那些足以把劳动吸引到任何其他行业或让劳动逃避某一行业的动机就更不必说了。这些动机有时会在一个方向起作用，使劳动和资本的利润同时上升或下降；当它们作用于相反的方向时，资本利润的差异与劳动利润的差异相互平衡；反之亦然。

和资本的生产价值却是大有区别,正如土地的价值和它的年租金的价值完全不同一样。例如,当1 000美元被借贷或出租一年时,报酬差不多为50美元,这笔资金的生产力在那个时期因为获取报酬而转移;除了获取的50美元之外,贷出者收回的1 000美元的本金,还可以再次应用到同样的用途。所以,这笔资本尽管是早已存在的产品,但它的年利润却是一个全新的产品,并与基于此资本及创造它的任何劳动无关。

因此,在凭借资本的协助最终完成一个产品时,必须用它的价值中的一部分来回报资本的生产力,剩余的另一部分回报劳动的生产力,因为这个产品是在这两者的协同生产下创造的。应用于这方面的价值部分与资本自身的价值完全不同。悉数归还原主的资本,在完成其生产性用途后再一次以完整的状态出现。资本所创造的此项利润不代表最初用于创造资本劳动的任何部分。

综上所述可以得出以下结论,资本的利润,就像土地和其他自然资源的利润一样,是对生产性服务的等值回报;尽管与人类劳动的生产性服务不同,但在财富的创造过程中是劳动的生产性服务的有效同盟。

## 第3节 最有益于社会的资本使用

对资本家而言,最佳效益的资本用途,就是将它投入到相同风险下能产生最大利润的地方。然而,对个人最有利的却未必对整个社会同样有利,因为资本具有一个特殊功能,即除了能产生自身特定的收入外,还有助于让土地与劳动产生收入的性质。对于什么对个人最有利的同时也对整个社会最有利这个一般原则来说,这是个例外。借贷给国外的资本,很可能为资本所有者和本国产生最高利息率,但却不能对扩大本国收入或对本国产业提供任何帮助。如果在本国境内使用这些资本,就能有所帮助。

就一个国家的利益而言,投资国内农业是使用资本最佳的途径。投资农业不仅能提升国家土地和劳动的生产能力,更能让劳动和土地的利润同时增加。在英明的指导下应用资本，能让荒山野岭变成沃土桑田。群山环绕的塞文山脉、比利牛斯山脉和比斯开湾地区，昔日寸草不生的不毛之地，如今却是菽粟遍野。火药炸碎的部分岩石碎片用来建造一层层梯田的台地，支撑起用人力搬运来的薄土层。这样，被岩石覆盖的贫瘠地面就变成了生机盎然的土地，长满了农作物并住满了人。最初消耗在这种惨淡经营上的资本，如果是用于对外贸易，有可能给资本家带来更多利润，但这些地区的总收入无疑会大大减少。

基于相同的原因，用于提高并增强自然生产力的资本也是收益最多的资本。批量制造出的构思巧妙、高效低耗的机械设备，其销售收入远远超出了资金成本的利息；这类资金除了为所有者提供额外的高利润外，还让消费者和整个社会受益匪浅，收益程度相当于它所节省的费用。要知道，节省就等于收益。

为国家的利益而使用的资本用途，仅次于上述用法的是投放在制造业和国内贸易；因为用资本运作的产业所生成的利润是在国内赚取的；而投资于外国贸易的资本，则毫无差别地有利于一切国家的产业和自然资源。

对国家经济生活最无益也最无利的资本用途，是经营外国与外国之间的运输业。

一个国家拥有巨大的资本积累时，最好的投资方式就是将资本用于上述所有的产业部门，因为投资这些部门都是有利可图的，虽然从国家层面来说投资这些部门所产生的利润程度不一，但对资本家来说没有什么区别。国家把巨额资金投入到运输业，对于荷兰的土地难道会造成什么损害吗？荷兰的土地已经普遍耕种、管理完善，既不需要开荒也无须圈起来种；还有像威尼斯、热那亚和汉堡那些古代国家，运输业会对这样的土地狭小国家造成损害吗？将资本投放在运输业这样的特殊产业，仅仅因为他们没有其他途径可以投入。然而，对于一个缺乏资本因而无法满足农业和制造业活跃性的国家来说，开展这类贸易以及所有的一般对外商贸业，是极为不妥的。倘若这类国家的政府仓促草率地鼓励对外贸易，那是非常荒谬的，因为这样的政策只会抑制资本以最可增加国家收入的方式使用。中国尽管是当今世界最大的帝国并拥有最大的总收入,因为它拥有并维持最多和最密集的人口,但它却听任外国人掌控自己几乎所有的对外贸易。以它目前的情况而言,如果扩展对外商业关系,毫无疑问它将获取不菲的收益,但它却给那些不善经营对外贸易却依然繁荣的国家,提供了一个十分显著的例证。

万分幸运的是,事物的自然发展过程,使资本能够投入到对社会最有利的方面,而不是投入到那些能获取最大利润的方面。人们普遍地更偏爱的投资方式,是最接近家庭生活方面的投资。这类投资中,首当其冲的是改善土壤,人们认为这种投资最安全、有效期最长。其次是制造业与国内商贸。依次排在最后的是对外贸易、运输业,以及与遥远国家开展贸易。资本所有人,尤其是稳健型投资的资本家,更愿意让资本处于自己的监督之下,而不想把资本放到遥远以及偏僻地区的产业中。倘若他在相当长的时期内看不到自己的资产,要么他必须把资本托付给陌生人管理,要么他必须等待很久之后才能收回本利,当他不得不面对不诚实的债务人提起诉讼时,这些债务人可能会利用自己居无定所的习惯,或利用他所不熟悉的外国法律进行欺骗——他肯定会认为这项投资所冒的风险太大了。任何一个拥有巨额剩余资本的欧洲国家都不会轻易地参与殖民地或东印度①的贸易,除非那些贸易存在专有特权和垄断利润的巨大诱

---

① 这一节的推论在我看来既毫无根据又缺乏说服力。上面所描述的各种资本的投入方式就赢利性而言毫无差别。简言之,资本所能投入的不同产业之间不能明确划分界线。无论什么事业只要能满足需求并增加生活的舒适和住处,严格地说,都同样有利,并以几乎相同的比例增加国家财富。用于外国与外国之间运输业的资本与用于本国的资本,对于个人及其所属国家来说一样有利。因为根据前面所论述的关于产业的利润里已经指出,在没有限制的情况下,被用于不同用途的资本所得利润将会相同或近似,因为任何物质差异都将把资本引向更具有生产力的产业,以恢复均衡。总之,资本投入到运输业只是因为它能产生比投入其他方面更大的利润。

此外,对于什么产业对个人最有利也是对整个社会最有利这个一般原则来说也没有例外。尽管本书作者在前一节所得结论与此相反,借贷或投入到外国的资本,如果能给资本家或国家带来最高利息率,就一定能尽可能地

饵，或者国内产业陷入严重混乱、不可收拾的局面。

---

增加国家收入并对国有产业提供相同帮助，如同资本被投入在国内一样。例如，借贷给国外的资本如果为外国的劳动和自然力提供使用机会，是因为，在顺应事物自然发展的条件下，比国内同样的生产力能获得更多的收入。如果不是这样，资本就会留在国内而不是到国外寻求被使用的途径。如果资本的所有者不在把资本被借贷给国外的同时移民到那里去，资本所获得的收益必然会让国内的劳动和土地的生产力活跃起来并进一步发展，因为这收入必然是在国内被生产性地或非生产性地消费掉。——美国编者注

# 第9章 土地的收入

## 第1节 地产的利润[①]

　　土地具有改变众多物质的功能，让它们适用于人类使用。倘若没有土地的转变功能，许多物质对人类而言都无法使用。因为我们维持生存所需要的五谷、果蔬，还有建造房屋、船只、家具，以及我们用来做取暖燃料的树木，都是由土地提供养分和植物生长所需的汁液。它对所有这些产品所起的作用可被称为土地的生产性服务。这也是土地所有者获得利润的起源。

　　人类还可以从土地里挖掘出的有用的物质，如石头、金属、煤炭、泥炭等矿物质中获得更高的收益。

　　如上所述，土地不是仅仅拥有生产性能力的自然力，它还是唯一或几乎是唯一的能被人类所拥有并能获取或独占利益的自然力。江河湖泊与深海大洋里的水能够给机械设备提供动力，让人类航行并无偿提供水产品，所以它无疑是具有生产力的。风能转动磨坊的风车，甚至连太阳的热量也能被人类利用。令人高兴的是，迄今为止还没有人宣布风能和太阳的光线是他的，使用它们必须向他支付使用费。我不希望上面这段话被误解为暗示说，土地也应该像太阳的光能与自然界的风能一样，不能作为财产的对象。这两类生产源有着本质上的区别：后者的动力是取之不尽的。一个人从中获

---

[①] 在第8章，我先后提到资本的利息和利润，因为理解前者能帮助对后者的理解。在本章则相反，因为先说明土地的利润能帮助阐明租金问题。

利的同时，并不妨碍另一个人从中获取同样收益。潮汐和风能使我和邻居的船只得以同时航行。土地则另当别论。一旦所有的人都平等地拥有土地使用权，那么用于土地上的资本和劳动就变得毫无价值。在没有确定获利的信心之前，没人会傻到把资本和劳动用于土地。不但如此，一个没有土地份额的人与拥有土地份额的人具有相同的利害关系，乍一看这个观点似乎很矛盾，事实上却完全正确。在新西兰和美洲西北海岸的野蛮部落里，土地不是私有财产，但生活在那里的人们却很难获取鱼类和野味，常常吞吃蠕虫、毛毛虫和其他令人恶心的昆虫①，甚至因为基本需求不能满足而大动干戈，把战俘作为食物吃掉；而在土地完全私有化的欧洲，即使是身份最为卑微的人，只要身体健康并且愿意打工挣钱，他们最低限度也能衣食无忧、居有定所。

在前面几个章节里，我们讨论过投入到农业或其他产业部门的劳动利润与资本利润的问题。现在我们要研究的是土地自身的特有利润是什么，也就是说这个农业利润与用于产业劳动和资本得利的利润完全不同。我们还要从理论上探索土地的利润及其来源，但不是去追究耕种者是谁，无论是土地所有者自己还是他雇用的佃农。

许多作家②公然宣布的观点是，产品的价值从未超过支付给从

---

① 马尔萨斯在其《人口论》第一篇第405页中详细描述了野蛮部落因为缺乏有规律的食品供应而导致的一些极端情况。
② 德斯塔·德·特拉西（Destutt de Tracy）：《法的精神注释》，第13章。李嘉图：《政治经济学及赋税原理》，第2章。

\* 这一章在李嘉图的整部作品里也许是最不能让人满意、也是最难以理解的一章。它是根据马尔萨斯在其《地租论》（Essay on Rent）中的原理，即地租的比率由土地所产产品的不同质量的差距决定，耕种得最糟糕的土地不缴租，但是有大量未被耕种的土地缴租；而且在土地完全私有的国度，没有被耕种的土地不缴租。威尔特郡的山丘既没有劳动又没有资本投入，却也需缴租；同样还有挪威的森林；这些租金是土壤的自然产品；支付租金就是为了获取自然产品，想要获取产品就得克服土地私有这个人为的难题。所以整个租金不仅取决于土地的地理位置，而且还取决于土地的肥沃程度和土地的私有程度，所有的租金都如此。有这类人为难题的地方，所有被耕种的土地都得缴租，因为土地的所有者不会什么都得不到就与自己的土地分离，就像资本家不会暂时离开自己的资本而不求回报一样。租金比率不

事产品生产的人力的报酬，因此也就不存在作为土地所特有的利润和支付给土地所有者租金的剩余部分。他们论点的核心是，占有未开垦或闲置的土地并同时拥有可用资本的土地所有者，会凭借自己的意愿，把资本用于耕种土地或投放到其他用途上。一旦他认为开发自己的土地会给他带来与其他形式的投资同样多的回报，那么耕种土地就会是他的首选。而实际上按照以往的经验来看，即使这样的投资略逊于其他投资，他也会做出同样的选择，因为对他来说这个投资方式更安全可靠。那么，这些作家就此得出什么样的结论呢？他们的结论就是：这类耕种除了产生投入的资本所获取的利息之外，①不会再生成任何其他报酬。倘若如此，还有什么可以留给土地生产力的利润呢？毫无疑问，什么都没有。我曾尽力把这个论点以简单明了的方法解释清楚，但我必须指出，他们的看法只是问题的一部分，同时完全忽视了需求对确定价值所产生的影响。现在，我将就这个问题试图做更全面的分析。

除非土地上的产品用来满足社会需求的对象，否则土地的生产力毫无价值。去过美洲内陆和地球其他荒芜地区的旅行者们，不断提到那些能够栽培、种植各种作物的肥沃富饶的土地，却没在上面种植任何有用和有价值的农产品。但是周围一旦建立起殖民地，或一旦找到市场，而且在市场上，土地上的产品能得以交换并能支付必需的贷款的正常利息率，耕种就立即开始。到此为止，我们之间的

---

是完全由土地质量决定的，而是由以下两个强度决定：一是对土地生产力的要求和需求的强度；二是由自然和人类私有所造成的人为难题的强度。土壤的质量也许能毫无疑问地改变土壤需求的强度，因为质量就是生产力；但是市场上的农业生产力和资本供给也能改变生产力和资本所期望获得的土地产品的比例。为什么在人口密集的小区域资金最高？因为这里的土地生产力难于获得，导致更强烈地感到需要其效用。为什么禁止进口国外农产品会使资金更高？因为法令所造成的人为的难题增大了从外国生产力获得利益的天然困难。当然，生产力的大小程度影响产品数量，但租金源自生产力或效用与其天然和人为困难的结合，二者结合的强度决定租金的比率。——英译者注

① 根据这些作家的看法，即使是资本的利息也不是作为资本协同生产所获的补偿。我已经在本篇第8章第2节披露了这个观点的谬论。

论点还没有出现分歧。但是如果发生任何情况使得对需求的增加超过这一点，农产品的价值将超过资本的普通利息，有时甚至大大超过资本的普通利息。恰恰就是这个超出的部分构成了土地的利润，使得不是土地所有者的实际土地耕种者，在扣除了支付自己垫款的全部利息并获取自己的全部劳动报酬后，还能向土地所有者支付租金。

土地是大自然无偿提供给人类使用的自然力，后来才被人类据为己有。然而，被人类占用的土地并非从一开始就给占有者产生利润，直到土地上生成的产品成为人类生存需求的对象，同时这些产品的供给不会随需求的增长而增加，而是像其他自然力如空气和水的供给那样，才有利于占有者。

从土壤里生成的产品因需求而增加的价值构成土地所有者的利润，即土地利润，所有文明国度，尤其是制造业与商贸发达、交换物品繁多的国家，都支付土地利润。也许在这些国家的某个地区，有时候会出现地租非常低的情况，如我们自己的索伦地区，一英亩土地不超过20美分。这是因为缺少公路运输，尤其是缺少水路运输，导致运往市场的农产品的运费加上耕种费，几乎等于农产品在市场上销售的全部价值。在一些具有高度文明并拥有巨大生产力的国家，土地价格或买价不超过利息率的4%。然而这并不能证明土壤贫瘠，而证明土地的售价昂贵。一英亩耕地可出产24美元，并只需花很少的耕种费用。但如果土地所有者以每英亩800美元的价格购买，它的利息率就只有3%。这就是**土地利润**（profit）和**租金**（rent）的差别所在：利润的高低，依产品数量决定；地租的高低，依买价或价格决定。每英亩仅产生1美元利润的土地，其租金与每英亩产生50美元利润的土地一样高，如果前者的买价是后者的50倍的话。

无论何时，动用资本购买土地或用土地换取资本，就是用一种财产的回报与另一种财产的回报做比较的时候。用10万美元的资本购买一块土地，可能产生的利息是每年3 000美元或4 000美元，而同一数量的资本每年可产生5 000美元或6 000美元的利息。资本所有者对购买土地所获取的低利息之所以比较满意，首先是因为这个投资具有极佳的利润回报稳定性。如果资本不经历数次从形式到空间的转换,几乎不可能获取收益,这类风险对于不习惯投资的人来说总是带有一些或多或少的担心。投资地产则完全不同,在不必改变土地性质和土地空间的前提下就能获取利益。拥有土地不仅能给所有者带来满足与愉悦,还能赋予所有者相应的社会地位、权势与尊严,在某些国家甚至还附送爵位和特权。所有这一切,都极大地促进了人们对土地拥有一种自然的偏爱。

事实上,土地比其他形式的财产更容易成为赋税和随意摊派的对象,因为它不能转移和藏匿。流动资本可以具有任何外在形式并随意转移,它可以让所有者更轻松地逃离暴政并远离国内动荡,甚至比它的所有者更容易逃避灾害。流动资本是一个更为安全的财产项目,通常不能扣押或让债务所有者负有特别的责任。除此之外,它比土地财产更难以招致诉讼。然而很明显的是,所有这些优点都无法抵消投资带来的更大风险。因此,土地财产的受欢迎程度远远超过对流动资本的偏爱。以此之故,土地的价格与年收入不成比例,前者比后者要高出很多。

无论土地和资本的相互交换价格如何,应注意的是,它们的交换不会引起流通中并用于生产的土地生产力与相应的资本生产力的供给发生变化,则交换价格就不能影响土地与资本的实际或绝对利润。当理查德把土地卖给托马斯时,这块土地的生产性服务由托马斯支配,用于交换这块地的资本的生产性服务则由理查德支配。

唯一能真正改变处于流通中的土地生产力数量的因素,是对土壤的实际改良,或通过开荒,或通过提高旧地的生产力来提高土地的产量。储蓄与积累的资本,一旦用于农业改进,就转变为地产,具有地产所特有的优势和缺点。投资房屋和所有投资在固定或永久实物上的资本也是如此,这些资本失去资本的原有性质,转而具有土地的财产性质。

由此我们得出一个永恒原理,土地生产力具有价值,这价值与一般价值一样随需求的增加而逐步递增,并随供给的增加而递减。由于土地在性质上有所不同,正如在地点与地理位置上各不相同一样,对于不同特质的土地就有特别的需求与供给。只要市场上需求一定数量的葡萄酒,无论这个需求来自何方,都需要栽种这些数量的葡萄所必不可少的、相应的土地生产力①，同时适合于栽种葡萄的土地面积决定了这种生产性服务的供给。假如能够栽种优质葡萄的土地非常有限，而对好酒的需求十分强烈，这块土地的利润就会上涨得非常高。

值得注意的是，凡是能带来利润的土地，无论利润多么少，哪怕每英亩收入为20美分甚至更少，都能用于耕种，这样的例子比比皆是。这就是土地与资本和劳动的不同之处。一个劳工如果发觉自己居住的地方不能给劳动提供他有理由期望的报酬，他就会迁居到别处。资本同样也能迅速地从回报率较低的方面转向回报率较高的方面。但是土地没有这样的便利，因为它不能移动。所以从土地的总产品中必须先扣除预先垫付的本金及利息，还有劳动的利润，没有资本与劳动，它们就不能生产产品。还需要扣除的是把产品运输到市场或更换地点的运输资费。当所有这些费用扣除的总和等同于土地全部产品时，土地本身就不产生利润，土地所有者也不可能从中获取租金。即使是所有者自己耕种土地，他也只能从自己的资本和劳动中获利，不能从自己的土地所有权中获取任何东西。在苏格兰地区，就有这样由土地所有者自己耕种然而最终没有多大收益的土地，若租给别人耕种则所获无几。在美国的偏远殖民地，拥有广袤的沃土，这些土地本身的收入不能维持所有者的生活，然而耕种得十分成功，因为它们是由所有者自己耕种，并由所有者消费它们的产品，因此所有者不得不对等于零或几乎等于零的土地利润，再加上资本和个人劳动的利润，这样才能获得相当可观的收入。

明显地，土地即使处于耕种状态，当农民不愿缴租时，土地就不能产生利润。农民不愿缴租有力地证明在扣除耕种土地所需要的资本和劳动的利润后没有剩余。

在上面提到的例子中，土地未获取利润是由于与市场的距离太远，运费吞噬了土地在其他情况下可能产生的利润。其他的例子还有，比如歉收、战争或赋税，都会导致同样的结果。因这些原因部

---

① 同样需要耕种所必需的资本和劳动。

分地或全部地吞并了土地的利润，导致土地无人耕种。①

## 第 2 节  地租

农民租借土地时，他把土地生产力所产生的利润支付给土地所有者，自己保留他的劳动工资以及他花费在耕种上的资本的利润，他的资本包括农具、马车、牲畜等。在农业企业方面他是个冒险者。在他所使用的生产方式中，有一个项目不属于他而需要他支付租金，那就是土地。

第 8 章解释了土地利润的来源。地租一般是按照这利润率的最高比率来决定的，有以下原因：

一般来说，农业这一冒险事业所需资本，在比例上比其他产业所需资本要少②，土地本身不能算作冒险资本的一部分。所以，由于经济状况的关系，能够经营农业的人数比能够从事其他冒险方面的人数多，因此，能出价竞争的人也比其他事业竞争者多。另外，在所有国家里，适合耕种的土地数量有限，而资本数量和耕种者的人数没有固定限度。因此，只有在那些人类居住和耕种已久的国家，地主才能对农民行使垄断权。对于土地的需求也许会不断增加，而土地的数量却不可能增加。

这种情况同样也适用于整个国家以及各个省区。每个省出租的土地数量不能增多，而有条件租用它们的人数却完全没有限定。

发生这类情况时，在地主与佃户议价时，地主占据着极为有利的优势。一旦土地的任何部分给租户带来的利益超过资本利息和劳

---

① 这里列举的不利情况，对土地利润比对其他收入来源的利润有更强的影响，这解释了那些经常性的和不可避免地豁免农民租金的原因，并证实了塞文涅夫人（M. de Sevigne）的正确判断，她从乡村写来的信件上说："我希望我儿子能来这里，这样他就能明白，占有土地就等于占有财富的观点是错误的。"参见《塞文涅书信集》（*Lettre*），第 224 封信。

② 并非处处如此。在英格兰，农业已经高度发展，耕地需要比从前多得多的资本，农民比其周围的大多数商人要富有得多。——英译者注

动工资,很快就会有人愿出更高的报价租用这块土地。有些土地所有者慷慨大方,他们的住所离租地很远,另外一些土地所有者无知,甚至农民自己也很无知,还有些土地所有者行事草率,这些情况都有可能让租金下降到最大利润之下。但这些都是偶然情况,只能持续一段时期,不能阻止自然因素的经常与不断的作用,自然因素必然占有最大优势。

除了从大自然中获取利益的天然优势外,土地所有者一般也拥有更多财富或有能力积累更多财富,有时还拥有声望、支持和影响。但是仅仅是从大自然中获取利益的天然优势就足以保证他在任何情况下独享可增加土地利润的特权。开凿运河或修建道路,省区内人口和财富的增长,都能使他的租金上涨。他还受惠于每一次耕种技术的进步,因为当一个人知道怎样更好地利用工具时,就愿意支付更高的租金租用工具。

当土地所有者把资本花费在改良土壤、排水、灌溉、栅栏、建筑、房屋或其他建筑物时,租金除了土地利润之外,还包括所花费资本的利息。①

有时候,农民自己会主动承担这类改进的费用,但是他只能期望在租约存续期之内收回所花费用的利息。租约期满后,利益移交给土地所有者,因为改进是不能移动的。此后,地主获取全部利润却未支付任何垫款,这是因为他因此而增加了相应的租金。因此,除非租期长到足够让农民能从其所做的改进中获得充分利润来补偿全部费用及其利息,否则他们就不会进行功效完全能够延续到租期届满后的改进。这种方式使得长期租约能够提高土地产量。而且很明显,当土地由所有者自己耕种时,所获效益最大,因为他与农民大不相同,他很少会损失预先垫付的因改进而花费资本的利益。对土地所做的每一次适当的改进都给他带来永久性利润,而且在最终土地售出时,这些最初费用可尽数收回。农民在租约期满之前能够确保获取改进后的利益,就能同样增加租约期内土地被改进的可能

---

① 投资于土地改良上的资本价值,有时比土地本身的价值更大。例如住宅价值大于土地价值。

性。反之，如果允许在特殊情况下通过法律或惯例取消租约，如同土地所有者取消租约以出售土地一样，都对农业十分有害。这是因为，如果农民总是害怕看到新一任土地所有权的继承者会剥夺其劳力和资本的报酬，就不会对土地做任何大的改进。实际上，他所做出的每一次改进都只会加剧这种不公正情况的危险，因为土地在情况良好时比其他时刻更容易售出。

　　没有任何地方比英格兰更尊重租借权。租金达到40先令（约合10美元）的承租人享有议会选举的投票特权，这个特权在某种程度上能恢复地主和佃户之间的力量均衡，这实际上很少见。我们没在其他国家见到有佃户对不会受到驱逐有这样的信心，以致能在租地上盖建筑物。这类佃户对土地的改进就如同改进他们自己的土地一样，他们的地主定期获得租金，这在其他地区非常少见。

　　有时候，土地由完全没有资本的人耕种，土地所有者提供所需资本和土地。他们在法国被称作对分佃农，并通常把总产品的一半支付给地主。这样的安排通常只能在农业的摇篮时期遇到，是在所有方式中最不能促进土地改进的。因为无论是地主还是佃户，在承担改进费用时，都必须免费为对方支付一半垫款利息。这种形式在封建时期比现在更加普遍。封建领主不屑于自己耕种土地，他们的佃户没有生产方式。那时最大的收入来自土地，因为封建领主又是最大的土地所有者。但是获取的收入与大面积的土地不成比例。这不是因为缺少农业技术，而是缺少用来改进土地的资本。封建领主对改进土地漠不关心，不事生产，随意消费他们极为轻松地增加三倍的收入，他们为战争征税、举行豪华宴会和锦标赛，并养活无数随从。如果我们看到那个时期商业和制造业的衰退情况以及农业的不安定因素，我们就无须进一步解释为什么整个社会极度贫困，以及为什么国家不是由于政治因素却如此衰弱。连第五军团也不可能击退当时法国所面临的受到攻击的威胁。幸运的是，欧洲其他国家的情况与法国一模一样。

# 第10章 一个国家从另一个国家得到收入的影响

一个国家不能从另一个国家取得它的产业收入。一个在法国定居的德国裁缝所赚得的利润与德国无关。但是，如果这个裁缝设法积蓄了一些资本并在几年后将它带回德国，那么他给法国带来的损害，等同于一个法国资本家携带同等数量的财产迁居国外所带来的损害。[①] 从政治角度看，这两者给法国财富带来相同的损害，但从道德角度看，这两者造成的损害完全不同。因为我认为，一个法国本地人离开他的祖国，是让法国失去了一个热爱祖国的人和一个具有独特国民性的人，这个性格不应当期望在一个外国产生的人身上找到。

一个走失的孩子重新回到祖国的怀抱，使国家获得了真正的财宝，因为这就增加了国家人口，使国家的劳动利润有所增加并使国家获得资本。同时还使国家找回一个失去的公民及其谋生的资产。即使流亡者仅仅是将自己的劳动带回，但国家资本增加了他的劳动所生成的利润，至少增加了国家资本。当然，同时也增加了消费。但是，假设消费能与上述利益相抵消，收入就没有减少，而国家道

---

① 然而，如果这资本是裁缝个人节俭的结果，那他所带走的资本，在他去德国之前，是不会使法国的财富有任何损失的。而如果他继续在法国居住，则法国资本总量将增加，增加额度与他的储蓄额度相等；但是，如果他把这些资本都带走，所带走的也只是他个人所得和他个人所创造的价值，带走这些对个人没有损害，所以对国家也没有损害。

德和政治力量事实上是增加了。①

至于一个国家借给另一个国家的资本，必然对两个国家的财富产生影响，如同一个人借给另一个人资本对于他们各自财富的影响一样。如果法国从荷兰借贷资本并投放于生产方面，它将获取使用资本后的劳动与土地产生的利润，并且即使支付了利息之后依然能获取利润。这与商人或制造者在借钱从事各自产业时，即使在支付了借贷利息之后依然获取剩余利润一样。

然而，如果一个国家从另一个国家借贷却不是用于生产，而是用于消费，那么所借贷的资本就不产生利润，并且国家收入还要承担外国债权人的利息。法国就曾经出现过这种情况，当时它从热那亚人、荷兰人和日内瓦人那里借钱用来维持战争或供应宫廷中的无度挥霍。然而，即使是这样以无益的消遣为目的，从外国借贷也比向本国人借贷好，因为借贷的款项不是来自法国的生产性资本。无论出现哪一种情况，法国人民都必须支付利息。② 但是如果是从人民手里借出的，他们就不必支付利息，但同时也失去了利润，而这利润本来是从使用资本及其生产力所得到的、他们的劳动和土地的利润。

有关居住在国外的外国人在本国占有的土地财产，财产产生的收入是外国收入项目，不构成本国国家收入的一部分。但是应该记住，如果外国人没有把等同于土地价值的资本汇入本国，就不能购买到土地，尤其是这个拥有大量可供改进的土地的国家，没有增加产业活动的资本。购买土地时，外国人把资本收入交换成土地收入，这让本国从资本中获取利润，而他也从土地中获取收入，这是用货币利息交换土地租金。如果本国产业活跃而且管理良好，就能从利息中得到比地租更多的利润。然而，购买者获得的是一种固定并永久性的财产，用来代替原本易消亡、可移动并易受损害的财产。管

---

① 按照事物的一般发展规律来看，这种增加对国家有利，因为它增加的是生产的第二种来源——劳动的增加。但是不够完善的人类制度可能会把利益变成损害，正如恤贫制度为一部分人口提供免费衣食一样，这些人有劳动能力却不愿自食其力。在这种情况下，每增加一个人就增加一份负担而不是利益，因为他有可能是闲散受养人员名单上的一个。——英译者注

② 本书第三篇将说明，那利息无论是在国内还是在国外花费都将同样消失。

理不善能让国家获得的资本快速地消失殆尽。但是土地的购买者却能长期拥有土地,主要的原因就是可以将土地出售并把价值回收。因此,只要本国人足够明智地把交换所得的价值用于再生产,就不必害怕外国人购买土地。

一个国家用什么形式向另一个国家提取收入是无关紧要的。可以用硬币、金锭银条或任何其他货物的形式。事实上应该让个人按照最适合他们的方式提取收入,因为对他们最为适合的也必然最适合这两个国家,就像在国际贸易上个人最愿意进出口的货物也是最适合双方国家利益的货物一样。

英国东印度公司的经理们从印度提取年收入或累积财富,他们把收入或财富带回英格兰享用并维持生计。他们往往会小心翼翼地不使用金银形式的汇款,因为这类贵金属在亚洲的相对价值比在欧洲要高。收入与财富的形式是印度的货物或产品,这样当它们抵达欧洲时就能获取新利润:每汇出价值 100 万的货物,在到达目的地之后就能增加到 120 万。这样,欧洲获取了 120 万而印度仅仅损失 100 万。

如果这些印度的掠夺者①②坚持使用硬币汇款,他们也许就会从

---

① 雷纳尔告诉我们,因为东印度公司从孟加拉获取在欧洲消费的收入,必然让孟加拉的硬币最终枯竭,因为东印度公司只是充当商人的角色,自己不进口硬币。但雷纳尔的这个说法错了。首先,私商会把贵金属运往印度,因为它们在那里比在欧洲价值更高;这也是那些在亚洲获得财富的公司职员不愿用货币形式把财产汇往英国的原因。

如果认为被运往欧洲的财富,因为其形式不是硬币而是货物,所以就缺乏硬币的实在性而被迅速地浪费掉,这也是错误的。财产所呈现出来的形式对其实在性毫无影响;一旦到达欧洲就能立即变成货币、土地或其他。这种殖民地贸易与国际贸易一样,价值的总量才是基本条件而不是价值暂时具有的形式。

② 这个说法过于苛刻,但是从该公司最初获取财富的历史来看也许是适合的。而如今情况已经改变;公司职员不再采用掠夺作为取得公共财产和私人财产的方式,而是满足于从事民政、军政与财政的繁重职务的优厚报酬。稍微研究一下英国和其亚洲属国之间的关系就能发现,以任何形式汇入英国的款项数量少之又少;应当记住,连这种款项的一部分也还是英国为统治印度而在国内筹集的借贷款项的利息,尽管英国对印度的统治并不总是贤明或家长式的统治。——英译者注

印度掠走150万或更多,才能使英格兰收到120万。这笔款项最初可能以硬币的形式积累,但是在汇出时,总是会以当时最适合运输的货物形式汇出。只要任何物品获准出口,政治家们总是认为出口对国家有益,一个国家很容易从另一个国家获得收入和资本。只要不禁止一切对外商业,政府就不能阻止这种汇款,毕竟禁止一切对外商业将导致走私和偷运猖獗泛滥。从政治经济学角度看,没有比政府禁止出口硬币作为阻止财富外流的方式更为荒谬的事。①

---

① 完全阻止一切有价值物品的出口不能实现这个意图,因为自由交流能使流入的财富多于流出的财富。价值或财富在本质上既短暂又独立。完全约束是不可能的,对它们试图设限必定是徒劳的,而任由其自由发展才能带来扩大和繁荣。

# 第 11 章 产品数量对人口的影响方式

## 第 1 节 与政治经济学有关的人口

在本书第一部分探讨了满足人类需要所必需的各种物品的生产，在本章会继续讨论这些物品在社会不同成员之间的分配。让我们从现在开始进一步观察这些产品对组成社会的成员人数的影响，也就是对人口的影响。

对所有有机物来说，大自然似乎会忽略个体，只保护物种。博物学展示了大自然异常精心保存物种的十分神奇的例子。但是它用来保存物种而使用的最佳的方式却是大量繁殖胚种。这样一来，尽管大量意外事故的发生会阻碍胚种的早期发育，或在它们尚未成熟时就被毁灭，但还是会有足够多的胚种存活下来得以延续物种。如果没有发生意外、毁灭或发展方式的失败而阻碍有机物种的繁殖，地球表面在几年内就会被动植物覆盖。

人类像其他所有有机物种一样也能无限繁衍，虽然人类的智慧能不断地扩大自己的生存方式，但是迟早会达到极限。

动物的存在是依靠唯一需求的立即满足，即食物和营养的满足。但是人类能够通过与同类的交流，用一个产品换取另一个产品，还能考虑到产品价值而不是产品性质。一件价值 20 美元的家具的生产者和所有者也许会认为，他拥有用这个价格可以购买的食物。至于产品的相对价格，在所有情况下都是由那个时期各个产品的供需强度和效用强度决定的。我们可以放心大胆地认为，人类一般不会用一个有迫切需要的物品来交换另一个不那么被迫切需要的物品。在农产品短缺的时期，更多数量的家具将被用来交换数量较少的人类食物。但是，一旦实施物物交换，一方所提供的物品在价值上必然与另一方所提供的物品等值，前者可以换取后者，后者也可以换取前者。①

　　正如我们在前面看到的，商业和物物交换使产品适用于一般性质的需求。那些最为迫切需要的物品无论是衣食还是住所，当然需求最大。每个家庭和每个人的需要，得到的满足程度取决于他们对这些物品的购买能力，而这个能力又取决于他们各自的生产方式和努力。简单地说，就是取决于他们各自的收入。所以，说到底，家庭与国家这个集合体，完全靠他们自己的产品维持生活。而这些产品的数量必然决定了家庭和国家所能养活的人数。

　　那些在出生后不能及时得到未来紧迫需求的动物，如果不成为人类的猎物或同类的牺牲品，也会在它迫切的生存需求无法满足的时刻消亡。但是人类有如此之多的需要供给的未来需求，以致如果没有一定程度的远见卓识和预先筹划就不可能满足大自然创造他的目的。而且，如果破坏性的暴力行为不断地减少人类数量的话，只有那些远见卓识的能力才能保护人类免受他们将要承受一部分的灾祸。②

---

① 尽管所有产品对人类社会的存在都是必需品，但是在人类生存方式的列表里，食物必然名列第一，因为任何其他物品都不像食物那样最为紧迫需求、不能间断需求而且最为时常需求。然而，它们不但可以在国内生产，还能通过对外商业从国外农业换取；许多国家拥有的居民总数都大大超过该国产品所能供给的数量。而且，进口其他商品也许和进口食品相同。对欧洲北部出口葡萄酒和白兰地几乎等于向其出口面包，因为葡萄酒和白兰地在很大程度上可以替代啤酒和用谷物蒸馏而制成的酒，这样就让本来用于酿制葡萄酒和白兰地的谷物用于制造面包。

② 在中国发生的弑婴行为证明，当地的习俗和宗教偏见与倾向于控制人口增长的预先筹划行为背道而驰，这种偏见只能让人扼腕叹息。人类越进化，感官越灵敏，对于这类破坏行为的痛苦就越强烈。正因为如此，战争的增多或其他毁灭人类的方式增多并靠此增加生存者享受的政策，就是更为野蛮和荒谬的政策，因为这些毁灭性的灾难将影响到人类进化感感官更完全、更容易感受痛苦并达到这样一个生命阶段，即这个人的才能让他对自己和对别人更有价值的成熟阶段。

然而，无论是人类可以预先筹划，还是充满理性，通过法律和社会习惯对人口加以限制，人口总是会随生活资料的增加而增长，而且甚至会超过生活资料的增加。这是一个令人悲哀但又确实存在的事实，即使是在最繁荣的国度，每年都有一部分人口死于贫穷。尽管这些贫穷的人并不一定都死于饥饿，但因饥饿的灾难而死的人却比一般想象的多。① 在这里我只是想说，这些人没能掌握所有的生活必需品，并死于这些必需品中的部分必需品的缺乏。一个病人或残疾人也许只需要更多的休息或治疗以及简单的药物，就能使他恢复健康，但是却不能得到必要的休息、治疗或药物。一个孩子可能需要母亲的照料，但她却因生活所迫必须出去劳动，那么这个孩子就可能会因为意外事故、无人照管或疾病而夭折。有明确的统计数据证实，在富裕父母和贫困父母所生的同样数量的子女中，后者夭折的数量是前者的两倍之多。简而言之，食物匮乏、饮食不健康、换洗衣物不足、缺少温暖而干燥的衣服或缺乏取暖的燃料都会破坏

---

① 巴黎附近的比塞特路救贫院平均收容五六千个贫民。在1795年那个荒歉之年，管理者不能给他们提供像往常一样又好又充足的食物。那里的管理员告诉我，在那个时期，几乎所有的收容者都死了。

巴顿写的题为《关于劳工阶级情况调查报告》（Observations on the Condition of the Labouring Classes）中附有的调查表显示，英格兰的7个工业区的平均死亡人数与生活资料的昂贵或生活资料的短缺成比例。我从中摘录如下：

| | | |
|---|---|---|
| 1801年每夸脱小麦的平均价格 | 118先令3便士 | 当年的死亡人数是55 965人 |
| 1804年每夸脱小麦的平均价格 | 60先令1便士 | 当年的死亡人数是44 794人 |
| 1807年每夸脱小麦的平均价格 | 73先令3便士 | 当年的死亡人数是48 108人 |
| 1810年每夸脱小麦的平均价格 | 106先令2便士 | 当年的死亡人数是54 864人 |

从中可以看出，农业区因生产资料的短缺而死亡的人数比工业区少。原因很明显：农业区劳工的报酬通常用实物支付，产品售价高让农场主能够支付给劳工较高的报酬。

不过，后一个原因不能令人满意，因为谷物种植者在荒歉年份的总收入可能不如丰收年份多。

健康、损害体格并迟早让许多人提前死亡。所以,所有因缺乏某一生活资料而导致死亡的人都可以被称为死于贫困。

因此,对于人类,特别是具有高度文明化的人类来说,有许多产品,其中包括我们称之为无形产品的产品,都是生活必需品。这些生活必需品的增多在一定程度上与对它们的需求成比例,因为对它们需求越大、越紧迫,它们的价格越高。由此我们可以总结出一个一般原则,即一个国家的人口总是与该国各种产品的总和成比例。①

这是大多数政治经济学家都认可的原则,虽然他们的观点在其他许多方面都各不相同。②③

---

① 有时意外事故可能会限制这个一般原则。在一个财富分配非常不均衡的国家,少数人消费掉了足以养活多数人的产品,该国家的人口必定比具有同样生产力且财富分配均衡的国家要少。众所周知,有钱人不喜欢养育子女而穷人没能力养活子女。

② 参阅斯图亚特:《政治经济学原理》第一篇第4章。魁奈:《百科全书》《艺术》《谷物》。孟德斯鸠:《法的精神》,第十八篇第10章和第二十三篇第10章。伯纳德编辑的《布丰集》第四卷,第266页。福邦奈斯:《原则与意见》,第39、35页。休谟:《论文集》,第二部第二篇。《普维鲁集》,第145章,第146页。康迪莱克:《商业与政府》第一部,第24、25章。维里:《关于政治经济学的意见》,第210章。米拉波:《人之友》,第一卷,第40页。雷纳尔:《欧洲人在东印度群岛所设立的商号的历史》,第二十一篇,第23节。查斯特罗斯:《关于公共福利》,第二卷,第205页。奈克:《法国的财政》,第9章,以及《关于科尔伯特颂词的注释》。孔多塞:《关于伏尔泰的注释》,克伯编辑,第四十卷,第60页。斯密:《国富论》,第一篇,第8、11章。卡尼尔:《经济学要义》第一部第3章和他给斯密的《国富论》的法译本所作的译序。卡纳德:《政治经济学原理》,第133页。戈德温:《关于政治的正义》,第八篇,第3章。克拉维尔:《法国与美国》,第2版,第60、315页。布朗-杜南:《关于国民经济学原理的论文》,1776年在伦敦出版,第97页。贝卡里亚:《国民经济学原理》,第一篇,第2、3章。戈拉尼:《关于政治科学的研究》,第二卷,第7章。西斯蒙第:《政治经济学新原理》,第七篇第1章。此外,特别要参阅的是马尔萨斯的《人口论》。这是一部研究非常深入的作品,书中正确而有力的论证可以消除任何对这方面有怀疑的争论。

③ 为数不多且简单的有关人口的简要法则或普遍原理已经被来自牛津的西尼尔教授检验、探讨并证实,我们已经提到他的两个关于人口的讲座,以及此后他与马尔萨斯先生就讲座里产生的问题进行通信后,将这些原理增补进

## 第 11 章 产品数量对人口的影响方式

然而,在我看来,他们没有意识到从这个原则可以导出一个很自然的结果,即什么都不能永久地增加人口,除非鼓励和推动生产;什么都不能永久地减少人口,除非生产来源受损。

罗马人过去一直不断制定规则来弥补由于经常发生的对外战争而导致的人口损失。他们的检察官倡导婚姻生活,他们的法律对子女众多的家庭给予奖金和荣誉,但是这些手段毫无结果。生孩子并不困难,困难在于抚养他们。罗马人应该扩大他们的国内生产,而不是掠夺他们的邻邦。所有让他们引以为荣的规则早在野蛮的北部掠夺者入侵之前就不能有效地阻止意大利和希腊的人口减少。①

路易十六鼓励结婚的法令,奖励津贴给那些生有 10 个子女的父母,并对那些生有 12 个子女的父母奖励更多,这一切都没能取得更多的成功。这位皇帝所采用的许多种鼓励懒惰和闲散的生活所产生的不利于人口增长的方式,与这种可悲的鼓励办法所可能产生的人口增长的效果背道而驰。

现在流行的说法是,新世界的发现使旧西班牙的人口减少,而它的人口减少起源于政府体制的堕落以及国内产品数量之少,与其国土面积不成比例。②最有效地鼓励人口增长的办法是提高劳动积极性,随之而来的是国家产品的增多。在所有积极劳作的地区,当处女地与一个没有懒惰的社会合作时,这个社会人口的迅速增长速度惊人。在美国,人口在 20 年之内翻了一番。

出于同样的原因,虽然临时性灾难会夺走无数生命,然而只要

---

一篇附录里。西尼尔先生对马尔萨斯先生关于人口论点的独创性和深度以及重要性做了完全调整,他将之首先发表在《时代》(Time)上公布于众。尽管如此,在其所陈述的一般论点中的一个错误概念,即每个民族增加其人口数量的**趋势**(tendency)比增加该民族财富的趋势的速度要快,这个错误被清楚地指出,随之而来的错误也被满意地展示出来。西尼尔先生说:"如果一个国家被认为比普遍认为的野蛮国家更富裕,那么在这种情况下,这个国家一定会将其生存之道的趋势定位于增加人口。"——美国编者注

① 参阅李维:《历史》,第六卷;以及普鲁塔克:《伦理》(第三十篇)、《关于神论的缺陷》、《司特拉博集》(第七卷)。
② 乌斯塔里奇曾说,西班牙人口最多的省份迁居到美洲的人口最多。

再生资源没受到损伤，那么这些灾难只能证实是对人类的磨难而不是对人口的致命伤害。人口会很快增长至年产品总数所限定的数量。迈桑斯（Messance）曾做过一些非常奇妙的计算，计算显示出在著名的1720年马塞鼠疫爆发后，普罗旺斯全省结婚生子的人比以前多。埃克皮利神甫（Abbé d'Expilly）得出同样的结论。在1710年的鼠疫发生后，普鲁士的情况也与此相同。尽管鼠疫使普鲁士损失了1/3的人口，但萨斯米奇（Sussmilch）① 的数据依然显示出鼠疫发生之前的婴儿数量为每年2.6万人，而之后的1711年，婴儿数量增加至不少于3.2万人。也许有人会假设，在如此恐怖的死亡率发生后结婚人数至少会大幅度减少；实际情况与之相反，结婚人数增加一倍，这有力地证明人口的数量倾向总是与国家资源处于同一水平。

这种突发性灾祸所导致的人口损失并不是最大的灾难，最为首要和重大的损失是它们给人类带来的苦难。当大量生命被瘟疫、饥馑或战争带走的同时却给活着的人带来极大的精神折磨与苦难生活。除了给幸存者留下痛苦、忧伤和不幸，还让孤儿寡母、兄弟姐妹和父母陷入穷困。如果在故去的人里碰巧有一两个学识渊博、才智卓然的人就更让人扼腕叹息，因为他们的才能和美德对国家幸福和财富的影响，可能比一百万普通而卑下的劳力大得多。

除此之外，成年人的大批死亡，的确是既得财富或既得资本的重大损失，因为每一位成年人都是积累的资本，这资本代表了多年来把他培养成有用之才花费的所有款项。出生一天的婴儿绝不可能代替一个二十岁的青壮年。康德王子在他获胜的西尼弗战场上所说的名言不但荒唐，而且异常冷酷。②

因此，人类所遭受的破坏性灾难即使没对人口产生伤害，也至

---

① 马尔萨斯在《人口论》第二卷里引用过。
② 这句话是："巴黎一个晚上所出生的孩子就能够弥补战争中所损失的壮年。"想要补充一个炮弹在一瞬间所毁灭掉的成年男子，必须经过二十年的培养和花销。战争对于人类的毁灭远比一般想象的要广泛得多。耕地被荒废、住宅受掠夺、产业被破坏、资本被消耗等，剥夺了很多人的生存方式，而且其所引起的死亡比战死疆场的人数多得多。

少是对人类的肆虐暴行，就暴行本身而言，其始作俑者罪无可赦。①

虽然这类偶发性灾难给人类带来的痛苦多于它给人类造成的伤害，与之相反的则是一个邪恶政府在腐败的政治经济体制下的行为后果。这个不良政府通过耗尽生产资源而使得人口锐减。如前面所提到的那样，人口的数量总是接近于一个国家年收入所允许的极限，如果政府通过无法容忍的赋税压力减少人民收入，强迫他们牺牲自己资本的一部分，从而导致国家生活资料和再生产方式的大幅减少。这样的政府不但阻碍了人民的进一步生育，而且可以说是犯下了彻头彻尾的谋杀罪，因为没有什么方式比剥夺生活资料能更有效地减少人口。

关于修道院对于人口的危害，人们已经严厉而正确地抨击过了。但是人们却误解了修道院是怎样危害到人口的。修道院受到谴责的原因不在于僧侣们的独身生活，而在于他们的懒惰。他们的确耕种土地，但是又有什么价值可言？一旦僧侣制度被废止，他们的场所就能转变成工厂，这在法国大革命期间有过许许多多的实例。这些地方废除僧侣制度之后，不仅收获了同样的农产品，而且还得到工业产品。同时，总产品数量增加，并最终带来人口的增加。

在这些前提下可以得出进一步的结论：一个国家的居民所得到的生活必需品的供给数量，并不会因人数增加而比以前短缺，也不会因人数减少而比以前充足。他们的相对情况取决于他们所能处置的相对产品数量。尽管人口密集，但是很容易想象得到产品非常充足；尽管

---

① 根据这个原理，医疗或外科技术的重大进步（比如疫苗接种），不能长期影响国家人口，但是其对人类命运的影响却是巨大的；因为它对于那些已经成年的、体力和知识都很发达的人类有强大的保护作用，因为要补充这些人就需要有新生儿和新的预付资产，换句话说，父母和子女都得做出大量牺牲并遭受贫困和痛苦。当人口必须靠增加新生儿来保证数量时，人类必然遭受更多由于生死所引起的痛苦，因为它们会更频繁地发生。如果人口的平均寿命能从40岁延长到50岁，那么出生和死亡的数量的一半就能保持人口的数量。当然，胚种的存在将是巨大的浪费，但是人类的情况必须先考虑到人类所遭受的巨大痛苦，而胚种则感受不到这样的痛苦。在普通的自然进化过程中，胚种的浪费是如此巨大以至于再多一点也毫无影响。如果植物有感觉，对于那些现在被拔掉和被破坏的所有植物种子来说，最好的方式就是在植物的感官有感知能力之前就将它分解。

人口稀少，但是很容易想象产品短缺。饥荒在欧洲中世纪期间比最近发生得更频繁，尽管如今欧洲的人口比从前更密集。在伊丽莎白统治时期的英国产品不如现在这么充足，尽管那时的人口不足现在的一半，人口降低到 800 万的西班牙不如当初人口为 2 400 万时那么富裕。①

一些著作家②认为，稠密人口是国家繁荣的标志。毫无疑问，这是一个国家产品扩大的标志。但是一般的繁荣都意味着所有必需品的一般普及和充足，而且所有社会阶层都能享有一些生活奢侈品。在印度和中国的部分地区，人口密集而且生活困苦。但是人口减少并不能保证这种情况能有所改进，至少是产品总量的减少不能保证这种情况能有所改进。减少人口数量远不如增加总产品，这可以通过提高个人的积极性、勤奋和节俭，以及更优良的管理，也就是公共权威机构更少干预来完成。

当然有人会问，如果一个国家的人口总是与这个国家的生活资料处于同一水平，那么在荒歉之年的情况又会是怎样一种景象？

关于这个问题，让我们听一下斯图亚特③的论述："收获的多少具有很大的欺骗性，一块地的丰收有可能是另一块地的歉收。"他接着说道："同一数量的人总是消耗同一数量的食物，这个说法完全不对。丰收年景，人人都吃得好；不会在意节省食物，并圈养一定数量的牲畜以供食用，人们要喝更多的酒，因为这一切都很便宜。灾年来临时，人们吃得不好，下层阶级与其子女分享粮食，分量也非常少。"他们不但没有积蓄，还把从前的积蓄消耗殆尽；但是，毕竟这是不幸的事实，下层阶级的一部分人必然由于穷困而死。

这类灾难，在人口过剩国家如印度斯坦和中国都极为普通，那里没有对外商业和海上贸易，贫困阶级严格地说总是只能得到仅够维持生存的生活必需品。在那里，一般年份的产品只够提供一些少

---

① 如果人口取决于产品数量，那么出生数量不是一个正确的衡量人口数量的标准。当产业和产品增加时，出生数量的增加与现有人口数量不成比例，超过估计的数量；相反，在国家财富衰落时，实际人口数量超过出生数量的平均比率。

② 华莱士、孔多塞、戈德温。

③ 詹姆斯爵士：《有关缺少经验的论述》，第一篇第 17 章。

得可怜、仅够分配的粮食。所以一旦收成有一点儿不好，就会导致大量人口因为完全缺乏一般必需品而成批死亡。由于这个原因，所有记载都显示饥饿在中国和印度斯坦的很多地方经常发生，造成十分严重的破坏。

一般的商业，特别是海上贸易，能实现产品互换，即使是和最遥远的国家也能实现产品互换。这样就能输入食品，交换其他种类的产品。但如果过于依赖这个来源，会导致该国在遇到自然事件和政治事变时束手无策，这些事件和事变可能会中断甚至干扰该国与外国之间的邦交。这时就必须采用任何手段来维持邦交，无论是用武力手段还是采用欺骗手段，同时还必须采取各种手段消除竞争，尽管这些手段都是不正当的。一个独立的行政省或弱小的盟国也许必须在相当于被迫进贡的限制下购买该国产品，那个国家甚至不惜冒战争的威胁进行商业垄断。上述所有这些邪恶的祸害，必将使那个国家陷入十分危险的境地。

英格兰的粮食生产，在 18 世纪末期毫无疑问地大量增加，而它的服装业与家具业的生产提高的速度大概更快。这种无限生产的结果是，使它的人口增加到超过它的土地所能供养的限度①，并让它能够在前所未有的公共重负之下维持下去。然而，一旦其他国家关闭了它的产品在国外的市场，英格兰将蒙受巨大损失，甚至有时不得不为了保持对外贸易的畅通无阻而诉诸武力。也许它会采用更为明智的做法，不是去继续鼓励新资本投入工业和对外贸易，而是把投资直接对准农业企业。这样的话，那几个尚未被完全利用的可耕作地区，尤其是苏格兰和爱尔兰的许多地区，就能收获足够多的农产品来购买工业和商业的大部分剩余产品，即使不是全部剩余产品，而这些产品的消费也将大大超过它目前的消费量。② 这样的后果，

---

① 在一本 1814 年由雅各布（W. Jacob，皇家学会成员，是关于农业问题的颇有见地的作家）发表的题为《关于英国农业的考究》（Considerations on British Agriculture）的小册子里，我们被告知（第 34 页），大约在 1800 年，英格兰不再是小麦出口国而成为进口国。
② 作者最后详细列举了英伦三岛的土地能生产比如今多出至少三分之一的产品。同上，第 115 页和以下各页。

就是英国将为自己打开国内消费市场，国内市场才是最可靠和最有利的。它的邻国不会再防范那些排他性的政策，他们将放弃敌对心理转而成为友好的顾客。但如果这样做之后，它的工业产品和农业产品依然不成比例，还可以采用一种明智、适宜的移民制度，在世界各地区为本国的产品开辟新市场，这样一来，或许它可以获得能供养它的剩余人口的食物供给。①

从这一点来说，法国的情况与英国截然相反。法国的农产品能够养活比现在更多的工业人口与商业人口。农村的土地普遍呈现出耕种良好的状态，但大多数的乡村与市镇都是异常的小而且简陋贫穷，房屋质量极差，铺设的道路高低不平，寥寥无几的几家店铺商品极度匮乏，旅店既不干净又不舒适。很明显，农产品必定少于表面看来所能生产的数量，或必定既不节俭，也不得法。也许这两个因素都在起作用。

首先，实际的产品数量可能比应该有的数量少很多，这主要是归于三个方面的原因：一是资本缺乏，特别是在围场、牲畜和农业改良方面；② 二是耕种者太过懒散，他们总是忽略那些诸如除草、剪枝、清理树苔、消灭害虫等工作；三是忽视对庄稼的适当轮作，没采取最有效的耕种方法。

其次，农产品，很大一部分不适销对路，都是浪费，因为没能满足人们的任何需求。就以燃料为例，在缺乏煤和木材的地区，燃料是一种价值极高的物品，但在农民的棚屋里却被大量浪费着，因为他们通常在屋外生火，并在火正旺时任由雨水沿着烟囱流下来。

---

① 我所说的明智的移民制度，是指完全放弃国籍，脱离宗主国自治，而且有对外关系上的自由权；但在有必要时仍然享受宗主国的保护等原则建立起来的殖民地。为什么政体在这方面不仿效父子关系呢？孩子成年后，其人格的独立既是正当的也是自然的；此外，这种由此产生的关系对双方来说最持久也最有利。非洲大部分地区都可以依据这些原则建立欧洲殖民地。世界足够大，被耕种过的土地在面积上比未被耕种的肥沃土地少很多。塞尔可克公爵在其题为《迁移与高地国家》一书里对这个方面做过很多阐述。

② 资本的缺乏阻止了使操作加速的机械的使用，比如在英格兰普遍使用的打谷机。这使得农业生产需要更多的人力，因此也就得养活更多人，可被用来自由支配的剩余产品将变得更少。

不卫生的饮料或食物以及酒馆里的放纵，同样也都是有害的消费方式。

最后，如果大多数居民更积极、更勤劳，竞相拥有每一样有实际效用的物品，并把家庭安排得井井有条、干净整洁，这种竞争值得大力赞扬，尽管这种竞争也许有点让人感觉到虚荣，而不是好逸恶劳地靠世袭的微不足道的租金，或靠一些无用的公共职务的微薄薪水过日子，城镇和乡村的人口将更稠密，也将更富裕。年收入为三四百美元的小业主，原来的收入勉强度日，也许可以通过自己的劳动把收入翻两倍或三倍，甚至连那些受雇于有用职位的人也没有把他们的积极性和智慧发挥到他们的极致。此外，经常失败的例子也许会挫败那些想进行调查研究和改进的人的精神，尽管那些失败总是由判断力、毅力和节俭的缺乏引起的。

国家人口常常与国家产品总量成比例，但是在一个国家范围内的不同区域也许会有差异，这就要看当地环境是否有利于经济活动。个别地区因为土壤肥沃、居民勤劳并拥有通过节俭而积累起来的资本，这个地区就很富裕，就像一个家庭因为有卓越的智慧和积极性，所以就比邻居更富有。国家的疆界和政治体制只是在影响国家生产的情况下对人口产生影响。宗教信仰和民族习俗对人口的影响也一样。所有的旅行者都认为新教国家比天主教国家更富有，人口也更密集，原因就是前者的习惯比后者对生产的帮助更有利。

## 第 2 节  国家产品性质对地区人口分布的影响

要耕种土地，就必须把人口散布到各处；若要使工商业繁荣，就要把分散在各处的人口集中到能够最有效使用工艺的地区，也就是说，要把人口集中到最能使劳工细分的地区。染工自然要住在离织布商近的地方，药商要离染工近，从事药材运输的货船经纪人或所有者要住在离药商近的地方，其他生产者一般也如此。

与此同时，所有那些靠资本的利息或土地租金生活的人都被吸引到城镇。在城镇，他们能找到满足他们欲望的各种类型的奢侈品，自由地选择社交圈子并进行各种各样的娱乐。城镇五光十色的生活魅力不仅吸引了大量外国游客,还有那些自食其力但能够在他们喜欢的地方自由劳动的人。所以,城镇成为文人和工匠的住所,同样也是政府和法院以及大多数其他公共机构的所在地。而城镇的居民人口,因增添了这些公共机构的人员和所有那些因为生意而偶然到这里来的人而增多。

  当然,总会有一定数量的乡村居民,除了那些喜欢住在那里的人之外,还有许多从事制造业而住在那里的人。地方便于出入、有源源不断的水流、靠近森林和矿藏,所有这一切,都能吸引大量机械设备和许多制造业的劳工从城镇来到乡村。也有一些必须在接近顾客的地方从事的工种,乡村居民的周围自然也聚集了一些把他们当消费者的,例如裁缝、鞋匠或铁匠,但是这些与城镇里的各种制造业相比都微不足道。

  政治经济学家曾经认真地计算过,一个繁荣的国家有能力供养与其乡村人口数量相同的城镇居民。有些事例让他们得出这样的观点:如果国家能更巧妙地管理工业、运用更多的智慧经营农业、减少浪费,即使这个国家的地力一般,也能在城镇维持比乡村更多数量的人口。①② 至少可以肯定的是,当城镇能生产供外销的产品,它

---

① 有充分的理由相信,英格兰的总人口比它的农业人口多两倍。从 1811 年向国会提交的报告显示,在那时的大不列颠包括威尔士和苏格兰,有 895 998 户家庭从事农业;而家庭的总户数达到 2 544 215 户,可以看出从事农业的人口数量是人口总数的 1/3。

  根据亚瑟·扬(Arthur Young)的估算,法国在旧疆界内的乡村人口数量是 20 521 538 人;城镇人口数量是 5 709 270 人,总计 26 230 808 人。

  假设他的估算是正确的,法国在旧疆界内如果能依据这样的原则把农业人口增加一倍,就能供养 4 100 万人,如果法国的工业像英国的工业那样活跃,那么就能供养 6 000 万人。

  旅行者们都说,法国的大的道路的交通量比一个拥有这么多自然优势的国家所应该拥有的要少很多。这也许主要是因为其城镇的数量和规模较小,大的道路主要供城镇之间的居民往来使用,乡村人口主要使用乡村或农场之间的那部分道路。

② 本书作者在这里陷入一个明显的误区。大不列颠的人口总数和农业人口比率的变化并不是像上面所说的那样,完全或者甚至主要是由于商业和制造业

们就能从国外换回食物，这样就能维持比乡村多得多的人口。许多小国家都证实了这一点，它们的土地仅够养活靠近首都的其中一个近郊的居民。

此外，牧地需要的劳工比耕地少得多，所以在游牧国家，有更多的居民能从事工业制造，因此在这样的国家从事工业的人数就比农业国家多，例如，佛兰德、荷兰和从前的诺曼底。①

从野蛮人入侵罗马帝国时起，到17世纪那个似乎依旧活在人们记忆中的时期，城镇在欧洲大国里还不引人注目。在那时被认为是靠土地的耕种者来养活的那部分人口，不是像现在这样主要由商人和制造商组成，而是由拥有众多仆人侍候的贵族、牧师和其他无所事事的人，也就是庄园、修道院或女修道院的居住者和他们的随从组成，这些人中很少有人居住在城镇。那个时期生产出的工商业产品实际上非常有限，生产者大多都是居住在简陋农舍的穷人，商人只不过是小商贩，几件简陋的农具以及一些非常粗陋的用具和家具就能满足耕种和日常生活的所有需要。每年举行的三四次集市提供一些质量好的货色，但是我们现在却对这种货物不屑一顾。那些时不时从意大利的商业城市或从君士坦丁堡的希腊人那里进口的稀少的家庭用品和纺织品或贵重的珠宝，被当成是非同寻常的奢侈品和异常华丽的物品，对一般人来说过于昂贵，只有最富有的皇族和贵族才买得起。

在这样的情况下，城镇当然只是小事物。它们在我们这个时代所拥有的富丽堂皇是在近期才出现的。在法国所有城镇里，找不出一排漂亮的建筑或整洁的街道是二百年前的古迹。古代遗迹除了几

---

阶层人数增多，而且是由于农业所节省出来的劳力被转移到工业的其他两个分支。法国的农业人口可能只占人口总数的三分之一，但其总人口数量在减少而不是增加。——英译者注

① 此观点过于笼统。把所有领土都用于畜牧业的游牧国家，只能让一小部分人口从事商业和制造业，例如，鞑靼和南非的潘帕斯。在工商业人口密集地区，地主把土地用于放牧并指望外国人供应粮食，这对他们有利，例如荷兰，只需要一小部分人口从事农业，但为了鼓励从外国进口粮食，大部分人口必须从事工商业。——英译者注

个哥特式教堂之外,只留下挤在肮脏弯曲街道上的一些简陋房屋,牲畜和行人根本无法通过。

一个国家在全国各个地都布满城镇时,它才能最大限度地生产农产品。没有城镇提供的便利条件,制造业就无法完善;没有制造业,又用什么来交换农产品呢?在一个农产品找不到市场的地区,连它本来能够供养的居民数量一半的城镇人口都无力供养,即使它有能力供养一半的居民人口,也只能过着条件简陋的生活,缺乏舒适和教化,他们始终处于文明的最底层。但是,如果在这个地区建立一个工业区并逐渐扩大形成城镇,居民人数逐渐增加到与原来的耕种者人数一样多时,那么这个城镇的居民就能靠这个地区的农产品养活,耕种者的生活也因城镇的工业产品而丰富多彩。

此外,城镇为当地农产品向远方市场的出口提供了间接渠道。未加工的农产品不容易运输,因为运费很快会超过运送商品的全部价格。在这方面工业产品则占据优势,因为工业技术通常能让体积小、重量轻的物质具有更高的价值。通过制造的方式,未加工过的农产品转化成高附加值的工业产品,足以支付长途运输的费用并换回适应出口国家需求的产品。

法国有许多省份目前都很穷困,但要发展耕种,所需要的只能是建立城镇。如果我们采用某一派经济学家推荐的、用国内未加工过的农产品购买外国的工业产品的政策,那些省份的情况必然没有任何改进的希望。①

但是,如果城镇的产生和扩大是源于它所拥有的大大小小的工

---

① 法国这些省份农业发展缓慢,不是因为它们缺少城镇,城镇是一个国家普遍繁荣的结果而不是原因。采取一种截然不同的政策,即不采取用未被加工过的国内农产品购买外国商品也未必能改善这些地区的现状。试图通过限制或鼓励的政策,把用于农业与商业的资本和劳力的一部分转移出来用于建设城镇或建立工厂,并希望能借此来达到促进农业的目的,结果只能是适得其反。

那么究竟是什么原因引起了本书作者所说的那些省份的贫困,或者是什么阻碍了它们农业的发展呢?农业的繁荣和工业各分支的繁荣一样,取决于个人对利益的不受限制的追求,他们不仅要有追求的动力,还要有获取这动力的知识。一个国家能够达到富裕的巅峰,所要做的就是不去妨碍

厂的集中化，那么只有生产性资本才能使工业活跃起来，而生产性资本只能依靠对消费的节省来积累。所以，在一个城镇真正存在之前，仅仅做个计划起个名称是远远不够的，还必须源源不断地提供勤劳的工匠师、机械技术、贸易资料、原材料以及工人们必要的生活资料，直到产品完成并售出。否则就不是建立城市而只是搭建很快就会倒塌的架子，因为它没有稳固的基础。这就是克里米亚半岛上埃卡瑟林诺斯市的情况。实际上，前来参加奠基典礼的皇帝约瑟夫二世（Joseph II）在按次序放下第二块奠基石时就已经预见到了这一情况，他对随从说："俄罗斯女王和我已经用一天时间完成了这一伟大工作：她放下的是这个城市的第一块石头，我放的是最后一块。"

仅靠资本本身不足以让建造和扩容一个城市所必需的大量劳动力和生产力运作起来，除非城市还具有地理优势和有利的公共机构的优势。华盛顿的地理优势看起来似乎不利于它的规模与财富的发展，因为美国大部分的其他城市已经领先一步发展起来了。[①] 而古代

---

这一重要原则的实施。因此可以发现，上面提到的妨碍这些国家不能很好发展的原因，可以追溯到政府带着善意的手段干涉这个有力的实施行为，或者换句话说就是政府的不良法律和政治制度。政府有时会对耕种者加以限制，施加大量压迫行为，规定他们用什么方式耕种或者限定土地生产什么产品。而且在他们不这样直接干涉生产时，就会禁止未被加工的农产品出口进而失去了最好的市场。他们有时还对农夫课以赋税，这些很不平等的赋税在减轻了上层阶级负担的同时却把几乎全部税收压到农夫肩上，他们甚至还被剥夺了在自己国家里的各省份之间进行贸易的自由，但最糟的是规定某些特殊群体或家庭拥有永远的土地继承权，不许割让。这些阻碍农业发展的腐败、野蛮的法规，不但妨碍了法国这些省份的农业发展，而且也妨碍了欧洲很多地区农业的发展。——美国编者注

① 华盛顿的地理位置也许不像美国其他城市那样有优势，但是地理位置并不一定对人口和财富的增长不利。在1800年当华盛顿成为首都时，人口数量为3 210人；根据1810年的人口普查，居民数量为8 208人；1820年为13 247人；1830年为18 828人。1820年的全部房屋数量为2 208间，其中有925间是砖制结构。在1830年的价值评估中，全部房屋数量为3 125间。所以不能说它在发展的过程中比大多数其他城市落后。——美国编者注

的帕米拉，尽管位于沙漠中心，却发展得繁荣富有、人口稠密，这完全归功于它是欧洲和东亚的贸易集散地。同样的优势赋予了亚历山大港和更早期埃及的底比斯市的重要性和辉煌史。希罗多德笔下记载的专制君主的命令绝不可能使底比斯市成为一个拥有百座城门、地位重要而人口稠密的城市。它的宏伟必然是由它靠近红海和尼罗河并位于印度和欧洲中央的位置所决定的。①

如果一个城市不能仅凭君主的命令就能建造起来，那么一个城市的进一步扩大也不可能阻止。巴黎这个城市一直是持续扩大，无视当时政府颁布的限制扩大的诸多法令。唯一有效的障碍是自然因素，很难对这种障碍下准确定义，因为它不是任何巨大或绝对的障碍，而是由无数的小障碍组成的。在飞速发展的城市里，市政管理从未真正受到重视，大量的宝贵时间浪费在从一个区域到另一个区域；市中心大量的行人和马匹来来往往，狭窄的街道本来只打算为少量人口使用，现在已经无法满足快速增加的马匹、车辆、行人和各种交通工具。在巴黎这种情况尤为严重，每天意外事故的发生更加频繁。然而新的街道还是依照旧的、有缺陷的规划去建造，可以预见同样的困难在几年后必将再次发生。

---

① 这种说法有些牵强附会。也许埃及的底比斯在那个时代是工商业中心，但不是贸易集散地。事实上，没有理由可以假设在那么早的时期，在印度和欧洲之间会存在非常活跃的邦交，即使存在，底比斯也不可能成为贸易集散地。但是在中印度却存在有这么多人口的城市。尼尼微市和巴比伦市似乎在当时人口相当密集，它们也许都是巨大的国内产业中心。——英译者注

# 第三篇

# 财富的消费

# 第 1 章　不同类型的消费

在撰写本书时，我总是不断地对一些词汇或概念做出解释，这些词汇的解释，本应依序在书的后面汇总注释。如在第一篇中，我不得不解释**消费**（consumption）一词的意思，因为谈到生产时，就必须提到消费。

读者通过本书第一篇的说明了解到，生产意味着创造效用，而非创造物质，因此消费意味着效用的消耗，而非物质或物品的消亡。一件物品的效用一旦消亡，其价值来源或基础即不复存在，也就是说，成就一个东西的欲望或需求对象的条件荡然无存。从此，它不再具有价值，不再是财富清单中的一个项目。

所以，对任何物品的**消费**（consume），或**消耗**（destroy）其**效用**（utility），或**消损**（annihilate）其**价值**（value），从严格意义上讲这些词语是同义词。它们的反义词即**生产**（produce）、**赋予效用**（communicate utility）、**创造价值**（create value），这些词汇同样也是同义词。消费或消耗价值，与消费的产品的价值相对称，不与消费产品的质量、重量或数目相对称。大规模的消费即大规模消耗，无论当时的价值具有什么形式。

产品是用来消费的。因为任何物品的附加值，也能从该物品上减掉。如果物品的价值是通过人的努力或劳动增加的，那么也可以因人的使用或各种意外事故而损耗。但是价值不能消费两次；价值一经消亡，便不存在第二次消亡。消费过程有时是在瞬间完成的，有时则是逐步渐次完成的。一幢房屋、一艘船、一件铁制工具与一条面包、一块肉、一件上衣外套一样，都是用来消费的。有时消费是局部消费。一匹马、一件家具或一幢房屋，当所有者出卖时，因为这些物品是被局部消费，所以还有剩余价值，所有者出卖时是以等价作为交换。有的时候，消费行为不是自愿的，甚至是意外发生的，如房屋失火、船舶失事；有时消费则与消费者的意愿相反，如为防止物资落入敌方之手而弃于海中，或付之一炬。

价值可以在产品生产完成很久以后消费，也可以在生产时刻或生产过程中消费。这是指娱乐性消费，如音乐会演出或戏剧表演。时间与劳动力可用来消费，用于有益目的的劳动，属于有价值的物品，而且一经消费，就绝不能再次消费。

无法消损价值的物品不能用来消费。土地不能消费，但土地上面每年提供的生产力可以用来消费。因为生产力一经使用便不能再用。土地上面的改良物可以用来消费，尽管它们的价值可能远远超过土地的自身价值。这类改良物的价值是通过人的努力和劳动取得的结果，土地本身是消耗不掉的。①

劳动力也是如此。我们可以消费工人一天的劳动成果，而不是他的劳动能力。但拥有劳动能力的工人一旦死亡，他的劳动能力也随之消亡。

所有的产品迟早要被消费掉。制造产品的唯一目的就是用来消费。然而，一件产品在其技术完全成熟时而不及时消费的话，其价值或延缓消损，或随时间流逝而失去效用的价值。价值可用于再生产，给拥有者产生利润。延缓消费价值等同于损失它所可能生成的利润，也就是说，损失的价值等同于其使用得当时生成的利息。②

---

① 许多材料能够接受并偿还同种性质的价值很多次，例如能够经历反复洗涤的亚麻布。洗衣女工所做的每一次清洁，就是每一次被消费的价值，这价值和亚麻布本身的一部分价值被同时消费。

② 早晚有一天没有被以有用的方式消费的价值就不再有用，例如由于储存而变质的粮食、意外损失的产品和那些已经被淘汰的产品或根本未被使用过的产品，它们都不再被需求，而其价值正是源于这种需求。价值被埋葬或隐藏只是在一段时间内脱离消费范围，当它被发现时，它的被利用总是基于发现者的利益，想要利用价值就得把价值放入消费范围。这样，唯一的损失就是在价值消失的那段时间里本来可以从其身上获取的利润，这利润也许可以被当作是那段时间的利息。同样的言论也可以用于小额储蓄，它们被

# 第1章 不同类型的消费

生产产品的目的既然在于消费，而且是迅速地消费掉，有人可能要问：在这种情况下，如何才能积累资本？或是如何积累所创造出的价值？

我的回答是，价值无须始终体现在同一产品上，只要能在某些产品或另一类产品中继续存在，价值的积累过程就能完成。作为资本使用的价值，通过再生产得以存续；组成资本的各类产品，与其他类别的产品一样是用来消费的。但它们的价值一经消费，就在别的产品或类似产品中改头换面重新出现。一间工厂倘若不让工人消费食物和工作服，以及消费生产所用的原材料，是无法维持下去的。价值以这种消费方式，把新的价值附加在制造出的物品上。这样的花费组成资本项目，同时消费也以循环往复的方式延续下去。但资本——价值积累的形式——依然存在，并以新的形式重新出现，并可供再次消费。如果价值是非生产性的消费，则绝不会再出现。

个人的年消费量，是指个人一年内所消费产品价值的总和。国家的年消费量，是指一年内组成这个国家的全体个人与社会团体消费产品价值的总和。

无论这些消费的动机或结果是什么，也无论这些消费是否产生新的价值，在评估个人或国家消费时，必须包括各种类型的消费。评估一个国家的年生产量，必须包括这个国家在一年内所生产的产品的总值。例如，一间肥皂厂在一年内需要消费相当数量的或相当价值的碱，尽管这间工厂以生产肥皂的形式把等量价值再生产出来。换句话说，这间工厂每年生产出相当数量或相当价值的肥皂，尽管这间工厂在制造肥皂时消耗掉了大量的价值。一旦扣除生产时耗尽的价值，净增值的产品数量就为数不多了。由此看出，国家或个人

---

逐渐积累直至投资的那一刻，这样积累下来的总数无疑相当可观。这些由于资本闲置而造成的损失也许可以通过几种方式补救，比如减轻税、提升流通能力、创建银行储蓄以便资本可以被安全投资并随时待取。在政治混乱时期以及专制的政府体制下，许多人都愿意把他们的资本闲置、隐藏，不用来生利或满足心愿望，而不敢冒显露之险。这些糟糕的状况绝不会在一个贤明的政府统治下发生。

的年产量或消费总量，仅表示总额而非净值。①

由此可见，一个国家的年度进口总额，必须视为它的年产量的一部分；而出口总额，则必须列为年消费的一部分。法国外贸消费掉它出口美国丝绸的总值，但是，生产出了它从美国换回棉花的总值。同样的道理，法国工业消费了肥皂制造业使用的碱的价值，同时生产出了肥皂制造业生产肥皂的价值。

从资本总额的角度说，国家的年消费量与个人的年消费量是大相径庭的两件事。资本在一年内可以全部或部分地消费数次。如鞋商购买皮料，通过剪裁与加工制造成皮鞋时，需要更多的供其消费与再生产的资本。产品制造过程每重复一次，就需要数量对等的可供消费的资本。假定购买的皮革值 40 美元，每年买 12 次，那么，他的 40 美元的原始资本每年消费累积达 480 美元。还有，作为他的资本的一部分的工具价值，也许要用数年时间才能消费掉。关于这部分资本价值，他每年可能消费的仅为 1/4 或 1/10。

在所有的国家里，产品的品质取决于顾客的需求。最让人心仪的产品是需求量最大的产品。而这种需求量最大的产品，才能给制造业、资本、土地带来最大的利润空间。因此，制造业、资本、土地优先地用于生产这个产品。与此相反，当某件产品的需求量减少时，此产品生成的利润便降低，为此制造业不再生产，现有的存货以低价售出；低廉的价格反过来刺激消费，存货很快就被消费殆尽。

国家总消费可细分为公共消费与个体消费两种。前者是社会消费或社会利益类消费；后者是个体或家庭类消费。这两种消费既可以是生产性消费，也可以是非生产性消费。

在各种社区中，每一个成员都是消费者，不满足某些必要的需求，就无法生存下去，哪怕这种需求极为有限。不靠慈善机构或政府救助生活的人们，是通过他们的劳动、资本或土地，对生产做出不同程度的贡献。从这个角度说，消费者同时又是生产者。大部分的消费是在中产阶级和贫穷阶层中间发生的，这部分人数量众多，

---

① 关于**总**（gross）产品和**净**（net）产品的区别，参阅本书第二篇第 5 章。

尽管分摊到他们每个人的消费份额很少。①

物质富裕、文明程度高、工作勤勉的国家，与贫穷的国家相比，是更大的消费者，因为他们同时又是更大的生产者。他们一年一次或在某种情况下一年数次地再消费他们的生产性资本，使生产性资本不断地更新。他们的非生产性消费，即占他们收入很大一部分的消费，则是来自他们的劳动、资本或土地。

常常听到一些评论家建议说，要以那些物质欲望淡泊的国家作为我们效仿的楷模。其实，提高满足欲望的能力，才是更好的方法。因为这些方法是人类在繁衍的同时，又能使每一个人都过上更富足生活的办法。

对极端克己忘我而又不思改良生产技术的斯巴达政策，斯图亚特②赞不绝口。但是，恰恰由于斯巴达人实施这个政策，连最野蛮的民族也能与他们分庭抗礼，而这些野蛮民族不仅人丁不旺，而且给养匮乏。按照这个方式，只有不从事生产、无欲无求，就是说灭绝人类，才是至善至美的最高境界。

---

① 有可能在工业有一定发展的所有国家里，劳动收入超过资本和土地收入的总和，因此，那些仅靠劳动获得的收入和完全靠个人能力维持的消费要超过资本家和地主的消费总和。常常会遇到这样的制造厂，假设其资本为12万美元，每日支付工人60美元作为工资，扣除星期日和节假日，每年支付的工资为1.8万美元；在此基础上加上4 000美元作为人事监督和管理人员的净利润，它将从劳动一项就可获得2.2万美元的年收入。同样的资本如果投资在土地上，20年的收入将仅仅是6 000美元。

那些最低阶层的农民，也就是对分佃农，从耕种土地所获得的他们的收入和他们雇工的收入，等同于土地和土地所有者预先垫付的资本的收入。

② 第二篇，第14章。

# 第2章　普通消费的结果

各种消费的直接结果就是：物品所有者失去价值，随着物品价值的损耗，进而失去财富。这是无法避免的结果，在研究消费问题时万万不可视而不见。产品因消费而使其价值消损，直至完全消失。但是，产品价值消失后引起的后果，将视具体情况与消费性质而定。

非生产性消费，常常是用来满足某种欲望而不是价值再生产；生产性消费则不是用来满足欲望而是进行价值再造。再生产出来的价值等于、低于或高于前期消费的价值。因此对于投机商来说，或是有利可图，或是血本无归。①

因此，消费是一种交换行为：价值的所有者割让拥有的价值，要么是满足个人需求，要么是获取等于已消费价值的其他价值，作为补偿。

在此应该强调一下，仅满足当下的欲求而不产生任何价值的消费，消费者无须提供技巧与才智。吃一顿丰盛的大餐或穿一件华美

---

① 关于这个问题可以用在壁炉或火炉里烧燃料这个例子加以说明。烧燃料的目的或是为了取暖，或是做饭，或是煮染料，等等，以此增加染料的价值。燃烧这一行为本身没有效用，在这种情况下的消费是非生产性的，除非其能满足人类的某些需求（例如取暖）；或者授予所施加作用的物质以价值，并能用这个价值来代替所消耗的燃料的价值，这时的消费就是生产性的。

如果燃烧燃料的目的是为了取暖，燃烧时却不能产生热度或仅有一点热度；或者燃烧的目的是为了某种物质增加价值，而燃烧时却没有价值或产生的价值少于所消耗的燃料的价值，这样的消费就是判断错误而且没有远见的消费。

的盛装，既不需要劳动力，也不需要心灵手巧的技能。① 与此相反的是生产性消费，它不是用来满足直接的或当下的欲望，反而要求消费者提供劳力与技能，也就是我们一直称之为**劳动**（industry）的力量。

当产品的拥有者打算生产性地消费自己的产品时，往往发现自己没有掌握这种生产性消费的技巧，不知道从何处下手。这时，他可以把这件产品转让给一个比他拥有更大活力的人。此人一拿到这件产品就开始毁坏它，但这种毁坏是为了再生产出另一件产品的必要步骤。最后此人把产品的价值偿还给出借方后，自己还能得到因自己掌握的技巧与付出的劳力而产生的额外价值。偿还的价值与出借的物品完全不同，因为当初贷款的条件大致是这样：对于出借物品的价值，不论总额多少，比方说是 2 000 美元，在一定期限内，要以等同数额的同重量和同质量的银币的价值偿还。以原件偿还为条件借出的物品，不能用于再生产，依据借贷条款，它是不容许消费的。

有时候，生产者是自己产品的消费者。如农民食用自己喂养的家禽或培育的蔬菜，裁缝穿着自己缝制的衣服。由于人所消费的物品，在品种与数量上远远超过每个人各自生产的物品，所以，在消费之前，往往先进行交换。首先他要把组成个人收入的价值转化为货币形式，或转化为能证明构成他拥有价值的其他形式；然后再通过货币的形式转变为他打算消费的物品。因此，花费与消费几乎成为同义词。但是，花费的价值不因购买而消损，因为购买到的物品具有同等的价值。如果不是以过高的价格购进，还可以按物品的买入价再转卖出去。物品在实际消费之前，其价值没有损失；价值要在实际消费之后才消亡。到那时候，物品的价值不复存在，无法成为二次消费的对象。由于这个原因，不善料理家务的主妇，很快就会把一个中等资产的家庭财富折腾干净。因为她掌控着家庭的主要

---

① 使用巨额收入会给所有者带来荣誉，能够满足个人愿望却不激起其他人的利己主义思想，能让人感激却不觉得惭愧，能为公共利益着想而不伤害个人利益，做到这些无疑需要一种才能。但是这种才能属于应用伦理学范畴，而它对于其他人类的影响却属于理论伦理学范畴。

开销,即一个家庭重要支出的日常消费。

　　这就揭示出货币量没有损失,就不可能导致财富损失这个观点的荒谬之处。这个世界上有太多的人简单地认为,供流通的货币只要还留在国内,就不存在损失。因此,一个国家不可能因货币在国内流通而陷入贫困。当然,货币的价值还像从前那样存在,但是,以等量货币先后购买的许多物品却被消费掉了,它们的价值已经耗尽。

　　所以,为保留国家财富而禁止货币外流的做法,是不必要的,甚至是荒唐可笑的。货币不意味着阻止价值的消耗,进而导致财富的减少;恰恰相反,货币推动着消费物品达到最终目的地。如果最终目的地选择适宜并能达到满意的最终效果,这个推动作用就是最有益处的。尽管货币留在国内既不能阻止消费,也不能阻止财富的减少,但是,认为在任何情况下输出货币的观点也是不正确的。除非货币输出就不打算换回价值(这种情况鲜有发生),否则在事实上等同于生产性消费,因为输出货币是用一种价值换取另一种价值。哪个国家如果输出货币不打算换回价值,那么这个国家的资本必将遭受等值的损失;但如果在这种情况下输出货物,不输出货币,损失也是一样的大。

# 第3章　生产性消费的结果

在第一篇里已经详细说明了生产性消费的性质。生产性消费所消灭的价值，就是所称的资本。商贾、制造商、耕种者为制造新的产品所做的消费，就是购买原材料①和生产力。这种消费的直接结果，与非生产性消费的直接结果并无二致。也就是说，他们消费的物品，创造了将会影响他们新产品的价格与生产的需求，进而导致这些物品的价值归于消亡。但这种消费的最终结果，与非生产性消费的结果完全不同。这种消费，既不给消费者带来心满意足的感受，也不会导致消费者欢愉，而是使投机商拥有新产品的价值，不仅补偿了前期消费产品时损失的价值，同时还让他获得了预期收益。

对于生产性消费不能直接满足任何人欲望的观点，粗疏的观察家也许会提出异议说，劳动工资虽然归于生产性开支，但它不仅满足了工人对衣食的需求，还可能包括对娱乐的需求。但这是个双重消费：一是资本不是用来满足人的欲望的，而是用于购买生产力的生产性消费的；二是工人的日收入或周收入，即他的生产力的报酬，属他自己及其家庭的非生产性消费，如同构成地主收入的工厂租金也属非生产性消费一样。不过这不意味着同一价值被消费两次：首先是生产性消费，然后是非生产性消费。因为消费的是两个建立在完全不同基础上的价值：第一个是工人的生产力，即工人的体力与技术能力的结果。这个结果本身也是实际产品，像任何其他产品一样

---

① 制造业和商业的原材料是那些为交换其进一步价值而购买的产品。对于白棉布染匠来说，白棉布就是原材料，而对于购买白棉布为了转卖或以出口为目的的商人来说，印染好的白棉布就是原材料。从商业角度看，每种购买行为都是消费行为，每种转卖行为都是再生产行为。

产生价值。第二个是投机商为换取工人的生产力所支付的一部分资本。交换行为完成后,由双方提供的价值同时开始消费,但消费的目的不同:投机商的目的在于创造新的产品,工人的消费目的则是满足生产力的需求以及家庭的开支。因此,投机商花费或消费的物品,与他收到的他自己的资本等值;工人的非生产性消费掉的物品,是工人获得收入的等值物品。这两种价值的交换,并不意味着它们的性质相同。

同样的道理,在公司内部的管理性工作这种脑力劳动,属于再生产消费的性质,投机商从事管理工作获得的收益,是对其工作的报酬,由他自己及家庭非生产性地消费。

总之,公司内部的这两类不同性质的消费,与公司使用原材料的消费极为相似。拿着1 000克朗货币的呢绒制造商出现在羊绒商面前。这时,存在着两种价值:其一,1 000克朗的价值,是过去生产的结果,现在是呢绒制造商的一部分资本;其二,构成牧场年产品一部分的羊毛的价值。这些产品互相交换,分别消费:资本转化为羊毛,用以生产呢绒;牧场产品转化为货币,用来满足农户或地主的消费需求。

由于消费物品就是消耗其价值,所以在再生产的消费过程中,无论是降低消费物品数量,还是扩大生产规模,所获取的利益都是相等的。在中国,播种法取代了撒播法,因而节省了大量的谷物。这种节省的结果,使得中国土地比欧洲土地具有更大的生产力。①

在制造行业里,如果使用的原材料不具有价值,则不被看作是业内所必需消费的部分。例如,烧石灰时使用的灰石,以及玻璃制造厂使用的沙子,这些材料无须花钱购买,因而不把它们计入消费内容的一部分。

节省生产力,无论是劳动、土地还是资本,都是真实而有效的,与节省原材料的道理相同。实施这种节省有两个办法,一是使用同

---

① 据迈卡特尼勋爵的一个随从估计,中国通过这种方式所节省的谷物相当于供应大不列颠全部人口的数量。

一生产手段生成更多的生产力，二是以较少数量的生产手段取得同样的结果。

节省生产力的方法，一般在很短时间内会对整个社会产生有利的作用。这种节省降低了生产费用，同时这种节省方法越被人们所了解，越是大规模实施，生产商之间的竞争，将越早地迫使产品价格降低到与生产费用相同的水平。正是由于这个原因，那些不像他们邻居那样努力节省的人，就会在别人获利的同时，自己血本无归。无以计数的制造商破产，皆因他们设立开销巨大、组织繁杂的庞大机构，需要巨额的资本才能维持这些机构。

幸运的是，在大多数情况下，由于涉及切身利益，对这类损失，人们会敏感而迅速地做出反应。同时行业内部会发布相关的注意事项以及补救方法，犹如人的躯体某部分受到伤害时，就会以疼痛的方式及时地发出警报一样。倘若产业中鲁莽或无知的投机商，不是第一个喝到因他自己的错误或管理不善而酿出的苦酒，我们发现，必然会有更多人轻率地冲进这个投机事业，这对社会繁荣是致命伤，正如挥霍浪费是致命伤一样。为获取 6 000 美元，商人不惜投入 10 000 美元给私人企业与社会总财富带来的损害，正如一个讲派头、趋时尚的人，豪掷 4 000 美元购买赛马、金屋藏娇、大吃大喝、挥霍浪费所招致的危害一样。不同的也许只是后者得到更多的快乐和更大的满足。①

关于生产性消费的问题，在本书的第一篇里已经说了很多，无须在此展开赘述。我将转入非生产性消费、动机与后果的讨论。在此声明一下，本书后面使用的**消费**（consumption）一词，如同人们通常在谈话中的用法一样，是指非生产性消费。

---

① 准确地估计价值的消费和生产是不可能的，个人无法得知他们自己的财产是增加还是减少，除非他们对自己的收入和花费有规律地记账。实际上，所有深谋远虑的人都会小心地记账，对于商人来说，记账是他们的法定责任。不记账的话，投机商就无从知道其事业是赚还是赔，甚至可能会毁掉自己及债权人。除了有规律地记账之外，一个深谋远虑的经理会对可能被消费的价值及其可能得到的收入作出预先估算，这些估算就像某一计划或设计建筑物一样只是粗略估计而不能提供确切数据。

# 第 4 章　普通非生产性消费的结果

前面已经全面讨论了消费的性质与效果，并且详尽地阐述了生产性消费的整体结果。在本章及后面几个章节中，我们提到的消费就是指没有其他目的与产出的、纯粹用来满足个人欲望或享乐的非生产性消费。

对于已经深入理解前面章节所描述的生产和消费概念的人，必然确信：除了通过消耗的价值来满足某种欲望外，非生产性消费没有任何其他额外效果。也就是说，非生产性消费仅仅是以现有财富的一部分来满足人类的欲望而已，除此之外，别无所求。事实上，还能期望什么呢？再生产吗？同一效用价值怎么可能被使用两次呢？葡萄酒不能在被饮用的同时还能用来制造白兰地。被消费掉的物品不能促成新的需求，因而也就不能起到间接刺激未来生产的作用。前面已经解释过，只有掌握了购买的资金，也就是掌握了可用于交换的东西，才能创造出实际有效的需求。这个东西究竟是什么呢？在被交换和消费之前，称为产品，此外，应该是收入或者是资本的一部分。消费需求是否存在、消费欲望的强烈与否，完全取决于总收入和资本总额：只有收入和资本才能刺激生产，其他东西对此都无能为力。一种物品作为一个确定的消费品，就必然不能以其他形式消费掉。比如，以丝绸形式消费的物品，就不能再以亚麻或呢绒形式消费。同理，用于享受或娱乐的东西，不可能产生更现实或更具实质功效的作用。

因此，对于非生产性消费研究的唯一目的，就是明确消费本身所产生的满足需求的程度。在本章其余部分，我们将讨论一般的非生产性消费；在后续的章节中，将分别讨论个人的非生产性消费，以及公众团体或者一般社会的非生产性消费。研究的唯一目的，就是对比消费者的消费引起的价值损耗，以及获得的满足。这种损益估算，将确定消费是否适宜。对于家庭和国家的富庶或贫穷而言，它的重要影响仅次于财富的实际生产。

从这一点来看，最为适宜的消费应该是以下几种：

第一种，有益于满足实际需求的消费。这里所说的实际需求，是指直接关系到最一般的人类生存、健康和满意的需求，与那些好色、炫耀和异想天开的需求大相径庭。如果一个国家消费的物品有益于生活，而不是奢求炫耀，这种消费就是适宜的消费。例如，在服装上更多地使用亚麻布制品，更少的花边；饮食方面追求具有更多营养且实惠的食品，更少的山珍海味；更多的温暖服装，更少的刺绣衣物，越符合这样的消费结构越好。在具有这种消费倾向的国家里，公共设施将是朴素而注重效用的，不以宏伟壮观来引人注目；它的医院只求宽敞和有利于健康，而不追求华而不实；它的道路两边布满实用的经济型酒店，而不追求毫无必要的宽阔路面；它的城镇街道路况良好，但是鲜有吸引观光客的富丽堂皇的建筑。

总而言之，一掷千金般的快乐所提供的满足，比舒适的快乐提供的满足要少得多。还有，后者耗费较少，就是说，需要更少的消费；而前者永无止境，往往是从一个欲望发展到另一个欲望，从内心羡慕发展到行为上的仿效，而且发展程度完全没有节制。① 富兰克林（Franklin）说："炫耀恰如乞丐，像甚嚣尘上的欲望一样，只是更加贪得无厌。"

通过对整个社会的观察不难发现：实际需求的满足对社会的重要性，比虚假需求的满足更重要。富人的需求，也许只是刺激了精制香料的生产和消费；而穷人的需求，可能会刺激保暖性能良好的

---

① 让人奇怪的是，像本书作者这样敏锐的作家居然没能察觉到，单纯的个人炫耀所产生的危害并不可怕，因为炫耀的人越多，它所提供的愉悦度越低。就个人消费而言，所有对奢侈品的攻击都毫无意义。公共奢侈品的浪费才是最可怕的，它与各种公共消费一样，一般的社会利益在于把两者都限制在最小范围内，而公务员的利益在于把两者都扩大到最大限度。——英译者注

斗篷的生产和消费。假设二者的价值相等，二者消耗的财富也就相同。但是二者产生的满足感却完全不同：前者微不足道、转瞬即逝，甚至难以觉察；后者却是实实在在、富足充分且长久持续的。①

第二种，最经久耐用、品质上乘的产品的消费。对国家或者个人来说，选择最耐用、使用最为频繁的物品进行消费，不失为明智之举。例如，使用坚固的房屋、质量上乘的家具，这是明智消费的首选，因为很少有物品像房屋那样长时间地使用。事实上，人的一生就是在其中度过。频繁变换式样是不明智的办法：采用时尚的新式样，必将导致物品在失去使用效用很久之前，甚至在物品还没失去新鲜感之前，把它们丢掉。这不仅大大增加了消费，而且把那些也许还有实际效用、还很便利甚至还很优美的物品视为无用之物而丢弃。因此，追求物品的式样日新月异，必然使国家陷入贫困，因为这既增加不必要的消费，又把还可使用的物品弃而不用。

消费高品质物品，虽然价格昂贵，但是物有所值。因为在各种生产中，无论产品质量如何，有些费用是相同的：粗制亚麻布在最终到达终端的消费者手里之前，在织造、打包、存储、零售和运输中所花费的劳动和损耗中，与上等精细品质的亚麻布在上述环节中支付的成本完全相同。所以在制造低品质的产品时，节省的仅是原材料的费用，而其他费用不能节省，而且以同样比例支付。如果购买的是低质亚麻布，同一劳动产品，却比上等品的消费要快得多。

这个推理适用于各种产品。就产品而言，无论品质高低，无论质量好坏，一些生产力的代价都是相同的。用这些生产力制造高品质的产品，比用它们制造低质量的产品更有利。所以，消费高品质的产品对一个国家更有利。但是，如果这个国家的人民不懂得如何鉴别品质的好坏，或者不知道鉴别高质量产品，就不可能懂得要消费高品质的产品。为增进国家的繁荣，在这个问题上，知识②就显

---

① 把原本用于不重要的用途的款项贷出并生息就属于后者，因为借贷不是用于生产性用途就不会支付利息，在这种情况下利息的一部分就被用于维持劳工阶层的生活。

② 对于知识，我指的是对事物的真实状态或对各学科真理的一般理解。

得格外重要了。此外，如果这个国家的大多数人民极其贫穷，以至于被迫购买初看起来价格最低廉但从长远来看很昂贵的产品，那么，消费高品质产品也是不可能的。

显而易见，即便是政府干涉制造业，规定制造的烦琐事项，要求制造出高品质的产品（假设能够成功），也无法促进高品质物品的消费。因为这种干涉，既不能教会消费者对高品质物品有鉴别力，也不能提高消费者的购买力。事实上，找到合适的生产者不难，困难的是找到消费者。如果有了购买意愿并能够购买优美产品的消费者，那么提供设计精良的高品质产品并不困难。只有在相对富庶的国家里，才有这样的需求。能给消费者提供购买高品质物品、鉴别高品质物品的消费能力的只有富裕。政府的干涉绝不是走向富裕的途径，因为富裕来自生产积极性和节俭的精神——即各行业的人普遍养成勤奋工作、有助于积累资本节约的好习惯。只有在消费者普遍具有这种品行的国家，人们才能对他们消费的产品有所讲究或苛求。与此相反，浪费与穷困如影随形。饥寒交迫时，只有饥不择食、寒不择衣了。

餐饮、游乐、漫天焰火等提供的欢乐，应当看作是极为短暂易逝的欢乐。我曾经在不少的村庄看到过，尽管村民急需干净的饮用水，但当地官员却毫不犹豫地把足够建造引水管道或在村庄的公有绿地中建造蓄水池的款项，挥霍在通宵夜宴上。这些享乐不过持续一日。居民们也宁愿一醉方休，向乡绅或者神灵表示敬意，然后日复一日地忍受生活中的种种不便，跑到一两里地外的地方挑回泥水。乡村住宅中普遍存在的污秽和不便，一半由于贫穷，另一半由于这种不明智的消费。

在大多数国家，无论在城镇或乡村，如果能把挥霍在无聊或者赌博性娱乐上的一部分钱，用在装修住宅或给住宅提供便利条件上，或用来购买合身舒服的服装、置办优雅整洁而实用的家具，或用在大众教育上，那么整个社会很快就会展现出积极向上、文明与富足的全新面貌。这种消费观念不仅能满足人民的欲望，还能吸引外来的观光客。

第三种，用于满足多人的集体性消费。有一些生产力，无须随消费的增加而依比例增加。例如，一个厨师能够烹制出十人份的饭菜，正像他烹制一人份的晚餐那么容易；一个烤炉可以烤一片肉，也可以同时烤出十二片肉。这类似于学校、修道院、军队、大工厂中的经济性食堂，用公共锅灶为众多的就餐人员提供食品和羹汤，是非常经济实用的。

根据与上述完全不同的理由，那些和道德标准相符合的消费就是适宜的消费；相反，违反道德规律的消费，往往给大众以及个人带来灾难。但是要证明这一点，就有点离题太远了。

值得注意的是，贫富差距太大，往往会妨碍人们做出正确消费的选择。贫富不均的差距越大，虚假需求的欲望就越多，真正的需求就越难得到供给，快速消费就更普遍且更具有破坏性。古罗马时期，挥金如土的皇亲贵族认为自己花钱不够痛快。另外，在贫富差距越大的地方，不道德的消费就越普遍。在这种社会状态中，只有少数人能够纵情享乐，而大多数人则羡慕他们，并且急于效仿他们。进入特权阶层并成为他们中的一员，成为大多数人的奋斗目标，为此目的，无论采取的手段多么卑鄙也在所不惜。这些不顾一切、唯利是图的人，往往也是不顾一切挥霍的人。①

在所有的国家中，政府在很大程度上对全国消费的性质起着决定性作用。这不仅仅是因为政府绝对控制着国家本身的消费，更因为大部分个人消费，是以政府的意志和榜样为准绳来推动的。如果政府沉溺于奢华与铺张，那么奢华与铺张将会演变为社会风气，成为大众竞相效仿的对象。在这个大背景下，甚至那些判断能力较强、考虑问题周全的人，在一定程度上也将同流合污。毕竟，在这样的

---

① 在一个健全的社会状态下，当公共机构的设置都是必需而且是为了普遍的公共利益而设置时，这种对福利的急切心态对社会是有利的。事实上，对于一个社会财富充裕、生产力强大的国家来说，个人的财富必然是不均等的。只有在巨大利益面前，才能刺激人们动脑动体力。据记载，没有一个工业十分发达的国家不存在财富不均等的现象。一个达拉谟大主教的位置对于牧师界的冒险者来说比500个一般神职的位置更具吸引力；一个阿克赖特或皮尔的榜样将比整个曼彻斯特的所有一般纺织厂能激励出更多的制造业科学和积极性。——英译者注

社会环境中,名望与声誉,不是源自个人的良好品行,而是依存于他们根本不赞同的铺张浪费。他们又如何能独善其身呢?在不明智的消费中,首当其冲的是无法满足预期的欲望、反而招人厌恶并令人不满的消费。属于这类的消费,在个人是对财富的浪费和放纵;在国家是纯粹为了复仇目的而进行的战争,如路易十四为了报复荷兰报纸对他的攻击而发动的战争,或那些为虚荣而进行的战争。虚荣往往导致自取其辱,招致他人的憎恶与反感。但是,在这种战争中造成的国家财富与资源的消耗,还不是最值得惋惜的;最令人扼腕叹息的是它造成人才无法弥补的损失。倘若这种损失是起因于公众利益的需要或者极端的贫困压力时,那就必然会导致许多家庭陷入更大的困苦。但是,如果这损失是起因于国家统治者的不义、愚蠢、任性或放纵的情感时,那么,带来的灾难就更可怕、更可悲。

# 第 5 章　个人消费——动机与结果

与一般社会消费和公众消费不同的是，个人消费主要用于个人需求与家庭需求。这些需求主要包括日常的衣食住行与娱乐。这些需求，通过各家庭或各个消费者个人的收入，以及各方面所需的消费品来满足，不论这收入来自个人劳动、资本还是土地。家庭财富的增减或不增不减维持原状，视其消费等于收入、高于收入或少于收入来确定。所有个人消费的总额加上政府为公共目的而进行的消费，构成国家的消费总额。

事实上，一个家庭或者一个社会，乃至一个国家，可以消费它的全部收入，而不至于陷入贫穷。但是绝不意味着它必须这样消费，也不是说这样消费是明智的。为慎重起见，应当未雨绸缪，留下应对不时之需的储备。谁敢肯定地说，他的收入不会减少？谁敢肯定地说，他的财富不会受到侵害、欺诈、掠夺或非法侵占呢？土地可能被充公，船只可能失事，一个人可能因诉讼而花费巨额金钱，或陷入无法确定的窘境。一次不成功的投机，或由于受他人投资失败的连累，就足以毁掉最富裕的商人。倘若一个人花费他的全部收入，他的资本可能不断减少，甚至是不断地逐渐减少。

假设资本不增不减维持原状，谁能感到心满意足呢？无论多大的巨额财富，如果要分给若干后代，就显得不够大了。即便无须分割家产，通过合理正当的方法扩大财富又有什么不好呢？不正是每个人改善境况勤俭持家积累财富的积极动机，才促进了产业的发展，进而导致国家的繁荣和文明吗？除了改善自己境况的愿望外，还有什么其他动机呢？如果前辈们没受这个愿望的驱使而努力工作，今天的社会势必还处于蛮荒状态。我们很难预测文明能进一步发展到什么程度。从来没有人能令我信服地证实，90%的世界人口，必须生活在贫困或半野蛮的社会状态中，像今天大多数欧洲国家那样。

遵从家庭经济规律，在合理的限度内从事家庭消费。也就是在每次消费前，认真地权衡比较消费所损耗的价值与消费所提供的满足度。只有消费者自己才能公平或正确地评估每次消费行为产生的损益，因为这种相对依赖于他自己以及家庭的财富、社会地位与实际需求，也许在某种程度上还依存于个人的爱好与情感。如果把消费限制在过于狭窄的范围内，可能会使消费者应得到财富所允许的满意度受到伤害；相反的情况是，过于奢侈的消费必会侵蚀到不应该滥用的财富。①

个人消费与消费者个人的品性和感情密切相关。有时受到高尚品性的影响，有时受到卑鄙品性的影响，有时受到肉欲的刺激，有时受到虚荣、豪爽、报复的驱使，有时受到贪婪的欲念主宰。小心谨慎、远见卓识、杞人忧天、猜疑甚至是自私，都能约束人们的消费行为。正是这些品质，支配着人们使用财富的途径。在这里，正如生活中的其他行为一样，真正能够遵从明智的消费方针是极其困难的。最常见的是，人们不是偏向这一边，就是偏向那一边，真正做到不偏不倚的人是寥若晨星的。②

关于消费，阔绰与鄙吝是两个应当避免的行为。阔绰用尽享乐手段，鄙吝是拒绝使用享乐手段，这两者把财富所能赋予它的所有者的利益剥夺殆尽。在这两者之间，阔绰相对而言更讨人喜欢，因为它与和蔼好客的良好品质非常接近。阔绰相对受人欢迎，理由是

---

① 出于这个原因，禁售法是多余且不公平的。被禁止的放纵行为或者在个人财力范围内，或者超出这个范围：在前一种情况下，禁止这种对其他人无害的放纵是一种压制行为，与任何其他禁令同样不合理；在后一种情况下，这样的禁止是完全无效的，因为对于金钱本身就能起限制作用的事物，法律干预根本毫无必要。每一种不遵守这种规律的行为都会自食其果。据说，阻止那些倾向于让人们的消费超过人们的能力范围的习惯是政府的责任，但是我们会发现，那些习惯只能由政府官员自己的以身作则和鼓励而建立起来。在所有其他情况下，习俗和时尚都将不能导致不同的社会阶层做出与他们各自财力不相适应的消费。

② 女性由于思想意识的力量较为薄弱，更容易表现出贪婪和挥霍的举动。

它会把欢乐带给他人。但在这两者中，阔绰对社会的危害更大，因为它消费并毁灭掉本应用来支持生产的资本。基于它毁灭资本这一生产要素，所以它也毁掉劳动即最重要的生产要素。如果花费或消费仅仅用来提供快乐或奢侈的消费，说货币除了供消费外没有其他效用、制造产品纯粹是为了消费，那就大错特错。货币可以用于再生产，而且，当它们被用于再生产时，必然产生出巨大的利益。任何时候，一定数量的资本被浪费，那么，必然在某些方面就有相应数量的生产劳动被毁掉。败家子在散尽他自己财富的同时，也同样如此耗光了劳动利润的来源。

因害怕失去而不敢使用金钱的守财奴，不会对产业的发展做出贡献，但至少不能说他们缩减了生产手段。依照一般见解，守财奴的财富，不是通过牺牲公众利益积累出来的，而是节衣缩食牺牲个人满足，一点点积攒起来的。这些财富倘若没被他们的继承人花光或因藏匿严密使得后人无法找寻的话，在守财奴去世后，无论如何总会重见天日，用于扩大生产。

败家子炫耀阔绰的恶习，绝对是荒谬的行为。阔绰绝不配称之为高尚人性，就像卑鄙的鄙吝不配称之为高尚的人性一样。得到多少就消费多少，直到得不到任何东西时才停止消费的做法，同样不值得为人赞颂。自然界中的动物都能做到这一点，一些动物还展示出它们在一定程度上具有未雨绸缪的管理技能。人类具有天赋的理智与远见卓识，在没有合理目的时绝不应当消费。至少从节约角度说，不应当这样消费。

一言以蔽之，节约只不过是一种深思熟虑后的消费行为。不仅要知道我们的收入是多少，还要知道合理使用收入的最佳方法。节约没有一成不变的法则，必须参照消费者财产的多少、社会身份以及实际需求而定。中产阶级的消费者，在最严格限制的节约范围内所做出的消费，在富人看来也许少得可怜又可笑；而对穷人来说，却绝对是毫无必要的铺张浪费。人在患病期间，必须消费一些在健康时不会考虑的东西。那些牺牲自己的享乐而给予别人的施舍，值得受到褒奖。但如果这种施舍出自于克扣自己子女的衣食之资，就该受到严厉的责备。

节约与吝啬和浪费是风马牛不相及的。吝啬不是为了消费或者再生产而储蓄，仅仅是为储蓄而储蓄。它是一种本能或是一种无意识的冲动，具有这种冲动的人，往往不为人所喜欢。真正的节约，是深思熟虑与判断力健全的产物，不为奢侈品而牺牲必需品，不像守财奴那样否认自己目前的舒适需求，为了追求永远向往而不会去真正享受的奢侈品，从而牺牲当下生活中的舒适品。最奢侈的娱乐，也能以节约的方式进行，不但不使它失去本色，反而为它添光增彩；但是，一旦沾染了吝啬，就使它黯然失色。节俭的消费者会理智地权衡自己的收入，与现实需求或将来的需求以及家庭与朋友的需求相比较，他不会忘记人类的需要。守财奴则不关心他的家庭，忽略自己的朋友，不关注自己的需求，完全漠视人类的需要。节约者不会无目的地消费，而吝啬者是根本不愿意消费。前者是恰到好处与合情合理的努力，是唯一能够提供履行自己职责的手段，既正当又落落大方；后者是卑鄙地考虑自己而不惜牺牲一切的劣根性。

节约被列为人类的美德是有道理的，因为它像其他美德那样，意味着自律克己，同时产生最愉快的结果：子女得到良好的教育与德育；老人受到无微不至的关照；中年人具有他们持身处己所需要的冷静头脑，不受周围环境影响因而免于受制于唯利是图动机的支配。所有这一切都产生自节约的美德。没有节约的美德，就不可能有豪爽，至少没有健全而长久的慷慨。因为慷慨一旦演变为阔绰，便成为没有原则的豪爽，对应得与不应得的人一视同仁，或对应得到周济的人反加限制，而对不应得到的人却无限制地给予救济。败家子落魄到向他曾经接济过的人求乞，是很常见的事，因为他现在所施舍的恩惠，将来必定要求回报。与此相反，节约者所施舍的恩惠完全不求报答，因为他所施舍的只是他的多余物。节约者虽然只有中等资产，但很富裕；守财奴和阔绰者，虽拥有最大财富，却很穷困。

节约与无缜密计划的花费大相径庭。无计划花费的消费者，有时看不见最需要的东西，尽管它近在咫尺；有时又把最应该保存的东西拿来消耗，总是被当前发生的事件推着走；既不能预知，也无法摆脱被动局面。总是意识不到自己的位置,完全不能选择将来的适当途径。一个家庭,如果没有规划,必然难免落于破败。不管主人多么节俭、仆人多么忠诚,都挽救不了这种必然下场。因为,这样的家庭无时无刻不在应付各种各样的支出,各项支出虽然不大,但总是不断出现。①

在促使个人消费时起决定作用的各种动机中,最突出的也是常常引起激烈争论的是奢侈。但是,如果不是因为希望大家都依从我在这里努力建立的原则,如果不是因以说理取代慷慨激昂的雄辩,也许我不愿意详细讨论有关奢侈的议题。

关于奢侈,有人定义说,奢侈是非必需品的使用②。但是于我而言,我也不知道怎样区别必需品与非必需品,因为这两者之间的细微差异极为模糊,就像彩虹的颜色那样完全混为一体。

由于个人爱好、教育程度、性情甚至是身体健康状况的差异,使非消费品的效用程度与需要程度显得变化无常,因此我们不能简单地使用绝对概念的词汇来描述具有相对意思的现状。

必需品与非必需品的差异,往往随着社会的变动而变动。严格地说,人以草根和植物果腹、羊皮衣服取暖、小棚屋安身即可生存。但是,在今天的欧洲社会,我们不能以此标准而把面包与肉类食品、

---

① 我记得曾经在乡村看到过许多由于忽视家居琐事而产生的小损失。由于缺少一个不值钱的门栓,养鸡场的大门总是关不上,因为没办法从外面关上门,每次有人走出去,大门就一开一合地摇晃着,这样就会丢失鸡。一天,一头小肥猪跑进树林,全家人包括园丁、厨子、挤奶女工等都跑出去找它。园丁最先发现了它,为了防止它进一步逃跑,他跳过一道沟却扭伤了自己,于是在床上躺了两个星期;厨子回来时发现自己挂在火炉前要烤干的亚麻布烧掉了;挤奶女工在匆忙中忘记把牛拴好,牛棚里的一头没拴住的牛把里面一匹雄马的腿弄断了。烧掉的亚麻布和园丁的工资损失共计20克朗,雄马的价格也一样,所以几分钟里的损失就达到40克朗,这些都由于缺少一个最多仅值几个苏的门栓,且不提那个可怜的人所受的苦和其他意外事件所带来的麻烦,门栓也是一个严格节约家庭的必需品。这样的不幸的确不很严重,损失也不大,然而考虑到因为同样的大意所不断引起的同类灾祸最终会毁掉一个不错的家庭,因而这是值得注意的。

② 斯图亚特:《政治经济学原理》,第二篇第20章。他在另一段上说,仅为维持生计所不绝对必要的任何东西都是非必需品。

呢绒衣物或石质房屋视为奢侈品。同样的原因,这种差异还因个人财富的多少而有所区别。在大城市或这类生活条件下,某一产品是必需品,而在乡村生活或另一类生活条件下,却完全成了奢侈品。所以,不可能精确地划清必需品与非必需品之间的界限。斯密所作的区分比斯图亚特的更胜一筹:他把天然需要以及下层社会在正常标准下所必需的物品界定为必需品。但是斯密企图把必然会随时变化的消费品固定下来是不对的。

奢侈基本上是指对贵重物品的使用或消费。因为,贵重一词的概念是相对的,可以适当地用于定义另一个具有相对含义的词语。在法国使用奢侈①一词,与其说意指沉溺肉欲,不如说是炫耀。奢侈一词用在服装上,它所表示的意义,与其说为了穿者感到更舒适便利,不如说是为了给旁观者留下华美或深刻的印象;奢侈一词用在食品上,它的含义与其说是食客独享的美味佳肴,不如说是豪华盛宴的精美。按这个意义使用,奢侈的主要目的在于使用珍稀、贵重与华美的物品获得人们的羡慕。这些物品的可取之处,也许不在于便利、效用、令人愉悦,仅仅是因为其炫目的外观和对于舆论的影响。奢侈含有炫耀的含义,但是炫耀本身却有其更为广泛的内涵,它包含了所有为了炫耀展示而做的内容。一个人可能装作道貌岸然的样子,但不意味着他过于奢侈,因为奢侈意味着花费的意思。所以"才智的奢侈"是个隐喻,意味着充分地展示和过度消费自己的才智(如果我们能够这样说的话)。而通情达理的人在这方面,总是庄重矜持般的谦恭。

在法国,我们称之奢侈的,主要是指目的在于炫耀的纵情恣欲,过度地沉溺于肉欲和处心积虑地沉溺于肉欲,都是不合理的,产生的是相同的不良后果。也就是说,本来应该用在更紧迫、更大范围的满足需求的大量钱财,被挥霍在浅薄的欢乐享受或无聊的感官满足上。但是,文明社会中有独立见解与远见卓识的人,在无须讲排场的情况下,对衣食住所上希望达到的丰富多彩和充裕,不叫作奢

---

① 在英语里,奢侈一词比法语的奢侈一词更有肉体上享乐的含义,它似乎包含拉丁语里豪奢和肉欲这两个词的意思。

侈。我应当把它看作是适当的与现场情意相称的欢乐，而不是奢侈。

对奢侈明确了这个定义后，我们可以继续研究奢侈对国家经济和秩序的影响了。

非生产性消费这一项目，包含了许多切实而紧迫需要的满足。这个目的非常重大，抵得过消灭价值所必须产生的损害。但是，对于目的不在于满足这些需要的消费，或对目的只在于花费货币，或对目的只在于毁灭价值的消费，用什么补偿受到的损害呢？

人们往往认为，对消费品的生产者来说，这样的消费无论如何都是有益的。但是必须考虑到：花费迟早要发生，也许不是用于上述无聊的目的，因为不用于穷奢极侈地满足欲望的货币，绝不是扔到海里，而必定会适当地满足更有价值的欲望或用于再生产。所有没被深藏不露的收入，最终总会按这个方式或那个方式，被收受者自己消费或由别人替他消费。在一切情况下，消费对生产者的鼓励，都和要消费的收入总数相等。因此，必然导出两个结论：

第一，对炫耀奢侈的生产给予鼓励时，必然使另一种生产受到挫折。

第二，除非提高消费者的收入，否则这种消费无法增加对再生产的鼓励和刺激。现在我们知道，只能通过生产性消费来增加收入，而绝不可能通过奢侈性消费来增加收入。

不少人注意到这样一个明显的事实，生产总是等于消费。生产必然等于消费，因为物品只有先被生产出来，才能被消费。这个事实就导致他们本末倒置地提出主张说，消费促成生产，因此节俭不利于公共财富的增加，那些花费最多的公民才是最有用的公民。基于上述原因，这个主张是多么荒谬啊。

上述提到的两个不同主义的信徒，即经济学派和排他性商业或贸易差额的拥护者，都把上述理论作为他们的主要信条。商人或者制造者，强烈支持这个看似和他们利益一致的观点。事实上，他们除了商品的销量之外，基本上不关心其他事情，也从来不对扩大商品的销量原因进行调查研究。那些容易受到事物表象迷惑并且承认自己不比政治家和商人聪明的诗人,对奢侈倍加青睐①。富人争先恐后地把他们的奢侈奉为美德,把他们的自我满足奉为善行的主张。②

然而上述偏见必然自行消逝,因为日益丰富的政治经济学已经开始揭示财富的真正来源、生产的手段和方法,以及消费的结果和价值。爱慕虚荣的人或许会对无益的消费感到自豪和满足,但是这种花费的有害影响,遭到明智人的鄙视,正如这种花费的动机一向受到鄙视一样。

这些理论已经从实践中得到证实。贫穷与奢侈是一对如影随形的伴侣。有钱而喜欢炫耀的人把一部分价值消耗在贵重的小饰品、丰盛的食物、堂皇的高楼、声色犬马上,这一部分价值如果投在生产性事业上,可以使一大群乐于工作的工人给自己置办温暖的衣服、有营养的食品和家庭便利品。由于他们的奢侈,这些工人们没有活干而陷入贫困。富人的金扣带,使得穷人没有鞋子穿。工人没有衬衫,而他们的富人邻居却穿着华丽夺目的天鹅绒和刺绣衣服。

与事物的本质规律抗衡是枉然。华丽可能竭力避免和贫寒碰面,但实际上却无处不相逢。后者四处游荡,似乎就是故意出来谴责前者的奢侈一样。这种鲜明的对照,曾经在凡尔赛、罗马、马德里,以及在各个宫廷所在地出现过。最近,在经历过一系列骄奢淫逸、

---

① 尽管各个学科给诗歌界的天才留出了不同的发挥范围,但这并不意味着错误就比真理留给他们更狭窄的发挥余地。伏尔泰对宇宙所写的诗句和对牛顿关于光线的性质的发现所写的诗句都完全与科学规律相一致,并与卢克莱修(Lucretius)对伊壁鸠鲁学派的空想信条所作的诗歌一样不失美好。但是如果伏尔泰对于政治经济学原理有更多了解,他就不会表达以下见解:

"特别要知道,在大国征服小国之后,奢侈怎样让大国富裕。现在的这种豪华与壮丽,的确是盛世的标志。富人生来就有钱花……"

科学的进步让那些贪求文学盛名的人至少了解一些一般原理,如果对于真理和事物本质不能严密遵守,那么他们即使在诗歌界也很难久负盛名。

② 对于不花费的人,共和国有很多要做的事情;除了那些给社会带来许多益处的阔绰花费之人外,我看不到花费的人。

孟德斯鸠说:"如果富人不能自由地花费他们的金钱,穷人都将饿死。"参见《法的精神》,第七篇第4章。

铺张浪费的政府之后的法国，又一次以令人瞠目结舌的程度出现。事实上，道理是如此的清晰明了，无须更进一步的例证。①

那些不习惯通过事物表象看清其本质的人，很容易被铺张奢侈的虚假与热闹所迷惑，往往把虚假的消费看作是国家繁荣昌盛的确切证明。倘若他们能够睁大眼睛，就会发现，一个濒临衰落的国家在一段时间内依然能够维持一片繁荣的局面，正如一个濒临破产的浪子家庭一样。但是，这种虚假场面绝不可能维持长久，因为支撑这个局面必定会把再生产的资源消耗殆尽，从而使政治体制陷入瘫痪与疲软状态。想要改变这种状态，绝非一朝一夕之功所能奏效。需要采用全新的制度，即与产生这种状态的旧制度完全相反的制度。

看到自己生于斯、财富创造出于斯、亲朋好友聚于斯的国家陷入这种危害极大的习惯和风俗，即使是最聪明、最能了解其危险和预见悲惨后果的人，也不免沉溺其中，备感痛心。那些有足够气魄并拥有独立财产，同时敢于实行自己主张、挺身树立榜样的人则寥若晨星。虽然只要稍微冷静思考一下就能看出这种举动是狂妄的，但大多数人都随波逐流、纸醉金迷，眼睁睁地走上一条不归之路。

---

① 还有其他情况能让皇宫所在地处于穷困的氛围。在那里，个人劳动被整体消费；而个人劳动是所有事物中被消费得最快的，实际上，个人劳动一经生产就被消费掉了。组成个人劳动的是军人的服役、奴仆的奴役、公务员无论有用与否的服务，职员、律师、法官、文官、牧师、演员、音乐家、弄臣和无数其他的依附他人者，他们蜂拥至这个权利和职位、司法、军事或宗教中心。在那里，物质产品看起来被更为随意地消费。最上等的食物、最漂亮和最昂贵的东西、最罕见的艺术品和时尚物品，都争先恐后地来到这个无底洞，很少或根本就没从里面出来过。

然而，如果这些从全国每个角落流入以供皇室消费的价值积累起来，然后被平均分配的话，它们也许将足以给社会所有阶层提供舒适富足的生活。尽管这样的剥夺总是灾难性的，因为它们汲取价值却没有回报，但是不管怎样，当地人口也许能生活得很好。众所周知，任何地方的财富分配都比这里更均衡。王储、宠臣、情妇或得意忘形的公款挪用者，占用最大的份额，把极小的部分留给随从，而这也要凭他们的慷慨或随性。

当一个大的土地所有者把自己的花费都用于有用物品上时，而不是用在华丽物品上时，在他地产周围的地区就充满富足和快乐，在这种情况下他是一个真正的农业冒险者，还是一个具有改良形式的资本的积累者。

当普通的天然欲望得到满足后,人们就会发现快乐不在于浮华的无聊享受,而在于身心的泰然处之。

所以,那些滥用手中大权或运用才智传播奢侈习尚的人,是社会幸福最大的敌人。无论在君主国还是在共和国,无论在大国还是在小国,如果有一个都最值得鼓励弘扬的习惯,那就是勤俭节约。但实际上这种鼓励并不需要,只要不赞同、不崇尚奢侈习惯,保证所有储蓄与艺能使其不受危害,使其能够自由投资于各种不同产业,从事不违法的产业就足够了。

有人声称,鼓励人们花钱或是消费就是鼓励人们生产,因为人们只有有了收入才能消费。这个错误的观点基于以下假设:生产和消费都是人们力所能及的,而增加收入与消费收入同样容易。就算是消费的欲望引起了工作的兴趣,虽然根据经验是绝对得不到这个结论的,没有资本的积累,就不能扩大生产,因为资本是必要的生产要素之一。很明显,资本只可能通过节约积累起来,怎么可能指望那些生产的动机完全在于享乐的人来积累生产资本呢?

不仅如此,当人们为炫耀而求得财富时,进展缓慢而有限的实际生产,如何能够满足这种强烈的愿望呢?难道人们不会通过捷径达到目的,比如通过投机或者施展欺诈手段快速获取不名誉的利润吗?投机或者欺诈是对国家繁荣最有害的行为,因为它本身不从事生产,只是企图把别人的部分生产结果据为己有。正是因为这种企图走捷径而快速获取不名誉财富的动机作怪,才使得无赖施展卑鄙狡猾的伎俩,诉棍利用隐晦的法律条文枉法,有权势的人无视自己的职责,不是去资助正直和有劳动成果的人,而是去资助愚蠢与邪恶的人。普林尼说他曾看见波琳娜在一次晚餐会上穿着一件由珍珠和绿宝石制作的价值 4 000 万塞斯特帖姆(sestertius,古罗马货币单位。——中译者)的衣服,是因为她随时以珠宝商的账单来证明这件衣服确实值这么多钱。[①] 这件衣服是用她的长辈从事冒险事业得

---

[①] 大约 14 万美元。有些英国女士佩戴价值更高的珠宝,但是有些人认为普林尼写的这段说的是 4 亿塞斯特帖姆,而不是 4 000 万塞斯特帖姆,这就让波琳娜的珠宝价值变成了 1.4 万美元,这是一个更有可能的金额。——美国编者注

来的财富购买的。这位古罗马的作家接着说:"为了让孙女在宴会上戴着珠宝,洛里阿斯忘乎所以,竟然劫掠几个省,成为他所统治的亚洲人厌恶的对象,失去恺撒的宠幸,最终服毒自尽。"

这就是爱炫耀所产生出来的结果。

如果认为鼓励奢侈的制度只对有钱人起作用,进而会产生有利的结果,是因为它减少了财富不均的现象。事实上,证明这种想法的荒谬并不困难,因为上等阶级的奢侈必定引起中下阶层的奢靡风气。在这三个阶级中,毫无疑问,下等阶级必然最快沦陷到山穷水尽的底部。因此,普遍性奢侈实际上不但不是减少而是加剧了贫富不均。就奢侈而言,有钱阶级总是紧跟政府的后尘,或是给政府充当开路先锋。政府的费用必然是来自赋税,赋税一定是落在低收入者身上,而不是落在高收入者身上。①

奢侈的辩护者有时甚至交口称赞穷困的好处,他们声称没有贫穷的激励,下等阶层人士就不肯努力工作,结果是上等阶层和一般社会都不能从他们的懈怠中获得任何好处。

令人欣慰的是,这个主张在原则上是错误的,正如在实践上是残酷的一样。如果裸体就能推动人们出力劳动,那么野蛮人无疑就是最勤奋、最肯努力的人,因为在人类中他们最接近于裸体。但事实上,他们的懒惰不仅世人皆知,而且无可救药。野蛮人如果被逼迫工作,就会难过得要命。在欧洲就能看到,最懒惰的民族最接近野蛮人。伦敦或者巴黎经济状况不错的匠人,在相同时间内完成的工作量,比一般穷困地区粗笨的匠人高两倍。对产品的需求随着满足而进一步增加。有夹克的人渴望有件外衣,一旦买到外衣,又决定购置大衣。独自居住一个房子的技工,就想着居住两个房子。如

---

① 为奢侈品作辩护,有人提出以下自相矛盾的观点,尝试着给出这样的理由又有什么太荒谬的呢?"既然奢侈品消费的只是非必需品,它所消掉的东西没有实际效用,所以对社会造成的损失也很小。"对此的回应是:奢侈品所消费的物品的价值,由于生产者的竞争而必然降低到包括生产者利润的生产费用相应的水平。奢侈品也等同于土地、资本和劳动的产品,如果那些有真正效用的物品被需求,那么土地、资本和劳动就会被用于生产这些产品,因为生产总是与消费者的需求相适应。

果他有两件衬衫,很快就想要购买一打衬衫,以方便换洗而更加舒适。但是如果他不曾有衬衫穿过,就根本不会感觉到衬衫的需求。没有一个人在已经拥有某件物品后感到满足,不再想得到更多的物品。

所以和很多人看法完全相反,下等阶层的舒适和社会的生存并不矛盾。住在温暖惬意的房间,穿着合体舒适的衣服,与家人共享营养丰富的食物的鞋匠,能够生产出高质量的鞋子,就像在露天街道摆摊忍冻干活的鞋匠一样。前者不会因为有了合理生活的便利,反而不如后者那样灵巧工作,或者不像后者那样努力。在英国,人们舒舒服服地在室内浆洗衣服,与在附近河边洗涤的衣服一样干净。

富人们担心,一旦穷人的生活更加舒适,他们就得不到满足欲望的物品了。富人们是该放弃这种无聊恐惧了。与他们的恐惧恰恰相反,在财富最为充裕和最普及的国家里,物品供应最充足、品种最多样化、工艺质量最美妙。

# 第6章 公共消费

## 第1节 公共消费的性质与一般结果

除了那些用于满足个人需求与家庭需求的私人消费外,还有因人们聚合组成社会而产生的新种类的需求,也就是说,社会作为一个整体的需求,公共消费的目的就是满足这种社会整体的需求。社会采购并且消费、管理社会事务的不同政府部门的个人劳务、保护社会成员不受外国侵略的军人的个人劳务,以及保护其成员的权益不受非法侵害的民事和司法。所有这些部门都有它们各自的用途,尽管这些部门常常扩充到臃肿的程度,或得到过多的报酬。但是,部门的臃肿起因于不健全的政治组织,不属于本书研究的范围。

我们很快就会分析到,社会从什么地方获得价值,以采购它所任用的人员的劳务或它所需要的物品。我们在本章所要讨论的,是社会消费的方式以及消费的后果。

如果在本篇开头所做的论述足够清楚,那么读者不难理解,公共消费或作为整个社会的一般福利的消费,与满足个人和家庭需求的个人消费完全相似。这两种消费都需要消耗价值、损失财富,尽管在消费过程中没有一块硬币离开国家。

为证明这个观点的正确性,让我们探寻一下供公共消费的物品由始至终所经历的情况。

政府以货币的形式,从纳税人手中收取一定捐税。为了满足这个要求,纳税人需要把自己能处理的部分产品换成货币,然后缴纳给税务人员①。另一班政府人员用这些货币采购军队所需的布匹与其他必需品。到此时为止，没有任何价值的损失或消耗，所进行的只是无代价的价值转移，以及随之而来的交换行为。纳税者所缴纳的价值，还以军需厂的库存和供应品的形式存在着。但是后来这些价值被消费掉，也就是从纳税人手中转移到税务人员手中的价值被消耗掉。

但是，消耗掉的不是货币的金额。货币只是从一双手中转移到另一双手中。作为税金的货币从纳税人手中缴纳给收税人手中后，不会再回到纳税人手中；或者作为等价交换物，在政府采购服装或供应品时，从政府人员手中转移到承包商手中。在整个交易过程中，货币的价值依然存在，而且在经过三手、四手或者更多次转手之后，也不会发生任何可察觉到的变化。所消失的是服装以及必需品的价值。就像纳税人自己用同样的货币，购买供个人消费的衣服和其他必需品一样。唯一不同的是，在后面的情况下，个人享受到消费所提供的需求满足；而在前面的情况下，则是国家享受了消费物品提供的满足。

上述论证可以很轻松地应用于一切其他种类的公共消费。纳税人缴纳的货币税款用于支付公务员的薪俸时，公务员把自己的时间、才智与劳动卖给社会，这一切都是为了公共的目的而被消费。另外，是公务员自己而不是纳税人消费了公务员的劳动价值，就像是纳税人自己雇用的员工一样。

在很长一段时间里，有个流行的说法，认为社会支付给公务人员的价值，又以某种形式回到社会中来了，也就是说，按一般说法，政府及其工作人员从人民那里获取的东西，最终又通过政府的花费

---

① 虽然资本家和地主本来就是用货币形式收取利息或地租，因此没有必要通过事先交换来获取用于缴纳赋税的货币，但是，这个事先的交换，必定是已经由利用土地和资本的投机者进行过了。其结果完全类似于用实物，也就是土地或者资本的直接产出产品来缴纳地租或者利息。地主和资本家或是直接用那些实物缴纳赋税，或是把实物出售后以货币形式缴纳赋税。关于这个问题，可以参阅本书第二篇第5章所论述的收入在社会中分配的方式。

还给了人民。这个认识大错特错,以致为此造成了许多无耻的浪费与糟蹋的口实,从而带来了无穷无尽的祸害。纳税人缴纳给政府的价值完全没有任何报酬或者交换等值物,因为这货币是政府用以采购个人消费品或者劳务的。简而言之,用以购买实际上转移给政府的等值物品。购买或交换,与偿还是完全不同的两件事。①

为公共目的而消费产品的过程尽管运作很复杂,但通过分析可以将其简化为以下说明:无论谁是消费者,消费的产品总归是产品的耗损。产品价值一旦耗尽就不复存在,而且总是没有回报或者价值补偿。但是,纳税人从公务人员那里得到的服务,或者从因公共目的而进行的消费过程中得到的好处,却是实实在在的获益。

既然公共消费与私人消费同样影响社会财富,那么约束这两种消费的原则也必然相同。世上没有两种经济,恰如没有两种诚实或道德一样。如果政府或个人的这种消费,能够导致生产出比消费掉的更多的产品,那么生产劳动的努力就有好的结果。如果消费行为不产生产品,那么,无论对国家还是对个人,都意味着产生价值的损失。但是,也许消耗的价值会产生预期的好处。军需品或用于保家卫国的文武官员的时间和劳动,尽管被消耗掉,却是物尽其用,就像个人家庭消费物品和劳务那样。在个人和家庭消费过程中,唯一的利益诉求就是满足需求。需求一旦不存在,那么消费必然有害无益,因为这样的消费是无目的地浪费财富。公共消费也是如此。如果为消费而消费、故意浪费、因人设事、只为娱乐消费而毁掉一件物品,无论对国家还是个人、对大国还是小国、对共和国还是君主国来说,都是铺张浪费。不仅如此,公共浪费与私人浪费相比,更属于犯罪行为。因为个人浪费的不过是属于他私人的物品,而政府所浪费的却不是属于它自己的东西,事实上,政府仅仅是公共财

---

① 汉密尔顿博士在他的著作《大不列颠的国债》中有篇有价值的论文,曾说明了我们上述批驳的观点的错误。他说:"这等于强盗闯入商人的住宅,并且抢去他的钱,然后说你没有任何损失,因为我拿走的钱,最终会用于购买你所销售的货物,这样,你就能获得利润。"公共消费对于私人事业所起到的作用,和这个故事完全类似。

富的托管人。①

有些作家绞尽脑汁地想从本质上区分公共财富和个人财富，并证明节约是增加个人财富的好方法，而公共财富却会随着公共消费的增加而增加。他们根据这个错误的且危害性极大的结论进一步推断说，管理私人财富与管理公共财富的规则完全不同，不但不相同，还大相径庭。那么，我们如何看待这些作家推导出来的规则呢？

如果这些荒谬的原则只在书本中出现而没有付诸实施，完全可以听任那些荒谬的出版物刊登这些内容，我们无须遗憾和警觉。但如果我们听到拥有社会地位、才华横溢、有智慧的人也公然宣称信奉这些原则，那就不能不引起我们的注意和愤怒了。至于政府采用这些原则，就更加不能不引起我们的注意和愤怒。这些人能够利用手中掌握的刺刀和大炮强制推进实施错误甚至荒谬的政策。②

曼特农（Maintenon）夫人在她写给诺艾红衣主教的一封信中说，有一天她劝告路易十四，应该慷慨地救济穷人。路易十四回答说：皇室是通过一掷千金般的豪爽花钱来接济穷人。这的确是骇人听闻的信念，并且证明了法国的毁灭已经原则化。③ 错误的原则，甚至比故意的错误行为危害更大。因为在这些错误原则的背后不仅

---

① 政府假装他们有权占有个人的私有财产，或者表现得好像他们拥有这种权力，这都是对私人财产的侵占。而侵占绝不构成真正的权利。否则，一个通过暴力或者欺诈占有别人财产的盗贼，就可以借口已经通过侵占获得合法所有权而进行抗辩，从而不能在逮捕他之后，勒令他偿还赃物。
② 读者应当理解，作者写这些章节时的激愤。那时候的军事专制政府对于国家资源的使用任意妄为，不允许有任何人对他们的行为和方针的正确与否有任何怀疑。
③ 芬朗（Fenelon）、沃班（Vauban）和其他几个富有才能的作家，对于这个制度毁灭性的趋势有一些模糊的认识。但是他们对于财富的生产和消费问题尚没有合适的见解，不能提出令人信服的看法。例如，沃班在他的著作《国王什一税》（Dixme Royale）中说：法国现今的贫困，并不是因为气候的严酷、人民的品性或者土地的贫瘠。事实上，情况是气候宜人、人民众多并且勤奋而机敏。真正的原因是连年不断的战争和不懂得甚至忽视节约。芬朗在《蒂勒马克斯》（Telemaque）一书中有几章精妙的类似意见。但是这些意见只能被视为高谈阔论，因为他们不能证明其正确性。

隐藏着错误的私利，而且会在很长一段时间内毫无愧疚、肆无忌惮地公开奉行这些错误原则。如果路易十四认为，他过分的炫耀仅仅是为了个人的满足和虚荣，他的征服是为了满足他个人的野心，那么他的良知也许会在短时间内就使他感到内疚而停止铺张浪费和穷兵黩武，或者至少使他为了自己的利益而停止铺张浪费和穷兵黩武。但是他坚信他的穷奢极欲不但对自己有益，还有益于公众，在这种错误观念主导的情况下，除非他遭遇不幸或因为战败而受辱，否则是不会停止的。①

　　直到18世纪，就连最伟大的科学家，也对政治经济学的真正原则知之甚少。尽管普鲁士的腓特烈二世（Frederick II）聪明而富有远见卓识且热切地寻求真理，但依然写信给达朗巴（D'Alembert），为他的战争作辩护。他在信中写道："我的大军促进货币的流通，因为他们把人们上缴给国家的税款，公平地分在各州消费。"我再重复一遍，他所说的并非事实。人们上缴给国家的税款，并不会因政府的消费而归还给人民。无论赋税是以货币还是以实物的形式缴纳，

---

① 当伏尔泰说路易十四的豪华宫殿对国家而言不是负累，而是在帮助社会上的货币流通时，就证明了法国当时最有名的作家完全不懂得这些问题。他的局限在于，他只看到了当时使用的货币。此时，极端的奢侈就显得不像是损失，因为货币实际上既不是收入也不是消费。但是稍微再做些细致的研究就能明白这个说法的错误所在，因为它会导致假如年终时货币的数量没有减少，那么一年内就完全没有消费这一荒谬的推论。机警的历史学家在追溯花费在凡尔赛宫殿9亿法郎的由来时，会从法国各种生产阶层辛辛苦苦生产出来的原始产品开始。然后，这些产品在第一次的交换中，变成了用来缴纳赋税的货币，而后第二次交换中，变成了用于建筑宫殿的建筑材料、油漆、金粉等，最后变成了皇帝满足个人虚荣而消费的宫殿。在上述若干次的交易过程中，货币仅仅作为方便的价值转移的工具和媒介。最终的决算显示，消耗掉的9亿法郎和建成的那座宏伟而且不断需要维修的华丽宫殿等值。

　　即使是永不消失的土地，也能以它被接收时的价值形式而被消费掉。有人说，法国革命之后出售国家的土地并没有遭受任何损失，因为这些土地都卖给了法国人民并且真实地转移给了他们。但是，那些采购土地的资本，在离开了采购者的口袋后，究竟到了哪里？难道不是被消费掉或者损失掉了吗？

它们最终都化为粮食和各种供应品,并且被那些不能偿还其价值的人消费掉。这些人不能偿还其价值,是因为他们根本不生产任何价值。① 万幸的是,腓特烈二世的行为并没有完全按照他自己所说的原则进行。他在内政方面厉行节约带给普鲁士人民的好处,远远抵消了他的战争所造成的损害。

既然国家或者代表国家的政府消费造成价值的损失,进而导致财富的消失,那么只有在牺牲这种价值能给国家带来相当利益条件下的消费,才是适当的消费。因此,政府应当善于随时权衡所要进行的消费和预期带来的社会收益。毫无疑问,政府的任何得不偿失的消费行为,都将是愚蠢的行为甚至是犯罪的行为。

看到政府如此频繁地挥霍人民的财富②,愚蠢而荒谬地耗费人民财产而不想着收回价值,给国家带来无穷无尽的灾难,用横征暴敛来推行最奢靡、最不道德的财政计划,先掠夺人民的财产,然后驱使他们为政府献身,这是何等令人愤慨的事啊!冒着被人指责为高谈阔论的非难,我不断地重复这些逆耳忠言,完全是因为人们固执己见。

---

① 在国家执行军事计划时,经过政府或者其工作人员之手,发生两种价值的转移:第一种,普通民众以赋税的形式缴纳的价值;第二种,提供供应品或者劳务的人们那里收到的价值。就前者而言,政府并没有提供任何东西作为报偿;就后者而言,政府提供了等值的工资或者采购价格作为报偿。因此,说政府一手接收、一手归还,整个交易不过是价值的流通,对国民没有损失,完全没有根据。因为政府接收两部分价值,但只偿还了一部分价值。另一部分的价值损失,由整个社会承担。这样,相当于个人财富总和的国家财富被损失掉,也就是等于政府的总消费**减去**(minus)整个产业产品的这么多数量的财富被损失掉。关于这一点我们将会看到更详细的阐述。
② 在本书第二篇第9章的总结中曾经说过:由于人口总是和生产相匹配,阻碍产品的增加就是阻止人口的进一步增加;浪费资本、消耗劳动、耗尽生产来源,就等于在现有人口的每十个人中抽取一个而杀戮。一个穷凶极恶或者愚蠢至极的政府这样浪费的祸害,比战争大得多,虽然战争带来很多暴行。

通常，政府①的消费，在国家总消费中占据非常大的比例，有时达到社会总消费的 1/6、1/5 甚至 1/4②③，因此，政府施行的制

---

① 我所说的政府，是指以任何形式组织的，包括一切部门的政权。把政府一词局限于行政部门是错误的。比如，制定法律和行使法律都是权力行为。
② 毫无疑问，一个国家的消费可以超过它的年收入。但是我们很难假设大不列颠政府也是这样，因为直到目前为止，它的财富明显还在增加，由此而知，它的消费最多只相当于它的年收入。甘奇，被人认为是不会低估大不列颠政府财力的人，估计大不列颠的年收入为 2 亿英镑，而比克博士（Dr. Beeke）的估计是 2.18 亿英镑，其中包括产业收入 1 亿英镑。假设在这个估计的时点之后，它的财富还在不断增加，我们假设它在 1813 年的总收入增加到了 2.24 亿英镑，科尔孔（Colquhoun）在他的《大不列颠帝国的财富、资源和权力》（Wealth, Power, and Resources of the British Empire）中告诉我们，那年，它的公共支出为 1.12 亿英镑。按照这个数据，它的公共支出似乎只占据国家收入的一半。而且，它的政府开销并没有包括公共收费在其中，还应该加上州和郊区的费用、贫民救济费用等。也就是说，据此，我们可得知，即使是在大不列颠这样偌大的帝国中，以不到国民收入 5% 的费用，就可以办理好政府事务。当然，要达到这样的圆满水准，还需要在施政部门中做很大的改善工作。
③ 我们从大不列颠的税务署找到一份蒙哥马利·马丁（R. Montgomery Martin）撰写的论文"论大英帝国的税收"（Treatise on the Taxation of the British Empire），于 1833 年于伦敦出版。下面摘录其中部分内容："在利物浦的郡主称，1822 年大不列颠的**年度**（annual）收入，在减去租金的津贴、由于战争带来的贸易损失之后，应该是 2.5 亿～2.8 亿英镑。如果 1833 年大不列颠的人口数量在 1 600 万，如果每个人的消费平均而言低至每天 1 先令（one shilling per day），或者 181.5 先令一年，那么年收入将是 4.52 亿英镑。而且，如果平均每个人的花费是每天 2 先令的话，这个数目将会加倍。这样的计算是很合理的：以同样的规则来看看爱尔兰，但是把人均花费降低到每天 6 便士，而人口则为 800 万，那么爱尔兰的年收入将是 7 300 万英镑。那么 1833 年整个英国的年收入以最保守估计将超过 5 亿英镑。"
假设年收入就是 5 亿英镑，我们意识到，即使是支付了税收之后，依然是非常庞大的，基本上大于英国历史上任何一个时期。这也就毫不奇怪，即使是需要排除千难万险，这个国家财富的持续增长还会继续。与此同时，帝国的开销却在慢慢下降。在最近的战争期间，我们的作者观察到，在科尔孔的管理下，公共消费在 1813 年是 1.12 亿英镑，而 1830 年只有 3 400 万英镑，到了 1831 年，则只有 3 300 万英镑了。而到了 1832 年，只有区区 10 万英镑。——美国编者注

度，必然对国家繁荣的增进或衰退具有很大的影响。如果一个人站在自己的角度，认为花费越多就得到越多，或者认为他的奢侈是美德，又或者他沉迷于声色，或因感情用事而不在乎金钱，他最终必然身败名裂。而他的这种示范效果也仅在他自己的小范围内起作用。但是，如果政府犯下同样的错误，就给千百万人民带来贫困，甚至招致国家的灭亡或者衰败。毫无疑问，每个人对自己的财富和利益应当有正确的认识，而政府对自己的利益更应该有正确的认识。勤俭节约与量入而出是人的美德，而就国家来讲，这两种美德对国家的幸福具有更为巨大的影响，以至于我们对拥有这两种美德的国家领导人或政府管理者，无论怎么颂扬和尊崇都不会过分。

个人对于自己消费的物品价值了解得比较清楚。也许他是通过努力工作、坚持不懈和勤俭节俭才获得了这件物品，他能够很容易地比较出他从消费这件物品中获得的满足感以及所损失的财富。但是政府对于自我约束与厉行节约往往没有直接的兴趣，同时，政府也不会那么快就感到不奉行自我约束与厉行节约引起的不良后果。此外，个人的节约，除了包含个人利益之外，还有其他动机，对于自己所关怀的人，他的节约就可能施惠于他们。而受惠于统治者节约的人，却大多是统治者不熟悉的人，甚至可能是他正在培养的、养成了奢靡习惯并与之抗衡的继承人。

采用世袭王位的制度，也不能纠正和弥补这种弊端。在这方面君主没有其他普通人共有的感情。相反，由于耳濡目染，他会抱有这样的想法，即他的子孙后代如果有希望继承王位，他们自然不愁没有钱花。此外，绝大部分的公共消费，不是由国王亲自管理，契约不是由他亲自签订，而是交给了他的将军和大臣处理。迄今为止的人类历史经验告诉我们，寡头政治比君主政治或民主政治更加注意勤俭节约。

我们也不应该认为，勇于开展大规模国家规划和事业的精神，与厉行节约和自我约束的精神水火不容。在名人传记中，理查曼（Charlemagne）大帝名列前茅，他不仅征服过意大利、匈牙利和奥地利，击退过撒拉逊人的进攻，还拆散了撒克逊人联盟，最后登上皇帝宝座。孟德斯鸠对他的评价没有任何不敬："做父亲的人可以从理查曼大帝的法令中得到治家的良训。他的开销安排得非常合情合理，他对自己的领地做了谨慎精密的估价。从他的法令集里，我们可以看到有关他的财富来源纯正、合法的详细情况。总而言之，他是那样的自我约束和勤俭节约，甚至下令把他养鸡场的鸡蛋和菜园生产的多余蔬菜运到市场销售。"① 在对外谈判、行政工作和军事作战这些领域都表现出极有才能且名声显赫的尤金公爵，曾经劝告查理六世在财政问题上，多向商人和实业家请教。② 18世纪末期，利奥波德担任塔斯卡尼大公时，树立了严格遵守个人经济原则来管理小国从而开辟财富源泉的良好榜样。没用几年时间，他就把塔斯卡尼建成欧洲最繁荣的国家之一。

  法国最成功的财政家，如舒格、邓尼斯神父、红衣主教安布兹、苏利、科尔伯特、奈克，都根据这个原则展开工作。他们遵守私人经济法则，成功地筹措了供大规模军事行动所需要的经费。邓尼斯神父为第二次十字军东征筹措了装备，这是个需要巨量供应品的庞大计划，尽管我本人极不赞同这个计划。安布兹红衣主教为路易十二筹措了征服米兰人的军费。苏利积累了后来用于挫败奥地利王室的资金。科尔伯特为路易十四宏伟的军事行动筹措费用。奈克给法国在18世纪唯一获胜的战争提供军费。③

  与此相反的是，那些永远缺少资金的政府，像个人那样，为了摆脱贫困，不得不使用具有最大毁灭性并且有时招致最大耻辱的方法。例如，秃子查理公开出售他的爵位和安全通行证。又比如，英国查理二世把敦刻尔克拱手卖给法国国王，并且接受荷兰人8万英

---

① 《法的精神》，第31篇，第18章。
② 《尤金公爵自传》（*Memoires du Prince Eugene par luimème*），第187页。关于这本书和《政治遗言》（*Testament Politique*）的版权，曾经发生过争议。如果尤金和里希柳（Richelieu）本人不是作者，那么至少是和他们同样有能力的人，但是，这个可能性更小。
③ 他竭力设法支付美洲战争的费用，而不增加新税。诚然他因为借贷很多款项而受到责难，但是，只要他能够设法支付利息而不增加新的税种，那些借款就不构成对国家的重负。很显然，在这种情况下，他必然是通过节约开支来支付利息的。

镑的贿赂，在 1680 年延缓派遣旨在保护英国东印度殖民地的远征军，结果英国殖民地被荷兰人收入囊中。① 又如，有时政府不惜用掺杂劣质材料铸币的方式，有时用公开毁约的方式，来宣告自己的破产。

路易十四在位末期，在耗尽了一个伟大国家的资源之后，不得不采用设置可笑职位的方式来敛财纳富。他设置了假发检查职位和鲜奶油或咸奶油巡查职位等。用这种卑鄙无耻、危害社会的方法，绝不能长久地延缓灾难的到来。奢靡之极与挥霍无度的政府迟早会面临灾难。正如富兰克林所说的，"倘若一个人不遵从道理，道理必然使他认识它的厉害"。

万幸的是，厉行节约的政府很快就能够弥补浪费的政府所造成的损害。健康虽然不能立即恢复，但可以逐步改善。病因一天天消除，新机能就能一天天开始发挥作用。在被浪费无度的政府弄到贫困处境中的国家里，一半资源可能出于恐惧和不安而失去效用。但在政府实行厉行节约的国家里，信用②能使它的资源增加一倍。政治似乎比自然体现出更强的活力与恢复力，如果不是遇到最残酷的压迫的话，这种力量将不会消失。翻开历史的卷宗，我们不能不注意到这一原则作用的迅猛程度。最显著的例子莫过于自法国革命以

---

① 雷纳尔：《欧洲人在东印度群岛所设立的商号历史》，第二卷，第 36 页。
② 人们经常在口头上说，**信用**（credit）在**降低**（declining）、信用在**恢复**（reviving）等，但是大部分人并不真正确切知道信用的正确含义。信用绝不仅仅意味着对政府的信任，因为社会上大部分私人之间的事务和政府没有任何关系。信用也不仅仅意味着个人之间的相互信任。因为一个信誉良好并且经济殷实的人，不会突然把自己弄到一无所有。即使是在遭遇灾难的困苦时期，个人的名誉损失也不是那么普遍。所以我们可以断言，信用就是终结。信用似乎意味着对未来的信心。对于苛捐杂税、横征暴敛和暴力的一时恐惧，会使得很多人不敢露面，或者不敢显露财产。而这种情况下，本来很有前途、很有规划的事业，都会变得风险过大。新的事业无人投资，老的事业利润减少，商人的经营活动大大减少。由于个人收入的减少和不确定，一般消费也大大减少。无论是在野心勃勃、胆大妄为或者不公正的政府领导下，还是在软弱、缺少决断、进退失措的政府领导下，人们都不可能对未来有信心。信用，就像结晶那样，只可能在风平浪静的情况下产生。

来遭遇的沧桑巨变。在我们这个时代，普鲁士提供了另外一个佐证：大腓特烈（Frederick the Great）的继承人，不但将大腓特烈时期积累起的高达 4 200 万美元的财富挥霍殆尽，还欠下了 2 700 万美元的债务。但是，在不到 8 年的时间内，腓特烈·威廉三世不仅清偿了他父亲留下的债务，而且还有了新的积累。厉行节约的力量如此之大，以致即使在一个面积和资源都有限的国家中实施也是如此有效。

## 第 2 节　国家消费的主要目的

在前一章节中我们一直在证明，所有的公共消费都是某种价值的损失，而这种损失，只能通过满足一定的社会需求所要产生的价值或利益获得补偿。因此，贤明的政府，绝对不会为了消费而消费，而是仔细衡量研究，每一次消费时所满足的社会需求所产生的利益，是否超过了获得这种满足必须牺牲的价值。

只有经过广泛观察文明社会的主要公共需求，才能使我们做出相对准确的判断，判断社会为满足公共需求而做的消费和牺牲是否值得。①公共消费往往都被称为**无形**（immaterial）产品，也就是一制造出来便毁掉的产品。换句话说，也就是人们所提供的服务或者生产力。②

社会消费掉包括民政、司法、军事，以及教会的所有职能部门中公务员的个人劳务，它还消费土地和资本的生产力。海洋与河道的航行、公用道路、公用广场的效用，这些都是社会从土地所得到

---

① 目前本书只做纲领性的叙述。详细论述政府的政治问题在这里显得不合时宜，正如研究艺术品的时候，顺便说说其制作方法、流程以及技艺一样。但是，实际上，这两种研究对于学问本身而言都是很有价值的贡献。
② 这个规则必须在一定的条件下才能成立。举例来说，古罗马皇帝赏给人民的五谷，就是社会消费的有形产品。同样，慈善救济院和监狱所消费的各种粮食，以及节日中供人们娱乐观赏的焰火，也是社会消费的有形产品。

的生产力。这些土地或绝对属于社会,或者其收益供全社会人民共享。如果有资本投放在土地中,表现为房屋、桥梁、港口、堤防、运河等,那么社会人民除了消费土地背后代表的生产力或地租外,还要**加上**(plus)这项资本的生产力以及利息的价值。

有时候,社会需要维持一些公共事业的生产劳动设施和场所。例如,法国塞佛尔的瓷器制造厂、壁饰花毯制造厂、格林和朱拉盐场等。当这种公司的收入大于支出的时候(这种情况很少发生),他们提供一部分国家收入,因而不应该被列为国家支出项目。

### 民政与司法的费用

民政与司法的费用,一半用来支付行政司法长官和相关官员的特定津贴,另一半用来支付执行职务所需要的华丽修饰和炫耀的费用。即使是这些华丽修饰和炫耀的费用完全由公务人员自己承担,但是最终还是会落在普通民众身上。因为公务人员的薪水,由于需要维持奢华场面,必然会因此而增加。上述分析适合于各种公务人员,从国王到警官。因此,如果一个国家的人民只有在国王锦衣玉食、羽林骁卫前呼后拥的情况下,才会对国王肃然起敬,那么他们就必须承担起这种爱好带来的高昂代价。相反,如果他们能够朴实无华,无视光鲜亮丽,且不需要那些标志官职的华美装饰与陈腐的仪式来促使他们遵纪守法,那么政府的支出相应就会节省。这就是瑞士在革命以前许多州政府的费用非常少,以及北美殖民地在解放以前的政府费用那么少的原因。大家知道,那些殖民地虽然在英国统治之下,但是各自拥有自己独立的政府,各自支付自己政府的费用,且这些殖民地政府的年消费不过6.47万英镑。斯密说:"这提供了一个令人难忘的案例,花这么少的钱,不但能够管理300万人民,而且还管理得很好。"[①]

---

① 也应当记住,这些费用不包括抵御外敌的费用,只包括防御内部蛮族袭击的费用。

从财政部部长加拉廷先生提供的美国1806年的官方收支记录可以看出,总花费不足1 200万美元。其中,800万美元用于支付公债利息,剩下的完全是出于政治的原因，以及这些原因有助于制定政府的结构，已经影响到政府公务员的薪俸分配，包括政府官员、民政与司法官员的薪水、维持公共形象的花费、公共机关与国营企业的费用分配。例如，在专制国家，人民拥有财富的多少取决于君主，君主按

---

400万美元才用作政府费用，也就是国家的民政、司法、军事和其他公务的费用，这些费用全部由进口税支付。

本书作者所指的年份，就是1806年，美国政府的实际花费据财政部的数据是15 070 093.97美元；该数额中，官方称，其中的8 989 884.61美元用于支付公债的本金和利息。美国当年的人口只有600万，根据官方的统计材料，此后的人口在1800年达到5 305 925人，1810年达到7 239 814人。此时，政府的开销，除去支付公债的本金和利息外，总额是6 080 209.36美元，也就是花费高于作者给出的数额的3倍。

美国政府的开销，应该包括不同州政府的开销以及联邦政府的开销。关于前者，我们没有办法提供给读者一个准确的或者官方的数据，我们也不打算冒险作一个粗略的估计。但是关于后者，我们能够得到一个表格化的数据。数据来自美国财政部部长于1830年4月9日给众议院裁员委员会主席的信，以及随后的年度财政报告，这些都提供了官方权威而且准确的关于联邦政府收支的数据。时间从1789年3月4日开始到1832年12月31日止。

根据1790年、1800年、1810年、1820年和1830年总共5年的统计数据，我们也增补了最后一份几个州官方的人口和领土的数据。

表1　1789年3月4日到1833年12月31日之间美国政府的收入情况

| 收　入 | | |
|---|---|---|
| 从1789年3月4日到1833年12月31日之间 | | |
| 年份 | 税收（美元） | 总收入（美元） |
| 从1789年3月4日到1791年12月31日之间 | 4 399 473.09 | 10 210 025.75 |
| 1792年 | 3 443 070.85 | 8 740 766.77 |
| 1793年 | 4 255 606.56 | 5 720 624.28 |
| 1794年 | 4 80.1 065.28 | 10 041 101.65 |
| 1795年 | 5 588 461.26 | 9 419 802.79 |
| 1796年 | 6 567 987.94 | 8 740 329.65 |
| 1797年 | 7 549 649.65 | 8 758 916.40 |
| 1798年 | 7 106 061.93 | 8 209 070.07 |

照自己的意愿决定王室的各项开销。也就是说，王室想要花多少生活费、与娱乐费及王室维持费就花多少。这种情况下决定的王室

续表

| 年份 | 税收（美元） | 总收入（美元） |
| --- | --- | --- |
| 1799 年 | 6 610 449.31 | 12 621 459.84 |
| 1800 年 | 9 080 932.73 | 12 451 184.14 |
| 1801 年 | 10 750 778.93 | 12 945 455.95 |
| 1802 年 | 12 438 235.74 | 15 001 391.31 |
| 1803 年 | 10 479 417.61 | 11 064 097.63 |
| 1804 年 | 11 098 565.33 | 11 835 840.02 |
| 1805 年 | 12 936 487.04 | 13 689 508.14 |
| 1806 年 | 14 667 698.17 | 15 608 823.78 |
| 1807 年 | 15 845 521.61 | 16 398 019.26 |
| 1808 年 | 16 363 550.58 | 17 062 544.09 |
| 1809 年 | 7 296 020.58 | 7 773 473.12 |
| 1810 年 | 8 583 309.31 | 12 144 206.53 |
| 1811 年 | 13 313 222.73 | 14 431 838.14 |
| 1812 年 | 8 958 777.53 | 22 639 032.76 |
| 1813 年 | 13 224 623.25 | 40 524 844.95 |
| 1814 年 | 5 998 772.08 | 34 559 536.95 |
| 1815 年 | 7 282 942.22 | 50 961 237.60 |
| 1816 年 | 36 306 874.88 | 57 171 421.82 |
| 1817 年 | 26 283 348.49 | 33 833 592.33 |
| 1818 年 | 17 176 385.00 | 21 593 936.66 |
| 1819 年 | 20 283 608.76 | 24 605 665.37 |
| 1820 年 | 15 005 612.15 | 20 881 493.68 |
| 1821 年 | 13 004 447.15 | 19 573 703.72 |
| 1822 年 | 17 589 761.94 | 20 232 427.94 |
| 1823 年 | 19 088 433.44 | 20 540 666.26 |
| 1824 年 | 17 878 325.71 | 24 381 212.79 |
| 1825 年 | 20 098 713.45 | 26 840 858.02 |
| 1826 年 | 23 341 331.77 | 25 260 434.21 |
| 1827 年 | 19 712 283.29 | 22 966 363.96 |
| 1828 年 | 23 205 523.64 | 24 763 629.23 |
| 1829 年 | 22 681 965.91 | 24 767 122.22 |
| 1830 年 | 21 922 391.39 | 24 844 116.51 |

的开销，往往高于由王室代表和纳税人代表通过认证与磋商后确定的数目。

续表

| 年份 | 税收（美元） | 总收入（美元） |
| --- | --- | --- |
| 1831 年 | 24 224 441.97 | 28 526 820.82 |
| 1832 年 | 28 465 237.21 | 31 865 561.16 |
| 1833 年 | 29 032 508.91 | 33 948 426.25 |
| 税收总数 | 623 941 576.17 | |
| 总收入 | | 878 150 589.52 |

表2 从1789年3月4日到1833年12月31日之间美国政府的支出情况

| 支 出 |||
| --- | --- | --- |
| 从1789年3月4日到1833年12月31日之间 |||
| 年份 | 公共债务(美元) | 消费总数(美元) |
| 从1789年3月4日到1791年12月31日之间 | 5 287 949.50 | 7 207 539.08 |
| 1792 年 | 7 263 665.99 | 9 141 569.67 |
| 1793 年 | 5 819 505.29 | 7 529 575.55 |
| 1794 年 | 5 801 578.09 | 9 302 124.74 |
| 1795 年 | 6 084 411.61 | 10 435 069.65 |
| 1796 年 | 5 835 846.44 | 8 367 776.84 |
| 1797 年 | 5 792 421.82 | 8 626 012.78 |
| 1798 年 | 3 990 294.14 | 8 613 517.68 |
| 1799 年 | 4 596 876.78 | 11 077 043.50 |
| 1800 年 | 4 578 369.95 | 11 989 739.92 |
| 1801 年 | 7 291 707.04 | 12 273 376.94 |
| 1802 年 | 9 539 004.76 | 13 276 084.67 |
| 1803 年 | 7 256 159.43 | 11 258 983.67 |
| 1804 年 | 8 171 787.45 | 12 624 646.36 |
| 1805 年 | 7 369 889.79 | 13 727 124.41 |
| 1806 年 | 8 989 884.61 | 15 070 093.97 |
| 1807 年 | 6 307 720.10 | 11 292 292.99 |
| 1808 年 | 10 260 245.35 | 16 764 584.20 |
| 1809 年 | 6 452 554.16 | 13 867 226.30 |
| 1810 年 | 8 008 904.46 | 13 319 986.74 |
| 1811 年 | 8 009 204.05 | 13 601 808.91 |

同样,低级官员的薪俸,一部分取决于官员职位的重要性,另一部分取决于政府的一般规划。对公众而言,这些官员的服务代价

续表

| 年份 | 公共债务(美元) | 消费总数(美元) |
|---|---|---|
| 1812 年 | 4 449 622.45 | 22 279 121.15 |
| 1813 年 | 11 108 128.44 | 39 190 520.36 |
| 1814 年 | 7 900 543.94 | 38 028 230.32 |
| 1815 年 | 12 628 922.35 | 39 582 493.35 |
| 1816 年 | 24 871 062.93 | 48 244 495.51 |
| 1817 年 | 25 423 036.12 | 40 877 646.04 |
| 1818 年 | 21 296 201.62 | 35 104 875.40 |
| 1819 年 | 7 703 926.29 | 24 004 199.73 |
| 1820 年 | 8 628 494.28 | 21 763 024.85 |
| 1821 年 | 8 367 093.62 | 19 090 572.69 |
| 1822 年 | 7 848 949.12 | 17 676 592.63 |
| 1823 年 | 5 530 016.41 | 15 314 171.00 |
| 1824 年 | 16 568 393.76 | 31 898 538.47 |
| 1825 年 | 12 095 344.78 | 23 585 804.72 |
| 1826 年 | 11 041 032.19 | 24 103 398.46 |
| 1827 年 | 10 003 668.39 | 22 656 765.04 |
| 1828 年 | 12 163 438.07 | 25 459 479.52 |
| 1829 年 | 12 383 800.77 | 25 071 017.59 |
| 1830 年 | 11 355 748.22 | 24 585 281.55 |
| 1831 年 | 16 174 378.22 | 30 038 446.12 |
| 1832 年 | 17 840 309.29 | 34 356 698.06 |
| 1833 年 | 1 543 543.38 | 24 257 298.49 |
| 公共债务总数 | 409 633 680.45 | |
| 消费总数 | | 866 534 848.56 |

**表3 美国各州的人口数量(根据官方5个年份的统计数据)**

| 美国人口 | | | | | |
|---|---|---|---|---|---|
| 根据官方5个年份的统计数据 | | | | | |
| 州 名 | 1790年(人) | 1800年(人) | 1810年(人) | 1820年(人) | 1830年(人) |
| 缅因州 | 96 540 | 151 719 | 228 705 | 298 335 | 399 955 |
| 新罕布什尔州 | 141 899 | 183 762 | 214 360 | 244 161 | 269 328 |
| 佛蒙特州 | 85 416 | 154 465 | 217 713 | 235 764 | 280 652 |
| 马萨诸塞州 | 378 717 | 423 245 | 472 040 | 523 287 | 610 408 |

高昂与否，不但取决于服务的实际费用，还取决于他们服务的好坏。执行得不好的服务，即使支付的薪水很低，人民所付出的代价也是很高的。如果设立的职位完全没有必要或是多余的，那么人民付出的代价同样也是很高的，就像是一件完全没有用途或根本不需要的家具是废品一样。由此可知，在法国旧政权之下，海军大臣、王室总管、宫廷酒司、宠物管家等一系列职位，都并不增加王室权威，仅仅为了用来赏赐恩典和俸禄之用。

同理，如果政府大量地设置毫无必要的官职，人民便要负担维持公共秩序所不需要的额外开销。增加不必要的官职，只是给予那

续表

| 州　　名 | 1790年(人) | 1800年(人) | 1810年(人) | 1820年(人) | 1830年(人) |
|---|---|---|---|---|---|
| 罗得岛州 | 69 110 | 69 122 | 77 031 | 83 059 | 97 199 |
| 康涅狄格州 | 238 141 | 251 002 | 262 042 | 275 202 | 297 665 |
| 纽约州 | 340 120 | 586 756 | 959 949 | 1 372 812 | 1 918 608 |
| 新泽西州 | 184 139 | 211 949 | 249 555 | 277 575 | 320 823 |
| 宾夕法尼亚州 | 434 373 | 602 365 | 810 091 | 1 049 458 | 1 348 233 |
| 特拉华州 | 59 096 | 64 273 | 72 674 | 72 749 | 76 748 |
| 马里兰州 | 319 728 | 341 548 | 380 546 | 407 350 | 447 040 |
| 弗吉尼亚州 | 748 308 | 880 200 | 974 622 | 1 065 379 | 1 211 405 |
| 北卡罗来纳州 | 393 751 | 478 103 | 555 500 | 638 829 | 737 987 |
| 南卡罗来纳州 | 249 073 | 345 591 | 415 115 | 502 741 | 581 185 |
| 乔治亚州 | 82 548 | 162 101 | 252 433 | 340 987 | 516 823 |
| 亚拉巴马州 |  |  | 20 845 | 127 901 | 309 527 |
| 密西西比州 |  | 8 850 | 40 352 | 75 448 | 136 621 |
| 路易斯安那州 |  |  | 76 556 | 153 407 | 215 739 |
| 田纳西州 | 35 791 | 105 602 | 261 727 | 422 813 | 681 904 |
| 肯塔基州 | 73 077 | 220 955 | 406 511 | 564 317 | 687 917 |
| 俄亥俄州 |  | 45 365 | 230 760 | 581 434 | 937 903 |
| 印第安纳州 |  | 4 875 | 24 520 | 147 178 | 343 031 |
| 伊利诺伊州 |  |  | 12 282 | 55 211 | 157 455 |
| 密苏里州 |  |  | 20 845 | 66 586 | 140 445 |
| 哥伦比亚地区 |  | 14 093 | 24 023 | 33 039 | 39 834 |
| 佛罗里达州 |  |  |  |  | 34 730 |
| 密苏里准州 |  |  | 4 762 | 8 896 | 31 639 |
| 阿肯色准州 |  |  |  | 14 273 | 30 388 |
| 全国在这5年的人口总数 | 3 929 827 | 5 305 925 | 7 239 814 | 9 638 131 | 12 866 020 |

——美国编者注

些对提高或改善公共福利没有任何贡献的利益或产品以不必要的形式。① 维持着数量庞大的雇佣兵、侍卫、密探和无数监狱才能恣意实施暴政的集权政府，迫使它的人民承担对这些于公共福利完全没有任何贡献的监狱、密探和士兵的额外费用。

另外，尽管一个公职的报酬非常丰厚，但是人民支付的代价可能很低。不过，支付给一个无能的官吏的薪俸即使再低，也是浪费。低效官吏的无知也许会让公众承担比他薪水高十倍的代价，而一个有能力的官吏的知识和积极性，完全和他所得到的优厚报酬相称，他使公众免受的损失，以及通过他的努力工作带给公众的收益，其价值完全超过他的个人薪水。

事实上，使用上好的东西，尽管价格不菲，但其实也相当划算。低薪很难吸引有才能的人，因为有才能的人能做大量有益的工作。这些才华横溢的人在政府里面能够成为年富力强的部长，而在其他行业中也能成为出类拔萃的律师、医生、精明的农民或商贾。他能在所有行业找到工作并且获得薪酬。倘若国家不能给他提供适当的报酬，他也能选择其他更有作为的工作。

正直的人和才智卓越的人同样难能可贵。不付出适当的报酬，也不能雇用到正直的人。因为正直的人不屑于使用那些不名誉的手段和诡计来增加收入。

通常伴随着执行公共职务而来的权力，也是一种薪俸，它往往极大地超越了执行公务所得的金钱报酬。诚然，在法律高于一切、行权者不能滥用权力的有序国家里，人类根深蒂固的作威作福与强烈的控制欲望很难得逞。尽管如此，法律赋予执行法律的人，尤其是在政府部门，必须赋予的自由裁夺权力，以及国家高级职位带来的荣誉，都有着实际的价值。因此，即使是在薪俸微薄的国家，这些职位都成为人们热切追求的对象。

倘若因官员无能而招致的损失，小于取消他们的薪酬产生的利

---

① 我想起法国一个城市的例子。该城市在1789年以前，行政事务管理非常有效而节制，每年只需花费1 000克朗。但是归帝国管辖之后，尽管花费掉3万法郎（约5 580万美元），也难以支付君主肆意妄为和独断专行的开销。

益,那么就可以按照严格的节约原则,在任何存在着其他吸引力来促使人们竞争职位的地方,取消所有金钱津贴和薪酬,并把官职授予有钱人。这样的做法也许是合适的。但是,柏拉图在他的《理想国》中说得好,这样做无异于把船舵交给船上最有钱的人。但是,这里存在一个风险:无论一个人多么富有,只要他无偿提供服务,也可能会用权威来获得好处。此时,唯利是图就会使得公共财产不再安全。腰缠万贯的人,往往对财富的渴望更强烈,尤其是兼财主与行政司法长官于一身,还必须维持官员的外在形象和讲究排场的人,欲望当然更大。不但如此,我们会看到,下面假设的事情不是完全不可能发生。假设我们遇到富有而廉洁公正、具有执行公务所需的积极性的人,他已经明显地具有财富优势,再将行政大权赋予他以增加他的威望,这样的做法明智吗?雇主如何能够责备他对于国家和人民都采取慷慨的态度呢?但也有一些行之有效的方法能够使富人提供无偿服务,特别是在那些给予荣誉而不赋予权力的部门,例如让他们在公共慈善机构或惩罚机构中工作。

在法国的旧政权体系下,每当政府国库空虚的时候,常常出售官职。这是个极其糟糕的权宜之计,具有无偿服务的一切弊端。因为在这种情况下,薪酬只不过是购买官职所需资本的利息。此外,还有一个坏处,即对政府来说,这种官职的费用,与有报酬的官职相同。因为政府必须继续支付已消费或已消失的资本利息,而事实上,这项资本已经被消费掉或者已经消失。

有些时候,将某些民政职务,例如登记出生、死亡、结婚的民事交给牧师执行。因为牧师已经得到了薪水,所以他们被认为能够无偿执行这些事务。但是把民事职务交给自认为听命于比国家地位更高的权力的人去执行,总是带有一定危险性的。①

---

① 在上世纪,曾经发生过好几次这样的事情:莫林那教派的牧师拒绝为詹森派教徒执行牧师的职务,尽管政府极力要求他们这样做。他们的借口是:听从于由教皇传达的上帝的命令,比听从于人的命令要好。

这种困境,只存在于有着唯我独尊观念的国家中,而且这个国家在教义和教规上只听命于独立于国家的权力或者外部权力,例如,在信奉罗马教的国家。但是还存在另外一种麻烦,一个苏格兰牧师曾经详细提到的,尽管采用各种预防方法，社会与君主总不能像私人那样，以极小的代价得到优质的服务。低级公务员不可能像私人企业那样受到上司的严密监督，他们的上司也往往也没有私人企业主那样因利害关系而严密监督下属。此外，下属欺蒙上司不是难事，因为上司需要处理的事务太多，有时也许距离下属相当远，不可能事必躬亲。同时，由于上司的虚荣心，对下属的阿谀奉承更加在意，而对于公众利益所需要的真正的优质服务或真正效用反倒漠然视之。至于国王与国民，良好管理的行政服务是他们的利益所在，因为良好的行政服务一方面可巩固国王的政权，另一方面可增加民众的幸福。但是他们自己几乎没有可能实施长久有效的控制。在大多数情况下，这种控制必须由他们的代理人来执行，已经有大量的实例证明，这些代理人在关乎切身利益的时候，往往采用欺上瞒下的手法。斯密说："只有在执行公务完成后时给予报酬，并且报酬与工作的努力程度相称时，公务才能执行得最好。"因此他建议说，法官的薪俸应当在每个案件结束后支付。而每个法官分得多少，与他们对于案件判定过程中消耗的心力相当。这种方法会激励法官勤勉工作，同时也会促进法院的有效结案。倘若把这种方法推广到其他行政权力部门，难度相当大，甚至也许会引发另一种恶劣的弊病。但是至少它会产生一个好处，那就是不至于增加不必要的闲职。此外，对于社会所需要的服务而言，这种方法可以引入有效的竞争机制，就像是个人服务领域里享受到的那样。

通常，公务人员因他们付出的时间与劳动，不但获得的报酬常常高于普通人，而且往往由于他们管理不善、缺少适当的监管而导致他们的劳动白白浪费。此外，通常还有一种更大的浪费，即因依从国家风俗与宫廷礼节所造成的浪费。如果有可能，将浪费在化妆修饰上的时间，或在上世纪中浪费在巴黎和凡尔赛之间路上的大量时间做个统计，会令人大吃一惊的。

因此，在亚洲各国的政府中，高级官员在繁文缛节上浪费的时

---

让一个牧师兼管牧师职务和民事职务的困难。由于性质如此悬殊的两种职务混在一起，分工的利益荡然无存。——英译者注

间无法统计。国王或君主在例行的巡游与个人娱乐上浪费的时间很多,用来料理国家事务的时间所剩无几。这些政务日久荒疏。普鲁士的腓特烈二世的做法与之相反,他明智地分配自己的时间,想方设法处理了很多政务。通过有效利用时间的做法,他相当于比那些比他高龄的人都活得更长,而且成功地把他的王国建成了一流强国。毫无疑问,助他取得成功的肯定还有很多其他优秀品德,但是,倘若他没有合理安排时间,仅靠那些优秀品德是不足以使他成功的。

### 陆军、海军的费用

当一个国家在商业、工业和艺术上取得巨大进步,它的产品在种类和数量上达到极大丰富时,如果将处在社会必需的不同行业从事着有效生产的每个人,都必须征召入伍保家卫国的话,对社会发展而言,将是极不方便的事情。在这个时候,耕种土地的农夫不仅为自己和家庭的粮食而劳作,还必须为其他许多人的粮食而劳作。在这些人中,或是与他共同分享产品的土地所有者,或是给他提供必需品的商人与制造商。为此,农夫必须耕种更多的土地,必须轮栽作物,必须饲养更多的牲畜,必须采用更复杂的耕种方法。所有这些工作,使得他在播种期和收获期之间,没有任何闲暇。①

商人和制造商更不能浪费他们的宝贵时间和聪明才智。为了获得生活资料,除了休息时间,他们必须把全部精力和宝贵时间,不断地投入到生产之中。

毫无疑问,出租耕地的地主可以不要任何报酬去服兵役。在君主国家,贵族和绅士在一定程度上确实这样做过。然而,他们中的大多数人,现在已经习惯了养尊处优的生活,不再会为了满足心理需求而去成就伟大的事业;他们不再拥有竞争的激情,缺少团队的

---

① 第二次波斯战争以前的希腊人,经常在农闲时间进行军事活动。那些不关注技术、不注意农业发展的游牧民族,比如鞑靼人和阿拉伯人,在时间上没有太多约束,能够为获得水草和战利品而在任何地方进行军事冒险。因此,阿提拉、成吉思汗和帖木儿以及摩尔人和土耳其人,都征服了广大的地区。

合作精神，以至于他们宁愿牺牲金钱，也不愿意放弃舒适的生活和宝贵的生命。这些动机同样支配着资本家。

基于上述原因，大多数现代国家的人民，都同意缴纳赋税让国王或共和国能招募雇佣兵或职业军人以御外敌的袭击。但是，雇佣兵和职业军人很容易成为他们领袖实现野心或实施暴政的工具。

当战争成为一种常态时，人们通过劳动分工就能获取利益。人类科学的所有分支学科都为战争提供服务。若要成为优秀的将军、工兵、副官，都必须经过长期的训练和不断的实践练习。一个国家如果不根据这个原则行动，必将处在以不完美技术抗衡完美技术的劣势中。因此，除非举国全民皆兵，否则占优势的一定是受过严格训练的职业军队。土耳其人虽然都说他们基督教邻国的技术毫无过人之处，但由于害怕灭亡，也不得不学习这些国家的战争技术。所有的欧洲列强都被迫采用普鲁士的战术。当法国在激烈的革命战争中使用所有的科学技术为战争服务时，法国的敌人也不得不依葫芦画瓢。

由于战争广泛采用全新的科学技术、采纳如此之多的新工具以及动用更多的资源服务于军事目的，因此使得今天的战争代价比以往大得多。现在需要预先给军队至少配发供一场战役所需的武器、弹药、粮草、军械等。火药的发明带来了更复杂、更昂贵的武器。这些武器的运输费用不菲，尤其是野战类炮和攻城类炮。不仅如此，海军战术的极大改善以及使用不同类型、不同结构的舰船，都要求人们最大限度地发挥自己的才能和劳动。造船厂、船坞、机器、仓库等设施，使得好战的国家在和平时期的军费开支几乎与战时同等。他们不仅要消耗掉大量的收入，而且还要把大量资本投放在军事企业中。此外，应该指出的是，现代殖民制度就是在世界偏远的地方对某些城市和省份保持宗主权制度，使欧洲国家在很遥远的地区也容易受到袭击。当交战各方均是主要的强国时，整个世界就变成了战场。①

---

① 据计算，当大不列颠上次和美国作战时，每个士兵送往战场的费用，是在欧洲大陆时的战争费用的两倍。其他的军事费用也因为距离遥远而相应翻倍。

因此，财富像勇敢一样，成为现代战争不可或缺的要素，贫困国家无法抵御富裕国家。财富只能来自勤俭，所以我们可以这样说，那些由于不良政治、沉重赋税而导致工农业和商业没落不堪的国家，必然受到它的节俭邻国的奴役。我们进一步还可以说，从今往后，国力和国家的科学与文明，必将成为密不可分的伙伴，因为只有文明国家才能维持一支庞大的常备军。我们有理由相信，历史上常常发生的文明帝国被野蛮民族突然推翻的故事，将不会再发生了。

一个国家为战争而消耗的费用，远远超过战争的实际费用。此外，这个国家因战争而失去了它本来可以获取的利益。

1672年，路易十四因荷兰记者对他的不敬，一时激愤决定惩罚荷兰人时，荷兰大使波里尔（Boreel）向路易十四提交了一份备忘录说，法国每年通过荷兰卖给外国的法国产品高达6 000万法郎，这是按照当时的价格计算的，如果按现今价格，价值1.2亿法郎（2 200万美元）。但当时的法国宫廷认为，波里尔大使所言不过是空洞的恐吓。

由此得出的结论是，如果不考虑战争造成的破坏，就不能正确地评估战争费用。因为在交战各方中，成为主战场的那个国家的土地，无论如何是不可避免地遭到破坏蹂躏。一个国家越是勤奋，遭受的损害就越大。当战争发生在一个四处是农田、工厂和商店的地区时，好比一把大火烧到了充满可燃物的地方。火势越来越猛，破坏将非常巨大。斯密把士兵称为非生产性工人。如果仅此而已，而不是成为破坏性工人，那该多好啊！士兵不但没有用自己的产品①增加总财富，以回报他所消费的生活必需品，反而做的是损人不利己地破坏他人的劳动果实的事。

人类知识和智能的缓慢但不可逆转的发展进程，也许会使对外政治关系发生更进一步的变化，从而大大削减旨在进行战争的费用。

---

① 上面的话说得过于笼统，在只能使用职业兵防御外敌的地方，士兵就是生产要素，因为他生产无形产品，即防御外敌攻击。在某些情况下，什么都没有这个产品更有价值。——英译者注

世界各民族将会了解，相互发动战争对他们实际上没有好处，他们必然会遭受战争带来的灾难，而战争带来的好处往往都是空中楼阁。按照现今的国际惯例，战败国必须接受战胜国提出的苛刻条件，而战胜国的国民也一定要向自己的政府缴纳重税，因为支持战争的借款利息必须从税收中筹措。历史上从来没有因战争大获胜利而国家费用减少的事例。而且，战争带来的荣耀，不过是一件价格昂贵、没有实际效用的玩具，不存在任何实用价值，绝不会给有理智的人带来长期的兴奋，这些荣耀算是什么呢？当人们普遍了解，陆海统治的好处全归统治者所有，普通百姓完全得不到任何利益时，陆海统治必然失去吸引力。就个人而言，最大的利益在于完全自由的往来，而这个利益显然只有在和平时期才能享受到。各民族依照天性，本来倾向于和睦共处。如果他们的政府从中作梗，并挑起战争，那么他们这样做，不仅损害了交战国人民的利益，而且违背了自己人民的利益。如果他们的人民愚昧地附和统治者那些破坏性极大的狂妄行为，那么，这些愚蠢与荒谬的行为，和那些受过战斗训练的野兽之间自相残杀，以博取野蛮首领欢心的野蛮与荒谬行为，有什么区别呢？

但是，人类的知识不会停滞不前。过去那些曾经推动它向前发展的动力，将继续推动它更进一步地发展①。由于国家战争费用快速增加，今后的政府如果不经过国民同意、明确表示同意或默认就不可能进行战争。随着人们越来越普遍地了解自己的实际利益，政府获得这种认同的可能性越来越难。国家的军事设备将降低到仅仅足够支撑抵御外来入侵的程度，所需要的只是少数经过长期训练与实践的军队，如骑兵和炮兵。此外，国家依赖的是后备役部队与改良的政治体制，因为人民如果万众一心并忠于国家的典章制度，这样的人民是难以被征服的。人民忠诚的程度，总是和改朝换代可能

---

① 那些不承认人类理智逐渐长进的人，必定没有好好研究历史，战争中的不义和残酷暴行，在欧洲，特别是在欧洲文明的国家之间，已经大大减少，但是在美洲或者亚洲，还没有大量减少。最近发生的一些战争，激起了人民极大的愤怒，以至于这些战争的策划者自食其果。

带给他们损失的大小密切相关的。①

### 公共教育的费用

政治经济学提出过两个问题：一是公众是否会对所有的科研项目抱有兴趣？二是公众关注的那些科研部门的教育经费，是否需要由公众负担？

无论一个人在社会上地位如何，他总是无法摆脱对三个天然领域的依赖：他生存所需的食品、社交所需的衣服、健康所依赖的医药。同时他在工作和娱乐上所使用的每件物品，都受到固定规律的支配。对这些规律了解得越清楚，在社会中得到的利益就越多。所有的人，无论是普通木工或者泥瓦工，还是能够一气呵成撰写出有关国家农业、畜牧业、矿业以及商业规划的内阁总理，对于事物本质的了解越多，分辨能力越高，工作就做得越好。

正是基于这个原因，伴随着科学的每一次进步的，是社会幸福感的不断增进。杠杆工具新的应用、水力或风能新的利用技术，甚至是减少物体摩擦的新方法的使用，都可能对二十个不同领域的技术产生重大影响。倘若巧妙地利用基于数学原理的度量衡统一方法，整个商业界必会大受裨益。天文学或地质学科的重大发现，就可能提供在海面上精确测定经度的方法，这将使全世界的航海业得到更多的收益。移植到欧洲的植物新品种，有可能会对千百万人的舒适生活产生重大影响。②

多种学科的理论研究与实践科学，有益于增进或促进公众的利益。非常幸运的是，在这些科研项目中，有很多是个人有兴趣参与的，因而公众无须承担他们的教育费用。个人利益会强烈驱使各产

---

① 我在这里提到了文明时代唯一可靠的标志和依赖。在朝代更迭中没有遭受什么损失的人民，可能非常英勇地保护自己。宗教徒可能会为了一个完全不值得保护的国王或者一个信条而猝然加入破坏性的战争。但是，宗教和政治迟早会消失，人类将寻找一个更加值得关注的合理努力目标。
② 新西兰的亚麻在纤维长度和细度以及产量上，都比欧洲亚麻好得多。如果在欧洲移植新西兰的亚麻能够成功，就能如预期那样，以现今最粗亚麻布的价格生产细亚麻布，从而大大促进下等阶层的清洁和健康状况。

业部门的冒险者学习专业业务及相关的知识。工匠在学徒期间，除了学会手艺，还学会了很多只有在工厂车间里才能学到的种种概念或观念。他所掌握的知识，只能从他的薪水中获得报酬。

但是，每一种对个人有益的知识，并非都同样会对公众有益。我在上面谈到①科学家的利润时，详细说明了为什么他的才能没有得到适当报酬的原因。理论知识与实践知识对社会具有同样的效用。因为，如果理论家没有发现并保存了科学理论知识，又怎么可能在实践中应用并造福人类呢？没有理论科学的支撑，实践科学很快就蜕化成一种简单的机械习惯，这样的习惯不久必然快速衰退，而技艺的没落会使社会很快退回到野蛮愚昧的状态。

能够意识到不断发展人类才智价值的所有国家都明白，维持那些学会和学术机关以及数目有限的高等学府，并不是浪费行为。这些学会和学术机关作为科学和最有效教育方式的宝库而存在，同时也是进一步发展与扩大科学的手段。但必须妥善管理这些机构，使得它们不会成为科研发展的阻碍，而会促进科学知识的发展；不会成为教育改良的障碍，而是成为教育改良的有效途径。众所周知，早在法国革命爆发前，由于缺少良好的管理，大多数法国大学的运作已经与创办人的初衷背道而驰。结果所有的重大科研发现，都是在大学以外的地方发生的，并且这些大多数的发现如果希望推广，就必须消除这些大学对年轻一代的影响以及它们所得到的政府的信任。②③

---

① 第二篇，第7章，第2节。
② 在拿破仑时代，所谓的大学是更加有害的机构。事实上，它是最浪费又最招人怨的机构，因为它用那些旨在使政治奴役永久化的主张替代那些正确的事物和观念，以破坏年轻一代的智力和才能发展。
③ 杜格尔·斯图亚特说："通常，人们在面临和自己切身相关的问题时，容易产生无方向、无目的的联想，思想由此而误入歧途。这些联想，大多来自虚妄的宗教制度、暴虐的政治组织和荒诞不经的教育计划。而最终的结果是，此前时代的物理和数学的发现与成就，在历史学家眼里，如同一块块天然纯金一样。而我们这里探讨的政治经济学相关的真理，却好似铁（iron）一样。虽然在所有金属中，铁是应用需求最多而且分布最为广泛的，但是，通常需要有辨别力的人，才能发现其存在。而另一方面，从铁矿石

由此可见，把这种自有裁定权交给那些大学是多么危险。如果审查一个候选人，就不该到他过去的老师那里进行调查，因为这些昔日的老师此时既是鉴定人，又是利害关系人，毫无疑问会认为自己的学生好，别人不好。成为决定要素的，应该是候选人的真正价值所在，既不应该注重他曾在什么大学里念过书，也不应考虑他参加实习时间的长短。硬性要求一个科学学科的学生，比如医学专业的学生，必须在某个特定的地方学习，可能使他失去在其他地方学习的更好的机会；规定一个一成不变的学习程序，必然使他无法选择更快捷的学习途径。除此之外，在结党营私的社会背景下，很难公正地决定相对的价值。

存在一种可以稳妥安全地鼓励具有很大效益的教育方式，就是撰写优秀的初级教材①。这类优秀的教材获取的荣誉以及带来的利润，是无法弥补撰写这种书籍所耗费的劳动、投入的科学研究与技巧的。②在物质上的收益与公众所得利益不对称的条件下，愿意在这方面为社会提供服务的人，必然是个傻瓜。因此，除非公众愿意开

---

中炼出来铁也是一件需要耐心细致工作的乏味事情。

"类似地，伦理科学和政治科学的进展，不像数学或者化学的发现那样强力地吸引众人的视听。根深蒂固的偏见和毫无方向的联想，如同难兄难弟一样相随而生，但是如果能够摒除毫无章法的联想带来的根深蒂固的偏见，人类的智能将会获得怎样的全新激励而提升啊！而事实上，获得这个结果的进程是缓慢和沉默啊！诚然，如果不是有学问的专家专门不时统计和计量，我们很难相信，人类的理智和思想是向前发展的。就这一点而言，欧洲的有些学术和宗教机构，对于人类思想历史学家，并不是毫无用处。这些机构，由于锚链的坚固和沉重，屹立不动在原来的停泊地，使得它们能够衡量世界其他地方思想潮流的飞速发展。"

参阅斯图亚特《论文集》序言，第28页，波士顿版。——美国编者注

① 在此，我认为，应该包括各个门类知识的初级和基础部分，适合于各种职业的一般学识。也就是以较低代价，把各种技艺的一般原理传授给制帽工人、翻砂工人、陶工、染工等，这些书籍使得实践知识和理论知识保持着持续的接触，并能够相互利用彼此的经验。

② 这种情况只会发生在这类书籍的需求并不很大的地方。在英国，对作家而言，教育书籍也许是利润最为丰厚的书籍门类的一种。——英译者注

出高价,足够吸引一流作家编写优秀的初级教材,否则对这些书籍的需要不可能得到充分的满足。聘请特定的人编写是不行的,因为才能最高的人未必能做得最好。提供特定的奖金也没有用,因为奖金往往授予那些并不完美的作品,而且奖金一经授予,激励作用便终止了。事实上,这种书籍的报酬,应该与它的价值程度相称,并且应该从价付酬。只有这样,才能在一本好书发行之后,由于其示范作用,必定会有更好的书籍问世,直到所有学科门类的这种书籍最后都达到尽善尽美为止。应当顺便指出的是,给有价值的书籍付以丰厚的报酬,并不会花费很大开销,因为这种书籍必定极少。而且对于个人而言的一大笔款项,对于国家来说却是微不足道的。

上面谈到的教育,是最能增进国家财富的教育,如果得不到公众的合理支持,就会导致倒退。除此之外,还有一些关于淳风正俗不可或缺的教育,更需要公众的鼎力支持。

当手工劳动高度发达,劳动实行普通工种与精细工种分工的时候,最下层劳工阶级的工作,往往简化成一两个动作操作,这种劳动多半比较简单,而且是不断地重复。因此,他们的注意力和思维基本集中在这些操作上,很少有新的或意想不到的事件使他们的思想和注意力转向其他方面。既然他们很少运用才智或从来不用才智,他们的才智自然就会退化,变得如同禽兽一般。因此,他们说不出一两句与本行业无关的常识性的话,他们完全没有深邃的思想和高尚的见解。高尚的见解源自对人和事物的广泛观察,不懂得事物之间简单关系的人,不可能具有高深的见解和思维。一个勤劳的工匠,不可能会了解神圣财产权与社会繁荣的关系,不能设想他比他那些富裕的邻居对社会繁荣有更大的兴趣。恰恰相反,他却把这些主要利益看作对他权利与幸福的侵害。要使他的头脑开窍,了解这些概念,并成为更好的父亲、丈夫、兄弟或者公民,他就需要有一定程度的教育、阅读能力,以及一边工作一边思维的能力,包括和他同伴们的交流。

但是在庞大的国家生产机构面前,体力劳动者由于自身所处的位置,除了养家糊口的微薄收入外,很少有其他收入,甚至根本没有其他收入。他们最多只能抚养子女长大成人,培养他们从事一种职业,而不能指望他们给子女以获得幸福的必要的教育。倘若社会希望从劳工阶层具有更多的知识和智慧中获得利益,那么社会就需要承担教育费用。

要达到这个目的,可以设立小学教人读书、书写和算术。这些都是一切知识的基础。就下层阶级的文化而言,有此三个方面的教育基本就足够。事实上,除非一个国家的一般人民都接受过这三个方面的教育,否则,这个国家不能称为文明国家,也就无法享受文明的利益。在尚未达到这个程度之前,一个国家只能算半开化国家。初级教育带来的益处,就是保证那些出类拔萃的天才或有超越思想的人,不会长期默默无闻,他们的天才会有用武之地,从而给社会带来无限大的利益。仅仅具有阅读能力的人,就足以使得他能以几个苏的代价,了解到杰出人物在他才能擅长的领域论述或所做的事情。女性也应该接受初等教育,因为社会对她们的文明和文化程度同样感兴趣。事实上,她们是年轻一代的第一位教师,而且往往是很多年轻一代唯一的教师。

自称有教养、有文化的欧洲国家政府,如果忽视教育事业,对大多数人民的愚昧置若罔闻,那就更不可饶恕。因为,经过改进的互相教育法已经试验并获得成功,并且为在下层阶级中间普遍传授知识提供了一个现成的和最经济有效的方法。①

---

① 这种新方法由兰开斯特所倡导,后来由其他教师发展完备。按照这种方法,一个教师只需要为数不多的书籍和纸笔,就能够迅速而高效地把读书、书写和一般算术同时教授给五六百人。这种方法之所以能够产生这么经济的效果,是因为它善于利用学生智慧和人类所固有的争强好胜的动机,并把它们导向有益的学习方向上来。一个大的学校通常分为好几个班,每个班由8个水平尽可能相同的儿童组成,并且由一个略微比其他儿童优秀的孩子作为小班长任教。这些班中的儿童又分为8个级别。最低级的学习字母发音,并在铺沙的地板上用手指书写字母。最高级的学习在纸上写字,并演算四则运算问题。每个班的儿童按照他们的进度确定,对于不能解答对应问题的学生马上改编到其他班级中去,由另一个较为灵敏的学生补充缺位。当一个学生修完一级,就升高一级。学生们有时候站着、有时候坐着上课,石板固定在墙壁上。这样,教育就总是和儿童的年龄和能力相适应,并且也必然能够吸引儿童的注意力,满足他们的兴趣,并且提供给他们机会以进行一些适合儿童身心的个人活动。上述一切都在一间教室里进行,往往只有一个男教员或者女教员监督。这个方法的普遍被采用,也许会在一个时间段内受到风俗和偏见的反对,但是它的效用符合事理,势必流行和广泛传播。

因此，在所有的知识中，只有初级知识和理论科学，也就是最低级的知识与最高级的知识，既不会顺利地吸引人们去赞助和投资，也不像其他领域知识那样得到所需的刺激性竞争。设立政府当局的目的就是专门照顾公众利益，所以教育必须得到当局的鼎力支持。个人并不是对促进与赞助这些知识领域不同于对其他知识领域那样有兴趣，而是对这些知识领域不像对其他知识领域那样有直接的兴趣。这些知识部门不存在时不会引起即时的或明显的损失。一个繁荣昌盛的帝国可能因此而衰退到愚昧的边缘，而它的人民还不会觉察出造成这个衰退恶果的原因。

读者不要误会，我不是对那些提供上述知识领域教育和研究的其他公共教育机构心存不满，我只是试图说明，那些知识部门应该由国家的国库支付教育费用才是明智而符合其利益的。事实上，传播的各种知识，只要是基于事实和实践经验而不是基于武断见解或武断说法，以及能够增进人们鉴赏力并提高理解力的教导，都有其价值和益处。因此，旨在传播和普及这些知识的教育机构，均对社会有所裨益。但是必须注意，不应当在增进一门知识的同时，忽略了其他知识的传播，而这一点恰恰是社会奖励机制通常所产生的不良影响。如果能够免费获得同样的教育，尽管是由较低水平的老师提供，都会使得私人教师和私人教育机构得不到应有的恰当报酬。因此，就出现了庸才替代天才以及个人努力受到抑制的危险。而个人努力恰恰是国家资源得到最大回报的利益源泉。

在我看来，唯一不应用公费支持传授的科学是伦理科学。伦理科学可以被视为纯凭观察的科学，或可以看作是属于道理的科学。前者是关于道德品质的知识、依存于人类意志的各种事件之间联系的知识，它是研究人的科学的一个组成部分；而研究人，最好是通过人与人之间的交际与往来来进行。后者则是一系列的格言和教训，对人的实际行动不会产生太大影响。在社会生活与个人生活的关系中，人的行为规范最好的导师是公正的法律和优秀的教育，以及良好的榜样。①

对美德和良好品行唯一有效的鼓励，与挑选并雇用良好品性的人有直接利害关系。即使在生活中从不依靠别人的人，同样也需要有一些使他们感到愉悦的其他东西，即人们的普遍尊重与信赖。若要获取这些，至少要装成具有值得尊重与信仰的品性。自己获取这些品性，比鼓励别人获得这些品性容易得多。君主或统治者对国家风尚的影响巨大，因为他雇用了太多的人。不过即便如此，他的影响还是不如个人利益相关的影响那么有益，因为他不像私人那么有兴趣只雇用有道德的人。这种冷漠的态度，如果再加上统治者往往给人民树立的不道德、不正直、不节俭的坏榜样，会导致国民道德败坏的过程大大加速。② 不过，一个国家道德的堕落还是可以通过反向的行为来拯救的。大多数的殖民地不是由本国令人敬佩的阶层组成。但当移居者放弃回国的希望并决定在新的居住地度过他们的余生时，他们就会逐渐感受到获得当地居民尊重的必要，因而殖民地人民的德行由此而很快得到改善。我所说的德行，是指一系列的一般行为。

以上是对国民道德起积极作用的因素。除此之外，还必须加上一般教育的影响。一般教育使人们觉悟到他们的真正利益所在，并对其性情起到陶冶作用。

严格地说，宗教教育应该由各个宗教团体分担。宗教团体总是把其他宗教团体的意见视为异端邪说，因此帮助宣传那些它们认为如此谬误乃至邪恶的东西，当然会引起它们的反感。

## 公共慈善机构的费用

个人危难时是否有权利要求社会救济，一直是个众说纷纭、莫

---

① 对于逻辑，我也是类似的看法。如果所教授的内容都是与真理和良知相符合的，那么条理自然随之而来。如果一个人的思想或者概念是不正确的，什么教育也不能使他成为好的推理家。而如果他有正确概念作为基础，就不需要教他如何才能推理得好。要想获得事物的正确概念，只能通过仔细考察事物相关的不同方面，而忽略和事物无关的部分。这其实是一切知识的目的，而不仅仅是逻辑的目的。

② 一个不道德的国王的坏榜样是危害最大的。举世皆知，而政府却保护并鼓励他。曲意奉承的廷臣，由于上有所好，必然盲从而竞相仿效。

衷一是的问题。在我看来，除非个人危难是现有社会制度不可避免会造成的结果，否则没有权利要求社会救济。如果残障与贫困是社会制度的产物，那么在社会制度的确不能提供预防和治疗方法的情况下，可以要求社会提供救济。然而在此讨论权利问题就离题太远了，我们需要做的只是讨论慈善机构的性质及其结果。

当社会用公费设立慈善机构时，它就成为一种储蓄银行，每个成员把他自己收入的一部分贡献给社会，以便在遇到意外或不幸事故时向它要求救济。有钱的人普遍认为，他们不需要社会救济。但是他们还是不要过于自信，因为谁都不能确定自己的生活道路永远平坦，也许幸运之神会光顾，也许可能与贫困相伴一生。只要知道好运不能长久相伴，就会担忧有福去祸来的一天。只要环顾我们周围，就能找出很多事例来证明这种担忧是有根据的。很多遭遇不幸的人，他们从前根本没想到有一天会遇此大难。

由于医院、救济院、养老院和育婴院的存在，减少了贫困阶层的开支，而这部分开支必须依靠他们的生活维持费，因此加速了人口的增加。所以，这些机构理所当然地倾向于略微降低劳工工资。如果这些机构增多到一定程度，能够容纳所有贫困阶层中的病人、老人、残疾人或婴幼儿，那么劳工的工资还会继续降低，因为他们只需养活他们自己。如果完全废除这些机构，那么劳工工资会稍稍增加，但是相比于这些机构能够帮助维持的而言，是不足以维持那么多的劳工人口的。因为劳动力的价格一旦提高，社会对劳力的需求就会减少。

通过上述两个极端假设，我们能够评估各国对救济贫困做出一定程度努力的结果。同时还能看到，危难与救济一同增加，但是增加比例不同的原因。

大多数国家采用折中办法，只对一部分因年老体弱、年幼无助，或意外患病而导致无依无靠的人员给予救济。对其他人，政府会尝试通过下面两个方法帮助他们摆脱困境：一是对申请者加以某种限制，比如限定年龄、某些疾病种类，甚至完全取决于私人关系或者情面；二是严格限制救济的范围，对申请者提出苛刻条件，或使得接收救济具有一定程度丧失当事者体面的意思。①

如何限制申请庇护的人数是一件令人挠头的事情，除了限制申请人资格或寻求赞助外，还没有更理想的好方法。人们认为，那些设施较为舒适的收容所，应该开放给那些没有私人关系、但真正应该得到救助和遭遇不幸的人士，而不是按照私人交情来决定收容与否。这种方法也有利于避免不适当的提名。所有申请人的资格应受到严格审查。除了透明、公正、纪律严明、充分投资之外，还没有其他更好的方法，让大范围的贫困人员受到适当的保护。

上述弊端，在残疾士兵和水兵收容所从没发生过。其收容条件非常清楚，凡具备条件的人不可能被拒之门外。这样的机构尽管设备舒适，但绝不会导致申请的人数增加。住在这类公共收容所的人得到的良好照顾与舒适环境，丝毫不比他们同阶层的人在家中享受到的逊色。他们在收容所里惬意地休养，有的甚至还能满足老年人的个人爱好。毫无疑问，在这种情况下，收容费肯定会略有提高，也就是说，会增加到和生命自然延长相称的程度——他们如果没被收容，很可能因贫困而不能尽享天年。这是收容费用增加的最大限度了，凡具有爱国心与人道思想的人，绝不会吝惜这项费用。②

在美国、荷兰、德国和法国迅速增长的行业作坊，都是很好的慈善机构。这些行业作坊面向所有健康的人，按照他们各自的能力，提供适当的工作。有些行业作坊收容失业工人，只要他们愿意提出申请，就会被接受。另外有一些工业作坊是一种感化院，收留流浪者、乞丐和拘留罪犯，要求他们在指定的期间内做工。有时候罪犯

---

① 在巴黎，残疾收容所、疯人院、圣·路易、普济院和许多其他慈善机构，施行第一种限制；而主要施诊医院、精神病院、养老院或者妇女精神病院以及弃儿教养院，则施行第二种限制。由于有资格申请第一种救济机构的人数，总是超过它们的容纳能力，所以，最终只能凭私情或者私人关系决定收容者。

② 但是应该好好权衡一下，给他们固定的收入让他们在自己家中生活，或者把他们寄养在私人家庭，相比之下，是否对于国家和被抚养人更有利呢？按照一心一意为公益而积极筹措的圣皮耶神父估计，在巴黎费用庞大的机构中，用以维持残疾士兵生活的费用，比他们自己在家维持的生活费用多出3倍［《政治年鉴》(Annales Polit)，第209页］。

要在拘禁期间，从事与他们职业专长相应的苦工，这样就可以免除部分甚至全部的服刑期间的费用，同时还可以矫正罪犯的品性，使他们重新成为有益于社会的人，而不再是害群之马。

事实上，这些机构几乎不可能列入公共开销项目，因为当它们的生产等于它们的消费时，就不再成为任何人的负担。在人口稠密地区，这些机构带来的利益非常大，因为在许多职业中，总有一部分难免处于不景气的状态。商业的不断变动，新工艺的采用，资金从生产事业中撤离，失火或其他意外灾难，都可能使很多人失业。即使是最有本领的人，也可能因他人的过失而陷入极度贫困。在这些机构中，人们至少可以获得生活资本，即使不能从事自己擅长的职业，也可以做一些类似的工作。

维持这些机构生存的最大障碍，就是需要支出大量的资本。它们是有市场风险的行业，因此需要配备各种类型的工具、器械、机器，以及各种原材料。必须赚到足够多的钱，多到足以支付前期投入资本的利息和其他经常性费用后，它们才可以说能够维持生存了。

这些机构无偿使用政府提供的资本和房舍，以及许多其他帮助。这些机构倘若自身不存在某些特殊不利的情况，势必对私人企业构成威胁。它们生产的产品，必须与被收容人员衰弱的体力以及较为低劣的生产技能相适应，因而不可能生产出有最大需求的物品。此外，要求大多这样的机构都遵守下述规定：要把工人工资或收入的三分之一或四分之一储蓄起来，在工人离开这些机构时能提供给他们作为经营资本。这不仅是个很好的未雨绸缪的方法，同时产生另一个好结果，即不可能利用廉价的劳动力从事经营，使其他正常的竞争者在市场中无立足之地。

虽然监督和管理慈善机构带来的附加荣誉，总能吸引社会上有钱有地位的人士自愿提供无偿服务，但是，当职务工作变得繁重时，没有报酬的管理者往往会敷衍了事。把巴黎所有的医院统一交给一个人管理，大概不是明智的方法。在伦敦，医院分开管理，于是管理得更周到有序、更经济合理。正是因为分开管理，各医院的管理人之间自然会出现令人赞赏的竞争格局，从而提高了服务效率。这再次证明，公共事业可以用竞争的方法管理，并且还能从这种方法中获取收益。

**公共大型建筑和土木工程的费用**

在这里我不打算列举公众需要的各种公用土木建筑，只是想订立一些关于估算国家公共建筑费用的一般规则。要极其准确地估算公众从公用建筑中得到的利益，往往无法做到。城市居民从公共花园或其他散步场所获取的利益或者愉悦，我们要怎么估算呢？在人口稠密城市中狭窄拥挤的街道附近，在树荫下或满目青翠的草场上，居民们可以呼吸新鲜空气、休闲或者运动的地方，孩童们也可以在那里嬉戏，这些都是价值和利益，但是无法精确估算这种利益的多少。

但是，建筑设施的总费用却能够确定或者估计出来。每个公共土木工程或者建筑物的费用包括：

（1）土木工事或者建筑所占用土地的租金，这等于租户要付给地主的租金。

（2）所花费的建造资本的利息。

（3）每年的维护费用。

在这些项目中，有时可以缩减一两项。当建筑物占用的土地不能从采购者或者租户得到什么代价时，公众也就无须承担租金性质的费用。因为这个地方如果没有兴建土木，也没有租金收入。比如，桥梁的费用，除了建筑所用资本的利息和每年的维修费用之外，没有其他开销。如果听任桥梁坍塌，那么公众就只是损失了投资的资本的作用（资本的作用按照投资款项的利息计算），另外还逐渐消费资本本身，因为桥梁失去了通行价值，就是失去了资本的价值或者利息，同时连投资的资本价值也消失了。

假定荷兰一个水坝的最初投资是 2 万美元，每年利息费用按照 5 厘计算，将是 1 000 美元。如果还需要 600 美元维护费，每年总费用将达到 1 600 美元。

这样的计算方法也适用于公路和运河项目。如果公路的宽度超过实际需要，那么每年就会损失它因多占地而获得的租金，还损失附加的额外维修费用。巴黎的许多近郊公路宽度达 180 英尺，包括公路两侧没有铺石的部分。其实，60英尺宽的公路，完全足够使用，即使是作为通向大都会的公路也足够宽阔，多余部分都是毫无用处的铺张与壮丽。我确实不知道是否可以称其为壮丽，因为这些宽阔马路的两边，一年的大部分时间不能通行，而道路中间铺石部分的路面又很狭窄，这不但玷污了我们民族慷慨大方的美德，也玷污了我们民族的判断力和鉴赏力。看到浪费和糟蹋这么大的空间，尤其是看到它得到糟糕透顶的维护保养，有谁会感到愉快呢？这就好比是拥有建造宏伟宽敞大公路的欲望，但是没有保持整齐平坦的方法，如同从来没有打扫过的意大利贵族拥有的高大宏伟的大公馆一样。

其实，在我所说公路的两侧，有120英尺的空间可用来作为耕地，也就是说每3英里就能开出48亩的耕地可用。如果把多余占地的租金，花在最初费用与建造费用款的利息上，乃至再将每年花在这些不必要空间上可观的维修保养费（其实保养得一点儿不好）加在一起，就可以知道法国每年花费多少钱来维持着这些因虚荣而建造的太过宽大的道路。这些公路比通常规格宽一半，而它们通向的道路又过于狭窄，比通常窄3/4。①

即使是在公路和运河等公共项目运行得非常经济合理的国家，公路、运河等大型项目也属于造价高昂的公共土木工事。但是，它们为社会提供的效益远远超出它们的建造费用。请读者参考前文提到的关于两地之间因运输便利所产生的价值②，以及生产费用节省多少，消费者就能从中获得多少价值的一般规律，就很容易理解并相信上面的话。③ 如果我们对比一年内通过任何一条公路上所有物品，假设在该公路不存在时的运费与现今公路存在情况下的最高运费，这二者之间的差额，就是那些物品的消费者所得到的利益和社

---

① 虽然法国的大路浪费那么多的空间，但是它们并没有四季可通行的铺石人行道，也没有供行人休息的石椅、暂时躲避风雨的栖息场所或者解渴的蓄水器。事实上，增添这些设备，并不会花费太多钱。

② 第二篇，第9章。

③ 第二篇，第3章。

会所获得的切实的、纯粹的净利润。①

运河产生的社会收益更大，因为运河所节省的运费更多。②

没有经济效用的公共建筑物，比如宫殿、凯旋门、纪念柱等，是国家的奢侈品，它们和私人为炫耀而购买的奢侈品一样，难以为其辩护。这类公共建筑带给国家或人民的虚荣所提供的无意识的满足，绝对抵不过它们的建造费用，以及通常它们造成的苦难。

---

① 有这样的说法认为，假如公路不存在，运输费用也就不会发生，因为即使是运输没有发生的时候，人们也还是过着日子。这是一种奇怪的逃避辩论的方法。事实上，因为缺少购买的手段而克己自制，这是贫穷的证明，而不是富裕的证明。无论哪一种物品，如果消费者不能买到，对于这个物品而言，他的贫穷就达到极点。而无论哪一种物品的价格或者价值降低，就这种物品而言，消费者就变得富裕。

② 有一天，也许会在不同城镇之间建造铁路来替代运河。铁路所节省的运输费用肯定会超过巨大的建造费用的利息。行驶在铁路上的火车除了行驶速度快以外，还能减少旅客和货物在其他道路上所受到的那样猛烈的震动。但是只有在资本充足，而政府行动能使得冒险者确信可以收回冒险利润的国家，才可能进行这种宏大的事业。

# 第7章　对公共消费有实际贡献的人

在极少数的场合中，部分的公共消费品是由私人提供的。我们不时地看到一些私人的豪爽行为，他们出资建造医院、道路或公园。在古代，这种事例比今天多得多，但不像今天这样值得称赞。古代人的私有财富，往往是在本国或本省内的掠夺与盗用的结果，或是以同胞的鲜血换回的敌国战利品。在现代，虽然偶尔也发生过这种事情，但在多数情况下，私人财富是勤俭的硕果。英国有许多慈善机构是由私人出资创办并维持着。这些创办人与维持人的大部分财产是他们依靠勤奋努力获得的。放弃自己因长期的辛勤劳动、勤俭持家而获得的财产，比放弃因偶然的好运或侥幸的蛮干而获取的财产，需要有更豁达的风度。

古罗马时期，战败国直接供应一部分公共消费品。在那个时代，战败国必须向战胜国进贡，供战胜国消费。

在大多数国家，有些土地资产归国家或归所属的市、镇、乡村所有。这些财产有些出租，有些由国家直接占有。法国的国有土地中，耕地与牧区大部分公地，包括地上附属物都租赁给私人，政府只保留国家森林，由它委派的人员直接管理。这些财产的全部产品均为国家资源清单中的一个重要项目。

上述资源主要由向人民征收的租税组成。这些租税，有时是全国性的，即在全国范围内征收，然后上缴中央金库，用以支付全国性的公共费用；有时是地方或行政区性的，由各州、各省向当地居民征收，上缴地方金库，用以支付地方性开支。

国家的费用应当来自受益的人，这是公平的原则。因此，管理最好的国家，必定是这些国家各阶层人民缴纳的租税，都与他们从国家费用所得的利益相称。

　　国家中的每一位居民或各社会阶层，都从中央管理机构或中央行政机构处得到利益，就如同他们享受到的国家军事机器所提供保卫的利益一样。各省或行政区，难以独自防御外来的威胁。如果敌人攻占一国的首都，进而就能够威胁或控制该国的各省及行政区，占领者将他们的法律强加在该国军队没有进驻的地区，同时还任意处置那些甚至没有看到敌人面孔的人的生命与财产。正是由于这个原因，军事要塞、军工厂、外交使团的费用，也应由全国负担。

　　司法行政提供的安全与利益，虽然在更大程度上属于地方性质，但司法行政的经费，应该列入全国费用的项目。当年波尔多地方执政官逮捕并审判犯人一事，大大推进了法国公安系统的发展。有了行政司法长官公署的费用，监狱与法院的费用问题就被提到议事日程上来。斯密曾提出建议，民事审判费用，应由诉讼双方支付。比目前更适用的办法是，在每个特定的案例中，由诉讼双方共同指定审判案件的法官，而不是由官方政府从一些他们认为的有知识、有道德的人中选派。如此，法官将成为仲裁人或公正的审判员，依诉讼案件的性质给予一定报酬，而不是依照案件审理的时间长短计算报酬。如此，法官通过简化诉讼程序、珍惜审判时间、减少不必要的麻烦以及通过公正审判，就能吸引更多的诉讼案件让他们来办理。①

　　但是，地方行政与地方公用事业单位、教育部门、慈善机构或娱乐场所，仅为他们所在地带来利益，所以他们的费用，像大多数

---

① 在这段里，本书作者似乎在国家民事裁决方面同意了斯密的观点，而在从前的版本中他对这一观点表示了不同意见。尽管仲裁是解决民事诉讼的最好方式，因为双方都急于结案，而且实际上是应该经常被使用并提倡被使用的方式；但是很明显，对于顽固或执拗的人必须由法庭强制裁决。而且，个人和财产安全是社会制度的主要目标，所以由公共负担费用抵制或阻止某个侵犯事件是完全正当的。要获得严格的公平，侵犯者应该赔偿全部损失，所以他应该或必须采用交讼费、罚款、赔偿金或其他方式。但是受害者要额外负担司法机构的部分费用并必须垫付证人和代理人的费用，而且要冒着即使最终胜诉而侵犯者却无力赔偿的风险，所以他们不敢提出诉讼，这是不公平的。——英译者注

国家一样，理所当然地应由所在地居民负担。不过，整个国家也能从好的省政府或省机关得到好处。外部人员可以进入这些管理良好地区的公共场所、图书馆、学校、公园和医院。但主要利益还是归附近人民享受，这一点是毫无疑问的。

地方性收支留给地方当局管理，是一个非常经济的办法。在官吏是由出资方委派的地区，效果尤其明显。当地人捐助行政经费，并希望通过捐助地方管理经费从中受益，由他们监督管理经费的开销，浪费的情况必然大大减少。此外，开销的管理费用，也必定与预期的利益相符。当我们经过道路情况恶劣、生活环境恶化的城市或乡镇，或看到残破衰败的运河或码头时，得出的结论十有八九是说，负责调拨使用当地管理费用的官员，肯定没住在这个地方。

从这个角度说，版图小的国家比版图大的国家更有优势。前者对公用事业与娱乐设备花费相对较少，而得到的享受相对更多。因为它们近在咫尺，可以一目了然地看到经费开支与收益的结果。

# 第8章 课税

## 第1节 各种课税的一般影响

课税,是指一部分国民产品经个人的手转到政府手上,用以支付公共费用或供公共消费。无论赋予它什么名称,赋税、捐献、租税、消费税、关税、援助、特别税①、捐助,或是自由馈赠,实际上都是政府在某一时期加在个人或社会团体上的负担,用以应付政府认为应由公民出钱的消费。依字面的意思,一言以蔽之,它就是税。

研究课税权归谁所有或应归谁所有的问题,不在本书研究的范围之内。在政治经济学领域,必须把课税看作是事实问题,而不是权力问题。这里研究的只是赋税的性质、来源以及赋税对国家和个人利益产生的影响问题。这门学科研究的范围仅以这些为限。

课税的目的,不是纳税人向收税人缴纳实际产品,而是缴纳产品的价值。只有在对人民有利或对君主有利的偶然情况下,租税才以银币、货物或个人劳务的形式缴纳。重点之处,是这银币、货物

---

① 如果国家有权利能够通过它的行为使人民只能同意它的课税,那么所谓的课税经过人民或人民代表的同意,还有什么用处呢?德洛姆(De Lolme)在他的《关于英国宪法的论文》(*Essay on the English Constitution*)中说,当人民有权拒绝提供国王进行战争所需要的军需品时,国王的作战权力便是徒有虚名了。难道我们不可更为正确地推论,当国王能够造成那样的局势使人民必须同意时,人民拒绝供应军需品的权利不也是徒有虚名吗?英国拥有的各种自由的实际保证,完全依赖于出版自由。而出版自由,与其说是基于法令或法院的判决,不如说是基于国民的习惯和意见。当一国国民要获得自由时,他们必定能够自由。建立公民自由的最大障碍,在于缺少自由的意愿。

或个人劳务的价值。价值一旦离开纳税人，对他来说就是价值的损失；价值一旦被政府或公务员消费，对整个世界来说价值损失了，绝不能再回归于社会或续存于社会。我在讨论公共消费的一般结果时，已经论证了这个问题。当时我曾说明，虽然课税征收的货币归还给国民，但它的价值始终没有归还；因为政府在归还该货币时，总是收取等值物作为交换。

前面提到过非生产性消费不利于再生产的原因，因而课税也不能促进再生产。课税使生产者失去一件产品。假设没有缴纳租税，如果生产者喜欢非生产性地消费这个产品，产品会给他带来个人满足；如果他喜欢有效地利用这件产品，该产品就给他生成利润。一件产品是生产另一件产品的手段。所以，减少一件产品，必然使生产力减少，而绝不能增加生产力。

有人说，租税产生的负担，迫使各生产阶级不得不加倍努力，因此有助于扩大国家生产。我的答复是：首先，没有资本的帮助，仅靠人为的努力是不能生产的，而租税是以资本的形式，从人民手中拿走的产品的积累；其次，显而易见的是，专为应付纳税需要而创造的价值，不是财富的积累，因为这部分财富通过纳税而消亡。说课税对国家财富有贡献，通过消费这部分产品而促使国家致富，这是荒谬绝伦的胡言乱语。要不是大多数国家奉行这个原则，要不是心存善意并讲究科学的作者也企图拥护或证明这个原则，在这里提到这个谬论，就是在浪费读者的宝贵时间。①

如果看到租税负担最重的国家却最富裕，例如英国，于是根据这情况提出结论说，这些国家之所以富甲天下，是因为租税较重，

---

① 根据同一论点，有人试图说明奢侈与非生产性消费同样刺激生产。但是，奢侈与非生产性消费造成的危害，不像课税那么大。因为奢侈与非生产性消费至少还能给个人带来满足，而使用课税作为刺激生产的手段，促使人们加倍努力，目的并不在于增加享受，事实上是增加了痛苦。如果增加的赋税用于维持错综复杂、过于庞大的装饰门面的内政机关，或者用于维持多余的或不相称的军事机关，这些机关可能耗尽人民的财富，夺取优秀青年的生命，并且破坏和平幸福的生活，这难道不是付出高昂的代价换取更大的灾难吗？这看起来像是巨大利益吗？

那么，我们就是在本末倒置。挥霍无度的人，未必是富豪；而富豪具有慷慨花钱的资本。如果一个人看到富人花钱如流水，就认为出手阔绰可使他致富，那会让人笑掉大牙的。必须明白，富人敢花钱，是因为他有钱；但是，挥金如土的行为绝对不会令他更富。

当原因与结果依次相继发生时，人们是很容易识别的。但当它们连在一起并同时发生时，往往令人困惑。

由此可见，尽管课税所征收的款项，如果用得适当，可能带来好处，而且事实上往往带来好处，但征税行为在开始时，总是有害的。贤明的君主或开明的政府常常想方设法通过厉行节约降低税负，不竭泽而渔，只在绝对必要时向人民课税，尽量减少课税施加于人民的损害。厉行节约之所以难以成为君主的美德，是因为在宫廷中充斥着一大批人，他们的利益在于不实行节约，总是强词夺理地使君王相信，奢华可增进国家的繁荣，浩大的政府开销有利于国家的发展。本书第三篇的目的，在于揭穿这些荒谬的观点。

有一些人不敢公开提出公共奢侈就是公共利益所在的主张，但总是企图通过算术推演证明，人民的负担不重，能够缴纳更高的租税。苏利在他撰写的《回忆录》中说："国王身边围着一大群顾问，为了巴结国王，他们不断提出筹款的新方法。这些人多半是被解除职务的旧官员，由于在职时惯于中饱私囊，所以提出的建议只是榨取民脂民膏的方法，他们企图博取国王的赞赏，借以谋取权位。"[1]

还有一些人，制订了一些财政计划，并制订了在不剥夺人民财富的前提下增加君主财富的方案和办法。但是，除非这些计划和方案是纯粹的冒险性产业计划方案，否则不取之于民或不取之于政府本身，就不能有所获取。生财之道，绝不是一挥魔杖就可以无中生有地变出东西的戏法。无论生财手法披着什么神秘的外衣，也不论我们是转变、改变还是变换价值，获取价值的方法只有两个，即自己创造或取之于他人。最好的财政计划是尽可能地少花费，最好的租税是最轻的赋税。

---

[1] 《回忆录》(*Memoires*)，第20篇。

课税即向私人征收他们的一部分财产①充作公用；课税所征的价值，从社会成员手中取走后就不再返还给他们。课税就其自身来说，并不是再生产的方法。如果承认这些前提，就不能否认这个结论，即最好的租税，或更确切地说，是危害最少的租税。它们表现在：

第一，最适度的税率；

第二，在填充国库时，最低限度地烦扰纳税人；

第三，社会各阶层公民的负担平等；

第四，给再生产造成的伤害最低；

第五，有利于国民道德，也就是有利于普及对社会有用和有益的习惯。

以上的结论不言而喻，我将逐一解释并提出一些意见。

第一，最适度的税率。

课税事实上是剥夺了纳税人原本用以满足个人欲望或用以再生产的产品，所以课税越轻，剥夺必定越少。

横征暴敛产生可悲的结果，使个人陷入贫穷，而国家并不因此达到致富的目的。回顾一下前面所说的：每一个纳税人的消费，无论是生产性消费还是非生产性消费，总是受到他个人收入数量的限制，因此我们就知道了问题所在。收缴了纳税人的一部分收入，迫使他按同一比例减少消费。这必然降低他不再消费那些物品的需求，尤其是受捐税影响的物品的消费需求。需求减少，进一步影响到产品的供给必然也减少，因此成为课税对象的物品供给也必然减少。这样一来，纳税人削减了自己的享受性消费，进而影响到生产商的利润，再进一步影响到国库的收入。②

---

① 路易十四为了教导他的儿子如何管理政务，曾经写道："国王是专制君主，当然拥有完全的或无限制的处置属于教会或俗人全部财产的权力。无论在什么时候，在适当考虑到节约和国家一般利益的情况下，都可以行使这项权力。"［《路易十四文集：历史回忆录（1666年）》］

② 1789年以前，在法国实行盐税的地区，人均年消费量是9磅，而在没有实施盐税的地区，人均年消费量为18磅。参见蒙西欧著《各种租税的影响》第141页。这种租税使征税地区的盐产量减少一半，并且使它所能提供的享受减少一半。至于其他害处，比如妨碍耕作、畜牧和腌制食品，使人们

这就是税率增加，而税收并没依比例增加的原因，也就是从财政的角度讲"2 加 2 不等于 4"这句话成为一种格言的原因。过高的赋税，无论是在必需品还是在奢侈品上，都是一种自杀行为。但是这中间还是有区别的：就奢侈品而言，所消灭的只是一部分产品和随着消费所提供的满足；就必需品而言，所消灭的不仅是生产与消费，还包括纳税人本身。

这个原则可以说是不证自明的，否则我们要举大量的例子来说明，只有充分意识到真正利益所在的国家，才能通过适度的税率获取巨大的收益。

1775 年，杜尔哥把巴黎鲜海鱼营业税与入境税减低一半时，鲜海鱼的产量没有减少。而鲜海鱼的消费税反而增加一倍，进而渔民和商人的业务量与利润，也必定增加一倍。由于人口总是伴随着产品增加而增长，所以消费群体必定扩大；生产者的人数随之增加，进而又导致消费者人数也同样增加。利润的增加，即个人收入增加，使储蓄增加，并使资本与家庭户数增加。鲜海鱼产量的提高，毫无疑问地导致其他方面的税收大幅提高。至于政府因减轻国民负担而

---

对盐税的征税员心怀仇恨，由此引发的犯罪行为大幅度增加，许多人被处罚去做划船苦役，而这些人的劳动与敢作敢为的精神，本来可以用于增加国家财富。这些害处无须细说。

1804 年，英国政府把糖税增加 20%，本来期望国库在这方面的收入按照同比例而增加 20%，也就是从 2 778 000 英镑增加到 333 万英镑，但事实上，虽然提高了税率，实际税收却只有 2 537 000 英镑，反而比以前减少。见国会议员亨利·布鲁厄姆先生在 1817 年 3 月 13 日的演讲。

英国人民本来可以按照略高于法国的价格，消费法国出产的酒，也许可以按每瓶 1 先令的价格，享受到纯正无杂质、卫生安全、回味无穷的美酒佳酿。但实际上，因对法国酒征收的税率过高，使得进口数量降到最低限度，整体税收极为有限。所以说，这个税收，剥夺了英国人民获得享受价廉物美、安全卫生消费品的利益。

李嘉图曾经对本书的这一段提出过异议。我上面所举的最后两个例子，足以作为答复。他的理由是，课税对总生产没有损害，因为国家本身的消费替代了租税所消灭的个人消费。但是，剥夺个人财富而不增加财富的课税，并没有以任何国家消费替代它所消灭的个人消费。

更加深得民心，就更不用提了。

税务人员或承包商，往往滥用职权假公济私，在解释财政法规的疑点时，总是从自己的利益出发，有时故意把疑点解释得模棱两可，借以混淆视听，结果等于同样程度地提高了税率。① 杜尔哥采用的是完全相反的方法，有利于纳税人。租税承包人攻击这个新办法，他们宣称，只能给政府代收，并由政府承担损失。事实证明他们的预言是个错误，因为税收反而增加了。宽松的税收政策，不仅有利于生产，也大大地有利于消费，以致从前绝不超过 10 550 000 利弗尔的收入，在新政策下增加到 6 000 万利弗尔。倘若没有确凿的证据证明这个增加，任何人都会感到难以置信。②

我们从洪博德③那里学到很多极有价值的知识。他告诉我们说，在1778 年以后的13 年间，西班牙对它的美洲属地实施相对宽松的政策，结果单从墨西哥所得的收入，就增到 1 亿美元。此外，在同一时期，还从墨西哥得到价值 1 450 万美元的银。我们不妨假设一下，在那些繁荣昌盛的年代，个人的收益必定相应增加，说得确切些，是大大增加。因为个人利润是一切国家收入的来源。

---

① 关于这一点，保罗在他的《关于立法与行政的各种意见》一书中曾经列举了一个典型的例子：巴黎的一个大银行家在1817 年去世，政府按照他财产总额而不是按财产扣除负债之后的余额来征收遗产税和继承税。这是依据税法的一个附加条款确定的，即按照死者的总财产课税，而不按未偿还债务以后的净余课税。事实上，纳税人可能虚报账目的危险并不构成充分理由。

税务部门一向不预先通知遗嘱执行人或相关人员什么款项应该偿清，而是要等到法定的日期到后才通知他们，因为它希望收到他们缴纳不按期还清债务的罚款。革命废除了这个苛刻的财政方法，但是帝国政府又把它恢复了，迄今为止还在实行。事实上，除非税务人员在任何场景下都只考虑国家的国库利益而不计人民利益，否则他们是没有提升的机会的。

② 《杜尔哥文集》，第一卷，第170 页，租税的总承包人开列详细账目，而且账目经过严格的审查，因为国王也会获得一部分利润。

③ 《关于新西班牙的政治性论文》，第五篇第12 章。

相似的管理方针，总是产生相似的结果。① 令自由主义学者感到高兴的是，他能够利用经验证明，中庸政策是最好的政策。②

根据同样的原则，可以非常轻松地论证，危害最少的租税必定：

第二，在填充国库时，最低程度地烦扰纳税人。

很多人坚持认为，收税费用不会对国家构成巨大的祸害，因为这些费用又以另一种形式归还社会。关于这一点，请读者参阅我在前面所说的话。③ 正如租税的实收款项没有归还社会一样，这些费用并没有归还社会。因为费用与实收款项，实际上不是由用以缴纳租税的货币组成，而是由纳税人用以取得货币的价值与政府使用的货币所取得的价值组成，这个价值完全被政府消灭或消费殆尽。

在近两个世纪里，欧洲大多数政府的财政部门采用了比过去更好的制度和更节俭的办法，与其说是国王注意公众利益，不如说是国王需要这样做。由于公民只缴纳他们能够负担得起的租税，因此每项征收费的节省，无疑使国库的收入有所增加。

苏利在他的《回忆录》④ 中写道：在 1598 年，人民缴纳的租税

---

① 这一点也从兰斯当侯爵时在 1785 年致莫里勒神父的信中所说的情况得到进一步证实。兰斯当时写道："降低茶叶税的结果好得超出所有人的想象。虽然存在着诸多的不利情况，但是销售额从 500 万英镑增加到了 1 200 万英镑。此外，走私大大减少，以至于让国家收入增长到了惊人的程度。"
② 李嘉图在他的《政治经济学和赋税学原理》中反对这个学说。他说，由于产业的效果或者是产品总是和投资在产业的资本额相当，因此，租税所消灭掉的一个产业部分的产品，必然有另一个产业部门的产品替代它。因为，在一个部门中失掉作用的劳动和资本必定转移到另外的部门中。对他的这番言论，我的回答是，当租税使得资本从一个行业转到另外一个行业时，它消灭一切由于这个变动而失业的人的收入，并减少社会上其他人的收入。因为，我们假定产业先前选择的方向是能够产生最大利润的途径。进一步说，强迫转变方向会使得产业的许多其他利润消失。此外，这样做对公共繁荣干系甚大，不管消费者是个人还是国家。繁荣和利润丰厚的产业促进了新资本的创造和累积。但是在捐税的压迫下，它们就不再有厚利可图，资本将逐渐减少，财富和生产也因此而逐渐减少，繁荣将成为过去，所留下来的将只是不断地强迫捐税。李嘉图试图采用几何学论证的不变原理，但是在政治经济学中，此方法恰恰最不值得采用。
③ 第 5 章，第 1 节。
④ 第二十篇。

总额为 300 万美元，而国库实际收入为 600 万美元。他说，尽管难以令人相信，但这确实是他耗费很大精力调查出来的千真万确的事实。在奈克的管理下，征收 1.1 亿美元的租税时，所需费用为 1 000 万美元，这时需要 25 万税收人员，不过其中大部分是兼职人员。尽管这时收税费用达到收缴租税总额的 10.8%，但还是比英国的收税费用比率高得多。①

除征收费用外，还有其他费用。这些费用对国库无益，而对人民却是负担。起诉、监禁以及其他预防措施，都是在增加征税费用，于租税增加无益。这些增加的费用，必定落到纳税人中最穷困的阶层上，因为其他阶层都缴纳得起租税，无须对他们起诉或强迫。这些强迫缴税的可恶方法，完全等于要求一个无力支付 10 美元的人缴纳 12 美元的租税。在轻税的国度，无须使用强迫手段来征收租税，而在必须课征重税的国家则没有这样幸运了，在扣押物品与拘禁人身这两种强制征税办法中，前者往往比后者略胜一筹。通过查封和拍卖纳税人物品，政府可取得拖欠的税款。欠税者被迫缴纳租税，而且他所缴纳的全部都归入国库。

正是由于这个原因，如同法国旧政权征用民工修建道路一样，征调民工建造公共工程，是一种危害极大的课税。征调来的民工走到工作地点时也许要走三四里格（1 里格 = 4.8 公里）。这样损失的时间，以及没有报酬与不愿工作的人所必然浪费的时间，对国家来说，完全是损失，也毫无任何收益。即使这类无报酬的义务劳动完成得很好，但由于正常的农业工作经常受阻而造成的损失，往往大于强制性劳役所得的收益。杜尔哥命令各省的测量员和工程师，估算每年保养旧路与建造平常数量的新公路的平均费用，同时指示他们从宽计算。按照他的命令估算的全国平均费用，达 200 万美元；而根据杜尔哥的计算，旧的徭役制度，使国家每年损失 800 万美元。②

---

① 在拿破仑的制度下，征税费用比上述多得多（这方面和其他很多方面都有所倒退）。因为它们必须包含盘剥费用和不可能收回的余款。但是拿破仑制度所造成的全部损失还不能确定。

② 奈克只把徭役制度计算为 400 万美元，但是也许他只考虑了所雇用的每日工人劳动的价值，而没有考虑用这个方法提供公共需要所产生的危害。

法定的休息日、节假日，以及民族风俗和地区习惯规定的休息日，是另一种对国库毫无裨益的课税。

第三，社会各阶层公民的负担平等。

课税是负担，当社会全体共同承担时，落实到每个人的负担必然是最轻的。当租税不公平地归某一个人或某个产业部门负担时，它既是直接负担，也是间接负担，因为它使那个人或产业部门不能依同等条件，与社会上的其他人或其他产业部门竞争。豁免某个制造行业的税，往往导致几个其他制造行业破产。对一个人徇私枉法，就是对所有其他人不公平。

不公平的课税，不仅损害个人利益，而且还损害国家收入。纳税过轻的人，不会喊着要求加税；而纳税过重的人，很少按时缴纳税款。因此在这两方面，国家收入都会遭受损失。

关于对花费在昂贵的奢侈品那部分收入课以重税，而对花费在生活必需品的那部分收入课以较低的税的情况，有人曾提出是否公正的问题。这种做法貌似合理，因为租税是一种牺牲，目的在于保存社会和社会组织。但我们不应该以毁灭个人的代价来换取这个安全，剥夺人们的绝对必需品，那无疑就是消灭他们的生存条件。主张父母应该限制自己孩子的衣食，把这种缩衣节食省下的钱作为他们的一份贡献，用来维持宫廷的奢华享乐或公共建筑所不需要的富丽堂皇，这样的主张实在是太过分了。如果社会制度剥夺个人实际拥有的必需品，或是能使他快乐的物品，而给予他的回报只不过是口头允诺未来会有好处的话，这种社会制度对个人来说还有什么利益可言呢？

但是，如何区分生活必需品与非生活必需品呢？区分这两者非常困难，因为必需品与非必需品这些词汇，不但是表达不正确或绝对的概念，而且往往和时间、地点、年龄以及具体情况有着千丝万缕的关系。所以，如果定下一般规则，只对非必需品课税，那就很难开始和结束。我们确切知道的是，若一个人或一个家庭的收入可能非常有限，仅够维持生存，这个人或家庭从维持最低限度生存的生活水平，到最终他们的收入能满足感官上、享乐上甚至是虚荣上的欲望，几乎感觉不出其中的渐变过程。收入增加一次，就离仅能满足严格生存需要的限度越远，到最后，能够满足无聊的或随意消费的欲望。因此，对那些仅能维持生存的个人收入课以较轻的税。另外，不但必须公平地分摊租税负担，而且还必须要按累进税率课税。

假定租税完全以个人收入为基数，征收 10% 的税。例如，一个年收入为 6 万美元的家庭，缴纳 6 000 美元的租税后，还余有 5.4 万美元用于家庭开销。有这 5.4 万美元，这个家庭不仅能够过着优裕的生活，还能享受许多与生存无关的享乐。另一个收入 60 美元的家庭，完税后每年仅余 54 美元。依我们的生活习惯和想法，必须节衣缩食。所以，依个人收入的数额比例课税是不公平的。也许这就是斯密所说的，富人应该对公共费用的担负，不仅仅是与其收入的数目相称，而是要多得多。我的观点则是坚定地更进一步说，只有税率累进制，才能做到课税公平。①

第四，给再生产造成的伤害最低。

通过课税从纳税人手中剥夺的价值，如果这部分价值由个人支配的话，毫无疑问其中大部分用于满足个人的需求和愿望；其中一部分会储蓄起来，成为今后生产性资本的进一步积累。因此，所有的赋税，都可以说会对再生产造成伤害，因为它阻止了再生产资本的积累。

如果纳税人为了完税，不得不从已经用作投资的资本中提取出一部分的话，上面阐述的影响将更直接、更严重。针对这种情况，西斯蒙第巧妙地比作不是在收割期，而是在播种期征收**什一税**（tithe）。属于这一类的税是对遗产和继承财产课税。继承 2 万美元财产，并必须按 5% 的税率纳税的继承人，不是从他已经完税的经常性收入中提取一部分缴纳税款，而是从他继承的财产中提取须缴纳的税款，所以他实际继承的财产减少到 1.9 万美元。假如所继承的 2 万美元财产是已经投放到产业上的资本，因纳税的关系减少到 1.9

---

① 见《国富论》，第五篇，第 2 章。他反对累进税率，认为这种税率阻碍了勤劳的人们累积财富。但是很明显，各种税收是从个人增加的收入中收取的一部分，而且往往是很小的一部分，因此，累积资金的作用大于不累积的倾向。如果每个人增加 200 美元的收入需要支付 40 美元的税收，那么他还能按照比他牺牲的大得多的比例来增加其享受。参阅斯密在该书同一章第 4 节关于英国土地税部分的论述。

万美元价值,那么可以说,由于这部分财产的价值转进国库了,国民资本相应减少1 000美元的价值。

对财产的转移课税,也是如此。如果购买方必须缴纳5%的税,那么拥有价值2万美元土地的所有人,其出售土地后所得的款项即为1 900美元。土地拥有人出卖价值2万美元的土地,换回来的可自由支配的资本金是1 900美元,同时国民资本也遭受相同价值的损失。如果购买方不精于计算,那么他将支付土地的全部价值给买家,而没有减扣相关的税额。在购买价值2万美元的土地的交易过程中,实际支付的是2.1万美元。在这两种情况下,国民资本都是损失1 000美元。在后一种情况下,损失落在购买方,而不是落在售卖方。

对财产的转移课税,除了对资本课税外,还有效阻止了财产流通。财产自由流通,对公众有利害关系吗?产品在一个人手中,与在另一个人手里有什么不同吗?毫无疑问是不相同的。财产的自由流通,涉及公众永远的利害关系,因为财产只有在自由流通的状态下,才有可能最终转到能够最大限度地发挥其价值的人的手里。出售土地的人认为,他能在另外一些产业中更有效地使用价值。而另一个购买土地的人则认为,他是把闲置的或没有有效利用的资本投资到土地上面,或因为他认为那块土地有改善的潜力。这种财产的转移由于可增加立约双方的收入,所以,财产转移有利于提高国民收入。倘若转移费用妨碍了财产转移的目的,那就使国民收入得不到预期的增加。

这种有损于社会生产成本,并因此减少社会对劳动的需求与产业利润的租税,却在很大程度上具备著名的政治经济学家亚瑟·扬称之为租税所不可缺少的要素:征收手续简便、费用低廉。① 课税是两害相权取其轻的办法,在人民负担较重的国家,最好对资本课以轻税。

---

① 这就是大家认可把登记税增加到现今这么高的原因。但是如果降低税率,国库大致还能得到同样多的收入,而国民则可以享受到财产更为自由流通的利益。此外,它对于国民资本的损害也将减少。

诉讼费以及向司法人员缴纳的所有费用，都是对资本课税。①诉讼费用不与当事人的收入成比例，而是与诉讼事件的严重性质、家庭利益的复杂性，以及法律自身的完全性相称。

没收也是对资本的课税。

课税对生产的影响，不仅限于减少了用于生产的资本，同时还对生产部门与消费起到了限制作用。专利证、某些职业的特许证，以及一切与产业直接有关的租税，都有这种弊病。但是，当税率较低时，克服这些障碍，对产业来说问题不大。产业不仅直接受到课税的影响，还受到与它生产出来的物品的消费相关课税的间接影响。

再生产消费的产品，是原材料。有碍原材料生产的租税，必然伤害到再生产。尤其是在再生产过程中消费的工业原材料的生产，一旦受阻，危害更大。对原棉课征重税，就阻碍了由它制成的一切物品的生产。②

巴西是一个渔牧业资源物产极为丰富的国家，如果允许腌制，可提供更大数量的产品与出口额。巴西的渔场产量极高，牲畜产量也很高，有时仅仅是为了获取皮革而屠宰大量牲畜。欧洲的皮革厂，

---

① 诉讼手续费是个非常大的负担。自从边沁关于法律税的著作出版以后，凡是看过他著作的人，没有人不认为这些手续费是失策的。《爱丁堡评论》（第二十七卷，第358页）说，某一天，罗斯（Mr. Rose）在皮特（Mr. Pitt）面前把边沁拉到一边，并告诉他说，他们看过他的小册子，认为他的观点无可辩驳，并且决定不再征收那些手续费。评论者接着说，但是，随后的一次又一次的预算中，都还是把这些手续费列入其中。而皮特自己在1804年回任时，也还赞同征收这些手续费。所有那些赞同征收这些本该被反对的手续费的观点都被边沁——成功驳倒。《爱丁堡评论》说，边沁的评论精辟，几乎无与伦比，而其文辞的优美，无人能出其右。——美国编者注

② 在英国和法国，都对某些原材料的进口提供津贴和补助，目的在于鼓励工业发展。这是和上述相反的错误。依据上述原则，不但不应该对土地产品征税，而且还应该给所有愿意耕地的人以奖励。因为，国内的农业提供了大多数的工业原材料，特别是五谷。五谷经过人的努力再变为其他各种价值。这些价值超过了在制造过程中所消费的价值。对任何一种物品征收关税或者进口税，和对土地进行直接课税一样公平。但是，这两者的确都有害处。所以课税越轻，所造成的危害就越小。

在很大程度上依赖巴西产品的供给。但巴西的盐税阻碍了鱼与肉类产品的输出。为了 20 万美元的税收，使得国民生产力，以及该生产力所能产生的公共收入，受到难以估量的损害。

鉴于租税对再生产性的消费具有阻抑作用，同样，也可以利用它来阻抑非生产性消费。在这种情况下，有两个好处：一是使用于再生产的投资价值不会减少；二是使价值不用于非生产性消费，而用于对社会更有利的方面。这就是对所有奢侈品课税的利益。①

当政府不把对资本征收的税款消费掉，而是投放在生产事业时；或是当私人动用自己的储蓄以补充被政府征收的资本时，租税的弊端就与这弊端产生的利益相抵消。当租税收入投放到改善国内交通、兴建港口或其他公共工程时，就是投入再生产。有时政府把部分税收用于冒险性企业。科尔伯特把税款借给里昂工厂时，就是这样做的。汉堡及其他德国地方政府，常常把它们的税款用于生产事业；据说，伯尔尼当局每年都把它的收入中的一部分投放在生产事业，只是这种情形不常见。

第五，有利于国民道德，也就是有利于普及对社会有用和有益的习惯。

对某些行为课以罚款，将影响到国民的习惯，正如课税影响到国民的生产与消费。此外，它还具有使课罚产生立竿见影效果的良好条件，因为它是适度的、无法规避的。② 它在财政与税收上的作用，即使置之不论，也是政府手中强有力的工具，既可以用来败坏国民道德，又可以用来改善人民的道德；既可以用来褒奖勤劳，也可用来促进懒惰；既可以用来推行骄奢淫逸，也可用来激励勤俭节约。

法国革命前，对所有的耕地课以 5% 的租税，而对游乐场所却豁免租税。毫无疑问，这当然是在课罚农耕企业的同时鼓励奢侈行为。

---

① 如果必须对某种消费或者某个产业课税，但又不想完全消灭这种消费或者这个产业，就需要开始时征收较轻的税，以后再慎重地慢慢提高。但是如果想要制止或者消灭一种有害的消费或者产业，就应该立即课以重税。

② 贝卡里亚在他的《犯罪和刑罚》这篇短文里说，处罚的这些特征无疑使得它具有实际效果。

对清还地租者按1%的税率课税,实际上就是对有利于立约双方和一般社会行为实施课罚,也就是课罚土地所有者清偿债务这个可称赞行为。

《拿破仑法典》规定,在私立学校念书的所有学生,必须向公立大学缴纳一笔特定的款项。这是对能够端正民风、充分发挥智能的唯一教育模式进行课罚。①

政府因发放彩票或博彩业特许许可证而得到收入时,难道不是对最有害家庭幸福与国家繁荣的罪恶行为给予奖励吗?政府这样做,是在以虚空和骗人的希望引诱穷人和贪婪成性的人,默许他们追求不正当欲望的满足,并仿效别人要是这样做就要加以责罚的欺诈行为,这是多么可耻啊!②

---

① 如果考虑下述原因,这种税更加不公正。其一,它必然落在孤儿身上,或者落在为教养子女成为有用公民而愿意忍受困苦的父亲身上。其二,子女越多,父亲的税负越重,遭受的艰苦越重。其三,这种税和个人的资历不相称,贫富都同样课税。财富中等的父亲,只有一个儿子,向大学缴纳的款项等于他所缴纳其他税收的总和。如果有多个子女,就更加艰苦。就是这样,篡位者把教育机关变成了横征暴敛的工具,同时灌输错误思想和奴隶习惯。仅凭这一点就足以使社会倒退到野蛮状态。即使没有被利用,提出要求私人机构担负部分强制教育费用的理由,也是完全不充分的。即便是假设公立中学最能培养有用的公民,并假定强迫父亲或者教师把儿子或者学生送到公立大学听钦命教授讲课是正当的,但是,最不需要这种教育的人,就是那些已经被安插在私立教育机构并由自己选择的老师讲课的学生。没有代价地传授某些学问,可能对于整个社会是有利益的,但是强迫个人去学习并要他付出很高的代价去接受这种教育,这是最大的压迫。假如有一个阶级应当负担无代价的普通教育费用,那就是那些自己没有子女并且不负担费用而享受到社会生活一切利益的阶级。

② 彩票和赌博不仅把资本用在毫无用处的途径上,而且还浪费很多时间。这种浪费完全不增加国库的收入。同时还有个坏处,使人不想凭着自己的才能或者积极努力获取收入,而是只想着侥幸获利。不想着从财富的源泉来寻求个人的利益,而是只想着从别人的损失中获得收益。因为所有积极努力的报酬,和中一个大奖的诱惑相比完全微不足道。此外,虽然彩票的购买是一种自愿行为,但是,它几乎是一种完全加在穷人身上的课税。因为只有穷困最能逼迫人们铤而走险,即使在明显没有胜算把握的情况下还购买彩票。所以,购买彩票的款项,多半是穷人的款项,或者更糟糕的情况下,是从犯罪行为中获得的款项。

与此相反的是，限制过分浮华与不当行为的税，不但给国家带来一笔可观的收入，还起到防患于未然的作用。洪博德谈到斗鸡税时说，这个税每年给墨西哥政府带来4.5万美元的收入，同时有效限制了这种残暴野蛮的游戏。

过高或不公正的课税，则是助长欺诈、虚假和伪证等不正当行为蔓延。善良的人只能在两者之间择其一，或背信弃义，或牺牲自己的利益，拱手让给不正直的同胞。当他们看到无辜行为，有时甚至是有益并应受到称赞的行为，被冠以恶名并要承受犯罪的后果时，怎能不痛心疾首呢？

以上所述的是主要原则，从公共繁荣的观点看，无论是今天还是将来征收的租税，必须根据这些原则来衡量其好与坏。提出这些适用于各种租税的一般性意见后，进而研究各种课税方法，换句话说，就是政府采用征收款项的办法，以及纳税负担主要落在什么社会阶层上，也许是有益的。

## 第2节　各种课税的方法与各阶层的负担

前面说过，课税是政府向公民征收属于他们的一部分产品或产品价值。政治经济学者的任务，在于阐明所征产品的性质、分配负担方法所产生的后果，以及租税实际上归什么人负担，因为租税最终必须落实到由这个人或那个人负担。上述原则应用于一些特定的租税，同时也显示出，它们可能适用于所有的其他税种。

政府通过课税征收到的价值，有时以货币的形式，有时以实物征收，这要看政府的需要或纳税人的缴税能力而定。无论以何种形式缴纳税款，纳税人实际所缴纳的都是他所交付物品的价值。如果政府需要或借口需要五谷、皮革或毛织品，则向纳税人征收与税款同等价值的实物，所缴纳实物的价值，是以政府在没有征收这些物品的条件下，纳税人为获取它们所花费的价值或出售它们时所获得的价值来计算。无论政府以它最高权力所定的税率如何，这是确定租税额的唯一方法。

同样，无论用什么形式征收租税，都是在加重租税的负担，且不论国家能否从这些加重的负担中得到什么利益。如果纳税人为纳税需要耗费时间，或需要运输他缴纳的物资，其间所损失的时间、消耗的运输费用，都加重了租税的负担。

在政府征收的捐税中，应当包括因政治管制而给全民带来的所有费用。例如，在评估战争费用时，必须计算下列各项：军事人员自己或其家庭为军事行动提供的装备费用与零用钱；民兵花费的时间价值；为免除兵役或请人代役的费用款项；在军营中的全部开销；军队可能掠夺或破坏的价值；军人回来时他们的朋友或同胞馈赠礼品的费用或招待费用。此外，还必须加上公众面对不良政治所造成的困苦，出于恻隐之心而捐助救济物品的价值。如果政治制度良好，社会成员无须付出上述的任何一种价值。虽然这一切价值不会纳入国王的金库，但民众已经为此付出了这些价值，而且这些价值损耗殆尽，就像它们是为人类幸福而消费掉一样。

民众所做的牺牲程度，从上述情况可窥其一斑。这些牺牲的价值源于何处？毫无疑问，或是来自国民收入，即劳动、土地与资本的年产品；或来自国民资本，即民众过去的储蓄与聚积的资本。

税率适度时，国民不但能够从他的收入中拿出一部分缴税，而且还能将多余部分储蓄起来。不排除有个别的纳税人为纳税而动用他们的资本，但租税适度的制度因为能促成他人的积蓄，足可以抵消总资本因上述个别纳税人动用资本所受的损失，而且还大有盈余。

集权专制的军人政府或篡位夺权者横征暴敛时，情况就大相径庭了。在这样的体制下，税收中的很大部分，来自于用以投资的资本，或来自于积累的资本。一个国家如果处于这种政治统治下，收入将逐年减少。统治者的愚蠢与过分的行为将加速他们的灭亡，因他们会使国力衰败与人口锐减。

在公正与正常的政府治理之下，作为课税对象的利润与收入逐年递增，税收也随之水涨船高般地增加；即使税率不变，由于可课税的产品品种越来越丰富，税收也逐年增多。

相对于不评估社会各阶层的不同程度的个人收入，简单地采用社会全体纳税人共同承担租税的办法而言，政府对稳健地调整税率没有更大的兴趣。事实上，对各种类型的收入所课赋税轻重不匀时，某些阶层的纳税人很快就能感到难以忍受的重负，而其他阶层的人却分文不缴。在税率达到纳税人的最高缴纳极限之前，租税不仅成为令政府困扰的根源，还会对社会贻害无穷。这时的赋税之所以处于难堪的地位，不是因其沉重难忍，而是没有平均分摊。

对个别收入课税所采用的方法，大致分为直接课税与间接课税两大类别。前者是针对个别实际收入或假定收入，征收其中一部分；后者针对使用个人收入购买某些特定物品的消费行为，每次征收一定数量的金额。

在上述任何一种情况下，课税的实际对象，既不是成为估税凭据与课税基础的产品，也不是国家必然收取其中一部分的那个价值。课税的实际对象是个别收入。选择某种特定物品估税，只是作为发现并课税该收入的一个相对有效的方法。如果一个人在任何时候都诚实可信，事情就简单多了，所需要的只是询问纳税人的年利润，即他的年收入。很容易确定每个纳税人的税额，而且只需一个税种就可以了，同时这种课税不仅可以做到最大限度的公正公平，而且将征稽费用降至最低。在汉堡受灾之前采用的就是这种征税方法。但这种征税方法，只有在小国轻税的条件下才能实施。

作为评估纳税人各自收入并实施课征直接税的办法，有时政府强制地主出示租约，或在没有租约的情况下，直接评估土地的价值，然后向地主征收其价值的一部分。在法国，这种税称为土地税。① 政府有时根据住宅的租金、雇员人数、马匹以及车辆的数目评估地主的收入，并因此确定税收额度。这种税在法国称为动产税。② 政府有时根据地区的人口与面积，估算各人从事的专门职业所获得的利润，再确定税收额度。在法国这种税称为牌照税。③ 直接课税的方法，就是这几种通过不同的评估方式确定税额的方法。

评估间接税额，或对特定的消费阶层课税时，关注的是消费物

---

① 土地贡献。
② 安全性。
③ 专利。

品本身，而不是针对消费者。有时是在产品生产过程中，对其中一部分价值实施征收，例如法国的盐税；有时是在物品进入一个国家时征收，例如进口税；① 有时是在物品进入市镇时征税，例如入境税；② 有时在物品从最后生产者移转到消费者的那个时刻征收，例如英国的印花税、法国的戏票税；有时政府要求在某些产品上打上特定的戳印而收税，例如银行在银块上的检验戳记、新闻报纸上的印花标记；有时课税对象是特定的垄断产品，或特定行业执行工作时的标记，如烟草行业的专卖品，以及邮政行业的邮资计费产品；政府有时课税不是针对物品，而是针对付出的物品价值征税，例如收据与商业票据印花税。上面介绍的是各种间接税的课税方法，不是针对特定的纳税群体，而是向征税的产品或物品课税。③

人们很快就意识到，某一种收入，即使能逃避上述一种租税，也无法躲避另一种租税。如果所有租税保持在一个合理的限度内，丰富繁多的课税方式将使租税负担大大接近于公平分摊的水平。

所有这些估税方法，除了具有一切租税共有的坏处，即把社会的一部分产品用于对社会幸福与再生产毫无益处的途径外，既有其特殊的益处，也有其特定的不利之处。例如，直接税征收费用低廉，但主动缴纳的人寥寥无几，因此必须采取相对严厉的催缴措施。此外，纳税人的负担极不平均。每年可赚 2 万美元利润的商贾大亨，只需为他的牌照税缴纳 120 美元；而一个每年获取利润不足 300 美元的零售商，需缴纳 20 美元的税，即最低的牌照税。地主的收入已经课有土地税，但还要缴纳动产税；而资本家只需缴纳动产税。

间接课税的好处是，征稽手续简便，同时不会引起纳税人反感。任何一种租税，如果没有人愿意缴纳，其原因无非是，这种租税可能换来的等值物，即良好的秩序与政府提供的安全，是与个人没有直接关系的、消极性的利益；因为它所能带来的好处，仅仅是预防

---

① 海关。
② 格兰特。
③ 并不是因为纳税人间接受到影响，许多直接收税都有这种情况。例如牌照税（执照），由于消费者向领有牌照的商人购买，这个税的一部分归消费者承担。

祸害，但不能扩大福利。就间接税而言，尽管征税的物品因课税原因已经涨价，但该物品的购买者，没意识到他对政府提供的保护已经付出了代价；也许他毫不关心这种保护，关心的只是他急切需要的物品。消费者的消费动机是那么强烈，以致他对政府的征税满不在乎，毫不犹豫地割让价值，以换取随时的满足。

正是基于这个原因，间接税似乎是自愿缴纳的税。美国人在独立前对间接税普遍抱有这样的看法，以致他们虽然否认英国人有权对消费品课税，但认为每个人要是不买征税物品也是可逃避消费税的。①② 至于对个人所课的税，人们的看法就完全不同了，这种税从表面上来说具有更大的掠夺性。

间接税是按件征收，并依据当时纳税人的能力征收。间接课税无须对各省、各县或所有的人分别估定税额，无须盘根究底地调查个人情况等那些复杂的做法。间接税也不会令一个人因他人不履行义务而代为受过。此外，间接税可以完全避免起诉、泄私愤，以及通过扣押物品或拘禁人身等征税带来的无尽麻烦。

间接课税的另一个好处是，它使政府能够针对不同种类的消费施加足够大的影响，促进那些对公共繁荣有利的消费，例如各种生产性消费，抑制那些导致公众陷入穷困的消费，例如各种非生产性消费；阻碍富人们毫无意义的奢靡享乐，鼓励贫穷而勤奋的人的物美价廉的享乐。

反对间接税的人认为，间接税需要较高的稽征费和管理费，不仅需要设立庞大的机构，还要雇用大量的办事人员、税务人员、税务行政长官以及各种配套办事员。但要说明一下，只要管理得当，这些费用完全可以大大削减。1799 年英国征收国产税与印花税时的

---

① 参阅富兰克林在英国下议院惩罚法庭的审问，1767 年，《回忆录》(*Memoirs*)，第一卷，附录 6。

② 上述否认包括了所谓**国内**（internal）税的全部，而上述承认只限于旨在调节贸易的**对外**（external）关税。在美洲代表看来，这种承认是表示和好意愿的让步。但是，就是这种让步也在不久后被撤回。至此，英国国会的课税权完全被否认。同上书，第一卷。——英译者注

管理费用,只占这两种税收的 3.25%。① 在法国,几乎找不到稽征费这样低廉的直接税。

另外,反对间接税的人认为,政府需要的是经常性的、明确的税收,而间接税具有不确定性,并经常出现变动。但当这一税种出台时,从来不缺开价承包的人。而且经验证明,除非在罕见的非常紧急时期,每一种税收总可以做出大致估定,而且相当可靠。还有,消费内容必定是多样化的,因此一种消费税的不足,完全可以通过另一种消费税的超额收入抵补。

然而,间接税往往引诱人从事欺诈,因此导致政府不得不把某些在性质上是无罪的行为当作犯罪,同时不得不实施令人痛心疾首的严厉惩处。除非所课的税成为横征暴敛,迫使纳税人铤而走险,否则绝对不会对社会造成重大危害。课税过重必然带来的害处,就是不增加国库的收入,反而增加人民的痛苦。

在此必须指出的是,因受间接税和直接税的影响,实际消费与个人收入是不一致的。因为许多物品的个人消费数量,并不是依消费者的收入按比例计算的。一个年入 2 万美元的消费者,在一年内消费的食用盐,并不可能是一个年收入仅 200 美元的消费者的 100 倍。但是,消费税的多样化是可以消灭这种不公平的。还应该注意的是,这样的课税是在已经征课土地税与动产税的收入。全部收入来自土地的人,首先要缴纳土地税,其次要缴纳动产税,再后要缴纳的是他所购买与消费的每件征税物品的税。

所有这些税,虽然最初都是由税务机构指定的纳税人缴纳,但是,如果认为这些税最后总是落在原始完税的人身上,那就大错特错了。因为在许多情况下,他们不是真正的征缴对象,只是最初时刻的税款垫付人,以后会设法从他们产品的消费者那里全部或部分地获得补偿。但是,最后取得的补偿比率需要因他们的不同情况而区别对待。

---

① 卡尼尔:《斯密的〈国富论〉的研究》,第四卷,第 438 页。依作者亚瑟·扬所说,他那个时候的印花税是,在收入为 133 万英镑的时候,只征收 5 691 英镑的税,也就是不足 0.5%。

倘若我们考虑到以下的一般事实，就能对上述的不同之处有一些概念了。

当对某货物的生产者课税而货物正处在涨价期时，这个税的一部分由货物的消费者承担。如果货物价格没有提高，这个税就由生产者全部承担。如果货物没有涨价但质量在下降，那么至少有部分的税由消费者承担，因为用同样价格购买次等的货物，等于以相对较高的价格购买同等的货物。

货物每次提高价格时，必定使得有购买力的消费人数减少，或无论如何必须使这项购买力降低。① 当盐价从1先令涨到3先令时，盐的实际消费量就降低了。这时，由于市场需求与生产手段的比例降低，这个生产部门的生产手段获取的报酬大不如前，就是说，制盐者和所属人员与工人，以及供给他资金的资本家、提供给他营业场所的房东，都必须接受较低的利润，因为他们产品的社会需求减少了。② 当然，各个生产阶级都会想方设法捞回全部的税额，但他们是绝不能捞回全部的，因为这货物的内在价值，即用以支付生产费用的价值，实际上减少了。因此，对一个物品所课的税，绝不会使这个物品的价格按全部税额增高，因为将其税额提高，就得使这物品的总需求保持原状，而这是无法做到的。所以在这种情况下，这个税的一部分，转归物品虽然涨价但仍继续使用它的消费者承担，其余部分归生产者承担。生产者的产量降低，他从销售所得的收入，由于社会需求减少，在扣除税款后，实际收入也减少了。国家增加的收入，等于消费者所支付的全部超额价格与生产者被迫放弃的全部利润总和。这个作用，与火药既推动子弹前进又能使枪栓产生倒

---

① 参阅本书第二篇第1章。
② 资本家的利息和房东的租金由此而降低的说法，从表面上看，似乎不对，但实际是非常正确的。也许有人要问，把款项借给作为制造商的资本家和把房产租给资本家的房东，当资本家的产品由于课税而减少的时候，为什么就得减少资本家和房东所要求的补偿价格呢？难道他们不应该考虑到由于课税而产生的不能按期付款、减租减息的要求、破产和法律的费用吗？所有的这一切，至少一部分应该由资本家和房东承担。而且在他们一方，往往不会觉察到曾经分摊了部分这些费用。在复杂的社会组织中，赋税的负担往往觉察不到。

退的作用非常相似。

对毛织品消费课税，不仅降低了毛织品的消费量，进而还导致牧羊人的收入受到影响。当然，牧羊人可以转向其他畜牧方面的工作，但我们完全可以想到，就土壤与地势这些客观条件来说，养羊对他最有利，要不然当初他不会选择牧羊。所以说，变更方向必定使他的收入出现损失。但呢绒商与资本家也蒙受了因课税而引起的一部分损失。

对消费品征税，使各个协同生产者受到的影响，只是依据他们在生产这个产品的过程中所负担的生产比例。

这个事实提示给人们一个很大的危险性，那就是墨守固定的规则，放弃斯密的试验方法，以及效法此前经济学派所创立的理论体系和演绎，是很危险的，就像最近的英国作家所做的那样。

对保持接近原始形态进行消费的产品而言，由创造这个产品的大部分价值的土地所有者，负担着归生产者负担的那一部分税的大部分。葡萄酒的入境税，大部分由葡萄园主人负担；但对花边课的重税，对栽种亚麻的农户影响最小，而所有其他的生产者、商人以及制造商，必将承受巨大的纳税压力，因为花边产品的绝大部分价值是由他们创造的。

当产品价值的一部分是在国外创造而另一部分是在国内创造时，国内生产者将承担几乎全部的赋税。对法国的棉织品征税，势必导致棉织品生产者的收入相应减少，进而引起市场对棉织品的需求降低，基于这个原因，部分的租税便落到棉织品制造商的身上。与此相反的是，美国棉农的生产力报酬受到的影响微乎其微，除非有其他的情况同时发生。事实上，假设棉织品税使法国的棉花消费降低10%，而法国从美国购买的棉花只占美国棉花总需求的1/10，那么，此税只使美国棉花的需求降低1%。

如果征税的消费品是主要生活必需品，这个税种会对几乎所有其他产品的价格产生影响，从而使一切其他消费者都承担这个税的一部分。对进入一个市镇的肉类、五谷与煤炭征收入境税，将提高这个市镇生产制造的所有物品价格；而对这市镇所消费的烟叶课税时，绝不会使其他货物的价格上涨，原因非常明显，消费非必需品的生产者必须与不消费非必需品的生产者展开竞争，但只要缴纳必需品的税，他就不惧怕竞争，因为他对手的处境与他相同。

对生产阶级直接征税，必然对消费他们产品的人发生影响，但他们绝不能把那些产品价格提升到那样的高度，以致增高的价格足够补偿制造商缴纳的税款。正如我反复强调的，价格提高使社会需求减少，需求的减少导致从事于供给产品的生产力的利润降低。

在协同生产某一产品的生产者群体中，一部分生产者有能力比另一些人更轻松地规避税赋的影响。擅长将资本不是以绝对无法收回的方式投资于某一事业的资本投资家，可从一个生息较低的事业，或从一个变得更危险的事业中，收回资本改用于其他方面。在很多情况下，冒险家或制造商，可以整理账目，把他的劳动与聪明才智用在其他方面。土地所有人与固定资本所有人就不能这样做。① 无论税率高低，一英亩的葡萄园或耕地生产出来的葡萄或谷物数量是不变的。课税可能占实际产品或地租的1/2，甚至是3/4；但为了其余的1/2或1/4，土地还是要继续耕种下去。② 地租即分给地主的部分，自然因此削减，没有别的。如果人们考虑一下后面所说的，就可以明了此种理由。在上述假定情况下，继续在土地上生产与从前数量相同的农产品，同时继续以同数量产品来供应市场需求；但另一方面市场需求的动因仍旧不变。③ 这样，在需求与供给维持原有

---

① 参阅本书第一篇第4章关于土地所有者通过出租土地协同生产的内容，因此必须把他们列入生产阶级。
② 除非所课的税收已经超过用于支付地租后的全部剩余产品，否则，土地就不会被弃之不用。只有到了那个地步，土地才不值得耕种。因为在这种情况下，不但地主由于国家占有全部产品而一无所获，而且在这种情况下，农民也往往被迫缴纳超过其支付能力的地租。
③ 农产品带有这个特性，那就是它们的平均价格并不会由于减产而增高。因为人类食物如果供应减少，人口必然跟着减少，这样需求与供给就必然同样减少。例如，在土地大部分荒芜的国家，小麦的价格并不高于遍地庄稼的地方。当今西班牙的小麦价格，并不高于裴迪南（Ferdinand）和伊莎伯拉（Isabella）时期。但现今生产的小麦，比那个时期少得多，因为现今的人口少得多。与此相反，英国和法国在中世纪耕种的土地比现今少，那时候的谷类也比现在少，但是就价值来衡量，那时候的谷物并不比现在贵。那时候的产品和人口都比现在少得多，需求的清淡和供给的稀少恰恰相当。

强度的前提下，无论土地直接税的税率降低或提高，供给市场的产品价格不会出现变化；只有价格变动，才会使消费者承担部分税金。①

地主即使出售地产，也无法逃避租税，因为土地价格或购买价格是按扣除税款以后，留给土地所有者的收入计算的。购买者根据扣除费用与赋税后的净收入来计算他愿意开出的收购价。假设这种资本的投资利息通常是 5%，以前售价 2 万美元的土地，如果每年要缴纳 200 美元的税，现售卖估价是 1.6 万美元，因为这块土地给所有者所生产出的实际收入不超过 800 美元。这种课税的结果，相当于政府占有全国的 1/5 的土地，但对土地产品的消费者来说毫无影响。②

但房地产的情况就完全不同了。对房产所有权课税，使得租金提高。因为对房产来说，或更确切地说，房屋给占有者提供的满足，不是土地上生成的产物，而是制造的产物。居高不下的房租，使房屋的生产与消费减少，正如昂贵的价格使布匹或其他制造品的生产与消费减少一样。房地产商鉴于利润降低，就不再建造更多的房屋；而消费者鉴于租金昂贵，只好满足于相对简陋的住宅。

综上所述，大谈租税专由社会某一阶级或某些阶级承担，并把这个结论作为一般原则提出来，实在是过于武断。租税总是落在无法逃避的承担者身上，因为每个人都在想方设法摆脱租税的负担。而逃避沉重租税的能力，因不同课税方法和各个自然人的社会地位而有所区别。当社会对某一特定产品的需求急剧增大时，它的持有者在没有得到全部垫款的偿还时，是不肯舍弃该产品的。因为在他的垫款中，租税占据了一部分。他在没收到足够补偿全部垫付的货

---

① 如果认为地租对于地主以及提供耕种所需资金和劳动的农民必定产生相同的影响，那就大错特错了。因为，地租并不减少可耕种土地的数量，也不增加愿意耕种的农民人数。如果这些生产部门的需求和供给都没有改变，地租的比率必然也不变。

② 经济学家认为，土地税完全是对净产品课税，因而是对地主课税，这个说法是正确的。但是他们进而断言，所有其他税都是由同一款项支付，就是错误的了。

款之前绝不肯割让产品。倘若出现了意想不到的情况，使他的产品需求锐减，为了迅速将货物转手，所有者必定愿意由自己来承担租税。世上没有什么事物，像施加于社会各阶级的租税负担的比例那样无法确定、更容易变更。一些理论家坚持认为，租税由某一阶级或某些阶级承担，或按固定的比例由某一阶级或某些阶级承担，这种理论严重地脱离了社会的实际情况。

此外，我在前面谈到过的那些符合理论与实践的结果，在作用上没有变化，并且与产生它的原因相吻合。土地所有者绝不能把他的土地税转嫁给他产品的消费者身上；制造商也不能把租税转嫁到制造品的消费者身上。在其他条件不变的情况下，如果某种制造品因课税而提高价格，这种制造品的消费必然减少，生产也不会像从前一样有利可图。无论政府对某种奢侈品课税多少，对那些不是该产品的生产制造商或消费者来说，绝对不会承担这个税的任何部分。这样一来，对于下面的理论，我们该如何对待呢？不幸的是，这个理论竟受到了享有盛誉但过分忽视这类科学的学术团体①的交口称赞："一种税，只要是长期的，无论它是课在哪种收入上，都没有什么关系，因为到最后，各种税都会影响到各种收入，正如手臂流血时，最终会使全身循环的血液减少一样。"在这里拿来做比较的事物，与租税是风马牛不相及。社会财富不是像水那样趋于一致水平。社会财富更近似于植物，一根树枝损失，并不会使树干归于枯槁，损失的树枝，如果不是枯枝，而是有生产力的树枝，那就更加可惜了。但一棵树在枯槁或腐朽之前，经得起任何部分的砍伐。这就更切合这里的情况了，但不可据此推断。"比较"不是证明，只不过是说明，有助于把不必借着比较的帮助也能证明的东西变得更容易了解。

前面谈到产品税时，我有时会把它称为消费税，虽然这个税并不是在一切情况下全由消费者缴纳。在那个时候，我没提到在某一特定生产阶段所征的税，或这个特殊情况的结果。但一切值得我们多加注意。

---

① 法国学会提供了奖金给肯纳德先生写的关于此观点的论文，用以表示支持此观点。

当产品经过各个生产协同部门工人的加工过程时，价值逐渐增加。即便最简单的产品，在到达适于消费的状态之前，也要经过各种各样的加工程序。所以，在适当的时刻征税，即不在产品具有完全价值或在它经过所有加工以后征税，就不是依它的价值来征税。如果在产品生产最初阶段对原材料课税，不按它当时的价值而按它在将来可能具有的价值征税，持有原材料的生产者就必须垫付与价值不相称的税款，这个垫款不但使他感到困难，在他之后的生产者同样也感到偿付困难，一直到最后一个生产加工者。而最后一个生产者也只能从消费者那里取得部分的补偿。此外，垫付款还有一个坏处，它使要垫付税款的产业，必须备有比它的性质所需要的更大资本，否则不能开办。而这样增加的利息开支，实际上就是同额地增加了税额，但国库收入却没有增加一文钱。这项利息费用，一半由消费者负担，另一半由生产者负担。①

因此，从理论与实践得到的结论，与经济学派所得出的结论截然相反。理论与实践雄辩地证明，对消费者收入的那一部分课税，在生产过程中征收越早，施加给生产者的负担就越重。

使必需品价格提高的直接个人税，或是直接课在必需品上的税，有最大的上述弊病。因为它要求每个生产者必须垫付在他之前的一切生产者所缴纳的个人税，结果是使同一数额的资本只能经营规模较小的事业。纳税人除了缴税外，**加上**（plus）要支付税款的复利息，但国库并没有因此而受益。

以上综述不仅仅是理论。过去在实践中因为忽略这些原则，曾造成许多无法弥补的严重错误，例如法国的国民议会，受经济学派

---

① 1812 年法国对进口棉花，每包课税高达 200 美元。有些制造商，每家每天需要两包棉花。从原料采购到卖掉最终产品，大概需要经过 12 个月时间，在此期间，这些制造商每家都必须为此而多准备 12 万美元的资本，如果没有这些课税，他们无须准备这么多资本。对于这些额外准备的资本利息来说，他们势必转嫁给消费者，或者从自己的利润中支付。全部的这些利息，对于消费者而言，就意味着额外增加的高价格和额外承担的高赋税。而对于国库而言，一点财富都没有增加。那个时期，最重的国民负担，往往来自于预算上最不起眼的项目。大多数情况下，人民受到损害，但是不懂得损害的性质。上面列举的例子，就是这种情况的证明。

风行一时的学说所迷惑，把直接课税法推行到极端，对土地更是如此。这个学说认为，土地是一切财富的源泉，农民是唯一的生产性工人，而法国在本质上不用说是农业国。

在我看来，在现阶段的政治经济学中，更准确的课税原则如下：

课税就是从社会总产品中收取其中的一部分，这一部分产品绝不会返回到社会中供民众消费。

课税从社会征收的，除国库实际收到的价值外，既包括了征收费用以及随之引起的个人烦恼，还包括了因课税而阻止创造的全部价值。

课税引起生活必需品的匮乏，无论是一厢情愿还是逆来顺受，当它对纳税人的利益即所得或收入起到削减作用时，直接对作为生产者的纳税人产生影响；当课税使产品价格上涨，从而使纳税人花费增加时，就影响到作为消费者的纳税人。

支出增加与收入减少，是一件事物的两面。所以，征收多少租税，就说明减少了相应数量的社会收入。

在大多数情况下，纳税人既以生产者的身份受到租税的影响，又以消费者的身份受到租税的影响。当纳税人不能用个人收入缴纳租税用以支付个人消费时，就必须动用他的资本。当一个人动用的资本没有由另一个人的积蓄抵补时，社会财富必然逐渐减少。

向税务人员缴纳税款的人，未必是实际承担租税的人，至少不是承担全部租税的人。缴税人往往只垫付税款的全部或一部分。这税款在后来按照非常复杂的方式，或通过许多中间过程，由社会其他阶级偿还给他。许多人或出于偿付提高贷款的方式，或出于遭受个人损失的方式，总是在不知不觉之中缴纳了一部分税款。他们虽然感觉遭受到损失，但无法说出确切的理由。

税负最终落在谁的收入上，谁就是实际纳税人。他们付出的价值大大超出国库所收税款与征收费用的总和。政府在税务措施上犯的错误，与人民缴纳的税款超出政府的实收数目成正比。

税负过重的国家，就像一个在无数自然困难下进行劳作的人。他付出的生产费用极高，所得的产品却少得可怜。个人的努力、资本以及土地的大力投入，所得报酬极低。换句话说，付出极大的代价,却换来极少的报酬。

现在,有必要回忆一下我在前面提到绝对昂贵与相对昂贵的区别时所阐述的原则。① 赋税产生的高价是绝对的昂贵,它表示的是以更多的生产力创造更少的产品。此外,赋税通常还使货物与硬币的比价增高,也就是货物的货币价格增高。这完全是由于硬币不是再生的年产品,就像租税吞并的产品那样。除非政府为支付军事费用或为支付对外津贴输出硬币,否则它绝不是硬币的消费者。政府采购物品时,支付它从赋税收得的硬币,但是绝不支付它征收的价值。② 过高的赋税,不仅使一部分生产来源陷入瘫痪,还使另一部分生产来源的产品趋于快速消灭,它必然使产品和硬币对比的数量逐渐减少,这是因为硬币的数量不会因为课税而发生变化。流通的货物少于促使货物流通的硬币时,货物和硬币的比价必然增高,以相同数额的货币只能买到较少数量的产品。

有人认为,严重过剩的金银硬币,应当产生改善人民生活的作用。然而,过剩的硬币绝不可能产生这个结果,因为相对于其他货物,金银硬币虽然过剩,但生产者只能以自己的产品换取硬币。这时生产产品变得更加困难,费用消耗更大。

另外,当钱币价格上涨,而硬币的相对价值随之降低时,硬币必将逐渐外流,开始变得稀缺,就像所有的商品那样。因此,在生产力承担极重租税的国家,首先是商品货物枯竭,其次是硬币流失,直到这个国家极端赤贫、人口锐减为止。

只要认真研究一下这些原则,就能清楚地看出,现代政府每年的巨额开支,迫使人民不得不习惯于更辛苦的劳作并付出更大的努力。否则,他们若按照时代与当地习俗为自己和家庭提供丰富的衣食、舒适的生活以及快乐的娱乐之后,不可能有能力再向国家提供所需的巨额财政经费。很难确定各种浪费与破坏究竟有多大,但在比较大的国家里,必定达到惊人的程度。

---

① 见本书第二篇第3章。
② 由于上述已经提到的原因,以纳税收入作为资金的采购,是交换行为,而不是偿付。

这种惊人的浪费虽然证明了政治体制与社会组织的腐败与缺陷，但无论如何却还是能带来一个好处，它迫使人们不得不最大限度地利用自然力，因而有可能使生产技术日趋完善。从这个角度说，租税具有协助发展或扩大人类的技能的作用。因此，随着政治科学的进展，政府所征的税仅以供给国家实际需要为限时，生产技术的完善将大大促进人类的幸福。然而，如果恶劣与复杂的政治体制促使沉重而不平等的赋税日益加重，那么即使是现代具有最大生产力的国家，不免也将陷入野蛮状态，使社会绝大多数的劳工阶级沦为劳苦工作的奴隶。不过虽然野蛮生活不能给他们提供舒适的享受，但至少能够使他们无须为提供公共的奢靡浪费而不停地劳作。这种浪费不会给他们带来些许的满足，只会带来无尽的伤害。①

## 第3节　实物税

实物税就是把总产品的一部分明确而直接划拨作为公务之用。

实物税有个好处，就是要求纳税人以他实际持有的物品缴税，也就是用和物品原来形状相同的东西来缴纳赋税。比利时被法国政府征服以后，尽管谷物丰收，但是有时发现收不上来税。因为战争

---

① 这个质疑的确有充分的依据。很多政治理论家对完全免税是否能够改善底层的生产者的境况持有怀疑态度。因为他们认为，现在纳入国库的一切款项，很快就会被掌握着独特生产资源和生产手段的阶级据为己有。不过，应该指出的是，个人对于最大化利用自己的财产有直接的利害关系。在个人权力平等的地方，他们必然采取各种可以增进自己利益也就是增进公众利益的行为。所以，即使是最自私的个人的贪婪也不会阻碍生产力和国民财富的发展，而会促进生产力和国民财富的发展。日益增加的财富和更大的个人行为自由，虽然不能改变工人目前的境况，但是将会增加他们改善自己境况的手段。个人为私欲驱使而进行勒索的时候，如果没有政府的支持，必然会考虑自己的利害关系和被勒索对象的反抗能力，由此自行抑制这种私欲。而政府的勒索，不受个人直接利害关系考量的约束，因而无所顾忌。此外，狠心的工头带来的痛苦还不足以构成人们反抗政府的动机。而事实上，这种政府本身恰恰充当着这种狠心工头的角色。——英译者注

和禁运阻碍了它的产品的销售,而政府又要求人们以货币形式纳税。其实,倘若比利时政府能够满足于征收实物,那么就能毫无困难地收到租税。

实物税还有一个好处,它使得政府与农民同样关心获得丰收和改善农业状况。中国一直实行实物税,大概就是政府给予农业生产部门的一种特殊性的鼓励。既然是各个部门共同分担国家的费用,理应受到同等保护,为什么只对其中一个生产部门给予特殊照顾呢?而且,为什么政府对支持其他生产部门不提供同样的照顾,导致他们处于苟延残喘的境地呢?

实物税还有另一个好处,它能够消除征收过程中发生的一切敲诈勒索和不正当的行为。纳税人在收割时,就十分清楚自己应该缴纳多少,同时政府也很清楚能够收取多少。

乍看起来实物税似乎非常公平,实际上却最不公平。因为它没有考虑到实物在生产过程中所作的资金投入,所以实际上是对产品的总产值而不是净产值征税。以两个从事不同耕种的农民为例,一个在中等肥沃的田地中耕种,他每年的耕种费用比方说是 1 600 美元,假设收成产品的总价值为 2 400 美元,也就是说,这块田地每年给他带来的净收益是 800 美元;另一个在畜牧地区或林区中耕种,每年收成的产品总价值也是 2 400 美元,但成本可能只有 400 美元,那么他的净收益就是每年 2 000 美元。假设对各种不同土地实行无差异的、按照总产量的 1/12 课征同等的实物税,那么前者缴纳价值 200 美元的产品,后者缴纳价值 200 美元的牲畜或木材。实际结果是什么样呢?前者缴纳的赋税等于其净收入 800 美元的 1/4,而后者缴纳的赋税是其净收入 2 000 美元的 1/10。

无论初始的投资是多少,每个人的实际收入,是在扣除了前期投入资本之后的净余。商人的年收益是不是他在一年内的销售总额呢?并非如此。从总收入中扣除了前期垫付的余额之后才是商家真正的净收益。只有针对这样的剩余课税,才不至于毁掉他的事业。

旧制度下的法国,对基督教会征收的什一税,仅在某些方面带有上述弊病。它不是简单地以牧地、林区、菜园或其他许多种类的耕地为课税对象。在某些地区,税率是总收入的 1/18,在另一些地方税率是1/15或1/10。因此，这种表面上看起来的不平等在实际执行中得到了纠正。

陆军上将沃邦（Vauban）在其所著《国王什一税》一书中建议，按土地产出物的1/20课税，但在极端紧急时期，可以将税率提高到1/10。这本书中有许多正确见解，值得国家财税人员认真研读。但他提出上述建议的目的，是为了取代另一个更不公正的制度，即把所有的土地税负担强加给平民的土地，贵族和教会的土地税则完全豁免。这位热心公众利益的学者，因曾担任过军事工程师一职，熟悉法国大多数地区的情况，他极为恳切地陈述那时候的土地税①带给人民的困苦。毫无疑问，如果那时采纳了他的建议，就可以大大减轻人民的困苦。但是他的建议没被采纳，原因是所有的廷臣为了维护自己的利益，反对实行这个计划，听任国家在贫困中苦苦挣扎。最后的结果是，死于饥荒的人比西班牙王位继承战争中死于刀枪下的人还多。

征收实物时面临的困难与高额的征收费用，以及极易发生的流弊，是反对实物税的另一个理由。政府雇用大量的征收人员，必然给侵吞公款造成机会。关于实际征收到的数额，关于后续处置所收实物时发生的损耗，关于储存与运输产生的费用，政府在这些方面都有可能受到征税人员的欺骗。政府如果将征税工作外包，那么，无以数计的承包人获取的利润和消耗的费用，最后必然落在公众身上。政府还必须时刻留意这些承包人的行为。斯密说，"居住在国都并拥有巨额财富的绅士，假若他将所有在偏远省份的土地地租，都委托代理人或经办人代收，必然会因这些人的失职蒙受很大的损失，更会因这些人的欺上瞒下而遭受更大的损失。至于国王，由于收税人员的营私舞弊与克扣掠夺，蒙受的损失必然大得多"。②

还有很多反对实物税的其他理由，如果在这里一一列举，不但无益，还会令读者生厌。在这里我只谈谈实物税对相对价格的巨大

---

① 人头税，关于该税的说明，可参阅《国富论》第五篇第2章。——英译者注
② 《国富论》，第五篇，第2章，第1项。

影响。那些不谙市场行情的税务人员，把征收上来的大量产品向市场抛售时，必然对产品价格造成巨大冲击。由于必须清仓来存放新征收的农作物，也由于对国家费用的迫切需求，这些人往往不得不低价出售征收的产品，这样的低价往往无法弥补投资在农产品上的土地地租、劳动力工资和资本的利息，而这些要素本来应该构成正常销售的价格。这样一来，市场上其他的商家就无法与他们竞争。这样做的结果就是，税收不仅直接从耕种者那里取走一部分产品，还使得他们不能最大限度地利用剩余的产品。

## 第4节 英国土地税

1692年，也就是在促使奥伦治（Orange）公爵登上英国王位的大革命爆发后的第四年，英国政府对所有的土地收入进行了一次普遍的评估。直到今天，英国的土地税还是按照这个评估征收的。因此，对土地的租金收入每英镑征收4先令的税，是1692年地租的1/5，而不是现今实际地租的1/5。

不难想象，这个税对改善土地的合理使用具有极大的奖励作用。一块改善过的土地，租金提高一倍，但土地税还是照旧征收，并没有增加一倍。如果不好好管理这块土地，导致土地贫瘠，土地税也不会减少，这样的土地税对于疏忽管理起着惩罚性作用。

很多学者认为，英国土地普遍的高度耕种率归功于这种固定的土地税。毫无疑问，这个税种对促进土地状况的改良起了很大作用。但是，假设有下面这样的政府存在，我们该如何看待呢？这样的政府对小商人说："你用小资本经营小生意，扩大你的经营规模，尽可能提高你的利润，我们不增加你的税。不仅如此，当你的后代继承你的经营，进一步扩充规模时，我们还按照同一税率收税，向他们征收和现在完全相同的税。"也许这都是对工商业最大的奖励，但是这么做公平吗？不这样做，难道工商业就不能发展吗？英国本身就是一个很好的例子，说明即使没有政府这种不公平的关照，工商业依然发展迅速。土地的所有者，由于精心管理，由于厉行节约并充分发挥聪明才智,他的年收入,比如说增加了1 000美元。如果国家对他的增收部分征税1/5,那么他还有800美元的盈余,作为对他努力工作的鼓励和报酬。

很容易举出大量的例子,证明这个税率因为固定,可能变得和纳税人的资产与土壤状况不相符合,从而带来损害,正如在其他情况下会带来利益一样。因为它可能导致因这样或者那样的原因无力按照同一税率完税的土地荒芜。托斯卡纳就是这样的例子。1496年托斯卡纳进行了土地丈量并建立了土地户籍编制,对平原和山谷征收很低的税,因为经常发生的洪灾会使得这些地区不能经常耕种,即使耕种也不一定有利可图。但对当时唯一可以用来耕种的山地征收很高的税。从那以后,由于大兴水利疏通和筑堤建坝工程,洪水不再为害一方,平原成为沃土。由于平原出产的产品交税很低,在市场上的售价比山地的产品售价低廉。因此,在不公平的税收压力下,山地不能与平原竞争,逐渐荒废。① 其实,如果这个税根据情况的变化加以调整,这两种土地都可以得到很好的耕作。

我这里专门谈到英国特有的税种,不过是用它作为例子,以阐明一般或普遍的原则。

---

① 弗邦奈:《原则和意见》,第二卷,第247页。

# 第9章 国债

## 第1节 国家举债及其后果

个人借贷与国家借贷的区别非常大,一般而言,个人为了资本的有利可图而举债,国家是为了非生产性消费或开销而借贷。国家举债的目的,或是为了事前未预料到的需要,或是为了满足非常紧急情况的需要。就这两个目的而言,借款可能行之有效,也可能无实效。然而,无论有效与否,所借的款项本身都是全部消费掉或者损失掉的价值,而且国家还一直负担它的利息。

麦伦认为,国家举债不过是左手欠右手的债务,不会把国家拖进破产的深渊。不幸的是,在这个问题上麦伦是错误的,国家会因此陷入贫困的境地。因为借给政府的资本,因被消费而归于消灭,不能再给任何人产生利润。换句话说,它作为生产手段所能产生的利息不能再生。那么,政府用什么来支付它的贷款利息呢?当然政府是用其他来源所产生的一部分收入支付利息。由于利息的支付,这部分收入必定是通过纳税人转移到政府的债权人手中。

在借贷行为发生之前,能够产生收入,或潜在的能够产生收入的生产性资本的存在形式共有两种。这两种资本是:将要借给政府的资本,以及纳税人未来的收入,这些收入将用来偿付出借资本的利息支出。但是,借贷行为发生后,只有一种资本的存在形式,也就是后一种。这样,从那时起它的收入就不再由它的从前所有者,即现在的纳税人自由支配了。因为政府需要向债权人支付利息,所以必须用各种形式的赋税获取收入。在这里,债权人没有损失任何部分的收入，只有纳税人蒙受损失。

人们往往认为，国家债务不会导致国家货币或硬币的减少，所以国债不会造成国民财富的损失，仅仅是国民财富的移转。为了让读者更容易了解这个想法的荒谬之处，在本书的末尾附加了一个概要的表格，说明借款通常到哪里去了，以及政府用什么支付债权人的利息。①

国家举债时，有时承诺而有时则不承诺偿还本金。在后一种情况下，它实际支付的是所谓的终身年金。可赎回公债包含各种各样的条款，有时约定以抽签的形式逐渐偿还本金，有时分期偿还本息，有时通过增加利息来支付本金，并附带出借人死亡后停止支付的条件。例如顿蒂式联合养老金与终身年金，后者在个别出借人死亡后停止支付；而就前者来说，还继续支付全部利息，由继承人均分，直到所有这些人都去世为止。

顿蒂式联合养老金与终身年金是极不经济的借贷形式，因为借贷人虽然每年偿还一部分本金，但还一直按照借款原金额支付利息。此外，这些养老金与年金具有败坏道德的性质，它们令出借人能够消费本金和利息而无须为陷入乞食的困境发愁，因此相当于起到了鼓励利己主义和浪费资本的作用。

精通信贷业务的政府，近年来都不再承诺偿还公债基金。这样，国家债权人除了出售他们持有的可转让债券外，没有改变其他的投资方法。出售债券对他们的有利程度高低，要看债券购买人对给付终身年金的政府或债务人的信用评价。② 专制政府从来都很难顺利推销这种公债。在国王的权力大到可以任意推翻契约的情况下，或在只与当今的国王缔结私人契约而王位继承人可能不承认这种契约的情况下，如果不明确规定很短并确定的偿还期限，出借人是不愿贷出款项的。

政府对按年度交付款项的方式委任官职，这是一种永久性借贷方式的强制性借款。这种毫无根据的权且之宜方式一经采用，就能

---

① 参阅本书附录 A。
② 在下一节中将说明，按照市价购买可赎回债券，怎样能使债务逐渐消失。

轻而易举地找到表面上无可挑剔的理由，会使得几乎所有职业，甚至包括清洁工和搬运工人的工作，都变成专利或可供出售的公职。

还有一种借贷方式，是预先挪用税收。就是说，政府出让某种还没到期的税收，从出借方预先取得款项，扣除作为贴现的利息，出借方则按照他们所冒的风险程度来索取相应的贴现折扣。这种风险包括政局有可能更迭、有关税收不能足额征收等。政府承担的这种债务，或是用到期收取的税收偿还，或是用发行新的国家债券来清偿。后者就是英国人所谓的**流动**（floating）公债这种名称古怪的公债的由来。至于统一公债，债权人只能要求利息，却不能要求偿还本金。

各种国家债务都有一个共同的弊端，就是使资本退出生产性用途，转向非生产性消费方面。在政府信用很低的国家，还有一个特别的弊端，就是推动资本的利息上涨。当人们很容易从政府那里获得七分利或八分利的时候，还有谁会愿意把资金以五分利借给农民、工厂主或商人呢？称为资本利润的那部分收入的比率就因此而上升，最终由消费者埋单承受这种损失。由于产品的实际价格上涨，导致消费随之下降。于是其他生产要素的生产力需求也随着消费下降而下降，最终报酬减少。如此一来，除了资本家外，整个社会都将遭受损失。

借贷能力给一个国家带来的最大益处，就是使它能够把意外紧急事变所需要的费用在以后若干年内分摊。就现有的公共事务规模和国际战争的规模而言，没有一个国家能够依靠经常性税收来支付那么庞大的费用。大国的税收，基本已经达到纳税能力的上限，因为他们习惯于奢侈，经常是入不敷出。如果国家为了避免灭亡的命运，必须把费用增加一倍时，借贷就是唯一可用的解决办法了，除非政府当局打算赖掉一切债务，并冒天下之大不韪来掠夺自己的人民和外国人来解决这个问题。所以，借贷的能量甚至比火药的火力还大，如果无节制地滥用，它给国家带来的益处很快就消失殆尽。

供给公共消费是借贷制度和税收制度固有的先天优点。有人曾费尽心思，试图再找出它们其他固有的优点。只要我们认真仔细研究，就可以发现这个企图是徒劳无用的。

例如有人认为，构成公债的债券和有价证券，是社会中真实而具体的价值存在形式，因而它们所代表和体现的资本，是非常真实的财富，应该看作是国家总资产的一个项目。① 实际情况并非如此，书面契约或书面保证，仅仅是确认这个东西或这个财产所有权的文件。书面证明并不代表实际价值，仅仅是作为政府给他的债权人的一个协议，使他每年都能获取政府从一般纳税人征收的部分税收。从这一点看，书面证明甚至不是财富的证明，更不必说是真实的财富。假如由于国家破产等情况发生而导致保证被撤销和废除，那么社会财富是否减少了呢？绝对没有。唯一不同之处是，从前归国家债权人所有的收入，现在可以由纳税人支配。因为这部分收入本来是由纳税人支付的。

还有人认为，政府的岁出使得货物的年流通量增加，增加的数额相当于每年税收的总额。② 但是他们忘记了，这些支出表现为年产品的一部分，并且是向纳税人征收的一部分税收。这部分产品，即使没有发行公债，也照常流通。所不同的只是，本来由纳税人花费的东西，现在由国家的债权人花费。

债券或者证券的买卖，不属于生产性流通，只是以一个国家债权人代替了另一个国家债权人。当这种转移蜕化为证券投机买卖，也就是借助证券价格的升降差异牟取利润时，就会造成很大的伤害。首先，货币是一个国家资本项目，而作为流通媒介的货币被非生产性地用在证券上；其次，损人利己是一切赌博的共有特征，在证券投机商手中，这些货币既没有产生任何新产品，也不产生可以拿来跟人交换的产品。证券投机商没有赖以生存的收入，他所能做的，就是绞尽脑汁想方设法地利用那些像他一样的赌徒的愚笨和坏运气，

---

① 《论公债的利益》，第 8 页。
② 这些债券的可转让性使它们不具有货币的性质，因为它们不能作为货币使用。而作为货币使用的兑现纸币，却能让国民财富绝对增加。因为，假如没有纸币充当转移一般价值的媒介，那就必须使用硬币或其他具体资本形式来作为这种媒介。公债的流通，需要货币的辅助才能实现，公债本身不能作为货币使用。

并从中牟取暴利。

有人说，公债把国家债权人和政府更紧密地联系起来，并使得他们因感觉和政府有共同利害关系而成为政府的天然拥护者。公债确实有这个作用。但是，国家债权人可能与信誉良好的政府保持共同利害关系，也可能与信誉恶劣的政府保持共同利害关系。所以，公债是把"双刃剑"，可能对国家有利，也可能对国家有害。只要回顾一下英国发生的事情，我们就可以看到，无数心地纯正的人也受这个动机的驱使，竟为政府的腐败劣迹或失职辩护。

还有人说，公债是舆论对政府信用评价的指标，并成为促使政府努力办好行政的动因，维持反映于公债所提供指标的舆论的良好评价。这个说法的成立是有前提条件的。从国家债权人角度看，政府的主要政务在于按期支付利息；但从纳税人看来，政府的主要政务在于尽量缩减费用。证券的市场价格是前一种良好行政的指标，但并不能成为后一种标准的指标。我们说，按期支付利息不构成良好政治的表现，而且在很多情况下，是恶劣政治的假面具，这个评论并不为过。在某些国家，这是政府的虚情假意，借以博取人民对其层出不穷、臭名昭著的苛刻政治的宽容。

赞同公债的另一个论点是，对于不能及时或有效运用的资金，公债提供了一个现成的投资机会，由此起到防止资本外流的作用。倘若确实如此，那么结果更加糟糕，因为它诱使资本走上毁灭的道路，此外，每年国家还要承担政府所必须支付的利息。如果资本真的流向外国，反而是件好事，因为它迟早会流回来，而且，这期间形成的利息，可以由外国人承担。如果公债的数目不大，并且款项合理地花费在适当而有益的事业上，它带来的是实实在在的好处，就是给那些不懂合理利用资本的少数人提供投资的机会。若不是有这些投资便利，这些人就只能把资本束之高阁或把它一点点慢慢地消费掉。或许这就是公债唯一的价值利益，但这个也带有一定程度的危险性，因为它使得政府可能把国民储蓄浪费掉。除非资本花费在能够长期产生利益的项目上，比如建造道路、开通运河或其他类似的项目上，否则对公众利益来说，宁可听任资本闲置不用，因为即使他们得不到资本的使用，但至少无须支付利息。

因此，仅仅拥有用益权的政府，在花费资本时可以借款，但我们不要天真地以为，借款能够增进国家的繁荣昌盛。如果资本被消费掉，出借人无论是国王还是普通个人，除了失去全额本金外，还需每年从收入中继续给付利息。事实上，国家举债从来都是为了随时消费的目的。

## 第2节 公共信用及其基础，以及危害它的情况

公共信用是人民对政府的信任，认为政府能够履行它的债务。当国家债权人所得利息不高于或等于他从最好的私人抵押贷款所得的利息时，证明这个信用达到了最高点。这说明，出借人无须要求额外的保险费以抵补他可能遭受的额外风险，而且在他看来，这种风险并不存在。除非政府完全无法赖账，同时大家都清楚它的资产足够抵偿债务，否则公共信用绝对不可能达到那样的高度。因此，如果国家财务账目不公开，公共信用绝对不会很高。

当国家权力由一人独揽时，想要获取很高的公共信用几乎是不可能的，因为在这种情况下，除了君主的意志和诚实之外，没有任何其他保证。但是，当权力归人民或其代表所有时，就有更多的保证，即人民自身的利益诉求。人民作为个人时是债权人，作为集体时是债务人，因此他们作为前者的利益，必须在他们作为后者时来偿付。暂不说其他，仅上述情况就使我们能够假定，现今这些规模宏大的事业，费用是那样高昂，以至于不通过借贷就无法举办。在这时，议政群体，仅仅由于它拥有的优越财力，就必然获取压倒性的权力。

单从一个角度来看，由于政府拥有更充实的财源，所以政府的负债比私人的负债能够得到人们更大的信任。最能负责任的个人，他的个人财源有可能瞬间完全化为乌有，或损害到无法履行债务的境地。

生意倒闭、天灾人祸、官司缠身、遭遇欺诈或强暴，都可能使

他倾家荡产。而政府的资源，来自各个方面，很多个人所遭遇的致命性灾难，对国家收入仅仅产生局部的影响。还有另一个情况，使政府能够借到甚至超出其信用所许可的数目，那就是公债的可转让性和易转让性。政府债权人常常坚信，在政府发生财政困难或破产之前，能够卖出债券收回贷款。即在他们衡量这个风险时，往往认为高利息是能足够抵补意外损失的保险费的。

此外，值得注意的是，出借人的意见，确切地说，是人类在不同时候的情绪与意见，受到的第一印象的影响，远远大于其他因素的影响。只有在最新获取的经验与最近对将来的展望才会产生显著的影响。1721年法国政府在纸币方面和对密西西比股票持有者严重的背信弃义行为，并不妨碍它在1759年发行2亿利弗尔公债。阿伯·特赖（Abbé Terrai）神父在1772年实施的破产措施，也没能阻挡法国在1778年和随后每年新债的发行。

其他观点认为，个人信用比政府信用有更坚实的基础。因为个人不能控告赖账的政府，更无力强制它履行债务。政府也不会像个人那样精心安排使用财富。还有，在发生从国内或从海外颠覆政府的事件的时候，在兵荒马乱中，个人收回债务的可能性更是远远高于政府。

因为公共信用容易导致公共浪费，所以很多政论家把公共信用看作是国家繁荣的致命伤。他们说，当政府感觉自己拥有巨大的举债能力时，它们对于一切有关政治的问题都想过问，并制定出庞大的规划。这些规划有的招致耻辱，有的带来荣耀，但总是把政府拖进财政枯竭的深渊。它们往往自己发动战争或煽动其他政府发动战争，而且常常资助唯利是图的各色人等从事杀害人类与丧尽天良的勾当。资本原本是勤勉和道德带来的美好果实，这时却沦落成为野心勃勃、傲慢无理与道德沦丧下残酷竞争的猎物。

具备举债能力但在政治上处于软弱无力地位的国家，很容易招致强大邻国的勒索。它不但需要上缴贡品求得它们的保卫，必须为和平付出代价，还必须付出代价求得邻国承认它的独立地位（最终还是会失去独立地位），或必须在明知没有还款希望的情况下还是要贷款给它。

上面谈到的各种情况，绝非虚构假设，由读者自己确定正确观点。

国家事务管理得很好的政府，通常是通过设置还债基金，清偿它不能赎回的债务。无论使用什么手段，都不能比这个更能巩固公共信用了。详细过程简单解释如下：

假设国家以5%的利息率贷款1亿美元，它必须从国民收入中提取500万美元作为利息支付。为达到这个目的，国家通常每年开征相等数目的税款以保证支付。假如税款收入超过了462 400美元，比如，5 462 400美元，并把这笔税款的超额部分的462 400美元存入某项基金，以便每年在市场上购买政府债券，而且除了超额部分之外，每年还把这种清偿的债务利息用来购买债券，那么这笔公债的全部本金，在50年内就可清偿。这就是运用还债基金的操作方法。这个方法的有效性依赖于复利息的递增，换句话说，一定基金的本金利息，由于利滚利的作用，逐年增加。

毫无疑问，由于每年只摊付公债本金利息的10%，可在不到50年的时间内，就能偿清年息5%的公债本金。但是债券的买卖是出于自愿，倘若债券的持有者不按照票面价值出售，就是不以相当于20年年收入的价钱出售，那就需要延长清偿的时间。不过这样的市场情况明确表明国家信用很高。反之，如果信用度降低，以致同样数额的款项能够购买到更大数额的债券，那么公债就可在更短的时间内还清。因此，公共信用降得越低，还债基金所起的恢复信用的作用就越大；这个基金的需求越少，其实际功效越小。

正是由于设立了还债基金，大不列颠不间断地长期享有公共信用，即使是在现今负有8亿英镑债券的情况下，它还能继续举债。① 毫无疑问，正是这样的境况使得斯密说，目的在于减少公债

---

① 在一份报告中，作者声称，1815年2月英国财务大臣范西塔特（Vansittart）在国会做的演讲中，估计了当年的公债数额。但是现在，除了这个存疑的报告，我们能够提给读者从1688年革命开始到1832年1月5日为止关于英国债务的确切数据。我们所给出的是从表"大英帝国的税收、债务、资本和资源等"的第二部分摘录的。这张表，我们曾在前面若干次引用过，它出自国家最高统计机构。

的还债基金，正在成为增加公债的主要工具。假若政府不再滥用财源，用不了多长时间，它就变得相当富裕而且更加强大。

当政府新借的公债等于所清偿的公债时，还债基金就沦落为彻头彻尾的行骗工具。至于新借的公债超过所清偿的旧债，就像英国1793年以来一直做的那样，就更不必说了。无论还债基金从什么地

| | |
|---|---|
| 1688年英国革命时期的国家债务为 | 664 263英镑 |
| 威廉和玛丽统治时期增加到 | 15 730 439英镑 |
| 1702年安妮女王登基时的债务为 | 16 394 702英镑 |
| 安妮女王统治时期增加到 | 37 750 661英镑 |
| 1714年乔治一世登基时的债务为 | 54 145 363英镑 |
| 乔治一世统治时期减少到 | 2 053 128英镑 |
| 1727年乔治二世登基时的债务为 | 52 092 235英镑 |
| 和平时期减少到 | 5 137 612英镑 |
| 1739年西班牙战争开始时期的债务为 | 46 954 623英镑 |
| 战争期间增加的债务为 | 31 338 689英镑 |
| 1748年西班牙战争结束时期的债务为 | 78 293 312英镑 |
| 和平时期减少到 | 3 721 472英镑 |
| 1755年的战争开始时期的债务为 | 74 571 840英镑 |
| 战争期间增加的债务为 | 72 111 004英镑 |
| 1762年和平结束时期的债务为 | 146 682 844英镑 |
| 和平时期减少到 | 10 739 793英镑 |
| 1776年美国战争开始时的债务为 | 135 943 051英镑 |
| 战争期间增加的债务为 | 102 541 819英镑 |
| 1783年美国战争结束时期的债务为 | 238 484 870英镑 |
| 和平时期减少到 | 4 751 261英镑 |
| 1793年法国革命战争开始时期的债务为 | 233 733 609英镑 |
| 战争期间增加的债务为 | 295 105 668英镑 |
| 1801年2月1日亚眠和平时期的债务为 | 528 839 277英镑 |
| 第二次战争期间增加的债务为 | 335 983 164英镑 |
| 1816年2月1日巴黎和平时期的债务为 | 864 822 441英镑 |
| 和平时期减少到 | 82 155 207英镑 |

截至1832年1月5日的债务为782 667 234英镑，折合3 756 802 723美元。——美国编者注

方募集,或是新的税收,或是新税收加上已清偿债务的利息,如果政府清偿100万英镑的公债,又续借100万英镑,那么每年产生的债务恰恰等于所清偿的债务。这种做法,等于政府把用作清偿的100万英镑借给自己,而事实上,后一种做法还能节省管理费用。汉弥尔顿教授①在他杰出的著作中,充分证明了这一点。他的结论是决定性的论断。他在书中说,英国人民背负的巨大负担、英国政府的滥用借贷权和英国以纸币替代硬币,至少还可以产生一些利益,因为它们有助于解决许多与国民福祉密切相关的问题,同时提醒后代们要提防再出现相类似的无节制行为。

毋庸置疑,确有实效的还债基金所不可或缺的要素是,必须按时并神圣不可侵犯地使用拨作还债用途的款项。然而,即使是在政府把言行一致并对债权人恪守信用看作是有关体面的英国,也从不严格遵守这项原则。因此,英国学者从不相信还债基金能起到消除债务的作用,斯密甚至不加思索地说,除非国家破产,否则国债绝不可能偿清。

对国民个人以及对国内经济状况,国家破产所造成的影响,一直以来是学者探讨研究的重要议题。在一般情况下,当政府破产时,它使得纳税人收入增加,增加的数目等于政府停止偿还国家债权人的总金额。还不止于此,因为公债管理费和收税费用也因此而节省。如果一个国家每年要支付1亿英镑的公债利息,而上述费用达到这个数目的30%以上②,那么通过破产行为,纳税人就可免除1.3亿英镑的负担,而国家债权人只不过被剥夺了1亿英镑的收入。

在英国,国家破产产生的影响远比上述情况复杂得多,因为英国不是完全从每年的赋税收入中支付公债利息(至少在我写这一章的时候还不是如此),它每年经常性借入的款项与它的公债利息数额

---

① 《大不列颠的国债》,1813年,爱丁堡出版。
② 在英国和美国,比率没有这么高,但在一些暂且不提名字的国家,比率比上述还要高。

大致相同。① 如果政府破产，则每年借入的大约 4 000 万英镑借款将从国家债券人的非生产性消费中撤出，而用于再生产消费方面。我们不妨假设一下，那些积累资本并把它们借贷给国家的资本家，必定寻找某些有利可图的投资机会。从这个观点来看，上述行为大大有助于增加国民资本收入，但是带有灾难性很大的直接后果。因为这 4 000 万英镑取之于这样的消费者：这些人没有其他生计，并由于缺乏个人劳动力与资本，完全不能用其他的方法弥补这个损失。

破产行为或许避开了举借新债的可能，但在人们习惯性地用新增借款而不是由租税收入来支付公债利息的地方，破产行为丝毫不会减轻从前的课税。因此，人民的负担不会减轻②，生产成本无法减少，因而货物价格不可能降低，英国产品在国内和国际上也不会比从前更受客户欢迎。

有纳税义务的阶层，在人数上将减去已经宣告破产的股东。这导致了虽然税率没有降低，但是实际税收却减少了。从国家债权人那边撤出的 4 000 万英镑收入，将只缴纳它作为生产性资本可能产生的年利润或年收入的税。国家债权人的破产，将带来很多随之而来的灾难，许多私人破产和无力偿付，他们所雇用的工人和佣人失业，以及他们的依附者极度贫困。

另外，倘若英国坚持通过借款来支付从前借款利息的政策，那么利息和租税必然源源不断地继续增加，一个人一旦沿着死亡之路前行而不再回头，势必进入绝境。

亚洲的统治者，还有那些无法建立信用的君主、国王，都喜欢积累财富。财富是过去收入的保存和累积，而公债则是未来预期收入的提前支付。这两者都是在紧急时期可以动用的。

---

① 科尔孔：《大英帝国的财富、威权与资源》，1814 年伦敦出版。斯托克：《大不列颠的收入与支出》，1815 年，伦敦出版。持久的和平稳定使英国能够把它的收入和支出（包括公债利息）保持在相抵状态，虽然这还不足以减轻痛苦，但可以有效阻止损害的进一步恶化。
② 节约国家开支是减少英国人民租税负担的唯一办法，但是如果它实行节约，怎么可能维持腐败的制度呢？在这样的制度下，当朝阁员的利益总是高于人民的利益的。

财富未必对它的拥有者提供政治安全方面的帮助，反而可能招致攻击。还有，财富很少被忠实地使用在预定的项目上。法国查理五世（Charles V）多年累积起来的财富，落入了他兄弟安茹（Anjou）公爵的手中；为了反抗土耳其军队并把他们赶出欧洲，教皇保罗二世（Paul II）积聚的财富，到头来被西克塔斯四世（Sixtus IV）及其侄儿挥霍一空；亨利四世蓄积财宝，本打算用在征服奥地利王室事业上，但最终浪费在母后的宠臣身上；就在最近，为巩固普鲁士政权，腓特烈三世（Frederick III）蓄积的大量财富，却使得普鲁士政权因此而岌岌可危。

对政府而言，控制巨额财富是个危险性极大的诱惑。虽然财富是在以牺牲人民利益的情况下累积起来的，然而人民群众却很少能够从累积的财富中得到任何利益。事实上，所有的价值，也就是所有的财富，都是人民创造的。

# 附录 A

## 借给政府资金的价值结果表

所有的收入构成了一般性基金，包括国家所能支配的所有自然力、资本和行业。一般分为四个部分。每个人都应该拥有和他财富相称的一份。能够构成国债的，仅仅是其中能够充当资本且具有流动性和转移性的部分。

| 一生产 | 收入 | 由所有者自行消费 | 上述三部分只有两部分产生了收入，第二部分纯粹被消耗掉 |
|---|---|---|---|
| 二生产 | 无收入；因借给政府而由政府消费掉 | 收入 | |
| 三生产 | 收入 | 转移到第二部分的出借者手中，并由他们消费 | |
| 四生产 | 收入 | 可用于任何用途 | |

# 附录 B

1831年法国、英国、爱尔兰、美国之间的人口、国债、税收对比表

|  | 人口（人） | 国债（美元） | 收入（美元） |
| --- | --- | --- | --- |
| 法国 | 32 560 000 | 1 036 800 000 | 187 200 000 |
| 英国和爱尔兰 | 24 304 000 | 3 756 802 723 | 247 075 200 |
| 美国 | 13 200 000 | 24 322 235① | 28 526 820② |

---

①② 这两笔款项仅包含联邦政府在特定时期内的公共债务和收入，而非联邦各不同州的债务和收入。这只是为了展示**美国人民**(people)与法国和英国人民的情况比较。如果在所提到的时间段内涉及债务和税收，增加相应各州的债务和收入也是必要的，然而我们这次并没有这么做。——美国编者注